Die Chronik-Bibliothek des 20. Jahrhunderts

Die Chronik-Bibliothek des 20. Jahrhunderts
wird herausgegeben von Bodo Harenberg

Manfred Brocks/Dr. Peter Lempert

Chronik 1936

Tag für Tag in Wort und Bild

Chronik Verlag

Abbildungen auf dem Schutzumschlag
(oben links beginnend)
Adolf Hitler eröffnet die XI. Olympischen Sommerspiele in Berlin
Plakat der Regierungstruppen im Spanischen Bürgerkrieg
Max Schmelings Sieg gegen Joe Louis im Box-Schwergewicht
Prototyp des Volkswagens
Eröffnungsveranstaltung der XI. Olympischen Sommerspiele in Berlin
Schlußveranstaltung der XI. Olympischen Sommerspiele in Berlin

Impressum

2., überarbeitete Auflage 1990
© Chronik Verlag in der Harenberg Kommunikation Verlags- und Mediengesellschaft mbH & Co. KG, Dortmund 1985
Das Werk einschließlich aller seiner Teile ist urheberrechtlich geschützt. Jede Verwertung außerhalb der engen Grenzen des Urheberrechtsgesetzes ist ohne Zustimmung des Verlags unzulässig und strafbar. Das gilt insbesondere für Vervielfältigungen, Übersetzungen, Mikroverfilmungen und die Einspeicherung und Verarbeitung in elektronischen Systemen.

Herausgeber: Bodo Harenberg
Anhang: Bernhard Pollmann, Ludwig Hertel
Bildredaktion: Norbert Fischer, Christine Voges
Redaktionelle Abwicklung: Annette Retinski
Leihgeber für Zeitungen und Zeitschriften: Institut für Zeitungsforschung, Dortmund

Gesamtherstellung: Mohndruck Graphische Betriebe GmbH, Gütersloh
ISBN 3-88379-048-6

Zum Geleit

1936 – für viele Zeitgenossen ein ganz gewöhnliches Jahr mit alltäglichen Freuden und Nöten: Der Tanzabend mit einer Swing-Band, der Kauf des ersten Rundfunkempfängers oder gar Automobils, die Suche nach einem Arbeitsplatz oder nach einer größeren Wohnung für die Familie, die Belastung im Beruf oder das zu geringe Haushaltsgeld. Und doch ist 1936 ein Jahr, das geprägt wird von Ereignissen, die unvergessen sind: Der Einmarsch deutscher Truppen in das entmilitarisierte Rheinland, der Beginn des Spanischen Bürgerkriegs, das Versagen des Völkerbunds im italienisch-abessinischen Krieg, die Olympischen Spiele in Berlin, der Thronverzicht des britischen Königs Eduard VIII., die Verleihung des Friedensnobelpreises an Carl von Ossietzky oder der Sieg von Max Schmeling über den »braunen Bomber« Joe Louis.
Alle diese Entwicklungen und Ereignisse sind in der vorliegenden »Chronik 1936« in Wort und Bild festgehalten. Der Leser ist eingeladen, alle 366 Tage dieses Schaltjahres mit den Augen des Zeitgenossen zu erleben. Die chronologische Anordnung führt systematisch von Tag zu Tag, Woche zu Woche und Monat zu Monat.
Die »Chronik 1936« gehört zu einer Bibliothek von insgesamt 101 Bänden, mit denen jedes Jahr unseres Jahrhunderts nach einheitlichen Kriterien dokumentiert wird. Über den Editionsplan informiert der Verlag auf Anfrage gern.
Die folgenden Hinweise sollen helfen, die Fülle der Informationen dieses Chronikbandes zu erschließen.

Kalendarium (ab Seite 10)
Jeder Monat beginnt mit einem Kalendarium, in dem die wichtigsten Ereignisse chronologisch geordnet und in knappen Texten dargestellt sind. Sonn- und Feiertage sind durch farbigen Druck hervorgehoben. Pfeile verweisen auf ergänzende Bild- und Textbeiträge auf den folgenden Seiten. Faksimiles von Zeitungen und Zeitschriften, die im jeweiligen Monat des Jahres 1936 erschienen sind, spiegeln Zeitgeist und herausragende Ereignisse.

Einzelartikel (ab Seite 14)
Wichtige Ereignisse des Jahres 1936 werden – zusätzlich zu den Eintragungen im Kalendarium – in Wort und Bild beschrieben. Jeder der mehr als 450 Einzelartikel bietet eine in sich abgeschlossene Information. Die Pfeile des Verweissystems machen auf Artikel aufmerksam, die an anderer Stelle dieses Bandes ergänzende Informationen zum jeweiligen Thema vermitteln.
Gut 600 Abbildungen und grafische Darstellungen illustrieren die Ereignisse des Jahres 1936 und werden damit zu einem historischen Kaleidoskop besonderer Art.

Trendartikel (ab Seite 19)
16 Trendartikel, am blauen Untergrund zu erkennen, stellen Entwicklungen des Jahres 1936, u.a. in den Bereichen Kultur, Wirtschaft, Gesellschaft und Alltagsleben, zusammenfassend dar.

Anhang (ab Seite 213)
Der Anhang zeigt das Jahr 1936 in Statistiken und anderen Übersichten. Ausgehend von den offiziellen Daten für das Deutsche Reich, für Österreich und die Schweiz, regen die Zahlen und Fakten zu einem Vergleich mit vorausgegangenen und nachfolgenden Jahren an.
Für alle wichtigen Länder der Erde sind die Staats- und Regierungschefs im Jahr 1936 aufgeführt und werden wichtige Veränderungen aufgezeigt.
Die Zusammenstellungen herausragender Neuerscheinungen auf dem internationalen Buchmarkt sowie der Premieren auf Bühne und Leinwand werden zu einem Führer durch das kulturelle Leben des Jahres.
Internationale und deutsche Meisterschaften, die Entwicklung der Rekorde in der Leichtathletik und im Schwimmen sowie die Ergebnisse der großen internationalen Wettbewerbe spiegeln die Höhepunkte des Sportjahres.
Der Nekrolog enthält Kurzbiographien von Persönlichkeiten, die 1936 verstorben sind.

Register (ab Seite 235)
Das Personenregister nennt die Namen aller Personen, die in diesem Band verzeichnet sind, und verweist auf die entsprechenden Seiten. Wer ein bestimmtes Ereignis des Jahres 1936 nachschlagen möchte, das Datum aber nicht präsent hat, findet über das Personenregister Zugang zu den gesuchten Informationen.

Inhalt

Inhalt

November 1936

Dezember 1936

Trendartikel

Anhang

Januar 1936

Mo	Di	Mi	Do	Fr	Sa	So
		1	2	3	4	5
6	7	8	9	10	11	12
13	14	15	16	17	18	19
20	21	22	23	24	25	26
27	28	29	30	31		

1. Januar, Neujahr

Der deutsche Propagandaminister, Joseph Goebbels, verliest im Rundfunk die Neujahrsbotschaft des Führers und Reichskanzlers, Adolf Hitler. → S. 14

Mit Wirkung vom 1. Januar 1936 werden nur noch Mitglieder der Hitlerjugend für die Beamtenlaufbahn zugelassen (→ 30. 1./S. 16).

Der Reichsjugendführer der NSDAP, Baldur von Schirach, proklamiert das Jahr 1936 zum »Jahr des Jungvolkes« und fordert den Eintritt aller 10- bis 14jährigen in die Jugendorganisation der Partei (→ 1. 12./S. 204).

In einem Telegramm des Kaisers von Abessinien (Äthiopien), Haile Selassie I., an den Völkerbund wird Protest erhoben gegen den Einsatz von Giftgas und die Bombardierung abessinischer Truppen durch die italienische Luftwaffe. → S. 20

Die große Olympia-Schanze in Garmisch-Partenkirchen wird mit einem internationalen Skispringen eröffnet. → S. 27

Der britische Schriftsteller Aldous Huxley behandelt in einem Aufsatz das Problem der ungleichen Gebietsverteilung auf der Erde. Zu den unbefriedigten Großmächten zählt er das Deutsche Reich, Italien und Japan. Er sieht in dieser Tatsache eine Gefahr für den Weltfrieden und fordert die Einberufung einer Weltkonferenz zur Lösung dieser Probleme (→ 3. 1./S. 20).

2. Januar, Donnerstag

In Berlin findet eine Reichstagung der Nationalsozialistischen Kulturgemeinde statt. → S. 16

Der Flüchtlingskommissar des Völkerbunds, James MacDonald, gibt in einem Schreiben an das Völkerbundssekretariat seine Enttäuschung über die unzureichenden Reaktionen des Völkerbunds auf die antisemitischen »Nürnberger Gesetze« (15. 9. 1935) als Grund für seinen Rücktritt am 31. Dezember 1935 an.

In der Berliner Staatsoper wird die Operette »Die große Sünderin« des deutschen Komponisten Eduard Künneke uraufgeführt. → S. 26

3. Januar, Freitag

In einer Rede vor dem amerikanischen Bundeskongreß spricht sich US-Präsident Franklin Delano Roosevelt für ein neues Neutralitätsgesetz und die Verstärkung der Landesverteidigung aus. → S. 20

Die Deutsche Reichsbahn legt ihren Jahresbericht für 1935 vor. → S. 17

Nach Meldungen des Winterhilfswerks des deutschen Volkes (WHW) werden im Winter 1935/36 12,5 Millionen Deutsche vom WHW unterstützt. → S. 15

Anhaltende Niederschläge führen in Frankreich und Großbritannien zu Hochwasserschäden. → S. 22

In der »Münchener Medizinischen Wochenschrift« wird über gesundheitliche Nachteile durch das Rollerfahren berichtet. → S. 22

4. Januar, Sonnabend

Italienische Bomberverbände fliegen massive Einsätze gegen die abessinische Stadt Harrar. → S. 20

Die Deutsche Reichsbahn erhöht – trotz im Jahr 1935 erwirtschafteter Überschüsse – die Gütertarife um 5% (→ 3. 1./S. 17).

5. Januar, Sonntag

Die französische Öffentlichkeit äußert sich besorgt über die Neutralitätsabsichten der USA, da befürchtet wird, auch ein angegriffenes Land könne aufgrund der von US-Präsident Franklin Delano Roosevelt geplanten Bestimmungen nicht mit der Unterstützung der Amerikaner rechnen (→ 3. 1./S. 20).

Auf Beschluß der niederländischen Regierung soll der Nordpolder der Zuidersee für 126 Millionen Gulden (170 Millionen RM) trockengelegt werden.

Die Uraufführung der komischen Oper »Leon und Edrita« von Charles Flick-Steger findet am Stadttheater Krefeld statt.

Greta Garbo und Charles Laughton werden von New Yorker Filmkritiken zu den besten Filmschauspielern des Jahres 1935 erklärt.

6. Januar, Montag

In Wilhelmshaven wird das deutsche Panzerschiff »Admiral Graf Spee« in Dienst gestellt. → S. 17

Ein Erlaß der deutschen Geheimen Staatspolizei (Gestapo) ordnet die Überwachung der »Mischlinge 1. Grades« an.

Das Oberste Bundesgericht der USA erklärt die Agrargesetzgebung der Regierung Roosevelt für verfassungswidrig. → S. 20

In Paris wird das französisch-sowjetische Handelsabkommen von 1934 erneuert (→ 27. 2./S. 35).

Die Deutsche Reichsbahn zeichnet eine Anleihe über 500 Millionen Reichsmark zur Konsolidierung von kurzfristig aufgenommenen Krediten (→ 3. 1./S. 17).

Die Lufthansa feiert ihr zehnjähriges Jubiläum. → S. 18

7. Januar, Dienstag

Das deutsche Reichspropagandaministerium verbietet allen Tageszeitungen, Bilder über Jagdveranstaltungen des preußischen Ministerpräsidenten, Hermann Göring, zu veröffentlichen. → S. 15

Das spanische Parlament wird mit sofortiger Wirkung aufgelöst. → S. 21

Die US-amerikanische Zentralgewerkschaft spricht sich für eine Änderung der Verfassung zum Schutz der Farmer und Arbeitnehmer aus (→6. 1./S. 20).

Ein neues Lastkraftwagenwerk der Firma Opel wird in Brandenburg an der Havel in Betrieb genommen.

Die mittelalterliche Handschrift des Heinrich von München geht in den Besitz der Bayerischen Staatsbibliothek über. → S. 24

In Hildesheim wird der Spielfilm »Fährmann Maria« von Frank Wysbar uraufgeführt.

8. Januar, Mittwoch

Nach einer Verordnung des sächsischen Finanzministeriums sollen in erster Linie Mitglieder der HJ, der SA, SS und NSDAP als Lehrlinge in den öffentlichen Dienst eingestellt werden (→ 30. 1./S. 16).

Wegen angeblichen Devisenschmuggels nach Österreich werden drei katholische Geistliche in Kempten zu Gefängnisstrafen und Geldstrafen von insgesamt 56000 Reichsmark verurteilt (→ 4. 11./S. 195).

Im Deutschen Reich wird die Fortbildungspflicht für Großstadtärzte eingeführt. → S. 15

In Dresden wird der Spielfilm »Die ewige Maske« von Werner Hochbaum uraufgeführt. Hauptdarsteller sind Peter Petersen, Olga Tschechowa und Mathias Wieman.

9. Januar, Donnerstag

Bei einem Zwischenfall an der mandschurisch-sowjetischen Grenze werden zwei japanische Piloten von sowjetischen Soldaten gefangengenommen (→10. 1./S. 21, 14. 2./S. 36).

Die Ernst-Heinkel-Flugzeugwerke stellen ihr neues Schnellverkehrsflugzeug He 111 vor (→6. 1./S. 18).

Die deutsche Reichsautobahndirektion meldet, daß sich derzeit rund 1900 km Autobahnstrecke im Bau befinden. → S. 17

10. Januar, Freitag

Die Jubiläumstagung zum 25jährigen Bestehen der Kaiser-Wilhelm-Gesellschaft zur Förderung der Wissenschaften (10. 1.–12. 1. 1936) beginnt in Berlin (→11. 1./S. 15).

Der Leipziger Georg Thieme Verlag feiert sein 50jähriges Bestehen.

Ein schweres Unwetter über Düssel-dorf und Neuss fordert drei Todesopfer und 13 Schwerverletzte. Hunderte von Menschen werden obdachlos.

11. Januar, Sonnabend

Die erste Arbeitstagung der deutsch-englischen Gesellschaft, die sich der Förderung der wirtschaftlichen und kulturellen Zusammenarbeit und Verständigung widmet, findet in Berlin statt.

An der abessinischen Nordfront kommt es zwischen Italienern und Abessiniern zu erbitterten Kämpfen um die Stadt Makalle. Beide Seiten melden Erfolge. → S. 20

12. Januar, Sonntag

Überall im Deutschen Reich werden Razzien in Sinti-Siedlungen durchgeführt. Es werden 16 Sinti verhaftet, die angeblich mehrere 100000 Reichsmark Devisen verschoben haben sollen.

Per Gesetz wird die unerlaubte Einwanderung nach Palästina bzw. deren Begünstigung von der britischen Mandatsregierung in Palästina mit strengen Strafen belegt. 1935 betrug die Zahl der jüdischen Einwanderer 66500 (→19. 4./S. 72).

Im Neuen Theater in Leipzig wird die Oper »Till Eulenspiegel« von Hans Stieber uraufgeführt.

Im Londoner Westminster Theatre wird das expressionistische Drama »Der Hund unter der Haut oder Wo ist Francis?« von Wystan Hugh Auden und Christopher Isherwood uraufgeführt.

13. Januar, Montag

Der deutsche Reichsinnenminister, Wilhelm Frick, benennt die Stadt Saarlouis bei einer Feierstunde zur Saargebietsabstimmung in Saarlautern um. → S. 18

Der Vorsitzende des sowjetischen Rates der Volkskommissare, Wjatscheslaw M. Molotow, fordert eine Erhöhung der sowjetischen Rüstungsausgaben. → S. 21

14. Januar, Dienstag

Der deutsche Reichsjuristenführer, Hans Frank, gibt Leitsätze für die deutsche Rechtsprechung bekannt. → S. 16

In einem Hochverratsprozeß in Wien werden 13 österreichische Nationalsozialisten wegen der Verbreitung illegaler Druckschriften und aufrührerischer Aktionen zu langen Kerkerstrafen verurteilt.

Der Deutschlandsender überträgt erstmals ein Wunschkonzert unter dem Motto: »Sie wünschen – wir spielen, geholfen wird vielen!«

Bei den deutschen Eiskunstlaufmeisterschaften in Garmisch-Partenkirchen gewinnt Ernst Baier den Titel bei den Herren, Viktoria Lintpainter bei den Damen. Maxi Herber/Ernst Baier siegen beim Paarlaufen.

Das neue Jahr 1936 auf den Schultern des vergangenen auf dem Titel der Zeitschrift »Simplicissimus« vom 1. Januar 1936

München, 1. Januar 1936   **Preis 60 Pfennig**   40. Jahrgang Nr. 40

SIMPLICISSIMUS

Das alte zum neuen Jahr

(Wilhelm Schulz)

„Du wirst garantiert einen Tag älter als ich! Das ist das Einzige, was man bestimmt voraussagen kann."

Januar 1936

15. Januar, Mittwoch

Die japanische Delegation verläßt aus Protest die Flottenkonferenz in London. → S. 20

16. Januar, Donnerstag

In der Berliner Deutschlandhalle fordert der Reichsminister und Stellvertreter des Führers, Rudolf Heß, die Parteigenossen auf, ihre Geschwindigkeit beim Autofahren zu verringern. → S. 18

In Moskau verkündet der sowjetische Marschall, Michail N. Tuchatschewski, daß die Stärke der Roten Armee 1936 auf 1,3 Millionen Mann gestiegen sei.

Der deutsch-französische Spielfilm »Die klugen Frauen« erlebt in Berlin seine deutsche Erstaufführung.

Ebenfalls in Berlin läuft erstmals der Spielfilm »Der Dschungel ruft« mit Harry Piel (auch Regie), Gerda Maurus, Eric Ode und Paul Henckels.

17. Januar, Freitag

Auf dem Berliner Gautag spielt Reichspropagandaminister Joseph Goebbels die Versorgungslücken bei Lebensmitteln herunter. → S. 15

Zum Abschluß eines Besuchs in Prag bekräftigt der österreichische Bundeskanzler, Kurt Schuschnigg, nach Gesprächen mit dem tschechoslowakischen Ministerpräsidenten, Milan Hodža, die Übereinstimmung beider Staatsmänner in Fragen der Donauraum-Politik (→ 1. 4./S. 71).

Der seit zwei Monaten als verschollen gemeldete Polarflieger Lincoln Ellsworth wird von dem britischen Expeditionsschiff »Discovery II« in der antarktischen Walfischbay entdeckt und gerettet.

Das deutsche Reichsinstitut für Erziehung und Unterricht beendet die Überarbeitung der deutschen Fibeln und Lesebücher.

18. Januar, Sonnabend

In ganz Österreich verteilt die »Nationalsozialistische Bewegung Österreichs« ein Flugblatt, in dem die Regierung aufgefordert wird, sich einer allgemeinen Volksabstimmung über ihre Politik zu stellen.

Der Hochkommissar des Völkerbunds in Danzig, Sean Lester, wirft der Danziger Regierung die Verletzung der Verfassung in Zusammenhang mit der letzten Volkstagswahl vor (→ 24. 1./S. 21).

Der deutsche Reichsärzteführer, Gerhard Wagner, fordert eine Synthese zwischen Medizin und Naturheilkunde. → S. 15

19. Januar, Sonntag

Die Olympiastraße zwischen München und Garmisch-Partenkirchen wird vom Generalinspekteur für das deutsche Straßenwesen, Fritz Todt, eröffnet und zur »Reichsmusterstraße« erklärt (→ S. 27).

Der deutsche Reichsminister für kirchliche Angelegenheiten, Hanns Kerrl, äußert sich in einem Zeitungsinterview über die Kirche im Deutschen Reich. → S. 14

Bei einem Bundesappell der Amtswalter der Vaterländischen Front Österreichs in Wien spricht sich deren Bundesführer, Ernst Rüdiger Starhemberg, gegen eine Eingliederung Österreichs in das Deutsche Reich aus (→ 14. 5./S. 89; 11. 7./S. 126).

In Madrid besiegt die österreichische Fußballmannschaft die spanische Elf 5:4.

20. Januar, Montag

Der japanische Außenminister, Koki Hirota, erklärt die Erhaltung des Friedens im Fernen Osten zur wichtigsten Aufgabe und äußert den Wunsch Tokios nach einem Dreiländerblock Japan–China–Mandschukuo (→ 10. 1./S. 20; 9. 6./S. 106).

In Genf tritt der Völkerbund zusammen. Hauptthema ist der italienisch-abessinische Krieg. Forderungen nach einer Vermittlungsaktion und Entsendung einer Untersuchungskommission finden keine Mehrheit in der Konferenz (→ S. 20; 5.5./S. 84).

21. Januar, Dienstag

In Japan wird der Reichstag aufgelöst, um einem Mißtrauensantrag der Seiyukai-Partei zuvorzukommen. Neuwahlen werden auf den 20. 2. 1936 festgelegt (→ 26. 2./S. 36).

Ende Januar 1936 beträgt die Zahl der unterstützten Arbeitslosen in Österreich 317 200; das sind 17 100 weniger als Ende Januar 1935.

22. Januar, Mittwoch

Der Gauleiter für Mittelfranken, Julius Streicher, propagiert bei einer Ansprache in Nürnberg die Rassentrennung und die Notwendigkeit der Reinhaltung deutschen Blutes.

In Frankreich tritt das gesamte Kabinett Pierre Laval zurück, nachdem vier Minister ihren Rücktritt angemeldet haben. → S. 21

Der Danziger Senatspräsident, Arthur Greiser, versichert vor dem Völkerbund, daß die Regierung der Freien Stadt nicht die Absicht habe, sich gegen die Verfassung zu wenden (→ 24. 1./S. 21).

In der Preußischen Akademie in Berlin findet eine Ausstellung »Der künstlerische Buchumschlag« statt.

23. Januar, Donnerstag

Der Leichnam des britischen Königs, Georg V., wird nach London überführt und in der Westminster Hall aufgebahrt (→ 20. 1./S. 21).

Der tarifliche Stundenlohn für einen männlichen Facharbeiter liegt Anfang 1936 im Deutschen Reich bei 78,3 Reichspfennig und für weibliche Facharbeiter bei 51,6 Reichspfennig. → S. 18

24. Januar, Freitag

Der Völkerbundsrat in Genf entscheidet sich nach tagelangen Auseinandersetzungen gegen eine Überprüfung der Landtagswahlen in Danzig. → S. 21

Nach dem Rücktritt der Regierung Pierre Laval in Frankreich übernimmt der Radikalsozialist Albert Sarraut die Bildung eines neuen Kabinetts (→ 22. 1./S. 21).

In verschiedenen deutschen Städten werden Spielfilme uraufgeführt: In Königsberg der Streifen »Junges Blut«, in Berlin die Komödie »Herbstmanöver« mit Hans Söhnker und Susi Lanner und ebenfalls in Berlin »Donogoo Tonga« mit Anny Ondra, Rudolf Platte, Oskar Sima, Viktor Staal und Aribert Wäscher in den Hauptrollen.

25. Januar, Sonnabend

Die Grüne Woche in Berlin öffnet ihre Tore. Parallel dazu wird die Deutsche Jagdausstellung veranstaltet, in deren Ehrenraum die Jagdtrophäen des deutschen Reichsjägermeisters Hermann Göring ausgestellt sind (→ 7. 1./S. 15).

In einem Interview mit der französischen Zeitung »Paris Soir« betont der deutsche Führer und Reichskanzler, Adolf Hitler, den Anspruch des Deutschen Reichs auf Ausdehnung seines Territoriums und die Rückgewinnung der Kolonien.

Der deutsche Dirigent Wilhelm Furtwängler feiert unter großer Anteilnahme von Presse und Politik seinen 50. Geburtstag. → S. 24

26. Januar, Sonntag

Zur Sicherung der Fluglinie Großbritannien–Australien setzt die britische Regierung einen Rettungsdampfer in der Timorsee ein. → S. 23

Im Zürcher Kunsthaus wird eine Ausstellung (bis 1. 3. 1936) mit Gemälden des Malers Gustave Courbet eröffnet. → S. 26

Bei den Europameisterschaften im Eiskunstlauf siegen die Norwegerin Sonja Henie bei den Damen, der Österreicher Karl Schäfer bei den Herren und die Deutschen Maxi Herber/Ernst Baier im Paarlaufen.

27. Januar, Montag

Das soziale Ehrengericht in Weimar verurteilt eine Landarbeiterin zur strafweisen Entfernung vom Arbeitsplatz. Sie hatte die Arbeit auf einem mitteldeutschen Gutshof verweigert, nachdem ihr Akkordlohn pro Zentner geernteter Zuckerrüben von 40 auf 30 Reichspfennig gesenkt worden war.

Nach der amtlichen Betriebsstatistik gibt es im Deutschen Reich gegenwärtig 9 873 Buchhandlungen mit 38 158 Beschäftigten.

Im Deutschen Reich beginnt der Inventurverkauf. → S. 18

28. Januar, Dienstag

Der französische Ingenieur Bernard Dubos legt Pläne für den Bau einer Regenfabrik vor. → S. 23

Infolge der großen Kältewelle in den Vereinigten Staaten sind die Niagarafälle zugefroren. → S. 23

29. Januar, Mittwoch

Ein geheimer Lagebericht der Gestapo über die Situation in Berlin zeichnet ein pessimistisches Bild von der Stimmung in der Bevölkerung und berichtet über Aktivitäten des politischen Widerstands in der Reichshauptstadt.

Die chilenische Gesandtschaft in Berlin wird aufgrund der guten Beziehungen zwischen der deutschen und der chilenischen Regierung in eine Botschaft umgewandelt.

Die Firma Krupp stiftet 3 500 Fackelschäfte für den Transport des olympischen Feuers von Griechenland nach Berlin (→ 20. 7./S. 133).

Der italienische Ministerpräsident und Duce, Benito Mussolini, legt in Rom den Grundstein für Europas größte Filmstadt. → S. 26

30. Januar, Donnerstag

Im Deutschen Reich wird der Jahrestag der nationalsozialistischen Machtergreifung (30. 1. 1933) gefeiert. → S. 16

Die Reichsarbeitsgemeinschaft für deutsche Buchwerbung startet einen Werbefeldzug für Lehr- und Fachbücher, der drei Monate dauern soll. Anlaß dafür ist der große Bedarf an qualifizierten Arbeitskräften in der Industrie, der sich besonders durch die enorme Steigerung der Rüstungsproduktion ergeben hat.

Der Prager Exil-Vorstand der Sozialdemokratischen Partei Deutschlands veröffentlicht ein Manifest »Für Deutschland – gegen A. Hitler«.

Die Rumänen Johann Zamfirescu und Peter Christea gewinnen auf einem Ford die Rallye Monte Carlo.

31. Januar, Freitag

Der italienische Ministerpräsident und Duce, Benito Mussolini, ordnet die Aufhebung der sog. geistigen Sanktionen an, die als Vergeltungsmaßnahme für die Wirtschaftssanktionen gegen Italien ein Aufführungsverbot bestimmter ausländischer Darbietungen beinhalteten.

Der deutsche Dichter Emil Strauß wird an seinem 70. Geburtstag mit der Goethe-Medaille für Wissenschaft und Kunst ausgezeichnet.

Gestorben:

18. London: Rudyard Kipling (*30. 12. 1865, Bombay), britischer Schriftsteller. → S. 24

20. Sandringham/Norfolk: Georg V. (*3. 6. 1865, London), britischer König. → S. 21

Nummer 3   16. Januar 1936   45. Jahrgang   Preis 20 Pfennig

Berliner
Illustrirte Zeitung

THE ILLUSTRATED
LONDON NEWS

The World Copyright of all the Editorial Matter, both Illustrations and Letterpress, is Strictly Reserved in Great Britain, the British Dominions and Colonies, Europe, and the United States of America.

POSTAGE, INLAND 2d.; FOREIGN 3d.   SATURDAY, JANUARY 25, 1936.   CANADA AND NEWFOUNDLAND 3½d.

Eine bayerische Uraufführung in Berlin.

Käte Merk als Rosl in dem bayerischen Volksstück „Der letzte Bauer" von Anderl Kern.

Mit großem Erfolg spielt die berühmte Schultes-Bühne aus Rottach-Egern im Berliner Theater Unter den Linden klassische Stücke süddeutschen Volkstums. Auf Einladung der NS Kulturgemeinde wird die Truppe in der nächsten Zeit eine Rundreise durch die deutschen Gaue unternehmen.

HIS LATE MAJESTY KING GEORGE V.

To the profound regret of his people here and beyond the seas, his Majesty King George V., who had been lying ill since January 17, died at Sandringham House, his Norfolk home, at five minutes to midnight on Monday, January 20. His late Majesty was born on June 3, 1865, at Marlborough House.

From the Painting by J. St. Helier Lander, R.O.I. (Copyright Strictly Reserved.)

Die »Berliner Illustrirte Zeitung« vom 16. Januar 1936 zeigt die Schauspielerin Käthe Merk in einer Szene des Volksstücks »Der Letzte Bauer« am Berliner Theater Unter den Linden

Die britische Wochenzeitung »The Illustrated London News« zeigt den am 20. Januar verstorbenen König Georg V. von Großbritannien in einer Sondernummer vom 25. Januar 1936

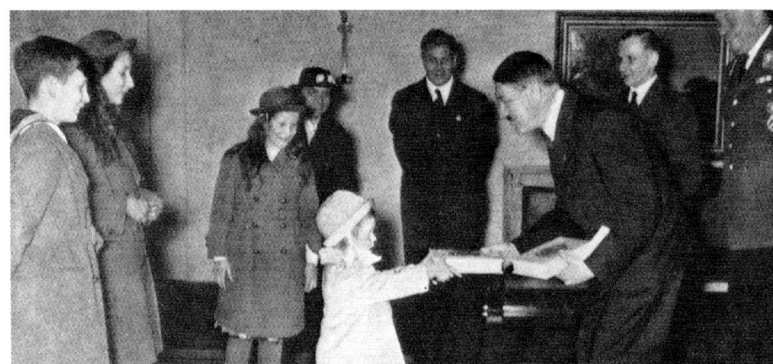

Die Kinder von Verkehrsminister Paul Freiherr Eltz von Rübenach überbringen Adolf Hitler Neujahrsglückwünsche in der Berliner Reichskanzlei

Reichskanzler Adolf Hitler nach dem Neujahrsempfang des diplomatischen Korps in Berlin (l. Otto Meißner, Chef der Präsidialkanzlei

Adolf Hitler bei der Silvesteraufführung im Deutschen Opernhaus

Glocken läuten das neue Jahr ein; Geläut der Berliner Parochialkirche

Adolf Hitler zieht Erfolgsbilanz

1. Januar. Im Mittelpunkt der Neujahrsbotschaft, die Führer und Reichskanzler Adolf Hitler im deutschen Rundfunk von Propagandaminister Joseph Goebbels verlesen läßt, stehen die nationalsozialistischen Erfolge im Jahr 1935 und Appelle an den Einsatzwillen der Deutschen.

Für Hitler ist 1935 das Jahr der »wiedererrungenen Freiheit nach außen«; er geht damit auf die Bemühungen ein, den Versailler Vertrag rückgängig zu machen, durch den dem Deutschen Reich nach dem Weltkrieg hohe Verpflichtungen auferlegt worden waren (Gebietsabtretungen, Entwaffnung, Reparationszahlungen):

▷ Bei einer Volksabstimmung im Saargebiet, die im Rahmen der Versailler Bestimmungen am 13. Januar 1935 durchgeführt wurde, sprachen sich 90,8% der Bevölkerung für die Wiedereingliederung in das Deutsche Reich aus (→13.1./S.18)

▷ Mit der Wiedereinführung der allgemeinen Wehrpflicht am 16. März 1935 sagte sich Hitler praktisch von den Versailler Rüstungsbeschränkungen los und demonstrierte den festen Willen der Nationalsozialisten, die militärische Macht des Deutschen Reiches der Vorkriegszeit wiederherzustellen

▷ Durch das deutsch-britische Flottenabkommen vom 18. Juni 1935, in dem der deutschen Kriegsmarine eine Flottenstärke von 35% der Seestreitkräfte des britischen Commonwealth zugestanden wurde, sanktionierte Großbritannien die deutsche Wiederbewaffnung, um Hitler zu weiteren internationalen Verpflichtungen zu bewegen

Die Erfolge in der Wirtschaftspolitik betreffen besonders die Reduzierung der Arbeitslosigkeit im Deutschen Reich (1932: 5,6 Millionen; 1935: 2,1 Millionen). Ursachen für diese Entwicklung sind das Abflauen der Weltwirtschaftskrise seit 1931/32, die Steigerung der öffentlichen Investitionen (1932: 2,59 Milliarden Reichsmark/RM; 1935: 9,04 Milliarden RM), sowie die Bindung von Arbeitskräften durch die Wehrpflicht (eine Million Menschen) und die 1935 eingeführte Arbeitsdienstpflicht (0,2 Millionen).

In seinem Ausblick auf das Jahr 1936 beschwört Hitler die Friedensliebe der Deutschen und verbindet mit der Zusicherung, das Deutsche Reich werde »ein Bollwerk gegen den Bolschewismus« bleiben, die Aufforderung an die Bevölkerung, im »heiligen Eifer zu arbeiten für die gemeinsame Aufgabe«.

Staat sorgt für Zucht in Kirchen

19. Januar. In einem Interview mit der »Niedersächsischen Tageszeitung« äußert sich der deutsche Reichsminister für kirchliche Angelegenheiten, Hanns Kerrl, zum Verhältnis zwischen Staat und Kirche.

Nach seinen Worten besteht völlige Freiheit in der Religionsausübung, mit der Einschränkung, daß die Kirchen sich jeglicher politischer Äußerungen zu enthalten haben. Aufgabe des Staates sei es, für »Zucht und Ordnung« im kirchlichen Leben zu sorgen. Die Gleichschaltungsversuche der Nationalsozialisten erreichten mit der Einrichtung des Reichsministeriums für kirchliche Angelegenheiten am 18. Juli 1935 einen Höhepunkt (→22.2./S.34).

Kanonen statt Butter

17. Januar. Die Lebensmittelknappheit im Deutschen Reich wird von Reichspropagandaminister Joseph Goebbels auf einer Kundgebung des Gaus Groß-Berlin als belanglos hingestellt. Die Vorrangstellung der Rohstoffeinfuhr für die Rüstungsindustrie gegenüber Lebensmittelimporten begründet der Minister damit, daß »man zur Not auch einmal ohne Butter, nie aber ohne Kanonen auskommen kann«.

Nach Angaben von Goebbels sind vor der Machtübernahme der Nationalsozialisten (1933) Lebensmittel im Wert von 2,5 Milliarden Reichsmark (RM) jährlich importiert worden. Der Betrag sei bis 1935 auf eine Milliarde gesunken. Devisen im Wert von 1,5 Milliarden RM könnten nun für Rohstoffe »zur Ankurbelung des Rüstungsprozesses« verwendet werden.

Ziel ist es, die deutsche Wirtschaft möglichst schnell von Lieferungen aus dem Ausland unabhängig zu machen. Dazu soll auch die Ausschöpfung der heimischen Rohstoffquellen beitragen. Dennoch ist das Deutsche Reich weiterhin auf den Import von Rohstoffen und Lebensmitteln angewiesen.

Weil der deutsche Export nicht nennenswert ausgeweitet werden kann

Ein Panzer verläßt die Fabrik; mit allen Mitteln wird aufgerüstet

(1934: 4,18 Milliarden RM, 1935: 4,27 Milliarden RM), somit nicht genug Devisen zur Verfügung stehen, wird der Import anderer Güter seit 1934 zugunsten der Rohstoffe beschränkt (Nahrungsmittelimporte 1934: 887,9 Millionen RM, 1935: 830,4 Millionen RM).

Zwar hat sich Ende 1935 die Versorgung der deutschen Bevölkerung mit Butter und Fetten gebessert, dafür sind gegenwärtig Eier, Rindfleisch und Kartoffeln knapp.

Fortbildung wird Pflicht für Ärzte

8. Januar. Durch einen Erlaß der deutschen Reichsärzteführung wird die Fortbildungspflicht für Ärzte eingeführt, die in deutschen Großstädten praktizieren. Bereits seit 1935 müssen Kleinstadt- und Landärzte an entsprechenden Lehrgängen teilnehmen.

Ziel der Kurse, die jeweils 38 Doppelstunden umfassen, ist es, die rund 48 000 deutschen Ärzte mit dem neuesten Stand der medizinischen Forschung vertraut zu machen.

Neben der Vermittlung neuer Diagnose- und Therapiemethoden soll in den Kursen die Naturheilkunde berücksichtigt werden.

Naturheilkunde auf dem Vormarsch

18. Januar. Der deutsche Reichsärzteführer, Gerhard Wagner, spricht sich auf einer Naturärztetagung in Leipzig für eine Synthese zwischen Schulmedizin und Naturheilkunde aus.

Weil die gängigen Methoden nicht immer den erwünschten Erfolg hätten, müsse sich die deutsche Ärzteschaft wieder mit der naturgemäßen Therapie vertraut machen.

Wagner bekräftigt seine Absicht, den von ihm eingeschlagenen Mittelweg zwischen den beiden Polen Naturheilkunde und Schulmedizin auch gegen den Widerstand aus beiden Lagern weiterzuverfolgen.

25 Jahre Forschung

11. Januar. In Berlin wird das 25jährige Bestehen der Kaiser-Wilhelm-Gesellschaft zur Förderung der Wissenschaften gefeiert.

Seit ihrer Gründung am 11. Januar 1911 errichtete die Gesellschaft, die seit 1930 von dem Physiker Max Planck geleitet wird, 32 überwiegend naturwissenschaftliche Forschungsinstitute. Deren Finanzierung erfolgt aus Mitgliederbeiträgen, staatlichen Zuschüssen und Zuwendungen der Wirtschaft.

Ein Teil der Institute widmet sich der theoretischen Forschung in den Bereichen Biologie/Physiologie, physikalische Chemie und Medizin. Eine zweite Gruppe von naturwissenschaftlichen Instituten betreibt – ausdrücklich im Dienst der deutschen Wirtschaft – anwendungsorientierte Forschung.

Hilfe für Bedürftige

3. Januar. Nach Angaben des Reichsbeauftragten für das Winterhilfswerk des deutschen Volkes (WHW), Erich Hilgenfeldt, unterstützt der 1933 gegründete nationalsozialistische Wohlfahrtsverband im Winter 1935/36 rund 12,5 Millionen bedürftige Bürger. Das sind etwa 18,5% der deutschen Bevölkerung. Im Winter 1933/34 wurden so Hilgenfeldt – 17 Millionen Deutsche vom WHW betreut, 1934/35 waren es 14 Millionen.

Trotz der gesunkenen Zahl der Unterstützungsberechtigten – eine Folge der zurückgehenden Arbeitslosigkeit – steht das WHW weiter im Mittelpunkt nationalsozialistischer Sozialpolitik.

Das WHW finanziert sich ausschließlich aus Spenden, die in großangelegten Sammelaktionen zusammengetragen werden. Dadurch erhält es den Charakter einer Gemein-

schaftsaktion des deutschen Volkes, während gleichzeitig die staatlichen Ausgaben für soziale Fürsorge reduziert werden können (→ 4. 4./S. 76; 7. 10./S. 183).

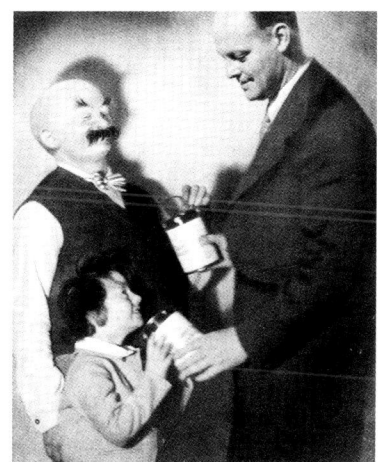

Als »Vater und Sohn« kostümierte Sammler mit Erich Hilgenfeldt

Jägermeister Hermann Göring

Verbot für Fotos vom Jäger Göring

7. Januar. In einer Anweisung des deutschen Reichspropagandaministeriums an alle Tageszeitungen wird die Veröffentlichung von Bildern verboten, die von privaten Jagdveranstaltungen Hermann Görings gemacht worden sind.

Der begeisterte Jäger Göring, seit 11. April 1933 preußischer Ministerpräsident und 5. Mai 1933 Reichsminister für die Luftfahrt, wurde 1934 auch Reichsforst- und Reichsjägermeister.

Mit dem Veröffentlichungsverbot will das Propagandaministerium verhindern, daß in der Bevölkerung der Eindruck entsteht, der Minister gebe sich mit privaten Vergnügungen ab, anstatt seinen Verpflichtungen, die er als einer der führenden deutschen Politiker hat, nachzukommen.

Heinrich Himmler, Reichs-führer der Schutzstaffel (SS)

Ein Hochschullehrer bei der Begrüßung von Studenten

Joseph Goebbels, deutscher Reichspropagandaminister

2,5 Millionen Mädchen sind im Bund Deutscher Mädel

Pimpf als Fanfarenbläser bei einer Feier der Hitlerjugend

Das Reich ist fest in Hitlers Hand

30. Januar. Am dritten Jahrestag der Machtergreifung kann Führer und Reichskanzler Adolf Hitler auf erste außenpolitische Erfolge seiner aggressiven Machtpolitik zurückblicken und sich der unumschränkten Herrschaft des nationalsozialistischen Regimes im Deutschen Reich sicher sein (→1.1./S. 14).

Die außenpolitische Isolation, in die sich das Deutsche Reich durch den Austritt aus dem Völkerbund am 19. Oktober 1933 begeben hat, ist durch bilaterale Verträge – hier vor allem das britisch-deutsche Flottenabkommen vom 18. Juni 1935 – verringert worden.

Innenpolitisch stützt sich die Herrschaft des Hitler-Regimes auf zwei Säulen. Der Staatsapparat – in seiner Struktur seit der Weimarer Republik kaum verändert – ist durch die Ent-

fernung von »unzuverlässigen Elementen«, wozu auch Personen »nichtarischer Abstammung« gehören, und die bevorzugte Einstellung von NSDAP-Mitgliedern dem Willen Hitlers unterworfen worden.

Die NSDAP steht mit ihren Organisationen als selbständiges Instrument der Machtausübung neben den staatlichen Einrichtungen, wo-

bei Staats- und Parteifunktionen teilweise miteinander verbunden sind. Aufgabe der NSDAP-Organisationen ist die »Schulung« und Kontrolle aller Bevölkerungsschichten. Zu diesem Zweck sind gegenwärtig schon die meisten Vereine und Verbände aufgelöst und durch Einrichtungen der Partei ersetzt worden (→19.4./S. 68).

Massenkundgebung der NSDAP im Berliner Lustgarten am 30. Januar

Die NSDAP – der Staat im Staate

Nationalsozialistische Deutsche Arbeiterpartei (NSDAP): Die NSDAP ist 1920 aus der rechtsradikalen »Deutschen Arbeiterpartei« hervorgegangen. Adolf Hitler ist mit umfassenden Vollmachten ausgestatteter Vorsitzender (seit dem 29.6.1921) und »Führer« (seit 1922) der NSDAP. Durch die Auflösung aller anderen Parteien wurde die NSDAP am 14. Juli 1933 deutsche Staatspartei. Die Zahl der Parteimitglieder lag Anfang 1935 bei etwa 2,5 Millionen (Anfang 1933: 900 000).

Sturmabteilung (SA): Der ursprünglich als »Ordnungsdienst« gegründete politische Kampfverband der NSDAP machte sich unter der Führung Ernst Röhms (1923–1928, 1931–1934) einen Namen als Schläger- und Terrortruppe der Nationalsozialisten. Nach der Machtergreifung im Jahr 1933 strebte Röhm mit der SA eine beherrschende Position im nationalsozialistischen Staat an, was ihm die Gegnerschaft von Wehrmacht und SS eintrug. Nach der Ermordung Röhms und führender

SA-Männer auf Geheiß Hitlers (30.6.–2.7.1934), die mit angeblichen Putschversuchen der SA begründet wurde, verlor die SA ihre politische Bedeutung. Stabschef der SA ist gegenwärtig Viktor Lutze (1934–1943).

Schutzstaffel (SS): Die SS war nach ihrer Gründung im Jahr 1925 der SA unterstellt (seit 1926). Aufgabe der NSDAP-Elitetruppe war es anfangs, Hitler und die Partei abzusichern und zu schützen. 1929 wurde Heinrich Himmler Reichsleiter der SS. Die von Himmler straff organisierte SS steht in bedingungsloser Ergebenheit zu Hitler, der den mit Polizeifunktionen betrauten Verband (u.a. KZ-Bewachung durch SS-Totenkopf) 1934 zur selbständigen Organisation machte (→17.6./S. 102).

Andere Gliederungen der NSDAP sind die Hitlerjugend (HJ), das Kraftfahrkorps (NSKK), die NS-Frauenschaft, der NS-Deutsche Studentenbund und der NS-Deutsche Dozentenbund. Angeschlossen sind weitere, besonders berufsständische Verbände.

Neue Richtlinien für die Richter

14. Januar. »Um klarzustellen, was unter der Unabhängigkeit des Richters zu verstehen ist«, verkündet der Reichsjuristenführer, Hans Frank, auf einer Tagung in Berlin Richtlinien für die Rechtsprechung.

Danach ist die nationalsozialistische Weltanschauung Grundlage der Auslegung aller Rechtsquellen. Die Entscheidungen des Führers und Reichskanzlers Adolf Hitler binden den Richter auch über Gesetze und Verordnungen hinaus. Aus früheren Zeiten übernommene Gesetze sind nicht anzuwenden, wenn sie dem »heutigen gesunden Volksempfinden« widersprächen.

NS-Kulturgemeinde vereinnahmt Kunst

2. Januar. Walter Stang, Leiter der Nationalsozialistischen Kulturgemeinde, weist in einer Neujahrsrede darauf hin, daß der größte Teil der deutschen Ortschaften von der NS-Kulturgemeinde betreut würde.

Durch Aufführungen von Volksstücken in ländlichen Gebieten, Veranstaltung von Dichterlesungen, Musikabenden und Kunstausstellungen versucht die NSDAP-Organisation der Bevölkerung ein neues, nationalsozialistisches Kunst- und Kulturverständnis zu vermitteln.

Die 1934 von dem NS-Ideologen Alfred Rosenberg gegründete Kulturgemeinde befindet sich – wegen unterschiedlicher kunstideologischer Positionen – im ständigen Streit mit der deutschen Reichskulturkammer (→17.6./S. 104).

Reichsautobahn Köln–Düsseldorf; Eröffnung am 21. Mai 1936 (Kilometerkosten rund eine Million Reichsmark)

Die ersten Autobahnkilometer

9. Januar. Gegenwärtig sind rund 1900 km Autobahn in Bau, zusätzliche 3500 km sind zum Bau freigegeben. Die Zahl der bei den Bauarbeiten Beschäftigten liegt bei etwa 100 000.

Von den im Deutschen Reich vorgesehenen 6900 km Reichsautobahn wurden 1935 nach Mitteilung der Reichsautobahndirektion 108 km fertiggestellt. Die erste Teilstrecke, Frankfurt am Main – Darmstadt, konnte am 15. Mai 1935 dem Verkehr übergeben werden.

Obwohl möglichst viele Arbeitslose – häufig ohne Berücksichtigung der Berufsausbildung – auf den Baustellen eingesetzt werden, steht der Arbeitsbeschaffungseffekt dieses Großvorhabens hinter dem propagandistischen Wert – die Autobahn als Symbol nationalsozialistischer Tatkraft – weit zurück.

Reichsbahn trotz Überschuß besorgt

3. Januar. Die Deutsche Reichsbahn kann für das Jahr 1935 einen Leistungs- und Einnahmezuwachs verzeichnen. Nach dem vorläufigen Geschäftsbericht hatte die Deutsche Reichsbahn 1935 im Personenverkehr mit 990 Millionen Reichsmark (RM) um 8% höhere Einnahmen als 1934. Im Güterverkehr lagen die Einnahmen mit 2,32 Milliarden RM um 8,4% über dem Ergebnis des Jahres 1934. Der Überschuß (155 Millionen RM) wird zum Abbau der Schulden verwendet, die sich derzeit auf

Stromlinien-Dampflok der Firma Borsig, 1935 (160 km/h Spitze)

rund 2,9 Milliarden RM belaufen. Die Deutsche Reichsbahn geht davon aus, daß ihr durch den anhaltenden Übergang von Beförderungsleistungen auf den Kraftfahrzeugverkehr jährlich Einnahmen in Höhe von mindestens 47 Millionen RM entgehen.

Der erste Teilabschnitt des deutschen Autobahnnetzes, zwischen Frankfurt am Main und Darmstadt, am 15. Mai 1935 für den Verkehr freigegeben

Panzerschiff »Admiral Graf Spee«, zwei Aufklärungsflugzeuge an Bord

Verstärkung für deutsche Kriegsflotte

6. Januar. Auf der Marinewerft in Wilhelmshaven wird das dritte Panzerschiff der »Deutschland«-Klasse in Dienst gestellt.

Die »Admiral Graf Spee« – benannt nach dem Chef des deutschen Kreuzergeschwaders Ostasien im Weltkrieg, Maximilian Reichsgraf von Spee – hat wie die »Deutschland« und die »Admiral Scheer«, eine Wasserverdrängung von 10 000 t und eine Geschwindigkeit von 26 Knoten (48 km/h).

Der Bau der »Admiral Graf Spee« war schon im Jahr 1932 genehmigt worden. Mit den Panzerschiffen, die wesentlich schneller als die großen Schlachtschiffe sind und eine stärkere Bewaffnung als vergleichbare Schiffstypen zulassen, sollten noch während der Weimarer Republik die Rüstungsbeschränkungen des Versailler Vertrags, der den Bau von Schlachtschiffen für die deutsche Kriegsmarine verbot, umgangen werden.

Der zweimotorige Tiefdecker He 111, die neueste Konstruktion des Flugzeugbauers Ernst Heinkel (r. unten)

Deutsches Rekordflugzeug zum Jubiläum der Lufthansa

6. Januar. Die Deutsche Lufthansa feiert ihr zehnjähriges Bestehen. Seit ihrer Gründung im Januar 1926 hat sich die Lufthansa zu einer der führenden Fluggesellschaften in Europa entwickelt. Die Anzahl der Fluggäste ist von 37 600 im Jahr 1926 auf 175 000 im Jahr 1935 gestiegen.

Am 9. Januar – fast rechtzeitig zum Jubiläum der Lufthansa – stellen die Heinkel-Werke in Berlin das neue Schnellverkehrsflugzeug He 111 vor, das für die Fluggesellschaft in zweijähriger Arbeit gebaut worden ist.

Mit einer Höchstgeschwindigkeit von über 400 km/h ist die He 111 gegenwärtig das schnellste Verkehrsflugzeug. Die Maschine bietet zehn Passagieren Platz.

Bereits Anfang 1937 liefern die Berliner Heinkel-Werke die erste Bomberversion der He 111 an die deutsche Luftwaffe aus.

Gelände des neuen Frankfurter Flughafens mit Luftschiffhalle (im Bau)

Tempolimit für die Parteigenossen

16. Januar. Bei einem Generalappell des Nationalsozialistischen Kraftfahrkorps (NSKK) verkündet der deutsche Reichsminister und Stellvertreter des Führers, Rudolf Heß, einen Erlaß, in dem alle autofahrenden NSDAP-Mitglieder aufgefordert werden, ihre Höchstgeschwindigkeit zu reduzieren, damit Reifen und Material gespart werden.

Heß begründet die Forderung mit dem Mangel an Rohstoffen. Schon eine zehnprozentige Geschwindigkeitsreduzierung würde jedes Jahr Millionen an Devisen einsparen.

Im übrigen, so Heß, seien die Geschwindigkeiten über 100 km/h in erster Linie ein Vergnügen und nicht so sehr eine Zeitersparnis.

Beginn des letzten Inventurverkaufs

27. Januar. Zum letzten Mal wird im Deutschen Reich der »Inventurverkauf« unter dieser Bezeichnung durchgeführt (27. 1.–8. 2.).

Gemäß einer Anordnung des deutschen Reichswirtschaftsministeriums vom Mai 1935 wird es in Zukunft zwei dieser Verkaufsaktionen pro Jahr geben.

Der erste Sonderverkauf, der »Winterschlußverkauf«, beginnt Ende Januar, der zweite unter der Bezeichnung »Sommerschlußverkauf« Ende Juli. Bei beiden Aktionen dürfen Textilien, Bekleidung und Schuhe angeboten werden, beim »Winterschlußverkauf« zusätzlich Geschirr sowie Handtaschen und Gürtel für Damen.

Aus Saarlouis wird Saarlautern

13. Januar. Im Rahmen der Feierlichkeiten zum ersten Jahrestag der Saargebietsabstimmung wird die saarländische Kreisstadt Saarlouis vom deutschen Reichsinnenminister, Wilhelm Frick, in Saarlautern umbenannt.

Für das Saargebiet sahen die Versailler Friedensbestimmungen von 1919 für den 13. Januar 1935 eine Volksabstimmung vor, die über die Zugehörigkeit des Gebietes zu Frankreich oder dem Deutschen Reich entscheiden sollte.

Das Abstimmungsergebnis (90,8% für die Wiedereingliederung in das Deutsche Reich) bedeutete den ersten internationalen Erfolg für das Hitler-Regime.

Löhne der Arbeiter scheinbar stabil

23. Januar. Nach Berechnungen des deutschen Statistischen Reichsamtes ist das Niveau der tariflichen Stundenlöhne von Industriearbeitern seit 1934 im Deutschen Reich konstant geblieben.

Tariflöhne der Industriearbeiter (pro Stunde in Reichspfennig)

Jahr	Facharbeiter		Hilfsarbeiter	
	männl.	weibl.*	männl.	weibl.
1932	81,6	53,1	64,4	43,9
1933	78,5	51,7	62,3	43,4
1934	78,3	51,6	62,2	43,3
1935	78,3	51,6	62,2	43,4
1936	78,3	51,6	62,2	43,4

* einschließlich Angelernte

Diese Ergebnisse bestätigen die nationalsozialistische Lohnpolitik, nach der sowohl die Löhne als auch die Preise eingefroren werden sollen, damit die Finanzierung des deutschen Rüstungsprogramms nicht gefährdet wird. Gleichzeitig wird ein starkes Anwachsen der Kaufkraft in weiten Kreisen der Bevölkerung vermieden, so daß Wirtschaftsproduktion und Rohstoffverteilung auf die Rüstungsindustrie konzentriert werden können.

Die tariflichen Mindestlöhne werden durch die Treuhänder der nationalsozialistischen Deutschen Arbeitsfront (DAF) in Absprache mit den Betriebsführern festgelegt. Das »positive« Bild der konstanten Tariflöhne und der ansteigenden Reallöhne verschleiert die tatsächliche Verschlechterung der Arbeitsbedingungen.

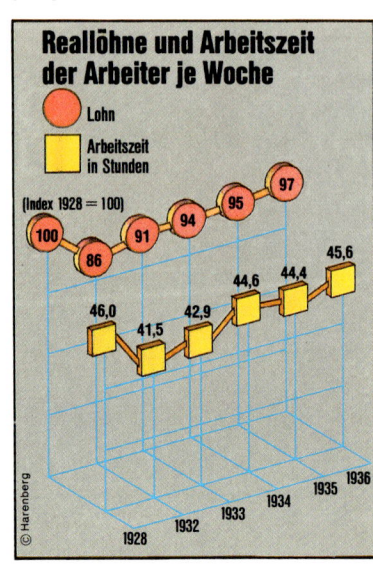

Reallöhne und Arbeitszeit der Arbeiter je Woche

● Lohn

▮ Arbeitszeit in Stunden

(Index 1928 = 100)

100 86 91 94 95 97

46,0 41,5 42,9 44,6 44,4 45,6

1928 1932 1933 1934 1935 1936

© Harenberg

Hissen der Hakenkreuzfahne beim Fahnen-appell an einer deutschen Volksschule

Besuch des Führers und Reichskanzlers Adolf Hitler in einer süddeutschen Volksschulklasse

Nationalpolitischer Unterricht in Berlin-Reinik-kendorf, Nazi-Propaganda im Klassenzimmer

Schule 1936:

Hitlerjugend konkurriert mit der Schule

Wie in anderen Bereichen des öffentlichen Lebens zeigen sich im deutschen Bildungswesen die typischen Merkmale nationalsozialistischer Machtausübung: Radikale Gleichschaltung und Durchsetzung des Führerprinzips, das Nebeneinander von Staatsapparat und NSDAP, das Fehlen einer einheitlichen Konzeption und das Festhalten an übernommenen Strukturen.

Das dreigliedrige Schulsystem bleibt ebenso wie das duale System der Berufsbildung weitgehend ohne Änderungen bestehen. Die allgemeinen Richtlinien für die Schulen behalten – wenigstens offiziell – ihre Gültigkeit (neue Richtlinien erst ab 1938).

Die Herstellung der nationalsozialistischen Gesinnungsschule wird durch die Beseitigung von Reformschulen (z. B. Sammelschulen) und deren pädagogischen Ansätzen (Verbot der Prügelstrafe, Koedukation u. a.) sowie durch die Entlassung politisch unliebsamer Lehrer und solcher »nichtarischer Abstammung« betrieben.

Nach anfänglicher Zurückhaltung begann die NSDAP im Zug der

Massenveranstaltung der HJ, An-ziehungspunkt für Jugendliche

Gleichschaltung der Kirchen 1935 mit intensiven Propagandaaktionen gegen die Bekenntnisschulen. Seit 1936 werden verstärkt Bekenntnisschulen in paritätische, d. h. nicht konfessionell gebundene Schulen umgewandelt. Ein Erlaß des Reichserziehungsministeriums verbietet 1936 die Einteilung von Schulklassen nach Bekenntnissen.

Die deutsche Lehrerschaft hat sich – wenigstens formal – dem neuen Bildungsgeist unterworfen: Weit über 90% der Lehrer gehören 1936 dem Nationalsozialistischen Deutschen Lehrerbund an. Der Anteil überzeugter Nationalsozialisten unter ihnen ist allerdings erheblich geringer. Nur etwa 30% sind Mitglied in der NSDAP.

Allein durch die Gleichschaltung der Institutionen Schule und Hochschule ist Hitlers »Erziehungsstaat« nicht zu verwirklichen. So wurden bereits ab 1933 nationalsozialistische Eliteschulen

eingerichtet. Im Jahr 1935 gab es im Deutschen Reich 15 Nationalpolitische Erziehungsanstalten (Napola), am → 24. April 1936 (S. 69) werden die drei Ordensburgen der NSDAP eingeweiht (1937 Gründung der Adolf-Hitler-Schulen).

Neben Elternhaus und Schule – aus Sicht der NSDAP wenig zuverlässige Erziehungsinstanzen – tritt offiziell am → 1. Dezember 1936 (S. 204) die Hitlerjugend (HJ), die per Gesetz zur Staatsjugend deklariert wird: »Die gesamte deutsche Jugend innerhalb des Reichsgebietes ist in der Hitler-Jugend zusammengefaßt«; und in der Tat ist das 1936 annähernd der Fall. Von den rund 672 000 Schülern der höheren Schulen im Deutschen Reich beispielsweise waren 1935 67,9% in der HJ. 1936 liegt der Anteil bereits bei 89,1%.

Entwicklung der Volksschularten

	1932	1936	1937
Insgesamt	52 961	52 370	51 739
Davon:	in Prozent		
Evangelisch	54,8	54,1	50,6
Katholisch	28,8	29,1	25,3
Jüdisch	0,2	0,1	0,1
Paritätisch	15,6	16,7	24,0
Sammelschule	0,6	0,0	0,0

Hermann Göring bei der deutschen Schuljugend (Zeichnung in der »Berliner Illustrirten« vom 6. Februar 1936)

Junglehrerinnen im Berliner Werklehrer-Seminar, auf handwerkliche Fähigkeiten wird viel Wert gelegt

Heftige Kämpfe in Abessinien

Januar. Der Vormarsch italienischer Truppen, die am 3. Oktober 1935 in das ostafrikanische Kaiserreich Abessinien (Äthiopien) eingefallen sind, gerät nach Anfangserfolgen ins Stocken.

Die italienischen Divisionen stoßen an der Nordfront auf heftigen Widerstand der waffentechnisch weit unterlegenen abessinischen Verteidigungsarmee. Auch im Süden haben die Italiener von Italienisch-Somaliland aus nur einen schmalen Streifen abessinischen Territoriums erobern können. Die Italiener verstärken daher im Januar 1936 ihre Luftangriffe auf zivile Ziele und setzen vermehrt Giftgasbomben ein.

Ziel des italienischen Abessinienfeldzuges ist die Vergrößerung des »italienischen Imperiums« durch Annektierung des afrikanischen Kaiserreichs, das mit den angrenzenden italienischen Besitzungen Eritrea und Italienisch-Somaliland zu einer großen Kolonie verschmolzen werden soll.

Nachdem der Kaiser von Abessinien, Haile Selassie I., Gebietsansprüche der Italiener zurückgewiesen hatte, marschierten am 3. Oktober 1935 italienische Truppen in Abessinien ein – im Norden sieben Divisionen aus Eritrea, im Südosten fünf Divisionen aus Italienisch-Somaliland (Befehlshaber Rodolfo Graziani).

Auf den Hilferuf Abessiniens reagierte der Völkerbund am 18. November 1935 mit Wirtschaftssanktionen gegen Italien. Die Maßnah-

Ein italienischer Feldflugplatz in Abessinien, von dem aus Luftangriffe auch gegen zivile Ziele geflogen werden, im Vordergrund Fliegerbomben

Kaiser Haile Selassie I.

General Rodolfo Graziani

men, die vor allem aus Exportbeschränkungen bestehen, führen aber weder zum Zusammenbruch der italienischen Rüstungsindustrie noch können sie den italienischen Ministerpräsidenten und Duce Benito Mussolini zu einem Einlenken

veranlassen; viele Völkerbundstaaten umgehen die Sanktionsbestimmungen. Mussolini wird zudem massiv durch das Deutsche Reich, das seit 1933 nicht mehr dem Völkerbund angehört, unterstützt (5. 5./ S. 84; 30. 6./S. 107).

Flottenkonferenz ohne Japaner

15. Januar. Japan verläßt die Londoner Flottenkonferenz, auf der seit dem 9. Dezember 1935 über ein neues Abkommen zur Begrenzung der Flottenrüstung zwischen Großbritannien, USA, Frankreich, Italien und Japan beraten wird, weil es sich mit seiner Forderung nicht durchsetzen kann.

Während die Japaner – aus finanziellen Gründen – die Abschaffung schwerer Schiffs- und Waffentypen verlangen und es darüber hinaus jedem Staat überlassen wollen, mit welchen Schiffstypen er eine festgelegte Obergrenze der Flottentonnage erreicht, wünschen die anderen

Konferenzteilnehmer eine Begrenzung für die unterschiedlichen Schiffs- und Waffentypen.

Nachdem die Japaner die Konferenz verlassen haben, setzen die Vertreter der übrigen Staaten ihre Verhandlungen fort. Am 25. März 1936 wird von Großbritannien, den USA und Frankreich das neue Flottenabkommen unterzeichnet, das die Tonnage einzelner Schiffstypen begrenzt und eine Höchstgrenze für deren Bewaffnung vorschreibt. Italien verweigert seine Zustimmung wegen der internationalen Sanktionen im Zusammenhang mit dem Abessinienkonflikt.

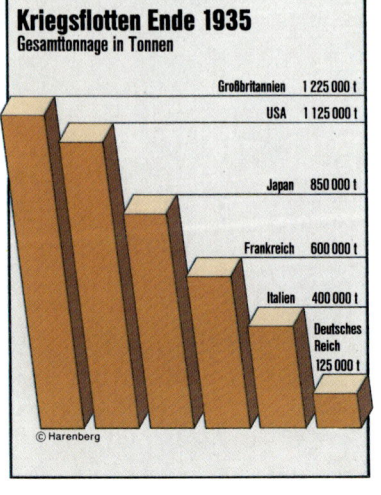

Kriegsflotten Ende 1935
Gesamttonnage in Tonnen

Großbritannien	1 225 000 t
USA	1 125 000 t
Japan	850 000 t
Frankreich	600 000 t
Italien	400 000 t
Deutsches Reich	125 000 t

© Harenberg

3. Januar. In der üblichen »Botschaft an den Kongreß über die Lage der Nationen« äußert sich der US-amerikanische Präsident, Franklin D. Roosevelt, pessimistisch über die Friedensaussichten in Europa und Asien. Mit Hinweis auf das neue Neutralitätsgesetz, das dem Kongreß zur Beratung vorliegt, betont Roosevelt die Absicht der US-Regierung, ihre Außenpolitik auch weiterhin streng an den Neutralitätsgrundsätzen zu orientieren.

Ohne Namen zu nennen, greift der US-Präsident in seiner Rede Italien und Japan wegen ihrer aggressiven Außenpolitik an: »Voller Ungeduld kehren sie zum alten Glauben an das Gesetz des Schwertes oder zu der phantastischen Auffassung zurück, daß sie allein auserwählt seien, eine Mission zu erfüllen ...« Roosevelt macht einige Staaten für das Scheitern der internationalen Abrüstungsbemühungen verantwortlich und nennt als Konsequenzen für die USA eine »angemessene« Verteidigung und strikte Neutralität.

Grundlage dieser Nichteinmischungspolitik wird das zweite, am 29. Februar 1936 verabschiedete Neutralitätsgesetz, das die Bestimmungen des ersten Gesetzes vom August 1935 verschärft. Danach dürfen kriegführenden Mächten keine Kredite gewährt werden; außerdem ist der Präsident verpflichtet, Waffen- und Munitionslieferungen an alle Staaten zu verbieten, die an einem Krieg teilnehmen.

Agrargesetze sind verfassungswidrig

6. Januar. Das Oberste Bundesgericht der USA erklärt die von der Roosevelt-Regierung erlassenen Agrargesetze von 1933 für verfassungswidrig, da sie in die Rechte der einzelnen US-Bundesstaaten eingriffen. Das »Agricultural Adjustment Act« sieht eine Entschuldung der kleinen Farmer und eine stärkere Besteuerung der Lebensmittel- und Konservenindustrie vor. Es ist Bestandteil des New Deal (»neue Handlungsweise«), mit dem Präsident Franklin D. Roosevelt die Folgen der Wirtschaftskrise in den USA überwinden will.

Liberale stürzen Lavals Regierung

22. Januar. In Frankreich verkündet der konservative Ministerpräsident Pierre Laval den Rücktritt seines gesamten Kabinetts. Zuvor haben vier liberale Minister ihre Ämter zur Verfügung gestellt. Sie wollten damit gegen die kompromißbetonte Außenpolitik der Regierung protestieren und speziell ihren Unmut über die Zurückhaltung Lavals im Italien-Abessinien-Konflikt kundtun.

Laval, der in seiner sechsmonatigen Regierungszeit gegenüber Italien trotz des Abessinienkrieges eine ausgleichende Politik betrieb, um zu verhindern, daß sich das faschistische Italien an das Deutsche Reich annäherte, stützte seine Regierungsmehrheit auf den rechten Flügel der französischen Liberalen (Parti radical; Radikale Partei).

Die Hinwendung der Radikalen Partei zur Volksfront der französischen Linksparteien, die sich zwischen 1934 und 1935 herausgebildet hat, führt zum Sturz der eher nach rechts orientierten Regierung Laval.

Staatspräsident Albert Lebrun beauftragt daraufhin erst Édouard M. Herriot (Radikale Partei) mit der Bildung einer neuen Regierung. Der lehnt jedoch ebenso wie der Radikale Yvon Delbos den Auftrag ab. Am 24. Januar kommt es schließlich zur Bildung einer neuen Regierung durch den Radikalen Albert Sarraut, der bis zu den Parlamentsneuwahlen am 26. April und → 3. Mai (S. 82) mit der Unterstützung der linken Parteien rechnen kann.

Die Kutsche Eduard VIII. beim Proklamationszug durch London

König Georg V. stirbt in Sandringham

20. Januar. In der Nacht zum 21. Januar stirbt auf Schloß Sandringham in Norfolk im Alter von 70 Jahren der britische König, Georg V., nach langer Krankheit.

Der Sohn von Eduard VII. wurde im Jahr 1892 nach dem frühen Tod seines älteren Bruders Albert Thronfolger. Im Jahr 1893 heiratete Georg (V.) die Braut seines verstorbenen Bruders, Prinzessin Victoria Mary von Treck. Am 6. Mai 1910, dem Todestag Eduard VII., bestieg Georg V. den britischen Thron. Während seiner Regentschaft bemühte sich der als Seeoffizier ausgebildete König um eine Vermittlerrolle in der britischen Innenpolitik.

Als Nachfolger von Georg V. wird am 21. Januar 1936 dessen 41jähriger, ältester Sohn, Eduard VIII., in London öffentlich zum König ausgerufen. Am gleichen Tag wird das britische Parlament auf den

Eduard VIII., nach dem Tod seines Vaters neuer britischer König

neuen König vereidigt. Die Regentschaft Eduard VIII. dauert kaum ein Jahr. Am → 10. Dezember 1936 (S. 208) dankt der britische König ab, um die US-Amerikanerin bürgerlicher Herkunft, Wallis Simpson, zu heiraten. Ihm folgt sein jüngerer Bruder, Georg VI., auf dem britischen Thron.

Keine Überprüfung der Danzig-Wahlen

24. Januar. Der Völkerbundsrat lehnt es ab, eine internationale Kommission in die Freie Stadt Danzig zu schicken. Auf Vorschlag des Völkerbund-Kommissars für Danzig, Sean Lester, sollte die Kommission überprüfen, ob die letzten Landtagswahlen in der Stadt verfassungsgemäß abgelaufen sind.

Bei den Wahlen in Danzig, das seit 1919 unter dem Schutz des Völkerbunds steht, hat die NSDAP am 7. April 1935 43 der 72 Landtagssitze gewonnen. Die Wahlanfechtung der Opposition wegen verfassungswidriger staatlicher Unterstützung für den NSDAP-Wahlkampf wurde am 14. November 1935 vom Danziger Oberlandesgericht verworfen.

Molotow verlangt stärkere Rüstung

13. Januar. Auf einer Tagung des Zentralen Vollzugsausschusses der UdSSR in Moskau spricht sich der Vorsitzende des Rates der Volkskommissare, Wjatscheslaw M. Molotow, für eine weitere Verstärkung der sowjetischen Rüstung aus.

1934 wurden für die Rüstung rund sechs Milliarden Rubel ausgegeben, 1935 etwa neun Milliarden Rubel.

W. M. Molotow

Für 1936 werden die Ausgaben von rund 14 Milliarden Rubel erwartet.

Molotow, der ein enger Vertrauter von Regierungschef Josef W. Stalin ist, begründet seine Aufrüstungsforderungen mit einem angeblich gegen die Sowjetunion gerichteten Bündnis zwischen Japan und dem Deutschen Reich (→ 25. 11./S. 192).

Besorgt ist die sowjetische Regierung vor allem über die rigorose Machtpolitik der Japaner in China. Nach der Eroberung der nordchinesischen Mandschurei im Jahr 1931 versuchen die Japaner ihren Einfluß auf China weiter auszubauen. Die UdSSR sieht dadurch ihre wirtschaftlichen und politischen Interessen in China gefährdet.

Spaniens Parlament aufgelöst

7. Januar. Staatspräsident Niceto Alcalá Zamora löst nach dem Rücktritt der Regierung Alejandro Lerroux das spanische Parlament (Cortes) auf und legt die Neuwahlen auf den 16. Februar fest.

Die seit Dezember 1933 bestehende Regierung wurde von den spanischen Liberalen (Radikale Partei) unter der Führung Lerroux' und der katholisch-konservativen Sammelbewegung Confederación Española de Derecha Autonomas (CEDA; Spanischer Bund der autonomen Rechten) getragen. Weil mehrere Politiker der Radikalen Partei 1935 in Bestechungsskandale verwickelt

Kommunistische Kundgebung in Madrid, der Wahlkampf beginnt

waren, verlor die Partei so sehr an Ansehen, daß der Führer der CEDA, José Maria Gil Robles, beschloß, sich von dem Koalitionspartner zu lösen; Gil Robles – im Kabinett Lerroux seit 1934 Kriegsminister – hoffte, danach die Regierungsführung übernehmen zu können.

Die Politik der nationalkonservativen und katholischen Rechtsregierung von Lerroux und Gil Robles konzentrierte sich in den vergangenen drei Jahren darauf, Reformen, die von der fortschrittlichen Regierung Manuel Azaña 1931 bis 1933 durchgeführt worden waren, rückgängig zu machen (→ 16. 2./S. 36).

Schaltjahr 1936 kostet Millionen

7. Januar. Nach Berechnungen der Londoner Tageszeitung »Times« wird der zusätzliche Tag (29. 2.) des Schaltjahres 1936 die britische Nation ein Vermögen kosten – und der Regierung beachtliche Mehreinnahmen bringen.

So werden am 29. Februar 500 000 kg Tee und dazu 4000 t Zucker konsumiert. Die Kosten dafür belaufen sich umgerechnet auf 1,75 Millionen Reichsmark/RM. Die zusätzlichen Tageslöhne für die Armee belasten den Staatshaushalt mit 875 000 RM; der Luftwaffenetat erhöht sich um 475 000 RM.

Als weiterer Kostenfaktor sind, laut »Times«, die rund 280 000 britischen Schaltjahr-Babys anzusehen. Sie lassen die Ausgaben der Privathaushalte für Geburtstagsgeschenke alle vier Jahre – so auch 1936 – nicht unerheblich ansteigen.

Als positives Ergebnis ihrer Schaltjahr-Rechnungen verweist die »Times« auf Mehreinnahmen der britischen Regierung bei den Zöllen und Steuern. So werden am 29. Februar zusätzlich 3,75 Millionen RM an Warensteuern eingenommen, die Zolleinkünfte erhöhen sich um 6,25 Millionen RM. Die Post kann 100 000 Briefmarken an diesem Tag für 750 000 RM verkaufen..

Schließlich bringt das Schaltjahr den Arbeitnehmern ungewöhnlich viel Freizeit, weil der 29. Februar auf einen Sonnabend fällt, somit der Februar 1936 fünf Sonnabende hat.

Neue Kamera für Himmelsaufnahmen

Januar. Das Forschungsinstitut der AEG in Berlin stellt eine wissenschaftliche Kamera für Himmelsaufnahmen vor. Die sog. Halbkugelkamera hat einen Bildwinkel von 185 Grad. Der Bildausschnitt, den das menschliche Auge mit einem Blick erfassen kann, beträgt etwa 90 Grad. Die Halbkugelkamera erreicht fast das Blickfeld der großen Libellen, die den größten natürlichen Blickwinkel haben.

Mit der von den Wissenschaftlern der AEG konstruierten Spezialkamera kann mehr als eine Halbkugel über dem Fotografen auf einem Bild festgehalten werden – wie die Demonstrationsaufnahme vom Potsdamer Platz in Berlin zeigt. Die Kamera erfaßt das ganze Panorama des Platzes. Eine Kombination halbkugelförmiger Linsen erlaubt eine scharfe Abbildung des gesamten Bildausschnittes. Für die wissenschaftliche Verwendung sind die Verzerrungen ohne Bedeutung.

Seltene Tiere in deutschen Städten

3. Januar. Hauptanziehungspunkte der großen Zoologischen Gärten im Deutschen Reich sind gegenwärtig – laut einer Umfrage des Düsseldorfer »Mittag« – folgende Tiere:

▷ Berlin: Die zwei einzigen bisher gefundenen Bergnyalas, eine abessinische Antilopenart

▷ Frankfurt: Ein Komodo-Riesenwaran, eine erst 1912 entdeckte Echsenart

▷ München: Vier Kiangs, eine seltene tibetanische Huftierart

▷ Hannover: Zwei Harpyien, vom Aussterben bedrohte südamerikanische Adlerart.

Rollerfahren führt zu Körperschäden

3. Januar. In einem Aufsatz der »Münchener Medizinischen Wochenschrift« weist der Dresdener Orthopäde Friedrich Lickint auf gesundheitliche Gefahren durch übermäßiges Rollerfahren hin.

Messungen des Beinumfangs bei vier- bis zehnjährigen Jungen, die häufig Roller fahren, hätten ergeben, daß das Abstoßbein einen 5 bis 10 mm stärkeren Umfang habe als das auf dem Brett ruhende Bein. Auch X-Beine und leichte Verkrümmungen der Wirbelsäule bei den untersuchten Jungen führt der Dresdener Mediziner auf übermäßiges Rollern zurück.

Überschwemmung an Kanalküsten

3. Januar. Seit Wochen andauernde Regenfälle in Großbritannien und Frankreich führen zur Überflutung weiter Landstriche.

Im Westen und Süden der britischen Insel, in Hampshire, Sussex und Kent sowie im Themsetal werden Ortschaften bis zu 1 m überflutet. Seinen Höhepunkt erreicht das Unwetter am 9. Januar, als ein Orkan mit 150 km/h über das Land braust: 16 Menschen kommen ums Leben, der Sachschaden wird auf mehrere Millionen Pfund geschätzt.

Im westlichen Frankreich richten die Überschwemmungen ebenfalls Schäden in Millionenhöhe an.

Luftaufnahme eines von der Themse überfluteten Gebietes in der Grafschaft Berkshire nahe der Stadt Wargrave

Die Grafschaft Kent ist von den Überschwemmungen besonders betroffen, überflutete Straße bei Yalding

Extremer Frost in Nordamerika friert die Niagarafälle ein

Januar. *Die Kältewelle, die mit Temperaturen bis 49 Grad unter Null über den gesamten nordamerikanischen Kontinent hereingebrochen ist, läßt sogar die Niagarafälle an der Nordgrenze der USA gefrieren. Das extreme Winterwetter bringt den Verkehr in den Nordstaaten der USA vielfach zum Erliegen. Vorübergehend muß der Flugverkehr wegen heftiger Schneestürme eingestellt werden. Die Eisenbahnen fahren zum Teil nur noch auf den kurzen Strecken. Im US-Bundesstaat New York brennen am 24. Januar drei Dörfer ab, weil die Feuer, die durch Frostschäden an Leitungen entstanden sind, von den Feuerwehren aufgrund der Kälte nicht gelöscht werden können. Zahlreiche Betriebe – so die Bierindustrie in Milwaukee – müssen Produktion und Vertrieb wegen der niedrigen Temperaturen stoppen.*

Fabrik soll Regenwolken herstellen

28. Januar. Der französische Ingenieur Bernard Dubos legt der Leitung der Pariser Weltausstellung 1937 Pläne für den Bau einer Regenfabrik vor, die als Attraktion auf der Weltausstellung gezeigt werden könnte. Praktische Verwendung könnte die Fabrik nach Dubos Ansicht in den regenarmen französischen Kolonien Algerien, Tunesien und Marokko finden.

Hauptbestandteil der Regenfabrik soll ein 600 m hoher Turm sein, der am unteren Ende einen Durchmesser von 30 m hat und sich nach oben hin auf 100 m verbreitert.

Der Sockel des Turms soll im Umkreis von 800 m mit einem spinnennetzartigen System von Glaskanälen umgeben sein. In diesen Kanälen wird die warme Bodenluft mit Hilfe der Sonne auf mindestens 45 Grad Celsius gebracht und dem Schacht des Turms von unten zugeführt.

Die Warmluft wird durch den senkrechten Schacht in die kalte Höhenluft geschleust, wo es durch Kondensation von Wasserdampf zur Bildung von Wolken kommt, die sich in einiger Entfernung vom Entstehungsort in Regen auflösen.

Dubos ist überzeugt, daß auf diese Weise in zwölf Stunden eine Regenwolke hergestellt werden könne, die 700 000 t Wasser enthält; was ausreichen würde, »um eine kleine Provinz ergiebig zu begießen«.

Funktionsprinzip der Regenfabrik

Senkrechter Luftaustritt

Waagrechte Luftströmung

Bodenluftkanäle unter Glas, durch die erhitzte Luft in den Turm eintritt

© Harenberg

Seitenansicht und Durchschnitt der Regenfabrik

100 m

Höhe 600 m

Fahrstuhl

30 m

Glasüberdeckter Bodenluftkanal

© Harenberg

Autofahrer wollen mehr Sicherheit

Januar. Die Wünsche der deutschen Kraftfahrer für das Jahr 1936 richten sich – wie der Düsseldorfer »Mittag« meldet – auf größere Sicherheit im deutschen Straßenverkehr.

So wird u.a. verlangt, daß die Straßenbahnen – genau wie die Kraftwagen – Fahrtrichtungsanzeiger und Stopplichter erhalten. Die Lastkraftwagen sollen ebenfalls besser gekennzeichnet werden: Durch seitlich angebrachte Katzenaugen sollen sie auf Kreuzungen leichter sichtbar werden; ein deutliches Signal auf dem Dach soll den anderen Verkehrsteilnehmern schon von weitem zeigen, wie viele Anhänger der Lastzug hat; wie in Frankreich vorgeschrieben, sollen die Lastkraftwagen mit Schalltrichtern ausgerüstet werden, damit die Fahrer Hupsignale anderer Kraftfahrer sicher wahrnehmen können.

Für Radfahrer soll nach dem Willen der Kraftfahrer ein Führerschein eingeführt werden, damit deren Verhalten im Straßenverkehr verantwortungsbewußter wird. Außerdem sollen die Fahrräder mit Nummernschildern versehen werden.

Rettungsdampfer gegen Haifische

Januar. Zur Sicherung der geplanten Fluglinie von Großbritannien nach Australien setzt die britische Regierung in der Timorsee nördlich von Australien einen Rettungsdampfer ein. Die Timorsee wird wegen der dort herrschenden Haifischplage als schlimmste Gefahrenzone auf der ganzen Flugstrecke angesehen. Für den Fall, daß in diesem Gebiet ein Flugzeug niedergehen muß, verrichtet das Rettungsschiff auf der Strecke Patrouillendienst.

Um der Haifischplage Herr zu werden, hatte die britische Regierung schon im Jahr 1935 eine Staffel Bombenflugzeuge eingesetzt. Zwar wurden Hunderte von Haifischen getötet; aber insgesamt hatte die Aktion wenig Erfolg, da der Haifischbestand in dieser Region in die Zehntausende geht. Nachdem man verschiedene andere Pläne verworfen hatte, wurde als einzige praktikable Möglichkeit der Einsatz eines Rettungsschiffs beschlossen.

Gründgens spielt Hamlet in Berlin

Januar. Als künstlerisch bedeutsames Ereignis der Winterspielzeit 1935/36 am Berliner Staatstheater werden die »Hamlet«-Aufführungen mit Gustaf Gründgens in der Titelrolle gefeiert. Die Tragödie von William Shakespeare wird in einer Neuinszenierung von Lothar Müthel seit mehr als zehn Jahren erstmals wieder in Berlin aufgeführt.

Neben Gründgens, der seit 1934 Intendant des Staatlichen Schauspielhauses in Berlin ist, spielen Käthe Gold als Hamlets Geliebte Ophelia, Hermine Körner als Königin von Dänemark und Walter Franck als Hamlets Onkel Claudius.

Shakespeare-Aufführungen werden von den Nationalsozialisten gern gesehen. Die NS-Literaturkritiker glauben in Shakespeares Werken die gleichen »Elemente der nordischen Rasse« zu erkennen, die »höchstes Gut im Deutschtum« sein sollen.

Entsprechend wird in Rezensionen der Berliner Aufführung das »Nordische« beachtet: »Müthel sieht in Hamlet so betont eine nordische Tragödie, daß er sie fast aus dem Höfischen herauslöst und in den mythischen Raum einer König-Lear-Zeit zurückführt«, heißt es in den »Leipziger Neuesten Nachrichten«.

Staatsschauspieler Gustaf Gründgens als Hamlet, Prinz von Dänemark, in dem gleichnamigen Drama von William Shakespeare, Staatstheater Berlin

Nobelpreisträger Kipling gestorben

18. Januar. Im Alter von 70 Jahren stirbt in London der britische Schriftsteller Rudyard Kipling.

Seine zahlreichen Kurzgeschichten, Tierfabeln und Reisebeschreibungen machten den in Indien und  Großbritannien aufgewachsenen Kipling zu einem der meistgelesenen Autoren der angelsächsischen Welt. Berühmtheit erlangte der begeisterte Ver-

Rudyard Kipling fechter des britischen Empire-Gedankens mit seinem 1894 erschienenen Roman »Das Dschungelbuch«. 1907 erhielt Kipling den Nobelpreis für Literatur »in Anerkennung der . . . männlichen Stärke in Auffassung und Schilderungskunst, die [seine] Schöpfungen . . . auszeichnen«.

Der Führer dankt dem Stardirigenten

25. Januar. Der Dirigent Wilhelm Furtwängler, Leiter der Berliner Philharmoniker (1922–1945), und Vizepräsident der Reichsmusikkammer (ab 1933), wird 50 Jahre alt.

In einem Glückwunschschreiben zu seinem Geburtstag dankt der Führer  und Reichskanzler, Adolf Hitler, dem Dirigenten für »seine Leistungen für das deutsche Musikschaffen«.

Furtwängler, der von der nationalsozialisti-

W. Furtwängler schen Propaganda gern als Aushängeschild benutzt wird, entzieht sich immer wieder einer politischen Anbindung an das NS-Regime – trotz seiner etablierten Position im Kulturbetrieb des Dritten Reichs. So dirigiert er sog. entartete Komponisten wie Maurice Ravel oder Igor Strawinsky und setzt sich für verfemte Künstler ein (z. B. 1934 für Paul Hindemith).

Kostbare Handschrift für Staatsbibliothek erworben

7. Januar. *Der deutsche Gesandte in Wien, Franz von Papen (3. v. l.), überreicht dem Direktor der Bayerischen Staatsbibliothek, Rudolf Hermann Buttmann (2. v. r.), in Anwesenheit des Führers und Reichskanzlers Adolf Hitler (Mitte) die Handschrift des Heinrich von München, die aus dem Stift Kremsmünster in* *Oberösterreich angekauft worden ist. Die Weltchronik aus dem 14. Jahrhundert reicht von der Schöpfung bis in die Zeit Kaiser Ludwig IV., des Bayern (*um 1283, †1347). Sie wurde mit Mitteln des Landes Bayern, der Bayerischen Staatsbibliothek und der deutschen Reichsregierung erworben.*

V. l.: Jean Harlow, Wallace Berry, Clark Gable (Filmszene)

Szene aus dem Film »Der Kurier des Zaren«

Anny Ondra in »Donogoo Tonka«

Carola Höhn und Joh. Heesters (M.) in »Der Bettelstudent«

Joan Crawford und Robert Montgomery in dem 1935 entstandenen US-Streifen »Schluß mit den Frauen«, 1936 in den deutschen Kinos

Charles Chaplin und Paulette Goddard in »Modern Times« (1936)

»Meuterei auf der Bounty« (1935), Erfolg in Deutschland

Joseph Goebbels (l.) bei einer Filmpremiere in Berlin

Film 1936:

Die Leinwand ist »gesäubert«

Der weltweite Siegeszug des Tonfilms ist im Jahr 1936 schon seit einiger Zeit vollendet. Waren beispielsweise im Deutschen Reich 1929 noch 175 Stummfilme produziert worden – bei einer Gesamtproduktion von 183 langen Spielfilmen –, so wurden bereits ab 1934 überhaupt keine Stummfilme mehr gedreht.

Mit dem Tonfilm kommt neuer Schwung in die internationale Filmproduktion. Führend auf dem Weltmarkt ist Hollywood, dessen Studiosystem in den 30er Jahren einen Höhepunkt erreicht. 1936 werden in den USA 501 abendfüllende Spielfilme hergestellt (Großbritannien 222, Frankreich 153, Deutsches Reich 111).

Die Kritik am »unmoralischen« Hollywood – von der 1934 in den USA gegründeten Legion of Decency (Legion des Anstandes) öffentlich vorgetragen – fördert den Trend zum Familienfilm und veranlaßt die Hollywood-Produzenten, neue und weniger skandalumwitterte Stars aufzubauen. An der Spitze der Beliebtheitsskala in den USA steht 1936 bezeichnenderweise der Kinderstar Shirley Temple, deren Film »Der kleinste Rebell« im → Oktober 1936 (S. 185) auch in die deutschen Kinos kommt. Ebenfalls hoch in der Publikumsgunst stehen Clark Gable, Fred Astaire, Ginger Rogers, Joan Crawford u.a.

Die »saubere« Leinwand, die in den USA vor allem von religiösen Gruppen gefordert wird, ist in den deutschen Filmtheatern schon vollständig erreicht – im Sinne des Reichslichtspielgesetzes vom 16. Februar 1934. Danach kann die Aufführung von Filmen verboten werden, die »geeignet sind, das nationalsozialistische Empfinden zu verletzen«. Zuständig für die Überprüfung ist die 1933 gegründete Reichsfilmkammer, die Reichspropagandaminister Joseph Goebbels unterstellt ist.

Offene nationalsozialistische Propaganda findet allerdings in den deutschen Spielfilmen auch 1936 so gut wie nicht statt. Die Filmproduktion der marktbeherrschenden Universum Film Aktiengesellschaft (UFA) des Finanziers Alfred Hugenberg u.a. konzentriert sich auf leichte Filmkomödien, die unter einer oft belanglosen Handlungsoberfläche nationalsozialistische Ideologie an den Zuschauer bringen (Gehorsam, Schicksalsergebenheit, bedingungslose Treue).

Obwohl viele begabte Regisseure bereits emigrieren mußten (z.B. Fritz Lang, Max Reinhardt, Max Ophüls, Robert Siodmak), bemüht sich die Filmindustrie auf Drängen Goebbels', gute Filme herzustellen. Das gelingt auch teilweise – zumindest aufnahmetechnisch. Dabei kann man zurückgreifen auf ein Angebot an beliebten Kinostars wie Lilian Harvey, Marika Rökk, Renate Müller, Lil Dagover, Olga Tschechowa, Willy Fritsch, Emil Jannings, Heinz Rühmann, Adolf Wohlbrück, Harry Piel.

»Verwundeter Mann« (Gemälde von Gustave Courbet, wahrscheinlich um 1844 gemalt; Louvre, Paris)

»Die Begegnung (Bonjour, Monsieur Courbet)« (Gustave Courbet, 1854; Musée Fabre, Montpellier)

Realistische Malerei in Zürich

26. Januar. Im Züricher Kunsthaus findet vom 26. Januar bis zum 1. März eine Ausstellung mit Werken des französischen Malers Gustave Courbet statt.

Courbet, der am 10. Juni 1819 in Ornans bei Besançon geboren wurde, gilt als einer der Begründer des Realismus. Im Alter von 20 Jahren begann er als Autodidakt in Paris mit dem intensiven Studium der Malerei. Seine realistisch-derben Bilder, die alltägliche Situationen in scheinbar zufälligen Bildausschnitten detailgetreu und ungeschminkt festhalten, entsprachen so gar nicht den akademischen Vorstellungen von Malerei. Die französische Öffentlichkeit reagierte auf Courbets Bilder, in denen sich auch häufig seine sozialistische und kirchenfeindliche Einstellung widerspiegelt, mit Ablehnung. Anerkennung fand er vor allem im Deutschen Reich.

1871 war Courbet Mitglied der Pariser Kommune. Nach der Zerschlagung des republikanischen Aufstands wurde er für die Zerstörung einer kaiserlichen Ehrensäule verantwortlich gemacht und floh 1873 in die Schweiz, wo er die letzten vier Jahre seines Lebens verbrachte (†31. 12. 1877).

Selbstbildnis (G. Courbet, um 1849; Musée Fabre, Montpellier)

»Die Toilette der Braut« (Ausschnitt, Gemälde von Gustave Courbet, 1850; Museum of Art, Northampton)

Wenig Neuigkeiten bei der Operette

2. Januar. Der deutsche Komponist Eduard Künneke dirigiert in der Berliner Staatsoper die Premieren-Vorstellung seiner Operette »Die große Sünderin«, die beim Publikum begeisterten Beifall findet.

Künneke, der durch das Singspiel »Das Dorf ohne Glocke« (1919) und die Operette »Der Vetter aus Dingsda« (1921) bekannt wurde, rückt seine neue Operette durch große Chorpartien, ein großes Quartett, Duette, alte Tanzweisen und Orchesterstücke musikalisch in die Nähe einer komischen Oper.

Wie die anderen neuen Operetten bleibt das Künneke-Werk schon durch seine Handlung – eine Verwechslungskomödie mit Tratsch und Intrigen – den großen Vorbildern aus dem 19. Jahrhundert verbunden.

Die Operetten des Jahres 1936 sind genauso wenig von den Entwicklungen in der ernsten Musik beeinflußt wie von den gesellschaftlichen und tagespolitischen Ereignissen der 30er Jahre. Eine Operetten-Zensur findet im Dritten Reich kaum statt, weil sie den Nationalsozialisten nicht notwendig erscheint.

Neben der »Großen Sünderin« haben 1936 u. a. Premiere: Ralph Benatzky, »Axel an der Himmelstür«; Nico Dostal, »Extrablätter«, »Prinzessin Nofretete«; Emmerich Kálmán, »Kaiserin Josefine«; Fred Raymond, »Auf großer Fahrt«.

Italiener bauen Europas Hollywood

29. Januar. An der Via Tuscolano bei Rom wird der Grundstein für die neue italienische Filmstadt, Cinecittà, gelegt. Als Ersatz für die 1935 bei einem Großfeuer zerstörten Studios von Cines entstehen auf einer Fläche von 600 000 m² 30 große Studiogebäude. Bei der Grundsteinlegung für die Anlage weist der italienische Duce, Benito Mussolini, darauf hin, daß Cinecittà die größte Anlage ihrer Art in Europa sein werde.

Die Studios werden mit finanzieller Unterstützung des italienischen Industriellen Carlo Roncoroni im April 1937 fertiggestellt. Die Leitung Cinecittàs übernimmt die italienische Regierung.

Nach Tagen der erste Schnee in Garmisch

Der deutsche Viererbob beim Training

Franz Pfnür aus Schellenberg, Olympia-Favorit im Slalom

Die norwegischen Skispringer bereiten sich auf die Olympischen Winterspiele 1936 vor

Perfekte Planung für Olympia

Januar. Die Vorbereitungen für die IV. Olympischen Winterspiele, die vom → 6. bis zum 16. Februar (S. 32) in Garmisch-Partenkirchen stattfinden, werden Mitte Januar abgeschlossen. Die Fertigstellung der Anlagen für die XI. Olympischen Sommerspiele in Berlin vom → 1. bis zum 16. August (S. 142) läuft auf vollen Touren.

In Garmisch-Partenkirchen wird am 1. Januar die neue große Olympia-Schanze trotz Schneemangels und frühlingshafter Temperaturen mit einem internationalen Skispringen eingeweiht. Die Bauarbeiten für die Winterspiele finden am 19. Januar mit der Eröffnung der Olympia-straße zwischen Garmisch-Partenkirchen und München ihren Abschluß. Die 100 km lange Strecke wurde mit einem Kostenaufwand von 36 Millionen Reichsmark begradigt und verbreitert und soll künftig als Reichsmusterstraße dienen, auf der alle Neuerungen im Straßenbauwesen und in der Verkehrstechnik erprobt werden.

Auf dem 1,2 km² großen Gelände des Berliner Reichssportfeldes, das für die Olympischen Sommerspiele gebaut wird, konzentrieren sich die Arbeiten auf die Fertigstellung des Olympia-Stadions. Unter der Leitung der deutschen Wehrmacht entsteht in Döberitz, 14 km vom Reichssportfeld entfernt, das olympische Dorf mit 150 Einzelhäusern für 3500 Sportler.

Um den ausländischen Besuchern einen perfekten Eindruck von deutscher Gastlichkeit zu vermitteln, finden zahlreiche Schulungskurse für Betreuungs-, Hotel- und Gaststätenpersonal statt. 14- bis 18jährige Hitlerjungen werden in zweimonatigen Kursen in Berlin als Stadtführer für die Sportler ausgebildet; im ganzen Deutschen Reich werden 130 Sprachkurse speziell für Hotelangestellte durchgeführt; in Berlin werden Gastwirtsfrauen in Kochlehrgängen mit der ausländischen Küche vertraut gemacht.

Siegessäule – Sprung (Fotomontage, »Berliner Illustrirte«, 16. 1.)

Schwedens Abfahrtsläufer auf dem Weg zum Training in Garmisch

Deutsches Heer als Sportschule

Der Düsseldorfer »Mittag« berichtet am 22. Januar 1936 über die Beteiligung des deutschen Heeres an den sportlichen Vorbereitungen für die Olympischen Sommerspiele:

»Es läßt sich eine unanfechtbare Formel aufstellen: Kein Sportsmann von Leistung kann ohne die hauptsächlichsten soldatischen Tugenden bestehen! ... Entschlossenheit und Schnelligkeit, Gewandtheit und Zielsicherheit, Körperhaltung und Körperzucht, Ausdauer und Kraft, Mut und Einsatzwille, Bereitschaft und Kameradschaft. Auf diesem reichen Felde männlicher Tugenden überschneiden sich Aufgaben wie Leistungen der sportlichen wie der soldatischen Erziehung. Das neue deutsche Volksheer macht denn auch viel reichlicher Gebrauch von allen nur möglichen Ansatz- und Einsatzmöglichkeiten zu sportlichen Anlässen und Leistungen, wie ein stattlicher Bericht zeigt. ... Denn auf Anweisung des Reichskriegsministers ist schon seit Sommer 1934 auch im Heer mit den Vorbereitungen auf die Berliner Olympiade begonnen worden.«

Februar 1936

Mo	Di	Mi	Do	Fr	Sa	So
						1	2
3	4	5	6	7	8	9
10	11	12	13	14	15	16
17	18	19	20	21	22	23
24	25	26	27	28	29	

1. Februar, Sonnabend

Der dritte Reichsberufswettkampf der Hitlerjugend (HJ), ein Leistungswettbewerb der in der HJ organisierten Berufsschüler, wird im Berliner Sportpalast von Reichsjugendführer Baldur von Schirach eröffnet.

Gleichzeitig in Aachen und Münster wird die preußische Biedermeierkomödie »Der alte Wrangel« von Otto Brües uraufgeführt.

Die deutsche, nur aus Soldaten bestehende, Springreitermannschaft gewinnt in der Berliner Deutschlandhalle den Großen Preis von Deutschland vor Polen und Italien.

2. Februar, Sonntag

Die Grüne Woche in Berlin, die am 25. Januar eröffnet wurde, geht zu Ende. 285 000 Menschen besuchten die größte deutsche Landwirtschaftsausstellung, 40 000 mehr als im Vorjahr 1935.

In Paris wird unter dem Vorsitz von Heinrich Mann ein »Komitee zur Vorbereitung der deutschen Volksfront« von Vertretern der KPD, der SPD, der Sozialistischen Arbeiterpartei und der Revolutionären Sozialisten Deutschlands gebildet.

Ein neuer, elektrischer Blutdruckschreiber wird bei der Verbrechensbekämpfung und der psychiatrischen Diagnose verwendet. →S. 37

Beim Skispringen der Nationen in Garmisch-Partenkirchen gewinnt der Schwede Sven Ivan Eriksson (80 m, 81 m, Note 229,3) vor dem Norweger Birger Ruud (74 m, 76 m, Note 222,6) und dem US-Amerikaner Roy Mikkelsen (76 m, 78 m, Note 216,5).

In mehreren deutschen Filmtheatern erlebt der US-amerikanische Spielfilm »Anna Karenina« seine deutsche Uraufführung. Der Film wurde 1935 bei der internationalen Filmkunstausstellung in Venedig zum besten Film des Jahres gekürt. Unter der Regie von Clarence Brown spielt Greta Garbo die Hauptrolle.

3. Februar, Montag

In Borkenberge/Westfalen wird die erste deutsche Reichssegelflugschule eröffnet. In ihr sollen interessierte Jugendliche auf eine Ausbildung im Flugwesen und in der Luftwaffe vorbereitet werden.

Der deutsche Schriftsteller Thomas Mann nimmt in einem Brief an die »Neue Zürcher Zeitung« die deutschen Emigranten und deren Literatur in Schutz. →S. 41

Die Leitung der deutschen Wirtschaftsgruppe Gaststätten und Beherbergungsgewerbe teilt mit, daß für den Eintopfsonntag am 9. Februar, der zugunsten des Winterhilfswerks durchgeführt wird, drei Eintopfgerichte für die deutschen Gaststätten vorgeschrieben sind (→3. 1./S. 15).

Das erste »Filmmuseum der Welt« wird von der UFA in Neubabelsberg bei Potsdam seiner Bestimmung übergeben. →S. 40

4. Februar, Dienstag

Der Leiter der NSDAP-Landesgruppe Schweiz, Wilhelm Gustloff, wird in seiner Wohnung in Davos von dem Jugoslawen David Frankfurter ermordet. →S. 35

Lucie Englisch und Elisabeth Flickenschildt sind in dem bayerischen Lustspielfilm »Der ahnungslose Engel« zu sehen, der in München uraufgeführt wird. Regie führte Franz Seitz.

Führer und Reichskanzler Adolf Hitler stiftet »für Verdienste um die Deutschland übertragenen Olympischen Spiele« das deutsche Olympia-Ehrenzeichen (→6. 2./S. 32).

5. Februar, Mittwoch

Der deutsche Reichspropagandaminister, Joseph Goebbels, verbietet sämtliche Veranstaltungen des Reichsverbandes jüdischer Kulturbünde (→4. 2./S. 35).

Otto Habsburg-Lothringen erklärt in Paris, daß eine Wiederaufrichtung des Habsburger Thrones in Österreich durchaus denkbar sei. →S. 35

Der Konstrukteur und Luftfahrtpionier August von Parseval feiert seinen 75. Geburtstag. Er baute 1890 bis 1892 das erste deutsche Flugzeug und konstruierte 1897 die für militärische Zwecke genutzten »Drachenballons« (Fesselballon).

In den USA wird der Stummfilm »Modern Times« von Charles Chaplin uraufgeführt. →S. 41

Innerhalb von zwei Tagen ist die Temperatur in Sibirien von 40 Grad Kälte auf 5 Grad Wärme gestiegen.

6. Februar, Donnerstag

Der deutsche Zugverkehr durch Polen nach Ostpreußen wird von den polnischen Behörden wegen der deutschen Zahlungsrückstände im Finanzierungsausgleich eingeschränkt. Aufgrund des reduzierten Eisenbahnverkehrs nach Ostpreußen ordnet der deutsche Reichsverkehrsminister, Paul Freiherr Eltz von Rübenach, an, daß eine für das Deutsche Reich beschlossene Transportkostenerhöhung von 5% für diese Strecken zurückgestellt wird.

Die französische Regierung erklärt sich bereit, Rumänien eine Anleihe in Höhe von mehreren Milliarden Francs zu gewähren. Außerdem wollen die Franzosen Waffen an Rumänien und Jugoslawien liefern.

In Garmisch-Partenkirchen werden die IV. Olympischen Winterspiele vom Führer und Reichskanzler Adolf Hitler eröffnet. Den olympischen Eid leistet der deutsche Skimeister Willy Bogner. →S. 32

7. Februar, Freitag

Das Innenministerium und das Finanzministerium Preußens verfügen eine Beschränkung der Gemeindeausgaben zugunsten des Aufbaus der deutschen Wehrmacht.

Aus dem Berliner Kaiser-Wilhelm-Institut für Anthropologie werden neue Erfolge in der Zwillingsforschung gemeldet. →S. 37

8. Februar, Sonnabend

Jawaharlal Nehru wird als Nachfolger Mahatma Gandhis Vorsitzender der national-indischen Kongreßpartei (→28. 12./S. 207).

Das Danziger Landgericht lehnt eine Klage der sozialdemokratischen Gewerkschaftsvereinigung »Allgemeiner Arbeiterverband« gegen die am 17. Dezember 1935 verfügte Auflösung des Verbandes ab. Die Gewerkschaft war verboten worden, weil sie sich kritisch zur Politik der nationalsozialistischen Regierung von Danzig geäußert hatte.

9. Februar, Sonntag

Der deutsche Reichserziehungsminister, Bernhard Rust, veröffentlicht Richtlinien für die »gesundheitliche« Auslese zum Hochschulstudium, wonach u. a. untauglich ist, wer »dauernde Scheu und Mangel an Willen zu Leibesübungen, körperlicher Härte und Einsatzbereitschaft« an den Tag legt.

In Ägypten wird das Wehrpflichtalter von 19 auf 18 Jahre herabgesetzt und auf im Land ansässige Beduinen und Sudanesen ausgedehnt. Das Heer wird um 6 000 Mann auf 18 000 Mann verstärkt. Gründe für diese Maßnahmen sind der Einfall Italiens in Abessinien (Äthiopien) und die Lösung Ägyptens vom militärischen »Schutz« Großbritanniens (→Januar/S. 20; 26. 8./S. 154).

Der seit vier Wochen andauernde Generalstreik in Teilen Syriens, der sich gegen die französische Kolonialbesatzung richtet, weitet sich auf das ganze Land aus (→13. 11./S. 192).

In der Londoner Filmstadt Elstree richtet die bislang größte Brandkatastrophe der britischen Filmindustrie einen Schaden von umgerechnet etwa sechs Millionen Reichsmark (RM) an.

10. Februar, Montag

Der sowjetische Volkskommissar und Vertraute von Regierungschef Josef W. Stalin, Lasar M. Kaganowitsch, sagt bei einem Besuch in Wladiwostok, die Sowjetunion sei gerüstet, um eine Offensive der Japaner abzuwehren (→14. 2./S. 36).

In Essen hält der Archäologe Hans

Spethmann einen Vortrag über Ausgrabungen nahe der Stadt Xanten. →S. 40

11. Februar, Dienstag

In einem Interview mit dem »Daily Telegraph« äußert sich der österreichische Vizekanzler, Ernst Rüdiger Starhemberg, positiv über eine Habsburger Thronbesteigung in Österreich, sieht für die nächste Zukunft jedoch keine Realisierungsmöglichkeiten in dieser Richtung (→5. 2./S. 35).

12. Februar, Mittwoch

In Schwerin findet die Trauerfeier für den ermordeten Landesgruppenleiter Schweiz der NSDAP, Wilhelm Gustloff, statt (→4. 2./S. 35).

Nach einem Bericht der US-amerikanischen Regierung ist die Zahl der Lynchmorde in den USA von 15 im Jahr 1934 auf 20 im Jahr 1935 gestiegen. →S. 36

In Mailand wird die Oper »Il Campiello« von Ermanno Wolf-Ferrari uraufgeführt. →S. 41

13. Februar, Donnerstag

Die französische Regierung ordnet die Auflösung der rechtsradikalen Organisation »Action Française« an. →S. 35

Der britische Außenminister, Anthony Eden, betont im Unterhaus die Souveränitätsrechte Großbritanniens über die Falklandinseln. Er weist darauf hin, daß es unzulässig sei, wenn Argentinien auf seinen Briefmarken die Falklandinseln als eigenes Territorium darstelle.

In einer Anweisung des deutschen Propagandaministeriums an die deutsche Presse wird Reklame für Charles Chaplin als »absolut unerwünscht« bezeichnet (→5. 2./S. 41).

Der von Carl Lamac gedrehte Spielfilm »Der schüchterne Casanova« mit Fita Benkhoff und Adele Sandrock wird in Berlin uraufgeführt.

14. Februar, Freitag

Der Führer und Reichskanzler, Adolf Hitler, spricht mit dem deutschen Botschafter in Rom, Ulrich von Hassell, über die von Italien erhoffte, politische Rückendeckung bei der geplanten militärischen Besetzung des Rheinlandes (→7. 3./S. 44).

Nach Aussage des Befehlshabers der deutschen Polizei, SS-Gruppenführer Kurt Daluege, sind fast alle maßgebenden Stellen bei der Polizei mit NS-Parteigenossen besetzt.

Nach einem Zwischenfall an der mandschurisch-mongolischen Grenze verschlechtern sich die Beziehungen zwischen der Sowjetunion und Japan weiter. →S. 36

15. Februar, Sonnabend

In Berlin wird die Internationale Automobil- und Motorrad-Ausstellung vom Führer und Reichskanzler Adolf Hitler eröffnet (→S. 39).

ARTS

ET MÉTIERS

GRAPHIQUES

★

★

★

51

Nummer 51, die Februar-Ausgabe 1936 der französischen Kunstzeitschrift ›Arts et Métiers Graphiques«

Titelblatt der Zeitung »Das Illustrierte Blatt« vom 4. Februar 1936 mit dem Begräbnis des verstorbenen britischen Königs Georg V.

Februar 1936

Zwischen dem Deutschen Reich und den USA wird ein Abkommen unterzeichnet, das Versuchsflüge über den Atlantik vorsieht, um eine regelmäßige Luftlinie über den Ozean einzurichten. →S. 38

In Abessinien (Äthiopien) gewinnen die italienischen Invasionstruppen nach fünftägigen Kämpfen die »Schlacht von Enderta« und zwingen die Abessinier zur Aufgabe der stark befestigten Stellungen am Bergmassiv Ambar Aradam (→Januar/S. 20; 5. 5./S. 84).

16. Februar, Sonntag

Bei den Parlamentswahlen in Spanien siegt die Volksfront der Linksparteien. →S. 36

In Paris findet eine Protestkundgebung gegen den Überfall auf den französischen Sozialistenführer, Léon Blum, statt. An der Veranstaltung, zu der die Volksfrontparteien (Kommunisten, Sozialisten und Liberale) aufgerufen haben, nehmen nach Polizeiberichten 200 000 Menschen teil (→13. 2./S. 35).

In New York kommt es zu schweren Zusammenstößen zwischen der Polizei und 12 000 Arbeitslosen. Die Arbeitslosen wollten einen Protestmarsch durchführen, der allerdings »wegen des verschneiten Zustandes der Straßen« verboten wurde. 100 Personen werden verletzt, 13 Führer des Umzuges wegen »unordentlichen Betragens« vorübergehend von der Polizei festgenommen.

Mit der Schlußfeier in Garmisch-Partenkirchen werden die IV. Olympischen Winterspiele 1936 beendet (→6. 2./S. 32).

In Berlin hat der Spielfilm »Der Kurier des Zaren« mit Adolf Wohlbrück und Theo Lingen Uraufführung; Regie führte Richard Eichberg.

17. Februar, Montag

Der Völkerbund begrenzt die legale Jahresproduktion an Rauschgiften auf 35 t. →S. 37

Die Neufassung von Werner Egks »Zaubergeige« wird in der Berliner Staatsoper uraufgeführt. Die Inszenierung übernahm Rudolf Hartmann.

18. Februar, Dienstag

Auf Anordnung des deutschen Propagandaministers, Joseph Goebbels, müssen nun auch kirchenamtliche Blätter einen Schriftleiter benennen, sofern sie politische Stellungnahmen veröffentlichen. Bislang waren kirchliche Zeitungen von dieser Verpflichtung entbunden.

Der Schweizer Bundesrat verbietet die Landesleitung und die Kreisleitungen der NSDAP in der Schweiz (→4. 2./S. 35).

Die Regierung in Paraguay wird durch einen Militärputsch unter Führung des Oberst Rafael Franco gestürzt. Franco nennt als Grund für die Machtübernahme die Unzufriedenheit des Heeres mit den Bedingungen des Friedensprotokolls mit Bolivien vom 12. Juni 1935.

Im Zug der polnischen Agrarreform sollen 7 450 ha polnischer und 8 744 ha deutscher Grundbesitz enteignet und auf landwirtschaftliche Kleinbetriebe aufgeteilt werden, um deren Existenz zu sichern.

In Düsseldorf werden Verkehrssünder erstmals mit versteckten Kameras fotografiert.

Der deutsche Spielfilm »Der Raub der Sabinerinnen« (Regie: Robert Adolf Stemmle) mit Grethe Weiser hat in Leipzig Uraufführung.

19. Februar, Mittwoch

In Spanien wird der Führer der Republikanischen Linken, Manuel Azaña, mit der Bildung einer neuen Regierung beauftragt (→16. 2./S. 36).

Zum neuen Flüchtlingskommissar des Völkerbunds nach dem Rücktritt von James MacDonald (31. 12. 1935) wird der britische Generalmajor Neill Malcolm ernannt.

20. Februar, Donnerstag

Das deutsche Propagandaministerium fordert in einem Runderlaß alle Reichsministerien, Berufsorganisationen, Sportverbände und Wirtschaftsunternehmen auf, Einladungen an die Presse nur nach Rücksprache mit den zuständigen Stellen im Propagandaministerium ergehen zu lassen.

Im Rheinland und in Westfalen verhaftet die Geheime Staatspolizei (Gestapo) zahlreiche Geistliche und Laienführer des Katholischen Jungmännerverbandes, die angeblich zusammen mit kommunistischen Organisationen »hochverräterische Unternehmen« geplant haben sollen.

21. Februar, Freitag

Unter der Leitung des Reichsleiters der Deutschen Arbeitsfront, Robert Ley, werden in Köln die ersten 30 von insgesamt 100 jungen Männern ausgewählt, die an den Schulungskursen in den neuen NSDAP-Ordensburgen teilnehmen sollen. Neben körperlicher Gesundheit und rassischer Reinheit müssen die Anwärter aktive Mitarbeit in der NSDAP nachweisen können (→24. 4./S. 69).

Die Verzögerung der Amnestie für alle politischen Gefangenen in Spanien, die von der neuen Regierung versprochen wurde, führt in vielen Teilen des Landes zu Ausschreitungen und Gewalttaten. In einigen Städten, so in Alicante und Murcia, wird das Kriegsrecht verhängt.

In der Sowjetunion wird der zweite Fünfjahresplan verabschiedet. Im Jahr 1936 soll die Produktion von Gebrauchsgütern wie Grammophonen, Fahrrädern und Radioapparaten erhöht werden.

Der Dirigent Karl Böhm, bislang in Hamburg tätig, übernimmt die Leitung der Dresdener Oper.

22. Februar, Sonnabend

In Bad Oeynhausen endet die vierte Reichsbekenntnissynode der Deutschen Evangelischen Kirche (17. 2.–22. 2.). →S. 34

Der deutsche Reichsärzteführer, Gerhard Wagner, verfügt Einschränkungen für die Tätigkeit jüdischer Ärzte. Danach dürfen Patienten nicht von arischen zu jüdischen Ärzten überwiesen werden.

Das spanische Parlament verabschiedet die Amnestieverordnung für alle politischen und sozialen Häftlinge. Damit wird die Freilassung der seit 1934 eingesperrten Arbeiter ermöglicht, die am Aufstand in Asturien gegen die damalige Regierung beteiligt gewesen sind.

23. Februar, Sonntag

Die ägyptische Regierung stellt hunderttausend ägyptische Pfund für Verteidigungsanlagen an der ägyptisch-libyschen Grenze bereit, um das Land gegen den italienischen Expansionsdrang abzusichern.

In einem Fußballänderspiel in Barcelona gewinnt die deutsche Nationalmannschaft gegen Spanien 2:1. Der Wormser Josef Fath schießt beide Tore für die deutsche Elf.

24. Februar, Montag

Der britische Außenminister, Anthony Eden, widerspricht der verbreiteten Ansicht, daß die wirtschaftlichen Sanktionen gegen Italien wirkungslos seien, und weist auf den Kaufkraftverlust Italiens hin, der es Italien bald unmöglich machen werde, Einkäufe im Ausland zu tätigen (→Januar/S. 20).

Bei den diesjährigen Rosenmontagszügen im Deutschen Reich genießt die Kleidung des »Negus«, Kaiser Haile Selassie I. von Abessinien (Äthiopien), als Faschingskostüm besondere Beliebtheit.

25. Februar, Dienstag

Die Reichsleitung des deutschen Arbeitsdienstes gibt die von der Einberufung zum Reichsarbeitsdienst am 1. April 1936 betroffenen Personengruppen bekannt. → S. 34

Die deutschen Brauereien, die Bier in Leihflaschen absetzen, müssen ab sofort einen Flaschenpfand von mindestens zehn Reichspfennig erheben, um einen Anreiz für die Flaschenrückgabe zu schaffen.

26. Februar, Mittwoch

In Tokio verüben junge Offiziere nach dem Wahlsieg der Liberalen einen Militärputsch. →S. 36

27. Februar, Donnerstag

Mit 353 gegen 164 Stimmen nimmt die französische Nationalversammlung das Beistandsabkommen mit der Sowjetunion an. → S. 35

Das deutsche Verkehrsluftschiff LZ 129 wird auf der Friedrichshafener Werft der Öffentlichkeit vorgestellt. → S. 38

Die deutsche Nationalmannschaft gewinnt ein Fußballänderspiel gegen Portugal in Lissabon 3:1.

28. Februar, Freitag

Der deutsche Reichserziehungsminister, Bernhard Rust, bemängelt in Berlin bei einer Rede vor Gruppenleitern des Reichsleistungskampfes der Studierenden, daß »die Hochschule noch kein geschlossenes Bild der nationalsozialistischen Bewegung zeigt, während die Arbeiterschaft im gläubigen Vertrauen dem Führer folgt«.

Die Zahl der Arbeitslosen im Deutschen Reich beträgt im Februar 2 516 000.

In Madrid werden auf Anordnung der Regierung sämtliche Parteilokale der faschistischen Falange von der Polizei geschlossen.

Die Abordnung Italiens bei der Londoner Flottenkonferenz gibt bekannt, daß Italien nicht bereit sei, ein Abrüstungsabkommen zu unterzeichnen, solange die Sanktionen gegen Italien (wegen des Abessinienkrieges) aufrechterhalten würden (→16. 1./S. 20).

29. Februar, Sonnabend

Der US-amerikanische Kongreß verabschiedet das zweite Neutralitätsgesetz. Das erste Neutralitätsgesetz aus dem Jahr 1935 wird damit bis zum Mai 1937 verlängert. Danach dürfen u. a. keine Kredite oder Anleihen an kriegführende Staaten gegeben werden (→3. 1./S. 20).

Der tschechoslowakische Staatspräsident, Eduard Beneš, enthebt Ministerpräsident Milan Hodža seines Amtes als Außenminister. Nachfolger wird der Geschichtsprofessor Kamill Krofta. → S. 35

Aus Österreich wird ein Anstieg des Kraftfahrzeugbestandes gemeldet. Am 1. Februar 1936 waren 94 800 Fahrzeuge in Österreich angemeldet gegenüber 78 500 im gleichen Monat des Jahres 1935. Das entspricht einer Zunahme von 20,7%.

In Italien müssen dem Benzin zukünftig 20% Alkohol beigemischt werden, um die Abhängigkeit von Treibstoffeinfuhren zu vermindern.

Gestorben:

4. Davos: Wilhelm Gustloff (*30. 1. 1895, Schwerin), deutscher Politiker. →S. 35

27. Leningrad: Iwan Petrowitsch Pawlow (*14. 9. 1849, Rjasan), sowjetischer Physiologe, Nobelpreis für Medizin 1904.

Geboren:

22. Wiesbaden: Karin Dor, eigtl. Kätherose Derr, deutsche Schauspielerin.

Die Februar-Nummer 1936 der US-amerikanischen Zeitschrift »The American Legion« mit einem Titelblatt zu dem ehemaligen Präsidenten Abraham Lincoln

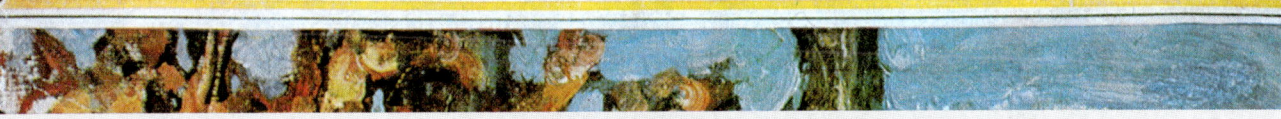

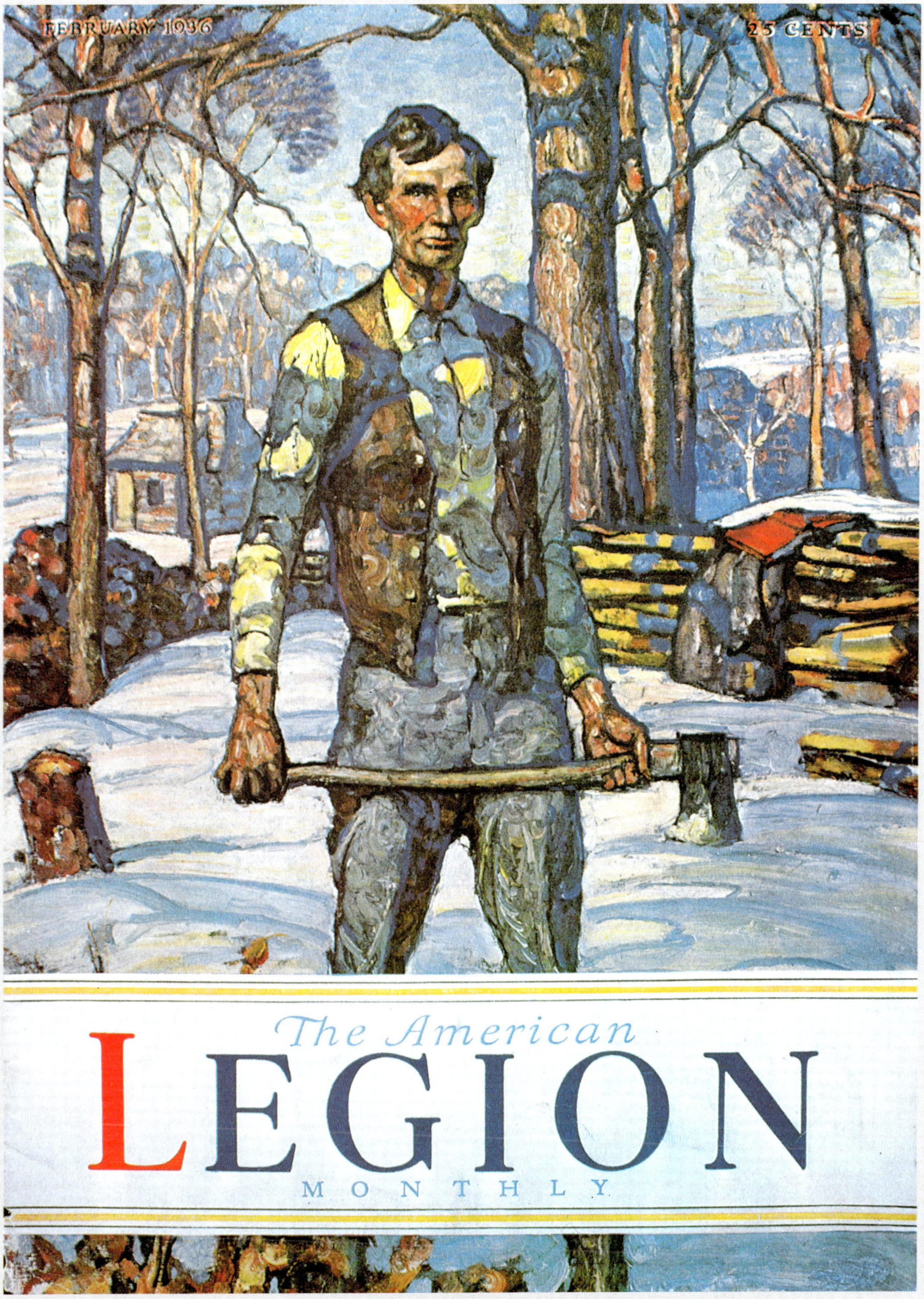
FEBRUARY 1936
25 CENTS
The American
LEGION
MONTHLY

Karl Ritter von Halt, Präsident des olympischen Organisationskomitees, bei der Eröffnungsrede

Die kanadische Mannschaft beim Einmarsch in das Skistadion von Garmisch-Partenkirchen

Start des Viererbobs »Deutschland I« mit Hanns Kilian am Steuer, er belegt den vierten Platz

Käthe Grasegger (GER), Silbermedaillengewinnerin Kombination

Olympia in Garmisch

6. Februar. In Garmisch-Partenkirchen werden die IV. Olympischen Winterspiele vom Führer und Reichskanzler Adolf Hitler eröffnet.

Für die Nationalsozialisten ist es ein glücklicher Zufall, daß die Olympischen Spiele 1936 noch vor Hitlers Machtübernahme (1933) im Jahr 1931 an das Deutsche Reich vergeben worden sind. Hitler bietet sich durch diese weltweit beachtete Veranstaltung die Chance, der Öffentlichkeit ein vorbildliches Deutschland zu zeigen und das Mißtrauen des Auslands gegenüber den NS-Machthabern zu zerstreuen.

Die hervorragenden Sportanlagen in Garmisch-Partenkirchen und die gründliche deutsche Organisation sorgen dafür, daß die bislang größten Winterspiele, an denen 755 Sportler aus 28 Ländern teilnehmen, zu einem Achtungserfolg für das Hitler-Regime werden.

Eine halbe Million Besucher sehen die Wettbewerbe, bei denen zum erstenmal auch Athleten aus der Türkei, Bulgarien, Australien, Spanien und Liechtenstein vertreten sind. Sportliche Gewinner der Spiele sind mit sieben Gold-, fünf Silber- und drei Bronzemedaillen die Norweger vor den Deutschen (drei Gold, drei Silber) und den Schweden (zwei Gold, zwei Silber, drei Bronze).

Adolf Hitler auf dem Ehrenbalkon während der Eröffnungsfeier

Olympia-Schanze (r.) im Skistadion von Garmisch-Partenkirchen

Offizielles deutsches Plakat für die Olympischen Winterspiele 1936

Deutscher Ski-Erfolg

Ivar Ballangrund (NOR), Medaillengewinner im Eisschnellauf

Ballangrund läuft den Gegnern davon

14. Februar. Auf dem Riessersee bei Garmisch-Partenkirchen werden die olympischen Wettbewerbe im Eisschnellauf beendet. Der große Sieger ist der Norweger Ivar Ballangrund, der drei Goldmedaillen und eine Silbermedaille gewann.

Der erste Wettbewerb, der 500-m-Lauf, wurde am 11. Februar ausgetragen. Ballangrund überraschte die Fachleute und das eigene Team mit einem Sieg über die Kurzstrecke in 43,4 Sekunden, vor seinem Landsmann Georg Krog (43,5 Sekunden) und dem US-Amerikaner Leo Freisinger (44,0 Sekunden).

Im 5000-m-Lauf am 12. Februar hatte Ballangrund (8:19,6 Minuten) keine ernsthafte Konkurrenz bis auf den Finnen Birger Vasenius, den er allerdings mit sechs Sekunden Rückstand auf den zweiten Platz verwies. Dritter wurde der Finne Antero Ojala (8:30,1 Minuten).

Am darauffolgenden Tag mußte sich Ballangrund über 1500 m mit der Silbermedaille begnügen. Sein Landsmann Charles Mathisen lief mit 2:19,2 Minuten olympische Bestzeit. Ballangrund wurde Zweiter (2:20,2 Minuten) vor Vasenius (Finnland) mit 2:20,9 Minuten.

Seine dritte Goldmedaille gewann der Norweger Ballangrund am 14. Februar über 10000 m (17:24,3 Minuten); Zweiter wurde Vasenius (17:28,2 Minuten). Die Bronzemedaille gewann der Österreicher Max Stiepl (17:30,0 Minuten).

8. Februar. Der erste Ski-Wettbewerb in Garmisch-Partenkirchen, die Abfahrt-Slalom-Kombination der Damen, bringt der deutschen Mannschaft auch die erste Goldmedaille. Trotz eines Sturzes im Abfahrtslauf erkämpft sich Christl Cranz durch hervorragende Zeiten in den beiden Slalom-Durchgängen (72,0 und 70,1 Sekunden) den ersten Platz in der Kombination vor der Deutschen Käthe Grasegger (76,0 und 77,4 Sekunden) und Elila Schou-Nilsen (Norwegen; 86,1/77,3 Sekunden).

Christl Cranz

Nach dem Doppelsieg im Damen-Wettbewerb sichern sich die Deutschen am 9. Februar auch in der Herren-Kombination die ersten zwei Plätze. Franz Pfnür gewinnt mit einer Endnote von 99,25 vor Guzzi Lantschner (96,26) und dem Franzosen Emile Allais (94,69).

Höhepunkt und Abschluß der Ski-Wettbewerbe ist das Ski-Springen von der großen Olympia-Schanze, das am 16. Februar stattfindet. Hier kommt wie erwartet der Norweger Birger Ruud zum Erfolg. Ruud, der bei der Abfahrt-Slalom-Kombination den vierten Platz belegte, gewinnt die Goldmedaille im Skispringen mit Weiten von 75 m und 74,5 m und einer Gesamtnote von 232,0. Den zweiten Platz erreicht Sven Ivan Eriksson aus

Franz Pfnür

Schweden, der weiter springt als Ruud (zweimal 76 m), aber durch schlechtere Haltungsnoten nur eine Gesamtnote von 230,5 erhält. Gewinner der Bronzemedaille ist der Norweger Reidar Andersen (74 m, 75m; Gesamtnote 228,9).

Ebenso wie das Skispringen machen die skandinavischen Sportler die übrigen Ski-Wettbewerbe unter sich aus. So gehen die Medaillen in der Langlauf-Sprunglauf-Kombination an drei Norweger und im Langlauf über 50 km an drei Schweden.

Großbritanniens Eishockey-Team, Sieger im olympischen Turnier

Briten schlagen Favorit Kanada

16. Februar. Beim olympischen Eishockey-Turnier sorgt die britische Mannschaft durch einen 2:1-Sieg über die hochfavorisierten Kanadier für eine Sensation. Weil die Briten in der Endrunde der besten Vier ungeschlagen bleiben, werden sie vor Kanada und den USA Olympiasieger. Damit unterbrechen die Briten die Siegesserie der kanadischen Mannschaft, die seit Bestehen der Olympischen Winterspiele die Eishockey-Turniere gewonnen hat. Allerdings wird der Sieg Großbritanniens von allen Beteiligten als Zufall gewertet; die Kanadier bleiben weiterhin die überlegene Eishockey-Nation (Olympiasieger bis 1952).

Norwegische Eiskunstläuferin Sonja Henie

Maxi Herber und Ernst Baier beim Paarlauf im vollbesetzten Kunsteisstadion von Garmisch-Partenkirchen

Karl Schäfer (AUT) wird Olympiasieger

Herber und Baier gewinnen Goldmedaille im Paarlaufen

13. Februar. Nach einer originellen und technisch perfekten Kür gewinnen die Deutschen Maxi Herber und Ernst Baier die Goldmedaille im olympischen Eiskunstlauf der Paare. Das österreichische Geschwisterpaar Erik und Ilse Pausin, das die 10000 Zuschauer im Kunsteisstadion von Garmisch-Partenkirchen durch seinen gewagten und äußerst harmonischen

Laufstil begeistert, belegt den zweiten Platz. Die Bronzemedaille geht an die ehemaligen ungarischen Weltmeister Emilia Rotter und László Szollás.

Bei den Herren siegt am 14. Februar erwartungsgemäß der österreichische Eiskunstlauf-Weltmeister Karl Schäfer (422,7 Punkte) vor Ernst Baier (Deutsches Reich; 400,8 Punkte) und Felix Kaspar

aus Österreich mit 400,1 Punkten. Am 15. Februar wird Sonja Henie zum dritten Mal Olympiasiegerin im Eiskunstlauf der Damen. Mit der Sicherheit der Routine gelingt es der populären Norwegerin, die pflichtstarke Britin Cecilia Colledge auf den zweiten Platz zu verdrängen. Bronzemedaillengewinnerin wird Vivi-Anne Hultén (Schweden).

Einberufung zur Landarbeit

Mitglieder des deutschen Reichsarbeitsdienstes in Reih und Glied, durch militärischen Drill Vorbereitung auf die »Arbeitsschlacht« im Beruf

25. Februar. Die Reichsleitung des deutschen Arbeitsdienstes beruft für den 1. April 1936 alle jungen Männer, die im ersten Quartal 1915 geboren sind, zum Reichsarbeitsdienst ein. Nach dem Reichsarbeitsdienstgesetz vom 26. Juni 1935 besteht für jeden männlichen Deutschen zwischen 18 und 25 Jahren (Juden ausgenommen) eine sechsmonatige Arbeitsdienstpflicht (ab 4. September 1939 gilt die Dienstpflicht auch für Frauen).

Die Arbeitsdienstpflichtigen (für April 1936 200 000 Mann, Oktober 1936 230 000 Mann, Oktober 1937 275 000 Mann) werden während ihres »Ehrendienstes am deutschen Volk« vorrangig bei der Landkultivierung, bei Flußregulierungsarbeiten, Kanalbau, Siedlungs- und Deicharbeiten eingesetzt.

Der Arbeitsdienst – ursprünglich als freiwilliger Dienst im Jahr 1931 zur Bekämpfung der Jugendarbeitslo-

Arbeitsdienstler bei einer Parade, im Gleichschritt für den Führer

sigkeit eingeführt – wird als NS-Organisation seit 1933 vom deutschen Reichsarbeitsführer Konstantin Hierl geleitet; seine offizielle Aufgabe ist die Erziehung »zu wahrer Arbeitsauffassung«.

Bekennende Kirche spaltet sich auf

22. Februar. Die vierte (und letzte) evangelische Bekenntnissynode in Bad Oeynhausen (17.–22. Februar) endet mit der Spaltung der Bekennenden Kirche Deutschlands (BK). Die BK war am 22. November 1934 als Widerstandsorgan gegen die evangelische Reichskirche (unter Reichsbischof Ludwig Müller) und die deutsch-christlichen Landeskirchen gebildet worden.

Die evangelisch-lutherischen Landeskirchen sowie einige Bruderräte der BK erklären sich aus taktischen Erwägungen zu einer Zusammenarbeit mit dem Reichskirchenausschuß bereit, der von Hanns Kerrl, Reichsminister für kirchliche Angelegenheiten, am 24. September 1935 gebildet wurde.

Die zweite Gruppe der BK um Pfarrer Martin Niemöller, die eine Zusammenarbeit mit dem nationalsozialistischen Kirchenausschuß ablehnt, wählt am 12. März 1936 die zweite Vorläufige Kirchenleitung der BK. Diese Vertretung des evangelischen Widerstands gegen das Hitler-Regime wendet sich mit einer Denkschrift am 28. Mai 1936 erstmals mit aller Deutlichkeit gegen den Terror der NS-Diktatur.

Evangelische Denkschrift protestiert gegen NS-Terror

Die zweite Vorläufige Kirchenleitung der Bekennenden Kirche übt in einem vertraulichen Schreiben an Führer und Reichskanzler Adolf Hitler am 28. Mai 1936 scharfe Kritik an den nationalsozialistischen Machthabern. (Die Denkschrift wird am 23. Juli 1936 im Ausland veröffentlicht und am 23. August in gekürzter Fassung im Deutschen Reich als Kanzelabkündigung verlesen.):

»... Wir erleben aber, daß der Kampf gegen die christliche Kirche wie nie seit 1918 im deutschen Volk wirksam und lebendig ist. Keine Macht der Welt, wie sie auch heiße, vermag die Kirche Gottes wider seinen Willen zu zerstören oder zu schützen; das ist Gottes Sache. Die Kirche aber hat sich der angefochtenen Gewissen ihrer Glieder anzunehmen ...

Die Methoden der Entchristlichung des deutschen Volkes werden in ihrem Zusammenhang verständlich, wenn man sich an das Wort des Herrn Reichsschulungsleiters Rosenberg erinnert, man müsse in diesem Kampf um einen deutschen Glauben das Gegnerische nicht schonen, sondern es geistig überwinden, organisatorisch verkümmern lassen und politisch ohnmächtig erhalten (Mythos S. 636). Nach diesem Grundsatz wird verfahren.

Es wird zwar amtlich jeder Eingriff in das innere Gefüge und Glau-

bensleben der Evangelischen Kirche abgeleugnet, tatsächlich aber ist seit den der Kirche aufgezwungenen Wahlen vom Juli 1933 bis heute ein Eingriff an den anderen gereiht worden ...

Unter der Parole der »Entkonfessionalisierung« oder Überwindung der konfessionellen Spaltung hat eine Bewegung eingesetzt, die der Kirche ihre Öffentlichkeitsarbeit unmöglich machen soll.

Längst sind der Evangelischen Kirche durch einen zwischen dem Reichsjugendführer und dem dazu nicht ermächtigten Reichsbischof abgeschlossenen Vertrag ihre eigenen Jugendorganisationen genommen worden ...

Immer wieder wird von den obersten Führern der organisierten Jugend bis hinab zu den untersten Gliederungen der evangelischen Jugend ihre Kirche verächtlich und verdächtig gemacht und versucht, den Glauben an die ihr anvertraute Offenbarung zu untergraben ...

Die »Entkonfessionalisierung« der Schule wird vom Staat bewußt gefördert. Unter Verletzung von Rechten der Kirche wird die Abschaffung der Bekenntnisschulen betrieben. Hierbei werden die Ge-

wissen der Eltern stärkstem Druck der Partei ausgesetzt ...

Wenn den Christen im Rahmen der nationalsozialistischen Weltanschauung ein Antisemitismus aufgedrängt wird, der zum Judenhaß verpflichtet, so steht für ihn dagegen das christliche Gebot der Nächstenliebe. Einen besonders schweren Gewissenskonflikt bedeutet es für unsere evangelischen Gemeindeglieder, wenn sie das Eindringen dieser antichristlichen Gedankenwelt bei ihren Kindern, ihrer christlichen Elternpflicht entsprechend, bekämpfen müssen ...

Wir sehen mit tiefer Besorgnis, daß eine dem Christentum wesensfremde Sittlichkeit in unser Volk eindringt und es zu zersetzen droht ...

Das evangelische Gewissen, das sich für Volk und Regierung mitverantwortlich weiß, wird aufs härteste belastet durch die Tatsache, daß es in Deutschland, das sich selbst als Rechtsstaat bezeichnet, immer noch Konzentrationslager gibt und daß Maßnahmen der Geheimen Staatspolizei jeder richterlichen Nachprüfung entzogen sind ...«

Gegner für Henlein

29. Februar. Der Staatspräsident der Tschechoslowakei, Eduard Beneš, ernennt den Geschichtswissenschaftler Kamill Krofta zum neuen Außenminister. Krofta tritt damit an die Stelle von Ministerpräsident Milan Hodža, der das Amt seit dem 18. Dezember 1935 innehatte.

Krofta hat sich besonders unnachgiebig gegenüber den Autonomieforderungen der sudetendeutschen Minderheit in der Tschechoslowakei gezeigt.

Durch tatsächliche Mißstände bezüglich der Gleichberechtigung der polnischen, ungarischen, slowakischen und sudetendeutschen Volksgruppen mit der tschechischen Bevölkerungsmehrheit wird die Minderheitenfrage seit der Gründung des Vielvölkerstaates am 28. Okto-

ber 1918 immer wieder aktualisiert. So konnte die Sudetendeutsche Partei – 1933 als deutschnationale Sammelbewegung gegründet – unter der Führung Konrad Henleins 1935 zur stärksten Partei der sudetendeutschen Volksgruppe aufsteigen. Sie erhielt bei den tschechoslowakischen Parlamentswahlen 44 von 66 deutschen Mandaten und wurde damit zweitgrößte Partei hinter den tschechoslowakischen Agrariern (45 Mandate).

Die Autonomieforderungen der von Adolf Hitler finanziell unterstützten Sudetendeutschen Partei werden 1937 von der Forderung nach Eingliederung in das Deutsche Reich abgelöst. Im selben Jahr bekennt sich die Sudetendeutsche Partei offen zum Nationalsozialismus.

Adolf Hitler (Mitte) bei der Trauerfeier für Wilhelm Gustloff in Schwerin

Kein Verzicht auf Monarchie

5. Februar. *Der österreichische Vizekanzler, Ernst Rüdiger Starhemberg, versichert in Paris, daß die Wiedererrichtung der Habsburger Monarchie »nicht aktuell sei«. Nach Intervention des Thronanwärters Otto Habsburg-Lothringen (Foto) wird in Paris eine amtliche Stellungnahme aus Wien veröffentlicht, die betont, die Habsburger Frage sei Angelegenheit Österreichs.*

NSDAP-Führer in Davos ermordet

4. Februar. In Davos wird der Leiter der NSDAP-Landesgruppe Schweiz, Wilhelm Gustloff, von dem Jugoslawen David Frankfurter erschossen. Der 26jährige Frankfurter, Sohn eines Rabbiners und Medizinstudent in Bern, stellt sich freiwillig der schweizerischen Polizei. Bei der Vernehmung gibt er an, er habe mit der Ermordung Gustloffs das gegenwärtige Regime im Deutschen Reich treffen wollen. Gustloff lebte seit 1916 in der Schweiz und baute dort ab 1930 die schweizerische NSDAP-Organisation auf.

Als Reaktion auf die Ermordung Gustloffs verbietet der deutsche Propagandaminister, Joseph Goebbels, am 5. Februar bis auf weiteres sämtliche Veranstaltungen der jüdischen Kulturbünde im Deutschen Reich, »um etwaigen Zwischenfällen vorzubeugen«.

Die offizielle Trauerfeier für Gustloff, die am 12. Februar in Schwerin stattfindet, nutzt der Führer und Reichskanzler Adolf Hitler, um der »haßerfüllten Macht des jüdischen

NS-Politiker Wilhelm Gustloff

Feindes« zum wiederholten Mal den Kampf anzusagen. Hitler stellt in diesem Zusammenhang fest, daß die nationalsozialistische Bewegung nie einen Gegner ermordet habe.

Am 18. Februar verbietet der schweizerische Bundesrat Landesleitung und Kreisleitungen der NSDAP in der Schweiz. Er begründet seine Entscheidung damit, daß durch die Trauerfeiern für Gustloff offensichtlich geworden sei, daß die inoffiziellen Stellen der NSDAP in der Schweiz für die deutsche Reichsregierung einen offiziellen Charakter haben. Das könne nicht geduldet werden.

Der Mörder Gustloffs, David Frankfurter, wird am → 14. Dezember 1936 (S. 206) vom Kantongericht Graubünden in Chur zu 18 Jahren Zuchthaus und lebenslanger Ausweisung aus der Schweiz verurteilt.

Action Française wird aufgelöst

13. Februar. Der französische Ministerrat legt Staatspräsident Albert Lebrun eine Verordnung zur Unterzeichnung vor, die ein Verbot der faschistischen Bewegung Action Française und ihrer Verbände (die Stoßtruppe Camelots du Rois und die Föderation der Studenten der Action Française) bestimmt.

Anlaß für die Maßnahme gegen die Organisation ist ein Vorfall bei den Beerdigungsfeierlichkeiten für den französischen Schriftsteller und Mitglied der Action Française, Jacques Bainvilles, in Paris gewesen. Der Führer der sozialistischen Partei, Léon Blum, dessen Auto durch den Leichenzug aufgehalten wurde, wurde von Mitgliedern der Action Française aus dem Wagen gezerrt und zusammengeschlagen.

Die Action Française ist die bedeutendste Gruppierung der französischen Rechtsradikalen.

Französischer Pakt mit den Sowjets

27. Februar. Gegen die Stimmen der Rechtsparteien und des Zentrums spricht sich die Französische Nationalversammlung (mit 353 gegen 164 Stimmen) für das Inkrafttreten des Beistandspaktes zwischen Frankreich und der Sowjetunion aus.

Der bereits am 2. Mai 1935 unterzeichnete Vertrag sieht die gegenseitige Sicherung der nationalen Souveränität der beiden Staaten vor: »Im Fall, daß . . . Frankreich oder Sowjetrußland trotz ihrer aufrichtig friedfertigen Absichten Gegenstand eines nicht herausgeforderten Angriffs von seiten eines europäischen Staates sein sollten, werden die Sowjetunion bzw. Frankreich sich sofort Hilfe und Beistand gewähren.«

Die Sowjetunion will sich mit dieser engen Bindung an Frankreich gegen einen Angriff durch das Deutsche Reich absichern.

Die französische Regierung bemüht sich, zusammen mit den osteuropäischen Staaten ein Netz der »kollektiven Sicherheit« aufzubauen, um den Expansionsdrang Hitlers einzudämmen und gleichzeitig einen wirkungsvollen Ersatz für die praktisch nutzlosen Sicherheitsgarantien des Völkerbundes zu finden.

Viel Arbeit für die Gerichte in Japan, reaktionäre Offiziere beteiligen sich häufig an militanten Aktionen

Soldaten der japanischen Putschisten im Hof des Tokioter Polizei-Hauptquartiers, das sie besetzt halten

20 Menschen in den USA gelyncht

12. Februar. In Washington wird eine amtliche Statistik über die Entwicklung der Lynchjustiz in den USA veröffentlicht. Danach ist die Zahl der Lynchmorde, die von 1892 bis 1932 von 255 auf 8 zurückgegangen war, seit einigen Jahren wieder im Steigen begriffen.

1933 wurden in den Vereinigten Staaten 24 Menschen gelyncht; 1934 sank die Zahl der Fälle auf 15; im Jahr 1935 waren 20 Menschen Opfer der Lynchjustiz.

Wie in den vorhergegangenen Jahren waren auch 1935 die überwiegende Zahl der Ermordeten, nämlich 18, Farbige. Über 80 Menschen konnten 1935 von der Polizei vor der Lynchjustiz gerettet werden. Häufig nahmen die Lynchgerichte den Charakter von Aufständen an, wenn die aufgebrachten Massen Gefängnisse belagerten und nur mit Hilfe von Militär (1935 in 42 Fällen) vertrieben werden konnten.

Militärputsch in Tokio scheitert

26. Februar. Wenige Tage nach den Parlamentswahlen in Japan versuchen 17 junge Offiziere der japanischen Streitkräfte in Tokio die Regierung zu stürzen. Mit Hilfe von 1 400 Mann besetzen die Militärs das Regierungsgebäude, die Polizeidirektion sowie ein Pressehaus und ermorden den Finanzminister Juko Takahashi und zwei weitere Politiker. Ziel des Putsches ist die Errichtung einer rechtsnationalen Regierung und die Beseitigung des Parlamentarismus.

Nach dem Wahlgewinn der liberalen Regierungspartei Minseito (Partei der Volkspolitik) – sie hat 205 von 472 Parlamentsmandaten erlangt – und den starken Verlusten der militärfreundlichen Rechtspartei Seyukai (Gesellschaft der Freunde der Politik), die nur 175 Mandate erreichte (bisher 289), befürchteten die Offiziere eine Schwächung der rechtsnationalen Position.

Kaiser Hirohito von Japan (Mitte; »Berliner Illustrirte« vom 5. 3. 1936)

Nach dreitägigen erfolglosen Verhandlungen mit den Aufständischen gibt Kaiser Hirohito den Befehl, sie mit Gewalt aus ihren Stellungen zu vertreiben. Daraufhin ergeben sich die Putschisten am 29. Februar kampflos.

Nach Beendigung des Putsches reicht Ministerpräsident Keisuke Okada, der wegen seiner liberalen Haltung starken Angriffen von rechts ausgesetzt war, seinen Rücktritt ein. Kaiser Hirohito beauftragt daraufhin den bisherigen Außenminister Koki Hirota mit der Bildung einer neuen Regierung. Hirota, dessen Kabinett sich hauptsächlich aus Beamten und Militärs zusammensetzt, macht bezüglich des Verteidigungsetats Zugeständnisse an die Militärs und verfolgt eine Politik der »nationalen Einigung«.

Japaner müssen UdSSR verlassen

14. Februar. Nach einem schweren Grenzzwischenfall fordert die sowjetische Regierung alle im östlichen Grenzgebiet der UdSSR lebenden Japaner auf, das Land bis zum 20. Februar zu verlassen. Für die japanisch-mandschurischen Truppen im Grenzgebiet zu der UdSSR bzw. der Mongolei wird ständige Alarmbereitschaft befohlen.

Der Grenzzwischenfall ereignete sich, als am 12. Februar japanisch-mandschurische Truppen auf mongolisches Gebiet vordrangen und von mongolischen Grenztruppen mit Unterstützung sowjetischer Flugzeuge angegriffen wurden.

Wahlsieg für Azaña

16. Februar. Die Parlamentswahlen in Spanien enden mit einem Sieg der linken Volksfrontparteien. Die Volksfront erhält 271 Parlamentssitze, die Wahlkoalition der Rechten 132 und die sieben Parteien der Mitte teilen sich 40 Mandate.

Im Block der Rechten haben sich nach der Parlamentsauflösung am →7. Januar 1936 (S. 21) ähnlich wie 1933 die tonangebende Confederación Española de Derecha Autonomas (CEDA; Spanischer Bund der autonomen Rechten), die Agrarier, die Katalanische Liga, die Monarchisten und mehrere kleine Rechtsparteien zusammengeschlossen.

Die linken Parteien reagierten mit einem Volksfrontbündnis, das am 15. Februar 1936 unterzeichnet wurde. Der Volksfront gehören neben der Republikanischen Linken des ehemaligen Ministerpräsidenten Manuel Azaña die Republikanische Union, die Sozialisten und die Kommunisten an.

Am 19. Februar stellt Azaña als neuer Ministerpräsident sein Kabinett vor, das sich aus neun Ministern der Republikanischen Linken, zwei der Republikanischen Union und einem Parteilosen zusammensetzt. Ebenso wie die Kommunisten beteiligen sich die Sozialisten nicht an der Regierung, da sie das Regierungsprogramm für zu bürgerlich halten.

Opfer der Lynchjustiz in den USA

Erbpsychologie meldet Erfolge in der Zwillingsforschung

7. Februar. Das Kaiser-Wilhelm-Institut für Anthropologie in Berlin-Dahlem, das sich besonders der Zwillingsforschung widmet, meldet wichtige Erfolge in der Erforschung der psychischen Anlagen bei eineiigen Zwillingspaaren.

Der Leiter der Abteilung für Erbpsychologie, Kurt Gottschaldt, nimmt nach den bisher durchgeführten Versuchen an, daß die geistigen ebenso wie die körperlichen Eigenschaften des Menschen den Mendelschen Vererbungsgesetzen unterliegen.

Nach Auskunft Gottschaldts zeigten Zwillingspaare bei verschiedenen praktischen Versuchsaufgaben gleiche Begabung und gleiches Verhalten. So mußten die Versuchspersonen – ausschließlich Kinder – einen Turm aus Holzklötzen aufbauen und wieder abbauen. Jeweils bei den Zwillingspaaren wurde dabei die »gleiche innere Einstellung zur Aufgabe« registriert.

Mit der Zwillingsforschung soll bewiesen werden, daß keine wesentlichen Unterschiede in Begabung

und Charakter von eineiigen Zwillingen vorliegen. Daraus wird für alle Menschen geschlossen, daß der Einfluß der Erbanlagen auf die psychische Entwicklung gegenüber den Umwelteinflüssen dominiert.

Die Ergebnisse der Erb- und Rasseforschung des Kaiser-Wilhelm-Instituts werden von den nationalsozialistischen Machthabern benutzt, um ihre Taten gegen »minderwertige Rassen« und »unwertes Leben« mit wissenschaftlichen Argumenten zu rechtfertigen.

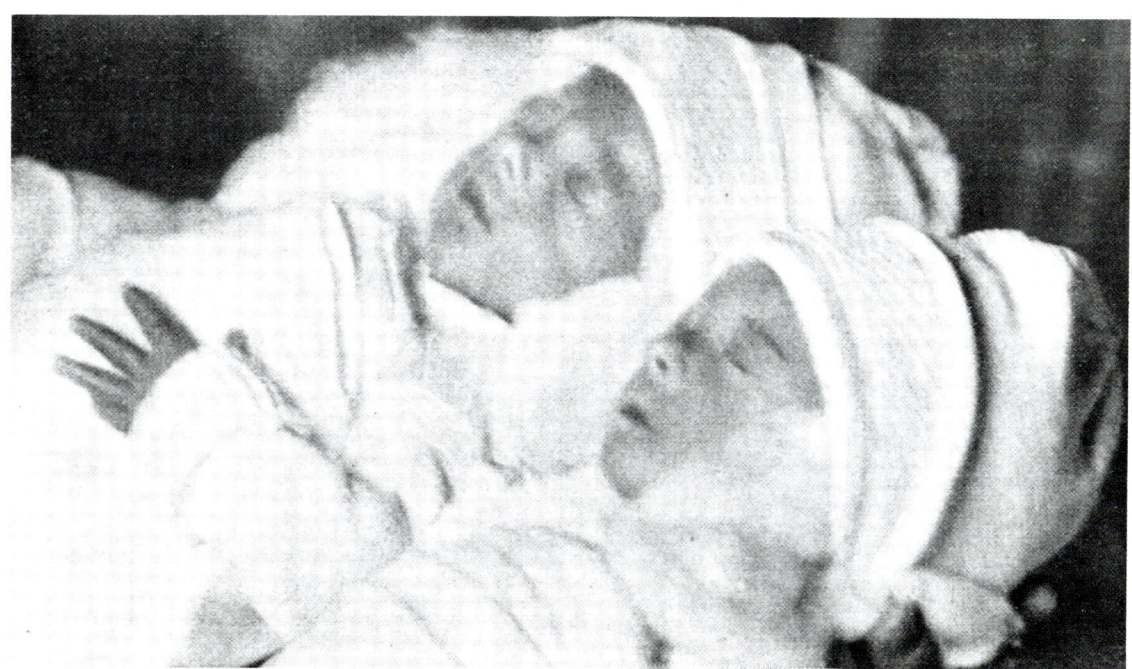

Zwillinge am ersten Lebenstag; Objekte der Erb- und Rasseforschung am Berliner Kaiser-Wilhelm-Institut

---

Robert Edwin Peary während seiner Nordpolexpedition im April 1909

Ein Polarforscher fordert Klarheit

26. Februar. Der US-amerikanische Polarforscher Frederick Albert Cook richtet einen Aufruf an die Amerikanische Geographische Gesellschaft und die Geographen der ganzen Welt. Er fordert die Bildung einer unparteiischen Untersuchungskommission, die endgültig feststellen soll, ob er oder sein Kollege und Kontrahent, der US-amerikanische Polarforscher Robert Edwin Peary (gestorben am 20. Februar 1920), zuerst den Nordpol erreicht hat.

Cook bleibt dabei, daß er als erster Weißer am 21. April 1908 – ein Jahr vor Peary – am Nordpol angelangt sei und dort Beobachtungen und Messungen angestellt habe.

Obwohl seine Ortsangaben und Schilderungen der Polumgebung mit denen von Peary weitgehend übereinstimmten, bezweifelte ein Bericht der Universität von Kopenhagen im Jahr 1909, daß Cook am Nordpol gewesen war, weil die Angaben nicht ausreichend seien. Peary galt daraufhin als Bezwinger des Nordpols, den er am 6. April 1909 erreicht hatte.

Der erbitterte Streit über den tatsächlichen Nordpoleroberer, der zwischen Cook und Peary entbrannte und auch in der Fachwelt ausgetragen wurde, führte bisher zu keinem klaren Ergebnis.

Selbst nach dem Tod Cooks am 5. August 1940 halten die Auseinandersetzungen unter den Wissenschaftlern an.

Deutsche Industrie führt bei Opiaten

17. Februar. Die Opiumkommission des Völkerbunds setzt den Weltbedarf an legal produzierten Rauschgiften für 1936 auf 35 t fest.

Nach der Rauschmittelkonvention, die 1931 unterzeichnet und Mitte 1933 von 30 Staaten ratifiziert wurde, ist die Herstellung und Produktion von Rauschgift nur noch für medizinische und wissenschaftliche Zwecke erlaubt.

An der Spitze der legalen Rauschmittelproduktion steht die deutsche chemische Industrie mit einer jährlichen Herstellungsmenge von 4,9 t Morphium, 358 kg Kokain und 94 kg Diazetyl-Morphin.

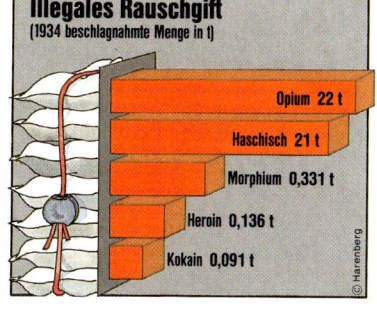

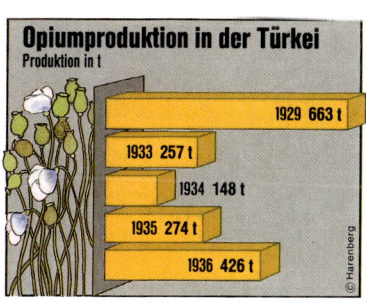

Blutdruckschreiber deckt Gefühle auf

2. Februar. Das Institut für Konstitutionsforschung in Berlin ermittelt in Großversuchen mit 2000 Personen die genauen Zusammenhänge zwischen Blutdruckwerten und seelischer Verfassung. Zur Analyse von Blutdruckveränderungen bei psychischen Krankheiten verwenden die Psychiater einen 1935 von dem Arzt Kurt Lange entwickelten elektrischen Blutdruckschreiber.

Das Gerät zeichnet den Blutdruck des Patienten kontinuierlich mit einem Kurvenschreiber auf. In den USA wird der Blutdruckschreiber bereits als »Lügendetektor« bei polizeilichen Verhören benutzt.

Das Luftschiff »Graf Zeppelin« über der Friedrichshafener Werft, in der rechten Halle LZ 129 »Hindenburg«

Fluglinie über den Atlantik geplant

15. Februar. Vertreter der deutschen und der US-amerikanischen Regierung vereinbaren in Washington die versuchsweise Einrichtung einer transatlantischen Fluglinie.

Die Deutsche Lufthansa und Panamerican Airways sollen im Rahmen dieser Versuchsflüge den regelmäßigen Flugverkehr zwischen den USA und dem Deutschen Reich vorbereiten. Ein ähnliches Abkommen wurde 1935 zwischen Großbritannien und den USA geschlossen.

1936 werden im Transatlantik-Luftverkehr 2085 Passagiere transportiert. Die deutschen Luftfahrtgesellschaften befördern im Jahr 1936 insgesamt 286 300 Personen.

»LZ 129« startbereit

Im Motorraum des neuen deutschen Luftschiffs »Hindenburg«

27. Februar. In Friedrichshafen am Bodensee wird nach einer Bauzeit von rund drei Jahren das neue große deutsche Verkehrsluftschiff LZ 129 »Hindenburg« fertiggestellt.

Die im Auftrag der Deutschen Zeppelin-Reederei gebaute »Hindenburg« ist das erste speziell für Transozean-Flüge konzipierte Luftschiff. Als Nachfolgemodell der 1928 in Dienst gestellten LZ 127 »Graf Zeppelin« wird die »Hindenburg« im regelmäßigen Luftschiffverkehr mit Süd- und Nordamerika eingesetzt. Zu ihrer ersten Südamerikareise startet die »Hindenburg« am → 30. März 1936 (S. 57).

Das Fahrtprogramm im Jahr 1936 sieht für die »Hindenburg« zehn Nord- und acht Südamerikareisen vor. Die kleinere »Graf Zeppelin« soll 14 Fahrten nach Südamerika durchführen.

Technische Daten der LZ 129

Länge	245 m
Durchmesser	41,2 m (max.)
Gewicht	100 t
Tragfähigkeit	88 t
Rauminhalt	190 000 m³
Reichweite	13 000 km
Leistung	4 × 1000 PS
Geschwindigkeit	130 km/h
Besatzung	25 Mann
Passagiere	75

Hapag-Reklame für Schiffsreisen ins Mittelmeer und in den Orient

Stromlinienform für neue Dampfloks

25. Februar. Auf Probefahrten zwischen Berlin und Hamburg werden der deutschen Presse zwei neue Dampflokomotiven vorgestellt.

Die Tender-Lokomotive der Firma Henschel bildet zusammen mit speziellen Waggons einen Stromlinienzug, der im Vergleich zu üblichen Zügen einen niedrigen Luftwiderstand hat. Der Dampfzug hat eine Geschwindigkeit von 165 km/h.

Die neue Borsig-Dampflokomotive – ebenfalls mit einer stromlinienförmigen Verkleidung versehen – erreicht bei der Probefahrt eine Geschwindigkeit von 197 km/h.

Tender-Dampflokomotive von Henschel mit Stromlinienverkleidung

Die neue Stromlinien-Dampflokomotive der Firma Borsig in Berlin

Amerikareisen für drei Monatslöhne

Februar. Die Hamburg-Amerika-Linie der Hapag bietet Schnelldampfer-Reisen nach New York für 517 Reichsmark (RM) an. Gemessen am monatlichen Durchschnittseinkommen der Steuerpflichtigen im Deutschen Reich (etwa 180 RM), kostet die Reise fast drei Gehälter.

In den letzten drei Jahren verzeichnete die Hapag – hinter dem Norddeutschen Lloyd die zweitgrößte Schiffahrtslinie im Nordatlantik-Verkehr – eine Zunahme der Passagen. 1935 betrug die Anzahl der Passagen insgesamt 47 066 (1934 = 45 214, 1933 = 38 216).

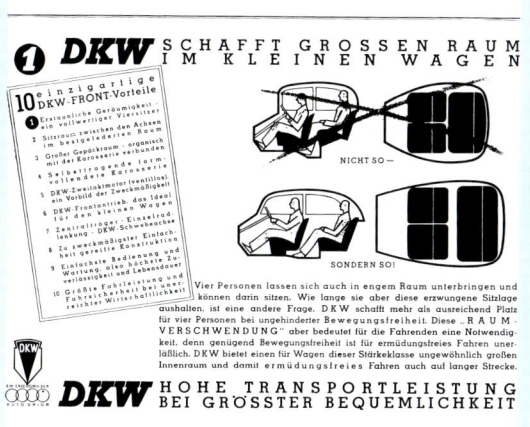
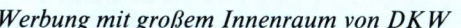

Werbung mit großem Innenraum von DKW

Neues Sportcoupé von Renault (Frankreich)

Kabriolett »Dauphine« 11CV von Berliet

Auto 1936:

»Stromlinienauto für jedermann«

Die massive staatliche Förderung der Autoproduktion, der Ausbau des Straßennetzes und die nationalsozialistische Propaganda für die Motorisierung der Gesellschaft führen im Deutschen Reich zu einem wahren Autoboom.

Das Auto soll möglichst schnell – so das Programm des Führers und Reichskanzlers Adolf Hitler – den Charakter eines Luxusartikels verlieren. Dazu sollen seit 1933 die Steuervergünstigungen für Pkw-Besitzer beitragen; die Kfz-Steuereinnahmen sanken von 211,6 Millionen Reichsmark im Rechnungsjahr 1933/34 auf 135,3 Millionen Reichsmark im Zeitraum 1935/36. Zudem kündigt Hitler 1936 einen für alle Bevölkerungskreise er-

schwinglichen Volkswagen an, der allerdings erst 1940 – als Kübelwagen für die Wehrmacht – vom Band rollt.

Die Produktion von Personenkraftwagen hat sich 1936 gegenüber 1932 versechsfacht. Damit hat die deutsche Autoindustrie eine Steigerungsrate, wie sie in keinem anderen Land erreicht wird.

Bei seiner Eröffnungsrede für die Automobilausstellung in Berlin am 15. Februar 1936 betont Hitler die Bedeutung der Autoindustrie für die deutsche Wirtschaft.

Wie die Pkw-Produktion steigen Jahr für Jahr auch die Neuzulassungen. 1936 werden 213 580 neue Personenwagen angemeldet – 18,4% mehr als im Jahr 1935.

Marktbestimmend im Deutschen Reich ist Opel mit 42,8% Beteiligung am Inlandsmarkt. Es folgen Auto-Union mit 24,4% und Daimler-Benz mit 7,25%.

Der für die 30er Jahre bestimmende Trend zur stromlinienförmigen Karosserie zeigt sich auch bei den Wagen des Jahres 1936, obwohl lediglich Adler ein konsequent stromlinienförmiges Modell vorstellt. Bedeutende Neuheiten sind die Einführung des Dieselmotors für Pkw durch Daimler-Benz und Hanomag sowie die Reifen aus Kunstkautschuk (»Buna«), die auf der Berliner Automobilausstellung als Triumph des deutschen Chemie-Konzerns IG Farben gefeiert werden.

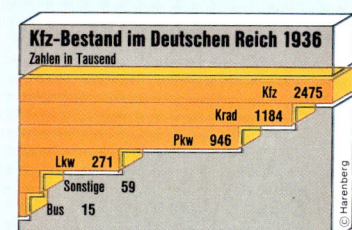

Kfz-Bestand im Deutschen Reich 1936
Zahlen in Tausend

Kfz	2475
Krad	1184
Pkw	946
Lkw	271
Sonstige	59
Bus	15

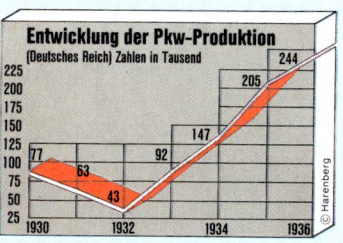

Entwicklung der Pkw-Produktion
(Deutsches Reich) Zahlen in Tausend

77 · 63 · 43 · 92 · 147 · 205 · 244
1930 · 1932 · 1934 · 1936

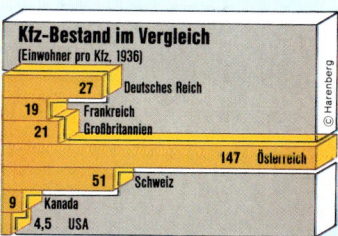

Kfz-Bestand im Vergleich
(Einwohner pro Kfz, 1936)

Deutsches Reich	27
Frankreich	19
Großbritannien	21
Österreich	147
Schweiz	51
Kanada	9
USA	4,5

Noch in der Testphase: Deutscher Volkswagen von Ferdinand Porsche

Der modernste große »Kraftpost-Kurswagen« der Firma Daimler-Benz

Altes niedersächsisches Bauernhaus, auf dem Gelände des Museumsdorfes in Cloppenburg wieder aufgebaut

Heimatforscher errichtet ein ganzes Dorf als Museum

Februar. Unter der Leitung des Heimatforschers Helmut Ottenjann entsteht im niedersächsischen Cloppenburg das erste Museumsdorf im Deutschen Reich.

Ottenjann beabsichtigt, alte Bauwerke aus Niedersachsen zusammenzutragen und in ihrer ursprünglichen Form wieder aufzubauen und einzurichten.

Als eines der ersten Gebäude wurde ein niedersächsisches Bauernhaus Stück für Stück aus dem Ort Elsten auf das Museumsgelände nach Cloppenburg verfrachtet und wieder errichtet.

In der Mitte des Museumsdorfes entstand – nach Bauskizzen aus Altenoythe – ein Rathaus, eine kleine Dorfschule und eine Kirche.

Nach den Plänen der Ritterburg Arkenstede wird auf dem Gelände gegenwärtig eine alte Wasserburg aufgebaut.

Finanziert wird das Projekt in Cloppenburg von der 1922 gegründeten »Niedersächsischen Stiftung Museumsdorf Cloppenburg« mit Unterstützung der Stadt und der Landesbehörden.

Römisches Xanten wird freigelegt

10. Februar. Der deutsche Archäologe Hans Spethmann berichtet vor dem Essener Historischen Verein über die von ihm initiierten Ausgrabungen nördlich der Stadt Xanten.

Dort wurden bei archäologischen Arbeiten, die im Sommer 1934 begonnen haben, Überreste einer römischen Siedlung, Colonia Ulpia Traiana, gefunden.

Auf dem 73 ha großen Gebiet der 100 n. Chr. gegründeten Siedlung wurde bislang neben einer Hafenanlage ein Amphitheater freigelegt. Besonders bedeutsam an der Siedlung ist, daß sie nicht später überbaut worden ist, wie es mit anderen großen römischen Siedlungen nördlich der Alpen geschehen ist.

Die ausgegrabenen Grundmauern des römischen Amphitheaters in Xanten

Mit Theaterstück gegen den Krebs

Februar. Im Auftrag der Nationalsozialistischen Volkswohlfahrt und der Landesversicherungsanstalten zieht ein Wandertheater, die »Deutsche Bühne für Volkshygiene«, im Deutschen Reich von Ort zu Ort, um mit einem Aufklärungsstück auf die Gefahren der Krebskrankheit aufmerksam zu machen.

Der Schauspieler und Leiter der Bühne, Philipp Müller-Manger, hat – unterstützt von Krebsforschern und Fachärzten – ein »pädagogisch-hygienisches« Stück mit dem Titel »Zu spät« geschrieben. Durch dessen dramatische Handlung werden die Zuschauer aufgefordert, regelmäßig vorbeugend zum Arzt zu gehen.

Wertvolle Gemälde endgültig in Köln

17. Februar. Die Stadt Köln erwirbt für das Wallraf-Richartz-Museum die Gemäldesammlung Wilhelm Adolf von Carstanjens, die bereits seit 1928 als Leihgabe in dem Kölner Museum ausgestellt wird.

Unter den 49 Gemälden, die größtenteils der holländischen Malerei des 17. Jahrhunderts entstammen, befinden sich drei Bilder von Rembrandt (das späte Selbstbildnis, auch »Der lachende Alte« genannt, »Bildnis des Predigers Sylvius« und »Christus an der Säule«).

UFA-Lehrschau für Laien und Profis

3. Februar. Auf dem Gelände der Universal-Film-AG (UFA) in Neubabelsberg bei Potsdam wird eine ständige »Lehrschau« des Films eröffnet. Die Ausstellung in einer Halle der UFA soll es jedem Interessierten ermöglichen, sich anhand von Modellen, Dokumenten und Tabellen eingehend über alle Fragen des Films zu informieren.

In seiner Eröffnungsrede verweist der Präsident der deutschen Reichsfilmkammer, Oswald Lehnich, auf die Bedeutung der Lehrschau: »Jedem, der den ernsten Willen hat, am deutschen Film mitzuarbeiten, ist jetzt Gelegenheit gegeben, sich ohne Schwierigkeiten zu unterrichten.«

Klaus Mann

Heinrich Mann

Ernst Toller

Arnold Zweig

Geistige Elite befindet sich im Exil

3. Februar. Thomas Mann, seit 1933 im Schweizer Exil, bekennt sich in einem Brief an die »Neue Zürcher Zeitung« zur Emigration. Er hat sich anfänglich den Emigranten gegenüber distanziert verhalten, um den Absatz seiner Bücher, die noch im Deutschen Reich erscheinen können, nicht zu gefährden.

Seine Stellungnahme für das Exil und seine Ziele macht Thomas Mann nunmehr zu einem anerkannten Repräsentanten der deutschen Literatur im Exil (→ 1. 12./S. 204).

Die Machtübernahme der Nationalsozialisten 1933 hat zu einer Massenemigration von namhaften Schriftstellern, Künstlern, Politikern und Wissenschaftlern geführt. Sie verlassen das Deutsche Reich aus politischem und moralischem

Der Schriftsteller Thomas Mann, Nobelpreis für Literatur 1929

Protest gegen die faschistische Diktatur und um der drohenden Verfolgung und dem Schreibverbot zu entgehen (u.a. Heinrich Mann, Ernst Toller, Arnold Zweig; → 4. 3./S. 53).

Im Exil sehen es viele Schriftsteller als ihre Aufgabe an, das Ausland über die Vorgänge im Dritten Reich aufzuklären, vor dem Expansionsdrang der Nationalsozialisten zu warnen, den Faschismus mit Hilfe des Wortes zu bekämpfen sowie die Traditionen des »anderen Deutschland« zu wahren.

Auch in ihren literarischen Werken setzen sich die vertriebenen Schriftsteller mit dem NS-Regime auseinander, so Klaus Mann in seinem Roman »Mephisto« (1936), in dem er die Karriere eines Schauspielers im Dritten Reich beschreibt.

Die zwölfte Oper von Wolf-Ferrari

12. Februar. Die neue Oper des Deutsch-Italieners Ermanno Wolf-Ferrari, »Il Campiello«, erlebt an der Mailänder Scala ihre Uraufführung. Der Oper liegt – wie schon früheren Werken – eine Komödie des Venezianers Carlo Goldoni (»Il Campiello«, 1756) zugrunde.

Wolf-Ferrari bleibt auch mit seiner zwölften Oper der italienischen Opera buffa verpflichtet. Die witzig-leichte Musik mit ihrer klaren Linienführung und der konservative Gesamteindruck der Oper sichern Wolf-Ferrari an der Scala eine erfolgreiche Uraufführung.

Komponist Ermanno Wolf-Ferrari, Erfolg mit der Oper »Il Campiello«

Chaplin-Film verboten

5. Februar. In US-amerikanischen Filmtheatern läuft der neue Spielfilm von Charles Chaplin, »Modern Times« (»Moderne Zeiten«), an. Chaplin, der den Film selbst produziert hat und für Regie, Drehbuch und Musik verantwortlich schreibt, spielt auch die Hauptrolle des Fabrikarbeiters Charlie.

In seinem letzten Stummfilm beschäftigt sich Chaplin mit den Auswirkungen der Technisierung auf die Lebens- und Arbeitsbedingungen der Menschen. In der beißenden Satire läßt er den Fabrikarbeiter Charlie unter der Bedrohung durch die Maschinenwelt und der Monotonie der Fließbandarbeit verrückt werden. Während der erste Teil des

Films vom Drehbuch einen straffen und konsequenten Handlungsrahmen erhält, wendet sich Chaplin im zweiten Teil episodenhaften Erlebnissen eines privaten Charlie zu, die kaum noch mit der Thematik des Films verwoben sind.

Chaplin wird wegen der kritischen Sequenzen in »Modern Times« von der US-amerikanischen Industrie heftig angegriffen. Im Deutschen Reich und in Italien wird die Aufführung des Films wegen »kommunistische Tendenzen« verboten.

Das deutsche Propagandaministerium geht soweit, daß es in einer Anweisung vom 13. Februar der Presse jegliche »Reklame für den Juden Charlie Chaplin« untersagt.

Szene aus dem letzten Stummfilm von Charles Chaplin, »Moderne Zeiten«

März 1936

Mo	Di	Mi	Do	Fr	Sa	So
						1
2	3	4	5	6	7	8
9	10	11	12	13	14	15
16	17	18	19	20	21	22
23	24	25	26	27	28	29
30	31					

1. März, Sonntag

In Leipzig wird die internationale Frühjahrsmesse eröffnet (sie dauert bis 9. 3. 1936), auf der 8 163 Firmen aus dem In- und Ausland ihre neuesten Produkte zeigen.

Der Generalsekretär der sowjetischen KPdSU, Josef W. Stalin, verspricht der Mongolischen Volksrepublik im Fall eines japanischen Angriffs den militärischen Beistand der Sowjetunion. → S. 49

Reichsverkehrsminister Paul Freiherr Eltz von Rübenach führt von Berlin aus das erste Fernseh-Telefongespräch. → S. 54

Der von Erich Engels gedrehte Film »Mädchenjahre einer Königin« mit Jenny Jugo in der Hauptrolle wird in Berlin uraufgeführt. → S. 61

Die französischen Feinschmecker beschließen, Georges Auguste Escoffier, dem Erfinder der modernen Kochkunst, in Villeneuve-Loubet ein Denkmal zu errichten. Es wird das erste Monument sein, das einen Küchenmeister ehrt (→ S. 59).

2. März, Montag

In einer Geheimkonferenz in Berlin gibt der Führer und Reichskanzler, Adolf Hitler, seinen Entschluß bekannt, deutsche Truppen am 7. März in das laut den Bestimmungen der Verträge von Versailles und Locarno entmilitarisierte Rheinland zu entsenden (→ 7. 3./S. 46).

Die USA und Panama schließen in Panama einen Vertrag, der die Rechte des mittelamerikanischen Landes in der seit 1903 von den USA verwalteten Kanalzone erweitert. → S. 49

Im Fußball-Endspiel um den Bundespokal trennen sich die Vertretungen des Südwestens und Sachsens in Frankfurt am Main 2:2 nach Verlängerung. Das Wiederholungsspiel findet erst Anfang 1937 statt.

3. März, Dienstag

Die sowjetischen Bauern werden per Regierungserlaß verpflichtet, unbezahlten Straßenbaudienst zu leisten. → S. 56

Der Kriegsfilm »Im Trommelfeuer der Westfront« (Regisseur: Charles Willy Kayser) hat in Berlin Premiere (→ 1. 3./S. 61).

Der Film »Der sterbende Schwan«, das Tanzgedicht der russischen Tänzerin Anna Pawlowa, wird in London uraufgeführt. → S. 61

4. März, Mittwoch

Auf der vom deutschen Reichsinnenminister Wilhelm Frick veröffentlichten neuen Ausbürgerungsliste befinden sich u. a. die Namen des Schriftstellers Arnold Zweig und des sozialdemokratischen Politikers Kurt Schumacher. → S. 53

In Friedrichshafen am Bodensee startet das Luftschiff LZ 129 »Hindenburg« zu seinem ersten Probeflug (→ 30. 3./S. 57).

Auf der Oderbruchbahn in der Mark Brandenburg wird der erste Anthrazitgas-Triebwagen getestet. → S. 58

Im Weißen Saal der Polizeidirektion München wird die Ausstellung »Entartete Kunst« eröffnet (sie dauert bis 31. 3.). → S. 55

5. März, Donnerstag

Der Schweizer Außenminister Giuseppe Motta erklärt in Genf, daß ein weiterer Verbleib seines Landes im Völkerbund bei einem möglichen Austritt Italiens aus dieser Organisation äußerst ungewiß sei.

Auf der Welt sind rund 36,6 Millionen Telefonapparate installiert, mit denen jährlich etwa 50 Milliarden Gespräche geführt werden.

6. März, Freitag

Am Nachmittag wird amtlich bekanntgemacht, daß der Reichstag »auf morgen, Samstag mittag, 12.00 Uhr«, einberufen worden ist. Einziger Tagesordnungspunkt ist die »Entgegennahme einer Erklärung der Reichsregierung« (→ 7. 3./S. 46).

Die Reichsregierung fordert die deutsche Wirtschaft, die Bauern und alle zuständigen Behörden zur Mitarbeit bei der Einstellung von 1,3 Millionen Jugendlichen auf, die Ostern die Schule verlassen und eine Lehrstelle suchen. → S. 54

7. März, Sonnabend

Seit dem frühen Morgen rücken deutsche Truppen in das aufgrund des Versailler Vertrages von 1919 und des Locarno-Vertrages von 1925 entmilitarisierte Zone des Rheinlands ein; sie sollen die deutsche Wehrhoheit wiederherstellen. → S. 46

Der polnische Geiger Bronislaw Hubermann beklagt in einem offenen Brief an die britische Zeitung »Manchester Guardian« das Schweigen und Duckmäusertum deutscher Geistesführer »von der internationalen Bewegungsfreiheit und Bedeutung eines Richard Strauss, Wilhelm Furtwängler, Gerhart Hauptmann, Werner Krauss, Georg Kolbe, Ferdinand Sauerbruch, Eugen Fischer, Max Planck u. a.«

8. März, Heldengedenktag

In einer Rundfunkansprache an das französische Volk protestiert Ministerpräsident Albert Sarraut gegen die Rheinlandbesetzung und gegen den mit ihr verbundenen Bruch des Locarno-Vertrags. Die Truppen-

stärke an der französischen Ostgrenze wird erhöht. → S. 47

Anläßlich des Heldengedenktags dankt Reichskriegsminister Werner von Blomberg beim Staatsakt in der Berliner Oper Unter den Linden dem Führer und Reichskanzler, Adolf Hitler, im Namen der Wehrmacht für den Einmarsch deutscher Truppen in die entmilitarisierte Zone des Rheinlandes (→ 7. 3./S. 46).

9. März, Montag

Vor dem Unterhaus (»House of Commons«) des britischen Parlaments spricht Außenminister Anthony Eden sein Bedauern über die einseitige Aktion des Deutschen Reiches in der Rheinlandfrage aus. Das deutsche Vorgehen kompliziere und verschärfe die internationale Lage und habe das Vertrauen in jede Verpflichtung, welche die deutsche Regierung in Zukunft übernehmen könnte, aufs tiefste erschüttert. → S. 47

Mit dem Besuch des tschechoslowakischen Ministerpräsidenten Milan Hodža in Wien beginnt eine Phase der engen Zusammenarbeit zwischen Österreich und der ČSR.

10. März, Dienstag

In Paris beginnen zweitägige Beratungen der Locarno-Vertragsstaaten (Belgien, Frankreich, Großbritannien, Polen, ČSR) – jedoch ohne das Deutsche Reich. Dabei zeigt sich zwischen der britischen und französischen Haltung zur deutschen Rheinlandbesetzung ein Gegensatz: Während Großbritannien eine Unterschied zwischen dem Angriff auf ein anderes Land und der Besetzung eigenen Staatsgebietes macht, betont Frankreich, daß die Schutz- und Beistandsgarantien des Locarno-Vertrags von 1925 auch für die Verletzung der entmilitarisierten Rheinlandzone gelten müssen.

Der Führer und Reichskanzler, Adolf Hitler, ordnet die Aufstellung eines Nationalsozialistischen Reiterkorps (NSRK) an. Alle 18- bis 20jährigen SS-Mitglieder müssen dem Reiterkorps angehören. → S. 53

Propagandaminister Joseph Goebbels eröffnet in der Berliner Deutschlandhalle den Reichstags-Wahlkampf. → S. 51

Einer Untersuchung des britischen Gesundheitsamtes zufolge sind Herzerkrankungen die häufigste Todesursache in Europa. → S. 56

11. März, Mittwoch

In einem Presseinterview erklärt der deutsche Führer und Reichskanzler, Adolf Hitler, dem britischen Journalisten Ward Price, das Deutsche Reich wolle Nichtangriffspakte im Westen und im Osten (Österreich und die ČSR eingeschlossen) unterzeichnen. Das Reich sei bereit, in den Völkerbund zurückzukehren, allerdings in der Erwartung, daß seine koloniale Gleichberechtigung hergestellt werde.

Der Ufa-Film »Die letzten Vier von Santa Cruz«, der unter Regisseur Werner Klingler entstanden ist, wird in Berlin uraufgeführt. In den Hauptrollen sind Beppo Brehm und Irene von Meyendorff zu sehen.

12. März, Donnerstag

Die Locarno-Mächte (ohne Deutschland), die ihre Verhandlungen von Paris nach London verlegt haben (um Großbritanniens Vermittlerrolle und eine eventuelle Teilnahme des Reiches zu erleichtern), verurteilen den Einmarsch deutscher Truppen ins Rheinland. Der britische Außenminister, Anthony Eden, schlägt dem Reich vor, deutsche Truppen bis auf einen symbolischen Rest wieder aus dem Rheinland zurückzuziehen. Deutschland lehnt diesen Vorschlag in einer Stellungnahme ab, sagt aber zu, keine weiteren Truppen nachrücken zu lassen (→ 19. 3./S. 48).

Das Hoheitszeichen der NSDAP wird auch Hoheitszeichen des Deutschen Reiches. → S. 52

Der von Werner Hochbaum gedrehte Film »Der Favorit der Kaiserin«, eine historische Komödie um die Zarin Elisabeth von Rußland, wird in Berlin uraufgeführt. Die Hauptrollen spielen Olga Tschechowa und Anton Pointer (→ 1. 3./S. 61).

13. März, Freitag

Für das Sommersemester 1936 werden an den Universitäten der deutschen Großstädte die Höchstziffern der Studienplätze neu, und zwar im allgemeinen niedriger als im Vorjahr, festgesetzt. → S. 54

14. März, Sonnabend

In London tritt der Völkerbundsrat zusammen; das Deutsche Reich wird eingeladen, als Unterzeichner des Versailler Vertrages und des Locarno-Vertrages an den Sitzungen des Rates teilzunehmen, um die Beschlüsse über den deutschen Einmarsch in die entmilitarisierte Rheinlandzone mitzutragen. → S. 48

In den spanischen Städten Cadiz, Granada, Madrid und Toledo kommt es zu politisch motivierten Streiks und zum Teil schweren, von den Kommunisten entfachten Straßenschlachten gegen Polizei und Faschisten. In Madrid werden von Demonstranten u. a. zwei katholische Kirchen eingeäschert.

Der Führer der spanischen Faschistenpartei, José Antonio Primo de Rivera, wird verhaftet, weil seine Partei als illegal bezeichnet wird.

15. März, Sonntag

Das Deutsche Reich nimmt die Einladung des Völkerbundsrates zur Teilnahme an den Londoner Verhandlungen über die Rheinlandbesetzung grundsätzlich an, macht die Entsendung deutscher Delegierter jedoch von unverzüglich aufzunehmenden Verhandlungen über Vorschläge zur allgemeinen Friedenssicherung abhängig (→ 19. 3./S. 48).

SIMPLICISSIMUS

München, 15. März 1936 Preis 60 Pfennig 40. Jahrgang Nr. 51

Der russische Hypnotiseur

(E. Schilling)

„Geh nur, Mütterchen, geh nur . . . !"

Propaganda des NS-Regimes über den kommunistischen Einfluß in Frankreich als Titelblatt der Zeitschrift »Simplicissimus« vom 15. 3. 1936

---

66. Jahrgang 1936 Nr. 90

Berlin, Montag, 30. März

Germania

Zeitung für das deutsche Volk

Die Nation steht hinter dem Führer

99 v. H. aller Wähler stimmten für Adolf Hitler — Wahlbeteiligung: 99 v. H.

Das vorläufige Endergebnis

DNB. Berlin, 30. März

Nach den bis 2.20 Uhr morgens beim Reichswahlleiter vorliegenden vorläufigen Endergebnissen aus den 35 Wahlkreisen haben von 45 431 102 Stimmberechtigten 44 954 937, das sind 99 v. H., an der Wahl teilgenommen.

Von den 44 954 937 Stimmen wurden abgegeben:

1. Für die Liste und damit für den Führer . 44 411 911
2. Gegen die Liste und ungültig 543 026

Es sind somit 99 v. H. aller Stimmen für die Liste und damit für den Führer abgegeben worden.

Wie Deutschland wählte

Der Führer gab seine Stimme im Wahlraum des Potsdamer Fernbahnhofs ab

Das Bekenntnis

Die Berliner Zeitung »Germania« veröffentlicht das Ergebnis der »Wahl« vom 29. März 1936, die eher einer Akklamation Hitlers glich

März 1936

Die deutsche Polizei startet eine Aufklärungskampagne, mit der die Bevölkerung durch Vorträge im Rundfunk und durch Kurzfilme im Kino auf kriminelle Gefahren aufmerksam gemacht wird.

In Berlin hat der US-amerikanische Spielfilm »Gold nach Singapore« von Tay Garnett Premiere; in den Hauptrollen sind Jean Harlow und Clark Gable zu sehen (→ S. 25).

In Budapest unterliegt die deutsche Fußball-Nationalmannschaft der ungarischen Auswahl 2:3.

Der Österreicher Josef Bradl stellt bei der ersten Skiflugwoche auf der Großschanze im jugoslawischen Planica mit 101,5 m einen neuen Weltrekord auf. → S. 63

16. März, Montag

Zum ersten Jahrestag der »Wiedergeburt der deutschen Wehrhoheit« verleiht der Führer und Reichskanzler, Adolf Hitler, der Wehrmacht Truppenfahnen und stiftet Auszeichnungen für langjährige treue Dienste. → S. 52

Die Sitzung des Völkerbundsrats in London wird ergebnislos abgebrochen; für Sanktionen gegen das Deutsche Reich wegen der Rheinlandbesetzung konnte keine Mehrheit gefunden werden (→ 19. 3./S. 48).

17. März, Dienstag

Im Unterhaus (»House of Commons«) des britischen Parlaments wird von einer neu entwickelten U-Boot-Abwehrwaffe berichtet, deren elektrische Strahlen angeblich nahezu jedes Unterseeboot ausfindig machen können. → S. 58

Die Spielbank von Monte Carlo gibt bekannt, daß in den letzten zwölf Monaten die Bank insgesamt 22mal gesprengt worden ist.

In Dublin verliert die Schweizer Fußball-Nationalmannschaft gegen die der Iren 0:1.

18. März, Mittwoch

Der vom Führer und Reichskanzler, Adolf Hitler, zum Sonderbotschafter ernannte Joachim von Ribbentrop fliegt zu Gesprächen mit den Mitgliedern des Völkerbundsrates über die Rheinlandfrage nach London (→ 19. 3./S. 48).

Der sowjetisch-türkische Freundschafts- und Beistandspakt vom 16. März 1916 wird um zehn Jahre verlängert.

19. März, Donnerstag

Vor dem Völkerbundsrat in London versucht der deutsche Sonderbotschaft Joachim von Ribbentrop das Vorgehen des Reiches im Rheinland zu rechtfertigen. Dennoch spricht der Rat das Deutsche Reich schuldig, durch den Einmarsch seiner Truppen in das Rheinland den Artikel 43 des Versailler Vertrages gebrochen zu haben. → S. 48

Mit einem Memorandum fordern die auf der Londoner Sitzung des Völkerbundrates anwesenden Vertreter der Locarno-Signatarstaaten (Belgien, Frankreich, Großbritannien und Italien) das Deutsche Reich zur unverzüglichen Aufnahme von Verhandlungen über eine Revision der Rheinlandbestimmungen des Locarno-Vertrages auf. → S. 49

20. März, Freitag

Von heute bis zum 20. April 1936 wird der Jahrgang 1926 in das Jungvolk der Hitlerjugend aufgenommen; für Jungen beträgt die Probezeit zwei bis sechs Monate, für Mädchen drei Monate. In dieser Zeit haben Jungen und Mädchen einen Heimnachmittag pro Woche, Jungen zwei Fahrten oder Wanderungen und zwei Appelle monatlich, Mädchen zwei Appelle in drei Monaten zu absolvieren.

21. März, Sonnabend

Die Aktion Kraft durch Freude (KdF) gibt bekannt, daß sie in den nächsten Jahren fünf Seebäder für je 20 000 erholungsuchende Arbeiter einrichten werde. → S. 52

Ernst Reclam, der Seniorchef des Leipziger Verlages Philipp Reclam jun., begeht seinen 60. Geburtstag. → S. 63

22. März, Sonntag

Abessinien (Äthiopien) protestiert beim Völkerbund gegen italienische Bombenangriffe auf Rote-Kreuz-Ambulanzen im Lande.

Der britische Fliegerleutnant Timothy Rose stellt auf der Strecke London–Kapstadt–London einen neuen Distanzflugrekord auf. Für den Hinflug benötigt er 3 Tage, 17 Stunden und 38 Minuten, auf dem Rückflug ist er 6 Tage, 6 Stunden und 37 Minuten unterwegs.

23. März, Montag

Im Unterhaus (»House of Commons«) des britischen Parlaments wird die Abschaffung der Kindersklaverei in der britischen Kronkolonie Hongkong gefordert. → S. 56

24. März, Dienstag

Der neue britische Riesendampfer »Queen Mary« der Cunard-Line sticht von der Werft an der Clydebank in der Nähe der Stadt Glasgow zu seiner Jungfernfahrt nach Southampton in See. → S. 58

Messungen italienischer Wissenschaftler ergeben, daß sich der Schiefe Turm von Pisa nicht mehr wie bisher um durchschnittlich 1 mm pro Jahr neigt, sondern neuerdings sogar um 2 mm. → S. 57

Der deutsche Automobilrennfahrer Hans Stuck stellt auf der Autobahn zwischen Frankfurt am Main und Heidelberg fünf Geschwindigkeits-Weltrekorde auf. → S. 63

25. März, Mittwoch

In einer Wahlkampfrede in Berlin ordnet der Führer und Reichskanzler,

Adolf Hitler, die Bildung eines Fliegergeschwaders an (→ 10. 3./S. 51).

Die Sowjetunion und Afghanistan verlängern den 1926 geschlossenen Neutralitäts- und Beistandspakt um zehn Jahre.

In London unterzeichnen Frankreich, Großbritannien und die USA ein Abkommen zur Begrenzung der Kriegsflotten, das gegenseitigen Informationsaustausch über neue Flottenbauvorhaben und eine Begrenzung der Tonnage und der Geschützkaliber vorsieht (→ 15. 1./S. 20).

26. März, Donnerstag

Auf Anordnung des Reichskriegs- und des Reichsinnenministeriums erhalten die deutschen Soldaten neue Wehrpässe. → S. 52

Auf der Kohletagung in Essen wird auf die herausragende Bedeutung der Kohle für die deutsche Energiewirtschaft hingewiesen. Die Reichsbahn deckt ihren Energiebedarf zu 95% mit Kohle.

Zur Belebung des Fremdenverkehrs wird in Italien eine Reise-Lira eingeführt, deren Wertverhältnis zu ausländischen Währungen ständig den Kursschwankungen angepaßt wird.

Das in den USA und Großbritannien gebildete jüdische Flüchtlingshilfswerk wird in den nächsten vier Jahren jährlich 25 000 jungen Juden zur Flucht aus dem Deutschen Reich verhelfen. → S. 56

27. März, Freitag

Wegen der von den Verwaltungsbehörden der britischen Kolonien in Afrika erlassenen strengen Jagdgesetze ist es in Uganda zu einer Elefantenplage gekommen. Rund 20 000 Elefanten haben der Landwirtschaft schwere Schäden zugefügt.

Die Kunstsammlung des US-amerikanischen Industriellen Henry Clay Frick mit Meisterwerken von Tizian, Rembrandt, Diego Velazquez und Jan Vermeer wird in New York der Öffentlichkeit zugänglich gemacht. → S. 63

Die Stadt Bad Hersfeld feiert ihr 1200jähriges Bestehen.

In Liverpool endet das Grand National Steepechase, das schwerste Hindernisrennen der Welt, mit einem Sieg des favorisierten Wallachs Reynoldstown unter Jockey Fred Walwyn. → S. 63

28. März, Sonnabend

Mit dem als »Deutscher Volkstag für Ehre, Freiheit und Frieden« propagierten Abschlußtag endet der von den nationalsozialistisch gelenkten Medien in bisher nicht gekannter Weise unterstützter Wahlkampf. Ab 18.30 Uhr werden in allen deutschen Städten Aufmärsche veranstaltet, ab 19.50 Uhr läuten Glocken »mit ehernem Mund« den Friedensappell des Führers und Reichskanzlers, Adolf

Hitler, im Kölner Gürzenich ein (→ 10. 3./S. 51).

29. März, Sonntag

Bei der deutschen Reichstagswahl wählen 99% der Stimmberechtigten die NSDAP – so lautet das offizielle Ergebnis der Stimmenauszählung – und bekunden damit zugleich ihre Zustimmung zu Adolf Hitlers Rheinlandpolitik. → S. 50

SS-Wachverbände, deren Aufgabe die Bewachung der Konzentrationslager im Deutschen Reich ist, werden in SS-Totenkopf-Verbände umbenannt. → S. 52

Die Bauarbeiten am olympischen Dorf in Döberitz bei Berlin sind abgeschlossen. → S. 63

30. März, Montag

Schulische Förderung, Auszeichnungen und Stipendien sollen künftig den Mitgliedern der Hitlerjugend vorbehalten bleiben.

Mit dem Gesetz zur Änderung des Finanzausgleichs wird die Beteiligung der Länder an der Einkommen-, Körperschafts- und Umsatzsteuer aufgehoben.

Das deutsche Luftschiff LZ 129 »Hindenburg« startet von Friedrichshafen am Bodensee zu seiner ersten Südamerikareise nach Rio de Janeiro. → S. 57

31. März, Dienstag

Nach zweijähriger Suche ist der neue Dalai Lama, ein zweijähriger Bauernsohn, ermittelt und wird in der tibetischen Hauptstadt Lhasa auf den Thron gehoben. → S. 56

Die deutsche Reichsfilmkammer erläßt zur Reorganisation der Arbeit in der Filmindustrie Richtlinien, die auf eine gleichmäßige Auslastung der Studios zielen.

An der Dresdener Staatsoper wird die Oper »Der verlorene Sohn« von Robert Heger uraufgeführt.

Gestorben:

11. London: David Earl Beatty of the North Sea and of Brooksby (*17. 1. 1871, Borodale/Irland), britischer Admiral.

14. Oxford: John Scott Haldane (*2. 5. 1860, Edinburgh), britischer Physiologe.

18. Paris: Eleftherios Wenisélos (*23. 8. 1864, Murnia/Kreta), griechischer Politiker.

21. Neuilly-sur-Seine: Alexandr Konstantinowitsch Glasunow (*10. 8. 1865, Petersburg/heute Leningrad), sowjetischer Komponist.

Geboren:

4. Duns: Jim Clark, eigtl. James C. (†7. 4. 1968), britischer Autorennfahrer.

29. Broadstairs/Kent: Richard Rodney Bennett, britischer Komponist.

N° 4854 — 94ᵉ ANNÉE

14 MARS 1936

L'ILLUSTRATION

Le 7 mars, les troupes allemandes passent le Rhin à Mayence.

REMILITARISATION DE LA ZONE RHÉNANE

Voir les pages 303 à 309 et 326, 327.

AVEC CE NUMERO L'ABONNEMENT N° 1 COMPREND " LA PETITE ILLUSTRATION " CONTENANT

UN NOUVEAU ROMAN

« L'AMOUR ATTEND », par LUCIE DELARUE-MARDRUS

(En trois parties. — I.)

13, RUE SAINT-GEORGES, PARIS (9ᵉ)

Voir au verso les tarifs d'abonnement.

Deutsche Truppen in der Kölner Innenstadt, Domplatz   *Einmarsch der Artillerie in Düsseldorf*   *Im Stechschritt auf dem Weg in die alten Garnisonen*

Deutsche Truppen im Rheinland

7. März. Seit den frühen Morgenstunden marschieren deutsche Truppen (insgesamt 30 000 Mann) in die aufgrund der Bestimmungen des Versailler Vertrages von 1919 und des Locarno-Vertrages vom 16. Oktober 1925 entmilitarisierten Rheinlande ein; auf westrheinisches Gebiet rücken jedoch nur drei Bataillone vor. Von der Bevölkerung begeistert begrüßt, beginnen die Soldaten sofort mit dem Bau von Befestigungsanlagen entlang der deutschen Westgrenze.

Die von der Wehrmacht und der Umgebung des Führers und Reichskanzlers, Adolf Hitler, befürchteten militärischen Gegenmaßnahmen Frankreichs und Großbritanniens bleiben aus. Hitler hat damit – nach der Rückgliederung des Saargebietes am 13. Januar 1935 – seinen zweiten großen außenpolitischen Erfolg errungen.

In einer Regierungserklärung vor dem Deutschen Reichstag versucht Hitler den völkerrechtswidrigen Akt mit dem angeblichen Bruch des Locarno-Abkommens durch einen zwischen Frankreich und der Sowjetunion am 2. Mai 1935 (ratifiziert → 27. 2./S. 35) geschlossenen Bündnisvertrag, einer Defensivallianz, zu rechtfertigen. Zugleich kündigt er den Locarno-Pakt auf.

Zur Beschwichtigung der europäischen Mächte, vor allem Frankreichs und Großbritanniens, erklärt der Reichskanzler im weiteren Verlauf seiner Rede den Kampf um die deutsche Gleichberechtigung mit der Rheinlandbesetzung für abgeschlossen. Deutschland habe in Europa keine territorialen Forderungen mehr und sei an einer wirklichen Befriedung des Kontinents interessiert. Die Reichsregierung sei bereit, mit Frankreich, Belgien und den Niederlanden über die Bildung einer beiderseitigen entmilitarisierten Zone zu verhandeln und mit diesen Staaten einen Nichtangriffspakt auf 25 Jahre abzuschließen. Auch der Rückkehr in den Völkerbund – Deutschland war am 14. Oktober 1933 wegen Streitigkeiten in Rüstungsfragen ausgetreten – stehe nach der Wiederherstellung der vollen Souveränität der Reichsregierung über das gesamte deutsche Staatsgebiet nichts mehr im Wege.

Um dem deutschen Volk die Gelegenheit zu geben, seine – Hitlers – Amtsführung in den ersten drei Regierungsjahren zu beurteilen, löst der Kanzler den Reichstag auf und setzt Neuwahlen für den 29. März fest; diese gelten zugleich als Plebiszit über die Rheinlandbesetzung.

Obwohl die französische Regierung schon seit Monaten von deutschen Plänen über eine Remilitarisierung des Rheinlandes unterrichtet war, hatte sie keine konkreten Gegenmaßnahmen getroffen.

NIEDERLANDE

Das entmilitarisierte Rheinland 1936

DEUTSCHES REICH

Dortmund
Duisburg
Brüssel
Köln
BELGIEN
Aachen
Koblenz
Frankfurt
Luxemburg
Mainz
Mannheim
Verdun
FRANKREICH
Nancy
Straßburg
Freiburg
Basel
SCHWEIZ

Entmilitarisierte Zone

100 km

Versailles und Locarno-Vertrag

Die Entmilitarisierung des Rheinlandes wurde als Folge des vom Deutschen Reich verlorenen Weltkrieges in zwei Vertragswerken festgelegt.

Versailler Vertrag: Die Artikel 42 und 43 des Versailler Vertrages vom 28. Juni 1919 untersagten es dem Deutschen Reich, »Befestigungen sowohl auf dem linken Ufer des Rheins wie auch auf dem rechten Ufer westlich einer 50 km östlich dieses Flusses gezogenen Linie zu unterhalten oder zu errichten«. Auch die »Zusammenziehung einer bewaffneten Macht, sowohl in ständiger als auch in vorübergehender Form, sowie alle militärischen Übungen jeder Art« werden dem Reich in diesem Gebiet verboten.

Locarno-Vertrag: Der »Rheinpakt« (Unterzeichnerstaaten: Belgien, Deutsches Reich, Frankreich, Großbritannien, Italien) des Locarno-Vertrages vom 16. Oktober 1925 bestätigt die Entmilitarisierung des Rheinlandes gemäß dem Versailler Vertrag. Im Falle eines Verstoßes verpflichteten sich die Vertragspartner zur sofortigen Hilfeleistung an die von dem Verstoß betroffene Macht. Der Einmarsch deutscher Truppen ins Rheinland stellte einen Bruch des Locarno-Paktes dar und hätte die übrigen Garantiemächte zu einem Einschreiten gegen Hitler berechtigt.

Begeisterter Empfang für die deutschen Soldaten durch die Bevölkerung

Frauen begrüßen die »Befreier des Rheinlandes« mit Blumensträußen

Lastwagen der französischen Truppen in Metz fahren ins Grenzgebiet

Kein Krieg um die Rheinlandzone

Gegen alle Bedenken und Warnungen seiner engsten Mitarbeiter läßt der Führer und Reichskanzler, Adolf Hitler, die deutschen Truppen ins Rheinland einrücken, niemand stellt sich ihnen in den Weg. Wie groß das mit dem Einmarsch für das Reich verbundene Risiko ist, räumt Hitler später ein: »Die 48 Stunden nach dem Einmarsch ins Rheinland sind die aufregendste Zeitspanne in meinem Leben gewesen. Wären die Franzosen damals ins Rheinland eingerückt, hätten wir uns mit Schimpf und Schande wieder zurückziehen müssen, denn die militärischen Kräfte, über die wir verfügten, hätten keineswegs auch nur zu einem mäßigen Widerstand ausgereicht.«

Die Westmächte – Frankreich, Großbritannien und Italien – rechnen durchaus damit, daß Hitler sich auf die Dauer nicht mit der Entmilitarisierung des Rheinlandes abfinden werde, doch eine so kurzfristige Entscheidung haben sie nicht erwartet.

Die französische Regierung will zwar zur Wahrung der Sicherheitsinteressen des eigenen Landes die entmilitarisierte Zone unbedingt erhalten, sie hat jedoch keinerlei Vorbereitungen für den Fall einer deutschen militärischen Aktion getroffen. Angesichts der Wiederaufrüstung des Deutschen Reiches hält der französische Generalstab eine Besetzung des Rheinlandes durch Truppen ohne britische Unterstützung für zu gefährlich.

Der französische Ministerrat stimmte in seiner Sitzung vom 27. Februar dieser Beurteilung zu. Weil die französische Regierung weiß, daß sie von Großbritannien kaum militärische Hilfe für einen auf der Insel wenig populären Rheinlandfeldzug erhalten werde und weil Italien unter dem Druck der Sanktionen im Zusammenhang mit dem Abessinienkonflikt kaum an Frankreichs Seite kämpfen wolle, bereitet sich Frankreich auf militärische Gegenmaßnahmen nicht vor; es bleibt dann auch bei Protesten und gegen Deutschland gerichtete Drohungen.

Der französische Ministerpräsident Albert Sarraut weist in einer Rundfunkansprache darauf hin, daß Frankreich die brutale Methode des Deutschen Reiches, strittige Probleme nicht auf dem Verhandlungsweg, sondern durch einseitige Gewaltakte zu lösen und dabei internationale Verträge zu brechen, nicht hinnehmen werde. Frankreich werde nicht zulassen, daß Straßburg in die Reichweite deutscher Kanonen gerate.

Die deutsche Reichsregierung – so Sarraut – glaube, den Zeitpunkt für ihren Gewaltstreich gut ausgewählt zu haben und rechne mit der Unruhe und Uneinigkeit der Wahlkampfatmosphäre im Innern Frankreichs. Das französische Volk werde jedoch zeigen, daß man bei ihm nicht auf innere Spaltung rechnen dürfe, um seine Unterwerfung zu erhoffen und seine Versklavung vorzubereiten.

Die französische Regierung ersucht schließlich den Völkerbund, den Völkerbundsrat unmittelbar einzuberufen, denn das Deutsche Reich habe durch die einseitige Aufkündigung des Locarno-Vertrages und den Einmarsch deutscher Truppen in die entmilitarisierte Rheinlandzone sowohl Artikel 43 des Versailler Vertrages als auch Artikel 1 des Locarno-Vertrages eindeutig verletzt. Der britische Außenminister Anthony Eden sieht durch die Rheinlandbesetzung die deutsche Glaubwürdigkeit aufs Spiel gesetzt. Das deutsche Vorgehen kompliziere und verschärfe die internationale Lage und habe das Vertrauen in jede Verpflichtung, die eine deutsche Regierung künftig übernehmen könnte, erschüttert. Mit der Aufkündigung des Locarno-Vertrages sei eines der wichtigsten Fundamente des Friedens in Westeuropa zerstört. In dem Bestreben, dieses Fundament wiederherzustellen, werde die britische Regierung die neuen Vorschläge Adolf Hitlers prüfen. In einem anderen Zusammenhang sagt Eden, es könne wohl im Unterhaus oder in Großbritannien niemand geben, der die Handlungsweise des Deutschen Reiches verzeihen oder entschuldigen wollte. Er freue sich jedoch aussprechen zu können, daß kein Grund zu der Annahme bestehe, die gegenwärtige militärische Aktion des Deutschen Reiches beinhalte eine Drohung mit Feindseligkeiten.

Ribbentrop vor Völkerbundsrat

19. März. Der vom Führer und Reichskanzler, Adolf Hitler, als Sonderbotschafter nach London entsandte Joachim von Ribbentrop versucht vor dem dort tagenden Völkerbundsrat den Einmarsch deutscher Truppen ins Rheinland und den Bruch des Locarno-Vertrages unter Hinweis auf die französisch-sowjetische Militärallianz vom 16. Mai 1935 zu rechtfertigen und eine Verurteilung des Reiches durch dieses Gremium zu verhindern.

Sinn des im Vertrag von Locarno enthaltenen Rheinpaktes sei es gewesen, die Anwendung von Gewalt zwischen Frankreich und Belgien einerseits und Deutschland andererseits für ewige Zeiten auszuschließen. Der französisch-sowjetische Bündnisvertrag richte sich jedoch ausschließlich gegen das Deutsche Reich, durch seine Beistandsklausel könne Frankreich in einen Krieg gegen das Reich verwickelt werden. Darüber hinaus bedeute das französisch-sowjetische Bündnis, das zwei Staaten mit insgesamt 275 Millionen Einwohnern zusammenführe, eine Beseitigung des europäischen Gleichgewichts und damit der fundamentalen politischen und rechtlichen Voraussetzungen, unter denen der Locarno-Pakt am 16. Oktober 1925 abgeschlossen worden sei.

Die deutsche Regierung vertrete daher die Auffassung, daß der französisch-sowjetische Vertrag sowohl dem Buchstaben wie auch dem poli-

Der am 30. April 1893 in Wesel geborene Joachim von Ribbentrop ist innerhalb der NSDAP der wichtigste außenpolitische Berater von Adolf Hitler. Schon im Jahr 1935 hatte ihn Hitler als Sonderbeauftragten nach London entsandt, um das deutsch-britische Flottenabkommen abzuschließen. Am → 11. August 1936 (S. 152) wird Ribbentrop deutscher Botschafter in London.

tischen Sinn nach dem westeuropäischen Sicherheitssystem von Locarno widerspreche und daß somit der Rheinpakt von Locarno durch die einseitige Handlungsweise Frankreichs verletzt und de facto aufgehoben worden sei. Das Reich habe aus diesem französischen Vorgehen die einzig mögliche Konsequenz gezogen und die volle Souveränität über das Rheinland herge-

stellt. Die Reichsregierung weise den von Belgien und Frankreich erhobenen Vorwurf der einseitigen Vertragsverletzung zurück.

Ribbentrops Rede hat nicht den gewünschten Erfolg; der Völkerbundsrat stellt fest, das Deutsche Reich habe durch die Rheinlandbesetzung am → 7. März (S. 46) den Artikel 43 des Versailler Vertrages (Artikel 1 des Rheinpaktes) gebrochen.

14. März. Aufgrund des Ersuchens von Frankreich und Belgien tritt in London der Völkerbundsrat (14 Staaten vertreten) zusammen, um über die Lage, die sich aus dem Einmarsch deutscher Truppen in das entmilitarisierte Rheinland ergeben hat, zu beraten.

Hauptziel des am 28. April 1919 gegründeten Völkerbundes ist die Erhaltung des Friedens und des territorialen Besitzstandes der Mitgliedstaaten. Diese sind verpflichtet, ihre Streitigkeiten friedlich beizulegen und bei Nichteinigung den Völkerbundsrat, das wichtigste Entscheidungsgremium des Völkerbundes, anzurufen.

Das Deutsche Reich hatte den Völkerbund zwar am 14. Oktober 1933 wegen Differenzen in Rüstungsfragen verlassen. Doch auch bei Streitigkeiten zwischen einem Mitglied (hier Frankreich und Belgien) und einem Nichtmitglied (Deutsches Reich) darf der Bund zur Verhütung eines Krieges eingreifen. Da ihm jedoch die nötigen Machtmittel (insbesondere militärischer Art) fehlen, kann er seine Beschlüsse gegen widerstrebende oder Gewalt anwendende Staaten in der Regel nicht durchsetzen.

Hitler kündigt Locarno-Pakt

Adolf Hitler vor dem Reichstag

7. März. Vor dem in die Berliner Kroll-Oper (Tagungsort seit Zerstörung des Reichstagsgebäudes am 27. Februar 1933) einberufenen Deutschen Reichstag erklärt der Führer und Reichskanzler, Adolf Hitler, den Locarno-Vertrag vom 16. Oktober 1925 mit den darin enthaltenen Bestimmungen über die Entmilitarisierung des Rheinlandes wegen des am 27. Februar ratifizierten sowjetisch-französischen Bündnisvertrages für hinfällig.

Das Deutsche Reich habe stets betont, daß es seine Locarno-Verpflichtungen so lange halten und erfüllen werde, wie die anderen

Partner zu diesem Vertrag stünden. Frankreich habe aber nun in Mißachtung seiner Pflichten aus dem besagten Vertrag mit der Sowjetunion und mit der Tschechoslowakei (jeweils am 16. Mai 1935) Militärbündnisse gegen Deutschland geschlossen. Die deutsche Reichsregierung sei nunmehr gezwungen, der neuen Lage Rechnung zu tragen. Im Interesse des primitiven Rechts eines Volkes auf Sicherung seiner Grenzen und zur Wahrung seiner Verteidigungsmöglichkeiten habe die deutsche Reichsregierung deshalb mit dem heutigen Tag die volle und uneingeschränkte Souveränität des Rei-

ches in der demilitarisierten Zone des Rheinlandes wiederhergestellt.

Schon im Jahr 1935 hatte das Auswärtige Amt den deutschen Diplomaten im Ausland aufgetragen, die jeweiligen Regierungen auf die Unvereinbarkeit des sowjetisch-französischen Militärpaktes – einer Defensivallianz – mit den Bestimmungen des Locarno-Vertrages hinzuweisen.

Am → 27. Februar 1936 (S. 35) griff Hitler den Gedanken auf, die Ratifizierung des französisch-russischen Bündnisses als Rechtfertigung für die Remilitarisierung des Rheinlandes zu nutzen.

Sitzung von Vertretern der vier Locarno-Mächte Großbritannien, Frankreich, Belgien und Italien in London

Denkschrift der Locarno-Mächte

19. März. Die auf der Londoner Sitzung des Völkerbundsrates anwesenden Vertreter der Locarno-Signatarstaaten (Belgien, Frankreich, Großbritannien und Italien) unterzeichnen ein Memorandum über die Rheinlandfrage, in dem die deutsche Gewaltaktion als »Gefahr für die europäische Sicherheit« bezeichnet wird, in dem aber keine konkreten Sanktionsmaßnahmen aufgeführt sind.

Die vier Locarno-Mächte nehmen die Entschließung des Völkerbundsrates vom gleichen Tage über den Verstoß des Deutschen Reiches gegen Artikel 43 des Versailler Vertrages (und damit gegen Artikel 1 des Locarno-Vertrages) zur Kenntnis. Sie weisen darauf hin, daß Deutschland durch die einseitige Maßnahme keine legalen Rechte erworben habe. Sie laden das Reich ein, die Frage der Unvereinbarkeit des französisch-sowjetischen Paktes mit dem Locarno-Vertrag dem Ständigen Internationalen Gerichtshof in Den Haag zu unterbreiten und dessen Entscheidung anzuerkennen.

Die vier Locarno-Staaten erklären sich dazu bereit, mit dem Deutschen Reich in Verhandlungen über eine Abänderung des Rheinlandstatus einzutreten. Bis zum Abschluß dieser Verhandlungen solle das Reich die Zahl seiner Truppen und militärähnlichen Verbände (SA, Arbeitsdienst) in der Rheinlandzone nicht erhöhen und keine Befestigungsanlagen und Flugplätze errichten.

Die französische und belgische Regierung verpflichten sich, keine Truppen in ihre Grenzzonen zu entsenden. Eine internationale Konferenz könne die weiteren in der Rede des Führers und Reichskanzlers Adolf Hitler vom → 7. März (S. 46) enthaltenen Vorschläge prüfen.

Seite des Locarno-Vertrages mit Unterschriften der Ländervertreter

Japanische Expansion

1. März. In einem Interview mit dem US-amerikanischen Zeitungsherausgeber Roy Howard erklärt der Generalsekretär der sowjetischen KPdSU, Josef W. Stalin, daß die Sowjetunion der 1924 gegründeten Mongolischen Volksrepublik im Fall eines japanischen Angriffs militärischen Beistand gewähren werde. Am 13. März kommt es zwischen der UdSSR und der Mongolischen Volksrepublik zum Abschluß eines Beistandspaktes.

Die Japaner stützen sich bei ihrer Expansion auf den am 18. Februar 1932 nach Loslösung von der Chinesischen Sowjetrepublik proklamierten unabhängigen Staat Mandschukuo (der früheren Mandschurei), der faktisch jedoch ein japanisches Protektorat ist.

Zwischen Mandschukuo und der von der Sowjetunion unterstützten Mongolischen Volksrepublik, in der die kommunistische Mongolische Revolutionäre Volkspartei die allein bestimmende politische Kraft ist und die starke politische, wirtschaftliche und kulturelle Bindungen zur UdSSR unterhält, ist es immer wieder zu bewaffneten Grenzkonflikten gekommen, zuletzt am 12. Februar 1936 (→ 14. 2./S. 36). Die mandschukischen Truppen wurden dabei von japanischen Militäreinheiten unterstützt.

Vertragsrevision für Panamakanal

2. März. In Panama schließen die USA und Panama einen Vertrag, der die Souveränitätsrechte Panamas in der seit 1903 von den Vereinigten Staaten verwalteten Kanalzone (ein jeweils etwa 8 km breiter Streifen beiderseits des Kanals) erweitert.

Die USA verpflichten sich zur Erhöhung der jährlich für die Kanalnutzung zu zahlenden Pachtsumme und zum Verzicht auf eine weitere Einmischung in die inneren Angelegenheiten der seit 1903 unabhängigen Republik, garantieren die Unverletzlichkeit der Grenzen Panamas, behalten sich aber das Recht vor, im Kriegsfall in der Kanalzone Stützpunkte zu errichten. Neben der wirtschaftlichen Bedeutung des Panamakanals, die auf der Verkürzung des Schiffahrtsweges zwischen Atlantik und Pazifik beruht, steht für die USA der militärstrategische Wert des Kanals im Vordergrund.

Der Vertragsabschluß ist ein erster Erfolg für die gegen starke Abhängigkeit von den USA kämpfenden panamaischen Nationalisten.

Ein Linienschiff im Panamakanal

Eröffnung des Wahlkampfes, Joseph Goebbels spricht vor 20 000 Menschen in der Berliner Deutschlandhalle

Deutsche wählen neuen Reichstag

29. März. Bei der vom Führer und Reichskanzler Adolf Hitler am → 7. März (S. 46) angeordneten Neuwahl des Deutschen Reichstages geben 99% der Wähler – so das offizielle Ergebnis – ihre Stimme für die einzig zugelassene Staatspartei, die Nationalsozialistische Deutsche Arbeiterpartei (NSDAP), ab. Die Wahl ist gleichzeitig mit der Zustimmung zu Hitlers Rheinlandpolitik verknüpft. Die Zahl der Abgeordneten erhöht sich von 669 auf 740.

Die Wähler können auf den NSDAP-Einheitslisten nur mit Ja oder Nein stimmen. Propagandaminister Joseph Goebbels, der von Hitler mit der Leitung des Wahlkampfes betraut worden war, hatte die Wahlvorstände angewiesen, auch die Stimmzettel positiv zu werten, auf denen nicht ausdrücklich »Nein« stand, also auch alle leeren oder ungültigen Stimmzettel. Die so erreichten 99% sollen vor allem das Ausland beeindrucken und das Bild eines geschlossen hinter dem Führer stehenden Volkes vermitteln.

Der Wahlkampf wurde unter Einsatz eines bis dahin nicht gekannten Propagandaaufwandes geführt. Aufmärsche, Propagandafahrten, Rundfunkansprachen, Filmdarbietungen und Pressekampagnen gehörten ebenso wie Massenkundgebungen zum Erscheinungsbild dieses Reichstagswahlkampfes.

Adolf Hitler hielt im Wahlkampf zwölf Reden, am 27. März z. B. in

Reichskanzler Adolf Hitler auf Wahlkampfreise bei Bauarbeitern

Propagandaplakat zur Reichstagswahl (»Berliner Illustrirte«, 26. 3.)

der Lokomotivhalle der Essener Krupp-Werke vor 120 000 Arbeitern. Dort ging er auch auf die Rheinlandbesetzung ein: »Ich habe keinen Fuß auf fremdes Gebiet gesetzt! Ich habe keinem Volke etwas weggenommen! Ich bin nicht in ein fremdes Haus eingebrochen! Ich habe niemandem etwas gestohlen! Niemand hat das Recht, sich zum Richter aufzuwerfen in einer Angelegenheit, die nur allein mein deutsches Volk angeht.«

Außenpolitisch wurde von Hitler immer wieder der Friedenswille, aber auch die Entschlossenheit betont, keinerlei Verletzung der deutschen Ehre und Gleichberechtigung mehr zu dulden.

Im Mittelpunkt der innenpolitischen Aussagen verwies Hitler immer wieder auf die Anstrengungen der Reichsregierung im Kampf gegen die Arbeitslosigkeit. Es sei gelungen, für fünf Millionen Menschen neue Arbeitsplätze zu schaffen.

Es ist nicht das erste Mal, daß Hitler außenpolitische Ereignisse wie die Rheinlandbesetzung, die an das Nationalgefühl rührt, ohne eine besondere nationalsozialistische Gesinnung anzusprechen, dazu nutzt, eine möglichst breite Zustimmung für sich und seine Politik zu erhalten. Auch 1933 ließ er in einer Volksabstimmung – verbunden mit der Reichstagswahl – den Austritt des Deutschen Reichs aus dem Völkerbund nachträglich gutheißen.

Bewertung der Wahl im Ausland

30. März. Eine Mischung von Bewunderung und Besorgnis läßt sich aus den Reaktionen der Welt auf das Ergebnis der Reichstagswahl vom Vortage ablesen: Bewunderung für die fast 100%ige Zustimmung des deutschen Volkes für seinen Führer und Reichskanzler, Adolf Hitler, und die hohe, bisher noch niemals in einem anderen Land erreichte Wahlbeteiligung (98,95%), zugleich aber Besorgnis darüber, daß Hitler – gestützt auf diesen großen Vertrauensbeweis – seine Politik der Wiederherstellung der deutschen Gleichberechtigung und einer Neuordnung des europäischen Gleichgewichts nach der Rheinlandbesetzung fortführen könne.

In der französischen Presse wird auf den immensen Propagandaeinsatz im Wahlkampf für die Reichstagswahl hingewiesen. Unter der Regie des deutschen Progagandaministers, Joseph Goebbels, seien die deutschen Zeitungen, und der deutsche Rundfunk zu einem lautstarken Sprachrohr für Hitler geworden, die Straßen und Säle zu einer riesigen Arena der nationalsozialistischen Propaganda.

Dem Führer und Reichskanzler sei es bei seinen Reden, die vom Rundfunk im ganzen Deutschen Reich übertragen worden sind, immer wieder gelungen, seine Zuhörer mitzureißen, eine Art Massenpsychose auszulösen. In der so aufgeputschten Atmosphäre hätten keine Wahlen im traditionellen Sinn stattgefunden, sondern es sei zu einem Plebiszit über den Führer und seine Politik gekommen.

Hitlers Ziel sei nicht die Erreichung einer einfachen Mehrheit gewesen, er habe der Welt vielmehr zeigen wollen, daß sein deutsches Volk fast einstimmig hinter ihm stehe. Dieses Ziel habe Hitler zwar souverän erreicht, doch jedermann wisse, was von einem Plebiszit unter einer Diktatur zu halten sei, um so mehr, als das Wahlgeheimnis praktisch aufgehoben gewesen sei.

In der britischen Presse wird der Hoffnung Ausdruck gegeben, daß Hitler – mit diesem Vertrauensbeweis des deutschen Volkes im Rücken – eher bereit sein könne, der französischen Regierung hinsichtlich der Rheinlandfrage Konzessionen zu machen.

Adolf Hitler redet in Karlsruhe

Straßenschmuck in Ludwigshafen: Auf Anordnung von Goebbels werden im ganzen Reich die Fahnen gehißt

Hitler bei der Wahlkampfrede vor Arbeitern der Essener Kruppwerke

Fackelzug von 200000 Menschen auf der Münchener Theresienwiese

Kundgebung in Frankfurt a. M.

Goebbels' Wahlkampfpropaganda

10. März. Propagandaminister Joseph Goebbels, der vom Führer und Reichskanzler, Adolf Hitler, mit der Leitung des Wahlkampfes betraut worden ist, eröffnet seinen innenpolitischen Feldzug mit einer Rede in der Berliner Deutschlandhalle.

Rundfunk, Presse und Kino sind in die Kampagne integriert, berühmte Persönlichkeiten aus Wissenschaft, Sport und dem Showgeschäft danken Hitler in offenen Briefen für seine Leistungen, die NSDAP organisiert Massenaufmärsche und -demonstrationen.

Im Mittelpunkt der Rede Goebbels' im Sportpalast stehen der wirtschaftliche Wiederaufstieg des Deutschen Reiches sowie die nationalsozialistische Außenpolitik, insbesondere die Rheinlandbesetzung. Die Rheinlandbesetzung sei keineswegs als Drohung gegen Frankreich zu verstehen, sondern vielmehr »der erste Schritt zu einer wirklichen Neuordnung in Europa«.

Der Führer beginnt seine Wahlkampfreise durch das Reich (u. a. Reden in Frankfurt am Main, Königsberg, Hamburg, Breslau, Berlin) in Karlsruhe, wo er in der Hochschul-Kampfbahn spricht. Er entwirft das Bild eines Deutschen Reiches, das gleichberechtigt an der Seite der übrigen europäischen Großmächte zu stehen hat.

Den Höhepunkt des Wahlkampfes bilden Hitlers Reden in Essen (27. März) und Köln (28. März, Abschlußkundgebung in den Messehallen). Über Rundfunk ergeht am 27. März an alle Deutschen die Aufforderung, Fahnen und Flaggen zu hissen. Um 16 Uhr kündigen die Sirenen des Essener Kruppwerkes eine Minute lang den Beginn des »großen Friedensappells des Führers« an, alle Sirenen des Reiches schließen sich an. Goebbels behauptet: »Die Nation hält während dieser Minute innere Einkehr und bringt damit in der demonstrativsten Weise ihre Entschlossenheit zum Ausdruck, sich hinter den Führer zu stellen.«

Abschlußveranstaltung zum Wahlkampf in den Kölner Messehallen

Neben NS-Kundgebungen spielen Militärparaden eine wichtige Rolle

NSDAP-Adler als Hoheitszeichen

12. März. Das Hoheitszeichen der NSDAP wird von der Reichsregierung zum Hoheitszeichen des Deutschen Reiches erklärt.

Das neue Hoheitszeichen zeigt das Hakenkreuz, von einem Eichenkranz umgeben; auf dem Eichenkranz sitzt ein stilisierter Adler mit ausgebreiteten Schwingen, den Kopf nach links gewandt. Die Siegel mit dem bisher gebräuchlichen Hoheitszeichen – einem rotbewehrten schwarzen Reichsadler bzw. mit einem der Landeswappen – dürfen nur noch bis Ende September 1936 verwandt werden.

Der Adler ist neben dem Löwen das am weitesten verbreitete aller Wappenbilder. Schon in der Antike galt der Raubvogel als Symbol imperialen Herrschaftsanspruchs.

Leibstandarte Adolf Hitler

KZ-Bewachung jetzt durch SS-Totenkopf

28. März. Verbände der 1925 gegründeten SS (Schutzstaffel), die zur Bewachung der KZ (Konzentrationslager) eingesetzt sind, werden in »SS-Totenkopf-Verbände« umbenannt; sie zählen insgesamt 3 500 Mann.

Seit dem Regierungsantritt des Führers und Reichskanzlers, Adolf Hitler, wird die SS zunehmend zum Hauptträger des politischen Terrors im Reich. Während die Masse der SS-Mitglieder in der »Allgemeinen SS« zum Feierabenddienst antritt, werden die »SS-Totenkopf-Verbände« als stehende bewaffnete Truppe organisiert und unter Leitung von Theodor Eicke zur »Lösung von Sonderaufgaben politischer Natur« eingesetzt; dazu gehört auch die KZ-Bewachung.

Französische Karikatur zur SS

Neue Fahnen und Auszeichnungen

16. März. Der Führer und Reichskanzler, Adolf Hitler, verleiht der Wehrmacht zum ersten Jahrestag der Wiederherstellung der Wehrhoheit (Wiedereinführung der allgemeinen Wehrpflicht) Truppenfahnen. Zugleich stiftet er als Anerkennung für treue Dienste bei der Wehrmacht Auszeichnungen.

Durch die Übergabe von Truppenfahnen soll eine Traditionsbrücke von der alten deutschen Armee zur neuen Wehrmacht geschlagen werden. In Zukunft werden die Rekruten auf die neuen Fahnen vereidigt.

Die Dienstauszeichnung wird Soldaten in vier Klassen verliehen, für 4-, 12-, 18- und 25jährige Dienstzeit. Die Auszeichnung wird an kornblumenblauem Bande an der Ordensschnalle getragen.

Neue Truppenfahne der Armee

Offiziere der deutschen Wehrmacht

Deutsche Soldaten erhalten Wehrpaß

26. März. Die deutschen Soldaten erhalten einen neuen Wehrpaß, in dem Angaben zur Person, über Musterung und Aushebung, über vorangegangene Erfüllung der Arbeitsdienstpflicht, aktiven Wehrdienst und Reserveübungen enthalten sind. Weil der Wehrpaß als öffentliche Urkunde gilt, kann sein Mißbrauch mit Zuchthaus bestraft werden; er muß bis zum 60. Lebensjahr aufbewahrt werden.

Dreijahresplan für deutsche Kraft-durch-Freude-Seebäder

21. März. Die nationalsozialistische Gemeinschaft »Kraft durch Freude« (KdF, gegründet 27. 11. 1933) – sie ist der Deutschen Arbeitsfront (DAF) unter Robert Ley angeschlossen – gibt ihren Beschluß bekannt, fünf Seebäder für je 20 000 erholungsbedürftige Arbeiter zu errichten.

In einem ersten Dreijahresplan (1936–1938) soll auf der Insel Rügen ein 4 km langes Gebäude erstellt werden. Unter dem 75 km langen Strand soll zur bequemen Beförderung der Gäste eine U-Bahn gebaut werden.

Neben der Organisation von subventioniertem Tourismus gehört vor allem die Freizeit-Betreuung der Arbeiter zu den Aufgaben der KdF-Aktion.

Werbeplakat für billige Ferienreisen nach Norwegen

Nur wenige kommen in den Genuß der KdF-Vorteile

Propaganda für KdF-Urlaub

Eine Abteilung des 13. Reiterregiments, das im norddeutschen Lüneburg stationiert ist, bei einer Attacke

Verstärkung für die Kavallerie

10. März. Auf Anordnung des Führers und Reichskanzlers, Adolf Hitler, wird ein Nationalsozialistisches Reiterkorps (NSRK) gebildet; diesem müssen alle 18- bis 20jährigen Mitglieder der SS beitreten.

Um die Kavallerie innerhalb des Heeres zu stärken und auszubauen, werden Jugendliche der Jahrgänge 1911 bis 1918 zum Erwerb des Reiterscheins aufgefordert.

Die Prüfungen setzen nur geringe Anfangskenntnisse im Reiten und im Umgang mit Pferden voraus. Bei freiwilliger Meldung zum Militär dürfen sich Jugendliche, die den Reiterschein besitzen, den Truppenteil, in dem sie dienen wollen, selbst aussuchen; zum Wehrdienst eingezogen aber werden sie bevorzugt der Kavallerie zugeteilt.

Die Kavallerie bildet auch die Elite der Turnierreiter aus. Reitsportliches Zentrum des Reiches ist die Kavallerieschule Hannover. Unter Equipechef Harald Momm bereiten sich dort in ganztägigem Training die deutschen Reiter, ausschließlich Soldaten im Offiziersrang, auf die olympischen Wettbewerbe im Sommer dieses Jahres in Berlin vor. Dem Kader gehören u. a. an: Kurt Haase, der 1932 die Deutsche Meisterschaft im Rekordspringen errungen hat, Marten von Kronburg, der 1929 und 1932 das Deutsche Springderby für sich entscheiden konnte, und Hans-Heinrich Brinckmann, der spätere Equipechef.

Arnold Zweig ausgebürgert

4. März. Gestützt auf das Gesetz vom 14. Juli 1933 über den Widerruf von Einbürgerungen und der Aberkennung der deutschen Staatsangehörigkeit, werden 25 deutsche Schriftsteller, Journalisten, Schauspieler und Politiker von Reichsinnenminister Wilhelm Frick ihrer Staatsbürgerschaft für verlustig erklärt. Ihnen wird vorgeworfen, durch ein Verhalten, das gegen die Pflicht zur Treue gegen Reich und Volk verstoße, die deutschen Belange geschädigt zu haben (»landesverräterische Hetze«).

Zu den Ausgebürgerten zählen u. a. der in Paris lebende jüdische Schriftsteller Arnold Zweig, der nach Belgien emigrierte sozialdemokratische Politiker Kurt Schumacher und der ehemalige Darmstädter Theaterleiter Gustav Hartung (→ 3.2./S. 41).

Hotel Lutetia in Paris, Treffpunkt im Exil lebender Deutscher; auch Arnold Zweig beteiligt sich an deren Bemühen um eine deutsche Volksfront

Bäume sollen »rasserein« sein

29. März. Die 1928 in Elberswalde gegründete Waldsamenprüfungsanstalt, das einzige Spezialinstitut dieser Art auf der Welt, macht auf ihre verstärkten Bemühungen aufmerksam, die deutschen Bäume und Pflanzen »rasserein« zu erhalten.

Die übermäßige »Einwanderung von Fremdlingen«, die Verwendung ortsfremder und importierter Samen, habe dem deutschen Wald außerordentlichen Schaden zugefügt. Ein vom preußischen Ministerpräsidenten und Reichsjägermeister, Hermann Göring, angeregtes Gesetz soll nunmehr die Einfuhr ausländischen Samens verhindern. Das Deutsche Reich besitze für seinen Bedarf genügend Pflanzensamen; er müsse nur vollständig erfaßt werden.

Seit ihrem Bestehen arbeitet die Waldsamenprüfungsanstalt an der Erbdiagnose von Bäumen. Dabei wird nicht der Mutterbaum untersucht, sondern die sich aus seinen Früchten entwickelnden Keimlinge; schon an ihnen sollen sich die Eigenschaften der zukünftigen Pflanze ablesen lassen.

Münchner Jagd auf »Sprachböcke«

5. März. Der Deutsche Sprachverein veranstaltet in München eine Jagd mit Bleistift und Notizblock auf sog. »Sprachböcke«, Unreinheiten in der deutschen Umgangssprache.

Der Sprachverein hat die Bevölkerung aufgerufen, beim Flanieren auf Schaufenster und Läden, Theater und Gaststätten zu achten und »Rechtschreibböcke«, »Gedankenhüpfhasen« und »Wortungetüme« aufzuschreiben und dem Sprachverein zuzusenden. Wer die meisten Sprachböcke erlegt hat, erhält ein wertvolles Buch als Belohnung. Weil die Beteiligung der Bürger außerordentlich groß ist, soll die Münchener Sprachschnitzeljagd in anderen Städten des Reiches wiederholt werden.

Fremdwörter wie »Menu« (statt Gedeck) oder »Bouillon« (für Fleischbrühe) sollen nach Meinung des Sprachvereins ebenso aus der Umgangssprache verschwinden wie die vielen unverständlichen und unnötigen Abkürzungen.

Frühjahrsmesse im Aufschwung

1. März. Reichspropagandaminister Joseph Goebbels eröffnet die Leipziger Frühjahrsmesse mit einer wirtschaftspolitischen Grundsatzrede über die Stellung des Deutschen Reiches zum internationalen Welthandel. Die Messe meldet mit 8 163 Firmen aus dem In- und Ausland (1933: 6 417 Aussteller) eine neue Rekordzahl, die Ausstellungsfläche beträgt 143 000 m². 230 000 Besucher drängen sich während der Ausstellungstage bis zum 9. März auf dem Messegelände.

Goebbels weist in seiner Rede auf die Hindernisse hin, die einem gesunden handelspolitischen Austausch zwischen den verschiedenen Ländern entgegenstehen: kapitalistische Verblendung, politische Boykottpropaganda und die vollkommene Währungsunsicherheit. Wegen dieser Währungsproblematik seien die Handelsbeziehungen wieder zu den »primitiven Methoden des Warenaustausches nach der Methode Glasperlen gegen Elefantenzähne« zurückgekehrt. Nur noch 20% des deutschen Außenhandels würden gegen Barzahlung abgewickelt.

Ein besonderes Problem für die deutsche Wirtschaft – so der Propagandaminister – sei ihre Rohstoffknappheit. Das Deutsche Reich habe daher damit begonnen, zahlreiche natürliche Rohstoffe durch gleichwertige oder gar überlegene künstliche Werkstoffe zu ersetzen: Öl werde aus Kohle gewonnen (Kohlehydrierung), die Produktion heimischer Faserstoffe werde gefördert, schließlich sei die Entwicklung von synthetischem Kautschuk (Buna) gelungen.

Deutscher Außenhandel 1936 mit ausgewählten Ländern in Mio RM

Land	Einfuhr	Ausfuhr
China	113,5	132,5
Frankreich	98,5	254,5
Großbritannien	263,7	405,8
Italien	208,5	240,6
Niederlande	168,5	395,5
Österreich	76,6	108,5
Schweden	191,7	230,4
Schweiz	106,2	225,5
UdSSR	93,2	126,1
USA	232,2	172,0

Die Sensation der Leipziger Messe sind Luftschutzrohre aus Stahl oder Beton. Diese neuartigen Schutzräume können frei im Gelände oder in Häusern ohne ausbaufähigen Keller aufgestellt werden.

Das Fernseh-Telefon erlebt in Leipzig seine Premiere: Reichsverkehrsminister Paul Freiherr Eltz von Rübenach führt von Berlin aus das erste Fernseh-Telefongespräch mit einem Teilnehmer in der Leipziger Messehalle.

Die Spielwarenindustrie stellt einen neuen kleinen Rennwagen mit Fernbedienung und eine Puppe vor, die trinken, atmen und weinen kann.

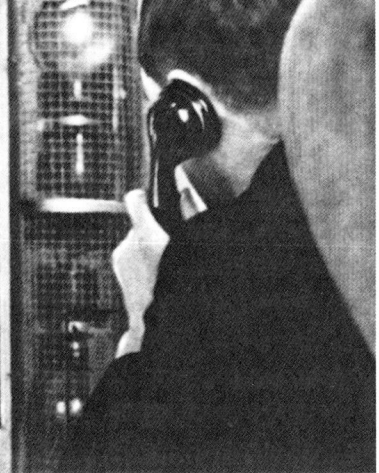

△ *Das erste Fernseh-Telefon wird den Besuchern vorgeführt, eine Sensation auf der Leipziger Frühjahrsmesse*
◁ *Der deutsche Propagandaminister Joseph Goebbels während der Eröffnungsrede für die Handelsmesse in Leipzig*
▽ *Der US-amerikanische Physiker Wladimir K. Zworykin (Mitte), Erfinder des Ikonoskops, der ersten mit photoelektrischer Speicherung arbeitenden Bildspeicherröhre für das Fernsehen, im Gespräch mit den deutschen Pionieren des Fernsehens, Fritz Schröter (r.) und August Karolus (l.); im Deutschen Reich sind bisher erst rund 250 private Fernsehempfänger angeschlossen*

Lehrstellenmangel für Schulabgänger

6. März. In einem Aufruf fordert die Reichsregierung, unterstützt von der Reichsanstalt für Arbeitsvermittlung und Arbeitslosenversicherung, die deutschen Unternehmer, Bauern und Behörden zur Einstellung von rund 1,3 Millionen Jugendlichen auf (darunter 100 000 Jungen und Mädchen mit mittlerem und höherem Schulabschluß), die ihre Schulausbildung abgeschlossen haben.

Durch die Bereitstellung geeigneter Lehrstellen soll nicht nur die Zukunft der jungen Menschen, sondern auch ein leistungsfähiger Nachwuchs für die deutsche Volkswirtschaft gesichert werden. Die Betriebsprüfer, Lehrmeister und die verantwortlichen Stellen der öffentlichen Verwaltung sollen alle verfügbaren Ausbildungsplätze den Berufsberatungsstellen der Arbeitsämter melden. Die Bemühungen der Arbeitsämter und Eltern hätten allein nicht ausgereicht, um jedem Jugendlichen eine Lehrstelle zu beschaffen.

Studentenzahlen an Universitäten

13. März. Für das Sommersemester 1936 werden den Universitäten der deutschen Großstädte neue Höchstzahlen für Studienplätze vorgegeben; diese liegen im allgemeinen unter denen des Wintersemesters 1935/36. Die Gesamtzahl der Studenten im Deutschen Reich ist in den letzten Jahren stetig zurückgegangen. Gab es an den deutschen Hochschulen 1935 noch 81 426 Studierende, so sind es im Jahr 1936 nur noch 71 900, was einem Rückgang von 11,7% entspricht.

Studentenhöchstzahlen an den deutschen Universitäten 1936

Stadt/Universität	Studentenzahl
Berlin	6600
München	5200
Leipzig	3200
Münster	2800
Köln	2500
Hamburg	2000
Frankfurt am Main	2000
Technische Hochschule Mainz	2000
Technische Hochschule Berlin	2000
Technische Hochschule Dresden	1500
Med. Akademie Düsseldorf	650
Tierärztliche Hochschule Hannover	550

»Arteigene«, nationalsozialistische Malerei beschäftigt sich gern mit den »großen Momenten der Bewegung« (hier der 30. 1. 1933 in München)

Neben die NS-Selbstdarstellung (hier die Machtergreifung in Berlin) tritt vor allem die Verherrlichung der deutschen Rasse

Malerei 1936:

Feldzug gegen die »entartete Kunst«

Vertreter der Moderne in der Ausstellung »Entartete Kunst«

Max Beckmann (1884–1950)
Lovis Corinth (1858–1925)
Otto Dix (1891–1969)
Max Ernst (1891–1976)
Lyonel Feininger (1871–1956)
George Grosz (1893–1959)
Erich Heckel (1883–1970)
Karl Hofer (1878–1955)
Wassily Kandinsky (1866–1944)
Ernst Ludwig Kirchner (1880–1938)
Paul Klee (1879–1940)
Oskar Kokoschka (1886–1980)
Wilhelm Lehmbruck (1881–1919)
Franz Marc (1880–1916)
Otto Mueller (1874–1930)
Emil Nolde (1867–1956)
Max Pechstein (1881–1955)
Christian Rohlfs (1849–1938)
Oskar Schlemmer (1888–1943)
Kurt Schwitters (1867–1948)

Im Weißen Saal der Münchner Polizeidirektion wird die erste Ausstellung von aus Galerien und Museen beschlagnahmten Werken »Entarteter Kunst« eröffnet. Die nationalsozialistischen Machthaber zeigen den Besuchern damit unmißverständlich, welche Malerei sie künftig nicht mehr zu dulden bereit sind. Die Arbeiten der Vertreter der Klassischen Moderne – von den Expressionisten (z. B. Max Beckmann, Oskar Kokoschka) bis zu den Kritischen Realisten (z. B. Otto Dix, George Grosz) – werden von der NS-Kulturpropaganda als »jüdisch-bolschewistisch-entartet« diffamiert und aus öffentlichen Sammlungen entfernt. Dem nationalsozialistischen Bildersturm kommt die in der deutschen Öffentlichkeit weitverbreitete Ablehnung der oft kommentierungsbedürftigen modernen Malerei entgegen.

Dennoch bedeuten die Verfolgungen keineswegs das Ende der unabhängigen Malerei. Angegriffen und geschmäht, in ihrer wirtschaftlichen Existenz bedroht oder vernichtet, wirken die meisten Künstler ungebrochen im Untergrund oder in der Emigration.

Politische Gewalt und kollektive Zwangsmaßnahmen treffen etablierte wie junge Maler: Mit dem Verlust der Mitgliedschaft in der 1933 gegründeten Reichskulturkammer sind Lehrverbot, Ausstellungsverbot und Verkaufsverbot verbunden.

Die von den Nationalsozialisten protegierte Malerei steht stilistisch der deutschen Historien- und Genremalerei der zweiten Hälfte des 19. Jahrhunderts nahe. Sie soll das Selbstverständnis des NS-Staates zum Ausdruck bringen und die Staatsmacht, die Familie, die deutsche Landschaft sowie nicht zuletzt den Krieg verherrlichen. Der Erfolg dieser faschistischen Malerei beschränkt sich jedoch fast ausschließlich auf den Ausstellungssektor, die Anerkennung durch die Museen bleibt ihr weitgehend versagt.

Joseph Goebbels besichtigt »entartete Kunst«

Der verfemte Ernst Barlach

George Grosz, 1932 emigriert

NS-Plakat zur Ausstellung

Hilfswerk für die deutschen Juden

26. März. Der britische Politiker und Zionist Herbert Samuel, Gründer des in den Vereinigten Staaten und in Großbritannien gebildeten jüdischen Flüchtlingshilfswerkes (Council for German Jewry), kündigt an, daß seine Organisation in den nächsten vier Jahren jährlich 25 000 junge Juden aus dem Deutschen Reich herausführen und je zur Hälfte nach Palästina und in die übrige Welt bringen werde.

Das Flüchtlingshilfswerk benötige zur Bewältigung dieser Aufgabe rund drei Millionen britische Pfund. Schon im laufenden Jahr 1936 würden die ersten 25 000 jungen Juden das Reich verlassen. Weil in den Aufnahmeländern vor allem Bedarf an Arbeitskräften in manuellen Berufszweigen bestehe, sei in vielen Fällen eine Umschulung der Flüchtlinge notwendig.

Die »Jüdische Rundschau« beziffert die Gesamtzahl der Juden, die das Deutsche Reich nach der Machtergreifung Hitlers, seit dem 1. Februar 1933 bis Ende März 1936 verlassen haben, auf 93 000. Hiervon wanderten 31 000 nach Palästina, 22 000 in europäische Länder und 22 000 nach Übersee (davon 9500 nach den Vereinigten Staaten) aus; 18 000 im Deutschen Reich lebende ausländische Juden kehrten in ihre Heimatländer zurück.

Der Burgpalast der Dalai Lama, oberhalb der tibetischen Stadt Lhasa

Ein neuer Dalai Lama

31. März. Im Tempelpalast (Potala) der tibetischen Hauptstadt Lhasa wird der neue Dalai Lama, der »lebende Gott«, in dessen Körper nach buddhistischem Glauben Buddha selbst Wohnung genommen hat, vom Rat der Groß-Lamas auf den Thron gehoben.

Der neue Priesterfürst von Tibet, der zweijährige Bauernsohn Srongdetsan, hat die Insignien der lamaistisch-buddhistischen Herrschaft, die Gebetsmühle, den Rosenkranz und das juwelengeschmückte Glöckchen in den Händen.

Im Augenblick des Todes des letzten Dalai Lama im Jahr 1934 hat die in ihm wohnende unsterbliche göttliche Seele – so die buddhistische Glaubenslehre – ihre irdische Hülle verlassen und ist in den Körper eines zur selben Zeit geborenen Kindes gefahren. Die »Sieben Weisen von Tibet« benötigten zwei Jahre, um dieses Kind und damit den neuen Dalai Lama zu finden. Die Haut seines linken Beines mußte tigerähnlich gefleckt sein, die Augenbrauen sollten sich in einem ungewöhnlich hohen Bogen wölben.

Kindersklaverei in Hongkong verboten

23. März. Die Mitglieder des britischen Unterhauses (»House of Commons«) fordern die Regierung auf, in der britischen Kronkolonie Hongkong und in den malaiischen Schutzstaaten die Kindersklaverei zu verbieten. Die Regierung verspricht daraufhin, nach Rückkehr ihres Sonderkommissars Alfred Woods aus Hongkong die entsprechenden Gesetze einzubringen.

Kinder werden bisher in Hongkong wie eine Ware gehandelt, der Preis für ein Kind schwankt zwischen 80 und 300 Dollar. Es gibt Vermittler, die den Kinderhandel in großem Stil betreiben, und zahlreiche Unteragenten, die sieben- oder achtjährige Kinder vornehmlich von Bauern, die in finanzielle Schwierigkeiten geraten sind, »aufkaufen«, um sie als billige, wehr- und rechtlose Arbeitskräfte an Händler, Gaststättenbesitzer oder Fabrikanten wieder zu veräußern.

Schon früher hatten die Briten versucht, die Kindersklaverei in Hongkong zu bekämpfen. Als im Jahr 1921 ein britisches Gesetz erlassen wurde, das den Kinderverkauf unter Strafe stellte, boten die Händler ihre lebende Ware den Interessenten zur Adoption an. Was die neuen Besitzer dann mit ihren Kindern machten, ging die britischen Behörden nichts mehr an.

Häufiger Tod durch Herzkrankheiten

10. März. Das britische Gesundheitsamt veröffentlicht eine erste ausführliche Zusammenstellung der Todesursachen in Europa, die auf dem Material der europäischen Lebensversicherungen basiert.

Die meisten Menschen (ein Drittel) sterben demnach an Herzkrankheiten, vor allem an Angina pectoris; jeder 85. Europäer stirbt an Grippe, jeder 86. begeht Selbstmord, jeder 114. fällt der Diphtherie zum Opfer, jeder 127. den Masern.

Das Risiko, bei einem Unfall auf der Straße oder in der Wohnung ums Leben zu kommen, steht 38,5:1. Nur jeder 29. Europäer stirbt an Altersschwäche.

Die durchschnittliche Lebensdauer eines Europäers beträgt 59 Jahre.

Sowjetische Bauern zum Straßenbau herangezogen

3. März. *Die sowjetische Regierung verpflichtet die Landbevölkerung durch ein Wegebaugesetz zu jährlich sechstägigem entschädigungslosen Straßenbaudienst. Die Bauern müssen auch ihre Zugtiere und Transportmittel den Straßenbauarbeiten unentgeltlich zur Verfügung stellen. Für die kostenlosen Straßenarbeiten werden Männer (im Alter von 18 bis 45 Jahren) und Frauen (bis 40 Jahre) herangezogen. Personen, die sich der Arbeitspflicht entziehen, müssen mit beträchtlichen Geldstrafen rechnen.*

Das neue Luftschiff LZ 129 »Hindenburg« schwebt über Berlin (Fotomontage aus dem Jahr 1936)

»Hindenburg« nach Südamerika

30. März. Das neue deutsche Luftschiff LZ 129, das auf den Namen »Hindenburg« getauft worden ist, startet um 5.28 Uhr mit 55 t Betriebsstoff (Helium) an Bord (ausreichend für 120 Flugstunden), 2,5 t Proviant für die Passagiere, 50 kg Post und 150 kg Fracht von Friedrichshafen am Bodensee zu seiner ersten Südamerikareise nach Rio de Janeiro; einen ersten Probeflug hatte LZ 129 am 4. März über Friedrichshafen unternommen.

Die »Hindenburg« ist mit einer Länge von 245 m das größte Luftschiff der Welt. Seine vier Daimler-Dieselmotoren (je 1 000 PS) ermöglichen eine Höchstgeschwindigkeit von 130 km/h. Die Einrichtungen entsprechen dem Komfort eines modernen Luxusdampfers: großer Speisesaal, Schreib- und Lesezimmer sowie – zum erstenmal im Luftschiffverkehr – auch eine Raucherkabine.

Die »Hindenburg« soll hauptsächlich im Atlantikdienst eingesetzt werden. Neben 25 Mann Besatzung können 75 Passagiere aufgenommen werden. Der Fahrpreis für die Strecke von Frankfurt am Main, dem neuen deutschen Großflughafen, nach Rio de Janeiro, die von der »Hindenburg« künftig alle zwei Wochen geflogen wird, beträgt 1 500 Reichsmark (RM). Für seine erste Atlantiküberquerung benötigt das Luftschiff eine Flugzeit von rund 100 Stunden; es landet am 4. April um 3 Uhr Ortszeit (7 Uhr MEZ) in Rio de Janeiro.

Einer der Propeller der LZ 129

Gerüst der »Hindenburg« im Bau

Die »Hindenburg« (im Hintergrund) wird am Ankermast befestigt, im Vordergrund das kleinere US-amerikanische Luftschiff »Los Angeles«

Zweiter Kopf für Mount Rushmore

März. Aus dem Granitgestein des Mount Rushmore im US-Bundesstaat Southdakota hat der Bildhauer Gutzon Borglum das Felsporträt von Thomas Jefferson, dem zweiten von vier geplanten, jeweils 20 m hohen US-Präsidentenköpfen, herausgearbeitet. Der von George Washington ist bereits vollendet. Bereits 1927 begann Borglum mit den Arbeiten an den Skulpturen. Zunächst wurden aus der Felsgruppe 450 000 t Granit herausgesprengt, um die Umrisse der Köpfe zu erhalten; für die Feinarbeit benutzt Borglum Hammer und Meißel.

Schiefer Turm von Pisa ist gefährdet

24. März. Bei Untersuchungen über den Einfluß, den die Witterung und die Luftbewegungen auf den Schiefen Turm von Pisa haben, weisen italienische Wissenschaftler mit Hilfe von Wasserwaagen und seismologischen Instrumenten von höchster Empfindlichkeit nach, daß sich der Schiefe Turm nicht mehr – wie bisher – um durchschnittlich 1 mm pro Jahr neigt, sondern nunmehr um 2 mm. Zu Gerüchten, der Turm könne damit bald einstürzen, nehmen die Wissenschaftler keine Stellung.

Treppensteigen in Wolkenkratzern

2. März. In dem New Yorker Wolkenkratzerviertel zwischen der 59. und 125. Straße sind auf Anordnung der Gewerkschaften rund 50 000 Fahrstuhlführer und Liftboys in den Streik getreten, um ihren Forderungen nach Verkürzung der Arbeitszeit und höheren Löhnen Nachdruck zu verleihen; etwa 200 000 Mieter sind zum ungewohnten Treppensteigen gezwungen.

Die Stadtverwaltung berät mit den Feuerwehr- und Gesundheitskommissaren, wie der Feuerwacht-, Rettungs- und Gesundheitsdienst aufrechterhalten werden kann, wenn der Streik, wie angekündigt, auf ganz Manhattan ausgedehnt werden sollte und die Maßnahmen für einen Notbetrieb nicht ausreichen.

Der neue britische Ozeandampfer »Queen Mary« wird von Schleppern aus der Clydebank bei Glasgow gezogen

Jungfernfahrt der »Queen Mary«

24. März. Die »Queen Mary«, mit 78 000 Bruttoregistertonnen (BRT) und einer Länge von 310 m das größte bisher gebaute britische Schiff und zugleich nach der französischen »Normandie« (80 000 BRT, 313 m lang) das zweitgrößte Schiff der Welt, verläßt die Werft an der Clydebank und läuft zu ihrer Jungfernfahrt in Richtung Southampton aus.

Hunderttausende von Menschen sind Zeugen dieser ersten Fahrt des neuen Flaggschiffs der britischen Handelsflotte, das im transatlantischen Verkehr eingesetzt werden soll. Die britischen Konstrukteure hoffen, mit der »Queen Mary« das Blaue Band für die schnellste Atlantiküberquerung, das die »Normandie« trägt, erobern zu können.

Tausende von Schaulustigen beobachten vom Ufer des Clyde aus, wie die »Queen Mary« John Brown's Schiffswerft, wo sie gebaut wurde, verläßt

Nach seiner ersten Atlantiküberquerung erreicht der britische Luxusdampfer am 1. Juni 1936 den New Yorker Hafen nach einer Fahrzeit von viereinhalb Tagen (Funkbild aus der französischen »L'Illustration«, 6. 6.)

Ortungsgerät für U-Boote erfunden

17. März. Die britische Marine soll eine neue U-Boot-Abwehrwaffe entwickelt haben, mit deren Hilfe nahezu jedes getauchte U-Boot geortet werden könne.

Ein Sachverständiger erläuterte die Erfindung mit der Bemerkung, es handele sich um einen elektrischen Strahl, der gewissermaßen wie ein unsichtbarer Scheinwerfer unter Wasser hin- und herstreiche. Sobald er auf die Außenwand eines U-Bootes treffe, werde er auf das aussendende Kriegsschiff zurückgeworfen und dort mittels eines Detektors registriert.

Wiederbelebung nach 1000 Jahren

1. März. Sowjetischen Wissenschaftlern soll es in der sibirischen Polarzone gelungen sein, primitive Lebewesen, die seit Tausenden von Jahren im Eis eingeschlossen waren, wiederzubeleben.

Die primitiven Lebewesen sollen, vom Eis befreit, ihre normalen Körperfunktionen wieder aufgenommen haben. Diese Entdeckung könnte Anhängern einer vor allem in den Vereinigten Staaten verbreiteten Theorie Hoffnung geben. Danach soll es möglich sein, auch höher entwickelte Tiere, ja sogar Menschen, einzufrieren, um sie nach einem längeren Zeitraum wieder aufzutauen und zu neuem Leben zu erwecken. Dabei sollen sie keinerlei körperlichen Schaden nehmen.

Reichsbahn testet Anthrazit-Antrieb

4. März. Im Oderbruch in der Mark Brandenburg, zwischen Lebus und Oderberg, wird der erste Anthrazit-Triebwagen der Deutschen Reichsbahn getestet.

Der Anthrazit, eine harte, glänzende Steinkohle mit einem Kohlenstoffanteil von über 95% und daher einem besonders hohen Heizwert, wird vom Fahrer in einen im Triebwagen eingebauten Gasgenerator geschüttet, der aus der Kohle das für den Betrieb erforderliche Anthrazitgas gewinnt.

Bodenschätze in der Arktis

25. März. Expeditionen aus sechs Ländern (Dänemark, Frankreich, Kanada, Norwegen, Schweden und der Sowjetunion) treffen letzte Vorbereitungen für den Aufbruch in die Arktis, wo sie geographische Forschungen treiben und nach Bodenschätzen suchen wollen.

Dänen, Franzosen und Norweger brechen nach Grönland und Island auf. Die 49 sowjetischen Expeditionen sollen u. a. eine neue Schiffsroute entlang der sowjetischen Eismeerküste finden.

Festessen für die Akademie der Schönen Künste im Kunstmuseum Marmottan in Paris

Speiseraum im neuen deutschen Luftschiff »Hindenburg«, Komfort fast wie im Hotel

Das Hotel »Ritz« in Barcelona wird als Speiselokal für die Gewerkschaftsmitglieder genutzt

Deutsche Köche lernen die Zubereitung ausländischer Speisen bei einem Olympia-Lehrgang

Gesellschaftsraum der »Queen Mary« (britische Reklame)

Küche 1936:

Die Haute Cuisine auf dem Rückzug

Die Haute Cuisine, die hohe Kochkunst, wie sie vor allem in Frankreich und in der Schweiz von dem französischen Meisterkoch Auguste Escoffier (1846–1935) seit der Belle Epoque entwickelt wurde, hat in Europa, besonders aber im Deutschen Reich des Jahres 1936 kaum Anhänger. Raffinierte Menüs, serviert mit dicken Soßen, gelten im Deutschen Reich als dekadent und sind verpönt. Das Ideal deutscher Gasthauskultur wird in einfach zubereiteten Speisen aus vorzugsweise deutschen Grundprodukten, in der deutschen »Hausmannskost«, gesehen.

Die deutsche Hausfrau wird »im Kampf um die Ernährungsfreiheit« von staatlicher Seite aufgefordert, beim Kochen nur im Reich hergestellte Nahrungsmittel zu verwenden. Volkswirtschaftlich erwünscht bei der Zubereitung der täglichen Mahlzeiten sind: Kartoffeln, Zucker, Marmelade, entrahmte Milch, Quark, Graupen, Grütze, Haferflocken, Sago, Kunsthonig, Buttermilch, Harzer und Limburger Käse, einheimische Gemüse (vor allem Kohl), Fisch, Hammel- und Kaninchenfleisch. Die Verarbeitung von Rind- und Kalbfleisch sowie den zu einem beträchtlichen Teil importierten Fettprodukten (Butter, Schmalz, Speiseöle) soll eingeschränkt werden.

Allgemein ist 1936 eine Verschlechterung der Nahrungsmittelqualität und ein Mangel an Lebensmitteln festzustellen.

Eintopfsonntag in Berlin, das bei den billigen Eintopfgerichten gesparte Geld soll dem deutschen Winterhilfswerk gespendet werden

Der vergleichsweise einfach ausgestattete Speisesaal der Touristenklasse auf dem britischen Luxusdampfer »Queen Mary«

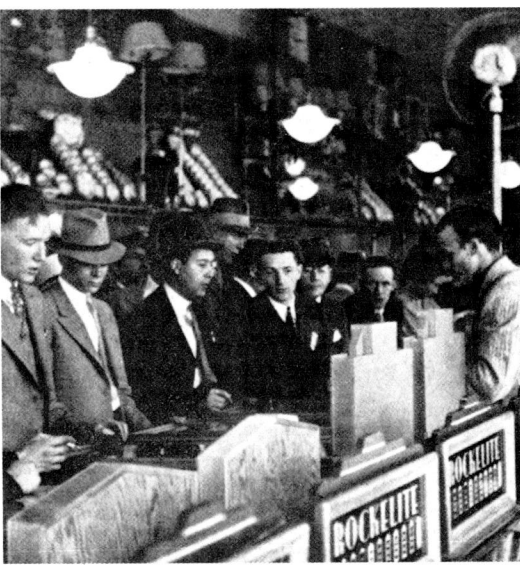

Der Broadway in Manhattan (New York) bei Nacht; Hunderte von Leuchtreklamen lassen die Straße, Anziehungspunkt für Vergnügungssüchtige und Kulturbeflissene, taghell werden

Einer der vielen Spielsäle, in denen bis nach Mitternacht Zerstreuung an Automaten gesucht wird

Broadway bleibt Publikumsmagnet

März. Am Tag ist der Broadway, eine der Hauptverkehrsadern New Yorks und eine der längsten Straßen der Welt, schäbig, unansehnlich und enttäuschend. Abends jedoch verwandelt er sich mit seinen Lichtern und Leuchtreklamen in den »großen weißen Weg«.

Auch nach Mitternacht drängen sich noch Hunderttausende von Menschen im Theaterviertel um den New Yorker Times Square. Die Lichtspielhäuser sind bis 2 Uhr früh geöffnet. Die von Ziegfeld Follies aus Paris an den Broadway gebrachten »Girl-Revues« locken jeden Abend unzählige Besucher an.

Lange Menschenschlangen auf dem Broadway kündigen eine der vielen Premieren in einem der zahlreichen Theater oder Lichtspielhäuser an

Der Aufstieg des Broadway

Das erste Theater am Broadway wurde zwar 1892 eröffnet, doch es dauerte bis zur Gründung des »Winter Garden Theater« im Jahr 1910, bevor sich die Umgebung des New Yorker Times Square zu dem berühmten Theaterdistrikt entwickelte.

Einen ersten Theaterboom erlebte der Broadway in den goldenen 20er Jahren. Die Zahl der Broadway-Produktionen stieg von 150 Stücken in der Spielzeit 1920/21 auf 280 Stücke in der Saison 1927/28. In Verbindung mit dem Wall-Street-Börsenkrach im Jahr 1929 (»Schwarzer Freitag«) endete auch der Aufschwung des Broadway-Theaters. Die Zahl der jährlichen Produktionen sank drastisch und ist seitdem nicht mehr über 70 gestiegen.

Doch mehr als durch seine Theateraufführungen wurde der Broadway durch das aus der traditionellen New Yorker Musikkomödie hervorgegangene Musical – eine Mischung aus komischer Oper, Revue, Ballett und Jazzmusik – bekannt. 1927 hatte das erste Broadway-Musical Premiere, »Show Boat« von Jerome Kern (Musik) und Pelham Grenville Wodehouse (Text). 1935 wurde George Gershwins »Porgy and Bess« am Broadway uraufgeführt.

Die von Ziegfeld Follies an den Broadway gebrachten »Girl-Revues« locken viele Besucher in die Bars

Kaum ein Haus in der New Yorker Vergnügungsstraße, das nicht mit Leuchtreklamen versehen ist

Filme um zwei Regentinnen

Tanz der Pawlowa ist rekonstruiert

Filmstars im Dritten Reich (v.l.): Olga Tschechowa, Willy Fritsch, Lilian Harvey und Maria Andergast

1. März. In Berlin hat der von Regisseur Erich Engel gedrehte Film »Mädchenjahre einer Königin« Premiere, der ebenso wie die am 12. März in der Reichshauptstadt uraufgeführte Filmkomödie um die Zarin Elisabeth von Rußland, »Der Favorit der Kaiserin« (Regie: Werner Hochbaum), zu den erfolgreichsten deutschen Produktionen des Jahres 1936 zählt.

Reine Propagandafilme, wie der am 3. März in Berlin erstmals aufgeführte Kriegsfilm »Im Trommelfeuer der Westfront« (Regisseur: Charles Willy Kayser), finden dagegen beim deutschen Publikum nur wenig Anklang.

Jenny Jugo spielt in dem Film »Mädchenjahre einer Königin« die Prinzessin Victoria von Kent, die im Alter von 18 Jahren den britischen Thron besteigt. Wegen ihrer fortschrittlichen Ideen und ihrer starken Persönlichkeit gerät sie in Konflikt zu ihrer Mutter und ihren politischen Beratern. Den raffinierten Heiratsplänen, die für sie ersonnen werden, entzieht sich Victoria durch eine Inkognito-Reise nach Frankreich, wo sie den geeigneten Partner fürs Leben und als Mitregenten fin-

det, den deutschen Prinzen Albert von Sachsen-Coburg-Gotha (gespielt von Friedrich Benfer).

Im Film »Der Favorit der Kaiserin« fordert die Zarin Elisabeth von Rußland (gespielt von Olga Tschechowa) ihren langjährigen Günstling, Fürst Iwan Potocki (Anton Pointner), auf, ihr Gefolge durch junge Offiziere aufzufrischen. Einer dieser Offiziere, Gardeleutnant Alexander Tomski (Willy Eichberger), gerät durch eine Verkettung komischer Umstände in den Ruf, der neue Favorit der Kaiserin zu sein. Mit Elisabeths Hilfe findet er schließlich in Irina (Trude Marlen) seine Frau fürs Leben.

3. März. In London wird der Film »Der Sterbende Schwan« uraufgeführt, eine Rekonstruktion des gleichnamigen weltberühmten Drei-Minuten-Balletts der russischen Tänzerin Anna Pawlowa, der ehemaligen Primaballerina des Marientheaters in Petersburg. Grundlage sind private Filmaufnahmen.

Anna Pawlowa hatte es stets abgelehnt, ihre Darbietung mit der Filmkamera aufnehmen zu lassen. Nach ihrem Tod im Jahr 1931 begann jedoch Aubrey Hitchens, ein ehemaliger Partner der Pawlowa, alle von Privatpersonen während einer Aufführung gemachten Aufnahmen eines Tanzgedichtes zu sammeln. Um die Besitzer der Filmstreifen ausfindig zu machen, benötigte Hitchens vier Jahre; rund 180 Annoncen hatte er in den renommierten Zeitungen

Der deutsche Theater- und Filmregisseur Erich Engel bei den Dreharbeiten zu seinem neuesten Spielfilm, »Mädchenjahre einer Königin«

Die sowjetische Ballettänzerin Anna Pawlowa (1882–1931)

der Welt aufgegeben, 90 000 km mit Bahn, Schiff oder Flugzeug zurückgelegt.

Zehn der bekanntesten Ballettfachleute der Welt waren anschließend über ein Jahr damit beschäftigt, aus den gesammelten Filmstreifen nach dem Gedächtnis, nach Bildern und Büchern Szene für Szene aneinanderreihend, ein lückenloses Filmbild des »Sterbenden Schwans« zusammenzustellen. Trotz der ungewöhnlichen Entstehungsweise stellt der Film ein Kunstwerk dar und wird zu einer Hommage für die berühmte Tänzerin.

Jenny Jugo in »Mädchenjahre einer Königin«

Prominente Schauspieler des Jahres 1936: Zarah Leander und Karl Martell in dem Film »Premiere« (l.), Greta Garbo in dem Spielfilm »Kameliendame« (r.)

Bestimmend für die Damenmode des Jahres 1936 im Deutschen Reich sind ausländische Modetrends (v.l.): Entwurf für ein Abendkleid (Elsa Schiaparelli, Paris), Kombination mit Umhang (Hollywood), Abendkleid (London), Abendkleid (Worth, Paris), Abendkleid mit Straußenfedern (London)

Mode 1936:

Röcke sind wieder kürzer

Obwohl es im Deutschen Reich schon seit Anfang der 20er Jahre Bestrebungen gab, eine eigenständige »Deutsche Mode« zu entwickeln, beschränken sich die deutschen Modeschöpfer auch 1936 im wesentlichen auf das Kopieren von Modellen der Pariser Haute Couture (hohen Kunst der Mode), wo Elsa Schiaparelli den Ton angibt. In New York bestimmt Elizabeth Hawes die Richtung der Damenmode. Modezentren im Deutschen Reich sind Berlin, Düsseldorf, Frankfurt am Main sowie München.

Das deutsche Modeschaffen wird auf im Reich produzierte Stoffe sowie eine zeitlose, solide Grundsilhouette abgestellt; aufwendigere, ausgefallenere Modelle sind für den Export bestimmt. Die Röcke werden 1936 wieder etwas kürzer, zwar sittsam das Knie bedeckend, allerdings nicht mehr wadenlang. Kostüm und Komplet erfreuen sich wegen ihrer jugendlichen und praktischen Kleidsamkeit weiterhin großer Beliebtheit.

Für die Herrenmode bringt das Jahr 1936 kaum Neuerungen; die Zeit der hellen Leinenjäckchen ist allerdings vorbei, der Mantel nimmt wieder seine frühere Stellung ein.

Favorit der Damen-Frühjahrsmode 1936, die durch malerische Farben und Druckmuster bestimmt wird, ist das kurze, knappe Sportjäckchen, kariert, genoppt, breit gemustert. Der Mantel ist entweder in einer strengen, herrenmäßigen Form oder als weiter, loser Slipon geschnitten. Bei den Schuhen dominieren sportliche Modelle mit bequemem Blockabsatz, nur am Abend werden elegante Schuhe getragen.

Bei der Damen-Herbst- und Wintermode 1936 ist eine Vorliebe für ab der Hüfte sich weitende Röcke festzustellen, wobei Glocken und durch Fältchen betonte Saumpartien wieder zu Ehren kommen.

Spitzenbluse mit weitfallenden Ärmeln (deutsches Modell)

Mütze aus Wolle oder Strohgarn mit Ripsbandrand und Pompons geschmückt (deutsches Modell), auf Eleganz wird in der deutschen Mode häufig weniger Wert gelegt, der Trend zum Sportlichen wird gefördert

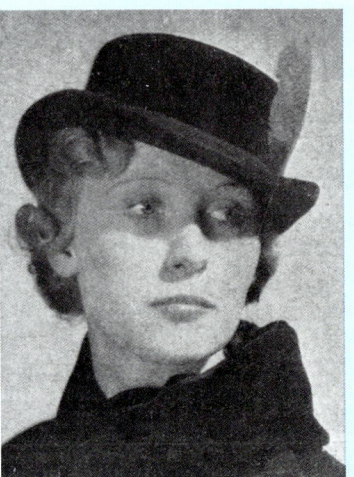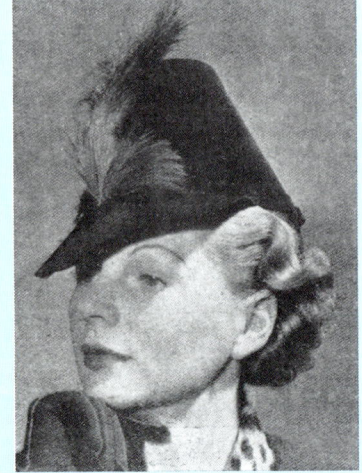

Herbstliche Hutmode für die deutsche Frau, Zylinder aus schwarzem Velours mit seitlichem Federgesteck aus Fasanenflaum (l.), hoher Hut aus dunkelrotem Velours mit gleichfarbigem Fantasiegesteck (r.)

Ernst Reclams 60. Geburtstag

21. März. Ernst Reclam, der Enkel des Verlagsgründers Anton Philipp Reclam und jetzige Seniorchef des Verlags Philipp Reclam jun. in Leipzig, feiert seinen 60. Geburtstag. Seit dem Tod seines Vaters im Jahr 1920 steht der promovierte Germanist an der Verlagsspitze. Neben der kon-

tinuierlichen Fortführung der 1867 begonnenen »Reclam Universal-Bibliothek« und der Betreuung der »Helios-Klassiker«-Reihe gilt sein besonderes Augenmerk der seit 1929 erschei-

Ernst Reclam

nenden Sammlung »Deutsche Literatur in Entwicklungsreihen«.

Seit der nationalsozialistischen Machtergreifung geht der Reclam-Verlag, der seit seiner Gründung 1828 vom liberalen Bürgertum geprägt ist, zunehmend auf Distanz zum herrschenden Regime. Es gelingt Ernst Reclam, den Verlag, der wegen seiner Popularität für die Nationalsozialisten ein begehrenswertes Objekt ist, vor dem unmittelbaren Zugriff der Parteistellen zu bewahren. Die verlegerische Tätigkeit muß sich allerdings nach den Auflagen der NS-Kulturpolitik richten, jüdische und politisch unerwünschte Autoren müssen aus dem Verlagsprogramm gestrichen werden.

Der österreichische Skispringer Josef (Sepp) Bradl während seines aufsehenerregenden Rekordfluges (101,5 m) im jugoslawischen Planica

Weltrekordserie durch Hans Stuck

24. März. Bei Testfahrten auf dem gerade fertiggestellten Autobahnteilstück von Frankfurt am Main bis Heidelberg stellt der deutsche Automobilrennfahrer Hans Stuck auf einem 12-Zylinder-Auto-Union-Rennwagen (bis 500 PS; 5,6 l) fünf neue Geschwindigkeits-Weltrekorde über 10 Meilen, 50 km, 50 Meilen, 100 km und 100 Meilen auf.

Die Autobahnstrecke ist eigens für diesen Härtetest der deutschen Rennwagen und der neuentwickelten Continental-Reifen einen Tag lang für den übrigen Verkehr gesperrt worden.

Weltrekorde von Hans Stuck

Distanz	Fahrtzeit	km/h
10 Meilen	3:22,225	286,496
50 km	11:17	265,878
50 Meilen	17:55,4	269,375
100 km	22:49	262,465
100 Meilen	36:08,1	267,210

Automobilrennfahrer Hans Stuck mit Talisman, einer Schildkröte

Frick Collection als neues Museum

27. März. Das an der New Yorker Fifth Avenue gelegene ehemalige Wohnhaus des 1919 gestorbenen Pittsburgher Stahlindustriellen Henry Clay Frick mit einer kostbaren Kunstsammlung (Gemälde, Skulpturen, Möbel) wird in ein Museum umgewandelt.

Unter den 130 in den Räumen des Erdgeschosses aufgehängten Gemälden befinden sich Meisterwerke von Tizian (Porträt des Dichters Pietro Aretino), El Greco, Velazquez, Rembrandt, Vermeer, Fragonard, Boucher, Reynolds, Gainsborough, Whistler, David und Ingres.

Favoritensieg im Grand National

27. März. Beim schwersten Hindernisrennen der Welt, dem Grand National Steeplechase von Liverpool, kann der Wallach Reynoldstown unter dem Amateurreiter Fred Walwyn auf der Bahn von Aintree seinen Vorjahressieg wiederholen. Dieses Doppel ist vor ihm in der bis zum Jahr 1839 zurückreichenden Geschichte des Rennens nur drei Pferden gelungen.

Die 35 gestarteten Pferde müssen bis zum Ziel 7200 m zurücklegen und dabei insgesamt 30 schwere Hindernisse (insbesondere Valentine's Brook) überwinden.

Erster Skiflug über die 100-m-Marke

15. März. Dem Österreicher Josef Bradl gelingt auf der neuen Skisprungschanze im jugoslawischen Planica als erstem Wintersportler ein Flug über die 100-m-Grenze hinaus: Er landet bei 101,5 m.

Die favorisierten norwegischen Skispringer, allen voran Birger Ruud, der Olympiasieger von Garmisch-Partenkirchen 1936, können den Wettbewerb nur von den Zuschauertribünen aus verfolgen; der norwegische Skiverband hat ihnen Startverbot erteilt, da er Weitenjagden von immer größeren Spezialschanzen für fragwürdig hält.

Olympisches Dorf ist fertiggestellt

28. März. Die Bauarbeiten am olympischen Dorf in Döberitz bei Berlin sind abgeschlossen. Den Sportlern aus aller Welt stehen 144 Wohnhäuser mit rund 1750 Doppelzimmern, ein großes Wirtschaftsgebäude mit 42 verschiedenen Küchen und Speisesälen, ein Ärztehaus, zwei moderne Turnhallen, ein Schwimmbad, drei Saunen und drei Frisiersalons zur Verfügung.

Für die Inneneinrichtung werden u. a. benötigt: 10793 Stühle und Hocker, 2500 Tische, 118 Schreibtische, 3500 Bettstellen, 3789 Schränke und 650 Liegestühle.

April 1936

Mo	Di	Mi	Do	Fr	Sa	So
		1	2	3	4	5
6	7	8	9	10	11	12
13	14	15	16	17	18	19
20	21	22	23	24	25	26
27	28	29	30			

1. April, Mittwoch

Der deutsche Sonderbotschafter, Joachim von Ribbentrop, überreicht der britischen Regierung in London die deutsche Antwort auf das Locarno-Memorandum vom → 19. März (S. 49). Sie enthält den Vorschlag eines umfassenden Friedensplans auf der Basis vollkommener Gleichberechtigung aller Teilnehmer.

Der Oberbefehlshaber des deutschen Heeres, General Werner von Fritsch, spricht sich für die Aufstellung von 36 (statt 32) Divisionen aus. → S. 70

In Österreich wird die allgemeine Wehrpflicht eingeführt. → S. 71

Carl Bosch, der 1931 den Nobelpreis für Chemie erhalten hat, wird Nachfolger Max Plancks als Präsident der Kaiser-Wilhelm-Gesellschaft (→ 11. 1./S. 15).

Der Verlag Friedrich Vieweg & Sohn (Sitz Braunschweig) feiert sein 150jähriges Bestehen. Neben grundlegenden naturwissenschaftlichen Werken sind im Vieweg-Verlag auch Hauptwerke Johann Wolfgang von Goethes und Gottfried Kellers zum erstenmal erschienen.

2. April, Donnerstag

Die Landeskirchen von Bayern, Hannover, Mecklenburg, Sachsen und Württemberg schließen sich unter einer eigenen geistlichen Leitung zusammen und errichten eine ständige Vertretung in Berlin. Als Zweck der Vereinigung wird eine Befriedung im Einvernehmen mit dem Reichskirchenminister Hanns Kerrl angegeben (→ 22. 2./S. 34).

3. April, Freitag

Die Frist für die Steuerbefreiung neuer Kleinwohnungen wird im Deutschen Reich letztmalig bis Ende Dezember 1936 für den Rohbau und bis Ende Mai 1937 für die Bezugsfertigstellung verlängert (→ S. 75).

In der Württembergischen Landesbibliothek in Stuttgart sind im Rahmen einer Ausstellung »Schwäbisches Kulturschaffen der Gegenwart« auch Aquarelle des Führers und Reichskanzlers Adolf Hitler aus den Jahren 1913–14 zu besichtigen.

Bruno Richard Hauptmann, der des Mordes an dem Kind des Atlantikfliegers Charles Lindbergh für schuldig befunden und zum Tod verurteilt worden ist, stirbt auf dem elektrischen Stuhl. → S. 74

4. April, Sonnabend

Der Führer und Reichskanzler Adolf Hitler ordnet per Geheimerlaß die verstärkte »Wehrhaftmachung« des Deutschen Reiches an. Reichsminister Hermann Göring wird zum Beauftragten für alle Rohstoff- und Devisenfragen ernannt. → S. 70

Die Nationalsozialistische Volkswohlfahrt beginnt ihre erste Reichssammlung des Jahres 1936. → S. 76

5. April, Sonntag

Die ungarische Regierung gibt bekannt, daß sie nicht beabsichtige, dem österreichischen Beispiel der Einführung einer allgemeinen Wehrpflicht zu folgen (→ 1. 4./S. 71).

In Zürich unterliegt die Fußball-Nationalmannschaft der Schweiz der italienischen Auswahl 1 : 2.

In einem Fußball-Länderspiel in Wien unterliegt Österreich Ungarn 3 : 5.

Der Cambridge-Achter gewinnt das zum 88. Mal ausgetragene traditionsreiche Ruderrennen der Universitätsmannschaften von Cambridge und Oxford auf der Themse zwischen Putney und Mortlake mit fünf Längen Vorsprung vor der Oxford-Crew.

6. April, Montag

Durch Runderlaß des deutschen Reichsinnenministers Wilhelm Frick werden Juden von der Ausübung eines Dolmetscherberufs ausgeschlossen.

Der ungarische Ministerpräsident Gyula Gömbös und der Führer der Kleinlandwirtepartei Tibor Eckhardt tragen in Budapest ein Pistolenduell aus, das unblutig endet. Grund für dieses Duell ist ein beleidigender Wortwechsel zwischen den beiden Kontrahenten in einer Ausschußsitzung des ungarischen Abgeordnetenhauses gewesen.

Österreich ist das erste Land in Europa, das keinen Geburtenüberschuß mehr verzeichnen kann, 1935 haben 89 151 Geburten 92 108 Todesfälle gegenübergestanden. Als Ursachen dafür werden wirtschaftliche und soziale Probleme gesehen.

Baden-Baden steht vom 6. April bis zum 8. April im Zeichen eines internationalen Musikfestes, das auf Initiative der Baden-Badener Kurdirektion durchgeführt wird. Zur Aufführung kommen Werke der instrumentalen Gegenwartsmusik, u. a. von Igor Strawinsky, Werner Egk und Paul Hindemith.

Eine Brüsseler Firma bringt Lippenstifte mit Alkoholgeschmack auf den Markt.

7. April, Dienstag

Der Leiter der »Deutschen Glaubensbewegung«, Wilhelm Hauer, verläßt die Vereinigung. → S. 70

Der Reichsführer SS, Heinrich Himmler, ordnet an, daß SS-Angehörige bei einem Kirchenaustritt auf keinen Fall ihre SS-Zugehörigkeit als Grund angeben sollen. Himmler will vermeiden, daß den Kirchenvertretern offene Belege der nationalsozialistischen Kirchenfeindlichkeit in die Hände fallen.

Das spanische Parlament setzt den Staatspräsidenten Spaniens, Niceto Alcalá Zamora, ab. → S. 71

Die Lübeck-Büchener Eisenbahn stellt auf den Strecken Lübeck–Hamburg und Hamburg–Travemünde einen neuartigen, doppelstöckigen Zug in Dienst, der die Vorteile des Triebwagens mit denen des Dampfzuges verbindet. Der Zug fährt mit einer Höchstgeschwindigkeit von 120 km/h und benötigt für die Strecke Hamburg–Lübeck 40 Minuten.

8. April, Mittwoch

Die französische Regierung veröffentlicht einen Friedensplan, der in Genf den Locarno-Mächten übergeben wird. Der deutsche Friedensplan vom 1. April 1936 wird darin als völlig unzureichend bezeichnet.

In einer Note an die Sowjetregierung protestiert die chinesische Regierung gegen den Abschluß des mongolisch-sowjetischen Beistandspaktes und erklärt, daß durch diesen Pakt die Bestimmungen des chinesisch-sowjetischen Abkommens aus dem Jahr 1924 über die Anerkennung der chinesischen Souveränitätsrechte in der Äußeren Mongolei verletzt würden.

9. April, Donnerstag

»Unter dem Eindruck der überwältigenden Vertrauenskundgebung des deutschen Volkes« vom → 29. März 1936 (S. 50) bittet Reichskirchenminister Hanns Kerrl in einem Schnellbrief die Gestapo und die Reichsleiter, alle Aufenthalts- und Redeverbote für Geistliche beider Konfessionen aufzuheben.

Die deutsche Reichsjugendführung ruft alle Jungen und Mädchen der Jahrgänge 1922–1926 zum geschlossenen Eintritt in das deutsche Jungvolk und die Jungmädelschaft bis zum 20. April 1936 auf.

Karl Ulmanis wird zum Staats- und Ministerpräsidenten von Lettland ernannt. Gemäß der neuen lettischen Verfassung wird übernimmt er das Staatspräsidentenamt von Albert Kviesis.

Das musikalische Verwechslungsspiel »Konfetti« wird in Wien uraufgeführt. Für die Hauptrollen dieses Films hat Regisseur Hubert Marischka u. a. Hans Moser, Friedl Czepa, Hans Holt, Leo Slezak und Lotte Spira gewinnen können. Die Filmmusik hat Robert Stolz geschrieben.

10. April, Karfreitag

Der österreichische Bundeskanzler Kurt Schuschnigg verfügt als Reichsführer der Ostmärkischen Sturmscharen (O. S. S.) die Umwandlung der bisher vorwiegend wehrpoli-

tischen Bewegung in eine kulturpolitische Organisation.

Die 1819 von Karl Freiherr vom und zum Stein gegründete »Monumenta Germaniae Historica«, die wichtigste Sammlung mittelalterlicher Quellen zur deutschen Geschichte, wird in das »Reichsinstitut für ältere deutsche Geschichte« umgewandelt. Die kommissarische Leitung wird Wilhelm Engel übertragen.

Das deutsche Luftschiff LZ 129 »Hindenburg« kehrt von seiner ersten Südamerikafahrt nach Friedrichshafen zurück (→ 30. 3./S. 57).

11. April, Sonnabend

Die türkische Regierung fordert die Abänderung der Entmilitarisierungsbestimmungen bezüglich der Dardanellen. → S. 72

Guatemala, Kolumbien und die Dominikanische Republik sprechen sich für die Gründung eines amerikanischen Völkerbunds aus. → S. 72

12. April, Ostersonntag

Italienische Truppen besetzen die sudanesisch-abessinische Grenze bei Gallabat westlich von Gondar.

Italien und die Schweiz schließen ein Zahlungsabkommen. Italiener und in Italien wohnhafte Ausländer dürfen danach bei Urlaubsreisen in die Schweiz fremde Devisen im Wert von 500 Lire, italienische Banknoten im Betrag von höchstens 2000 Lire sowie Hotel- und Reisegutscheine mitnehmen. Doch darf insgesamt ein Betrag von 3000 Lire nicht überschritten werden.

13. April, Ostermontag

Nach dem Tod des griechischen Ministerpräsidenten und Außenministers Konstantin Demerdzes wird General Ioannis Metaxas von König Georg II. von Griechenland zum neuen Regierungschef und Außenminister ernannt.

Der deutsche Rennfahrer Rudolf Caracciola gewinnt auf Mercedes-Benz in Monte Carlo den Großen Preis von Monaco. → S. 77

14. April, Dienstag

Bei Zusammenstößen zwischen der Polizei und demonstrierenden Arbeitslosen wurden im polnischen Lemberg zwei Arbeitslose getötet.

Die italienische Regierung teilt dem Völkerbund in Genf in einem Schreiben mit, daß die Sklaverei in den von italienischen Truppen besetzten Gebieten Abessiniens (Äthiopien) abgeschafft worden sei.

15. April, Mittwoch

In der NSDAP-Ordensburg Crössinsee in Pommern werden erstmals sämtliche Kreisleiter des Reiches zu einem zehntägigen Schulungskursus versammelt, bei dem die leitenden Persönlichkeiten von Partei, Staat und Wehrmacht Vorträge halten (→ 24. 4./S. 69).

Das Illustrierte Blatt« vom 21. April 1936 über die Amerika-Reise des neuen Luftschiffs LZ 29 »Hindenburg«

Das Illustrierte Blatt

Frankfurter Illustrierte

24. Jahrgang / Nr. 16

21. April 1936

Preis 20 Pfennig

Die junge Zeitschrift für Haus und Familie, behagliche Freude, für Freizeit, Jugend und unterhaltsames Wissen

In der Bar des Luftschiffes

Sechsseitiger Bildbericht von der Süd-Amerikafahrt des LZ 129 „Hindenburg" von unserem Sonderberichterstatter **Max Geisenheyner.**

Der alte Graf Zeppelin hat es sich nicht träumen lassen, daß es in seinen Luftschiffen einmal eine Bar geben würde. Unser Bild zeigt, wie sich unser Sonderberichterstatter während der Fahrt durch die heiße Zone mit einem kühlenden Eisgetränk erfrischt

April 1936

In Berlin wird die Reichsakademie für Leibesübungen eingerichtet, die für eine ergänzende Ausbildung von Studienassessoren mit der Lehrbefähigung im Turnen sowie von freiberuflichen Sportlehrern und ehrenamtlichen Leitern von Leibesübungen sorgen soll.

16. April, Donnerstag

Durch die Verbreitung des Rundfunks und die starke internationale Konkurrenz hat sich der Absatz der deutschen Schallplattenindustrie extrem verschlechtert. Die Ausnutzung der Kapazitäten beträgt in deutschen Betrieben nur 25%. Die Preise für Schallplatten sind seit 1929 um 50% gesunken (→ 15. 12./S. 207).

In Italien werden allen Zigarettenpackungen der gehobenen Preisklasse Kärtchen beigelegt, die über Verhaltensregeln bei Luftangriffen und Maßnahmen zum Giftgasschutz informieren. Wer bis 30. Juni 1936 500 dieser Kärtchen an den italienischen Verband für Luftschutz einschickt, soll eine Gasmaske als Geschenk erhalten.

In Ungarn wird der Tangoschlager »Dunkler Sonntag« von Stephan Velisch auf Vorschlag des Autors selbst verboten. → S. 76

Im ägyptischen Sakkara entdeckt der britische Archäologe Walter Bryan Emery unterirdische Grabanlagen aus der Zeit der 1.–3. Dynastie (2. Hälfte 3. Jt. v. Chr.). → S. 74

17. April, Freitag

Bei den Genfer Verhandlungen zur Beendigung des Abessinienkonflikts legt die italienische Abordnung dem Völkerbundsausschuß die Bedingungen Italiens für die Aufnahme von Waffenstillstands- und Friedensverhandlungen vor u. a., daß die Verhandlungen nur zwischen den betroffenen Staaten, Italien und Abessinien (Äthiopien), stattfinden sollen.

In Österreich wird die Wirtschaftspolizei mit Untersuchungen zur Aufklärung des Bankrotts der Versicherungsgesellschaft Phoenix betraut. → S. 71

Im Schwarzwald kommen bei einem völlig unerwartet eintretenden Schneesturm fünf britische Schüler ums Leben, die sich mit ihrer Schulklasse auf einer Wanderfahrt befunden haben.

18. April, Sonnabend

Der provisorische Volksgerichtshof (Sondergericht) wird in ein ordentliches Gericht umgewandelt. → S. 69

In Basel wird die Schweizer Mustermesse eröffnet. Die Industrieschau, die bis zum 28. April einen Überblick über die Erzeugnisse der schweizerischen Wirtschaft gibt, feiert ihr 20jähriges Bestehen. Besonderer Anziehungspunkt für die Besucher ist die Halle der schweizerischen Uhrenindustrie.

19. April, Sonntag

In der Berliner Deutschlandhalle findet die erste Großkundgebung des neuorganisierten Reichsbundes für Leibesübungen (DRL) statt. → S. 68

Bei schweren Auseinandersetzungen zwischen Arabern und Juden in Palästina werden 16 Personen getötet und 50 verletzt. → S. 72

Im Berliner Staatstheater erlebt das historische Schauspiel »Friedrich Wilhelm I.« von Hans Rehberg seine Uraufführung. Es ist das dritte Preußendrama des von den Nationalsozialisten hochgelobten deutschen Dichters.

In München unterbietet der Argentinier Juan Zabala den Weltrekord des Finnen Paavo Nurmi über die Distanz von 20 km. → S. 77

20. April, Montag

Im Deutschen Reich wird der Geburtstag des Führers und Reichskanzlers Adolf Hitler gefeiert. → S. 69

Leopold III. König der Belgier richtet ein »Interministerielles Komitee für Flüchtlinge« ein. → S. 72

21. April, Dienstag

Der Völkerbundsrat verabschiedet einen Appell an Italien, in dem bedauert wird, »daß der Versöhnungsversuch des Völkerbundsausschusses im abessinisch-italienischen Konflikt nicht zum Ziel geführt hat«.

Auf der Technischen Tagung des mitteldeutschen Braunkohlebergbaus in Berlin wird ein Strukturwandel in der Braunkohleindustrie prognostiziert. Anlaß dazu geben die Berichte der Wintershall AG, wonach die Entwicklung eines kostengünstigen Verfahrens für die Vergasung von Braunkohle gute Fortschritte macht (→ 4. 4./S. 70).

In Berlin wird die Deutsche Gesellschaft für Tierpsychologie gegründet. Ihr Ziel ist die Auswertung von tierpsychologischen Erkenntnissen für die Tierzüchtung und Tierhaltung.

22. April, Mittwoch

Die in Frankfurt am Main tagende Internationale Eisenbahnbehälterkonferenz verhandelt über die Einführung standardisierter Eisenbahntransportbehälter. Durch diese »Umwälzung im Transportwesen« soll die Versendung von Gütern zwischen einzelnen Staaten sowie Verkäufer und Käufer vereinfacht und verbilligt werden.

Ein Dauertest der Automobilfirma Adler mit dem neuen Stromlinienwagen wird erfolgreich abgeschlossen. → S. 74

23. April, Donnerstag

Der Führer und Reichskanzler Adolf Hitler unterzeichnet ein Amnestiegesetz, das nationalsozialistischen Straftätern zugute kommt. → S. 68

In Palästina wird von politischen Organisationen der Araber der Generalstreik ausgerufen. Die Spannungen zwischen der jüdischen und der arabischen Bevölkerung wegen der Einwanderung jüdischer Flüchtlinge spitzen sich weiter zu (→ 19. 4./S. 72).

Der deutsche Generalinspekteur für das Straßenwesen, Fritz Todt, weiht bei Dömnitz eine neue, 960 m lange Elbbrücke ein.

24. April, Freitag

Mit einem feierlichen Akt werden die drei neuen Ordensburgen der NSDAP eingeweiht. → S. 69

In Italien gelangt ein Wolleersatz, der aus Milch hergestellt wird, unter dem Namen Lanital in die Großproduktion. Die künstliche Wolle ist entwickelt worden, weil Italien aufgrund der Wirtschaftssanktionen im Zusammenhang mit dem Abessinienfeldzug kaum noch Wolle importieren kann.

Im Wiesbadener Neuen Museum findet bis zum Juli eine große Kunstausstellung statt. Unter dem Thema »Zwei Jahrhunderte deutsche Landschaftsmalerei« werden rund 800 Werke aus dem 18. und 19. Jahrhundert ausgestellt.

25. April, Sonnabend

Nachdem die Verwaltung des Londoner Wembleystadions britischen und US-amerikanischen Filmgesellschaften das Filmen im Stadion anläßlich des britischen Pokal-Endspiels zwischen Arsenal London und Sheffield United (Ergebnis 1 : 0) untersagt hat, mieten die Filmgesellschaften vier »Windmühlenflugzeuge« und nehmen weitere Maschinen und nehmen das Spiel aus der Luft auf.

26. April, Sonntag

In Frankreich werden Parlamentswahlen durchgeführt. Weil in zwei Dritteln der Wahlbezirke keiner der zur Wahl stehenden Kandidaten die notwendige Mehrheit für den Einzug in die französische Deputiertenkammer erreicht, müssen die restlichen Mandate durch eine Stichwahl gewonnen werden (→ 3. 5./S. 82).

27. April, Montag

Deutsche Firmen erhalten von China den Auftrag zur Lieferung von acht schweren Lokomotiven, 100 Güterwagen und Eisenbahnschienen. Der Gesamtauftrag beläuft sich auf 4,25 Millionen Reichsmark (RM).

Im Davispokalspiel gegen Spanien siegt das deutsche Tennis-Team 4 : 1 durch Siege Gottfried von Cramms, Henner Henkels (zwei Siege) und des Doppels Cramm/Wilhelm Lund. Ein Spiel geht an Spanien durch den Sieg Enrico Maiers über Cramm.

Als erste Olympiamannschaft treffen im Deutschen Reich (in Bremen) die japanischen Springreiter ein. → S. 77

28. April, Dienstag

Bei der Deutschen Werft in Hamburg wird der Bau eines Walfangmutterschiffes mit sieben Fangbooten in Auftrag gegeben. Damit wird sich das Deutsche Reich erstmals seit 1864 wieder am internationalen Walfang beteiligen. Der deutsche Walölbedarf beträgt jährlich 400 000 t. Ein Viertel des Bedarfs soll zukünftig von eigenen Schiffen eingeholt werden, um die Devisenbilanz zu schonen.

An botanischen Instituten in Frankfurt am Main und Yonkers in den USA werden erste Versuche mit synthetisch gewonnenen, hormonähnlichen Stoffen an Pflanzen durchgeführt. Es wird untersucht, inwieweit diese Reizstoffe bei bestimmten Pflanzen zu einer stärkeren Wurzelbildung und zu schnellerem Wachstum führen.

Der US-amerikanische Verkehrsexperte Kenneth Storer legt Pläne zur Umgestaltung des New Yorker Verkehrsnetzes vor. → S. 74

29. April, Mittwoch

Der Leiter der Gestapo, Reinhard Heydrich, benennt in einer Veröffentlichung des »Völkischen Beobachters« die Personengruppen, die als Staatsfeinde angesehen werden müßten und zu bekämpfen seien. Neben Kommunisten, Juden und Freimaurern fallen hierunter auch Kirchenbeamte, die sich politisch äußern.

Eine Verordnung der österreichischen Regierung sieht die Rückgabe des Habsburger Vermögens vor, das direkt nach dem Ersten Weltkrieg eingezogen worden ist.

30. April, Donnerstag

Durch einen Erlaß des deutschen Reichsinnenministers Wilhelm Frick wird die Besoldung der Gemeindebeamten in Preußen an die Reichsbeamtenbesoldung angeglichen, nachdem die Gleichstellung der preußischen Staatsbeamten bereits erfolgt ist.

In Berlin wird der Spielfilm »Arzt aus Leidenschaft« uraufgeführt. Unter der Regie von Hans Zerlett spielen Albrecht Schoenhals, Karin Hardt und Hans Söhnker die Hauptrollen.

Gestorben:

8. Uppsala: Róbert Bárány (*22. 4. 1876, Wien), österreichischer Physiologe, Nobelpreisträger 1914.

11. Kiel: Ferdinand Tönnies (*26. 7. 1855, Riep/Nordfriesland), deutscher Soziologe und Philosoph. → S. 76

11. Halle/Saale: Max Ferdinand von Bahrfeldt (*6. 2. 1856, Willmine/Ukkermark), deutscher Numismatiker.

18. Neapel: Ottorino Respighi (*9. 7. 1879, Bologna), italienischer Komponist.

28. Kairo: Fuad I., eigtl. Ahmad Fuad (*26. 3. 1868, Gise), König von Ägypten. → S. 72

Geboren:

25. Hodmezövasarhely/Ungarn: Violetta Ferrari, deutsche Schauspielerin.

Die April-Nummer der US-amerikanischen Zeitschrift »Film Fun« mit einem Starlet als Titelbild

Die Unruhen in Venezuela auf dem Titel der Pariser Zeitschrift »Illustration« vom 18. April 1936

Die Zeitschrift »Kladderadatsch« zeigt Adolf Hitler – getragen vom »Ballon des deutschen Glaubens« – über dem Deutschen Reich

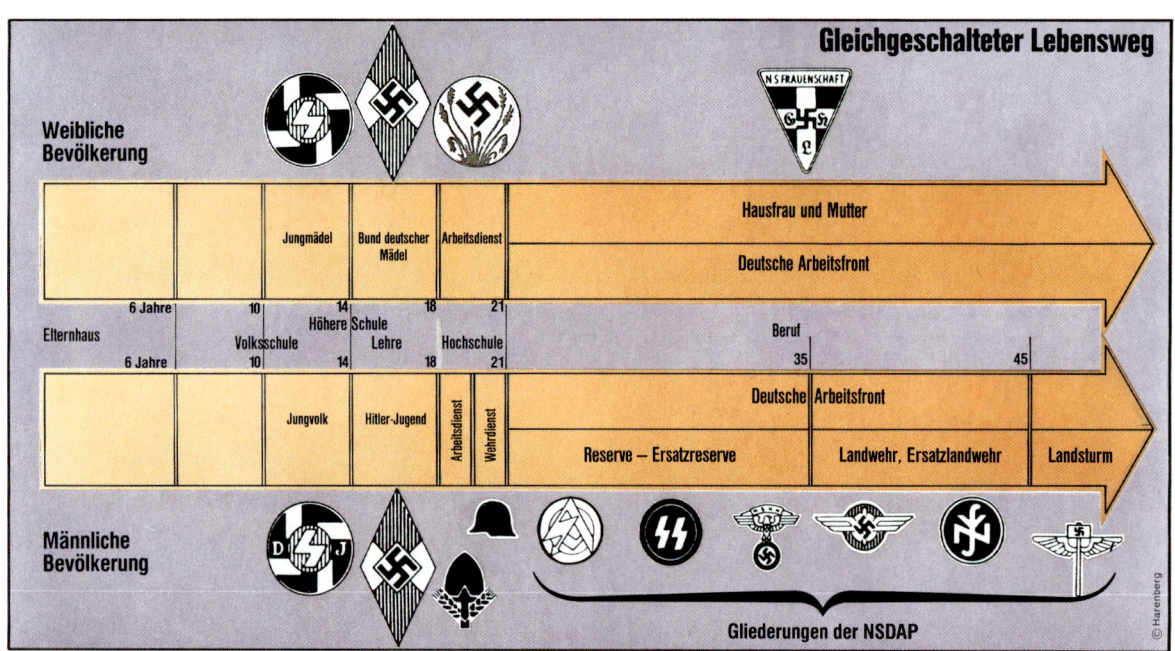

Weibliche Bevölkerung

Gleichgeschalteter Lebensweg

		Jungmädel	Bund deutscher Mädel	Arbeitsdienst	Hausfrau und Mutter
					Deutsche Arbeitsfront

6 Jahre	10	14 Höhere Schule	18	21	Beruf
Elternhaus	Volksschule	Lehre	Hochschule		35
6 Jahre	10	14	18	21	45

		Jungvolk	Hitler-Jugend	Arbeitsdienst Wehrdienst	Deutsche Arbeitsfront
					Reserve – Ersatzreserve	Landwehr, Ersatzlandwehr	Landsturm

Männliche Bevölkerung

Gliederungen der NSDAP

Gleichschaltung ist vollzogen

19. April. Hans von Tschammer und Osten, seit 1933 deutscher Reichssportführer, erklärt in Berlin die Zusammenfassung aller deutschen Sportverbände im Deutschen Reichsbund für Leibesübungen (DRL) für vollendet. Die Vereinheitlichung des deutschen Sports unter der nationalsozialistischen Dachorganisation DRL ist ein weiterer Schritt zur Gleichschaltung des deutschen Volkes.

Die Eingliederung der Sportorganisationen begann schon im Jahr 1933. Konfessionelle und Arbeiter-Sportverbände wurden aufgelöst; verbleibende Verbände gingen durch freiwillige oder erzwungene Unterordnung im DRL auf.

In anderen Bereichen des öffentlichen Lebens ist im Deutschen Reich die Gleichschaltung, d. h. die Vereinheitlichung aller staatlichen, gesellschaftlichen und wirtschaftlichen Organisationen und Institutionen unter nationalsozialistischer Führung, grundsätzlich vollzogen; fast überall besteht ein straffer hierarchischer Aufbau (Führerprinzip), politische und organisatorische Pluralität sind weitgehend beseitigt.

Seit dem 1. Dezember 1933 ist die NSDAP Staatspartei. Die am 10. Mai 1933 gegründete Deutsche Arbeitsfront (DAF) ist an die Stelle der Gewerkschaften getreten, die sich durch ihre Anpassungspolitik selbst gleichgeschaltet hatten und am 2. Mai 1933 zerschlagen wurden. Die Bauernverbände wurden 1933 in den NS-Reichsnährstand integriert, das industrielle Verbandswesen wurde 1934 in der »Reichsgruppe Industrie« zusammengefaßt.

Auf seinem gesamten Lebensweg soll der Bürger von NS-Organisationen begleitet, geschult und kontrolliert werden. Will er nicht seine Existenzgrundlage verlieren, ist er in vielen Fällen zu einer Mitgliedschaft gezwungen (z. B. in der DAF).

Nazi-Verbrecher werden begnadigt

23. April. Das neue Gesetz über die Gewährung von Straffreiheit, das in Berlin vom Führer und Reichskanzler Adolf Hitler unterzeichnet wird, hat offiziell »kriminalpolitischen« Charakter. Tatsächlich aber dient es der Reinwaschung nationalsozialistischer Straftäter.

Straffreiheit soll für drei Gruppen von Straftaten gewährt werden. Die erste Gruppe wird wie folgt definiert: »Diejenigen Fälle, in denen sich der Täter durch Übereifer im Kampf für den nationalsozialistischen Gedanken hat hinreißen lassen. Ausgenommen sind vorsätzliche Handlungen, durch die der Tod eines Menschen herbeigeführt worden ist ... Die hiernach unter das Straffreiheitsgesetz fallenden Straftaten werden ohne Rücksicht auf die Höhe der rechtskräftig erkannten oder der zu erwartenden Strafe amnestiert ... neue Verfahren werden nicht eingeleitet.«

In der zweiten Gruppe sind sog. politische Nörgler und Schwätzer zusammengefaßt, die sich durch staatsfeindliche Äußerungen oder Beleidigung von führenden Politikern oder NSDAP-Mitgliedern strafbar gemacht haben.

Die dritte und letzte Gruppe betrifft sog. Bagatelldelikte, d. h. alle sonstigen Straftaten, für die keine höhere Strafe als ein Monat Gefängnis verhängt worden oder zu erwarten ist. Dabei kommt es auf die Art der Straftat und deren Beweggründe nicht an.

Werbeplakat der deutschen Hitlerjugend zum »Jahr des Jungvolkes«

Eindrucksvolle Massenveranstaltungen sorgen für Geborgenheit in der »Volksgemeinschaft«, Vereidigung von NSDAP-Leitern in München (20. 4.)

Vereidigung von Richtern, Orientierung am Willen des Führers

Nationalsozialistische Ordensburg Sonthofen im Allgäu, Schulungszentrum für NSDAP-Nachwuchs

Schulungsburg Vogelsang bei Gemünd in der Eifel; die »Eliteschulen« erweisen sich als wenig erfolgreich

Feste Einrichtung für Schauprozesse

18. April. Der Volksgerichtshof in Berlin wird per Gesetz zum ordentlichen erst- und letztinstanzlichen Gericht gemacht. Am 24. April 1934 war der Volksgerichtshof als Sondergericht für Landes- und Hochverratsdelikte sowie andere politische Vergehen geschaffen worden.
Die Richter des nunmehr ordentlichen Volksgerichtshofes (jedoch ein Gericht ohne demokratische Legitimation) werden direkt vom Führer und Reichskanzler Adolf Hitler ernannt. Die ehrenamtlichen Beisitzer sind Wehrmachtsmitglieder, Polizisten oder NSDAP-Mitglieder. Erster Gerichtspräsident wird am 15. Mai 1936 Otto Georg Thierack der am 20. August 1942 von Roland Freisler abgelöst wird.
Besonders unter dem Vorsitz Freislers entwickelt sich der Volksgerichtshof zur Schaubühne für die nationalsozialistische Terrorjustiz.
Von 1934 bis 1936 verurteilt der Volksgerichtshof 23 Gegner des Hitler-Regimes zum Tod. Allein im Jahr 1937 werden schon 32 Todesurteile gesprochen.

Startschuß für Eliteschulung

24. April. Der deutsche Reichsarbeitsführer Robert Ley übergibt während einer Feierstunde in Crössinsee in Pommern dem Führer und Reichskanzler Adolf Hitler offiziell drei für die Eliteschulung bestimmten sog. Ordensburgen der NSDAP.
Die Entstehung der drei Ordensburgen (Vogelsang bei Gemünd in der Eifel, Sonthofen im Allgäu und Falkenburg Crössinsee in Pommern) geht auf den Wunsch Hitlers zurück, für die Schulung des NSDAP-Nachwuchses repräsentative Bauten zu schaffen, die ein Symbol für einen »neuen Geist« sein sollen.
1934 wurde mit dem Bau der Ordensburg Crössinsee begonnen. Für die beiden anderen Ordensburgen wurde im Jahr 1935 der Grundstein gelegt. Robert Ley, der die Planung der Gebäude übernahm, finanzierte deren Bau mit Mitteln der Deutschen Arbeitsfront, obwohl er damit seinen Aufgabenbereich weit überschritt.
In den Ordensburgen sollen junge erwachsene Parteimitglieder in dreijährigen Kursen »zum wirklichen Führertum« erzogen werden. Die »wissenschaftliche« Schulung findet in den Fächern Rassenkunde, Geschichte, Kunstgeschichte, Philosophie, Wirtschafts- und Soziallehre statt. Daneben steht – mindestens gleichwertig – die körperliche Ertüchtigung, die mit Mutproben und Disziplinübungen (z. B. Enthaltung von Alkohol- und Nikotingenuß während einer bestimmten Zeit) verbunden ist.
Weil die Ausbildungspläne sehr allgemein bleiben, keine bestimmten

Eingangsqualifikationen außer Gesundheit, rassischer Reinheit und aktiver Parteiarbeit gefordert werden und ein differenziertes Abschlußziel nicht vorliegt, hat das Projekt der faschistischen Eliteschule »Ordensburg« nicht den Erfolg, der von seinem Begründer Robert Ley erhofft wird.
Die Kurse, die im Mai 1936 beginnen, werden von keinem der »Junker«, wie die Teilnehmer genannt werden, in ihrer vollen Länge (drei Jahre) absolviert. Der erste Kurs dauert zehn Monate. Die Qualifikation der Teilnehmer ist stellenweise so gering, daß sich Lehrer bei der NSDAP darüber beschweren, daß die Junker ihren Vorträgen nicht zu folgen vermögen.

Geburtstagsparade für den Führer

Der Führer Adolf Hitler (im vorderen Wagen) im Berliner Lustgarten

700 000 schwören Hitler »unerschütterliche Treue«

20. April. Der 47. Geburtstag des Führers und Reichskanzlers Adolf Hitler wird – wie in jedem Jahr – von der nationalsozialistischen Propagandamaschine zu einer Glorifizierung der Person Hitlers benutzt. Gleichzeitig wird bei Massenveranstaltungen im ganzen Deutschen Reich die bedingungslose Treue der »deutschen Volksgemeinschaft« zu ihrem Führer betont. In Berlin und besonders in Städten des remilitarisierten Rheinlandes wird mit großen Militärparaden die »wiedergewonnene Macht der deutschen Nation« demonstriert. Den Abschluß der Veranstaltungen zum Führergeburtstag bildet die Vereidigung von Leitern der Parteiorganisationen in München. Zusammen mit über 700 000 im ganzen Reich Versammelten schwören auf dem Münchener Königsplatz 12 000 neue Leiter der nationalsozialistischen Bewegung Adolf Hitler »unerschütterliche Treue«.

Sorge um die Rohstoffimporte

4. April. Reichsminister Hermann Göring wird von Führer und Reichskanzler Adolf Hitler zum Beauftragten für alle Rohstoff- und Devisenfragen ernannt. Damit bekommt Göring eine Schlüsselstellung bei den Bemühungen des Hitler-Regimes, eine größere Unabhängigkeit vom Ausland zu erreichen.

Sorge bereitet der Reichsregierung das Ausmaß der Rohstoffimporte. 1936 werden Einfuhren in Höhe von rund 4,2 Milliarden Reichsmark (RM) getätigt; dabei machen die Importe von Rohstoffen den größten Anteil aus, nämlich 44,56%.

Um den Import einzuschränken, De-visen einzusparen und trotzdem den Rohstoffbedarf der sich ausweitenden Rüstungsindustrie zu decken, geht die nationalsozialistische Wirtschaftspolitik verschiedene Wege:

▷ Besonders mit den rohstoffreichen südosteuropäischen Ländern werden bilaterale Handelsverträge abgeschlossen

▷ Der Import wird auf Waren konzentriert, die für die Aufrüstung notwendig sind (→ 17.1./S.15)

▷ Im Deutschen Reich wird die Entwicklung von Ersatzstoffen und die Ausbeutung auch wenig rentabler Rohstoffvorkommen intensiviert

So stellte am 16. Februar 1936 die I. G. Farbenindustrie ihren Kautschukersatzstoff »Buna« der Öffentlichkeit vor. Am 21. April gibt die Wintershall AG bekannt, daß sie bei der Vergasung von Braunkohle (zur Benzinherstellung) gute Fortschritte macht. An verschiedenen deutschen Instituten werden Verfahren erprobt, um die Förderung der Eisenerzvorkommen bei Salzgitter (500 Millionen t Eisen) und Donaueschingen (200 Millionen t) zu ermöglichen, auf die bislang wegen des geringen Eisengehalts im Gestein (30% bzw. 20%) verzichtet worden ist.

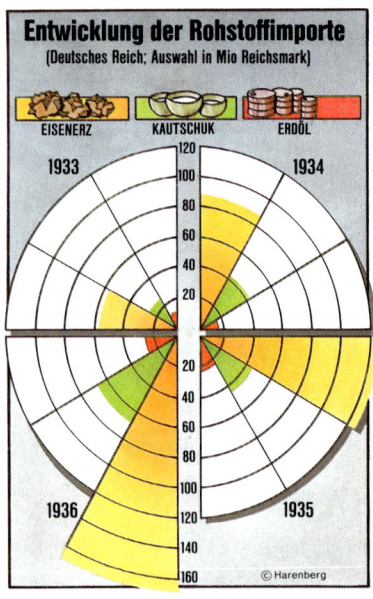

Entwicklung der Rohstoffimporte (Deutsches Reich; Auswahl in Mio Reichsmark)

EISENERZ — KAUTSCHUK — ERDÖL

Deutsches Heer wächst weiter

1. April. Werner von Fritsch, General der Infanterie und Oberbefehlshaber des deutschen Heeres, fordert in Abänderung seines Befehls vom 12. Januar 1936, der ein Friedensheer von 32 Divisionen vorsah, die Aufstellung von 36 Divisionsverbänden. Damit reagiert die Heeresleitung nach der militärischen Besetzung des Rheinlandes auf die zusätzliche Zahl von potentiellen Wehrpflichtigen in diesem Landesteil.

Die Bemühungen um eine kurzfristige Verstärkung des deutschen Heeres führen seit der Machtübernahme der Nationalsozialisten dazu, daß die Heeresstärke sich von 1933 bis Ende 1936 verfünffacht.

Entwicklung des deutschen Heeres

Anfang 1933	100 000 Mann
Ende 1933	144 000 Mann
Ende 1934	250 000 Mann
Ende 1935	400 000 Mann
Ende 1936	550 000 Mann

Zusätzlich zu dem Friedensheer von 36 Infanteriedivisionen, drei Panzerdivisionen, einer Gebirgs- und einer Kavalleriebrigade verfügt die Wehrmacht Ende 1936 über 21 Land-wehrdivisionen und vier Reservedivisionen.

Ermöglicht wird diese immense Vergrößerung des Heeres durch die Wiedereinführung der allgemeinen Wehrpflicht (am 16. 3. 1935).

Entsprechend dieser Entwicklung steigen die staatlichen Rüstungsausgaben. 1933 wurden – nach Angaben des Statistischen Reichsamtes – 720 Millionen Reichsmark (RM) für die Rüstung ausgegeben, 1934 waren es 3,3 Milliarden RM, 1935 5,15 Milliarden RM und im Jahr 1936 werden etwa 9 bis 12,5 Milliarden RM ausgegeben.

Hauer verläßt die Deutschgläubigen

7. April. Der Mitbegründer und Vorsitzende der »Deutschen Glaubensbewegung«, Jakob Wilhelm Hauer, legt sein Amt nieder und tritt aus der Vereinigung aus, da er nicht länger den von der Glaubensbewegung geführten Kampf gegen das Christentum mitverantworten will. Der Indologe und Religionswissenschaftler Hauer folgt damit dem Beispiel von Ernst Graf Reventlow, einem führenden Mitglied der Deutschen Glaubensbewegung, der am 28. März 1936 aus demselben Grund ausgeschieden ist.

Unter der Leitung von Hauer schloß sich 1933 eine Reihe von Bünden und Gemeinschaften zur »Arbeitsgemeinschaft der deutschen Glaubensbewegung« zusammen. 1934 wurden die einzelnen Mitgliedsvereinigungen aufgelöst und in der »Deutschen Glaubensbewegung« vereinigt.

Grundgedanke der Glaubensbewegung ist die Verbreitung eines auf dem »deutsch-germanischen Wesen« basierenden indogermanischen Glaubens. In einer Erklärung von 1933 heißt es dazu: »Wir alle bekennen uns dazu, daß wir, in göttlicher Wirklichkeit wurzelnd, mit unserem deutschen Ursprung vor ihr und unserem Volk Pflicht und Verantwortung tragen für einen deutschgeborenen Glauben.«

Die Nationalsozialisten versagten der Bewegung jegliche Hilfe, da sie sich nicht – wie erhofft – ausweiten konnte.

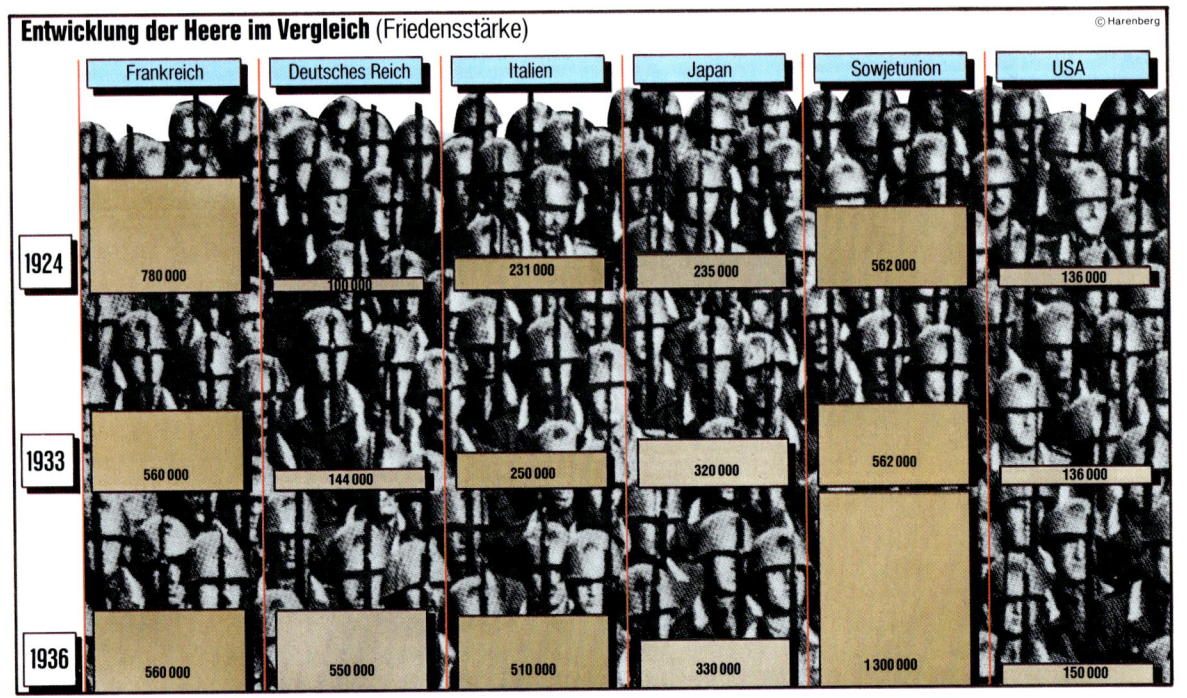

Entwicklung der Heere im Vergleich (Friedensstärke)

© Harenberg

	Frankreich	Deutsches Reich	Italien	Japan	Sowjetunion	USA
1924	780 000	100 000	231 000	235 000	562 000	136 000
1933	560 000	144 000	250 000	320 000	562 000	136 000
1936	560 000	550 000	510 000	330 000	1 300 000	150 000

José Maria Gil Robles (r.), Führer der Konservativen in Spanien

Ein Bombenanschlag während der Madrider Parade anläßlich des fünften Jahrestages der spanischen Republik (14. 4.); ein Offizier wird getötet

Österreich führt Wehrpflicht ein

1. April. Der österreichische Bundestag nimmt ein Gesetz an, mit dem die »allgemeine Dienstpflicht für körperliche Zwecke« eingeführt wird. Der Bundeskanzler wird in diesem neuen Gesetz ermächtigt, durch Verordnung die männliche Bevölkerung vom 18. bis zum 42. Lebensjahr zum Dienst mit oder ohne Waffe einzuberufen.

In einer Rede vor dem Bundesrat betont der österreichische Bundeskanzler Kurt Schuschnigg, daß die Dienstpflicht nicht mit der allgemeinen Wehrpflicht identisch sei, die im Friedensvertrag von Saint-Germaine-en-Laye (vom 10. 9. 1919) verboten worden ist.

Trotz Schuschniggs Beteuerungen bedeutet die Einführung der Bun-

Azaña neuer Staatschef in Spanien

7. April. Mit den Stimmen der Linksparteien setzt das spanische Parlament (Cortes) den konservativen Staatspräsidenten Spaniens, Niceto Alcalá Zamora, ab. Die Volksfrontparteien wollen damit sicherstellen, daß ein militärischer Putschversuch keine Unterstützung von seiten des Staatsoberhauptes erhält.

Als Nachfolger für Alcalá Zamora wird der linksrepublikanische Ministerpräsident, Manuel Azaña, vorgeschlagen, der auch am 10. Mai – mit nur sechs Gegenstimmen – zum Staatspräsidenten gewählt wird. Das Amt des Ministerpräsidenten übernimmt am 13. Mai 1936 der Linksrepublikaner und bisherige Innenminister Santiago Casares Quiroga.

Die Absetzung Alcalá Zamoras und die Wahl Azañas stehen im unmit-

telbaren Zusammenhang mit der wachsenden Unruhe in Spanien: Konservative, meist wohlhabende

Der bisherige Ministerpräsident Spaniens, Manuel Azaña (Mitte)

Bevölkerungsteile befürchten einen Aufstand der extremen Linken, die mit Streiks und militanten Aktionen für bessere Arbeitsbedingungen kämpfen und die Wiedergutmachung der Schäden fordern, die der Arbeiterschaft durch die reaktionäre Regierung José Maria Gil Robles und Alejandro Lerroux 1933 bis 1936 entstanden sind.

Wegen dieser revolutionären Unruhen fürchten die Volksfrontparteien einen Rechtsputsch der Militärs, die ihre Bereitschaft dazu mehr als einmal angedeutet haben. Linke und Liberale hoffen, daß der Linksrepublikaner Azaña als Staatsoberhaupt die Rolle einer Integrationsfigur spielen und einen drohenden Bürgerkrieg abwenden kann (→ 7. 1./ S. 21; 16. 2./S. 36).

Österreichs Bundeskanzler Kurt Schuschnigg (Mitte) im Bundestag

Skandal um die Phoenix-Pleite

17. April. Die österreichische Wirtschaftspolizei erhält den Auftrag, die Vorgänge um den Bankrott der Wiener Versicherungsgesellschaft Phoenix aufzuklären. Das Unternehmen mußte im März 1936 Konkurs anmelden, nachdem Unregelmäßigkeiten bei der Veranlagung der Prämienreserven festgestellt worden waren.

Nachforschungen ergaben, daß in der Prämienreserve der Gesellschaft ein Fehlbetrag von 250 Millionen Schilling (122 Millionen RM) bestand. Da auch bei ausländischen

Phoenix-Filialen eine Unterdeckung von insgesamt 375 Millionen Schilling (184 Millionen RM) vorhanden war, belief sich der Gesamtfehlbetrag auf 625 Millionen Schilling (306 Millionen RM).

Die österreichische Wirtschaftspolizei findet bei ihren Nachforschungen eine Liste mit Personen und Firmen, denen das Unternehmen Bestechungsgelder gezahlt hat. Danach sind von 1931 bis Anfang 1936 insgesamt 2,8 Millionen Schilling (1,4 Millionen RM) an österreichische Zeitungen und Regierungsbe-

amte gezahlt worden. Zuwendungen hat auch der Leiter der Aufsichtsbehörde für das Versicherungswesen, Heribert Ochsner, erhalten. Sechs Mitglieder des Phoenix-Verwaltungsrates treten daraufhin zurück, obwohl sie angeblich von nichts gewußt haben.

Die 300 000 bei der österreichischen Phoenix geschlossenen Lebensversicherungsverträge werden von der neu gegründeten »Österreichischen Versicherungs-AG«, die von verschiedenen öffentlichen Banken finanziert wird, übernommen.

desdienstpflicht praktisch den Übergang vom bisherigen Berufsheer mit 30 000 Mann, das den Österreichern in dem Friedensvertrag von 1919 zugestanden worden ist, zu einer Armee, die auf einer allgemeinen Wehrpflicht basiert.

Die Staaten der Kleinen Entente (Jugoslawien, Tschechoslowakei und Rumänien), die mit Mißtrauen die österreichische Politik verfolgen, reagieren am 6. April auf die offensichtliche Verletzung des Friedensvertrages von 1919 mit einer gemeinsamen Protestnote an das österreichische Außenministerium. Die Regierung in Wien gibt bekannt, daß sie nicht die Absicht habe, auf die Beschwerde zu antworten.

Demonstrativer Beerdigungszug für einen von den Briten erschossenen Araber in der Innenstadt von Jaffa

Gewalttätige Auseinandersetzungen zwischen Juden und Arabern sind in Palästina an der Tagesordnung

Lateinamerika für neuen Staatenbund

11. April. Guatemala, Kolumbien und die Dominikanische Republik legen Pläne für die Schaffung eines amerikanischen Völkerbunds vor, die auch die Errichtung eines panamerikanischen Gerichtshofs vorsehen. Die drei lateinamerikanischen Staaten reagieren damit auf die Einladung des US-amerikanischen Präsidenten, Franklin Delano Roosevelt, vom 23. Februar 1936 zu einer panamerikanischen Konferenz (→ 23. 12./S. 207).

Zahlreiche lateinamerikanische Mitgliedsstaaten des Völkerbunds bemängeln, daß sie lediglich zur finanziellen Stützung des Völkerbunds beitrügen, bei wesentlichen politischen Entscheidungen aber nicht befragt würden. Außerdem habe sich der Völkerbund im Fall des italienischen Angriffs auf Abessinien (Äthiopien) als vollkommen hilflos erwiesen (→ 30. 6./S. 107).

Die Regierung von Guatemala gibt am 14. Mai 1936 den Austritt des Landes aus dem Völkerbund bekannt. Am 27. Juni 1936 verläßt Nicaragua ebenfalls den im Jahr 1919 gegründeten Staatenbund.

Aufstand der Araber in Palästina

19. April. Bei einem von der britischen Mandatsregierung Palästinas verbotenen Demonstrationszug arabischer Hafenarbeiter in Jaffa, der sich gegen die Einwanderung von Juden nach Palästina richtet, kommt es zu schweren Ausschreitungen, bei denen 16 Personen getötet und 50 verletzt werden.

Ursachen für die in den folgenden Wochen eskalierenden Auseinandersetzungen zwischen britischer Mandatsmacht bzw. jüdischen Bevölkerungsteilen und arabischen Palästinensern ist die autoritäre britische Politik. Im Rahmen der »Nationalen Heimstätten-Politik« versucht Großbritannien, die Einwanderung von Juden nach Palästina gegen den Willen der arabischen Bevölkerungsmehrheit durchzusetzen. Von 1922 bis 1935 ist der jüdische Bevöl-

kerungsanteil von 11% auf 28% gestiegen (Einwanderer pro Jahr: 1932: 12 500, 1933: 37 300, 1934: 45 300, 1935: 66 500).

Am 25. April schließen sich die arabischen Parteien Palästinas zu einem »Hohen Arabischen Komitee« zusammen, das von der Mandatsregierung den Einwanderungsstopp und eine demokratische Regierung fordert (→ 9. 10./S. 182).

Türkei verlangt neue Konferenz

11. April. In einer Note an die Signatarmächte des Vertrages von Lausanne (1923) bittet die Türkei um eine Änderung der Rechtsstellung der Dardanellen, um die Meerenge wieder befestigen zu können.

Der Friedensvertrag von Lausanne wurde nach dem türkisch-griechischen Krieg am 24. Juli 1923 von Großbritannien, Frankreich, Italien, Japan, Griechenland, Rumänien und Jugoslawien einerseits und der Türkei andrerseits unterzeichnet. Er legt die Entmilitarisierung der Meerenge zwischen Ägäischem und Schwarzem Meer (Dardanellen, Marmara-Meer und Bosporus) fest.

Am 15. April erklärt sich Großbritannien in einem Antwortschreiben an die türkische Regierung bereit, mit Verhandlungen über die Dardanellenfrage zu beginnen. Nach der Zustimmung der anderen Vertragsstaaten tritt am 22. Juni 1936 die Meerengenkonferenz in Montreux zusammen (→ 20. 7./S. 127).

Tieropfer für den toten König

28. April. *In Kairo stirbt im Alter von 68 Jahren der in Gise geborene ägyptische König, Fuad I. Bei der feierlichen Beisetzung des Monarchen am 30. April in der El-Refai-Moschee in Kairo werden nach alter Sitte sieben Stiere für das Seelenheil des Königs geschlachtet (Foto).*

Fuad I. war nach dem Ende des britischen Protektorats über Ägypten (1922) erster König des Landes geworden. Im Gegensatz zur nationalistischen Wafd-Partei, die eine totale Befreiung von Großbritannien anstrebt, war Fuad I. eher britenfreundlich eingestellt. Nachfolger von Fuad I. ist sein 16jähriger Sohn Faruk I. (→ 26. 8./S. 154).

Bessere Verwaltung der Flüchtlinge

20. April. Leopold III., König der Belgier, verfügt per Dekret die Bildung eines »Interministeriellen Komitees für Flüchtlinge«. Das Komitee, das sich aus Vertretern des Außen-, Arbeits- und Wirtschaftsministeriums unter dem Vorsitz eines Juristen zusammensetzt, soll dem belgischen Innenministerium in Zweifelsfragen bei der Beurteilung von politisch Verfolgten, die in Belgien Zuflucht suchen, zur Seite stehen.

Anlaß zur Gründung dieser Kommission gaben die heftigen Proteste, die in der belgischen Presse auf die Ausweisung eines deutschen Kommunisten im Februar 1936 folgten.

Für Deutsche besteht – wie in vielen anderen europäischen Ländern – bei der Einreise nach Belgien Visumzwang. Die Aufenthaltserlaubnis ist normalerweise mit einem Arbeitsverbot gekoppelt. Besonders für politische Flüchtlinge ist es in Belgien schwierig, eine Aufenthaltserlaubnis zu erhalten (→ 4. 7./S. 127).

Trotz des Autobooms im Deutschen Reich ist das Fahrrad für viele Bürger noch Hauptverkehrsmittel

Eine von drei neuen Eisenbahnfähren zwischen Dover und Calais

Ankunft eines Flugzeuges der 1936 neu eingerichteten Winter-Flugverbindung von London nach Zürich

Ärgernis für Autofahrer: Umleitungen wegen Bauarbeiten

Bahnschranke an der Landstraße; Autobahn soll Zeit sparen

Verkehr 1936:

Bahn noch in Führung

Entsprechend dem Wirtschaftswachstum im Deutschen Reich – der Index für die Industrieproduktion (1928 = 100) stieg von 58 im Jahr 1932 auf 107 im Jahr 1936 – zeigt auch das deutsche Verkehrswesen einen rasanten Aufschwung. Beim Gütertransport spielt weiterhin die Eisenbahn die wichtigste Rolle. 1936 befördern die Reichsbahn und die Privatbahnen zusammen 452,4 Millionen t Güter – 10,9% mehr als im Jahr 1935. Die deutsche Binnenschifffahrt transportiert 1936 mit 116,1 Millionen t 14,5% mehr Güter als 1935. Bei der Personenbeförderung können 1936 alle Verkehrsbetriebe gegenüber 1935 Zuwachsraten verzeichnen – die Straßenbahnen 4,6%, die Eisenbahnen 8,2%, die Luftfahrt 36,4%.

Aber die Weichen für die Verlagerung des Gütertransports zugunsten des Straßenfernverkehrs sind bereits gestellt. Am 1. April 1936 tritt das am 27. Juni 1935 erlassene Gesetz über den Güterfernverkehr mit Kraftfahrzeugen in Kraft. Es trägt der wachsenden Bedeutung des Lkw-Transports Rechnung und schließt die Speditionsunternehmer im »Reichs-Kraftwagen-Betriebsverband« zusammen.

Das Interesse des Führers und Reichskanzlers Adolf Hitler konzentriert sich aus propagandistischen, wirtschaftlichen und wehrpolitischen Gründen vornehmlich auf den Straßenverkehr (»Motorisierung der Deutschen«, Autobahnbau usw.). Dabei haben die Nationalsozialisten aber auch mit den Auswirkungen des Autobooms zu kämpfen. Die steigenden Unfallzahlen werden 1936 erstmals durch eine amtliche Statistik verdeutlicht.

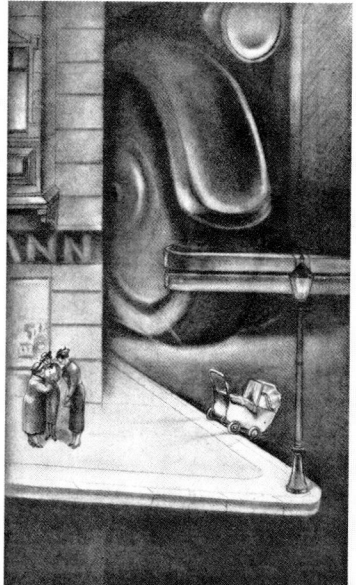

Warnung vor Verkehrsgefahren (»Berliner Illustrirte«, 17. 6.)

Verkehrsopfer (Deutsches Reich)

Zeitraum	Tote	Verletzte
4. Quartal 1935	1913	35168
1. Quartal 1936	1496	28603
2. Quartal 1936	2380	49765
Insgesamt 1936	8388	173826

Die deutsche Regierung versucht durch Aufrufe an die Kraftfahrer und spezielle Maßnahmen gegen Verkehrssünder, der »Raserei auf den Straßen« Herr zu werden.

Neue Fluglinie zwischen Großbritannien und Schweden, ein Expreß-Flugzeug verläßt den Londoner Flughafen Croydon in Richtung Malmö

Autobahn, Symbol für »Fortschritt und Schaffenskraft«

Für Weltrekorde Autobahn gesperrt

22. April. Bei einem Dauertest auf der Autobahnstrecke Frankfurt am Main–Viernheim werden mit dem neuen Stromlinien-Versuchswagen der Adler-Werke innerhalb von drei Tagen mehrere Klassen-Weltrekorde aufgestellt.

In zwölf Stunden legt der 1,7-Liter-Wagen, der abwechselnd von fünf Werksfahrern gelenkt wird, 1913,812 km zurück und verbessert damit den 1935 in Paris von den Briten George Eyston und Ernest Dynley auf Hotchkiss aufgestellten Rekord um 15,66 km. In 24 Stunden erreicht der Wagen eine Durchschnittsgeschwindigkeit von 160,597 km/h und ist damit 4,69 km/h schneller als die Briten. Auf der 4000-km-Strecke ist der Adler-Wagen mit durchschnittlich 160,377 km/h um 4,47 km/h schneller als der Hotchkiss.

Für den Dauertest des Stromlinienwagens, der eine Höchstgeschwindigkeit von über 190 km/h erreicht, wurde vom 20. bis zum 22. April 1936 die 128 km lange Autobahnstrecke von der Polizei gesperrt.

Die 1888 als Fahrradfabrik gegründeten Adlerwerke gehören im Deutschen Reich zu den führenden Automobilherstellern. 1936 bringt die Firma zwei neue Modelle auf den Markt. Der kleinere Adler »Trumpf Junior« mit 995 cm³ und einer Leistung von 25 PS erreicht eine Geschwindigkeit von 90 km/h. Die Cabrio-Limousine kostet 2700 Reichsmark (RM). Der Adler-Trumpf, 1,7 Liter (1645 cm³) hat 38 PS und eine Höchstgeschwindigkeit von 102 km/h. Er kostet 4100 RM.

Alte Grabanlage in Sakkara entdeckt

16. April. Ohne Unterstützung entdeckt der britische Archäologe Walter Bryan Emery in den altägyptischen Grabanlagen von Sakkara am Nil 42 unterirdische Kammern aus der ersten bis dritten ägyptischen Dynastie (3. Jt. v. Chr.).

Besonderes Aufsehen erregt das Grab des altägyptischen Beamten Hemaka, das von Experten auf 2850 v. Chr. datiert wird und damit das älteste ägyptische Grab ist, das bisher gefunden wurde.

Neuer Meßballon aus Zellophan

April. Der deutsche Physiker und Professor in Stuttgart, Erich Regener (Foto), stellt einen neu entwickelten Stratosphärenballon vor, der die bislang verwendeten Gummiballons ersetzen soll. Weil das Gummi in der 20 km hoch gelegenen Ozonschicht zerfressen werden würde, haben die neuen unbemannten Ballons eine Hülle aus Zellophan, das unempfindlich gegen Ozon ist und sich weder ausdehnt noch platzt. Die dünne Zellophanhülle läßt zudem die Sonnenstrahlen in das Innere der Ballongondel, so daß die darin angebrachten Meßapparate automatisch vor der Stratosphärenkälte (− 50° C) geschützt sind.

Stufenpyramide von Sakkara, im dritten Jahrtausend v. Chr. als Grabmal für den ägyptischen König Djoser innerhalb von rund 40 Jahren erbaut, die imposanteste der zahlreichen alten Grabanlagen in Sakkara am Nil

Fließbänder sollen U-Bahn ersetzen

28. April. Nach den Plänen des US-amerikanischen Verkehrsexperten Kenneth Storer soll ganz New York künftig mit einem System von Laufbändern ausgestattet werden.

Um die zeitraubenden Verkehrsstockungen in der Millionenstadt zu beseitigen, schlägt Storer ein Nahverkehrssystem mit zwei Laufbandarten vor. Das »Langsamband« neben den Gehsteigen bewegt sich so langsam, daß die Fußgänger jederzeit auf- und abspringen können, sorgt aber durch seine kontinuierliche Fahrt für eine Verbesserung des Verkehrsstroms.

Das »Schnellband« anstelle der Hoch- und Untergrundbahnen hat eine Geschwindigkeit von 24 km/h. Auf einer Bandfläche von 1 km Länge sind etwa 2400 Sitzplätze verteilt. In einem bestimmten Rhythmus verlangsamt das Band seine Geschwindigkeit, damit die Fahrgäste gefahrlos auf- und absteigen können. Nach Storers Kostenberechnungen ist der Einbau von Langsam- und Schnellbändern um 50% billiger als der Bau einer Hoch- oder Untergrundbahn.

Bruno Hauptmann wird hingerichtet

3. April. Das Todesurteil gegen den Deutschen Bruno Hauptmann wird im Gefängnis von Trenton in den USA vollstreckt. Hauptmann war für schuldig befunden worden, am 1. Mai 1932 das Kind des US-amerikanischen Fliegers Charles A. Lindbergh, der am 20./21. Mai 1927 als erster allein über den Atlantik geflogen war, entführt und später ermordet zu haben.

Hauptmann wurde am 19. September 1934 von der US-amerikanischen Bundeskriminalpolizei verhaftet. Im Bundesstaat New Jersey wurde er am 13. Februar 1935 aufgrund von Indizien wegen Mordes zum Tod verurteilt.

Trotz vieler kritischer Äußerungen über das Verfahren und Zweifeln an der Richtigkeit des Urteils gegen Hauptmann wurde am 16. Februar 1936 ein Gesuch um Wiederaufnahme des Verfahrens vom Obersten Bundesgericht in Washington abgewiesen.

Wohnen 1936:

Staat kürzt Investitionen

Im Jahr 1936 werden im Deutschen Reich erstmals seit sechs Jahren wieder mehr als 300 000 Wohnungen gebaut. Ende des Jahres beträgt der Reinzugang an Neubauwohnungen (Gesamtneubau abzüglich der abgerissenen Altbauwohnungen) 310 490. Die Wohnungsnot der Nachkriegszeit, die durch die Lahmlegung der Bauwirtschaft im Weltkrieg verursacht worden war, ist 1936 überwunden. Schon seit 1925 wurde der Wohnungsbau durch öffentliche Investitionen intensiv gefördert.

Zwar ist die akute Wohnungsnot im Deutschen Reich behoben, aber nur 53% aller Wohnungen

Wohnungsbau im Deutschen Reich

Jahr	Reinzugang	Jahr	Reinzugang
1925	178 930	1931	233 648
1926	205 793	1932	141 265
1927	288 635	1933	178 038
1928	309 762	1934	283 955
1929	317 682	1935	241 032
1930	310 971	1936	310 490

haben mehr als drei Wohnräume, dabei gilt die Küche als Wohnraum. Dagegen bestehen von den insgesamt 17,9 Millionen Haushalten im Deutschen Reich etwa 12,5 Millionen (70%) aus drei oder mehr Personen.

Die nationalsozialistische Regierung, die sich anfangs mit Investitionen am Wohnungsbau beteiligt hat, versucht inzwischen, durch Senkung der Hypothekenzinsen und Steuervergünstigungen den Wohnungsbau der privaten Initiative zu überlassen.

Die öffentlichen Ausgaben für den Wohnungsbau sind von 275 Millionen Reichsmark (RM) im Jahr 1934 auf 220 Millionen RM 1935 und 175 Millionen RM im Jahr 1936 zurückgegangen; das ist nicht zuletzt eine Konsequenz der gestiegenen Rüstungsausgaben (1934: 3,3 Milliarden RM, 1936: 9–12,5 Milliarden RM).

Moderne Kücheneinrichtung mit Gasherd und Backofen mit automatischer Temperaturkontrolle

Gläser und Karaffen in aktueller Schlichtheit, hergestellt in Schweden (Design: Elis Bergh)

Besteck für den Erste-Klasse-Speisesaal der »Queen Mary«

Eßzimmer in Rot- und Gelbtönen, Tisch und Sideboard lackiert mit schwarzer Glasoberfläche (Paris)

Modernes Wohnzimmer (London) mit Korkfußboden, Möbel aus australischer Eiche, Barecke (hinten)

Schlafzimmer in einem kleinen Haus in London, Einbaumöbel und integrierter Frisierplatz

Eßzimmergruppe in Gelb, Schwarz und Weiß, exklusive Einrichtung für gutverdienende Briten

Abgetrennte Eßecke in einem großen Wohnzimmer, Musterbeispiel für modernes Wohnen 1936

Osterbräuche wieder in Mode

9. April. Im Zug der Besinnung auf deutsche Volkstümlichkeit, die im Dritten Reich ausgiebig gepflegt wird, berichtet die Zeitschrift »Daheim« über Osterbräuche im Deutschen Reich: »Viele althergebrachte Sitten und Bräuche, uralter Volksglaube, die frühlingshelle Kraft und Freude eines starken, naturverbundenen und geistvollen Volkes leben neben den ewigen christlichen Wahrheiten des Auferstehungsfestes fort . . .«

In Hessen ist zu Ostern der Brauch des Eierlesens verbreitet: Dazu wird eine größere Anzahl von Ostereiern in zwei Reihen auf die Erde gelegt. Zwei Jungen müssen je eine Reihe unter Musikbegleitung in einen Korb einsammeln. Wer als erster fertig ist, erhält einen Preis. Im Osnabrücker Land und in der Umgebung von München werden zu Ostern Wettrennen zwischen Mädchen veranstaltet. Sie haben die Bedeutung des Begrüßens bzw. Einholens des Frühlings. Im Rheinland und in Bay-

Letzte Aufgabe beim Osterlauf ist das Abnehmen eines Korbes

ern werden am Morgen des Karfreitag die Kirchenglocken »gebunden«, d. h., bis zum Ostersonnabend, in manchen Gegenden noch länger, werden keine Glocken geläutet.

Während dieser Zeit veranstalten die Jugendlichen das sog. Judas-Ausjagen, mit dem bis zum Osterfest alles Schlechte ausgetrieben werden soll, damit das Gute in den Menschen einkehren kann. Die jungen Leute gehen in Gruppen durch die Straßen und verursachen mit Ratschen einen großen Lärm. Im Sauerland versammeln sich die Schüler abends in den Schulen, um dort mit viel Radau das Böse zu vertreiben.

In anderen Teilen des Landes wird das Frühjahr mit Osterfeuern und Osterrädern, die bei eintretender Dunkelheit entzündet werden, begrüßt.

Das am Ostersonnabend in Hessen geschöpfte Osterwasser gilt als heilbringend und soll die Kraft haben, das Gesicht zu verjüngen. Die Aufgabe, das Osterwasser zu holen, wird von Mädchen übernommen, die aber bei dieser Arbeit nicht lachen und kein Wasser verschütten dürfen, da sonst die Wirkung des Osterwassers nicht eintritt.

Osterbrauch im Bayrischen Oberland ist der sog. St. Georgsritt

Das Überwinden von Hindernissen mit Eiern, Osterlauf bei München

Spenden ist Pflicht

4./5. April. Nach Abschluß der Sammlungen für das Winterhilfswerk wird am ersten Aprilwochenende mit den Reichsstraßensammlungen 1936 der Nationalsozialistischen Volkswohlfahrt (NSV), einem der NSDAP angeschlossenen Verband, begonnen.

Zugunsten des Hilfswerkes »Mutter und Kind« verkaufen Zehntausende von Helfern der NSV An-

stecknadeln in Schmetterlingsform als Spendenabzeichen. Mit dem Tragen der Abzeichen weist sich der einzelne als Spender aus und übt so auf spendenunwillige Mitbürger moralischen Druck aus. Die Aktion wird in den Zeitungen durch einen Aufruf unterstützt: »Hast du schon einen Schmetterling eingefangen? Tue es! Es geschieht für dein Volk! Zeige dich würdig des Führers!«

»Sorge für die Volksgemeinschaft«: Die Bürger werden immer häufiger zum Spenden genötigt

Werbeplakat für die Eintopfsonntage im Deutschen Reich zugunsten des Winterhilfswerks 1936/37

Selbstmord-Tango wird verboten

16. April. Die Budapester Behörden verbieten die öffentliche Aufführung des Tangoschlagers »Dunkler Sonntag«. Der Autor des Liedes, der Ungar Stephan Velisch, hat selbst die Anregung zu diesem Verbot gegeben, nachdem die Selbstmorde im Zusammenhang mit dem Lied nicht aufhören wollten.

Nach Ermittlung der ungarischen Behörden haben mindestens 19 Personen in Ungarn nach dem Hören des schwermütigen und sentimentalen Schlagers Selbstmord verübt. Ihren Höhepunkt erreichten die Auseinandersetzungen um das Lied, als die Eltern einer jungen Frau, die ebenfalls nach dem Hören des »Dunklen Sonntag« Selbstmord begangen hatte, Stephan Velisch auf Schadenersatz verklagten. Nach kurzer Verhandlung vor einem Budapester Gericht wurde die Schadensersatzpflicht des Autoren Velisch von den Richtern verneint und die Klage abgewiesen.

Als Reaktion auf die Geschehnisse in Ungarn wird auch in anderen Ländern – so in Großbritannien – der Schlager verboten.

Tod des Soziologen Ferdinand Tönnies

11. April. Der deutsche Soziologe und Philosoph Ferdinand Tönnies stirbt im Alter von 80 Jahren in Kiel.

Nach seiner Habilitation im Jahr 1881 war Tönnies ab 1909 ordentlicher Professor an der Kieler Universität. Er war an der Gründung der Deutschen Gesellschaft für Soziologie beteiligt und übernahm von 1922 bis 1933 die Leitung dieser Organisation.

Tönnies, der als einer der Begründer der Soziologie gilt und über das Deutsche Reich hinaus Geltung erlangte, entwickelte in einem seiner Hauptwerke, »Gemeinschaft und Gesellschaft«, das 1887 erschien, Gesetzmäßigkeiten des menschlichen Zusammenlebens auf dem Weg von gemeinschaftlichen Lebensformen zu den gesellschaftlichen Kontraktbindungen.

Besondere Verdienste hat sich Tönnies auch bei seinen Forschungen über den englischen Staatstheoretiker Thomas Hobbes (1588–1679) erworben, dessen Original-Handschriften er im Britischen Museum in London entdeckt hat.

Neuer Weltrekord im 20-km-Lauf

19. April. In München verbessert der Olympiasieger im Marathonlauf von 1932, Juan Zabala, den von dem Finnen Paavo Nurmi aufgestellten Weltrekord über 20 km um 38,4 Sekunden.

Obwohl in München empfindliche Kälte herrscht und die Bahnverhältnisse sich durch einsetzendes Schneetreiben verschlechtern, gelingt es dem argentinischen Läufer, mit 1:04:00,2 Stunden Weltrekordzeit zu laufen.

Den Stundenweltrekord des mehrfachen Weltrekordhalters Nurmi aus Finnland kann der südamerikanische Langstreckenläufer allerdings nicht, wie ursprünglich geplant, verbessern.

Zweiter hinter Zabala, der zusammen mit zehn deutschen Läufern das Rennen antrat, wird Erwin Sieger aus Berlin mit 1:08:22,3 Stunden. Der Berliner Heinrich Kohn belegt mit einer Zeit von 1:08:52,2 Stunden den dritten Platz.

Der Automobilrennfahrer Rudolf Caracciola, neben Hans Stuck und Bernd Rosemeyer einer der populärsten Rennfahrer im Deutschen Reich

Caracciola siegt in Monte Carlo

13. April. Der Europameister der Automobilrennfahrer des Jahres 1935, der Deutsche Rudolf Caracciola, gewinnt das erste bedeutende Rennen des Jahres 1936, den Großen Preis von Monaco, der in Monte Carlo ausgetragen wird.

Hinter Caracciola auf Mercedes-Benz (3:49:20,4 Stunden) belegen der Italiener Achille Varzi auf Auto-Union (3:51:09,5 Stunden) den zweiten und der Deutsche Hans Stuck, ebenfalls auf Auto-Union (3:49:21,2, eine Runde Rückstand), den dritten Platz.

In der zweiten Runde des Rennens kam es durch eine Karambolage zur Vorentscheidung. Sieben der 18 gestarteten Fahrzeuge mußten ausscheiden. Darunter befanden sich auch die drei Mercedes-Benz von Manfred von Brauchitsch (Deutschland), Louis-Alexandre Chiron (Frankreich) und Luigi Fagioli (Italien) sowie der Auto-Union von Bernd Rosemeyer (Deutschland).

Erste Olympiamannschaft eingetroffen

27. April. Während das Reichssportfeld in Berlin, das für die Olympischen Sommerspiele 1936 errichtet wird, seiner Vollendung entgegengeht und die organisatorischen Vorbereitungen im Deutschen Reich vorangetrieben werden, treffen in Bremen die ersten Teilnehmer an den Sommerspielen, die japanischen Reiter, ein. Als Training für die olympischen Reitwettbewerbe nehmen die Japaner an Sportveranstaltungen in Amsterdam, Luzern und Düsseldorf teil. Geführt wird das aus fünf Reiteroffizieren bestehende Team von Baron Takeichi Nishi, der bei den Olympischen Spielen 1932 in Los Angeles das Jagdspringen gewonnen hat.

Wie alle Athleten sind auch die australischen Schwimmerinnen mit ihrem Trainingsprogramm beschäftigt (l. Kitty Mackay, r. Elsa de Lacey)

Luftaufnahme vom olympischen Dorf auf dem Heeresgelände von Döberitz, das die Wettkämpfer während der Sommerspiele beherbergt

Mai 1936

Mo	Di	Mi	Do	Fr	Sa	So
				1	2	3
4	5	6	7	8	9	10
11	12	13	14	15	16	17
18	19	20	21	22	23	24
25	26	27	28	29	30	31

1. Mai, Maifeiertag

Der 1. Mai wird in Deutschland unter dem Motto »Freut euch des Lebens« begangen. Am Mittag findet in Berliner Lustgarten ein Staatsakt statt. → S. 86

In Magdeburg werden die ersten Telefon-Gemeinschaftsanschlüsse in Betrieb genommen. Ein »Zehneranschluß« kostet monatlich drei Reichsmark.

Reichspropagandaminister Joseph Goebbels verleiht dem Regisseur Carl Froelich in Berlin für den Film »Traumulus« den nationalen Filmpreis 1935/36; mit dem nationalen Buchpreis wird Gerhard Schumann für seinen Gedichtband »Wir aber sind das Korn« ausgezeichnet. → S. 93

Von heute an erhält jedes Brautpaar vom Standesbeamten ein Exemplar des von Adolf Hitler 1924 bis 1926 geschriebenen Buches »Mein Kampf« ausgehändigt. → S. 86

2. Mai, Sonnabend

Nach dem Fall von Sassabaneh und der Niederlage der letzten noch kampffähigen abessinischen Armeegruppe verläßt Kaiser Haile Selassie I. mit seiner Familie die Hauptstadt Addis Abeba und trifft am folgenden Tag in Dschibuti in Französisch-Somaliland ein. → S. 85

Aus den ägyptischen Parlamentswahlen geht die nationalistische Wafd-Partei als klarer Sieger hervor.

Die britische Regierung übermittelt den arabischen Führern in Palästina die offizielle Einladung des Britischen Kolonialamtes, eine Abordnung nach London zu entsenden, um dort über den von der britischen Regierung angekündigten Gesetzgebenden Rat für Palästina zu verhandeln.

Angaben von Reichsbankdirektor Rudolf Eicke zufolge ist die deutsche Auslandsverschuldung durch Rückzahlungen und die Entwertung ausländischer Währungen seit Mitte 1930 von 26,8 Milliarden Reichsmark (RM) auf 13 Milliarden RM zurückgegangen. → S. 87

Zum 50. Geburtstag des Dichters Gottfried Benn erscheinen in der Deutschen Verlagsanstalt Stuttgart »Ausgewählte Gedichte«. → S. 95

3. Mai, Sonntag

Die Volksfront, das Bündnis der französischen Linksparteien, geht mit 378 von insgesamt 614 Sitzen als Sieger aus den Wahlen zur Deputiertenkammer hervor. → S. 82

In der abessinischen Hauptstadt Addis Abeba brechen nach der Flucht von Kaiser Haile Selassie I., der sich von Dschibuti nach Palästina einschifft, Unruhen aus, die sich gegen die ansässigen Weißen richten (→ 5. 5./S. 84; 2. 5./S. 85).

In Bern unterliegt die Vertretung der Schweiz Spanien in einem Fußball-Länderspiel 0:2.

4. Mai, Montag

Der Reichsminister für Wissenschaft, Erziehung und Volksbildung, Bernhard Rust, ordnet an, daß auf höheren Schulen künftig Englisch erste Fremdsprache zu sein hat. → S. 87

Clem Sohn, der berühmte »Vogelmensch« aus den USA, der mit Hilfe von künstlichen Metallschwingen bisher rund 100 Flüge bestritten hat, betritt im südenglischen Hafen Plymouth erstmals europäischen Boden. → S. 91

5. Mai, Dienstag

Die siegreichen italienischen Truppen ziehen in die abessinische Hauptstadt Addis Abeba ein. Am Abend erklärt der italienische Ministerpräsident und Duce, Benito Mussolini, den Krieg für beendet. → S. 84

Eine Ausstellung im Hagener Stadtmuseum (Sauerland) zeigt die Werke des Bildhauers Georg Kolbe. → S. 97

6. Mai, Mittwoch

Das deutsche Luftschiff LZ 129 »Hindenburg« startet zu seinem ersten Nordamerikaflug von Friedrichshafen nach Lakehurst bei New York (→ 30. 3./S. 57).

Der nationalsozialistische preußische Ministerpräsident Hermann Göring ernennt den Intendanten des Preußischen Schauspielhauses Gustaf Gründgens wegen dessen Verdiensten um die darstellende Kunst zum Preußischen Staatsrat.

In Wien besiegt die österreichische Fußball-Nationalmannschaft die Vertretung Englands 2:1. → S. 96

7. Mai, Donnerstag

Der deutsche Reichspropagandaminister Joseph Goebbels behält sich in einem Schreiben an die Landesregierungen sowie die Ober- und Regierungspräsidenten die Entscheidung über Erscheinungsverbote in- und ausländischer Zeitungen und Zeitschriften selbst vor. → S. 87

8. Mai, Freitag

Der Generalsekretär der Kommunistischen Partei Frankreichs, Maurice Thorez, erklärt in Paris, daß es keine Regierungsbeteiligung der Kommunisten geben werde, daß die Kommunisten jedoch die neu zu bildende Volksfront-Regierung unterstützen werden. → S. 83

In der griechischen Stadt Saloniki und in der Provinz Mazedonien kommt es zu ausgedehnten Streiks und Unruhen, in deren Verlauf sich blutige Zusammenstöße zwischen Demonstranten und Militär ereignen.

Zur Feier des 80. Geburtstages von Sigmund Freud hält Thomas Mann in Wien eine Festrede »Sigmund Freud und die Zukunft«, die vom Wiener Bermann-Fischer Verlag veröffentlicht wird (→ 6. 5./S. 93).

9. Mai, Sonnabend

Der italienische Ministerpräsident und Duce, Benito Mussolini, verkündet in Rom ein neues Gesetz, das Abessinien (Äthiopien) der vollen italienischen Souveränität unterstellt und den italienischen König, Viktor Emanuel III., sowie dessen Nachfolger zum Kaiser von Abessinien erklärt. → S. 84

10. Mai, Sonntag

Anläßlich der Tagung des Nationalrates der Sozialistischen Partei in Paris erklärt deren Führer, Léon Blum, daß seine Partei als stärkste Fraktion der neugewählten Deputiertenkammer die Leitung der kommenden Regierung übernehmen und die übrigen Parteien der Volksfront zum Eintritt ins Kabinett einladen werde. → S. 82

Der frühere Ministerpräsident Manuel Azaña wird im spanischen Abgeordnetenhaus (Cortes) mit nur sechs Gegenstimmen zum neuen Staatspräsidenten gewählt (→ 7. 4./S. 71).

In München beginnt die dritte Reichstheater-Festwoche. Sie soll einen Überblick über das aktuelle Theaterschaffen im Deutschen Reich geben. → S. 95

Der Große Preis von Tripolis in Nordafrika endet mit einem Doppelsieg für Auto-Union: Der Italiener Achille Varzi gewinnt vor dem Deutschen Hans Stuck.

11. Mai, Montag

Der Völkerbund verlängert die Amtszeit des Hochkommissars für die Freie Stadt Danzig, des Iren Sean Lester, bis Mitte 1937.

Die Stromlinien-Dampflokomotive 05002 der Firma Borsig in Berlin stellt auf der Strecke Berlin–Hamburg mit 200,4 km/h einen neuen Weltrekord auf. → S. 90

12. Mai, Dienstag

Der österreichische Bundeskanzler Kurt Schuschnigg und Vizekanzler Ernst Rüdiger Starhemberg beraten in Wien über den Abschluß eines Verständigungsabkommens mit dem Deutschen Reich, das Österreichs Souveränität anerkennen solle. Starhemberg spricht sich gegen jegliche Zusammenarbeit mit dem Reich aus (→ 14. 5./S. 89).

Reichspropagandaminister Joseph Goebbels verbietet die »Nachtkritik« in den Zeitungen. Dies bedeutet, daß Kritiken von Abendaufführungen (Theater, Musik) nicht mehr im nächsten Morgenblatt erscheinen dürfen, sondern frühestens in den Mittagsausgaben.

13. Mai, Mittwoch

Internationale Proteste wegen eines Glückwunschtelegramms des österreichischen Vizekanzlers Ernst Rüdiger Starhemberg an den italienischen Duce Benito Mussolini zum Sieg in Abessinien (Äthiopien) benutzt der österreichische Bundeskanzler Kurt Schuschnigg, um den Rücktritt seines politisch unbequemen Stellvertreters zu verlangen (→ 14. 5./S. 89).

Santiago Casares Quiroga, der bisherige Innenminister Spaniens, wird als Nachfolger von Manuel Azaña neuer spanischer Ministerpräsident. Sein Kabinett setzt sich mehrheitlich aus Linksrepublikanern zusammen (→ 7. 4./S. 71).

Im US-Bundesstaat Kentucky wird die Festung Fort Knox fertiggestellt, in der die US-amerikanischen Goldreserven im Wert von umgerechnet 15 Milliarden Reichsmark (RM) sicher aufbewahrt werden sollen. → S. 89

14. Mai, Donnerstag

Der österreichische Bundeskanzler Kurt Schuschnigg bildet sein Kabinett um. → S. 89

Guatemala teilt dem Generalsekretariat des Völkerbundes in Genf mit, daß es unter Einhaltung der zweijährigen Kündigungsfrist aus dem Völkerbund ausscheide. Der Austritt erfolge aus finanziellen Gründen und aus der Erkenntnis, daß den kleineren Staaten dem Völkerbund gebrachte Opfer nutzlos seien, da dieser nicht dazu in der Lage sei, die ihm gesteckten Ziele zu verwirklichen (→ 11. 4./S. 72).

General Felician Slawoj Skladkowski wird als Nachfolger von Marian Zyndram Kozlowski neuer polnischer Ministerpräsident.

In Berlin wird der von Fritz Wendhausen gedrehte Film »Familienparade« uraufgeführt, in dem Curd Jürgens seine erste Hauptrolle spielt. → S. 94

15. Mai, Freitag

Otto Thierack, Vizepräsident des Reichsgerichts, wird Präsident des Volksgerichtshofes (→ 18. 4./S. 69).

Papst Pius XI. enthebt den Erzbischof von Rouen, Paul de la Villerabel, der zugleich Primas der Normandie gewesen ist, seines Amtes. Grund für diese äußerst seltene päpstliche Entscheidung ist ein langwieriger Streit des greisen Erzbischofs mit seinem Generalvikar gewesen, der angeblich Kirchengelder unterschlagen haben soll. → S. 89

16. Mai, Sonnabend

Auf dem Deutschen Juristentag in Leipzig führt Reichsjuristenführer Hans Frank aus, daß es im Dritten Reich keine Gewaltenteilung im alten Sinn mehr gebe. Die einzige Macht im Staate sei die des Führers und Reichskanzlers Adolf Hitler; sie sei ungeteilt und beruhe auf der Ermächtigung durch das deutsche Volk. → S. 86

Nummer 21   20. Mai 1936

45. Jahrgang   Preis 20 Pfennig

Berliner
Illustrirte Zeitung

Fred Andreas-Roman

Die gelbe Flagge

Wolfgang Weber (2)

Ein Tag bei den Kriegsschülern in Potsdam

Unterricht im Hörsaal.

7 Uhr: Ein großer Teil des Tages gehört dem wissenschaftlichen Unterricht. Die modernsten Lehrmittel werden dabei verwendet. Das wichtigste Lehrfach ist Taktik. Hier erläutert ein Kriegsschüler in „Pionier-Lehre" das Sprengen von Brücken.

Dienst im Gelände.

11 Uhr: Der wichtigste praktische Dienst für die Kriegsschüler aller Waffen ist der Infanterie-Gefechtsdienst. Der Kriegsschüler beobachtet, wie die Schüsse aus seinem leichten Maschinengewehr im Ziel liegen.

Zum Bericht im Innern des Heftes.

79

Mai 1936

In Düsseldorf wird die Ausstellung »Film und Foto« eröffnet (sie dauert bis 7. 6.). Sie bietet den Besuchern einen Überblick über das filmische und fotografische Schaffen im Deutschen Reich.→ S. 87

17. Mai, Sonntag

Auf der internationalen Luftfahrtausstellung in Stockholm erregen die neuen deutschen Flugzeuge, insbesondere die von den Junkers-Werken gebaute JU 86 und das von Dornier entworfene Riesenflugboot DO 20, allseitig großes Aufsehen.→ S. 87

In der Düsseldorfer Kunsthalle endet die große Bernsteinschau »Das deutsche Gold« (Beginn 29. 4.).

In Rom trennen sich die Fußball-Nationalmannschaften Italiens und Österreichs in einem Länderspiel 2 : 2 unentschieden.

Der deutsche Automobil-Rennfahrer Rudolf Caracciola gewinnt auf Mercedes-Benz den Großen Preis von Tunis in Nordafrika auf dem Rundkurs von Karthago.

In Mailand wird die erste Etappe des Giro d'Italia, der 24. Italien-Rundfahrt für Radrennfahrer, gestartet.→ S. 96

18. Mai, Montag

Aus der letzten Volkszählung (16. 6. 1933) geht hervor, daß im Deutschen Reich 11,5 Millionen Frauen berufstätig sind; allein in der Landwirtschaft sind 4,1 Millionen Frauen beschäftigt.→ S. 86

Der bolivianische Präsident José Luis Tejada Sorzano wird durch einen unblutigen Militärputsch zum Rücktritt gezwungen. Als Grund für den Putsch wird die schwierige wirtschaftliche Lage und die Rückstellung einer grundlegenden Agrarreform angesehen. Neuer Präsident wird Oberst José David Toro.

19. Mai, Dienstag

Anläßlich der offiziellen Siegesfeiern für den Abessinienfeldzug beschließt das faschistische Parteidirektorium in Rom, daß künftig sämtliche waffenfähigen Faschisten zwischen 21 und 55 Jahren in die italienische Miliz einzutreten haben.

Die Lieblingsjacht des verstorbenen britischen Königs Georg V., die nicht mehr seetüchtig ist, wird »mit vollen Segeln und fliegenden Fahnen« an der tiefsten Stelle des Ärmelkanals versenkt.

20. Mai, Mittwoch

Der österreichische Ministerrat beschließt in Wien ein neues Gesetz über die Organisationsstruktur der »Vaterländische Front« und der ihr angeschlossenen Verbände. Die »Vaterländische Front« ist demnach »ein auf autoritärer Grundlage aufgebauter politischer Verband öffentlichen Rechtes mit eigener Rechtspersönlichkeit und der einzige Träger der politischen Willensbildung im Staate«.

Wegen der starken Zunahme schwerer Verkehrsunfälle im Deutschen Reich veröffentlicht das Reichsjustizministerium eine »Warnung an Kraftfahrzeugführer vor Alkoholmißbrauch und Führerflucht«.→ S. 87

21. Mai, Christi Himmelfahrt

Der Vollzugsausschuß der französischen Radikal-Sozialistischen Partei (Liberale) beschließt in Paris, der neu zu bildenden Volksfront-Regierung unter Léon Blum beizutreten (→ 3. 5./S. 82).

Der Führer und Reichskanzler Adolf Hitler unterstellt die Walhalla bei Regensburg seiner besonderen Obhut. Auf seine Veranlassung hin wird eine Büste des österreichischen Komponisten Anton Bruckner aufgestellt.

22. Mai, Freitag

Das Motorschiff »Ostmark« wird von der Deutschen Lufthansa nach der »Westfalen« und der »Rheinland« als dritter Flugzeugstützpunkt auf See im Südamerikaverkehr in Dienst gestellt.→ S. 90

Der Deutsche Tennismeister Gottfried von Cramm gewinnt bei den Internationalen Tennismeisterschaften von Frankreich in Paris den Einzeltitel durch einen Sieg über den Briten Fred Perry.→ S. 96

23. Mai, Sonnabend

Der niederländische Episkopat veröffentlicht eine Erklärung, wonach künftig Katholiken, die sich stark für die Nationalsozialistische Partei engagieren, nicht mehr zu den Sakramenten zugelassen werden. Der katholischen Kirche werde großer Schaden zugefügt, wenn der Nationalsozialismus im Land das Übergewicht gewinnen sollte.

Der britische Hochkommissar für Palästina hat für das erste Halbjahr 1936 4500 Zertifikate für die Einwanderung von Juden bewilligt. Hiervon sind 1200 Zertifikate für reichsdeutsche Juden bestimmt.

Aus den belgischen Parlamentswahlen gehen die Sozialisten mit 70 Sitzen als stärkste Fraktion hervor. Die neu gegründete Partei der Rexisten gewinnt auf Anhieb 26 Sitze. Ihr Programm ist antisozialistisch und antiliberal und strebt die Abschaffung des Parteienstaates und die Einführung einer ständischen Verfassung an.

24. Mai, Sonntag

Im Pariser Exil lebende deutsche Sozialisten, Kommunisten und bürgerliche Demokraten fordern in einem »Aufruf zum Handeln und Vereinigen« zur Bildung einer deutschen Volksfront auf.→ S. 83

25. Mai, Montag

Für die Hitlerjugend wird bis zum 20. April 1937 eine allgemeine Aufnahmesperre verfügt, weil das Werbeziel bereits erreicht sei.

Einer Untersuchung des deutschen Konjunkturforschungsinstituts zufolge steht einem tatsächlichen Bestand von derzeit 800 000 bis einer Million Personenwagen im Deutschen Reich eine Zahl von 1,6 Millionen potentiellen Kraftfahrzeugkäufern gegenüber.→ S. 91

Die japanische Regierung verfügt die Schließung des Tokioter Vergnügungsviertels Yoshiwara, um dem Sittenverfall zu begegnen.→ S. 89

26. Mai, Dienstag

Der österreichische Vizekanzler Eduard Baar-Baarenfels ordnet als Führer der neugeschaffenen Frontmiliz an, daß diese von den bisherigen Wehrverbänden die Aufgabe übernehmen solle, in enger Zusammenarbeit mit den anderen Waffenträgern des Staates das christliche, deutsche, ständisch-gegliederte Österreich gegen jeden Feind zu verteidigen (→ 10. 10./S. 181; 3. 11./S. 192).

Nach sechsjähriger Bauzeit wird in Österreich die Packer Höhenstraße dem Verkehr übergeben. Sie schafft eine direkte Straßenverbindung zwischen Graz und Klagenfurt.→ S. 91

In Koblenz beginnt ein Prozeß gegen mehr als 200 Franziskanermönche, denen »Sittlichkeitsverbrechen« vorgeworfen werden. Das erste Urteil lautet auf acht Jahre Zuchthaus.

In Frankfurt am Main wird die Oper »Doktor Johannes Faust« des deutschen Komponisten Hermann Reutter uraufgeführt.

27. Mai, Mittwoch

Der britische Kronrat setzt die Krönung König Eduards VIII. auf den 12. Mai 1937 fest.

Britischen Pressemeldungen zufolge soll der Buckingham-Palast und sein umfangreicher Park als Baugrundstück verkauft werden. Als Kaufpreis wird eine Summe von drei Millionen Pfund (rund 40 Millionen Reichsmark) genannt. Zum Verkauf wird es jedoch nicht kommen.

Der sowjetische Rat der Volkskommissare genehmigt einen Gesetzentwurf, der das Verbot des Schwangerschaftsabbruchs, Erschwernisse der Ehescheidung, Staatshilfen für Mütter mit acht und mehr Kindern und schärfere Vorschriften für die Alimentenzahlung vorsieht.

Die Staatspolizei der USA entlarvt eine Geheimorganisation, die den Namen »United Brotherhood of America« führt und in ihren Methoden und Zielen denen des Ku-Klux-Klan gleicht. Die rassistische Organisation bezeichnet Juden, Katholiken und Neger als ihre Hauptfeinde.

Nach mehreren internationalen Protesten ordnet der preußische Ministerpräsident Hermann Göring die Einweisung des Publizisten Carl von Ossietzky aus dem Konzentrationslager Esterwegen in ein Krankenhaus an, wo seine »Haftunfähigkeit« festgestellt wird (→ 10. 12./S. 204).

Im Rahmen der Schweizer Kunst-Festwochen in Bern wird eine umfangreiche Ferdinand-Hodler-Ausstellung gezeigt.→ S. 94

28. Mai, Donnerstag

In ihrer Pfingstdenkschrift wendet sich die Bekennende Kirche gegen den Rassenwahn und die antisemitische Politik des Nationalsozialismus (→ 22. 2./S. 34).

29. Mai, Freitag

Anläßlich der 20-Jahr-Feier der Skagerrak-Schlacht (Erfolg der deutschen Kriegsflotte gegen Großbritannien) beginnen in der Kieler Bucht umfangreiche Flottenmanöver.

In München wird eine Himalaya-Stiftung gegründet, die das Inventar der bisherigen vier deutschen Expeditionen übernimmt und für 1937 einen Versuch für den östlichen Himalaya (Gipfel Nanga Parbat und Kangchendzönga) vorbereitet.

30. Mai, Sonnabend

In Anwesenheit des Führers und Reichskanzlers Adolf Hitler wird bei Kiel zum Gedenken an die Skagerrak-Schlacht das Marine-Ehrenmal Laboe eingeweiht.

In Berlin werden die Arbeiten am »Gesamtkatalog der deutschen Bibliotheken«, kurz »Deutscher Gesamtkatalog« genannt, einer Fortsetzung und Erweiterung des »Preußischen Gesamtkatalogs«, aufgenommen.→ S. 95

In den USA wird der erste in den USA gedrehte Spielfilm des 1933 in die Vereinigten Staaten emigrierten deutschen Regisseurs Fritz Lang mit dem Titel »Fury« (Zorn) uraufgeführt.→ S. 94

31. Mai, Pfingstsonntag

Die deutsche Regierung erläßt ein Gesetz »Über die Einziehung von Erzeugnissen entarteter Kunst«.

Gestorben:

5. Wien: Marianne Hainisch (* 23. 3. 1839, Baden bei Wien), Begründerin der österreichischen Frauenbewegung.

8. München: Oswald Spengler (* 29. 5. 1880, Blankenburg), deutscher Geschichtsphilosoph.→ S. 93

14. London: Edmund Henry Hynmann Allenby (* 23. 4. 1861, Brackenhurst bei Southwell), britischer Feldmarschall, 1919–1925 Hoher Kommissar in Ägypten.

28. Paris: Louis Vivin (* 27. 7. 1861, Hadol), französischer naiver Maler.

Geboren:

9. Salford/Lancashire: Albert Finney, britischer Schauspieler.

12. Berlin: Klaus Doldinger, deutscher Musiker und Komponist.

12. Malden/Massachusetts: Frank Stella, US-amerikanischer Maler.

Titelbild der Zeitschrift »The Illustrated London News« zur Jungfernfahrt des neuen Luxusdampfers »Queen Mary« nach New York am 27. Mai 1936

THE ILLUSTRATED LONDON NEWS

The World Copyright of all the Editorial Matter, both Illustrations and Letterpress, is Strictly Reserved in Great Britain, the British Dominions and Colonies, Europe, and the United States of America.

SATURDAY, MAY 23, 1936.

THE R.M.S. "QUEEN MARY": THE GREAT BRITISH LINER READY TO MAKE HER MAIDEN VOYAGE ACROSS THE ATLANTIC.

The new giant Cunard White Star liner "Queen Mary," the pride of the British Merchant Navy, is due to leave Southampton on May 27 (Derby Day) for her maiden voyage across the Atlantic to New York, where great plans have been made for her reception. A new pier has been specially built for her accommodation, and ten to twelve tugs will be ready to help in manœuvring her into her berth, while lifts and escalators have been installed for the use of passengers, as her great height above the water-line makes the usual sloping gangways impracticable. In honour of the occasion, we devote many pages in this number to illustrations of the great ship, showing various phases of her wonderful equipment and construction, as well as her enormous dimensions and the amazing amount of her stores and provisions.

PHOTOGRAPH BY STEWART BALE, LIVERPOOL.

Klarer Wahlsieg für die Linken

3. Mai. Aus den Wahlen zur französischen Deputiertenkammer – erster Wahlgang am 26. April, Stichwahl am 3. Mai – geht die Volksfront der Sozialisten, Kommunisten und Liberalen mit 378 von insgesamt 614 Sitzen als Wahlsieger hervor.

Den größten Stimmenzuwachs (von 8% 1932 auf nunmehr 15%) verzeichnen die Kommunisten (SFIC, Section française de l'Internationale communiste; Französische Sektion der Kommunistischen Internationale), sie verfügen im neuen Parlament über 72, die unabhängigen

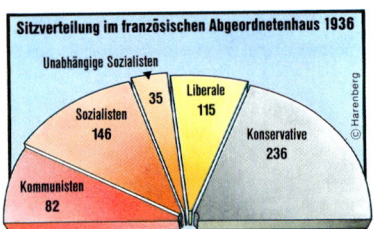

Kommunisten über 10 Sitze. Stärkste Fraktion innerhalb des Volksfront-Bündnisses sind die Sozialisten (SFIO, Section française de l'Internationale ouvrière; Französische Sektion der Arbeiter-Internationale)

mit 146 Sitzen, gefolgt von den Liberalen (Parti radical; Radikale Partei) mit 115 Sitzen. Mit der Unterstützung der Unabhängigen Sozialisten und kleinerer sozialistischer Splitterparteien, wie sie auch schon bei der Stichwahl praktiziert wurde, verfügt die Linke in der Kammer über eine ausreichende Mehrheit und kann die neue Regierung bilden.

Der starke Linksrutsch bei den Kammerwahlen ist auf die Auswirkungen der Weltwirtschaftskrise zurückzuführen. Die französischen Arbeiter und Bauern machen die bürgerliche Regierung für wachsende Arbeitslosigkeit (1936 in Frankreich 4–5%) und Lohnkürzungen infolge verringerter Arbeitsstundenzahl verantwortlich. Die Volksfront hatte ihnen in ihrem am 10. Januar 1936 veröffentlichten Wahlprogramm u. a. versprochen: Verkürzung der Arbeitswoche ohne Lohnreduktion, Annullierung der 1935 erlassenen Spardekrete zur Kürzung der Staatsausgaben, Verstaatlichung der Rüstungsindustrie. Um die Furcht vor einer sozialistischen Diktatur im Falle eines Wahlsieges der Volksfront zu vertreiben, bekannte sich die Linke in ihrem Programm zu den demokratischen Grundfreiheiten.

Sozialistenführer Léon Blum auf der Sitzung des Nationalrates der Sozialisten in Paris (10. 5. 1936)

Neue Regierung unter Sozialisten

10. Mai. Léon Blum, der Vorsitzende der sozialistischen Fraktion in der französischen Deputiertenkammer, erklärt vor dem Nationalrat seiner Partei, daß die Sozialisten nach dem Wahlsieg der Volksfront die Leitung der im Juni zu bildenden neuen französischen Regierung übernehmen werden.

Blum, der nicht nur als Politiker, sondern auch als Schriftsteller bekannt wurde, hatte 1905 großen Anteil an der Vereinigung der beiden großen sozialistischen Parteien.

Demonstration für Léon Blum, den Vorsitzenden der französischen Sozialisten und zukünftigen Ministerpräsidenten, in der Pariser Innenstadt

Volksfront mit drei Parteien

Die französische Volksfront (Front populaire) ist eine Sammelbewegung der Linken, der sich 1935 auch die französischen Liberalen (Parti radical; Radikale Partei) anschlossen. Die Volksfront entstand 1934 als Antwort der Linken auf die ökonomischen und sozialen (Lohnkürzungen, steigende Arbeitslosigkeit) sowie politischen Folgen der Weltwirtschaftskrise, insbesondere die auch in Frankreich wachsende faschistische Gefahr.

Den Anstoß zur Bildung der Volksfront gaben die von den Faschisten (Action française) verursachten blutigen Unruhen vom 6./7. Februar 1934 (29 Tote) in Paris. Eine gewaltige Gegendemonstration am 9. Februar 1934 vereinigte in Paris die seit 1920 in Sozia-

listen (SFIO, Section française de l'Internationale ouvrière; Französische Sektion der Arbeiter-Internationale) und Kommunisten (SFIC, Section française de l'Internationale communiste; Französische Sektion der Kommunistischen Internationale) gespaltene Linke unter Einfluß der kommunistischen Richtungsgewerkschaft (CGTU, Confédération générale du travail, unitaire; Allgemeiner Einheits-Gewerkschaftsbund) und dem großen sozialistischen Dachverband (CGT, Confédération générale du travail; Allgemeiner Gewerkschaftsbund).

Die Kommunistische Internationale und in ihrem Gefolge die Kommunistische Partei Frankreichs strebten angesichts des Erstarkens der faschistischen Kräfte

in Europa ein möglichst breites antifaschistisches Bündnis an. Die französischen Kommunisten verzichteten daher auf ihren gegen die Sozialisten gerichteten Vorwurf des »Sozialfaschismus« und schlossen mit der SFIO im Juli 1934 ein gemeinsames Aktionsabkommen, dem 1935 auf Drängen der Kommunisten auch die Liberalen beitraten. Nach dem Erfolg einer großen Massendemonstration in Paris am 14. Juli 1935 setzte das zu deren Vorbereitung gegründete Comité du rassemblement populaire (Komitee zur Sammlung des Volkes), dem alle drei Parteien angehörten, sein Einigungswerk fort und veröffentlichte im Januar 1936 das politische Programm der Volksfront, mit dem diese in den Wahlkampf zog.

Édouard Daladier, Führer der französischen Volksfront und ehemaliger Ministerpräsident (1934)

Großer Andrang in den Wahllokalen, die Blockbildung der Parteien treibt die Bürger an die Wahlurnen

Mehr als zehn Parteien beteiligen sich in Frankreich an den Wahlen; Pariser Bürger lesen Wahlplakate

Streik und Betriebsbesetzungen

Mai. Das Ergebnis der Wahlen zum französischen Abgeordnetenhaus spaltet das französische Volk in zwei Lager: Die Arbeiter feiern euphorisch den Wahlsieg der Volksfront, von der sie sich eine Verbesserung ihrer wirtschaftlichen Lage erhoffen. Die Anhänger der bürgerlichen, konservativen Parteien haben Angst vor sozialistischen Experimenten einer Linksregierung. Sie fürchten um ihr Hab und Gut: An der Pariser Börse werden panikartige Verkäufe verzeichnet, die Kurse fallen; eine Kapitalflucht setzt ein.

Um ihren Forderungen nach Lohnerhöhungen, der Einführung der 40-Stunden-Woche, der Gewährung von bezahltem Urlaub und nach Anerkennung der von ihnen gewählten Vertretungen in den Betrieben durch die Arbeitgeber Nachdruck zu verleihen, werden von den Arbeitern im ganzen Land Streiks ausgerufen und Betriebe besetzt. Die Volksfront hat den Arbeitern in ihrem Wahlkampfprogramm die Erfüllung der meisten dieser Forderungen versprochen. Um den Ausstand zu beenden, der Produktion und Handel nahezu zum Erliegen gebracht hat, zeigen sich einige Arbeitgeber kompromißbereit und erfüllen in Sonderabkommen die Arbeiterforderungen weitgehend, ein Präjudiz für die Volksfront-Regierung.

Tausende von Parisern warten auf die Sonderausgabe der Tageszeitung »L'Echo de Paris« mit den Ergebnissen der Parlamentswahlen

Die französischen Kommunisten lassen auch ihre Kinder für die angekündigten sozialen Reformen demonstrieren

Linkes Kabinett ohne Kommunisten

Maurice Thorez

8. Mai. Der Generalsekretär der Kommunistischen Partei Frankreichs, Maurice Thorez, gibt in Paris die Erklärung ab, daß sich seine Partei, die SFIC (Section française de l'Internationale communiste; Französische Sektion der Kommunistischen Internationale), nicht an einer Volksfront-Regierung beteiligen werde, daß die SFIC eine solche Regierung jedoch unterstützen und deren politische Stabilität sichern werde.

Mit dem Verzicht der Kommunisten ist der Plan der Sozialisten unter Léon Blum gescheitert, möglichst alle Parteien der Volksfront bei der Regierungsbildung heranzuziehen. Die Liberalen (Parti radical; Radikale Partei) wollen dagegen der Linksregierung beitreten.

Lutetia-Kreis für Volksfrontbildung

24. Mai. Der im Pariser Hotel Lutetia tagende Lutetia-Kreis, in dem sich seit September 1935 emigrierte deutsche Sozialisten, Kommunisten und bürgerliche Demokraten um die Bildung einer deutschen Volksfront im Kampf gegen das nationalsozialistische Regime im Deutschen Reich bemühen, wendet sich mit einem Aufruf »Seit einig, einig gegen Hitler« an alle Deutschen.

Der Aufruf, der in der Deutschen Volkszeitung veröffentlicht wird, wendet sich gegen die Rheinlandbesetzung und fordert die Deutschen zum gemeinsamen Kampf gegen Hitler auf, um die Welt vor einem neuen Krieg zu bewahren.

Zu den Unterzeichnern zählen die Politiker Rudolf Breitscheid und Max Braun für die SPD (Sozialdemokratische Partei Deutschlands), Willy Brandt für die Sozialistische Arbeiterpartei, die Politiker Walter Ulbricht und Willi Münzenberg für die KPD (Kommunistische Partei Deutschlands) sowie die Schriftsteller Heinrich Mann, Lion Feuchtwanger und Ernst Toller.

Parade der siegreichen italienischen Truppen in der abessinischen Hauptstadt Addis Abeba am 5. Mai 1936

Mussolini annektiert Abessinien

5. Mai. Nach dem Einzug der siegreichen italienischen Truppen in die abessinische Hauptstadt Addis Abeba erklärt der italienische Ministerpräsident und Duce, Benito Mussolini, in Rom den Krieg gegen Abessinien (Äthiopien) für beendet und verkündet unter dem brausenden Jubel von 100 000 auf der Piazza Venezia versammelten Anhängern die Annexion des feindlichen Landes: »Abessinien ist italienisch.«

Italien habe, so der Duce weiter, in seiner ruhmreichen Geschichte viele denkwürdige Stunden erlebt, doch die heutige sei eine der feierlichsten. Er habe am 2. Oktober 1935 versprochen, alles zu tun, damit sich der abessinische Konflikt nicht zu einem Weltkonflikt ausweiten könne. Er habe sein Versprechen gehalten. Italien sei zum Frieden mit seinen europäischen Nachbarn bereit, doch werde es seinen »Sieg mit der gleichen Unerschrockenheit und unerbittlichen Bestimmtheit« verteidigen, wie es ihn errungen habe.

Während in Rom der Sieg bis nach Mitternacht auf den Straßen gefeiert wird, beginnen die rund 30 000 Soldaten der italienischen Besatzungsarmee in Addis Abeba mit ersten Reorganisationsmaßnahmen und Aufräumarbeiten. Die von rund 150 000 Menschen bewohnte größte Stadt Ostafrikas, deren Flächenausdehnung etwa der von Paris entspricht, hatte in den drei Tagen vor dem italienischen Einmarsch, nach der Flucht von Kaiser Haile Selassie I., unter zahlreichen Plünderungen zu leiden, für die Räuberbanden verantwortlich gemacht werden. Die italienische Polizei geht daran, die Stadt rücksichtslos von allen Abessiniern zu säubern, die ihr in moralischer oder politischer Hinsicht verdächtig erscheinen. Das Standrecht wird verhängt und die Ablieferung aller Waffen angeordnet.

In dem siebenmonatigen Abessinienfeldzug hat Italien Truppen in einer Gesamtzahl von etwa 450 000 Mann eingesetzt, zu denen noch rund 100 000 Arbeiter hinzuzurechnen sind. An der abessinischen Nordfront kämpften fünf Armeekorps mit 16½ Divisionen, an der Südfront standen 6½ Divisionen. Die italienischen Angriffe wurden von der eigenen Luftwaffe (u. a. mit dreimotorigen Bombermaschinen) unterstützt.

Mit der Eroberung Abessiniens ist Italien in die Reihe der großen Kolonialmächte eingetreten. Auf seinem 1,73 Millionen km² großen Kolonialgebiet leben 12 bis 13 Millionen Menschen.

Der italienische Ministerpräsident und Duce Benito Mussolini auf einem neuen Traktor der Automobilfirma Fiat; Traum vom heroischen Imperator in einem italienischen Imperium von der Größe des alten Römerreiches

Italien errichtet neues Imperium

9. Mai. Der faschistische Großrat und der italienische Ministerrat beschließen in Rom ein Gesetz, wonach Abessinien (Äthiopien) unter die »vollständige Souveränität des italienischen Königreiches« gestellt wird und der König von Italien, Viktor Emanuel III., für sich und seine Nachfolger den Titel eines Kaisers von Abessinien annimmt.

Der italienische Ministerpräsident und Duce, Benito Mussolini, betont bei der Bekanntgabe des Gesetzes an das italienische Volk, daß Italien nun endlich sein Imperium habe, und zwar ein faschistisches Imperium. Abessinien werde von einem Generalgouverneur verwaltet, der den Titel Vizekönig führe. König Viktor Emanuel III. habe bereits den Marschall Pietro Badoglio (der den Abessinienfeldzug geleitet hatte) zum ersten Generalgouverneur von Abessinien ernannt.

Nachdem Mussolini seine Rede beendet hatte, versammelt sich eine große Menschenmenge vor dem römischen Königspalast, um dem neuen Kaiser des neuen italienischen Imperiums zu huldigen.

Der Duce war bereits am 7. Mai von König Viktor Emanuel III. in einer Privataudienz für seine Erfolge im Abessinienfeldzug mit der Verleihung des Großkreuzes des Militärordens von Savoyen belohnt worden, der höchsten militärischen Auszeichnung Italiens.

Ministerpräsident und Duce Benito Mussolini (r.) während der Sitzung des Ministerrates in Rom

Abessiniens Kaiser auf der Flucht

2. Mai. In den frühen Morgenstunden flieht Kaiser Haile Selassie I. mit seiner achtköpfigen Familie (darunter die Kaiserin Woizero Menen und der Thronfolger Asfa Wossen) und 45 hohen abessinischen Würdenträgern aus der Hauptstadt Addis Abeba, um sich einer Gefangennahme durch die immer näherrückenden, überlegenen italienischen Truppen zu entziehen. Haile Selassie I. und sein Gefolge besteigen einen Sonderzug, mit dem sie am 3. Mai um 14.15 Uhr ohne einen Zwischenfall im rund 780 km entfernten Dschibuti in Französisch-Somaliland eintreffen. Eine Kompanie Soldaten aus dem Senegal stellt die Ehrenwache für den Kaiser, der im französischen Regierungsge-

Der Goldschatz des abessinischen Kaisers, Haile Selassie I., wird im Hafen von Haifa von Bord des britischen Kreuzers »Enterprise« gebracht

Kaiser Haile Selassie I. von Abessinien (Äthiopien) wurde am 23. Juli 1892 in Edscharsa Gora in der Provinz Harärge als Täfäri Mäkwännen, zweiter Sohn des Fürsten Makonnen, geboren.

Bereits mit 14 Jahren wurde er von seinem Großonkel, dem abessinischen Kaiser Menelik II., zum Gouverneur der Provinz Garo Mulita ernannt; 1908 wurde ihm die Verwaltung der Provinz Sidamo, 1910 die von Harärge übertragen.

Unter Kaiserin Zäuditu, die nach dem Tod ihres Vaters Menelik II. 1916 die Regierungsgeschäfte übernahm, wurde Täfäri Mäkwännen zum Thronfolger berufen. 1923 gelang ihm die Aufnahme Abessiniens in den Völkerbund; 1924 setzte er in seinem Land das Verbot der Sklaverei durch.

Der vertriebene Kaiser von Abessinien (Äthiopien) in Jerusalem

Der Negus von Abessinien verläßt die »Enterprise« und wird von Vertretern der britischen Mandatsbehörden in Palästina willkommen geheißen

Im Oktober 1928 ließ er sich zum Negus (König) krönen und zwang die Kaiserin zum Verzicht auf die Regierungsgeschäfte. Nach dem Tod der Kaiserin wurde er am 2. November 1930 als Haile Selassie I. (Macht der Dreifaltigkeit) zum Negusä nägäst (König der Könige, d. h. Kaiser) gekrönt. Bis zu seiner Flucht am → 2. Mai 1936 regierte er als absoluter Herrscher das Land.

bäude Unterschlupf findet. Von Dschibuti schiffen sich die Flüchtlinge am 4. Mai um 16 Uhr nach Haifa in Palästina ein, weil dieses Land außerhalb der italienischen Einflußsphäre liegt und nicht allzu weit vom abessinischen Heimatland entfernt ist. An Bord des britischen Kreuzers »Enterprise« befindet sich auch der Goldschatz des Kaisers, der in 117 Kisten verpackt ist. Als der Kaiser am 8. Mai um 10 Uhr die »Enterprise« im Hafen von Haifa verläßt, wird er von Vertretern der britischen Mandatsregierung empfangen. Noch am gleichen Tag fährt Haile Selassie mit seinen Begleitern im Zug nach Jerusalem, wo eine kleine abessinische Kolonie lebt. Im Hotel König David wird er einen Monat Logis nehmen, um anschließend nach London abzureisen (→ 30. 6./S. 107).

Ehrentribüne mit Mitgliedern der weißen Kolonie in der abessinischen Hauptstadt Addis Abeba, während einer Militärparade zu Ehren des neuen Vizekönigs von Abessinien (Äthiopien), Marschall Pietro Badoglio

Haile Selassie I. in seinem Arbeitszimmer in Jerusalem

Der Wagen des Führers Adolf Hitler (im Vordergrund) auf dem Weg zur Kundgebung im Berliner Lustgarten

Massenaufmärsche zum 1. Mai

1. Mai. Zum viertenmal wird im Deutschen Reich der 1. Mai als »Tag der nationalen Arbeit« gefeiert, der zugleich auch ein Tag der Lebensfreude und der deutschen Volksgemeinschaft sein soll.

In den Städten des Reiches paradieren Verbände der NSDAP durch die mit Maibäumen geschmückten Straßen. Überall werden Massenkundgebungen abgehalten, die größten in Berlin, wo im Lustgarten Reichspropagandaminister Joseph Goebbels und der Führer und Reichskanzler Adolf Hitler sprechen. Hitler unterstreicht in seiner Rede erneut die deutsche Friedensbereitschaft, das Reich habe seit seiner Regierungsübernahme keiner anderen Nation ein Leid zugefügt.

In ganz Spanien hat die Volksfront Massenaufmärsche und Kundgebungen zum 1. Mai organisiert. Allein in Madrid ziehen 250 000 Anhänger der Linken, die Internationale singend, Hochrufe auf die Sowjetunion ausstoßend, in einem Meer von roten Fahnen durch die Stadt. Während es in der spanischen Hauptstadt zu keinerlei Zwischenfällen kommt, werden aus der Provinz blutige Unruhen gemeldet.

Trotz des von den sozialistischen Gewerkschaften ausgerufenen Generalstreiks verlaufen die Demonstrationen in Frankreich, wo im Jahr 1890 der 1. Mai erstmals als sozialistischer Feiertag begangen wurde, ruhig und störungsfrei.

Maiansprache von Führer und Reichskanzler Adolf Hitler im Berliner Lustgarten, oben der 3 t schwere Maikranz, der in 30 m Höhe aufgehängt ist

»Rechtsbewahrer« statt Juristen

16. Mai. In der Eröffnungsrede des Deutschen Juristentages in Leipzig weist Reichsjuristenführer Hans Frank darauf hin, daß es im Deutschen Reich keine Gewaltenteilung im alten Sinn mehr gebe. Die einzige Macht im Staate sei die des Führers und Reichskanzlers Adolf Hitler.

Der deutsche Richter müsse, um echter Volksrichter zu sein, nicht enger Jurist, sondern in erster Linie Mensch und Volksgenosse sein. Im Reich werde es daher künftig keine einer streng formalen rechtlichen Ordnung unterworfenen Juristen mehr geben, sondern nur noch »Rechtsbewahrer«, die ihren Richterspruch frei gestalten könnten.

»Mein Kampf« für alle Brautpaare

1. Mai. Vom heutigen Tag an erhalten alle Brautpaare im Deutschen Reich bei der standesamtlichen Trauung das von Adolf Hitler, dem Führer und Reichskanzler, zwischen 1924 und 1926 geschriebene Buch »Mein Kampf« als Traugabe.

Hitler versuchte in »Mein Kampf« die nationalsozialistische Weltanschauung zu formulieren. Das Werk ist daher als politische Programmschrift zu bezeichnen. Alle Elemente der nationalsozialistischen Ideologie, wie Judenhaß, Antimarxismus und Kriegsabsichten zur Raumgewinnung für das deutsche Volk, sind in dem Buch enthalten.

Über 11 Millionen Frauen berufstätig

18. Mai. Im Deutschen Reich sind 11,5 Millionen Frauen berufstätig, dies geht aus der nun abgeschlossenen Auswertung der letzten Volkszählung (16. 6. 1933) hervor.

Die meisten Frauen (4,15 Millionen) sind danach in der Landwirtschaft beschäftigt. Auch in der Berufsgruppe Häusliche Dienste sind sie mit 1,25 Millionen Beschäftigten sehr stark vertreten. In der Bekleidungsindustrie arbeiten rund 782 000 Frauen. Rund 932 000 Frauen haben sich beruflich selbständig gemacht.

Deutsche Flugzeuge fallen auf

17. Mai. Auf der von König Gustav V. Adolf von Schweden eröffneten internationalen Luftfahrtausstellung in Stockholm steht die deutsche Abteilung im Mittelpunkt des Interesses. 13 Nationen sind auf der Ausstellung vertreten; aber die deutsche Abteilung ist so groß wie die aller übrigen Staaten zusammen. Auf 2000 m² sind sieben fertigmontierte Flugzeuge aufgestellt.

Geparkte Flugzeuge auf dem Flughafen Berlin - Tempelhof; im Vordergrund eine Junkers Ju 86. Mit diesem neuen Verkehrsflugzeug, das zehn Passagieren Platz bietet, baut Junkers nach der berühmten Ju 52/3 von 1932 wieder eine erfolgreiche Maschine.
50 zivile Ju 86 kann das Dessauer Unternehmen Junkers ausliefern.

Star der Luftfahrtausstellung ist die von den Junkers-Werken gebaute JU 86, das erste serienmäßig mit Dieselmotoren ausgestattete Verkehrsflugzeug, das allerdings auch als mittlerer Bomber eingesetzt werden kann. Die JU 86 hat eine Höchstgeschwindigkeit von 365 km/h.

Auch das Modell des Dornier-Riesenflugzeuges DO 20, das im Transozeanverkehr eingesetzt werden soll, erregt großes Aufsehen. Die DO 20 kann bei einer Reisegeschwindigkeit von 250 bis 300 km/h ohne Zwischenlandung eine Flugstrecke von 4000 bis 5000 km zurücklegen.

Die deutsche Abteilung soll nach Angaben der ausstellenden Verbände und Firmen, an ihrer Spitze die Deutsche Lufthansa und Siemens, den hohen Standard der deutschen Industrie dokumentieren.

Auslandsschulden erheblich gesunken

2. Mai. Der Direktor der Reichsbank, Rudolf Eicke, gibt die Höhe der deutschen Auslandsschulden mit 13 Milliarden Reichsmark (RM) an. Seit Mitte 1930, als die deutsche Auslandsverschuldung 26,8 Milliarden RM betrug, konnte der Schuldenberg durch Rückzahlungen (zehn Milliarden RM) und den Wertverlust ausländischer Währungen gegenüber der RM (fast vier Milliarden RM) abgebaut werden.

Von den 13 Milliarden RM Restschulden sind 6,5 Milliarden RM langfristige Schulden, 1,5 Milliarden RM kurzfristige Stillhalteschulden und 5 Milliarden RM kurzfristig zu begleichende Schulden.

Die meist im Clearingverkehr (Anrechnung auf deutsche Forderungen gegenüber anderen Staaten im Wirtschaftsverkehr) gezahlten Zinsen für die deutschen Auslandsschulden betrugen 1935 250 Millionen RM.

»Film und Foto« in der Rheinhalle

16. Mai. In der Düsseldorfer Rheinhalle wird vor 2000 geladenen Gästen die erste Filmausstellung des Dritten Reiches »Film und Foto« eröffnet (sie dauert bis 7. 6.). Die Ausstellung will einen repräsentativen Überblick über das filmische und fotografische Schaffen im Deutschen Reich geben und auch über die neuesten Druck- und Reproduktionsmethoden unterrichten.

Drei der insgesamt acht riesigen Messehallen sind dem Film vorbehalten. In der ersten wird die Entwicklung der Kinematographie dokumentiert. In der zweiten Halle gibt die Reichsparteileitung, Abteilung Film, erstmals einen Einblick in die Möglichkeiten, die der Film als Propagandainstrument bietet. Die dritte Halle ist als ein vollkommen eingerichtetes Filmatelier gestaltet, in dem täglich Filmaufnahmen gemacht werden sollen. In der vierten Halle wird Auskunft über den aktuellen Entwicklungsstand des Unterrichts- und Schmalfilms gegeben. Die Abteilung Foto ist in den Hallen fünf (Entwicklung der Fotografie) und sechs zu besichtigen, die neuen Druck- und Reproduktionstechniken in den beiden letzten Hallen.

Presseverbote nur durch Goebbels

7. Mai. In einem Schreiben an die Landesregierungen sowie die Ober- und Regierungspräsidenten erklärt Reichspropagandaminister Joseph Goebbels seine alleinige Zuständigkeit für das Aussprechen von Presseverboten. Dies gilt sowohl für im Inland als auch für im Ausland erscheinende und ins Reich eingeführte Publikationen.

Erscheinungsverbote für bestimmte Presseorgane müssen künftig bei den jeweiligen Landesstellen des Reichspropagandaministeriums beantragt werden. Die Anträge werden nach Berlin an Goebbels weitergeleitet. Außerhalb der Dienststunden der Landesstellen kann in besonders dringenden Fällen die Tag und Nacht besetzte Berliner Presseabteilung des Propagandaministeriums erreicht werden.

Englisch als erste Fremdsprache

4. Mai. Ein Erlaß des Reichsministers für Wissenschaft, Erziehung und Volksbildung, Bernhard Rust, bestimmt, daß mit Beginn des Schuljahres 1937 an allen höheren Schulen des Deutschen Reiches Englisch als erste Fremdsprache zu lehren ist. Diese Verfügung gilt auch für Gymnasien und Realgymnasien.

Nach der »Durchdringung der Erzieher mit nationalsozialistischem Geist« soll mit dem Erlaß ein erster Schritt hin zur Vereinheitlichung des höheren Schulwesens getan werden. Neben Englisch wird an den Oberschulen, der Hauptform der höheren Schulen im Reich, Latein als zweite Fremdsprache unterrichtet. Die Gymnasien dürfen weiterhin Latein und Griechisch lehren, falls im gleichen Ort genügend Oberschulen vorhanden sind.

Kraftfahrer vor Alkohol gewarnt

20. Mai. Die starke Zunahme der schweren Verkehrsunfälle in den letzten Monaten hat das Reichsjustizministerium zur Veröffentlichung einer »Warnung an Kraftfahrzeugführer vor Alkohol und Führerflucht« veranlaßt.

Folgen des Alkoholgenusses beim Autofahrer seien u. a. Beeinträchtigung der sonst angewandten Vorsicht einerseits, plötzliche Erschlaffung, schnelle Ermüdung, langsames Reagieren in der Schrecksekunde und Bewußtseinsstörungen andererseits. Stets werde sich auch geringer Alkoholgenuß stark verschärfend auf das Strafmaß auswirken, wenn ein Fahrer nach einem Unfall vor Gericht erscheinen müsse. Die Führerflucht werde auch vom »gesunden Volksempfinden« als ehrlos angesehen.

Gesundheit/Medizin 1936:

Genügend Ärzte im Reich

Im Deutschen Reich gibt es 48 000 Ärzte (darunter 3 312 Ärztinnen), die sich um die medizinische Versorgung der Bevölkerung kümmern. Trotz der im Vergleich zum Vorjahr nahezu konstant gebliebenen Zahl von Ärzten ist infolge der zunehmenden Verdrängung hochqualifizierter jüdischer Ärzte aus ihrem Beruf ein Absinken des Pflege- und Behandlungsniveaus im öffentlichen Gesundheitswesen festzustellen.

In den 4792 deutschen Krankenhäusern stehen zur stationären Behandlung der Patienten 614 888 Betten zur Verfügung. Rund fünf Millionen Deutsche werden im Jahr 1936 ins Krankenhaus eingewiesen. Die rund 19,5 Millionen Mitglieder der gesetzlichen Krankenversicherung zahlen 1936 einen durchschnittlichen Jahresbeitrag von 66,41 Reichsmark (RM).

Träger der privaten Wohlfahrtspflege ist die Anfang 1934 gegründete nationalsozialistische Volkswohlfahrt. Die NS-Schwestern, NS-Volkswohlfahrt-Funktionärinnen, die sich nicht nur um die medizinische, sondern auch um die politische Betreuung der Patienten kümmern, ersetzen immer häufiger evangelische oder katholische Schwestern in den Krankenhäusern.

Gemäß dem am 14. Juli 1933 verabschiedeten »Gesetz zur Verhütung erbkranken Nachwuchses« werden 1936 im Deutschen Reich insgesamt 64 646 Zwangssterilisierungen vorgenommen. Kranke, die an angeborenem Schwachsinn, Schizophrenie, körperlicher Mißbildung oder schwerem Alkoholismus leiden, dürfen nach diesem Gesetz von den Ärzten sterilisiert werden.

Heilgymnastik für Kinder mit Schäden an der Wirbelsäule in einem deutschen Sanatorium

Bewegungsübungen für Körperbehinderte sollen in einem »Sportsanatorium« zur Heilung führen

Floßfahrt als Rehabilitationsmaßnahme für »vorübergehend Körperbeschädigte«; in den Genuß dieser Therapien kommen Behinderte mit angeborenen Schäden im Reich kaum

Sport als Gesundheitspflege wird im Deutschen Reich groß geschrieben, ein wichtiges Motiv ist die Förderung der »Kampfbereitschaft«

Chemisches Labor des Instituts für Schiffs- und Tropenkrankheiten in Hamburg, in dem auch kranke Seeleute behandelt werden

Kabinettsumbildung in Österreich

14. Mai. Der österreichische Bundeskanzler Kurt Schuschnigg stellt sein neues Kabinett vor, in dem der bisherige Vizekanzler Ernst Rüdiger Starhemberg durch Eduard Baar-Baarenfels ersetzt ist.

Schuschnigg benutzt internationale Proteste gegen ein Glückwunschtelegramm, das Starhemberg an den Duce Benito Mussolini zum italienischen Sieg in Abessinien (Äthiopien) gesandt hatte, um die Entlassung des politisch unbequemen, jede Verständigung mit dem Deutschen Reich ablehnenden Vizekanzlers durchzusetzen.

Das Ausscheiden Starhembergs aus der Regierung bedeutet gleichzeitig eine weitere Schwächung der Heimwehr (der noch immer neben der Vaterländischen Front existierenden freiwilligen österreichischen Selbstschutzverbände), deren Bundesführer Starhemberg ist. Im Kabinett sind nur noch zwei Mitglieder der Heimwehr vertreten: Eduard Baar-Baarenfels und Finanzminister Ludwig Draxler.

Zur Vereinheitlichung der politischen Führung übernimmt Schuschnigg, der auch für die auswärtigen Angelegenheiten und für die österreichische Landesverteidigung zuständig ist, von Starhemberg auch die Leitung der Vaterländischen Front, der einzigen Trägerin der politischen Willensbildung in Österreich (→ 11. 7./S. 126).

Der österreichische Bundeskanzler Kurt Schuschnigg (r.) bei der Vorstellung seines neuen Kabinetts in Wien, in Uniform Eduard Baar-Baarenfels

Goldfestung Fort Knox ist fertig

13. Mai. Im US-Bundesstaat Kentucky wird eine moderne Festung fertiggestellt, in der die gesamten Goldbestände der US-amerikanischen Notenbank im Wert von umgerechnet 15 Milliarden Reichsmark (RM) sicher vor jeder feindlichen Bedrohung und jedem räuberischen Anschlag aufbewahrt werden sollen: Fort Knox.

Ein 6 m tiefer Graben, der im Fall der Gefahr sekundenschnell mit Wasser gefüllt werden kann, umgibt die gesamte Anlage. Ein zahlenmäßig starker Sicherungsdienst mit Artillerie und Kavallerie ist für die ständige Bewachung der Festung verantwortlich.

Die ersten Goldtransporte werden in 50 Sonderzügen im Lauf der nächsten beiden Monate von New York und Philadelphia aus nach Fort Knox abgehen. Jeder Zug wird aus fünf Panzerwagen bestehen, in jedem Panzerwagen werden 1000 Goldbarren im Gesamtwert von umgerechnet 70 Millionen RM transportiert. Über den genauen Zeitpunkt der Goldtransporte wird strengstes Stillschweigen gewahrt.

Luftaufnahme der US-amerikanischen Goldfestung Fort Knox im Bundesstaat Kentucky; das Gebäude aus Beton und Stahl ist an einen Hügel angelehnt und zum Teil in ihn hineingegraben, außen der Wassergraben

Scheidungen im Deutschen Reich

2. Mai. Nach Angaben des Statistischen Reichsamtes werden im Deutschen Reich jährlich rund 54000 Ehen geschieden. Dabei ist in rund 25000 Fällen (46,2%) der Mann der schuldige Teil, 18232mal liegt die Schuld bei beiden Ehepartnern und nur in 10833 Fällen (20%) wird der Frau die alleinige Schuld gegeben. Häufigster Scheidungsgrund ist die »Verletzung der ehelichen Pflichten und ehrloses Verhalten« nach § 1568 des Bürgerlichen Gesetzbuches. In weitem Abstand erst folgt der Ehebruch als Scheidungsgrund. An dritter Stelle in der Liste der Scheidungsgründe steht das »böswillige« Verlassen des Ehegatten.

Amtsenthebung eines Erzbischofs

15. Mai. Der Erzbischof von Rouen, Paul de la Villerabel, der zugleich Primas der Normandie ist, wird von Papst Pius XI. wegen ständiger Streitereien mit seinem jungen Stellvertreter seines Amtes enthoben.

Der Erzbischof hatte dem Generalvikar vorgeworfen, ihm anvertraute Gelder einer kirchlichen Frauenorganisation unterschlagen zu haben, und ihn daraufhin von seinem Amt suspendiert sowie mit schweren Kirchenstrafen belegt. Die gegen diese Maßnahmen eingelegte Berufung führte nun zur Amtsenthebung des Erzbischofs.

Geishas verlassen Tokio-Yoshiwara

25. Mai. Um dem Sittenverfall entgegenzuwirken, beschließt die japanische Regierung, das Tokioter Vergnügungsviertel Yoshiwara innerhalb von drei Jahren zu schließen.

Yoshiwara ist vor allem wegen seiner Geishas weltberühmt, die sich über die Jahrhunderte aus einfachen Dirnen zu eleganten, raffinierten und kultivierten »Unterhaltungsdamen« entwickelt haben. Heute gibt es in Japan bereits Hochschulen für Geishas, wo diese vier Sprachen, japanische und europäische Tänze und das Spielen von zwei oder drei Musikinstrumenten erlernen.

Der Mensch im Jahr 5000 n. Chr.

Der britische Arzt und Naturforscher Herbert Barker versucht in seinen Veröffentlichungen ein Bild des zukünftigen Menschen zu entwerfen. Der Mensch des Jahres 5000 n. Chr. soll demnach kahlköpfig, kurzsichtig und zahnlos sein, ein Robot-Gehirn besitzen, das ganz automatisch seinen Dienst versieht, und insgesamt einen schwächlichen Körperbau haben.

Herbert Barker legt Wert auf die Feststellung, daß seine Vorhersagen über das künftige Aussehen des Menschen nicht das Ergebnis einer blühenden Phantasie, sondern Schlußfolgerungen aus langjährigen physikalischen Forschungen seien.

Der Mensch des Jahres 5000, wie Barker ihn schildert, wird nicht gerade schön sein. Die Entwicklung seiner äußeren Gestalt werde einem Motto folgen, das sich in der Natur zu allen Zeiten bewährt habe: »Das Nutzlose verschwindet.« Ebenso wie die auf Riesenbeinen und mit langen Hälsen über die Erde wandernden Saurier verschwunden seien, weil der Aufbau ihrer Körper in dem Augenblick seinen Sinn verloren habe, in dem aus unendlichen Seen, Sümpfen und Dschungeln trockenes Land entstanden sei, werde der Zukunftsmensch auf eine ganze Reihe von Kräften und Fähigkeiten, die für sein Leben in einer hochtechnisierten Welt nicht mehr notwendig sein werden, verzichten müssen.

Schon heute befreie der moderne Mensch seine Zähne von einem großen Teil ihrer natürlichen Aufgaben, indem er zerkleinerte, vielfach breiförmige, leicht verdauliche und gleichsam vorgekaute Nahrung zu sich nehme. Er verzehre Nahrungsmittel, deren chemische Substanzen die Zähne angreifen. Aus all dem müsse der Schluß gezogen werden, daß der Mensch des Jahres 5000 zahnlos sein werde.

Für seine These, der Zukunftsmensch werde kahlköpfig sein, gibt Barker folgende Erklärung: Der moderne Mensch habe durch das Tragen eines Hutes das Haar, die natürliche Kopfbedeckung, seiner wichtigsten Aufgabe, den Kopf zu wärmen, beraubt. Der Hut unterbinde die für das Wachstum des Haares nötige gesunde Luftzufuhr, was schon heute zu einer Zunahme der Kahlköpfigkeit bereits in jungen Jahren geführt habe.

Was die Kurzsichtigkeit angeht, die den Menschen im Jahr 5000 als völlig selbstverständlich erscheinen werde, so begründet Barker sie damit, daß die Kinder der Naturvölker immer gezwungen gewesen seien, ihre Augen im Freien auf der Jagd und beim Spiel zu schärfen, während die Kinder der Kulturmenschen inzwischen lernten, sich ihre Augen zu verderben, indem sie diese fast ausschließlich zur Entzifferung kleiner Druckschriften verwenden müßten und durch die von der Großstadt mit ihrem Häusermeer gezogenen Grenzen jeden Weitblick verloren hätten.

Mit der Mechanisierung des Verkehrs und der Warenbeförderung werde auch eine Veränderung des menschlichen Fußes einhergehen. Er werde nur noch eine große Zehe behalten, die ihm gleichsam als eine »Balancierstange« dienen werde, um das Gehen auf dünner und schwächer gewordenen Beinen zu erleichtern. Der Mensch des Jahres 5000 werde auch mit an Sicherheit grenzender Wahrscheinlichkeit an chronischem Sauerstoffmangel leiden, weil die Erde wegen der fortschreitenden Vernichtung der Wälder die für die menschliche Atmung notwendigen Luftbestandteile nicht mehr in ausreichendem Maße produzieren könne.

Weit schwerer als die körperliche Entwicklung ist nach Meinung Barkers die geistige Entwicklung des Zukunftsmenschen vorauszubestimmen. Es steht für ihn jedoch fest, daß der Mensch des Jahres 5000 ein Robot-Gehirn haben werde, das ganz von allein seinen Dienst versehen werde, wie ein Arbeiter, der tagaus, tagein Nieten in Stahlplatten hämmere und dabei weit weniger an das Ergebnis seines Schaffens denke als ein schöpferisch arbeitender Handwerker. Wenn diese Prognosen eintreffen sollten, so dürften die Menschen des Jahres 5000 – nach der Auffassung des britischen Naturforschers – aus gegenwärtiger Sicht wenig beneidenswerte Geschöpfe sein.

Der dritte Flugzeugträger der Deutschen Lufthansa, das Motorschiff »Ostmark«, an Deck ein Flugzeug kurz vor dem Start durch Katapult

Flugplätze im Ozean

22. Mai. Zu den von der Deutschen Lufthansa im Südamerikaverkehr als Flugzeugträger eingesetzten Motorschiffen »Westfalen« und »Rheinland« kommt als drittes Schiff die »Ostmark« hinzu. Die »Ostmark« hat am Bug ein Katapult, mit dem sie Flugzeugen zu einer Startgeschwindigkeit von 150 km/h verhelfen kann. Durch den Katapultstart wird der übliche hohe Treibstoffverlust vermieden.

Das bei seinem Aufenthalt auf der »Ostmark« aufgetankte Flugzeug ist in der Luft; das Katapult kann Flugzeuge bis 15 t Gewicht starten

Rekord der Borsig-Lok

11. Mai. Die von Borsig in Berlin gebaute stromlinienverkleidete Dreizylinder-Dampflokomotive der Baureihe 05 stellt bei einer Testfahrt zur Messung der Bremswerte bei Geschwindigkeiten über 180 km/h auf der Strecke Berlin–Hamburg (genau beim Bahnhof Zernitz) mit 200,4 km/h einen neuen Geschwindigkeits-Weltrekord auf.

Die Deutsche Reichsbahn hatte den Bau dieser neuen Schnellfahrlokomotiven in Auftrag gegeben, um sich der größer werdenden Konkurrenz seitens der Straße besser erwehren zu können (→ 25. 2./S. 38).

Autobestand im Deutschen Reich

25. Mai. Das deutsche Konjunkturforschungsinstitut legt einen Untersuchungsbericht vor, demzufolge der Verkauf von Kraftfahrzeugen im Reich noch deutlich gesteigert werden kann.

Bei den derzeitigen Wirtschaftsverhältnissen und Autopreisen stehe einem tatsächlichen Bestand von 800 000 bis einer Million Personenwagen im Deutschen Reich eine Gesamtzahl von 1,6 Millionen Erwerbstätigen gegenüber, die sich den Kauf eines Kraftfahrzeuges finanziell leisten können, sich bisher jedoch aus den verschiedensten Gründen zurückgehalten haben. Das Institut weist darauf hin, daß es seiner Untersuchung nicht nur die Einkommensverhältnisse zugrunde gelegt habe, die für sich allein genommen ein schiefes Bild ergeben würden, sondern auch die Ergebnisse der Berufs- und Betriebszählung berücksichtigt habe.

Im ersten Halbjahr 1936 werden im Deutschen Reich 108 260 Personenkraftwagen neu zugelassen.

Umtauschaktion für Radiogeräte

1. Mai. Um den Kauf neuer Radioapparate, vor allem des »Volkscmpfängers« VE 301, im Olympiajahr besonders zu fördern, beginnt im Deutschen Reich (bis einschließlich 30. 6.) eine »Umtauschaktion für Rundfunkgeräte«.

Jeder der inzwischen über 7,5 Millionen deutschen Rundfunkteilnehmer, der ein Radiogerät besitzt, das vor dem 31. Juli 1931 auf den Markt gebracht wurde, kann dieses bei einer in Berlin eingerichteten Sammelstelle gegen einen Gutschein eintauschen. Dieser Gutschein wird vom örtlichen Einzelhändler beim Erwerb eines neuen Radiogerätes auf den Kaufpreis angerechnet.

Der »Volksempfänger« VE 301 wird seit 1933 produziert. Er wurde im Auftrag des Reichspropagandaministeriums »zur Erinnerung an die Volkserhebung am 30. Januar 1933« (dem Tag der nationalsozialistischen Machtergreifung) von Otto Griesing entworfen und von Gustav Leithäuser gebaut. Mit Antenne kostet der »Volksempfänger« 76 Reichsmark.

Der US-amerikanische »Vogelmensch«, Clem Sohn; in Zukunft hofft er bei seinen Flügen auf den schweren Fallschirm verzichten zu können

Vogelmensch mit Metallschwingen

4. Mai. Clem Sohn, der berühmte »Vogelmensch« aus den USA, trifft im südenglischen Hafen Plymouth ein, wo er mit seinen selbst konstruierten Metallschwingen einige Flugvorführungen machen und Vorträge über seine Theorie des menschlichen Vogelfluges halten will.

In den letzten fünf Jahren hat Sohn bereits 100 erfolgreiche Flüge absolviert, meist über eine Strecke von einer Meile. Sein Rekord steht auf fünf Meilen. Sohn läßt sich von einem Flugzeug in eine Höhe von rund 3 000 m bringen und springt dann mit seinen an den Hüften befestigten Schwingen aus Metallstreben, die mit Tuch überspannt sind, ab. Mit Hilfe einer »Steuerflosse« kann er die Flugrichtung bestimmen. Wenn er von seinem Flug ermüdet ist, läßt er sich bis auf eine Höhe von 300 m absinken und setzt mit einem Fallschirm zur Landung an.

Packer Höhenstraße ist eröffnet

26. Mai. Nach einer Bauzeit von rund sechs Jahren wird in Österreich die 80 km lange, die Hauptstädte der Steiermark (Graz) und Kärntens (Klagenfurt) verbindende Packer Höhenstraße vom österreichischen Bundespräsidenten Wilhelm Miklas feierlich eröffnet. Die eigentliche Packstraße, die vom Ende des Kärntner Lavanttals (Twimberger Graben) bis zum Steirischen Braunkohlengebiet von Köflach-Voitsberg führt, weist zahlreiche Kehren sowie eine mittelmäßige Steigung bis zu 10% auf. Der Bau der ganzjährig befahrbaren Straße wurde wegen der durch die neue Grenzziehung gegen Jugoslawien seit 1919 unterbrochenen Bahnverbindung zwischen Graz und Klagenfurt nötig.

Teilnehmer eines Automobilrennens für Tourenwagen von Innsbruck über Klagenfurt nach Graz

Urlaub und Reisen 1936:

Urlaubsfreuden im eigenen Land

Dank der zahlreichen Vergünstigungen, die von der Deutschen Reichsbahn gewährt werden, und nicht zuletzt dank der emsigen Bemühungen der nationalsozialistischen Gemeinschaft »Kraft durch Freude« (KdF), des von staatlicher Seite mit großen finanziellen Mitteln unterstützten NS-Reiseunternehmens, können sich immer mehr Deutsche eine Urlaubsreise leisten. Der jedem Deutschen zustehende Urlaub beträgt sechs bis zwölf Tage.

Auslandsreisen – vorzugsweise in befreundete Länder wie Italien – werden vom NS-Regime durchaus noch geduldet. Doch die oberste Maxime lautet: »Deutscher, reise in Deutschland!« 10 000 deutsche Fremdenverkehrsgemeinden und 24 Landesfremdenverkehrsverbände sind in dem am 26. März 1936 gegründeten Reichsfremdenverkehrsverband zusammengeschlossen, der ein preiswertes Reisen im Deutschen Reich ermöglichen soll.

Die Reichsbahn bietet den Ferienreisenden zahlreiche Fahrpreisermäßigungen. Am meisten gefragt ist die Urlaubskarte, eine Rückfahrkarte mit zweimonatiger Gültigkeitsdauer, die Ermäßigungen von 20% und mehr gewährt, steigend mit der zurückgelegten Fahrtstrecke (Mindestentfernung 200 km). Für Feriensonderzüge wird in diesem Jahr ein Preisnachlaß von 40%, für Reisen nach Ostpreußen sogar 60% gewährt. Auch für Gruppenreisen (je nach Teilnehmerzahl 33,3–50%), Schulfahrten (50%) und für kinderreiche Familien sind Vergünstigungen festgesetzt.

Mit der KdF verreisen pro Jahr acht bis neun Millionen Deutsche, deren monatliches Einkommen nicht mehr als 250 Reichsmark (RM) betragen darf. Die KdF-Angebote, ob Kreuzfahrt (14 Tage für 100 RM), Schiffsreise nach Madeira (14 Tage ab 285 RM) oder Erholung im KdF-Seebad Rügen (acht Tage für 32 RM), sind staatlich subventioniert. Es sind nicht nur Urlaubs-, sondern auch Propagandareisen.

Europäisches Luftverkehrsnetz 1936

Von der deutschen Lufthansa und ausländischen Gesellschaften angeflogene Städte

Luftverkehrsnetz der wichtigsten europäischen Flugverbindungen

Tanzveranstaltung der NSDAP-Organisation »Kraft durch Freude«, Geselligkeit mit Propaganda vermischt

Der Urlaub mit einem Wohnwagen gewinnt immer mehr Freunde unter denen, die es sich leisten können; ein neues, stromlinienförmiges Modell

Zu den populärsten Reisezielen gehört die norddeutsche Küste

Filmpreis 1935/36 für »Traumulus«

1. Mai. Auf der Festsitzung der Reichskulturkammer wird der deutsche Regisseur Carl Froelich für seinen Film »Traumulus« von Reichspropagandaminister Joseph Goebbels mit dem Nationalen Filmpreis 1935/36 ausgezeichnet; der Nationale Buchpreis wird an den Dichter Gerhard Schumann für seinen Gedichtband »Wir aber sind das Korn« verliehen.

Schumann trat 1930 in die NSDAP, wurde Mitglied der SA und des NS-Deutschen Studentenbundes. 1933 begann er eine steile Karriere im nationalsozialistischen Kulturbetrieb. 1936 ist er bereits – als 25jähriger – Reichskultursenator und Mitglied des Präsidialrates der Reichsschrifttumskammer.

Carl Froelich erhält nach Gustav Ucicky (1933/34 für »Flüchtlinge«) und Leni Riefenstahl (1934/35 für »Triumph des Willens«) als dritter deutscher Regisseur den seit 1934 verliehenen Filmpreis, eine Goldschmiedearbeit. Froelichs Film zeigt das Scheitern eines Studiendirektors (Professor Niemeyer, gespielt von Emil Jannings), der in einer Welt des Humanismus lebt, jeden Bezug zur Wirklichkeit verloren hat und daher von seinen Schülern »Traumulus« genannt wird. Der Film endet mit einem Ausblick auf die neue ideale Jugend.

Der deutsche Filmregisseur Carl Froelich bei den Dreharbeiten zu seinem von den Nationalsozialisten preisgekrönten Spielfilm »Traumulus«

Tod Oswald Spenglers

8. Mai. In München stirbt im Alter von 56 Jahren der deutsche Geschichtsphilosoph Oswald Spengler, der durch sein Hauptwerk »Der Untergang des Abendlandes« (zwei Bände, 1918 und 1922 erschienen) weltberühmt wurde.

Spenglers Geschichtsbild, wie es in seinem Hauptwerk zum Ausdruck kommt, liegt die sog. Kulturzyklentheorie zugrunde. Allen historischen Kulturen ist demnach ein festes Entwicklungsschema vorgegeben: Blüte, Reife, Verfall. Spengler zählt acht unabhängige, »seelisch« voneinander völlig verschiedene Weltkulturen auf, die bisher in der Geschichte aufeinanderfolgten. Die gegenwärtige westliche (»faustische«) Kultur habe ihren Höhepunkt bereits überschritten und sei in das Verfallsstadium eingetreten. Mit

dieser Geschichtsdeutung erregte Spengler gerade in der Umbruchszeit nach dem Weltkrieg international großes Aufsehen. Sie schien eine Erklärung für die Probleme der Nachkriegsjahre zu liefern.

Spenglers Abneigung gegenüber der bürgerlich-liberalen Demokratie führte ihn in den 20er Jahren in gefährliche Nähe zu faschistischen Vorstellungen von Führung und Geführtwerden. Preußentum und Sozialismus (so auch der Titel eines 1920 veröffentlichten Buches) sollten die Weltgeschichte diktatorisch lenken. Als Menschen der Zukunft sah Spengler »eine Menschenmasse von ungeheurem Ausmaß, die von der Maschinentechnik gezüchtet ist, für sie arbeitet und von ihr lebt«, bis dahin gelte es, auf dem verlorenen Posten auszuharren.

Oswald Spengler, Geschichtsphilosoph, in »Jahre der Entscheidung« (1933) kritisierte er das NS-Regime

Sigmund Freuds 80. Geburtstag

6. Mai. Sigmund Freud, der Begründer der Psychoanalyse, feiert in Wien seinen 80. Geburtstag. Die von Thomas Mann auf den Jubilar gehaltene Festrede, »Sigmund Freud und die Zukunft«, wird vom Wiener Bermann-Fischer Verlag veröffentlicht.

Nach Abschluß seiner medizinischen Ausbildung 1881 beschäftigte sich Freud zunächst mit hirnanatomischen Forschungen. 1885 entdeckte er als erster die schmerzbetäubende Wirkung des Kokain. Noch im gleichen Jahr begann er in der Pariser Salpêtrière bei Jean Marie Charcot

Sigmund Freud

mit dem Studium seelischer Erkrankungen ohne organischen Befund, den Hysterien, und versuchte sie durch Hypnose und Suggestion zu behandeln. 1886 kehrte Freud nach Wien zurück und eröffnete eine psychiatrische Praxis.

Neben Hypnose und Suggestion verwandte Freud zur Heilung von Neurosen und Hysterien zunehmend neue Methoden. Mit Hilfe der Traumdeutung, der Analyse von Fehlleistungen und von »freien Assoziationen« (alles, was eine Person spontan oder auf ein vorgegebenes Stichwort äußert) versuchte er die Hintergründe des menschlichen Verhaltens aufzudecken. Aus den hieraus gewonnenen Erkenntnissen von den menschlichen Trieben und dem Unbewußten entstand Freuds Theorie von der Entstehung der Neurosen, die er hauptsächlich aus Störungen der Sexualität erklärte. Neben dem Geschlechtstrieb (Libido) sah Freud vor allem den Todes- oder Destruktionstrieb als Hauptantrieb menschlichen Verhaltens an.

Freud hat in seinem langen Leben zahlreiche psychoanalytische Fachbücher geschrieben. Zu den wichtigsten zählen die 1895 (zusammen mit Josef Breuer) veröffentlichten »Studien über Hysterie«, die 1900 erschienene »Traumdeutung« und die »Vorlesungen zur Einführung in die Psychoanalyse« (1917).

»Der Genfer See« (Gemälde des schweizerischen Malers Ferdinand Hodler, gemalt um 1905; heute in der Neuen Staatsgalerie in München)

Hodler-Ausstellung in Bern

27. Mai. Die im Rahmen der Schweizer Kunst-Festwochen in Bern gezeigte Ferdinand-Hodler-Ausstellung gibt mit ihren 168 Werken, die das Schaffen des Schweizer Malers von Beginn der 90er Jahre des 19. Jahrhunderts bis zu seinem Tod im Jahr 1918 dokumentieren, einen umfassenden Überblick über die künstlerisch bedeutsamste Lebensphase Hodlers.

Mit dem 1890 gemalten Bild »Die Nacht« gelang dem in Genf lebenden Hodler die Überwindung des Naturalismus und die Hinwendung zu einem strengen, durch klare Farben und Formen bestimmten Symbolismus. Zu den berühmtesten Gemälden des Künstlers zählt die zwischen 1891 und 1895 entstandene Trilogie »Die Lebensmüden«, »Die Enttäuschten« und »Eurythmie«.

»Student« (1874; Zürich)

Fritz Langs erster USA-Film »Fury«

30. Mai. Der erste in den USA gedrehte Film des 1933 aus dem Deutschen Reich emigrierten Filmregisseurs Fritz Lang, »Fury« (Zorn), wird in den Vereinigten Staaten uraufgeführt. Die Hauptrollen spielen Spencer Tracy und Sylvia Sidney. Lang befaßt sich in »Fury« mit dem Problem der Lynchjustiz und entwickelt daraus sowohl eine Analyse der irrationalen Massenpsyche als auch der kalkulierten persönlichen Rache. Der Film zeigt, wie ganz normale Bürger zu einem Mob werden und sich zur Befriedigung von Rachegelüsten der Gewalt bedienen.

Spencer Tracy in der Hauptrolle des US-amerikanischen Spielfilms »Fury« (Zorn) von Fritz Lang; aus braven Bürgern werden grausame Rächer

Erste Hauptrolle für Curd Jürgens

14. Mai. In Berlin hat der von Regisseur Fritz Wendhausen gedrehte Film »Familienparade« Premiere, in dem Curd Jürgens seine erste Hauptrolle spielt. Die Filmmusik schrieben Will Meisel und Fritz Domina.

Curd Jürgens, der Sohn eines Hamburger Exportkaufmanns und einer Südfranzösin, hatte nach dem Besuch des Gymnasiums und einer kurzen Journalistentätigkeit bei Walter Janssen Schauspielunterricht genommen. Neben der Arbeit beim Film hat er seit Anfang 1936 sein erstes Schauspiel-Engagement am Berliner Metropoltheater.

Theater-Festwoche in München

10. Mai. In München wird die dritte Reichstheater-Festwoche eröffnet, die bis zum 17. Mai einen Überblick über den Stand der deutschen Theaterkultur geben soll.

Den eigentlichen Kern der Festspielwoche bilden drei Schauspielaufführungen. In den Münchner Kammerspielen ist Eberhard Wolfgang Möllers »Rothschild siegt bei Waterloo« in der Inszenierung von Otto Falckenberg zu sehen. Das Nationaltheater hat sich für »Thomas Paine« von Hanns Johst entschieden (Inszenierung: Jürgen Fehling); für die drei Hauptrollen wurden Lothar Müthel (Thomas Paine), Eugen Klöpfer (Washington) und Bernhard Minetti (Oberst Chabot) ausgewählt. Im Theater des Volkes (Prinzregententheater) inszeniert Peter Stanchina das Schauspiel »Marsch der Veteranen« von Friedrich Bethges; die Hauptrolle wurde Mathias Wieman übertragen.

Um diesen Kern lagern sich die Festaufführungen deutscher Opern und Operetten. Die Festwoche wird in Anwesenheit des Führers und Reichskanzlers Adolf Hitler mit Richard Wagners Frühwerk »Rienzi« eröffnet; die Spielleitung liegt in Händen von Kurt Barré, für die musikalische Leitung ist Karl Böhm verantwortlich. Im Residenztheater wird die Mozartoper »Don Giovanni« von Oskar Walleck neu inszeniert. Traditionell schließt jede Reichstheater-Festwoche mit Richard Wagners »Meistersingern« (Inszenierung: Kurt Barré).

Goebbels (r.) im Gespräch mit den Sängern L. Weber (2. v. r.) und H. H. Nissen (3. v. r.), l. Rainer Schlösser, Präsident der Reichstheaterkammer

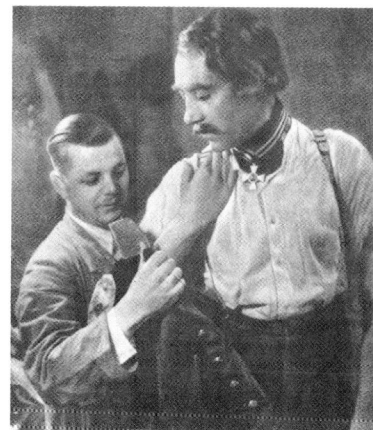

Mathias Wieman (r.) in der Garderobe, er spielt den einarmigen Kopekin in »Marsch der Veteranen«

Mathias Wieman beim Festabend der Stadt München im Alten Rathaus, Porzellanfiguren für die Gäste

Kolbe-Plastiken im Hagener Museum

5. Mai. Das Stadtmuseum Hagen zeigt in einer umfangreichen Ausstellung Werke des deutschen Bildhauers Georg Kolbe aus den letzten zehn Jahren.

Das Lieblingsthema des 59 Jahre alten, seit 1903 in Berlin lebenden Künstlers ist die Aktfigur, sowohl die weibliche als auch die männliche, die er stehend, liegend oder kniend darstellt. Doch auch meist in Bronzeguß ausgeführte Porträtbüsten sind in Hagen zu besichtigen. Kolbes Stil ist stark von dem des Franzosen Auguste Rodin beeinflußt, den Kolbe 1897 in Paris besuchte.

Gottfried Benns 50. Geburtstag

2. Mai. Der deutsche Dichter Gottfried Benn feiert in Berlin seinen 50. Geburtstag. Neben seiner schriftstellerischen Tätigkeit arbeitet der ausgebildete Facharzt für Haut- und Geschlechtskrankheiten seit 1935 als Militärarzt bei der Wehrmacht. Benns erste, z. T. noch vor Beginn des Weltkrieges geschriebenen Dichtungen (Lyrik, Novellen) waren stark vom Expressionismus beeinflußt. Sie zeigten eine Welt voll Krankheit und Verwesung (z. B. »Morgue und andere Gedichte«, 1912; »Fleisch«, 1917), eine »Ästhetik des Häßlichen«, dem Rationalen wurde das Rauschhaft-Irrationale entgegengesetzt. Als Sprachelemente verwandte er vielfach medizinische Termini und Wörter aus dem Alltagsjargon.

Dieser radikalen Umwertung des tradierten Lyrikbegriffs folgte eine Phase der philosophischen und metaphysischen Reflexion auf der Suche nach einer Lebensmöglichkeit »nach dem Nihilismus« (z. B. »Fazit der Perspektiven«, 1930; »Nach dem Nihilismus«, 1932), die er allein in der Kunst als »letzter metaphysischer Tätigkeit« sah.

Benn, der 1932 in die Preußische Akademie der Künste aufgenommen wurde, hatte sich vorübergehend für die Ideen des Nationalsozialismus eingesetzt, begann sich jedoch seit 1934 wieder von diesem abzuwenden. Im gleichen Jahr gab er seine Berliner Arztpraxis auf und wurde Militärarzt in Hannover.

Gesamtkatalog wird aufgebaut

30. Mai. Mit dem Abschluß der organisatorischen Vorarbeiten kann die Arbeit am »Gesamtkatalog der deutschen Bibliotheken«, kurz »Deutscher Gesamtkatalog« genannt, aufgenommen werden. 100 wissenschaftliche Bibliotheken des Deutschen Reiches, Österreichs und Danzigs werden dem Berliner Gesamtkatalog ihre Bestände melden, so daß etwa 35 Millionen Werke registriert werden können.

Nach dem Willen des Reichsministeriums für Wissenschaft, Erziehung und Volksbildung, Bernhard Rust, wird der »Deutsche Gesamtkatalog« den »Preußischen Gesamtkatalog« fortsetzen, dessen achter Band mit dem Ende des Buchstabens A schließt. Schon zum »Preußischen Gesamtkatalog« hatten auch die Bibliotheken Münchens und Wiens ihre Bestände gemeldet.

Die allgemeine Grenze für die Mitarbeit am »Deutschen Gesamtkatalog« wird bei einem Besitz von 100 000 Bänden gezogen; nur bei einigen wichtigen Spezialsammlungen wird eine Ausnahme gemacht. Die ungeheure Büchermasse, die sich ohne sorgfältige Kataloge nicht mehr überblicken läßt, wird durch den Gesamtkatalog erschlossen. Alle am Gesamtkatalog mitarbeitenden Bibliotheken sind dem deutschen Leihverkehr angeschlossen, der es ermöglicht, ein irgendwo nachgewiesenes Buch durch jede andere der Bibliotheken zur Benutzung zu erhalten. In den Katalog werden nur Werke aufgenommen, die vor 1930 erschienen sind.

Österreichs Elf besiegt Engländer

6. Mai. Im mit 60 000 Zuschauern ausverkauften Wiener Stadion gelingt der österreichischen Fußball-Nationalmannschaft ein überraschender 2:1-Sieg über die englische Elf. Es ist der erste österreichische Länderspielerfolg über das englische Team.

Die österreichische Mannschaft verdankt ihren Sieg vor allem einer starken Leistung in der ersten Spielhälfte, in der sie einen beruhigenden 2:0-Pausenvorsprung erzielt (Tore: Rudolf Viertl, 12. Minute; Geiter, 17. Minute). In der zweiten Halbzeit bestimmen die Engländer ganz eindeutig das Spielgeschehen. Nach dem Anschlußtreffer in der 54. Minute (Torschütze: Camsell) drängen sie auf den Ausgleich. Doch ihr et-

Der englische Torwart Frank Swift

Matthias Sindelar, der »Papierene«, Stürmerstar der Österreicher

was schablonenhaft angelegtes Spiel erleichtert der österreichischen Hintermannschaft die Rettung des knappen Vorsprunges über die restliche Spielzeit. Nach dem Schlußpfiff kennt der Jubel im Stadion keine Grenzen. Der österreichische Bundespräsident Wilhelm Miklas zählt zu den ersten, die der österreichischen Mannschaft zu ihrem stolzen Sieg gratulieren.

Die englische Fußball-Nationalmannschaft, in deren Reihen allein sechs Spieler von Pokalsieger Arsenal London stehen, stellt mit dieser Niederlage wieder einmal unter Beweis, daß sie in den letzten Jahren auf dem Festland meist wesentlich schwächer spielt als auf den Britischen Inseln, wo sie für Mannschaften vom Kontinent nahezu unschlagbar ist.

Das Mutterland des Fußballsports

Die Britischen Inseln erleben seit Mitte des 19. Jahrhunderts eine ständige Entwicklung des Fußballsports, der sich immer weiter vom Rugbyspiel entfernte. Am 26. Oktober 1863 wurde in London die englische Football Association gegründet, der erste Fußball-Verband der Welt.

Die Football Association beschloß 1871, einen nationalen Wettbewerb auszutragen, das war die Geburtsstunde des englischen Cup-Wettbewerbs, den die London Wanderers 1872 als erstes Team gewannen. Noch im gleichen Jahr standen sich in Glasgow im ersten Länderspiel der Fußball-Ge-

schichte Schottland und England gegenüber, das Spiel endete 0:0. Bis zum Jahr 1929 (4:3-Niederlage gegen Spanien) blieb das englische Nationalteam gegen Mannschaften vom Kontinent ungeschlagen.

Die legendären englischen Vereinsmannschaften wie Aston Villa, FC Everton oder Manchester United, die immer mehr Profispieler unter Vertrag nahmen, wurden alle bereits in den 70er und 80er Jahren des 19. Jahrhunderts gegründet. Der derzeit erfolgreichste Verein ist Arsenal London (Meister: 1931, 1933–1935; Cup-Sieger: 1930, 1936).

Eine Million Mark für eine Fußballelf

5. Mai. Der englische Fußball-Pokalsieger Arsenal London schätzt den Wert seiner elf Spieler (sechs gehören der englischen Nationalmannschaft an) auf umgerechnet eine Million Reichsmark (RM).

Die Diskussion um den Wert eines erstklassigen Fußballspielers wurde in England dadurch entfacht, daß Aston Villa vor der Saison 1935/36 Riesensummen zur Verstärkung seiner Mannschaft ausgegeben hatte. Während Kritiker betonen, daß ein einzelner Fußballer niemals einen Wert von 10 000 Pfund (rund 125 000 Mark) haben könne, gibt es Fußballexperten auf der Insel, die den Marktwert einzelner Spieler noch viel höher ansetzen.

Deutscher Triumph in Roland-Garros

22. Mai. Im Pariser Stadion Roland Garros beginnen die Internationalen Tennismeisterschaften von Frankreich.

Bei den Herren gewinnt der Deutsche Gottfried von Cramm durch einen Sieg nach fünf Sätzen (6:0, 2:6, 6:2, 2:6, 6:0) über den Weltranglisten-Ersten Fred Perry aus Großbritannien. Auch bei den Damen gibt es einen deutschen Erfolg durch Hilde Sperling-Krahwinkels Zwei-Satz-Sieg (6:3, 6:4) über die Französin Simone Mathieu.

Giro d'Italia in Mailand gestartet

17. Mai. Die erste Etappe des Giro d'Italia, des neben der Tour de France bedeutendsten Radrennens für Profifahrer, führt über 161 km von Mailand nach Turin. Insgesamt müssen die 89 Teilnehmer der 24. Italien-Rundfahrt 3756 km zurücklegen.

Gewinner des Giro d'Italia 1936 und zugleich erster in der Bergwertung wird der italienische Fahrer Gino Bartali. Er hatte erst 1935 eine Profilizenz erhalten und wurde noch im selben Jahr italienischer Meister. Vor seinem Sieg im Giro d'Italia gewann er 1936 bereits die Lombardei-Rundfahrt.

Schwere Ruderrennen verlangen ungewöhnliche athletische Leistungen; der neue, kraftsparende Fairbairn-Ruderstil ermöglicht es den Sportlern, über längere Zeit eine höhere Schlagzahl durchzuhalten

Schneller durch neuen Ruderstil

Schulung des Gleichgewichtsgefühls durch Gymnastik im Ruderboot

Eine Revolution des Ruderstils eröffnet dem Rudersport völlig neue Perspektiven: Nicht mehr dem kräftezehrenden Stil mit durchgedrücktem Oberkörper, sondern dem nach dem Briten Steve Fairbairn benannten Fairbairnstil (»natürliche Ruderweise«) mit lockerer Armhaltung bei ausgerundetem Oberkörper gehört die Zukunft, weil er schnellere Fahrzeiten erlaubt. Die deutschen Mannschaften haben sich erst Anfang 1936 zur Übernahme des neuen Ruderstils entschlossen.

Erster deutscher Baseball-Verein

3. Mai. Der Sportclub Charlottenburg Berlin, der als erster deutscher Sportverein den US-amerikanischen Volkssport Baseball in sein Programm aufgenommen hat, bestreitet anläßlich eines Berliner Sportfestes sein erstes Baseball-Wettspiel gegen eine US-amerikanische Studentenmannschaft.

Ein Baseball-Match bestreiten zwei Mannschaften mit jeweils neun Spielern, die sich als Schlag- oder Fangmannschaft abwechseln (insgesamt neun Durchgänge). Von der Schlagmannschaft ist zunächst nur der Schlagmann im Spiel. Die Fangmannschaft tritt dagegen mit neun Spielern an. Punkten kann nur die Schlagmannschaft. Der Werfer der Fangmannschaft versucht, den Lederball seinem Fänger so zuzuschleudern (nicht unter Knie- und nicht über Brusthöhe), daß der zwischen beiden stehende Schlagmann den Ball nicht ins Feld schlagen kann. Trifft er ihn doch, wird er zum Läufer und versucht eine Feldmarkierung zu erreichen, ohne von einem Spieler der Fangmannschaft mit dem Ball in der Hand berührt zu werden. Wenn es einem Läufer, unterstützt von maximal drei weiteren Schlagmännern, die nach erfolgreichem Schlag ihrerseits zu Läufern werden, nach dem Passieren der insgesamt drei Feldmarkierungen gelingt, an die Ausgangsposition zurückzukommen, erhält die Mannschaft einen Punkt.

Durchriß des Ruders mit gerundetem Rücken, wie es der britische Ruderlehrer Steve Fairbairn empfiehlt

Herkömmlicher Ruderstil, bei dem das Ruder mit durchgestrecktem Oberkörper zurückgerissen wird

Schlagmann bei einem Baseball-Match in den USA, unten ein Spieler der Fangmannschaft

Juni 1936

Mo	Di	Mi	Do	Fr	Sa	So
1	2	3	4	5	6	7
8	9	10	11	12	13	14
15	16	17	18	19	20	21
22	23	24	25	26	27	28
29	30					

1. Juni, Pfingstmontag

In Rom tritt der italienische Ministerrat zusammen, um das »ostafrikanische Imperium« neu zu gliedern (→ 5. 5./S. 84).

Die Deutsche Landsmannschaft, die letzte große studentische Verbindung, löst ihren aktiven Hochschulverband auf. → S. 102

In der Berliner Kroll-Oper wird der Internationale Kongreß für gewerblichen Rechtsschutz eröffnet. Der Reichsleiter des Rechtsamtes der NSDAP, Hans Frank, weist in seiner Begrüßungsrede darauf hin, daß nationalsozialistisches Recht »aus der Wesenstiefe des deutschen Volkes kommt«.

Der neue Luxusdampfer der britischen Cunard Line, die »Queen Mary«, macht auf seiner Jungfernfahrt in New York Station. → S. 110

Nach einem Erlaß der deutschen Reichsmusikkammer ist ab sofort das Führen eines ausländisch klingenden Künstlernamens verboten. Das Annehmen eines Pseudonyms muß von der Reichsmusikkammer genehmigt werden. Zuwiderhandlungen sollen mit Ordnungsstrafen, bei schwereren Fällen mit Berufsverbot geahndet werden.

2. Juni, Dienstag

Das US-amerikanische Repräsentantenhaus bewilligt für das Finanzjahr 1936/37 einen Zusatzkredit für den Wehretat von 68 Millionen Dollar. Damit steigen die Militärausgaben für 1936/37 auf 1 160 Millionen Dollar gegenüber 745 Millionen Dollar im Rechnungsjahr 1935/36.

In Nicaragua verübt die Nationalgarde einen Putsch gegen Staatspräsident Juan Bautista Sacasa. → S. 107

Im Deutschen Reich kommen neue, »fälschungssichere« Banknoten zu 100 Reichsmark zur Ausgabe. Auf dem bläulich gefärbten Papier sind der Kopf des deutschen Chemikers Justus von Liebig und das Hakenkreuz abgebildet (→ 7. 10./S. 184).

3. Juni, Mittwoch

Kaiser Haile Selassie I. von Abessinien (Äthiopien), der nach der Eroberung seines Landes durch die Italiener hat flüchten müssen, trifft in London ein (→ 30. 6./S. 107).

Eine Verordnung des deutschen Reichsernährungsministeriums bestimmt, daß ab dem 1. 9. 1936 nur noch amtlich zugelassene Hengste, Bullen und Eber für die Zucht einge-

setzt werden dürfen. Angestrebt ist eine allgemeine Verbesserung von Leistung und Rasse in der deutschen Viehwirtschaft.

4. Juni, Donnerstag

In Frankreich drohen Streiks das öffentliche Leben lahmzulegen. Die streikenden Arbeiter fordern die 40-Stunden-Woche, höhere Löhne und bessere Arbeitsbedingungen (→ 6. 6./S. 106).

Nach dem Wahlsieg der Volksfrontparteien in Frankreich vom 3. Mai tritt die neue Regierung unter Ministerpräsident Léon Blum ihr Amt an (→ 3. 5./S. 82; 6. 6./S. 106).

5. Juni, Freitag

Die Deutsche Reichspost kündigt den Bau von zwei Fernsehsendern auf dem Brocken im Harz und dem Feldberg im Taunus an. Die Anlagen sollen 1937 fertiggestellt sein. Die Sender sollen zunächst versuchsweise betrieben werden, da die Frage der endgültigen Versorgung des Deutschen Reichs mit Fernsehsendern noch nicht entschieden werden kann.

6. Juni, Sonnabend

Der neue französische Ministerpräsident Léon Blum verliest vor der Deputiertenkammer in Paris die Antrittserklärung der Volksfront-Regierung. → S. 106

Die Staatsoberhäupter der Kleinen Entente (Jugoslawien, Rumänien und Tschechoslowakei) treffen sich in Bukarest. → S. 107

Streiks spanischer Arbeiter dehnen sich über das ganze Land aus. Die Streikenden fordern bessere Lohn- und Arbeitsbedingungen und wenden sich gegen die zurückhaltende Reformpolitik der linksrepublikanischen Regierung unter Ministerpräsident Santiago Casares Quiroga.

In Köln tagt der Deutsche Reichsbund der Kinderreichen. → S. 103

7. Juni, Sonntag

Französische Arbeitgeber- und Arbeitnehmervertretungen schließen einen Vertrag, der die Situation der Arbeiter wesentlich verbessern soll (→ 6. 6./S. 106).

In der pommerschen Stadt Wangerin feiern 10 000 Mitglieder des Deutschen Reichskriegerbundes (Kyffhäuserbund) das 150jährige Bestehen der Organisation, in der rund drei Millionen ehemalige deutsche Soldaten zur militärischen Traditionspflege zusammengeschlossen sind.

In den Südstaaten der USA hat es seit neun Wochen nicht geregnet, was zu schweren Schäden in der Landwirtschaft führte. → S. 108

Bei den belgischen Provinzialratswahlen in Eupen-Malmedy erhält die nationalsozialistische Heimattreue Front die meisten Wählerstimmen. → S. 106

In Krefeld wird die Adolf-Hitler-Rheinbrücke eingeweiht. → S. 111

8. Juni, Montag

Die Bekämpfung der Arbeitslosigkeit ist zentrales Thema des Sechsten Internationalen Gemeindekongresses, der in Berlin eröffnet wird. → S. 104

In bestimmten Gewerben ist im Deutschen Reich die Einrichtung neuer oder Erweiterung bestehender Betriebe verboten. Darunter fallen z. B. Tankstellen, Reisebüros und Zementfabriken.

Die Deutsche Reichsanstalt für Arbeitsvermittlung teilt mit, daß die Zahl der Arbeitslosen im Deutschen Reich erstmals seit 1933 unter 1 500 000 gefallen ist.

Bei einer Parade der rumänischen Jugendverbände in Bukarest stürzt eine mit 3 000 Zuschauern besetzte Tribüne ein. → S. 108

9. Juni, Dienstag

Alfred M. Landon wird von der US-amerikanischen Republikanischen Partei zum Präsidentschaftskandidaten für die bevorstehenden Wahlen aufgestellt (→ 27. 6./S. 108).

In den südchinesischen Provinzen Kwangtung und Kwangsi wird die allgemeine Mobilmachung befohlen. → S. 106

In Palästina wird die arabische Arbeiterpartei von der Mandatsbehörde verboten. → S. 106

Der österreichische Bundeskanzler Kurt Schuschnigg betont während eines Wiener Bezirksappells der Vaterländischen Front den Wunsch der Regierung nach einer Normalisierung der deutsch-österreichischen Beziehungen (→ 11. 7./S. 126).

10. Juni, Mittwoch

Im Sejm, der Zweiten Kammer des polnischen Parlaments, wird ein Vierjahresplan zur Bekämpfung der Arbeitslosigkeit angenommen. Für Arbeitsbeschaffungsmaßnahmen werden für die nächsten vier Jahre 1,8 Milliarden Zloty zur Verfügung gestellt.

Im Schweizer Nationalrat wird der von Kommunisten, Sozialdemokraten und Duttweiler-Gruppe eingebrachte Antrag abgelehnt, mit der Sowjetunion diplomatische Beziehungen aufzunehmen und damit die kommunistische Regierung anzuerkennen.

Walter Ulbricht wird vom Zentralkomitee der deutschen Exil-KPD in Paris zum Sekretär des Politbüros ernannt.

11. Juni, Donnerstag

Das Präsidium des Zentralexekutivkomitees der UdSSR in Moskau billigt den Entwurf für eine neue Verfassung und fordert die Bevölkerung zu einer intensiven Diskussion darüber auf (→ 5. 12./S. 206).

Im Londoner Gate Theatre wird die Komödie »Nie wieder Frieden« des seit 1933 im Exil (USA) lebenden deutschen Schriftstellers Ernst Toller uraufgeführt.

12. Juni, Freitag

Der deutsche Finanzminister Johann Ludwig Graf Schwerin von Krosigk weist bei einer Rede darauf hin, daß die deutsche Finanz- und Wirtschaftspolitik die Aufgabe habe, grundlegend zur »Wehrhaftmachung« der Deutschen beizutragen; deshalb sei größte Sparsamkeit aller Volksgenossen im Deutschen Reich vonnöten.

Der deutsche Spielfilm »Allotria« von Willi Forst mit Musik von Peter Kreuder wird in Berlin uraufgeführt. Renate Müller, Jenny Jugo, Heinz Rühmann und Adolf Wohlbrück spielen die Hauptrollen in dem Film-Lustspiel.

13. Juni, Sonnabend

In Hamburg läuft ein zweites Segelschulschiff der deutschen Kriegsmarine, die »Horst Wessel«, vom Stapel. → S. 110

Die tschechoslowakische Regierung überträgt Befugnisse, die bislang den Ministerien zugekommen sind, auf untergeordnete Ebenen. Damit kommt die Dezentralisierung der Verwaltung in Gang, die von Ministerpräsident Milan Hodža angekündigt worden war.

14. Juni, Sonntag

In München beginnt die Reichstagung der Nationalsozialistischen Kulturgemeinde; sie dauert bis zum 17. Juni (→ 17. 6./S. 104).

Die italienische Regierung führt per Sondergesetz die paramilitärische Ausbildung für Jugendliche im Alter von 16 bis 19 Jahren ein.

Der deutsche Rennfahrer Bernd Rosemeyer gewinnt auf dem Nürburgring das Eifelrennen in der Klasse der Rennwagen über 1500 cm³. → S. 117

15. Juni, Montag

200 000 Arbeiter treten in Belgien in den Streik. Beschäftigte der Bergwerke und der Eisenindustrie schließen sich den Forderungen der Hafenarbeiter nach der 40-Stunden-Woche, bezahltem Jahresurlaub und Lohnerhöhung an und versuchen, einen Generalstreik durchzusetzen.

Der Vierte Strafsenat des Berliner Kammergerichts, der in Stettin tagt, verurteilt 23 Antifaschisten wegen »Vorbereitung eines hochverräterischen Unternehmens« zu Zuchthausstrafen zwischen eineinhalb und fünf Jahren. Die Angeklagten sollen u. a. »Propagandaschriften« der Kopenhagener SPD ins Deutsche Reich eingeschmuggelt haben.

In Berlin beginnt der Vorverkauf für die letzten Eintrittskarten zu den Olympischen Spielen vom 1. bis zum 16. August. → S. 117

Titelblatt der US-amerikanischen Zeitschrift »Fortune« vom Juni 1936 zu den bevorstehenden Präsidentschaftswahlen am 3. November

Die französische Zeitschrift »Illustration« mit einem Titelblatt zum Zeitungsverkauf nach der Bildung einer Volksfrontregierung in Paris durch den Ministerpräsidenten Léon Blum

Juni 1936

16. Juni, Dienstag

Der Staatssekretär im deutschen Reichsfinanzministerium, Fritz Reinhardt, kündigt für den 1. Juli 1936 eine Kinderbeihilfe für kinderreiche Familien an. Für das fünfte und jedes weitere Kind sollen danach monatlich zehn Reichsmark an staatlicher Unterstützung gezahlt werden (→ 6./7. 6., S. 103).

In Paris einigen sich Vertreter der arabischen Nationalisten und des französischen Außenministeriums, das französische Mandatsgebiet Syrien in die Unabhängigkeit zu entlassen. Es sollen zwei Staaten, Syrien und Libanon, gebildet werden. Als Staatsform ist eine republikanische Demokratie vorgesehen (→ 13. 11./ S. 192).

Beim Untergang einer Donaufähre bei Budapest kommen 24 Menschen ums Leben.

17. Juni, Mittwoch

Der Reichsführer der SS, Heinrich Himmler, wird zum Chef der Deutschen Polizei ernannt.→ S. 102

Auf der Tagung der NS-Kulturgemeinde nennt deren Reichsleiter, Alfred Rosenberg, vier Grundwerte des neuen, nationalsozialistischen Lebensstils.→ S. 104

In Wien wird der Spielfilm »Im Sonnenschein« uraufgeführt. Regie hat Garmine Gallone geführt. Die Hauptrollen in dem Film, der auf der Biennale in Venedig mit der Medaille für hervorragende Einzelleistungen ausgezeichnet wird, spielen Jan Kiepura, Luli von Hohenberg, Friedl Czepa und Theo Lingen.

18. Juni, Donnerstag

Nach Aussage des britischen Außenministers Anthony Eden wird Großbritannien die Wirtschaftssanktionen (verhängt im Zusammenhang mit dem Abessinien-Konflikt) gegen Italien einstellen (→ 30. 6./S. 107).

Das französische Kabinett beschließt die Auflösung rechter Kampforganisationen und privater Milizen in Frankreich.

Wegen des anhaltenden Regens in New York wird der Boxkampf zwischen Max Schmeling (Deutsches Reich) und Joe Louis (USA) um 24 Stunden verschoben (→ 19. 6./S. 114).

19. Juni, Freitag

Im Deutschen Reich darf nur noch die Hakenkreuzflagge gehißt werden.→ S. 103

Nach dem Rücktritt der von Per Albin Hansson geführten sozialistischen Regierung Schwedens am 15. Juni, der aufgrund von mehreren Abstimmungsniederlagen erfolgt ist, bildet der Führer des konservativen Bauernbundes, Axel Pehrsson-Bramstorp, eine neue Regierung aus Bauernbundmitgliedern und parteilosen Fachleuten.

Der deutsche Boxer Max Schmeling besiegt in New York den US-Amerikaner Joe Louis.→ S. 114

In Dänemark gelingt es der früheren dänischen Meisterschwimmerin Lilly Andersen, den 18 km breiten Großen Belt zwischen Seeland und Fünen zu durchschwimmen. Für die Strecke benötigt sie 7:45 Stunden.

20. Juni, Sonnabend

Nach Großbritannien und Frankreich empfehlen auch die USA die Aufhebung der Sanktionen gegen Italien, die wegen des Überfalls auf Abessinien (Äthiopien) verhängt worden waren (→ 30. 6./S. 107).

21. Juni, Sonntag

Auf der Tagung der Sudetendeutschen Partei in Eger wird Konrad Henlein mit 3500 gegen drei Stimmen als Vorsitzender wiedergewählt (→ 29. 2./S. 35).

Die Fußballmannschaft des 1. FC Nürnberg wird durch ein 2:1 gegen Fortuna Düsseldorf Deutscher Fußballmeister.→ S. 117

22. Juni, Montag

Im Deutschen Reich wird für Kindesraub in erpresserischer Absicht die Todesstrafe eingeführt.

In Montreux beginnt die Konferenz der Signatarstaaten der Meerengenkonvention von Lausanne (1923), in der die Entmilitarisierung der türkischen Meerengen zwischen dem Mittelmeer und dem Schwarzen Meer festgelegt worden ist. Auf Vorschlag der Türken wird in Montreux über eine Neuregelung verhandelt (→ 11. 4./S. 72; 20. 7./S. 127).

Zur Finanzierung der »Wehrhaftmachung« wird im Deutschen Reich eine Reichsanleihe über 700 Millionen Reichsmark aufgelegt. Die Tilgung ist ab 1943 vorgesehen (→ 9. 7./S. 131).

Als »Vorbeugemaßnahme« hat die Gestapo in Berlin über 800 Antifaschisten in Haft genommen, damit die Olympischen Spiele nicht durch politische Aktionen des Widerstands »gestört« werden.

In Berlin heiratet der Schauspieler Gustaf Gründgens die Schauspielerin Marianne Hoppe.→ S. 112

23. Juni, Dienstag

In der UdSSR wird eine Verordnung zur Tätigkeit der Hochschulen erlassen, die zur Ausbildung politisch zuverlässiger, qualifizierter Kader führen soll und im einzelnen die Studien- und Prüfungsbedingungen neu regelt.

Aus sicherheitspolitischen Gründen wird in der Tschechoslowakei der Handlungsfreiraum der Wirtschaft eingeschränkt.→ S. 107

Das deutsche Luftschiff LZ 130 »Graf Zeppelin II«, das Schwesterschiff der »Hindenburg«, wird in Friedrichshafen auf Kiel gelegt.

Die französische Fliegerin Marie Hilsz stellt mit 14 000 m einen neuen Höhenflugrekord für Frauen auf. Der bisherige Rekord ist von der Italienerin Carina Negrone mit 12 043 m gehalten worden.

24. Juni, Mittwoch

Während eines großangelegten Prozesses gegen 276 Franziskanermönche wird in Koblenz der »Hauptangeklagte«, Bruder Hermann-Josef, wegen »fortgesetzter widernatürlicher Unzucht« mit Ordensbrüdern zu einem Jahr und acht Monaten Gefängnis verurteilt (→ 4. 11./S. 195).

Das stärkste Fahrzeugaufkommen auf deutschen Autobahnen wird für die Strecke Köln–Opladen–Düsseldorf-Süd registriert. Täglich wird diese Autobahn von 3000 bis 3500 Fahrzeugen benutzt.

25. Juni, Donnerstag

Die deutsche Reichsregierung beschließt ein Gesetz, wonach die mangelhafte Lieferung von Rüstungsgütern künftig unter Strafe stehen. Für schwere Vergehen ist die Todesstrafe vorgesehen.

Die Leitung der Rüsselsheimer Opelwerke reagiert auf Streiks der Arbeiter wegen vorgenommener Lohnkürzungen mit Massenentlassungen.

26. Juni, Freitag

Das deutsche Reichskriegsministerium erläßt Weisungen für eine »einheitliche Vorbereitung eines möglichen Krieges« durch das Wehrmachtsamt und die Teilstreitkräfte. Dabei wird von einer möglichen »Konfrontation« zwischen dem Deutschen Reich und Italien einerseits und Frankreich, der UdSSR und der Tschechoslowakei andrerseits ausgegangen.

Die deutsche Reichsregierung verabschiedet ein Gesetz zur Wiedererrichtung eines Reichskriegsgerichtes.

In Bremen findet der erste freie Flug des Zwillingsrotor-Hubschraubers Fw 61 der Firma Focke-Achgelis statt.→ S. 110

27. Juni, Sonnabend

US-Präsident Franklin Delano Roosevelt wird erneut zum Kandidaten der Demokratischen Partei für die Präsidentschaftswahlen in den USA nominiert.→ S. 108

In Brasilien sollen Überschüsse an Kaffee vernichtet werden.→ S. 110

Nachdem die belgische Abgeordnetenkammer die Gesetzesentwürfe über den bezahlten Urlaub und die Einführung der 40-Stunden-Woche in bestimmten Wirtschaftsbereichen angenommen hat, beschließen die Hafen- und Bergarbeiter die Beendigung ihres Streiks.

Mit Hilfe eines Modeamtes soll die Herrenkleidung im Deutschen Reich einen ausgesprochen deutschen Stil erhalten.→ S. 111

In Dresden wird der deutsche Spielfilm »Schlußakkord« uraufgeführt. Unter der Regie von Detlef Sierck spielen Lil Dagover und Willy Birgel die Hauptrollen.

28. Juni, Sonntag

In Jena enden die seit dem 20. Juni dauernden offiziellen Feierlichkeiten anläßlich des 700jährigen Bestehens der Stadt.

29. Juni, Montag

Auf der Zeche Shamrock I/II in Herne wird nach 177 Stunden ein verschütteter Bergmann von Rettungsmannschaften aus einem eingestürzten Stollen lebend geborgen.

Die Cortes, die spanische Volksvertretung, befaßt sich in einer Sitzung mit der in den letzten 24 Stunden herrschenden, durch Putschgerüchte verursachten Unruhe in Madrid. Die Regierung stellt fest, daß sie über genügend bewaffnete Macht verfüge, um einen Aufstand jederzeit niederzuschlagen.

30. Juni, Dienstag

Die Gesamtkosten der offenen Fürsorge im Deutschen Reich belaufen sich im Finanzjahr 1935/36 auf 1136 Millionen Reichsmark gegenüber 1411 Millionen Reichsmark im Jahr 1934/35.

Vor der Völkerbundsversammlung in Genf richtet der Kaiser von Abessinien (Äthiopien), Haile Selassie I., schwere Vorwürfe gegen die Völkerbundsmitglieder.→ S. 107

Gestorben:

3. Berlin: Walther Wever (*11. 11. 1887, Berlin), deutscher Generalleutnant, Generalstabschef der deutschen Luftwaffe.→ S. 102

12. Wien: Karl Kraus (*28. 4. 1874, Jičín/Ostböhmen), österreichischer Schriftsteller und Journalist.→ S. 112

14. London: Gilbert Keith Chesterton (*29. 5. 1874, London), britischer Schriftsteller.

14. Berlin: Hans Poelzig (*30. 4. 1869, Berlin), deutscher Architekt.

18. Moskau: Maxim Gorki, eigtl. Alexei Maximowitsch Peschkow (*28. 3. 1868, Nischni Nowgorod, heute Gorki), sowjetischer Schriftsteller.→ S. 112

18. Remagen: Heinrich Lersch (*12. 9. 1889, Mönchengladbach), deutscher Arbeiterdichter.

22. Wien: Moritz Schlick (*14. 4. 1882, Berlin), österreichischer Philosoph.→ S. 108

Geboren:

19. Eydtkuhnen/Ostpreußen: Dieter Biallas, deutscher Politiker.

22. Brownsville/Texas: Kris Kristofferson, US-amerikanischer Schauspieler, Sänger und Liedertexter.

Nummer 26   25. Juni 1936

45. Jahrgang   Preis 20 Pfennig

Berliner
Illustrirte Zeitung

Presse-Photo

Während des Kampfes im Yankee-Stadion von New York:
Vor dem Lautsprecher in Berlin.

Anni Ondra, die Gattin des erfolgreichen deutschen Boxers Max Schmeling, hört als Gast des Reichsministers Dr. Goebbels und seiner Gattin die Uebertragung des Kampfes gegen Joe Louis. Im Oval: Dr. Goebbels beglückwünscht Frau Ondra-Schmeling zu dem glanzvollen Sieg ihres Mannes.

Das erste Funkbild von der sensationellen Niederlage Louis' im Innern des Heftes

Reinhard Heydrich, Leiter des Hauptamtes Sicherheitspolizei

SS-Führer Heinrich Himmler, jetzt auch Chef der Deutschen Polizei

Reichsinnenminister Wilhelm Frick; seine Position ist geschwächt

SS ist mit der Polizei verbunden

17. Juni. Durch die Ernennung des Reichsführers der Schutzstaffel (SS), Heinrich Himmler, zum Chef der Deutschen Polizei im Reich wird die Polizeihoheit der Länder, die seit 1933 von den Nationalsozialisten zugunsten des Reiches abgebaut worden ist, auch juristisch auf die Zentralgewalt in Berlin übertragen. Gleichzeitig wird die Polizei dem Einfluß der staatlichen Verwaltung weitgehend entzogen.

Himmler ist seit 1929 Reichsführer der SS. Diese Elitetruppe der NSDAP hat als Hilfspolizei schon seit der Machtergreifung der Natio-nalsozialisten staatliche Aufgaben übernommen.

Bis 1934 unterstand die SS der Sturmabteilung (SA). Nach der Ermordung des Stabschefs der SA, Ernst Röhm, und der politischen Ausschaltung der SA Anfang Juli 1934 (»Röhm-Putsch«) wurde die SS organisatorisch selbständig. Himmler verstand es, den Einfluß seiner SS immer weiter auszubauen. Zwischen 1933 und 1934 wurde er nacheinander in allen deutschen Ländern Chef der politischen Polizei.

Durch die Ernennung Himmlers zum Deutschen Polizeichef wird die Verbindung zwischen SS und Polizei verstärkt und durch die Dienstbezeichnung »Reichsführer der SS und Chef der Deutschen Polizei« ein Parteiamt mit einem Staatsamt juristisch verbunden.

Dadurch, daß Himmler als Deutscher Polizeichef den Reichsinnenminister Wilhelm Frick als direkten Vorgesetzten hat, bleibt nach außen hin die Einbindung der Polizei in den staatlichen Verwaltungsapparat bestehen. Tatsächlich ergibt sich jedoch eine Loslösung der Polizei vom Innenministerium und eine Anbindung an die SS und damit direkt an die Führergewalt. Denn Himmler muß sich als Reichsführer der SS ausschließlich gegenüber Hitler verantworten.

Himmlers erster Schritt zur Umgestaltung der Polizei ist die Einrichtung von zwei neuen Instanzen, den sog. Hauptämtern Ordnungspolizei und Sicherheitspolizei. Den Begriff des Hauptamtes gab es in der staatlichen Verwaltung bislang nicht; er ist eine Organisationsbezeichnung der SS. Chef der Ordnungspolizei wird Kurt Daluege, SS-Mitglied und General der Polizei seit 1934. Ihm untersteht damit die uniformierte Polizei (Schutzpolizei, Gendarmerie und Gemeindepolizei).

Leiter der Sicherheitspolizei wird Reinhard Heydrich, SS-Gruppenführer und seit 1931 Leiter des SS-Sicherheitsdienstes. Er ist zuständig für die zivile Polizei (politische Polizei und Kriminalpolizei).

Heinrich Himmler wird Polizeichef

Am 17. Juni 1936 unterzeichnete der Führer und Reichskanzler Adolf Hitler den Erlaß über die Zentralisierung der gesamten Polizei im Deutschen Reich unter der Führung des Reichsführers der Schutzstaffel, Heinrich Himmler. Der Erlaß, mit dessen Durchführung der Reichs- und Preußische Minister des Innern, Wilhelm Frick, beauftragt wurde, hat folgenden Wortlaut:

»I. Zur einheitlichen Zusammenfassung der polizeilichen Aufgaben im Reich wird ein Chef der Deutschen Polizei im Reichsministerium des Innern eingesetzt, dem zugleich die Leitung und Bearbeitung aller Polizeiangelegenheiten im Geschäftsbereich des Reichs- und Preußischen Ministeriums des Innern übertragen wird.

II. [1] Zum Chef der Deutschen Polizei im Reichsministerium des Innern wird der stellvertretende Chef der Geheimen Staatspolizei Preußens, der Reichsführer-SS Heinrich *Himmler,* ernannt.

[2] Er ist dem Reichs- und Preußischen Minister des Innern persönlich und unmittelbar unterstellt.

[3] Er vertritt für seinen Geschäftsbereich den Reichs- und Preußischen Minister des Innern in dessen Abwesenheit.

[4] Er führt die Dienstbezeichnung: Der Reichsführer-SS und Chef der Deutschen Polizei im Reichsministerium des Innern.

III. Der Chef der Deutschen Polizei im Reichsministerium des Innern nimmt an den Sitzungen des Reichskabinetts teil, soweit sein Geschäftsbereich berührt wird.«

1. Juni. Die letzte große studentische Verbindung, die Deutsche Landsmannschaft, beschließt in Coburg die Auflösung ihrer aktiven Korporationen an den Hochschulen. Damit reagiert die Studentenverbindung auf den massiven Druck der Nationalsozialisten, die keine Organisationen neben dem NS-Deutschen Studentenbund dulden.

In dem Auflösungsbeschluß der Verbindung heißt es: »[Die Landsmannschaft] hat die Einflußnahme auf die studierende Jugend aufgegeben, die nunmehr ... ausschließlich den Gliederungen der nationalsozialistischen Bewegung zusteht.«

Generalstabschef der Luftwaffe tot

3. Juni. Im Alter von 48 Jahren kommt der Chef des Generalstabs der deutschen Luftwaffe, Generalleutnant Walther Wever, bei einem Flugzeugunglück ums Leben.

Unmittelbar nach dem Start vom Berliner Flughafen Tempelhof stürzt die von Wever selbst geflogene Maschine aus ungeklärter Ursache ab.

Nachfolger Wevers werden Generalleutnant Albert Kesselring als Chef des Luftkommandoamtes und Oberst Ernst Udet, als Leiter des technischen Amtes.

Luftfahrtminister und Oberbefehlshaber der Luftwaffe Hermann Göring (r.) am Grab Walther Wevers

Propaganda für Kinderreichtum

6./7. Juni. Auf der von 50 000 Teilnehmern besuchten Tagung des Deutschen Reichsbundes der Kinderreichen in Köln würdigt der Reichsminister und Stellvertreter des Führers, Rudolf Heß, die »Opferbereitschaft der kinderreichen Ehepaare für den Erhalt des deutschen Volkes«.

Für das Jahr 1934 konnte das Reichsamt für Statistik 1 198 350 Lebendgeborene verzeichnen, was einer Steigerung gegenüber dem Jahr 1933 um 23,4% entsprach. 1935 wurde eine geringere Zunahme von 5,5% (insgesamt 1 263 976 Geburten) registriert. Mit rund 1,2% steigt die Zahl der Geburten (1 278 583) 1936 nur noch schwach an, trotz der nationalsozialistischen Propaganda für den Kinderreichtum und der mannigfaltigen Unterstützungen für Neuverheiratete und Familien mit mehreren Kindern.

Neben Steuerermäßigungen und Hilfen bei der Wohnungsuche sollen auch die im Juni 1933 eingeführten Ehestandsdarlehen für die Fortpflanzung »wertvollen Blutes« sorgen. Jungverheiratete, die ihre arische Reinrassigkeit nachweisen können und bedürftig sind, erhalten vom Staat ein Darlehen in Höhe von 600 bis 1000 Reichsmark (RM) zu 1% Zinsen, wenn der Mann Allein-

verdiener ist, zu 3% Zinsen, wenn beide Partner berufstätig sind.

Bei der Geburt des ersten Kindes wird die Rückzahlung eines Viertels

der Darlehenssumme erlassen; bei der Geburt des vierten Kindes wird das ganze Darlehen in eine Schenkung umgewandelt.

Ziel der nationalsozialistischen Bevölkerungspolitik: Die große deutsche Familie arischer Abstammung, Menschenmaterial für den Krieg

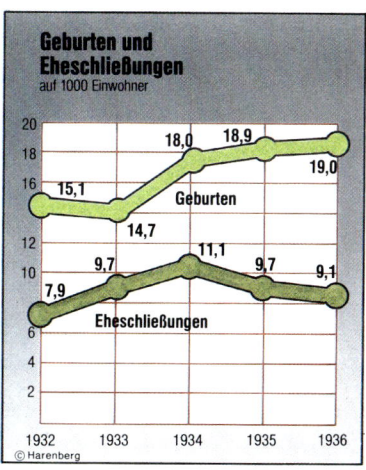

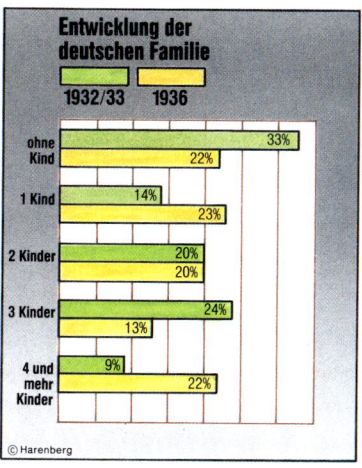

Hakenkreuzfahne ist verbindlich

19. Juni. In einer Verordnung bestimmt der deutsche Reichsinnenminister Wilhelm Frick, daß nur noch die neue deutsche Reichsflagge, die Hakenkreuzflagge, gehißt werden darf. Ab sofort ist es auch Privatpersonen verboten, Landesflaggen und alte Reichsflaggen zu hissen.

Bereits am 15. September 1935 wurde die Hakenkreuzflagge per Gesetz zur Reichsflagge erklärt. Behörden wurden verpflichtet, zu öffentlichen Anlässen nur noch die Hakenkreuzflagge zu hissen.

Das Hoheitszeichen mit schwarzem Hakenkreuz auf weißem Kreis ersetzt die seit dem 12. März 1933 gültige schwarz-weiß-rote Flagge, wie sie schon einmal, bis 1918, im Deutschen Reich gegolten hat.

In der Weimarer Republik, von 1918 bis 1933, waren Schwarz, Rot und Gold die Nationalfarben.

Standartenträger des Nationalsozialistischen Kraftfahrkorps vor dem Nationaltheater in Weimar, das Hakenkreuz als Symbol der allgegenwärtigen Macht der Nationalsozialisten und der Gleichschaltung der Deutschen

Kredite für Arbeitsbeschaffung

8. Juni. In Berlin beginnt der Sechste Internationale Gemeindekongreß, der als politisches Hauptthema die Bekämpfung der Arbeitslosigkeit durch die Gemeinden hat. Auf der Tagung, die bis zum 14. Juni stattfindet, berichtet der Oberbürgermeister von Leipzig und ehemalige Reichskommissar für die Preisüberwachung (1934/35), Carl Friedrich

Goerdeler, über die staatliche Finanzierung der deutschen Arbeitsbeschaffungsmaßnahmen.

Nach Angaben Goerdelers wurden die Kosten der Maßnahmen bislang aus laufenden Staatseinnahmen, durch Anleihen und kurzfristige Kredite aufgebracht. Durch die Ausdehnung der Arbeitsbeschaffung konnten die Mittel nicht mehr durch

die Haushalte bereitgestellt werden. Da die nunmehr notwendigen langfristigen Kredite auf dem Kapitalmarkt nicht ohne weiteres zur Verfügung standen, wurden die Mittel durch Vorfinanzierung, d. h. durch Vorbelastung des künftigen Haushalts, gesichert. Die Vorfinanzierung erfolgt durch Wechsel, wobei sich der Staat zu ihrer Einlösung aus Haushaltsmitteln verbürgt.

Moderne Eisenbahn-Fabrik in Großbritannien, Umsetzen einer Lokomotive mit einem Kran

Vorbelastung der Reichshaushalte durch Arbeitsbeschaffungskredite

Jahr	Reichsmark
1933	160 Millionen
1934	741 Millionen
1935	985 Millionen
1936	919 Millionen
1937	914 Millionen
1938	909 Millionen

Durch die so finanzierten Arbeitsbeschaffungsmaßnahmen (Autobahnbau, Notstandsarbeiten u. a.) und die künstliche Ankurbelung der deutschen Wirtschaft, vor allem durch staatliche Rüstungsaufträge, gelang es den Nationalsozialisten, die Arbeitslosigkeit von 4,80 Millionen im Jahr 1933 auf 1,59 Millionen im Jahr 1936 zu drücken.

Konstantin Hierl, als deutscher Reichsarbeitsführer für den Arbeitsdienst zuständig, der die meisten Arbeitsbeschaffungsmaßnahmen durchführt

Eine Studentin beim freiwilligen Dienst als Telefonistin in Köln

Humanität als störende Norm

In seinem 1930 erschienenen Hauptwerk »Der Mythus des 20. Jahrhunderts« schreibt Alfred Rosenberg:

»Aus . . . der Lehre vom demokratischen, rasselosen und von keinem nationalverwurzelten Ehrgedanken getragenen ›Menschenrecht‹ . . . hat sich die europäische Gesellschaft geradezu als Hüterin des Minderwertigen . . ., Verkrüppelten, Verbrecherischen und Verfaulten ›entwickelt‹. Die ›Liebe‹ plus ›Humanität‹ ist zu einer, alle Lebensgebote und Lebensformen eines Volkes und Staates zersetzenden Lehre geworden und hat sich dadurch gegen die sich heute rächende Natur empört. Eine Nation, deren Mittelpunkt Ehre und Pflicht darstellte, würde nicht Faule und Verbrecher erhalten, sondern ausschalten.«

Neuer NS-Lebensstil

17. Juni. Auf der zentralen Kundgebung der Reichstagung der Nationalsozialistischen Kulturgemeinde (14. 6.–17. 6.) in München spricht deren Reichsleiter, Alfred Rosenberg, über die kulturellen Aufgaben des Nationalsozialismus und über die Schaffung eines neuen deutschen Lebensstils.

Rosenberg, der seit 1933 auch Leiter des Außenpolitischen Amtes der NSDAP ist, führt aus, daß nach der nun erfolgten »nationalsozialistischen Revolution« die Gestaltung einer neuen Geschichtsepoche eingeleitet werden müsse, die durch eine besondere innere Haltung gegenüber allen Werten des Lebens gekennzeichnet sein müsse. Die alten Werte seien zu überwinden und durch die vier im Nationalsozialismus verankerten Grundwerte zu ersetzen: Nationale Ehre, soziale Gerechtigkeit, Schutz des gesunden Blutes und Kameradschaft.

In seinen weiteren Ausführungen geht Rosenberg auf das Selbstverständnis der NS-Kulturgemeinde ein. Er fordert, daß die Organisation sich immer mehr zu einer »Kampftruppe für die weltanschauliche Kulturgestaltung des deutschen Volkes« weiterentwickeln solle. Bei der Beurteilung und Förderung von Kultur und Kunst müsse grundsätzlich gefragt werden, ob sie mit den vier nationalsozialistischen Grundwerten übereinstimmen.

Rosenberg, der 1921 Schriftleiter des »Völkischen Beobachters« wurde und am Hitlerputsch vom 9. November 1923 beteiligt war, gilt als einer der Hauptideologen des Nationalsozialismus. Obwohl er »Beauftragter des Führers für die Überwachung der gesamten geistigen und weltanschaulichen Schulung und Erziehung der NSDAP« ist, hat er eine eher untergeordnete politische Funktion (→ 2. 1./S. 16).

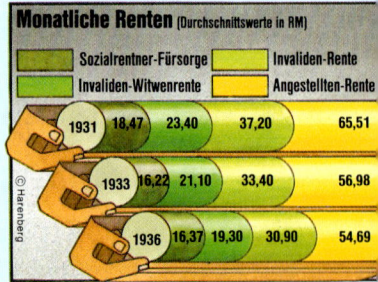

Monatliche Renten (Durchschnittswerte in RM)

	Sozialrentner-Fürsorge	Invaliden-Rente
	Invaliden-Witwenrente	Angestellten-Rente

1931	18,47	23,40	37,20	65,51
1933	16,22	21,10	33,40	56,98
1936	16,37	19,30	30,90	54,69

© Harenberg

Lehrlinge in einer Tischlerlehrwerkstatt in Frankreich

In der Lehrwerkstatt der Firma Siemens in Berlin, zur Sicherung des Facharbeiternachwuchses wird die deutsche Industrie zur Lehrlingsausbildung verpflichtet

Stahlwerk in Ugine, im Südosten Frankreichs; während die französischen Arbeiter mit der Hilfe der Regierung Léon Blum eine Verbesserung ihrer Arbeitsbedingungen durchsetzen können, verschlechtert sich die Lage der deutschen Industriearbeiter ständig

Arbeitswelt 1936:

Facharbeiter knapp

Im Mittelpunkt des Arbeitsjahres 1936 steht im Deutschen Reich der Übergang von der Arbeitslosigkeit zum Arbeitskräftemangel. Die Maßnahmen des nationalsozialistischen Regimes zur weiteren Ankurbelung der Rüstungsproduktion und deren Versorgung mit Arbeitskräften hat besonders in den wichtigen Industriezweigen eine Verschlechterung der Arbeitsbedingungen zur Folge.

Durch die weitere Steigerung der Industrieproduktion im Jahr 1936 (Indexziffer 107 gegenüber 96 im Jahr 1935, 1928 = 100) und den damit erhöhten Bedarf an Arbeitskräften wird die Situation auf dem deutschen Arbeitsmarkt kritisch. Neben den Mangel an Arbeitskräften in der Landwirtschaft tritt der Mangel an geschulten Arbeitskräften vor allem in der Eisen-, Metall- und Bauwirtschaft.

Am 7. August 1936 verfügt Arbeitsminister Franz Seldte, daß bis zum 1. September 1936 jeder Arbeitnehmer im Besitz eines sog. Arbeitsbuches sein muß. In dem Arbeitsbuch werden Qualifikation und Berufserfahrung festgehalten. Die Erfassung aller abhängig Beschäftigten (1936 rund 21,5 Millionen) soll die zentrale Lenkung des Arbeitsmarkts ermöglichen. Ab dem 1. Dezember 1936 wird die

Erlaubnis zur Einstellung von Facharbeitern in der Metall- und Eisenindustrie davon abhängig gemacht, ob die Aufträge der betreffenden Betriebe wirtschafts- und staatspolitisch bedeutend sind. Ähnlich restriktive Maßnahmen gelten für das Baugewerbe.

Die Regierungsmaßnahmen bezüglich der Arbeitskraftsicherung bedeuten für die Arbeitnehmer im Deutschen Reich eine weitere Reduzierung ihrer persönlichen Freiheiten. Sie sind in der Tat, wie es im nationalsozialistischen Sprachgebrauch heißt, »Soldaten der Arbeit«, die ihren »Einsatz« finden, wo sie gemäß der Zielsetzung Hitlers und der Wirtschaft gebraucht werden. Zudem verschlechtern sich durch die beschleunigte Produktion gerade in der Metall- und Eisenindustrie die Arbeitsbedingungen. Die durchschnittliche Wochenarbeitszeit in der verarbeitenden Industrie steigt 1935 bis 1936 von 44,4 auf 45,6 Stunden, also um 3,6%. Demgegenüber steigen die durchschnittlichen Brutto-Reallöhne der Arbeiter nur um 2,1%. Von 1935 bis 1936 steigt die Zahl der Arbeitsunfälle und Berufserkrankungen um 12,77% an (von 1,35 auf 1,52 Millionen), während sich die Zahl der Beschäftigten nur um 2,97% vergrößert.

Auftakt-Veranstaltung zum Reichsberufs-Wettkampf der Lehrlinge im Berliner Sportpalast, am Pult Reichsjugendführer Baldur von Schirach

Nationalsozialistische Betriebsveranstaltung im Werk Rheinmetall-Borsig in Berlin-Tegel, Aufrufe zur Leistungssteigerung an die Arbeiter

Briten greifen in Palästina durch

9. Juni. Die britische Mandatsregierung in Palästina löst die arabische Arbeiterpartei auf und beschlagnahmt deren gesamtes Vermögen. Die Partei wird für Ausschreitungen gegen Juden mitverantwortlich gemacht. Die Proteste der Araber richten sich gegen die Einwanderung jüdischer Flüchtlinge.

Infolge der ständigen Zunahme von Sabotageakten auf die Eisenbahnlinien Palästinas beschließen die britischen Behörden am 12. Juni 1936 den Einsatz von Tanks zum Schutz der Bahnstrecken. Zusätzlich werden Truppenverbände von Ägypten nach Palästina verlegt, um die Unruhen im arabischen Lager niederzuschlagen. Am 15. Juni 1936 führt die Mandatsregierung die Todesstrafe für Terrorakte ein.

Überfälle auf Eisenbahnzüge und Juden bleiben dennoch an der Tagesordnung.

Auf die kritische Lage in Palästina reagiert der britische Kolonialminister William Ormsby-Gore am 19. Juni 1936 mit der Ankündigung, man werde eine Kommission einsetzen, die zur Lösung der Konflikte zwischen Arabern und Juden beitragen soll (→ 9. 10./S. 182).

Blum hält Versprechen

6. Juni. Der neue französische Ministerpräsident Léon Blum kündigt in seiner Regierungserklärung vor der Deputiertenkammer in Paris eine Reihe von Gesetzesentwürfen an, mit denen die Wahlkampfversprechen eingelöst werden sollen.

Am 7. Juni 1936 gelingt es Blum, ein Abkommen zwischen dem großen Arbeitgeberverband Confédération Production Française und den Gewerkschaften zu vermitteln.

Danach sollen umgehend kollektive Arbeitsverträge geschlossen werden. Für die etwa acht Millionen betroffenen Arbeiter sollen die Löhne um 7% bis 15% erhöht werden. In Betrieben mit mehr als zehn Arbeitern sollen mindestens zwei Arbeitervertreter gewählt werden, die in Fragen der Arbeitsordnung Kontakt mit dem Arbeitgeber aufnehmen. Weitere in dem Abkommen vorgesehene Verbesserungen sind die Einführung der 40-Stunden-Woche und des bezahlten Urlaubs.

Nach Abschluß der ersten Arbeitsverträge am 13. Juni 1936 werden die landesweiten Streiks nach und nach beendet (→ S. 83).

Die neue Regierung, in der ersten Reihe: Außenminister Yvon Delbos (2. v. l.), Innenminister Roger Salengro (3. v. r.), Léon Blum (1. v. r.)

Heimattreue Front siegt in Belgien

7. Juni. Bei den Provinzialratswahlen in Belgien kann sich die nationalsozialistische Heimattreue Front in der ehemals deutschen Region Eupen-Malmedy mit 8 676 Wählerstimmen gegen die Katholische Union (3 553 Stimmen) durchsetzen.

Gegenüber den Provinzialratswahlen im Dezember 1932, bei denen die Partei lediglich 6 835 Stimmen erhielt, kann die Heimattreue Front erhebliche Gewinne verzeichnen. Im Lütticher Provinzialrat stellt die nationalsozialistische Partei nunmehr drei Abgeordnete gegenüber bisher zwei.

Im Zusammenhang mit der Propaganda der Nationalsozialisten in Eupen-Malmedy erläßt der König der Belgier, Leopold III., am 10. Juni 1936 eine Verordnung, durch die der Regierung die Möglichkeit gegeben wird, Militärrentenbeziehern im Gebiet von Eupen-Malmedy die Rente nicht zu gewähren, wenn sie durch »Umtriebe gegen ihre Pflicht als belgische Bürger verstoßen«.

Eupen-Malmedy ist nach dem Weltkrieg aufgrund des Friedensvertrags von Versailles (28. 6. 1919) nach einer Volksbefragung am 24. Juli 1920 belgisches Territorium geworden.

Mobilmachungsbefehl für den Süden Chinas

9. Juni. In den südchinesischen Provinzen Kwangtung und Kwangsi wird von General Tschen-Tschi-Tang die allgemeine Mobilmachung aller Land-, See- und Luftstreitkräfte befohlen. Dadurch soll die chinesische Zentralregierung zu Maßnahmen gegen die japanischen Okkupationsbestrebungen im Norden des Landes gezwungen werden.

Gleichzeitig mit dem Mobilmachungsbefehl dringen vier Divisionen der Kwangsi-Armee in die nördlicher gelegene Provinz Hunan ein und rücken gegen die dort stehenden Truppen der Zentralregierung in Nanking vor.

Der Regierungschef der chinesischen Republik, Chiang Kai-shek, ist nicht bereit, gegen die Japaner, die 1931 die nordchinesische Mandschurei besetzt haben, vorzugehen. Er möchte zunächst die Rote Armee des kommunistischen Parteichefs Mao Tse-tung aufreiben, die sich auf dem »Langen Marsch« von Oktober 1934 bis Ende 1935 vor Chiangs Truppen nach Schensi zurückgezogen hat (→ 17. 7./S. 129).

Der chinesische Ministerpräsident Chiang Kai-shek mit seiner Frau

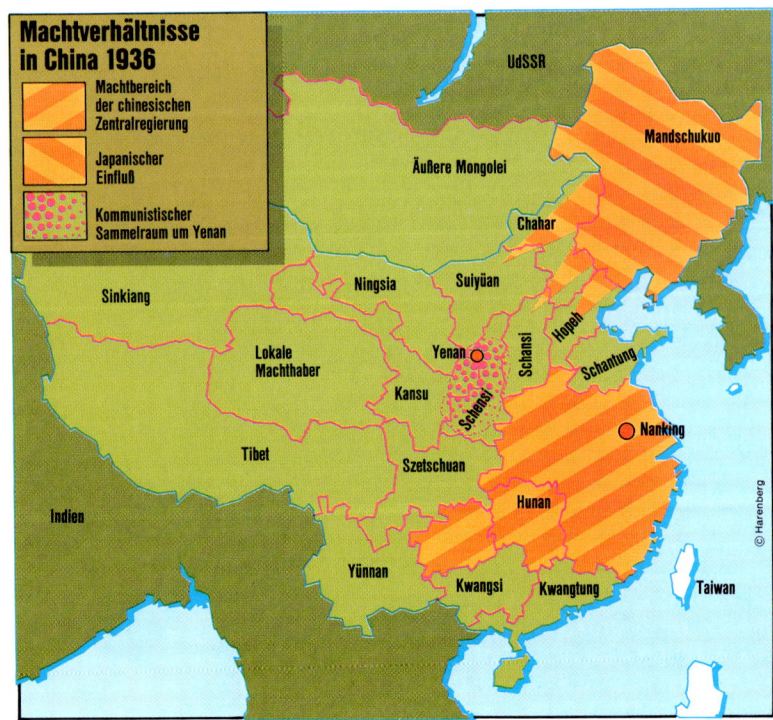

Machtverhältnisse in China 1936

Machtbereich der chinesischen Zentralregierung

Japanischer Einfluß

Kommunistischer Sammelraum um Yenan

Kaiser Haile Selassie I. (r. vorn) auf dem Balkon der Gesandtschaft Abessiniens (Äthiopiens) in London

Haile Selassie I. bei seiner Rede vor dem Völkerbundsrat in London, in der er den Völkerbund scharf angreift

Negus klagt den Völkerbund an

30. Juni. Zu Beginn der Genfer Völkerbundsdebatte über die Annexion Abessiniens (Äthiopiens) durch Italien erhebt der Kaiser von Abessinien, Haile Selassie I., schwere Vorwürfe gegen die Mitgliedsstaaten des Völkerbunds wegen der mangelnden Unterstützung für sein bedrohtes Land.

Haile Selassie I., der seit dem 3. Juni 1936 im Londoner Exil lebt, beklagt sich darüber, daß es dem Völkerbund nicht gelungen sei, durch wirksame Wirtschaftssanktionen wenigstens den Vormarsch der italienischen Invasionstruppen aufzuhalten. Außerdem habe sich keiner der 52 Völkerbundstaaten bereit gefunden, Abessinien durch finanzielle Unterstützung zu helfen. Seine Enttäuschung über den Völkerbund drückt Haile Selassie I. mit folgenden Worten aus: »Ich hielt es einfach für unmöglich, daß 52 Staaten ... von einem einzelnen Angreifer besiegt werden könnten.«

Im Vorfeld der Völkerbundstagung in Genf hatte am 11. Juni 1936 der britische Schatzkanzler Neville Chamberlain die Beseitigung der Sanktionen gegen Italien gefordert. Eine Woche später, am 18. Juni 1936, kündigte der britische Außenminister Anthony Eden in London die Einstellung der Wirtschaftssanktionen an. Nach Großbritannien sprachen sich auch die französische und die US-amerikanische Regierung (am 19. bzw. 20. 6.) für die Aufhebung der Sanktionen aus.

»Triumphzug« des Oberbefehlshabers der italienischen Invasionstruppen in Abessinien (Äthiopien), Pietro Badoglio, in der Stadt Neapel

Abessinien integriert

1. Juni. Der italienische Ministerrat unter Vorsitz des Ministerpräsidenten und Duce Benito Mussolini genehmigt in Rom Gesetze, die dem »ostafrikanischen Imperium« (Eritrea, Italienisch-Somaliland und Abessinien/Äthiopien) eine gemeinsame Verwaltung und Sozialordnung sowie ein neues Recht geben. Generalgouverneur für das Gebiet, das den Namen Italienisch-Ostafrika erhält, ist ein italienischer Vizekönig (Pietro Badoglio), der den Souverän und »Kaiser von Äthiopien« (seit dem 9. 5. 1936), Viktor Emanuel III., vertritt. Er wird mit allen politischen und militärischen Vollmachten ausgestattet. Die italienische Kolonie wird in fünf Regierungsbezirke eingeteilt, in denen Militärgouverneure eingesetzt werden. Zentrale Hauptstadt Italienisch-Ostafrikas ist Addis Abeba.

Per Gesetz wird den verschiedenen Glaubensgemeinschaften im Land (vorwiegend Mohammedaner und christliche Kopten) völlige Religionsfreiheit zugesichert. Als Maßnahme zum »Schutz der italienischen Rasse« sind Mischehen und der Verkehr zwischen Weißen und Eingeborenen verboten.

Somozas Truppen stürzen Regierung

2. Juni. In Nicaragua verübt die Nationalgarde unter Führung des Generals Anastasio Somoza García einen Putsch gegen Staatspräsident Juan Bautista Sacasa.

Die Rebellen erlangen schnell die Gewalt über große Teile des Landes und belagern das Präsidentenpalais in der Hauptstadt Managua.

Am 6. Juni 1936 ergibt sich Sacasa der putschenden Nationalgarde Somozas und überträgt die Regierungsgewalt an den Ministerpräsidenten Juliano Irias, der sich gegenüber den Machtbestrebungen Somozas allerdings nur ein halbes Jahr (bis zum 18. 12. 1936) im Amt halten kann.

Prag beschließt Schutzmaßnahme

23. Juni. Die tschechoslowakische Regierung veröffentlicht mehrere Verordnungen, in denen Einschränkungen für die Wirtschaft bezüglich militärisch wichtiger Bereiche festgelegt werden. Die Verordnungen stehen im Zusammenhang mit der deutschen Expansionspolitik.

In den Verordnungen wird bestimmt, daß in 77 sog. Grenzzonen Verkehrs- und Industrieanlagen nur mit Erlaubnis der Militärbehörden errichtet werden dürfen. Weiterhin sind künftig bestimmte Patente und Erfindungen anmeldungspflichtig. Der Import und Export militärisch wichtiger Güter muß zudem von den Behörden genehmigt werden.

Kleine Entente zeigt Solidarität

6. Juni. In der rumänischen Hauptstadt Bukarest treffen erstmals die Staatsoberhäupter der Kleinen Entente zusammen. Prinzregent Paul von Jugoslawien, der tschechoslowakische Staatspräsident Eduard Beneš und König Karl II. von Rumänien betonen in einer Erklärung die Einheit ihrer Staaten.

Anlaß dazu geben die Sorge über die Rheinlandbesetzung durch das Hitler-Regime, die neue Wehrpflicht in Österreich und das Versagen des Völkerbunds im Abessinien-Konflikt (→ 7. 3./S. 44; 1. 4./S. 71).

Minuten nach dem Einsturz der Zuschauertribüne in Bukarest, Helfer retten Verletzte aus den Trümmern

100 Tote bei Tribüneneinsturz

8. Juni. In der rumänischen Hauptstadt Bukarest stürzt eine hölzerne Zuschauertribüne ein. Von den 3 000 Menschen, die sich zum Zeitpunkt des Unglücks auf der Tribüne befinden, werden über 100 getötet. 300 Personen erleiden schwere Verletzungen.

Für die Feierlichkeiten anläßlich des sechsten Jahrestags der Wiedereinsetzung des rumänischen Königs Karl II. waren in der Bukarester Innenstadt insgesamt zehn Tribünen errichtet worden. Das Unglück ereignet sich in den Morgenstunden, kurz nachdem 25 000 Mitglieder der nationalen Jugendbewegung ihre Parade beendet haben.

Am 9. Juni werden sieben Ingenieure festgenommen. Sie werden beschuldigt, das Unglück durch fehlerhafte Konstruktion verursacht zu haben. Nach Angaben der Beschuldigten liegt der Grund für den Einsturz jedoch in einer Überlastung der Tribüne, die nur für 1 000 Personen geplant war.

Der Bürgermeister von Bukarest, Alexander Donescu, tritt am 10. Juni von seinem Amt zurück. Er wird in erster Linie für den Unfall verantwortlich gemacht.

Karl II. von Rumänien (vorn r. mit kurzer, schwarzer Hose) auf dem Weg zur Ehrentribüne, im Hintergrund die vollbesetzten Zuschauertribünen

Moritz Schlick getötet

22. Juni. In Wien wird der 54jährige Philosoph Moritz Schlick von einem ehemaligen Studenten ermordet.

Der Täter, der 33jährige Bauernsohn Johann Nelböck aus Brandel bei Lichtenegg, hat 1930/31 bei Schlick promoviert. Er mußte einige Zeit in einer Nervenheilanstalt verbringen, weil er als schizoider Psychopath galt. Abgesehen davon, daß Nelböck vor dem Attentat mehrere Auseinandersetzungen mit Schlick hatte, kann die Polizei keinen Hinweis auf ein Motiv des Täters finden.

Der in Berlin geborene Schlick war seit 1922 Professor für Naturphilosophie in Wien und begründete dort den sog. Wiener Kreis. Ziel der Wissenschaftler um Schlick war es, die philosophische Basis der Einzelwissenschaften mit Hilfe der modernen formalen Logik zu betrachten und mittels einer wissenschaftlichen Universalsprache eine einheitliche Wissenschaft aufzubauen.

Schlicks Hauptwerk ist seine im Jahr 1918 erschienene »Allgemeine Erkenntnislehre«.

Der Philosoph Moritz Schlick, Begründer des Wiener Kreises

US-Parteien küren ihre »Präsidenten«

27. Juni. Auf einem Kongreß in Philadelphia in den USA nominieren die Delegierten der Demokratischen Partei den gegenwärtigen Präsidenten, Franklin Delano Roosevelt, zum Kandidaten für die am → 3. No-

Präsident Franklin D. Roosevelt

vember 1936 (S. 193) stattfindenden Präsidentschaftswahlen.

Schon am 9. Juni 1936 haben die Republikaner auf einem Parteikongreß in Cleveland/Ohio den Gouverneur von Kansas, Alfred M. Landon, zu ihrem Präsidentschaftskandidaten gewählt.

Roosevelt hat gute Aussichten, wiedergewählt zu werden. Er genießt aufgrund seiner arbeitnehmerfreundlichen Politik große Sympathien in der Bevölkerung, während sein Kontrahent Landon weitgehend unbekannt ist.

Dürre in den USA vernichtet Ernte

Juni. Seit April 1936 herrscht in sechs Südstaaten der USA eine katastrophale Dürre, die zu schweren Schäden in der Landwirtschaft führt. Die US-amerikanische Regierung schätzt die finanziellen Einbußen der Farmer Anfang Juni bereits auf über 150 Millionen Dollar.

Anfang Juli 1936 wird auch der mittlere Westen der USA von einer Hitzewelle heimgesucht. In dieser Region kommen infolge der Hitze über 200 Menschen ums Leben. Drei bis vier Millionen Menschen, das sind rund 3% der Bevölkerung, sind nach Berichten der Regierung direkt von Hitze und Dürre betroffen.

An der Weizenbörse von Chikago werden 75% der Weizenernte von Dakota als verloren angesehen.

Zwischen 4.23 Uhr und 6.05 Uhr morgens wird in weiten Teilen Europas die Sonne teilweise verdeckt

Reise zum Mond im Jahr 2050

Im Institut der Künste und Wissenschaften in New York setzt sich der US-amerikanische Wissenschaftler John Q. Stewart in einem Vortrag am 16. Juni mit den Problemen der Raumschiffahrt auseinander:

»Die Erdbewohner werden schon im Jahr 2050 imstande sein, zum Mond zu reisen und sich mit ihrer Wohnung auf der Erde durch einen Lichtstrahl telephonisch in Verbindung zu setzen. Die Geschwindigkeit eines Raumschiffes mit Raketenantrieb wird vermutlich 25 000 Meilen die Stunde betragen. Das ist die Geschwindigkeit, mit welcher unter Hintansetzung des Luftwiderstandes ein Projektil aufwärts geschossen werden müßte, um zu einer unbegrenzten Höhe zu gelangen. Während der letzten hundert Jahre ist die Geschwindigkeit von Fahrzeugen jedes Jahr im Durchschnitt um 2 Prozent gestiegen. Sollte sie in Zukunft noch schneller steigen, was anzunehmen ist, sagen wir um 3 Prozent jährlich, so werden wir im Jahr 1950 eine Geschwindigkeit von 1000 Meilen die Stunde erreicht haben, und Fahrzeuggeschwindigkeiten von über 50 000 Meilen die Stunde werden dann um das Jahr 2030 nicht ausgeschlossen sein. Ein etwaiges Fahrzeug für einen Raumflug ist in Form einer großen metallischen Kugel gebaut – sagen wir 35 Meter im Durchmesser mit einer Gesamtanfangsmasse von 70 000 metrischen Tonnen. Das Schiff muß vollständig luftdicht und mit Heiz- und Kühlvorrichtungen sowie all den Notwendigkeiten des täglichen Lebens, einschließlich Luft und Wasser, für eine zweimonatige Fahrt ausgerüstet sein. Eine Besatzung von etwa 60 Mann scheint bei einer Passagierliste von einem Dutzend Wissenschaftlern angebracht zu sein. Weil eine gewaltige Kraft entwickelt wird, müßte der Start von einer Wüste aus erfolgen. Der Rückstoß des Abschusses wird ein großes Loch in den Boden der Wüste reißen. Die Rückkehr vom Mond müßte auf demselben Wege erfolgen wie die Hinfahrt.«

Sonnenfinsternis und neuer Stern

19. Juni. Am Morgen kann in der nördlichen Hälfte des Deutschen Reichs eine Sonnenfinsternis beobachtet werden.

Besonderes öffentliches Interesse erlangt dieses Ereignis durch das zufällige Zusammentreffen mit der Entdeckung eines neuen Sterns am Potsdamer Astro-Physikalischen Observatorium.

Der Stern, eine Nova, der von dem Leiter des Instituts, Wilhelm Hoffmeister, entdeckt wurde, hat seinen Standort im Sternbild Cepheus nahe dem Stern Delta.

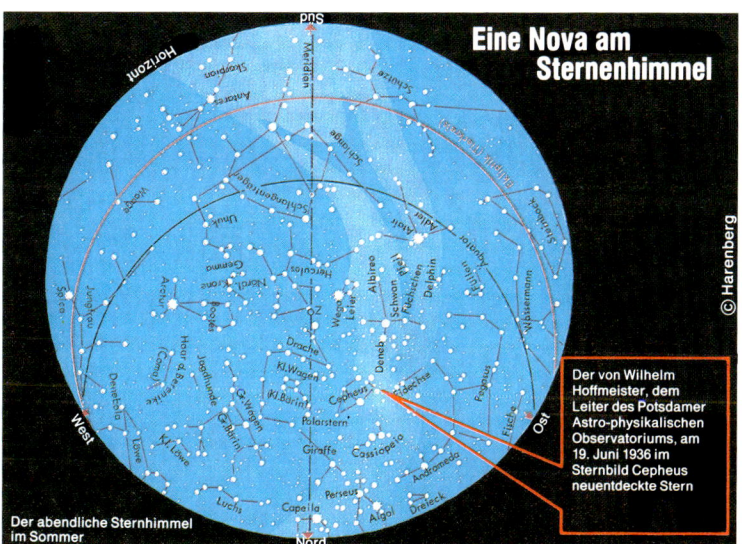

Eine Nova am Sternenhimmel

Der von Wilhelm Hoffmeister, dem Leiter des Potsdamer Astro-physikalischen Observatoriums, am 19. Juni 1936 im Sternbild Cepheus neuentdeckte Stern

550 Jahre Universität Heidelberg

27. bis 30. Juni. Heidelberg feiert das 550jährige Jubiläum der Ruprecht-Karls-Universität. Höhepunkt der Veranstaltungen ist am 28. Juni ein Empfang der Reichsregierung im Königssaal der Hochschule.

Anläßlich der Feierlichkeiten hält der deutsche Reichserziehungsminister Bernhard Rust am 29. Juni in der Universität einen Vortrag über »Nationalsozialismus und Wissenschaft«, in dem er die Reglementierung der Hochschulen durch die Nationalsozialisten rechtfertigt.

Ehemalige Studenten der Universität und Gelehrte aus aller Welt begeben sich zum Festakt

Der Rektor der Universität, Wilhelm Groh

Erster freier Flug mit Focke-Hubschrauber erfolgreich

26. Juni. *Der Pilot Ewald Rohlfs führt in Bremen mit dem ersten betriebsreifen Hubschrauber der Welt, dem Fw 61 der Firma Focke-Achgelis, erstmals einen freien Flug durch (Foto).*
Mit dem von Heinrich Focke konstruierten Zwillings-rotor-Hubschrauber gelingen erstmals in der Geschichte des Hubschrauberbaus längere präzis ge-
steuerte Schwebeflüge. Zudem erreicht der Fw 61 wesentlich bessere Leistungen als die vor ihm gebauten Hubschrauber.
Seine längste Flugzeit beträgt 1:33 Stunden. Er erreicht eine Flughöhe von 3 427 m. Die Höchstgeschwindigkeit liegt bei 122,5 km/h. Fockes Hubschrauber ist mit einem 160-PS-Motor ausgestattet.

Rekord knapp verfehlt

1. Juni. Das Flaggschiff der britischen Cunard Line, der Luxusdampfer »Queen Mary«, kommt auf seiner ersten Fahrt in New York an.
Für die Reise von Southampton bis New York benötigte das Schiff vier Tage, zwölf Stunden und 24 Minuten. Es verfehlte mit einer Durchschnittsgeschwindigkeit von 29,153 Knoten (53,954 km/h) den Rekord der französischen »Normandie« nur knapp. Der französische Dampfer hatte im Mai 1935 auf seiner Jungfernfahrt von Le Havre nach New York vier Tage, drei Stunden und 28 Minuten benötigt und für seine Rekordgeschwindigkeit von durchschnittlich 29,680 Knoten (54,967 km/h) das Blaue Band erhalten.
Die »Queen Mary« ist mit 81 237 t und einer Länge von 306 m der größte Liniendampfer der zivilen Schiffahrt Großbritanniens. Das Schiff kann 2140 Passagiere aufnehmen und hat eine Besatzung von 1000 Mann.

Das gegenwärtig zweitgrößte Schiff nach der französischen »Normandie«, der britische Luxusdampfer »Queen Mary«, erreicht den New Yorker Hafen, zahlreiche Schiffe geleiten die »Queen Mary« zur Anlegestelle

»Gorch Fock« hat Schwesterschiff

13. Juni. In Gegenwart des Führers und Reichskanzlers Adolf Hitler und führender Vertreter des Staates findet auf der Werft von Blohm & Voß in Hamburg der Stapellauf eines zweiten deutschen Segelschulschiffs statt.
Das neue Schwesterschiff der »Gorch Fock« wird auf den Namen »Horst Wessel« getauft. Bei seiner Taufrede geht der Stellvertreter des Führers, Rudolf Heß, auf Wessel als (angeblichen) Märtyrer für die nationalsozialistische Idee ein: »Weil Horst Wessel einer der erfolgreichsten Kämpfer des Nationalsozialismus war, sollte er sterben. Indem Horst Wessels Lippen verstummten, wurde sein Lied zum Lied der deutschen Revolution.«
Der 1907 in Bielefeld geborene Pfarrerssohn und spätere SA-Mann Horst Wessel wurde am 14. Januar 1930 bei einem Überfall angeschossen und starb an den Folgen. Das von Wessel geschriebene sog. Horst-Wessel-Lied (»Die Fahne hoch . . .«) wird bei öffentlichen Anlässen nach der Nationalhymne gespielt.

200 000 t Kaffee werden vernichtet

Juni. Das staatliche Kaffeekomitee in Brasilien übernimmt von den Erzeugern 200 000 t Rohkaffee, die vernichtet werden sollen. Grund für diese Maßnahme ist eine Überproduktion an Kaffee in Brasilien.
Für das Erntejahr 1935/36 wird die brasilianische Kaffeeproduktion auf 1,1 Millionen t geschätzt. Nach Berechnungen des Landwirtschaftsministeriums können davon höchstens 0,6 Millionen t exportiert werden. Wie in den vorhergegangenen Jahren ergibt sich ein Ernteüberschuß, der nicht abgesetzt werden kann. Beim Kaffeekomitee Brasiliens liegen bereits Anträge auf Vernichtung für weitere 300 000 t Kaffee vor.
Im Lauf des Jahres 1936 zeigt sich allerdings, daß der Überschuß nicht so groß ist wie befürchtet. Es können 1936 über 250 000 t Kaffee mehr exportiert werden als ursprünglich erwartet. Insgesamt werden 1935/36 etwa 1 051 500 t geerntet. Davon werden 850 000 t ausgeführt.

Kontrastfarben für Karosserie

23. Juni. Der deutsche Reichsverkehrsminister Paul Freiherr Eltz von Rübenach weist in einem Erlaß darauf hin, daß sich Fahrtrichtungsanzeiger bei Kraftfahrzeugen von der Karosserie farblich unterscheiden müssen.
Die Fahrtrichtungsanzeiger – ausschwenkbare am Türholmen befestigte Metallarme, für die bei Kraftfahrzeugen eine gelbrote Farbe vorgeschrieben ist –, heben sich vielfach von der Lackierung des Kraftfahrzeugaufbaus nicht genügend ab und werden dadurch besonders bei schlechten Witterungsverhältnissen ungenügend oder gar nicht wahrgenommen. Besonders die Autoindustrie wird deshalb von Eltz von Rübenach aufgefordert, bei der Wahl der Autofarben eine Kontrastfarbe zu wählen.
Viele schwere Unfälle auf den Straßen des Deutschen Reiches haben ihre Ursache in Fahrtrichtungswechseln, die durch die noch wenig ausgereiften Fahrtrichtungsanzeiger bisher nicht deutlich genug angezeigt werden können.

Bessere Verbindung in das Ruhrgebiet

7. Juni. Bei Krefeld weiht der deutsche Reichsminister und Stellvertreter des Führers, Rudolf Heß, eine neue Autobrücke über den Rhein ein. Diese »Adolf-Hitler-Rheinbrücke« soll den Krefeld-Uerdinger Wirtschaftsraum mit dem Ruhrgebiet verbinden.

Rudolf Heß

Das 860 m lange Bauwerk wurde in knapp dreijähriger Bauzeit mit einem finanziellen Aufwand von rund sieben Millionen Reichsmark (RM) errichtet. Durch die neue Brücke wird der Frachtweg zwischen den Städten Krefeld und Uerdingen einerseits und dem Ruhrgebiet andererseits um 15 km verkürzt. Der Krefelder Oberbürgermeister Fritz Heuyng hofft, daß die Verbesserung der Verkehrsverbindung auch dem Rheinhafen Krefeld-Uerdingen und der gesamten Industrie der Gegend, die Energie und Rohprodukte aus dem Ruhrgebiet bezieht, zugute kommt.

Werbung eines Münchener Versandhandels

Der deutsche Mann trägt immer noch steife Kragen

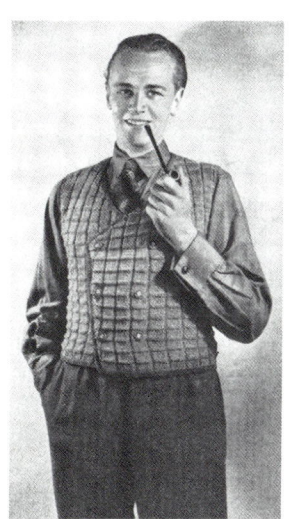

Deutsche Lässigkeit, Strickweste für zu Hause

Krawatten aus London für umgerechnet 56 RM

Die Mode im Stil der neuen Zeit

27. Juni. Der deutsche Reichsinnungsverband des Herrenschneiderhandwerks richtet ein Modeamt ein, das die Herrenkleidung dem Lebensstil der gegenwärtigen Zeit anpassen soll.

Nach den Bestimmungen des Modeamtes ist es Ziel, »das Kleidbild unseres Volkes entsprechend der geistigen Haltung unserer Zeit umzugestalten«. Der Leiter des Modeamtes,

Otto Jung, äußert sich zu seinen Vorstellungen von der Herrenmode: »Was wir schaffen wollen, ist ein ausgesprochen deutscher Stil. Der Kopf muß leicht und frei aus der Kleidung herausragen, der Anzug soll leicht und luftig sein, locker in den Hüften, einfach im Schnitt, die Achsel leicht gerundet, kurz und gut, dem heutigen deutschen Menschen entsprechen, der auf Sportplätzen

und Kampfbahnen Erholung sucht und nicht seine ganze Freizeit in Kaffeehäusern und Tanzdielen verbringt.«

Das Modeamt steht in ständiger Verbindung mit 15 Bezirksmodewarten. Diese leiten die neuen Richtlinien an 800 sog. Innungsmodewarte weiter, die einen großen Teil der 120 000 Schneidermeister von der deutschen Mode überzeugen sollen.

Zeitungsreklame der britischen Nobelmarke Rolls-Royce

Werbung für den V8, britischer Preis umgerechnet 3 000 RM

Ford-Modelle um rund 4% billiger

12. Juni. Die Firma Ford senkt die Preise für die Cabriolet- und Roadster-Modelle ihrer V8-Reihe um durchschnittlich 4%. Damit gibt der Automobil-Konzern die Verringerung der Produktionskosten an die Verbraucher weiter.

Trotz der Preissenkung um 200 bis 325 Reichsmark (RM) bleiben diese Ford-Modelle für einen großen Teil der deutschen Bevölkerung unerschwinglich. Während das monatliche Bruttoeinkommen der Arbeiter und Angestellten bei 150 bis 200 DM liegt, kosten die V8-Modelle der Firma Ford zwischen 5 990 RM und 6 475 RM. Durch die Produktionssteigerung in der deutschen Automobil-Industrie sinken die Pkw-Preise seit einigen Jahren konstant ab. Die Indexziffer (1925 = 100) lag 1932 bei 54,1, 1933 sank sie auf 51,1. 1936 liegt der Wert bei 46,1.

Internationale Automobil-Ausstellung, Berlin 1936

Adolf Hitler auf der Internationalen Automobil-Ausstellung in Berlin, wo der Trend zu preiswerteren Personenkraftwagen offenkundig wurde

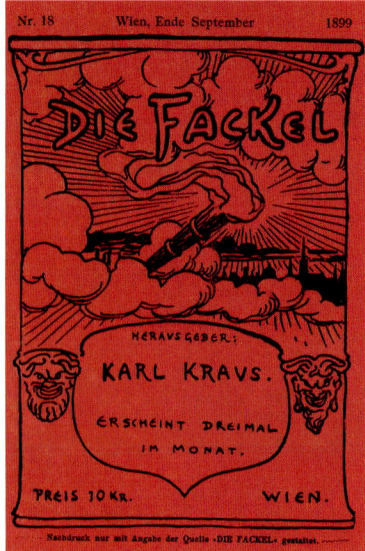

Titelseite der »Fackel« von 1899

Innenseite der »Fackel« von 1932

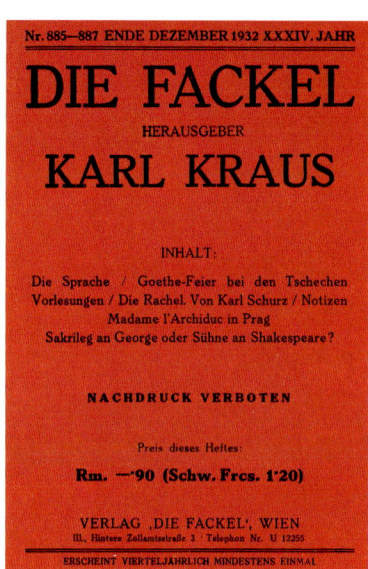

Titelseite der »Fackel« von 1932

Schriftsteller Gorki gestorben

18. Juni. Im Alter von 68 Jahren stirbt in Moskau der sowjetische Schriftsteller Maxim Gorki.

Den größten Teil seiner Kindheit verbrachte der früh verwaiste Gorki bei seinem Großvater. Aufgrund finanzieller Schwierigkeiten des Großvaters war Gorki schon mit elf Jahren gezwungen, eine Lehre zu beginnen. In der Folgezeit arbeitete er in verschiedenen Berufen und begann nach einer ausgedehnten Wanderung durch weite Teile der Sowjetunion im Jahr 1892 zu schreiben. Bekannt wurde Gorki durch seine 1898 veröffentlichten frühen Erzählungen, in denen er die Erfahrungen seiner Wanderschaft verarbeitete.

Herausgeber der »Fackel« ist tot

12. Juni. In Wien stirbt der österreichische Schriftsteller und Journalist Karl Kraus im Alter von 62 Jahren an einem Gehirnschlag.

Kraus, Sohn eines böhmischen Papierfabrikanten, wuchs in Wien auf. Nach dem Besuch des Gymnasiums studierte er dort von 1892 bis 1898 Jura, Philosophie und Germanistik. In dieser Zeit veröffentlichte er erste Aufsätze in Wiener Zeitungen. 1899 trat der Jude Kraus aus Protest gegen die zionistische Bewegung aus der israelischen Kultusgemeinde aus. 1911 konvertierte er zum Katholizismus. 1923 folgte sein Austritt aus der katholischen Kirche aufgrund deren Einstellung zum Weltkrieg.

Kurze Zeit nach dem Abbruch seines Studiums gründete Kraus 1899

Der Wiener Kritiker, Journalist und Schriftsteller Karl Kraus

die literarisch-politische Zeitschrift »Die Fackel«, für die er ab November 1911 allein die Artikel schrieb. In seinen Glossen und Essays griff Kraus mit Spott und Polemik die Großen und Mächtigen des gesellschaftlichen Lebens an. Mit Hilfe genauer Recherche und einer treffsicheren Sprache stellte er deren Verlogenheit und besonders die Manipulationen der Presse, die er für die Machtergreifung der Nationalsozialisten mitverantwortlich machte, an den Pranger. Zutiefst betroffen über die Unmenschlichkeit des Nationalsozialismus und behindert durch eine im Jahr 1933 festgestellte Herzschwäche, äußerte sich Kraus in den letzten Jahren seines Lebens kaum noch zeitkritisch.

Beisetzung der Urne mit Maxim Gorkis Asche in der Kremlmauer

Schauspieler Gründgens heiratet

22. Juni. Auf dem Berliner Standesamt Tiergarten heiraten der Schauspieler und Intendant des Berliner Staatstheaters (seit 1934) Gustaf Gründgens und die Schauspielerin Marianne Hoppe.

Nach Verpflichtungen am »Neuen Theater« in Frankfurt am Main (1930–1932) und an den Kammerspielen in München (1932/33) erhielt Marianne Hoppe 1933 ein Engagement am Staatlichen Schauspielhaus in Berlin. Ihre Tätigkeit beim Film (ab 1933) machte sie zu einer der bekanntesten deutschen Schauspielerinnen.

Sein politisches Engagement brachte ihn 1905 mit Lenin zusammen. Nach der mißglückten Revolution im Frühjahr 1905 wurde er verhaftet und ging nach seiner Freilassung ins Ausland (bis 1913). Zwar begrüßte Gorki die russische Oktoberrevolution, distanzierte sich aber von dem darauffolgenden Terror.

Gorki gilt als einer der Begründer des sozialistischen Realismus in der Literatur. Neben Erzählungen und Dramen schrieb Gorki biographische Arbeiten und mehrere Romane; am bekanntesten wurden die Romane »Foma Gordejew« (1899) und »Die Mutter« (1907) sowie seine Dramen »Die Kleinbürger« (1901) und »Nachtasyl« (1903).

Der Schauspieler Gustaf Gründgens und die Schauspielerin Marianne Hoppe, beide spielen 1936 in dem Film »Eine Frau ohne Bedeutung«

Theater 1936:

Nazi-Einfluß auch im Ausland

Emil Jannings in einer Theaterrolle als Otto von Bismarck

Wie für den Film und die bildende Kunst bedeutet auch für die Bühnen im Deutschen Reich die nationalsozialistische Herrschaft einen Niedergang in Regionen platter Gefälligkeiten und nationalsozialistischen Pathos und Kitsches.

Regisseure wie Erwin Piscator, Leopold Jessner oder Max Reinhardt, die in der Weimarer Zeit das Theater erneuerten und weiterentwickelten, leben schon seit Anfang der 30er Jahre im Exil.

Das »gesäuberte« deutsche Theater des Jahres 1936 beschränkt sich auf unverdächtige klassische Stücke, u. a. von Johann Wolfgang von Goethe und William Shakespeare. Wenn Neues aufgeführt wird, handelt es sich um historische Dramen oder um Volksstücke und Boulevardtheater.

Auch im Ausland macht sich der Einfluß der Nationalsozialisten verstärkt bemerkbar. Am 4. November 1936 wird in Kopenhagen das Hitlerdrama »Die Rundköpfe und die Spitzköpfe« von Bertolt Brecht, der seit 1933 im dänischen Exil lebt, uraufgeführt. Am 12. November wird sein Ballett »Die sieben Todsünden der Kleinbürger« ebenfalls in Kopenhagen aufgeführt. Das NS-Regime reagiert darauf mit einer Protestnote an die dänische Regierung. Wenige Tage später werden weitere Aufführungen verboten.

Ein weiteres herausragendes Theaterereignis findet 1936 ebenfalls im Ausland statt: Die Uraufführung von »Glaube Liebe Hoffnung«, einem »kleinen Totentanz« in fünf Bildern in Wien (→ 13. 11./S. 198).

Der deutsche Schriftsteller Bertolt Brecht in seinem alten Ford im dänischen Exil

Ödön von Horváth, seit 1934 lebt der Schriftsteller in Wien (vorher Berlin und München)

Der sozialistische Dramatiker Friedrich Wolf nach der Aufführung von »Floridsdorf« in Odessa

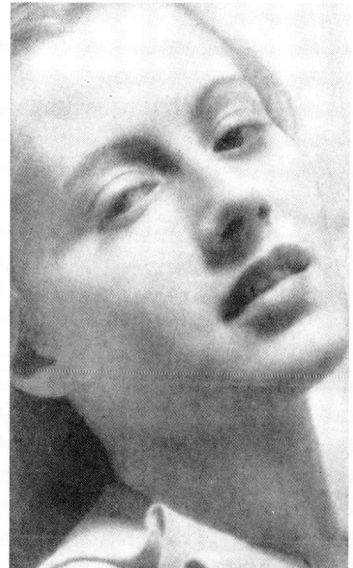

Die Theater-Schauspielerin Marina von Ditmar (Berlin)

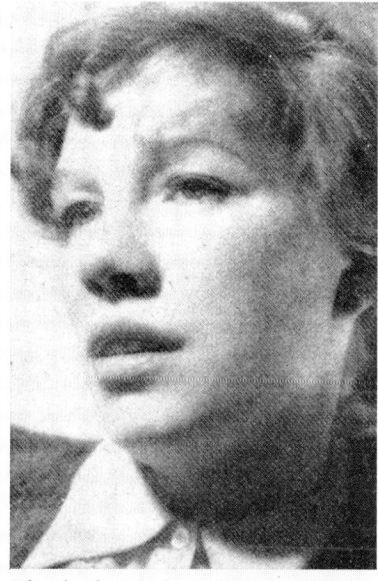

Elisabeth Flickenschildt spielt in Berlin vor allem komische Rollen

Die neuerbaute Dietrich-Eckart-Freilichtbühne auf dem Reichssportfeld in Berlin, Szenenbild aus dem »Herakles« von Georg Friedrich Händel

Schmeling gegen Louis

19. Juni. Der ehemalige Schwergewichtsweltmeister im Profiboxen, der Deutsche Max Schmeling, besiegt im New Yorker Yankee-Stadion vor 60 000 Zuschauern den US-amerikanischen Aspiranten auf den Weltmeistertitel, Joe Louis, durch K. o. in der zwölften Runde.

Hoher Favorit in diesem Kampf war der 22jährige »Braune Bomber« Joe Louis, der in seiner bisherigen Profilaufbahn von 28 Kämpfen 24 durch K. o. gewonnen hat. Der Kampf gegen den 30jährigen Schmeling sollte für Louis nur ein Routinekampf sein. Sein scheinbar sicheres Ziel war der Titelkampf gegen den amtierenden Schwergewichtsweltmeister James J. Braddock.

In den ersten drei Runden des Kampfes war Louis auch deutlich im Vorteil, und der mit 87,089 kg um fast 3 kg leichtere Schmeling hatte mehrere Treffer von dem acht Jahre jüngeren Gegner einzustecken. In der vierten Runde, für die Louis einen K.-o.-Sieg vorausgesagt hatte, wurde der »Braune Bomber« durch drei kurz aufeinanderfolgende Rechte von Schmeling erstmals in seiner Profilaufbahn zu Boden geschickt. Nach dieser überraschenden Wendung diktierte Schmeling das Geschehen und wurde von Runde zu Runde überlegener. Nach halber Distanz führte der Deutsche so klar nach Punkten, daß Louis nur noch durch einen K.-o.-Treffer hätte siegen können. In der zwölften Runde schlug Schmeling den geschwächten Louis k. o.

Mit dem Sieg über Louis scheint das Comeback für Schmeling gelungen. Er hat nun Aussicht, gegen den Weltmeister Braddock anzutreten. Ernsthaft begonnen hat Schmeling mit dem Boxen 1923, im Alter von 18 Jahren. 1924 wurde er Profiboxer. Durch einen K.-o.-Sieg über Max Diekmann holte Schmeling sich am 24. August 1926 in Berlin den Titel eines Deutschen Meisters im Halbschwergewicht. Nach seinem Wechsel in die Schwergewichtsklasse schlug er den Deutschen Meister Franz Diener am 4. April 1928 nach Punkten und war Deutscher Meister aller Klassen.

Bereits zwei Jahre später stand er in New York im Titelkampf um die Weltmeisterschaft. Weil sein Gegner, der US-Amerikaner Jack Sharkey, einen Tiefschlag angebracht hatte, wurde er disqualifiziert und Schmeling somit Schwergewichtsweltmeister der Profiboxer.

Gegen Sharkey verlor er seinen Titel auch wieder. Nach einem Kampf über 15 Runden wurde Sharkey am 21. Juni 1932 zum Sieger nach Punkten erklärt, obwohl Fachleute und Zuschauer einhellig der Meinung waren, daß Schmeling der Sieger gewesen sei.

◁ Gezeichnet von dem harten Kampf über zwölf Runden, aber glücklich: Max Schmeling nimmt die Gratulation von Julian Black (l.), einem der zwei Trainer des »Braunen Bombers« Joe Louis, entgegen

Der jubelnde ▷ Max Schmeling nach dem entscheidenden Treffer in der zwölften Runde gegen den bisher unbesiegten farbigen »Wunderboxer« Joe Louis

Illustrirte Zeitung

Schmelings Sieg · Seite 998
...melings Heimkehr

Ausführliche Berichte über Max Schmeling und seinen Kampf gegen Joe Louis in der deutschen Presse (»Berliner Illustrirte« vom 2. 7. 1936)

Max Schmeling als deutscher Held

26. Juni. Nach seinem Sieg über den schwarzen US-Amerikaner Joe Louis wird der Boxer Max Schmeling im Deutschen Reich frenetisch gefeiert und von den Nationalsozialisten zu Propagandazwecken mißbraucht.

Bei seiner Ankunft in Frankfurt am Main wird Schmeling von Tausenden begrüßt und bejubelt. Einen Tag später, am 27. Juni 1936, empfängt der Führer und Reichskanzler Adolf Hitler den Profiboxer in Berlin.

Schon am → 19. Juni (S. 114), direkt nach dem Kampf, hatte der deutsche Propagandaminister Joseph Goebbels Schmeling ein Telegramm geschickt, in dem es heißt: »Zu Ihrem wunderbaren Sieg... meine allerherzlichsten Glückwünsche. Ich weiß, daß Sie für Deutschland gekämpft haben. Ihr Sieg ist ein deutscher Sieg. Wir sind stolz auf Sie.«

Schmeling wird von der nationalsozialistischen Propaganda als Held aufgebaut, der für das »neue« Deutsche Reich gekämpft und die Überlegenheit der weißen, deutschen Rasse über die schwarze Rasse bestätigt habe. Welchen politischen Stellenwert gerade der Boxsport für den Nationalsozialismus hat, zeigt ein Zitat aus Hitlers »Mein Kampf«: »Es gibt keinen Sport, der wie dieser den Angriffsgeist im gleichen Maße fördert, blitzschnelle Entschlußkraft verlangt, den Körper zu stählerner Geschmeidigkeit erzieht... Das mag in den Augen unserer Geisteskämpfer natürlich als wild erscheinen. Doch hat der völkische Staat eben nicht die Aufgabe, eine Kolonie friedsamer Ästheten und körperlicher Degeneraten aufzuzüchten.«

Max Schmeling bei seiner Ankunft in Frankfurt (v. l.: Schmelings Mutter, Max Schmeling, seine Frau Anny Ondra), im Hintergrund die Umrisse des Luftschiffes »Hindenburg«, mit dem der Boxer aus New York kam

Empfang beim Führer Adolf Hitler in der Berliner Reichskanzlei (v. l.: Adolf Hitler, Schmelings Mutter, Anny Ondra, Max Schmeling)

Tausende von Frankfurtern begrüßen den siegreichen Boxer

In Berlin: Joseph Goebbels (l.), Adolf Hitler (4. v. l.), Anny Ondra (2. v. r.), Max Schmeling (r.)

Die letzten Karten für Olympia

15. Juni. In den Räumen der Deutschen Bank und Diskonto-Gesellschaft in Berlin beginnt der Kartenvorverkauf für die letzten Einzelkarten zu den Veranstaltungen der Olympischen Spiele vom 1. bis zum 16. August 1936.

Durch die große Nachfrage ist der Bestand an Karten für den freien Verkauf im Deutschen Reich fast restlos ausgegeben. Nur noch für die Disziplinen Handball und Kanusport sowie für die Demonstrationsspiele im Baseball sind Einzelkarten erhältlich.

Das deutsche Organisationskomitee für die Olympischen Spiele hat den einzelnen Ländern bestimmte Kartenkontingente zugeteilt. Sie sind am sportlichen Interesse der Nationen und der zu erwartenden Zuschauerzahl orientiert. Durch diese Regelung sollen die zur Verfügung stehenden Karten einigermaßen gerecht verteilt werden.

Über den Kartenverkauf informiert das Organisationskomitee der Olympischen Spiele in seinem amtlichen Bericht: »Im Anschluß an diese Beschlüsse wurden die sehr schwierigen Vorbereitungen für das ganze Kartenwesen getroffen, noch im Oktober 1934 wurde die Höhe der Eintrittspreise öffentlich bekanntgegeben. Am 1. November wurde die Kartenstelle errichtet und am 1. Januar 1935 mit dem Vorverkauf begonnen. Wir kamen insgesamt auf 660 verschiedene Kartensorten, und schließlich wurden im ganzen 4,5 Millionen Karten gedruckt. Der Verkauf wurde den internationalen Reisebüros übertragen, ferner wurden den Nationalen Olympischen Komitees Karten angeboten, und im übrigen verkaufte die Kartenstelle auf schriftliche Bestellung hin. Zunächst kamen die Olympiastadion-Pässe in den Handel, die Zutritt zu allen Veranstaltungen im Olympiastadion gewährten. Vom 1. Juni 1935 an gelangten Dauerkarten für die einzelnen Sportarten zum Verkauf. Im Juli 1935 war bereits die erste Million Reichsmark an Eintrittsgeldern eingegangen, im Januar 1936 die zweite Million. Von Anfang Februar an wurden auch Einzelkarten verkauft. Der Versuch eines öffentlichen Verkaufs im April 1936 scheiterte am Überandrang Tausender, die sich schon in den frühesten Morgenstunden anstellten.«

Preise der Eintrittskarten

Kartensorte	Sitzplatzklasse		
	I. RM	II. RM	III. RM
Olympiapaß	100	60	40
Dauerkarten:			
Leichtathletik	40	30	20
Schwimmen	40	30	–
Boxen	40	30	20
Fechten	35	–	–
Rudern und Kanu	35	25	–
Ringen, Gewichtheben	30	20	–
Fußball (Schluß- und Zwischenrunden)	30	20	15
Hockey, alle Spiele	25	–	–
Handball, alle Spiele	15	–	–
Einzelkarten:			
An Haupttagen, Entscheidungskämpfe	10	6	4
An anderen Tagen	6	4	2

Für weniger bemittelte Sportfreunde sind allenfalls Karten für Stehplätze erschwinglich. Sie kosten eine Reichsmark (RM), an Haupttagen zwei RM.

Rosemeyer siegt im Eifelrennen

14. Juni. Der deutsche Rennfahrer Bernd Rosemeyer gewinnt beim Eifelrennen auf dem Nürburgring in der Klasse der Rennwagen über 1500 cm³ Hubraum auf Auto-Union vor dem favorisierten Tazio Nuvolari auf Alfa Romeo.

Trotz regnerischen und nebligen Wetters haben sich am Nürburgring 250 000 Zuschauer eingefunden, die vor allem an dem Rennen der großen Wagen interessiert sind.

Rosemeyer erreicht auf dem über zehn Runden zu je 22,81 km führenden Kurs eine Durchschnittsgeschwindigkeit von 117,1 km/h. Mit einer Zeit von 1:56:41,1 Stunden ist Rosemeyer über zwei Minuten schneller als Nuvolari (1:58:54 Stunden), der auf Sicherheit fuhr, weil dichter Nebel die Rennstrecke einhüllte. Den dritten Platz belegt Antonio Brivio (Italien, 1:59:30,2 Stunden) auf Alfa Romeo.

Kurz nach dem Eifelrennen wird Rosemeyer von dem Reichsführer der SS, Heinrich Himmler, zum SS-Oberturmführer ernannt.

Fahrerlager am Nürburgring: Ein 5-l-Coupé der Firma Horch (l.), der 16-Zylinder-Rennwagen von Auto-Union (r.) mit 520 PS (340 km/h Spitze)

Sieger Bernd Rosemeyer, nach dem Rennen SS-Obersturmführer

Tazio Nuvolari, italienischer Weltklasse-Fahrer auf Alfa Romeo

1. FC Nürnberg ist Deutscher Meister

21. Juni. Durch einen glücklichen 2:1-Endspielsieg über die Mannschaft von Fortuna Düsseldorf im Berliner Poststadion wird der 1. FC Nürnberg Deutscher Fußballmeister des Jahres 1936.

Schon drei Minuten nach Beginn des Finales, das vor 45 000 Zuschauern ausgetragen wurde, ging Fortuna Düsseldorf durch einen Kopfball von Josef Nachtigall in Führung. Die daraufhin auf Offensive schaltenden Nürnberger schafften zehn Minuten später den Ausgleich. Max Eiberger umspielte drei Gegner im Düsseldorfer Strafraum und lenkte den Ball aus kürzester Entfernung zum 1:1 in das von Willi Pesch gehütete Tor.

Für den Rest der ersten Halbzeit und besonders in der zweiten Spielhälfte zeigte sich dann die Überlegenheit der Düsseldorfer Spieler, denen aber trotz vieler Torchancen der Führungstreffer nicht gelang. Schuld daran war u. a. der Nürnberger Torwart Georg Köhl, der seine Mannschaft immer wieder durch glänzende Paraden vor einer Niederlage bewahrte. Bis zum Ende der regulären Spielzeit blieb es bei dem 1:1-Unentschieden.

In der folgenden Verlängerung von zweimal 15 Minuten versuchten die vollkommen erschöpften Spieler mit letzter Kraft, das Spiel doch noch für die eigene Mannschaft zu entscheiden. Durch einen glücklichen Treffer des Nürnbergers Karl Gußner in der 120. Spielminute errang der 1. FC Nürnberg schließlich den Sieg über die weit stärkere Elf aus Düsseldorf und wurde damit zum sechstenmal Deutscher Fußballmeister.

Auf dem Weg ins Endspiel hatte der 1. FC Nürnberg in der Vorschlußrunde am 7. Juni 1936 in Stuttgart bereits den Meisterschaftsfavoriten FC Schalke 04 mit einem 2:0-Sieg ausgeschaltet.

Die Mannschaften im Endspiel

1. FC Nürnberg: Georg Köhl, Willi Billmann, Andreas Munkert, Hans Übelein, Heinz Carolin, Richard Oehm, Karl Gußner, Max Eiberger, Georg Friedel, Seppl Schmitt, Richard Schwab

Fortuna Düsseldorf: Willi Pesch, Paul Janes, Paul Bornefeld, Paul Mehl, Jakob Bender, Edu Czaika, Ernst Albrecht, Willi Wigold, Josef Nachtigall, Ernst Zwolanewski, Stanislaus Kobierski

Juli 1936

Mo	Di	Mi	Do	Fr	Sa	So
		1	2	3	4	5
6	7	8	9	10	11	12
13	14	15	16	17	18	19
20	21	22	23	24	25	26
27	28	29	30	31		

1. Juli, Mittwoch

Vor der Völkerbundsversammlung in Genf schlägt der britische Außenminister Anthony Eden die Aufhebung der Sanktionen gegen Italien vor und fordert, daß die Annexion Abessiniens (Äthiopien) durch Italien in keiner Weise anerkannt werden dürfe (→ 15. 7./S. 127).

Die neuen Tarife der deutschen Haftpflicht- und Kaskoversicherung treten in Kraft. Unabhängig davon, ob ein Kraftfahrer an dem Unfall schuld ist oder nicht, muß er zukünftig bei einem Schadensfall mindestens die Hälfte der Jahresprämie einer Haftpflichtversicherung selbst tragen.

2. Juli, Donnerstag

Im Dom zu Quedlinburg findet die Reichsfeier zum 1000. Todestag des deutschen Königs Heinrich I. statt. → S. 131

Das deutsche Luftschiff LZ 129 »Hindenburg« erreicht den New Yorker Luftschiffhafen Lakehurst in neuer Rekordzeit. Für die Strecke Frankfurt am Main–New York benötigt es 51:29 Stunden.

Das deutsche Statistische Reichsamt meldet eine Steigerung des Fremdenverkehrs aus dem Ausland. Danach wurden im Mai 1936 120 000 ausländische Touristen im Deutschen Reich gezählt, was einer Steigerung gegenüber dem Vergleichsmonat des Jahres 1935 um 35% entspricht.

Die Armeekommission des französischen Senats befaßt sich mit einer Erweiterung der östlichen Befestigungsanlagen (Maginot-Linie). Es wird der Bau von Befestigungsanlagen an der Grenze zur Schweiz erwogen, um eine Umgehung der Maginot-Linie durch Angreifer zu verhindern.

Das US-amerikanische Schatzamt schließt das Haushaltsjahr 1935/36 mit einem Defizit von 5,9 Milliarden Dollar (rund 14,7 Milliarden Reichsmark/RM). Damit sind die Staatsschulden der Vereinigten Staaten auf 33,9 Milliarden Dollar (rund 84,2 Milliarden RM) gestiegen.

Gegen den Vorwurf der Schwäche, den die Konservative Partei gegen ihn erhoben hat, wendet sich der britische Premierminister Stanley Baldwin ein, die Regierung habe sich im italienisch-abessinischen Krieg vorsichtig verhalten, um Großbritannien vor einem Krieg zu bewahren. Im übrigen sei die britische Regierung bemüht, Frankreich und das Deutsche Reich miteinander zu versöhnen, um den Frieden in Europa zu erhalten.

3. Juli, Freitag

In Weimar finden vom 3. bis zum 5. Juli die Feiern der NSDAP zur zehnten Wiederkehr des Ersten Reichsparteitages vom 3./4. Juli 1926 statt (→ 4. 7./S. 130).

Die österreichische Bundesregierung erläßt ein Gesetz, das die Leistungen an Personen regelt, die bei der in Bankrott gegangenen Versicherungsgesellschaft »Phönix« versichert waren. Danach werden die 300 000 Versicherungsverträge einer Pauschalregelung zugeführt. Die Erfüllung der Prämienverträge wird um zwei bis fünf Jahre hinausgeschoben; im Sterbefall wird die Prämie sofort ausgezahlt (→ 16. 4./S. 71).

Auf der Jugendseite der »Kieler neuesten Nachrichten« wird das Trampen, das sich einer immer größeren Beliebtheit erfreut, als Unsitte angeprangert. → S. 131

Der britische Tennisspieler Fred Perry besiegt den Deutschen Gottfried von Cramm im Endspiel um die inoffizielle Tennis-Weltmeisterschaft in Wimbledon. → S. 137

4. Juli, Sonnabend

Bei der Zehnjahresfeier des Weimarer NSDAP-Parteitages äußert sich Führer und Reichskanzler Adolf Hitler über das Wesen der NSDAP-Parteitage. → S. 130

Der Völkerbund befaßt sich in Genf mit dem Bericht des Völkerbundskommissars für Danzig, Sean Lester, in dem auf einen unterlassenen Besuch der Offiziere des deutschen Kreuzers »Leipzig« bei Lester genauso verwiesen wird wie auf die jüngst erfolgten Unruhen in der Freien Stadt. Als Reaktion darauf fordert der Senatspräsident von Danzig, Arthur Greiser, eine Überprüfung des Verhältnisses Danzigs zum Völkerbund und die Abschaffung des Völkerbundskommissariats für Danzig.

Die in Palästina ansässigen Ausländer unterbreiten dem britischen Oberkommissar, Sir Arthur Wauchope, einen Friedensvorschlag zur Beilegung des Konflikts zwischen Arabern und Juden. Darin ist ein vorübergehendes Einwanderungsverbot für Ausländer und die Einstellung der Streiks durch die Araber vorgesehen (→ 19. 4./S. 72).

Die US-Amerikanerin Helen Jacobs gewinnt das Damenfinale beim Tennisturnier von Wimbledon gegen Hilde Sperling-Krahwinkel. → S. 137

Auf einer Konferenz über Flüchtlingsfragen in Genf wird eine vorläufige Konvention über Flüchtlinge aus dem Deutschen Reich beschlossen. → S. 127

5. Juli, Sonntag

In der Schweiz »streiken« die Kraftfahrzeugbesitzer, um gegen den geplanten Alkoholbeimischungszwang zum Treibstoff zu protestieren. → S. 136

6. Juli, Montag

Die Sanktionskonferenz des Völkerbunds beschließt in Genf, die Wirtschaftssanktionen gegen Italien wegen der Annexion Abessiniens (Äthiopiens) am 15. Juli zu beenden (→ 15. 7./S. 127).

Nach viermonatiger Untersuchung fällt das japanische Kriegsgericht in Tokio die Urteile gegen die Offiziere und Soldaten, die am Aufstand vom 26. Februar beteiligt waren. 17 Offiziere werden zum Tode verurteilt; zwei Angeklagte erhalten lebenslängliche Haftstrafen (→ 26. 2./S. 36).

7. Juli, Dienstag

Die britische Abordnung legt auf der Konferenz über die Neuregelung der Meerengenfrage in Montreux, bei der vor allem das Durchfahrtsrecht von Kriegsschiffen durch die Dardanellen und den Bosporus strittig ist, einen veränderten Entwurf der türkischen Vorschläge vom 22. Juni vor. Danach soll die Durchfahrt von Kriegsschiffen vollständig frei sein (→ 20. 7./S. 127).

8. Juli, Mittwoch

In Frankfurt am Main wird der Flug- und Luftschiffhafen Rhein-Main eröffnet. → S. 130

Durch das Reichskommissariat für Preisüberwachung werden im Deutschen Reich für die Zeit der Olympischen Sommerspiele Verordnungen erlassen, die Preissteigerungen – besonders bei der »Beherbergung von Gästen aus Anlaß der Olympischen Spiele« – verbieten. → S. 134

9. Juli, Donnerstag

Der deutsche Reichswirtschaftsminister Hjalmar Schacht fordert die Industrie zur verstärkten Zeichnung der Reichsanleihe auf. → S. 131

Das Reichsgesetz zum Schutz des deutschen Blutes und der deutschen Ehre vom 17. September 1935 hat nach einem Bericht des deutschen Reichsjustizministeriums »in der strafrechtlichen Praxis schon segensreiche Bedeutung erlangt«. Eine Reihe von Gründen spreche dafür, das Verbot des außerehelichen Verkehrs zwischen Juden und Ariern nicht auf den Beischlaf zu beschränken.

Reichspropagandaminister Joseph Goebbels ordnet für die NSDAP im ganzen Deutschen Reich eine Versammlungsruhe vom 1. August bis zum 7. September 1936 an. → S. 134

10. Juli, Freitag

Die britische Mittelmeerflotte wird um 18 Kriegsschiffe verkleinert. → S. 129

Das erste deutsche Erbhofdorf, Riedrode in Hessen, wird seiner Bestimmung übergeben. → S. 130

In München hat der Film »Straßenmusik« mit Karl Valentin und Liesl Karlstadt Premiere. Regie führte Hans Deppe.

11. Juli, Sonnabend

Der deutsche Reichspropagandaminister Joseph Goebbels verliest im deutschen Rundfunk die amtliche Erklärung über ein Freundschaftsabkommen (sog. Juliabkommen), das zwischen dem Deutschen Reich und Österreich abgeschlossen worden ist. → S. 126

Das deutsche Kriegsministerium ordnet an, daß Juden nicht zur Wehrmacht einberufen werden dürfen.

Der deutsche Reichsjugendführer Baldur von Schirach erläßt eine Anordnung für das deutsche Jungvolk in der Hitlerjugend. Darin werden die Grenzen der Beanspruchung für die 10- bis 14jährigen bei HJ-Veranstaltungen festgelegt. → S. 130

12. Juli, Sonntag

Nach einem Erlaß des deutschen Reichspostministers Paul Freiherr Eltz von Rübenach sollen künftig die Wünsche der Briefmarkensammler – was die Abstempelung von Sammlermarken betrifft – besonders berücksichtigt werden. Grundsätzlich soll die Marke nur mit einem Stempelabdruck getroffen werden, der das Markenbild lediglich zu einem Drittel bedecken darf.

Ein Gesetz über die Vorführung ausländischer Filme im Deutschen Reich überträgt dem Propagandaministerium die alleinige Entscheidungsbefugnis über die Vorführungszulassung (→ S. 25).

13. Juli, Montag

In Berlin wird die Zentralstation des Olympia-Weltsenders fertiggestellt. Durch die zur Zeit größte Rundfunkübertragungsanlage im Deutschen Reich können 30 Sender gleichzeitig bedient werden.

In Madrid wird der Führer der spanischen Monarchisten, José Calvo Sotelo, ermordet. Als Motiv wird ein Racheakt für die Ermordung eines Polizeioffiziers durch Rechtsradikale in der Nacht zum 13. Juli angenommen. Da Unruhen befürchtet werden, läßt die spanische Regierung das anarchosyndikalistische Parteihaus in Madrid und die Klubs der Monarchisten schließen.

14. Juli, Dienstag

Die italienische Regierung plant, drei Divisionen aus der nordafrikanischen Kolonie Libyen abzuziehen. → S. 129

In Österreich sollen in der nächsten Zeit keine politischen Prozesse stattfinden; außerdem soll das für diesen Sommer erlassene Versammlungsverbot für die Woche bis zum 19. Juli gelockert werden, um der Vaterländischen Front die Möglichkeit zu geben, die Bevölkerung über das Abkommen mit dem Deutschen Reich zu informieren (→ 11. 7./S. 126).

Wegen zu hoher Kosten wird in Florida in den USA der Bau des Florida-Kanals eingestellt. → S. 136

Nummer 27 2. Juli 1936

45. Jahrgang Preis 20 Pfennig

Berliner Illustrirte Zeitung

Bildbericht der »Berliner Illustrirten Zeitung« vom 2. Juli 1936 über den siegreichen Boxkampf von Max Schmeling gegen den US-Amerikaner Joe Louis und seine Rückkehr nach Berlin

Schmelings Sieg Seite 998

Schmelings Heimkehr Seite 1037

Olympischer Ehrendienst bei der Arbeit.

Arno Peters

Der australischen Schwimmerin Kitty Mackay werden Erklärungen im Reichssportfeld gegeben.

Für unsere Olympia-Gäste hat das deutsche Olympia-Komitee eine Reihe von sprach- und ortskundigen Helfern und Helferinnen ausgebildet, die den Wettkämpfern und ihren Begleitern aus dem Ausland beratend zur Seite stehen.

Juli 1936

15. Juli, Mittwoch

In ganz Italien wird das offizielle Ende der wirtschaftlichen Sanktionen gegen Italien von den Faschisten als Sieg gefeiert. → S. 127

In einer Note an den österreichischen Bundeskanzler Kurt Schuschnigg bezüglich des deutsch-österreichischen Abkommens (sog. Juliabkommen) begrüßt Erzbischof Theodor Innitzer »mit aufrichtiger Freude und ehrlicher Genugtuung dieses Werk des Friedens« (→ 11. 7./S. 126).

Die gesamte Bevölkerung Großbritanniens soll mit Gasmasken ausgerüstet werden. → S. 128

16. Juli, Donnerstag

Bei dem Antrittsbesuch des neuen italienischen Generalkonsuls in der Freien Stadt Danzig, Amadeo Ponzone, begrüßt der Danziger Senatspräsident Arthur Greiser Ponzone als Vertreter des Königreichs Italien und des Kaiserreichs Abessinien (Äthiopien), was einer Anerkennung der italienischen Annexion Abessiniens gleichkommt.

In Spanien verlängert die ständige Kommission des spanischen Landtags wegen der andauernden Unruhen den Alarmzustand im Lande um einen Monat (→ 17. 7./S. 122).

Auf den britischen König Eduard VIII. wird nach einer Fahnenparade im Londoner Hydepark angeblich ein Anschlag verübt. → S. 128

17. Juli, Freitag

Ein Militärputsch in Spanisch-Marokko unter der Führung des Befehlshabers der Kanarischen Inseln, Francisco Franco, ist das Vorspiel zum Spanischen Bürgerkrieg. → S. 122

Die Rebellion der chinesischen Südprovinzen geht nach fünf Wochen zu Ende. → S. 129

Die französische Deputiertenkammer stimmt mit 484 gegen 85 Stimmen für den Gesetzentwurf über die Nationalisierung der französischen Rüstungsindustrie. → S. 128

Die Siemens AG bietet Kühlschränke von 60 bis 300 l Nutzraum ab 295 Reichsmark an.

18. Juli, Sonnabend

In Berlin wird die große Ausstellung »Deutschland« eröffnet (Dauer bis zum 23. 8.). → S. 134

In zahlreichen Städten Spaniens bricht der Aufstand der Militärs aus (→ 17. 7./S. 122).

19. Juli, Sonntag

Der spanische Ministerpräsident Santiago Casares Quiroga gibt den Rücktritt seines linksrepublikanischen Kabinetts bekannt. → S. 123

Die Bayreuther Festspiele werden mit einer Aufführung des »Lohengrin« von Richard Wagner eröffnet. Die Wagner-Festspiele sind wegen der Olympischen Spiele in zwei Abschnitte getrennt: Sie dauern vom 19. bis zum 30. Juli und vom 18. bis 31. August.

20. Juli, Montag

In Montreux wird der neue Meerengenvertrag unterzeichnet. Direkt nach der Unterzeichnung des Abkommens marschieren türkische Truppen in die Meerengenzonen der Dardanellen und des Bosporus ein. → S. 127

Im antiken Stadion von Olympia auf dem Peloponnes wird das olympische Feuer entzündet. → S. 133

21. Juli, Dienstag

In Berlin hat der Spielfilm »Der Kaiser von Kalifornien« Premiere. Luis Trenker führte Regie und ist auch in der Hauptrolle zu sehen. → S. 136

22. Juli, Mittwoch

Der Moskauer Rundfunk richtet einen Aufruf an die Bevölkerung Spaniens und fordert sie auf, sich zu bewaffnen und den Aufständischen stärksten Widerstand zu leisten.

Die deutsche Reichsregierung sagt Abgesandten des spanischen Putschgenerals Francisco Franco die Hilfe des Deutschen Reiches zu. → S. 124

Die USA, Großbritannien und Frankreich entsenden Kriegsschiffe nach Spanien, um die dort lebenden Staatsangehörigen zu schützen.

Bei dem Versuch, die Eiger-Nordwand in den Berner Alpen zu besteigen, kommen zwei deutsche und zwei österreichische Alpinisten ums Leben.

In München werden die Wagner- und Mozart-Festspiele eröffnet, die bis zum 31. August stattfinden.

23. Juli, Donnerstag

Auf Beschluß der deutschen Reichsregierung wird die bisherige Gesandtschaft im abessinischen Addis Abeba in ein Generalkonsulat umgewandelt. Diese Maßnahme bedeutet indirekt eine Anerkennung der italienischen Annexion Abessiniens (Äthiopiens) durch das nationalsozialistische Regime.

Während einer Zusammenkunft von Regierungsvertretern Frankreichs, Belgiens und Großbritanniens einigen sich die drei Locarno-Pakt-Staaten darauf, Italien und das Deutsche Reich zu einer Konferenz aller Staaten einzuladen, die 1925 den Locarno-Pakt zur Sicherung des europäischen Grenzverlaufs unterzeichnet haben.

Im nordspanischen Burgos wird eine provisorische »nationale« Regierung unter dem Vorsitz des aufständischen Generals Miguel Cabanellas gebildet. → S. 124

24. Juli, Freitag

»Zum Schutz der deutschen Staatsangehörigen in Spanien« laufen die deutschen Panzerschiffe »Admiral Scheer« und »Deutschland« aus.

Bei der Firma Auto-Union in Spandau treten 600 Arbeiter in den Streik, um gegen Lohnkürzungen zu protestieren.

Aufgrund der Gerüchte über Waffenlieferungen Frankreichs an die spanische Regierung, entrüstet sich die konservative Presse gegen die Regierung Léon Blum.

25. Juli, Sonnabend

Der Führer und Reichskanzler Adolf Hitler ernennt den Gesandten in Wien, Franz von Papen, aus Anlaß des deutsch-österreichischen Vertragsabschlusses vom → 11. Juli (S. 126) zum »außerordentlichen und bevollmächtigten« Botschafter in Wien.

Nach schweren Kämpfen nördlich der spanischen Hauptstadt Madrid wird ein Angriff aufständischer Truppen unter der Führung General Emilio Molas durch Regierungstruppen zurückgeschlagen.

Der Regierungsrat des schweizerischen Kantons Bern verbietet – unter dem Eindruck des Bergunglücks vom 22. Juli, bei dem zwei Deutsche und zwei Österreicher ums Leben kamen – bis auf weiteres das Besteigen der Eiger-Nordwand.

26. Juli, Sonntag

In geheimer Mission transportieren italienische Flugzeuge aufständische Truppen von Marokko nach Spanien (→ 22. 7./S. 124).

Nach der neuesten Bekanntgabe des deutschen Reichsverkehrsministeriums sind in der Woche vom 20. bis zum 26. Juli auf deutschen Straßen 151 Menschen bei Unfällen ums Leben gekommen und 4256 verletzt worden.

Der deutsche Rennfahrer Bernd Rosemeyer gewinnt auf Auto-Union den Großen Preis von Deutschland auf dem Nürburgring. Zweiter wird – ebenfalls auf Auto-Union – Hans Stuck vor dem Italiener Antonio Brivio auf Alfa Romeo.

27. Juli, Montag

Der Leiter der Auslandsorganisation der NSDAP, Ernst Wilhelm Bohle, richtet einen »Hilfsfonds für die geschädigten Spanien-Deutschen« ein.

Im Deutschen Reich beginnt der Sommer-Schluß-Verkauf, der bis zum 1. August dauert.

28. Juli, Dienstag

In einem Abkommen zwischen dem deutschen Reichssportbund und der Hitlerjugend (HJ) wird festgelegt, daß die HJ die sportliche Ertüchtigung der 10- bis 14jährigen übernimmt. Entsprechende Abteilungen beim deutschen Reichssportbund sollen aufgelöst werden.

Nach einer Mitteilung des Deutschen Reichspostministeriums wird der Paketverkehr nach Spanien ab sofort eingestellt.

Die britische Mannschaft schlägt Australien im Davis-Pokal-Endspiel in Wimbledon 3 : 2. → S. 137

Vom 28. Juli bis zum 31. August finden in Salzburg die Festspiele statt.

29. Juli, Mittwoch

Nachdem es in Spanien zu Protesten gegen die deutsche und italienische Einmischung in den Spanienkonflikt gekommen ist, schreibt die deutsche Presse, daß es höchst bedauerlich sei, »wenn man in Spanien duldet, daß erwiesenermaßen neutrale Länder einer Einmischung in rein innerpolitische Angelegenheiten beschuldigt werden«.

Nach einem Erlaß des deutschen Reichsverkehrsministeriums werden ab dem 1. August alle Strafen wegen Verletzung der Verkehrsvorschriften in den Führerschein eingetragen.

30. Juli, Donnerstag

Die italienische Regierung sendet zwölf Flugzeuge und einen Frachter mit Munition an die Truppen des spanischen Putschgenerals Francisco Franco.

Das französische Parlament verabschiedet einen Gesetzesvorschlag, der den Frauen in Frankreich das gleiche aktive und passive Wahlrecht wie den Männern zuerkennt.

Die Einfuhr von Rohkaffee in das Deutsche Reich hat im ersten Halbjahr 1936 gegenüber dem gleichen Zeitraum 1934 um 2,4% zugenommen. Es wurden 72700 t Kaffee im Gesamtwert von 58,2 Millionen Reichsmark vorwiegend aus Brasilien eingeführt (→ S. 110).

31. Juli, Freitag

Der deutsche Reichspropagandaminister Joseph Goebbels eröffnet in Berlin die Kunstausstellung des Internationalen Kunstwettbewerbs der XI. Olympischen Spiele. → S. 132

Das in Berlin tagende Internationale Olympische Komitee vergibt die XII. Olympischen Spiele an die japanische Hauptstadt Tokio. → S. 134

Gestorben:

3. Köln: Heinrich Hoerle (*1. 9. 1895, Köln), deutscher Maler.

13. Madrid: José Calvo Sotelo (*6. 5. 1893, Túy/Galicien), spanischer Politiker.

20. Estoril bei Lissabon: José Sanjurjo y Sacanell (*1872, Pamplona), spanischer General. → S. 124

24. Bad Saarow: Georg Michaelis (*8. 9. 1857, Haynau), deutscher Politiker und Reichskanzler (1917).

30. Heidelberg: Heinrich Rickert (*25. 5. 1863, Danzig), deutscher Philosoph.

ie »Leipziger Neuesten 'achrichten« mit einem Be-cht über den französischen linisterpräsidenten Léon lum vom 2. Juli 1936

Einzelnummer in Leipzig 15 Pfg. auswärts 20 Pfg.

Nr. 184

Leipziger Neueste Nachrichten

und

Handels-Zeitung

vormals Leipziger Nachrichten

Donnerstag, den 2. Juli 1936

Bezugspreis mit den illustrierten Beilagen „Welt im Bild" und „Hans Kunterbunt" **durch Trägerin** frei Haus in Groß-Leipzig monatlich RM 2.70, halbmonatlich RM 1.35, **auswärts durch Expreßdienst** monatlich RM 2.95 halbmonatlich 1. Monatshälfte RM 1.45, 2. Monatshälfte RM 1.50, abgeholt entsprechend weniger. Ausgabe ½7 Uhr früh. **Durch die Post** (beim Verlag zu beantragen) RM 3.35 (einschl. 60 Rpf Post-Ueberweisungsgebühr) zuzügl. 42 Rpf Post-Bestellgeld. Das Blatt erscheint täglich mit Ausnahme zweiter Feiertage. Nichterscheinen einzelner Nummern und Beilagen infolge höherer Gewalt, Betriebsstörung oder Betriebseinschränkung berechtigt die Bezieher nicht zur Kürzung des Bezugspreises od. z. Anspruch auf Lieferung der Zeitung. — **Schriftleitung:** Peterssteinweg 19. Sprechstd. 12—13 Uhr. Fernspr. 70611 u. 72611. Für Berichterst. u. nach 21 Uhr 18240—18244. **Drahtanschrift:** Neueste Leipzig. **Berliner, Dresdner, Weimarer Schriftl.** siehe Seite 3.

Anzeigenpreis: Die 1spaltige, 22 mm breite mm-Zeile: in der **Gesamtauflage** 29 Rpf; in der **Teilauflage** (Leipzig und auswärtige Zweigstellen in Sachsen und angrenzenden Gebieten) 22 Rpf. **Familiennachrichten, Stellenmarkt, Kleine Anzeigen** für Privatzwecke usw., sowie sonstige Bedingungen siehe Preisliste 73. — Annahmeschluß für Anzeigen 13 Uhr. — Im Falle höherer Gewalt erlischt jede Verpflichtung auf Erfüllung der Anzeigen-Aufträge und Leistung von Schadenersatz. — **Verlag und Druckerei:** Leipzig, Peterssteinweg 19. Postschließfach 117/118. Fernsprecher 70611 und 72611. Postscheck-Konto Nr. 925. — **Für Rückgabe unverlangter Schriftstücke keine Verbindlichkeit.** Einsendungen ohne Rückporto werden nicht zurückgeschickt. — Der **Nachdruck** unserer Artikel und Eigen-Meldungen ist nur unter deutlicher Nennung unseres Blattes „Leipziger Neueste Nachrichten" gestattet.

Ausgabe A Die „Leipziger Neuesten Nachrichten" sind das amtliche Publikationsorgan des Börsenvorstandes und der Zulassungsstelle der Mitteldeutschen Börse zu Leipzig; sie enthalten die Bekanntgaben des Oberbürgermeisters der Stadt Leipzig, der Amtshauptmannschaft Leipzig, des Bezirksverbandes der Amtshauptmannschaft Leipzig, des Polizei-Präsidenten zu Leipzig, des Amtsgerichts und der Amtsanwaltschaft beim Amtsgericht Leipzig, des Landgerichts und der Staatsanwaltschaft beim Landgericht Leipzig, der Amtshauptmannschaften Grimma und Borna

Frankreichs Ministerpräsident auf der Genfer Tribüne

Blum ruft nach Abrüstung

Eden vor dem Völkerbund: Aufhebung der Sanktionen, aber keine Anerkennung der italienischen Annexion — Genfer Bemühungen um das Zustandekommen einer Locarno-Konferenz — Schwerer Autounfall des Musikzuges der Leibstandarte — Starke Erhöhung der sowjetrussischen Luftrüstungen

Eine späte Entdeckung

(Eigener Drahtbericht des „LNN"-Vertreters.)

s **Genf, 1. Juli.** In der Völkerbundsversammlung ergriff, nachdem der Delegierte von Columbien sich den Ausführungen des argentinischen Delegierten bezüglich der Haltung der südamerikanischen Staaten zu dem Völkerbundsgedanken angeschlossen und auf den beabsichtigten engeren Zusammenschluß der südamerikanischen Staaten hingedeutet hatte, der französische Ministerpräsident Blum das Wort.

Blum ging zunächst auf die Vorgänge ein, die sich an die Neuwahlen in Frankreich angeschlossen haben und zu unrichtigen Vorstellungen über die politische Lage und die Entwicklung Frankreichs Veranlassung gegeben hätten. Veranlassung zu den, wie er sagte, falschen Auffassungen seien einerseits die Vorgänge, die mit der Arbeiterbewegung zusammenhängen, und zweitens die Haltung Frankreichs anläßlich der Rheinlandbesetzung.

Frankreich und der 7. März

Man habe aus der Tatsache, daß Frankreich nicht am 7. März mit einer militärischen Gegenaktion geantwortet habe, den Schluß zu ziehen geglaubt, daß Frankreich auf dem Weg zu einer Macht zweiten Ranges sei.(!) Er müsse die Frage stellen, ob es bereits so weit gekommen sei, daß die Nichtbenutzung von Gewaltmaßnahmen, sondern die Anrufung des Rechts als ein Zeichen der Schwäche ausgelegt würde. Gewiß habe es einen Vertragstext gegeben, wonach die internationale Besetzung einem charakterisierten Angriff hätte gleichgesetzt werden können, aber der Boden Frankreichs sei unberührt geblieben. Man solle aber nicht glauben, daß Frankeich, wenn seine eigene Grenze oder die von ihm garantierten Grenzen einer befreundeten Macht angegriffen werden, nicht in einer ganz anderen Art reagieren wird. Frankreich habe es in der damaligen Lage vorgezogen, an Stelle der Lösung durch einen gefährlichen Krieg den Weg der internationalen Regelung zu beschreiten. Das ganze französische Volk wolle den Frieden, und zwar den Frieden mit allen Völkern der Welt und gleichzeitig einen unteilbaren Frieden. Leider könne die gegenwärtige Welt nicht als eine friedliche bezeichnet werden, da überall gerüstet werde und das Geheimnis, mit dem manche Staaten ihre Rüstungen umgeben, ernste Gefahren in sich schließe. Die Gefahr sei deshalb besonders groß, da, wenn der Krieg einmal als unausbleiblich dargestellt werde, er auch bestimmt hereinbrechen werde.

Es sei nicht zu bestreiten, daß der Völkerbund in den gegenwärtig vorliegenden Problemen versagt habe, da er weder einen Angriff aufgehalten, noch die Feindseligkeiten einzustellen vermochte. Aber die daraus zu ziehenden Schlußfolgerungen seien nicht die einer Lockerung der Verpflichtungen des Völkerbundsvertrages, sondern eine weitere Bestärkung. Die französische Delegation könne sich nicht zu einer Lösung entschließen, die ihre Rolle zu einer akademischen Beratungsstelle herabdrücke. Sie sei bereit, die Wirksamkeit eines Völkerbundsvertrages zu erhöhen und Maßnahmen zu dieser Erhöhung auch herbeizuführen. Frankreich wünsche durch seine Taten das internationale Gesetz zu stärken und wünscht, aus der kollektiven Sicherheit eine Tatsache zu machen. Die kollektive Sicherheit, gegründet auf Zusammenfassung mehrerer Kräfte, die sich jedem Angriff zu widersetzen entschlossen seien, müsse einem System der Verstärkung gegenübergestellt werden, das einen dauernden Frieden sichern könne. Eine Lehre sei besonders aus dem abessinischen Drama zu ziehen: Wenn die Staaten den internationalen Verpflichtungen nachkommen wollten, dann müßten sie auch die Eventualitäten des Krieges in Betracht ziehen mit dem Zweck, den Frieden zu sichern. Alle Staaten ohne Unterschied der Richtung ständen dieser Alternative gegenüber. Bei dem heutigen Zustand der Welt müsse dieses Risiko im vollen Bewußtsein und mit Mut übernommen werden.

Ohne Rüstungseinstellung keine „kollektive Sicherheit"

Aber die einzige Lösung, die das Gewissen der Völker zufriedenstellen könne, sei, die kollektive Sicherheit von aller Kriegsgefahr zu befreien, und um vollständig zu sein, müsse die kollektive Sicherheit mit einer allgemeinen Abrüstung verbunden werden. Das Wort Abrüstung auszurufen scheine heute deshalb gerechtfertigt, weil es ohne Einstellung der Rüstung keine kollektive Sicherheit geben könne. Allerdings könne die Abrüstung nicht durchgeführt werden, solange die Sicherheit den Charakter der Ungewißheit in sich trage. Die Abrüstung sei die Bürgschaft der Schiedsgerichtsbarkeit und die höchste Sanktion der Sanktionen. Die französische Delegation wolle in dieser Richtung eine Lösung herbeiführen und aus diesem Geiste auch das vorliegende Problem prüfen. Es sei nicht zu leugnen, daß ein Paktbruch in zweifacher Hinsicht erfolgt sei, und zwar eine Verletzung des Rechtes und der Verträge, und er denke nicht daran, für diese Paktverletzungen eine Absolution auszusprechen. Die abessinische Frage könne nicht auf afrikanischem Boden, sondern müsse hier in Genf gelöst werden. Was die Locarnofrage angehe, so wolle Frankreich zu diesem Verhältnis nicht irgend etwas tun oder äußern, was einer Ermutigung gleichkäme. Es gäbe nur eine Möglichkeit die Vergangenheit zu liquidieren, nämlich die Schaffung einer neuen Rechtsordnung. Sind die Staaten einverstanden mit einer solchen Neuordnung? Wollen sie an der gemeinsamen Aufgabe der Organisation des Friedens, begründet auf Abrüstung, mitarbeiten? Das Memorandum der italienischen Regierung liefere in diesem Sinne bereits einen Beitrag, und er hoffe dasselbe auch von Deutschland. Dies sei die Botschaft, die Frankreich an die abwesenden Staaten richte.

*

Die Rede des französischen Ministerpräsidenten vor der Vollversammlung in Genf ist für die eine Enttäuschung, die praktische Schlußfolgerungen aus den politischen Ereignissen der letzten zwei Monate erwartet hatten. Der Chef der französischen Regierung verzichtete nämlich auf die Behandlung des heiklen Themas, das eigentlich in Genf im Mittelpunkt der Verhandlungen stehen sollte. Er setzte sich weder mit der Abschaffung der Sanktionen noch mit der Besitzergreifung Abessiniens durch Italien auseinander. Er war bemüht, andere Dinge in den Vordergrund zu stellen. Daß er dabei auf das Thema der Wiederbesetzung des Rheinlandes zurückgriff, ist wenig erstaunlich. Ueberraschend jedoch ist die Tatsache, daß diesmal ausgerechnet der Chef einer französischen Regierung das Versäumnis einer Abrüstung als den schwersten Fehler der europäischen Politik bezeichnete. Er schien vergessen zu haben, daß es seine Vorgänger, und zwar alle, und unterstützt von allen Parteien der französischen Kammer, gewesen sind, die in den letzten drei Jahren die deutschen Angebote bei den Abrüstungsverhandlungen übergangen hatten. Blum hatte gleichfalls vergessen, daß es die maßlose französische Aufrüstung gewesen ist, die die Grundlagen von Versailles zerstörte und die in Wirklichkeit der Anstoß für die verstärkten Rüstungen aller Staaten gewesen ist. Nunmehr schlägt der französische Ministerpräsident vor, daß die kollektive Sicherheit — die sich bisher nicht bewährte und die nach englischer Auffassung nur durch den restlosen militärischen Einsatz aller Friedensgaranten wirksam durchgeführt werden kann — wieder auf dem Weg der Abrüstung fortschreiten müsse. Niemand, und am allerwenigsten Deutschland, wird sich einem solchen Plane widersetzen, wenn die Abrüstung allgemein und gleich auf allen Seiten erfüllt wird. Dabei kann wohl kein Zweifel mehr bestehen, daß die Zeit vorbei ist, in der die Siegerstaaten die Aufrüstung bis an die äußerste Grenze trieben, während Deutschland seine Vertragsverpflichtungen erfüllte.

Der Staat und die Wissenschaft

„Die alte Idee der Wissenschaft, gegründet auf den Glauben an den Herrschaftsanspruch des abstrakten Intellekts, ist dahin." Das hat Reichsminister Rust in seiner Rede zur Jubelfeier der Heidelberger Universität festgestellt. Die Rede erläutert die grundsätzliche Stellungnahme des nationalsozialistischen Staates zur Wissenschaft und hat darum eine Bedeutung, die über die Einmaligkeit eines Festaktes weit hinaus geht.

Worin zeigte sich der Herrschaftsanspruch des abstrakten Intellekts? Darin, daß die Vertreter bestimmter Wissenschaften glaubten, über die Bindungen „an die Gemeinschaft des Blutes und der Geschichte" erhaben zu sein, die für jeden Genossen einer staatlichen Volksgemeinschaft maßgebend sind. Es gibt keine Wissenschaft, die in den Wolken schwebt und ihren Vertretern jede Erdenschwere nehmen könnte. Auch der erkennende, der wissenschaftlich forschende Mensch bleibt „Glied einer natürlichen und geschichtlichen Ordnung", und niemand vermag, „eine Wirklichkeit zu erkennen, zu der er nicht in einer inneren Bindung steht". Damit hat Minister Rust die Einstellung des Staates der Gegenwart zur Wissenschaft vollkommen eindeutig umschrieben. In diesem Staat ist kein Raum für sogenannte Wissenschafter, die die Freiheit der Forschung dazu mißbrauchen möchten, das höchste Gut jedes Volksgenossen, den Staat seines Volkes, herabzusetzen und zu unterhöhlen.

Ein Beispiel mag erläutern, worum es sich dabei handelt. Zum Staat eines Volkes, zu den Grundlagen, worauf er steht, gehört auch die Vergangenheit, woraus er erwachsen ist. Was wäre der Staat der Deutschen ohne Friedrich den Großen? Ohne das einzigartige Lebenswerk dieses Herrschers, der Brandenburg-Preußen auf den Weg gezwungen hat, der in den deutschen Einheitsstaat mündet? Ehrfurcht vor der Gestalt dieses Großen gehört mit zu den Bestandteilen, die das Wesen des Deutschen ausmachen. Und nun erinnere man sich, was in den Blütetagen der Weimarer Republik geschah. Unter dem Deckmantel einer abgründigen Scheinwissenschaftlichkeit trat einer auf und wollte nachweisen, daß Friedrich von Preußen ein kleiner Mensch und, politisch gesehen, ein Erzschädling des Deutschtums gewesen sei! Man fand das einigermaßen stark, aber — im Namen der Freiheit der Wissenschaft glaubte man, das Buch eines mißvergnügten Narren doch ernst nehmen zu müssen! Angesehene Blätter schrieben ehrpußlige Kritiken darüber, statt es beiseitezuschieben und einen groben Unfug einen groben Unfug zu heißen.

Hier also war eine schwache Stelle, wo jeder Feind einer festen deutschen Staatlichkeit mit seiner Wühlarbeit einsetzen konnte. Er mußte sich nur als „ernster Forscher" maskieren,

Unfall des Musikzuges der SS-Leibstandarte

Vier Tote, sechs Schwerverletzte

Der im ganzen Reich durch seine Konzerte beliebte Musikzug der SS-Leibstandarte wurde am Mittwochnachmittag von einem schweren Unfall betroffen. Der Musikzug befand sich in zwei Autobussen auf der Heimkehr von einer Konzertreise im Westen des Reiches. Zwischen Burg und Genthin durchfuhren die Wagen in langsamem Tempo eine stark ansteigende Strecke. Aus der entgegengesetzten Richtung kam von Genthin her ein Lastwagen mit Anhänger, der auf der durch einen niedergegangenen Wolkenbruch schlüpfrig gewordenen Asphaltdecke ins Schleudern geriet. Der Fahrer konnte den schweren Zug nicht mehr zum Halten bringen und fuhr gegen einen Baum. Hierbei rutschte der Anhänger so unglücklich über die Straße, daß er mit voller Wucht die Seitenwand des zweiten Autobusses der SS-Leibstandarte in ihrer ganzen Länge aufriß. Zwei Männer des Musikzuges waren sofort tot, zwei Mann verstarben kurz nach ihrer Einlieferung im Burger Kreiskrankenhaus. Außerdem befinden sich im Krankenhaus zur Zeit noch sechs Schwerverletzte und eine Anzahl von Leichtverletzten.

Der erste Autobus, der die Höhe bereits überwunden hatte, bemerkte von dem Unfall nichts, und erst in Berlin erfuhren die Männer von dem furchtbaren Unglück, das ihre Kameraden betroffen hat. Als die Meldung von dem Unfall in Lichterfelde bekannt wurde, eilte Obergruppenführer Sepp Dietrich sofort zur Unfallstelle und zu den verletzten Kameraden.

Mit der Leibstandarte trauert die gesamte Bewegung um die Toten, die auf so tragische Weise ums Leben kamen.

*

Erst vor wenigen Wochen hat das ganze deutsche Volk mit seinem Führer den Tod von zwei Männern betrauert, von denen der eine als der Fahrer Adolf Hitlers für immer einen Ehrenplatz in der Geschichte erhalten wird, während der andere unvergeßlich bleiben wird als der hochbetagte General des Weltkrieges, der sich mit jugendlicher Kraft und Begeisterung in den Dienst der Bewegung gestellt hatte. Jetzt läuft erneut eine Trauerbotschaft ein, die diesmal den schmerzlichen Verlust von mehreren jungen Menschenleben aus den Reihen der Kameradschaft der Bewegung meldet. Vier Tote und sechs Schwerverletzte sind neben einer Anzahl Leichtverletzten die Opfer eines Kraftwagenunfalls geworden, der sich unter dem Einfluß des Wetters zwischen Burg und Genthin ereignet hat. Diese Männer der SS-Leibstandarte, Soldaten Adolf Hitlers, sind von dem Unheil ereilt worden, nachdem sie im Dienst der Volksgemeinschaft auf einer Konzertreise im Westen des Reiches vielen Tausenden durch ihre Kunst frohe und stolze Stunden verschafft hatten. In der Trauer um die Toten und dem Mitgefühl für die Hinterbliebenen und Verletzten wird sich das Bewußtsein der Schicksalsgemeinschaft zwischen Führer, Volk und Bewegung aufs neue erhärten.

Reaktionäre Militärs revoltieren in Spanien

17. Juli. Mit dem Aufstand der Garnisonen in Spanisch-Marokko beginnt der seit langem geplante Putsch faschistisch orientierter Militärs in Spanien unter der Führung der Generäle Francisco Franco Bahamonde, Emilio Mola, Gonzalo Queipo de Llano und José Sanjurjo y Sacanell (→ 20. 7./S. 124).

Die Revolte wird in der marokkanischen Stadt Melilla ausgelöst, wo der Oberstleutnant Seguí Almuzara mit Hilfe der Fremdenlegion die Garnison in seine Gewalt bringt.

Daraufhin lassen die Befehlshaber der spanischen Truppen in ganz Spanisch-Marokko die strategischen Schlüsselstellungen besetzen. Der Widerstand der Arbeiter, die am 18. Juli in den Streik treten, wird von den aufständischen Militärs rücksichtslos niedergeschlagen. Nach der Verhaftung des legalen Oberbefehlshabers für Spanisch-Marokko, General Augustín Gómez Morato, übernimmt Franco als neuer Oberbefehlshaber das Kommando.

Der ehemalige Generalstabschef des spanischen Heeres, von der Volksfrontregierung im Februar 1936 wegen seiner rechtsradikalen Ambitionen auf die Kanarischen Inseln versetzt, erreicht – von La Palma kommend – Tétouan am 19. Juli.

Bis zum 20. Juli 1936 brechen auch überall auf der spanischen Halbinsel »nationalspanische« Erhebungen aus, die besonders im Norden unter General Mola und im Süden unter General Queipo de Llano erfolgreich sind. In anderen Gebieten scheitern die Aufstände am Widerstand der Bevölkerung und regierungstreuer Soldaten oder an der Unentschlossenheit der Offiziere.

Nach anfänglichen Erfolgen müssen die Aufständischen Rückschläge hinnehmen. Eine wichtige Rolle spielt dabei die Marine. Zwar war Franco von den meisten Marineoffizieren Unterstützung zugesagt worden. Nach Ausbruch der Revolte überwältigen jedoch die Matrosen die putschenden Offiziere. Die Kriegsmarine belagert daraufhin die Straße von Gibraltar und verhindert Truppentransporte von Marokko nach Spanien. Weil die Luftwaffe ebenfalls zur Regierung steht, ist es Franco nicht möglich, mit den kampferprobten Maurenverbänden und den Fremdenlegionären nach Spanien überzusetzen und General Queipo de Llano zu Hilfe zu eilen (→ 25. 7./S. 124; S. 125).

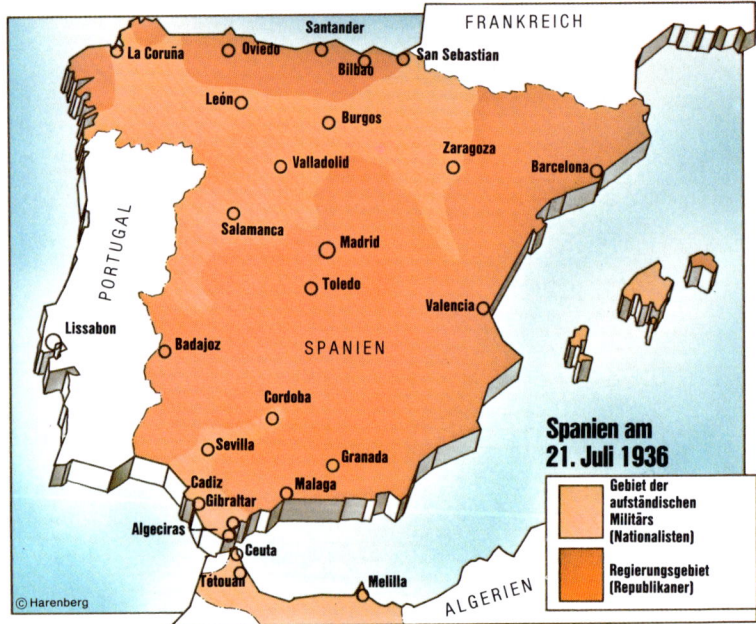

Spanien am 21. Juli 1936

Gebiet der aufständischen Militärs (Nationalisten)

Regierungsgebiet (Republikaner)

Francos Aufruf zum Aufstand

Am 17. Juli 1936 wird ein Aufruf von General Francisco Franco an das spanische Volk von Radio Tétouan (Spanisch-Marokko) verbreitet, in dem der Aufstand der spanischen Militärs begründet wird:

»Spanier! Die Nation ruft Euch zur Verteidigung . . . Die von allen geschändete Verfassung liegt gänzlich darnieder: Es besteht keine Gleichheit vor dem Gesetz, keine Freiheit, keine Brüderlichkeit; an die Stelle des gegenseitigen Respekts sind Haß und Verbrechen getreten. Die Einheit der Heimat wird durch territoriale Zersplitterung bedroht; unser Land ist nicht mehr unversehrt, es gibt keine Verteidigung unserer Grenze mehr, wenn im Herzen Spaniens ausländische Sender die Zerstörung und Aufteilung unseres Bodens ankündigen . . .

Dürfen wir etwa Spanien den Feinden des Vaterlandes übergeben und es kampf- und widerstandslos ausliefern? Niemals! Das sollen Verräter tun! Wir, die wir geschworen haben, das Land zu verteidigen, werden es nicht tun. Wir entbieten Gerechtigkeit und Gleichheit vor den Gesetzen, Friede und Liebe unter den Spaniern, Freiheit und Brüderlichkeit, Arbeit für alle, soziale Gerechtigkeit sowie eine gleichmäßige und zunehmende Verteilung des Reichtums, ohne die spanische Wirtschaft zu zerstören oder zu gefährden. Demgegenüber jedoch erbarmungsloser Krieg gegen die Betrüger des ehrlichen Arbeiters, gegen die sich am Ausland orientierenden Kräfte, die teils offen, teils verdeckt Spanien zu zerstören suchen.

In diesem Augenblick erhebt sich ganz Spanien und fordert Friede, Brüderlichkeit und Gerechtigkeit; überall nehmen es Heer, Marine und öffentliche Ordnungskräfte in Angriff, das Vaterland zu verteidigen . . . Wir werden in unserem Vaterland zum erstenmal, und zwar in dieser Reihenfolge, Brüderlichkeit, Freiheit und Gleichheit durchsetzen.«

Artillerie-Stellung der spanischen Regierungstruppen, Beschuß von Aufständischen nahe Salamanca

Von der spanischen Regierung bewaffnete Arbeiter verlassen Madrid, um Molas Truppen entgegenzutreten

Ein Omnibus, besetzt mit Soldaten von General Francisco Franco Bahamonde, auf dem Weg an die Nordfront

Der Bürgerkrieg ist unvermeidbar

19. Juli. Am Morgen um vier Uhr tritt die linksrepublikanische Regierung Spaniens unter Ministerpräsident Santiago Casares Quiroga zurück, um einer neuzubildenden bürgerlich-republikanischen Regierung Platz zu machen. Sie soll eine Verständigung mit den Aufständischen erreichen und somit den Bürgerkrieg in letzter Minute verhindern.

Casares Quiroga hatte am 18. Juli auf die Nachrichten von dem faschistischen Militärputsch in Spanisch-Marokko und den ersten Erhebungen rechter Militärs in Malaga und Sevilla mit Dementis und Verharmlosung reagiert. In Verkennung der drohenden Gefahr für das demokratische Spanien wollte die Regierung die linke Bewegung davon abhalten, den Widerstand gegen die Faschisten in die Hand zu nehmen, weil sie eine Festschreibung der Bürgerkriegssituation befürchtete. Aus diesem Grund weigerte sich Casares Quiroga, die Forderung nach Bewaffnung der Arbeiter, die mehrfach von dem sozialistischen Gewerkschaftsführer Francisco Largo Caballero erhoben worden war, zu erfüllen.

Nach dem Rücktritt Casares Quirogas versucht der Linksrepublikaner und Präsident der Cortes (Abgeordnetenkammer), Diego Martinez Barrio, mit der Bildung eines bürgerlich-republikanischen Kabinetts unter Einbeziehung der konservativen Nationalen Republikaner die Aufständischen zum Einlenken zu bewegen. Auf diese Kompromißpolitik reagieren die rechten Generäle jedoch nicht.

Als streikende Arbeiter auf Massendemonstrationen die Ausgabe von Waffen fordern, die Barrio ebenso wie sein Vorgänger verweigert, erkennt der Ministerpräsident das Scheitern seiner Bemühungen und tritt noch am gleichen Tag zurück. Der Linksrepublikaner José Giral y Pereira übernimmt umgehend die Bildung eines neuen Kabinetts. Seine Regierung des Widerstands beschließt am 20. Juli die Ausgabe von Waffen an die gebildeten Arbeitermilizen, die Auflösung der Armee und verkündet die allgemeine Mobilmachung.

Die karikierende Zeichnung aus Spanien verdeutlicht die Ängste der Besitzenden, bewaffnete „Anarchistenhorden" plündern die Reichen aus

Die Parole: »No pasaran«

Die Politikerin und Mitbegründerin der Kommunistischen Partei Spaniens, Dolores Ibárruri, fordert in einer Rede, die am 19. Juli 1936 von Radio Madrid gesendet wird, zum Widerstand gegen die putschenden Militärs auf. Sie prägt den Kampfruf der antifaschistischen Kämpfer »No pasaran« (»Sie werden nicht durchkommen«):

»Arbeiter! Bauern! Antifaschisten! Patriotische Spanier! Angesichts des faschistischen Militäraufstandes: Macht Euch auf, um die Republik zu verteidigen, um die Freiheit und die demokratischen Errungenschaften des Volkes zu verteidigen! Aus den Verlautbarungen der Regierungen und der Volksfront kennt das Volk den Ernst des gegenwärtigen Augenblicks. In Marokko und auf den Kanarischen Inseln kämpfen die Arbeiter im Verein mit den republiktreuen Truppen gegen die aufständischen faschistischen Militärs ... Das ganze Land bebt vor Empörung über diese Schurken, die das demokratische Volksspanien in eine Hölle des Terrors und des Todes stürzen wollen. Aber sie werden nicht durchkommen (No pasaran)! Ganz Spanien bereitet sich auf den Kampf vor. In Madrid ist das Volk auf die Straße gegangen. Durch seine Entschiedenheit und seinen Kampfgeist unterstützt es die Regierung und feuert sie an, damit sie die Niederwerfung der aufständischen faschistischen Militärs zu Ende führt.

Jugendliche, bereitet Euch auf den Kampf vor! Frauen, heldenhafte Frauen des Volkes ..., kämpft auch Ihr an der Seite der Männer für die Verteidigung des Lebens und der Freiheit, an der Seite Eurer Söhne, die der Faschismus bedroht! Soldaten, Söhne des Volkes! Bleibt der Regierung der Republik treu, kämpft an der Seite der Arbeiter, an der Seite der Anhänger der Volksfront, zusammen mit Euren Vätern, Euren Brüdern und Genossen!

Völker von Katalonien, des Baskenlandes und von Galicien! Ganz Spanien: Auf zur Verteidigung der demokratischen Republik! ... Die Faschisten werden nicht durchkommen (No pasaran)!«

Zwei Anführer der faschistischen Truppen in Spanien, General Francisco Franco (vorn) und General Emilio Mola (mit Brille), in Burgos

General José Sanjurjo y Sacanell (Mitte), er plante die Revolte

Offiziere bilden Gegenregierung

23. Juli. In der nordspanischen Stadt Burgos errichten die aufständischen Militärs eine provisorische Gegenregierung (»Ausschuß für nationale Verteidigung«). Den Vorsitz übernimmt der General Miguel Cabanellas y Ferrer.

Cabanellas leitete die faschistische Erhebung in der Stadt Zaragoza. Mit der Übernahme der Junta-Führung erhält Cabanellas jedoch keinerlei Machtbefugnisse. Er hat praktisch keinen Einfluß auf das militärische und politische Geschehen. Die führenden Köpfe des Aufstandes bleiben nach dem Tod von José Sanjurjo y Sacanell (→ 20. 7./S. 124), der die Erhebung initiiert hatte, Gonzalo Queipo de Llano, Emilio Mola und Francisco Franco (→ 1. 10./S. 180).

Miguel Cabanellas, Vorsitz in der provisorischen Gegenregierung

General Manuel Moscardo, Kommandeur der Faschisten in Toledo

Brennende Autowracks auf der Placa de Catalunya in der ostspanischen Küstenstadt Barcelona

Viele spanische Frauen melden sich freiwillig, um gegen die faschistischen Aufständischen zu kämpfen

Putschgeneral bei Lissabon getötet

20. Juli. Noch bevor er aktiv in den spanischen Aufstand eingreifen kann, wird der Kopf der Militärrevolte, der 64jährige General José Sanjurjo y Sacanell, bei einem Flugzeugabsturz in Estoril bei Lissabon getötet.

Bereits 1932 hatte Sanjurjo einen Militäraufstand gegen die damalige Regierung Manuel Azañas versucht. Nach dem Scheitern der schlecht organisierten Erhebung in Sevilla plante er vom portugiesischen Exil aus den »nationalspanischen« Aufstand der rechten Militärs.

Waffenhilfe für Francos Truppen

22. Juli. Der Führer und Reichskanzler Adolf Hitler stimmt grundsätzlich der Unterstützung der aufständischen Militärs in Spanien zu. Zuvor hatte er in Bayreuth ein vertrauliches Gespräch mit dem Ortsgruppenleiter der NSDAP im marokkanischen Tétouan, Adolf Langenheim, und dem in Spanisch-Marokko ansässigen deutschen Kaufmann Johannes Bernhardt geführt, die Hitler ein Hilfegesuch Francisco Francos überreicht hatten.

Um diplomatische Verwicklungen zu vermeiden, wird noch im Juli unter der Federführung der NSDAP-Auslandsorganisation in Sevilla die Firma Hisma (Spanisch-Marokkanische Transportgesellschaft) gegründet. In Berlin entsteht die Rohstoff- und Wareneinkaufsgesellschaft (Rowak). Über diese Firmen werden die Hilfstransporte an die aufständischen Militärs abgewickelt.

Unterstützung findet Franco auch bei der faschistischen Regierung Italiens. Am 26. Juli transportieren italienische Flugzeuge marokkanische Einheiten nach Spanien. Am 30. Juli schicken die Italiener zwölf Kampfflugzeuge, die als Zivilmaschinen getarnt sind, nach Marokko.

Das Rechtsregime António de Oliveira Salazars in Portugal gewährt den Aufständischen große Bewegungsfreiheit. Portugal wird für die spanischen Faschisten wichtige Ausgangsbasis, um Kontakte zwischen den einzelnen Fronten herzustellen und Hilfsgüter aus dem Ausland in Empfang zu nehmen.

Einheiten der regierungstreuen spanischen Truppen in Barcelona verlassen die Stadt, um das von den Faschisten eingenommene Zaragoza zu befreien

Aufstand in Spanien vor dem Scheitern

In einem Telegramm an das Auswärtige Amt in Berlin erstattet der Botschaftsrat an der Deutschen Botschaft in Madrid, Karl Schwendemann, am 25. Juli 1936 Bericht über die Lage in Spanien:

»Aufständische zeigen ... viel geringere Stoßkraft. Während sie im Süden, wo sie in Marokko über starke und schlagkräftige Armee verfügen, bisher keine fühlbare Aktivität entwickelten, hat im Norden General Mola aus Altkastilien über Avila–Segovia und die Pässe des Guadarramagebirges zum Stoß auf Madrid angesetzt. Es ist [den Regierungstruppen] gelungen, den Gegner zurückzudrängen, die Paßhöhen zu gewinnen und Avila und Segovia zu bedrohen. Wenn Aufständische nicht neue starke Kräfte zum Einsatz zu bringen vermögen, droht ihnen Gefahr, daß sie allmählich von Süden über Avila, Segovia, von Westen das Ebrotal aufwärts über Zaragoza und vom Norden aus den in Händen Regierung befindlichen Küstenprovinzen allmählich erdrückt werden.

Inaktivität Aufständischer im Süden erklärt sich erstens damit, daß Flotte offenbar größtenteils regierungstreu und Einsatz Marokkoarmee und damit stärkster militärischer Kraftreserve auf Festland nur insoweit möglich, als diese in ersten Tagen über Meerenge setzen konnte, zweitens damit, daß Widerstand der breiten Massen Bevölkerung in Stadt und Land sehr stark. In Sevilla Arbeiterviertel von Aufständischen nie bezwungen. Truppen Aufständischer durch diese Widerstände inaktiviert.

Entwicklung der Lage seit Beginn Aufstandes läßt somit deutliches Erstarken und Fortschreiten Regierung, Aufderstelletreten und Rückgang der Aufständischen erkennen, deren einzige größere Offensivaktion über das Guadarramagebirge Richtung Madrid stecken geblieben und rückläufig ist, hauptsächlich weil Vorstoß Aufständischer aus Süden nicht zu Entwicklung kam und Regierung alle verfügbaren Kräfte gegen Angreifer aus Norden werfen konnte. Militärische Gesamtlage demnach für Regierung erheblich günstiger geworden.

Das im Vortelegramm gekennzeichnete geistig-moralische und propagandistische Kräfteverhältnis der Gegner hat sich ebenfalls zu Gunsten Regierung weiterentwickelt. ... Ihre Gegner sind Generale, die (kein) klares und zugkräftiges Programm besitzen, außer etwa der Losung der Bekämpfung des Kommunismus. ... Die roten Milizen sind von einem fanatischen Kampfgeist erfüllt und schlagen sich mit außerordentlicher Bravour, bei entsprechenden Verlusten. Diese sind jedoch aus den Volksmassen leicht zu ersetzen, während Aufständischen ... Reserven im allgemeinen fehlen.

Falls nicht Unerwartetes geschieht, ist nach allem kaum mit Erfolg Militäraufstandes, jedoch noch mit längerer Dauer Kämpfe zu rechnen. Habe Eindruck, daß wirkliche Lage in Deutschland vielfach nicht erkannt und daß speziell deutscher Rundfunk sie für Aufständische zu günstig darstellt. Dies geschieht wahrscheinlich unter Einfluß Sendestationen Aufständischer, die jedoch nur bedingt glaubwürdig. Habe verschiedentlich gröblich unrichtige Meldungen dieser Sender einwandfrei festgestellt. Anheimstelle Veranlassung wegen Orientierung von Presse und Rundfunk.«

Reichskanzler Adolf Hitler im Gespräch mit dem Deutschen Sonderbotschafter in Wien, Franz von Papen

Der erste Schritt zum Anschluß

11. Juli. In Wien wird das Verständigungsabkommen (sog. Juliabkommen) zwischen dem Deutschen Reich und Österreich von dem deutschen Sonderbotschafter in Wien, Franz von Papen, und dem österreichischen Bundeskanzler Kurt Schuschnigg unterzeichnet.

In dem Kommuniqué heißt es:

»1. Im Sinne der Feststellungen des Führers ... anerkennt die Deutsche Reichsregierung die volle Souveränität des Bundesstaates Österreich.

2. Jede der beiden Regierungen betrachtet die in dem anderen Lande bestehende innenpolitische Gestaltung, einschließlich der Frage des österreichischen Nationalsozialismus, als eine innere Angelegenheit des anderen Landes ...

3. Die österreichische Bundesregierung wird ihre Politik ... stets auf jener grundsätzlichen Linie halten, die der Tatsache, daß Österreich sich als deutscher Staat bekennt, entspricht.«

Angesichts der offenkundigen Ambitionen der Nationalsozialisten, Österreich dem Deutschen Reich einzuverleiben (nationalsozialistischer Putschversuch am 25. 7. 1934), hofft Schuschnigg, durch das Abkommen Zeit zu gewinnen und Hitler durch ein Entgegenkommen – im geheimen Teil des Abkommens – von seinem Anschlußvorhaben vorläufig abzubringen.

Während Hitler lediglich Willensbekundungen bezüglich der Souveränität Österreichs und der Nichteinmischung in innerpolitische Angelegenheiten abgibt, verpflichtet sich Schuschnigg u. a., die »nationale Opposition« in Österreich (also die Nationalsozialisten) an der politischen Verantwortung zu beteiligen und nationalsozialistischen Straftätern Amnestie zu gewähren.

Wien verbessert Lage der Nazis

11. Juli. Noch am Tag der Unterzeichnung des Verständigungsabkommens zwischen Österreich und dem Deutschen Reich nimmt Bundeskanzler Kurt Schuschnigg den mit den Nationalsozialisten sympathisierenden Historiker Edmund Glaise-Horstenau als Minister ohne Geschäftsbereich in die Regierung auf.

Trotzdem reagieren die österreichischen Nationalsozialisten, die einen Anschluß an das Deutsche Reich fordern, enttäuscht und verunsichert auf Adolf Hitlers Anerkennung der österreichischen Souveränität. Gegenüber einer Delegation österreichischer Nationalsozialisten äußert Hitler daraufhin am 16. Juli 1936:

»Meine außenpolitischen Aktionen vertragen die Belastung mit Österreich nicht ... Ich brauche noch zwei Jahre, um Politik machen zu können. Solange hat die Partei in Österreich Disziplin zu bewahren.«

Infolge des Juliabkommens werden am 22. Juli 1936 rund 17 000 Nationalsozialisten in Österreich amnestiert. Weitere 10 000 Nationalsozialisten, die nach dem Putschversuch von 1934 in das Deutsche Reich geflüchtet waren, können nach Österreich zurückkehren.

Hitler (l.) und Mussolini sind an dem deutsch-österreichischen Abkommen sehr interessiert

Propagandaminister Joseph Goebbels verliest das Kommuniqué im deutschen Rundfunk

Mussolini (l.) und Bundeskanzler Schuschnigg (r. hinten) bei einer Vertragsunterzeichnung

Deutsche im Exil bleiben gefährdet

4. Juli. Eine von dem Flüchtlingskommissar des Völkerbunds, Neill Malcolm, nach Genf einberufene Konferenz von Regierungsvertretern aus 15 europäischen und südamerikanischen Ländern beschließt eine provisorische Konvention. Sie soll den rechtlichen Status deutscher Flüchtlinge in den einzelnen Ländern klären.

Die »Provisorischen Abmachungen betreffend den Status von Flüchtlingen aus Deutschland« werden von sieben Ländern unterzeichnet (Belgien, Dänemark, Frankreich, Großbritannien, Niederlande, Schweden, Schweiz). Die restlichen Konferenzteilnehmer (Ecuador, Irland, Lettland, Norwegen, Polen, Rumänien, Tschechoslowakei, Uruguay) lehnen die Regelung ab.

Die Konvention enthält u. a. folgende Punkte:

▷ Als Flüchtlinge anerkannt werden ehemals im Deutschen Reich wohnende Personen, die nicht mehr unter dem Schutz der Reichsregierung stehen und keine andere Nationalität haben

▷ Den Flüchtlingen werden Identitätsausweise ausgestellt, wenn sie sich legal in dem Zufluchtsland aufhalten

▷ Das Gastland muß dem Flüchtling bei einer Ausweisung eine angemessene Frist setzen; eine Ausweisung (auch in das Deutsche Reich) ist möglich, wenn Belange der »nationalen Sicherheit« des Landes betroffen sind.

Aufgrund der vagen Formulierungen des Konventionstextes bleibt es im Ermessen der einzelnen Regierungen, die deutschen Flüchtlinge nach eigenem Gutdünken zu behandeln. Zwar stellt die Konvention einen zaghaften Versuch dar, die rechtliche Situation der Emigranten zu klären, einen nachhaltigen Schutz vor der Ausweisung – die sogar noch ins Deutsche Reich möglich bleibt – erhalten die ins Ausland geflüchteten deutschen Juden (bis 1936 106 000) und die Tausende von politisch Verfolgten nicht. Die Lage der im Exil lebenden Deutschen bleibt weiterhin unsicher, zumal die Balkanstaaten, die Sowjetunion und ein großer Teil der südamerikanischen Staaten nicht an der Flüchtlingskonferenz teilgenommen haben.

Türkische Truppen beziehen Stellungen (Dardanellen)   *Türkisches Militär in einer Stadt an den Dardanellen*

Dardanellenfrage ist entschieden

20. Juli. Nach vierwöchigen Verhandlungen wird in Montreux ein neues Abkommen über den Status der türkischen Meerengen zwischen Schwarzem Meer und Mittelmeer unterzeichnet. Danach wird der Türkei u. a. die volle Souveränität über die seit 1923 entmilitarisierten Gebiete (Dardanellen, Marmara-Meer und Bosporus) wieder zuerkannt (→ 11. 4./S. 72).

An den Verhandlungen nahmen Bulgarien, Frankreich, Großbritannien, Griechenland, Japan, Rumänien, die Türkei, die Sowjetunion und Jugoslawien teil. Hauptstreitpunkt in Montreux war die Regelung des Durchfahrtsrechts von Kriegsschiffen durch die Meerengen. Die Sowjetunion forderte, die Durchfahrt dürfe nur Kriegsschiffen der Anrainerstaaten des Schwarzen Meeres erlaubt werden. Dagegen wandten sich die Türkei und Großbritannien, weil sie eine beherrschende Stellung der Sowjets in diesem Gebiet fürchteten. Die Einigung, die erzielt worden ist, sieht vor, daß die Durchfahrt für Kriegsschiffe aller Staaten nach Voranmeldung grundsätzlich frei ist. Für Kriegsschiffe von Nicht-Uferstaaten gilt, daß nicht mehr als neun Schiffe gleichzeitig die Meerengen passieren dürfen und deren Gesamttonnage 15 000 t nicht übersteigen darf. U-Booten ist die Durchfahrt generell verboten.

In dem Abkommen fehlen die Bestimmungen, die – wie im Friedensvertrag von Lausanne vom 24. Juli 1923 – eine militärische Befestigung verbieten. Damit gewinnt die Türkei das Recht zurück, Truppen in den Küstengebieten zu stationieren. Bereits in der Nacht vom 20. auf den 21. Juli schickt die türkische Regierung Einheiten zum Bosporus.

Südosteuropa 1936

Die Karte macht die Wichtigkeit der Dardanellen als einzigen Zugang zum Mittelmeer für die sowjetische Kriegsflotte im Schwarzen Meer deutlich

Sanktionen gegen Italien beendet

15. Juli. Die Wirtschaftssanktionen, die der Völkerbund am 18. November 1935 wegen des Überfalls auf Abessinien (Äthiopien) gegen Italien beschlossen hatte, werden offiziell aufgehoben.

Nach der Annexion Abessiniens durch die Regierung Italiens wurde international ein Aufrechterhalten der weitgehend erfolglosen Sanktionen für sinnlos erachtet.

Am 1. Juli schlug der britische Außenminister Anthony Eden der Völkerbundsversammlung die Beendigung der Maßnahmen vor; sie wurde am 6. Juli in Genf beschlossen (→ 30. 6./S. 107).

Britischer König entgeht Attentat

16. Juli. Ein angeblicher Anschlag auf den britischen König Eduard VIII. nach einer Fahnenparade im Londoner Hydepark wird vereitelt. Der Attentäter, der 34jährige Journalist George Andrew Mc Mahon, kommt nicht dazu, seine Waffe, einen Revolver, auf den König zu richten, weil er vorher von Umstehenden überwältigt und entwaffnet wird.

Bei den Verhören durch die Polizei gibt der Attentäter an, daß er nicht vorgehabt hätte, auf den König zu schießen. Vielmehr beabsichtigte er nur, die Aufmerksamkeit der Öffentlichkeit auf sich zu lenken. Mc Mahon wollte damit eine Schadenersatzforderung an das Innenministerium über 4000 britische Pfund (50000 Reichsmark) durchsetzen. Er war vor zwei Jahren von zwei Detektiven des Scotland Yard irrtümlich verhaftet worden und sah seinen Ruf geschädigt. Sein Schadenersatzanspruch war vom Innenministerium jedoch nicht anerkannt worden.

Nach den Erkenntnissen der Polizei gilt Mc Mahon als unausgeglichener Mensch, ». . . der sich als einen Sozialreformer bezeichnet. Er wird von seinen Nachbarn nicht für ganz normal gehalten.«

Übergabe der Regimentsfahnen an sechs Bataillone der königlichen Garde im Londoner Hyde Park

Der britische König Eduard VIII. (hinten) auf dem Rückweg vom Hyde Park, kurz nach dem »Attentat«

Der »Attentäter«, der Journalist George A. McMahon, wird von der Londoner Polizei festgenommen

Nur wenige Zuschauer bei der Parade bemerkten den Zwischenfall, McMahon (Mitte) wird abgeführt

Léon Blum verstaatlicht Industrie

17. Juli. Der Gesetzentwurf der Volksfrontregierung Léon Blums über die Nationalisierung der französischen Rüstungsindustrie wird von der Deputiertenkammer in Paris mit 484 gegen 85 Stimmen der äußersten Rechten angenommen. Es sollen alle Unternehmen, die Feuerwaffen und Munition herstellen, verstaatlicht werden.

Kriegsminister Édouard Daladier wies darauf hin, daß das neue Gesetz auch ausländischen Firmen untersagen werde, Kriegsmaterial in Frankreich herzustellen.

Nach der Annahme des Gesetzes durch den Senat (8. 8. 1936) wird am 17. Oktober 1936 die Verstaatlichung der für die Landesverteidigung arbeitenden Flugzeug- und Motorenindustrie von Luftfahrtminister Pierre Cot bekanntgegeben.

Eine Parade der motorisierten Truppen in der französischen Hauptstadt Paris am 14. Juli, dem Nationalfeiertag der Franzosen

Atemschutzmasken für alle Briten

15. Juli. Mit einer Zusatzbewilligung im Staatshaushalt in Höhe von einer Million Pfund (12,5 Millionen Reichsmark) soll in Großbritannien die Ausrüstung der Bevölkerung mit Gasmasken finanziert werden.

Das britische Innenministerium gibt dazu bekannt, daß nach jahrelangen Versuchen mit neuen Gasmaskenmodellen eine sehr zuverlässige Schutzmaske ausgearbeitet worden ist, die nun massenhaft produziert werden soll. Die neue Gasmaske soll im ganzen Land in besonderen Aufbewahrungsräumen und Verteilungshäusern so lange gespeichert bleiben, bis die Verteilung notwendig erscheint. Aus Gründen der Geheimhaltung sollen die Masken noch nicht direkt an die rund 45 Millionen Briten ausgegeben werden.

Japanfeindlicher Aufstand beendet

17. Juli. Mit der Abdankung des führenden Generals, Tschen-Tschi-Tang, bricht die Rebellion der chinesischen Südprovinzen Kwangtung und Kwangsi zusammen. Zuvor sind Teile der Kwangtung-Streitkräfte zu den Truppen der Nankinger Zentralregierung Chiang Kai-sheks übergelaufen; zudem hat sich die öffentliche Meinung gegen den Führer des Kantoner Widerstands, Tschen-Tschi-Tang, gewendet.

Mit der Aufstellung von 15 Divisionen an den Grenzen der nankingtreuen Provinzen hatte Tschen die Zentralregierung zwingen wollen, umgehend gegen die japanische Einflußnahme im Norden Chinas einzuschreiten (→ 9. 6./S. 106).

Gegen die Rebellion der Provinz-Generäle begehrten besonders Teile der Kwangtung-Luftwaffe auf. Bis zum 8. Juli 1936 waren 40 Flieger desertiert. In einem Aufruf an das chinesische Volk, den sie in Hongkong veröffentlichten, bezeichneten sie die Führer der Südprovinzen als selbstsüchtig. Sie erklärten, daß in der Fliegertruppe der Kanton-Armee starke Unzufriedenheit herrsche, weil man nicht an die japan-

Die Hafenstadt Schanghai an der Mündung des Jangtsekiang, über die wichtige Handelsstadt führt der wirtschaftliche Einfluß Japans auf China

feindlichen Beweggründe der Generäle glaube.

Am 10. Juli traf der Chef der ersten Kwangtung-Armee, General Jueheimo, in Nanking ein. Er bekundete gegenüber Chiang Kai-shek seine Loyalität. Drei Tage später – am 13. Juli 1936 – setzte der Vollzugsausschuß der Kuomintang-Partei, ein Organ der Zentralregierung, den regierungstreuen Jueheimo als Befriedungskommissar für Kwangtung ein. Als Führer der Nanking-Trup-

pen rückte Jueheimo daraufhin gegen die chinesische Provinzhauptstadt Kanton vor.

Nach dem Zusammenbruch des Aufstands und der Abreise Tschen-Tschi-Tangs nach Hongkong besetzen die Regierungstruppen am 20. Juli 1936 – ohne daß es zu Kämpfen gekommen ist – Kanton. Aus diesem Anlaß erklärt Chiang Kai-shek, an der Politik Chinas gegenüber Japan habe sich trotz der Rebellion nichts geändert (→ 12. 12./S. 206).

London reduziert Mittelmeerflotte

10. Juli. Die britische Regierung beschließt, die Mittelmeerflotte auf einen »normalen« Stand zurückzuführen. Offiziell begründet London seine Entscheidung damit, daß die Schiffsbesatzungen den ihnen zustehenden Urlaub bekommen müßten. Zu Beginn des Krieges in Abessinien (Äthiopien) im Oktober 1935 ist die Mittelmeerflotte wesentlich verstärkt worden.

Die geplante Reduzierung zielt darauf ab, den Italienern Zugeständnisse bezüglich der britischen Flottenpräsenz im Mittelmeer zu machen; Italien soll dazu bewogen werden, sich an den Verhandlungen über die türkischen Meerengen in Montreux zu beteiligen (→ 20. 7./S. 127). Dies war bislang von Mussolini mit dem Hinweis auf die britische »Hochrüstung« im Mittelmeer abgelehnt worden.

Die zur Zeit aus 100 Schiffen bestehende Flotte soll um 18 Schiffe verkleinert werden. Die endgültige Stärke der Flotte wird allerdings weiter über dem Stand sein, die sie vor dem Abessinienkrieg hatte. Rom reagiert dennoch mit Genugtuung auf die britische Maßnahme.

Truppen Italiens verlassen Libyen

14. Juli. Als Antwort auf den britischen Flottenabbau im Mittelmeer kündigt Italien den Abzug von drei Divisionen aus der nordafrikanischen Kolonie Libyen an. Der italienische Außenminister Galeazzo Graf Ciano äußert in diesem Zusammenhang, die italienische Geste solle die Befürchtungen über etwaige aggressive Absichten widerlegen.

Man hoffe nun in Rom – so Ciano –, daß Großbritannien die Gelegenheit ergreife und seine Beistandsabkommen mit den Mittelmeer-Uferstaaten kündige (sie sind wegen des Abessinienkrieges geschlossen worden). Dadurch würde das letzte Hindernis für eine Teilnahme Italiens an der geplanten Konferenz in Brüssel (über die deutsche Rheinland-Besetzung) und an den Meerengen-Verhandlungen in Montreux beiseite geräumt. Der Beitritt Italiens zum Abkommen von Montreux (→ 20. 7./S. 127) erfolgt am 2. Mai 1938.

Neubau einer Station für Kolonisten im Berggebiet von Bengasi an einer neu angelegten Straße in der italienischen Afrika-Kolonie Libyen

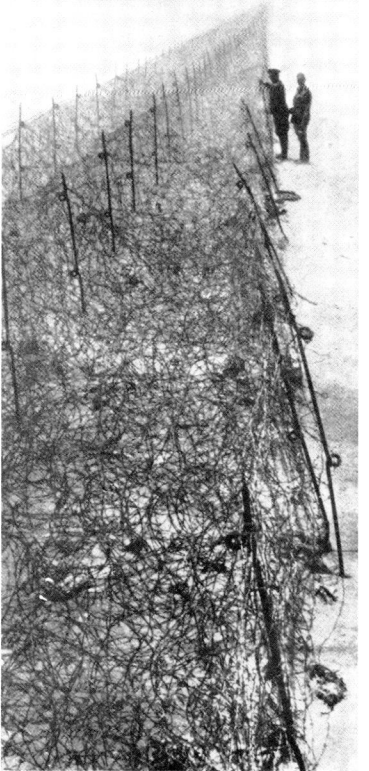

Drahtverhau durch die Wüste an der libysch-ägyptischen Grenze

Der deutsche Reichsarbeitsführer Konstantin Hierl beim Besuch eines Arbeitskommandos des Reichsarbeitsdienstes in der Nähe von Riedrode

Das erste Erbhofdorf

10. Juli. Im Rahmen des Gautages Hessen-Nassau (8.–12. 7.) weiht der deutsche Reichsernährungsminister Richard Walther Darré das erste Erbhofdorf Riedrode zwischen Lorsch und Bürstadt ein.

Die Siedlung mit 26 Bauernhöfen wurde innerhalb von zwei Jahren vom Arbeitsdienst auf trockengelegtem Sumpfland errichtet. Als Siedler wurden von der hessischen Gauleitung mittellose Landwirte ausgewählt, die sich durch »Erbgesundheit und Charakter« auszeichnen.

Die Kosten für einen Erbhof mit 7,5 ha Land in der Siedlung Riedrode werden von der hessischen Gauleitung mit rund 20000 Reichsmark (RM) angegeben. Der Siedler muß eine jährliche Rente von rund 800 RM (4% der Kosten) bezahlen.

Die Baukosten für einen Erbhof

Scheune	4600 RM
Wohnhaus, kleiner Typ	2970 RM
(Wohnhaus, großer Typ	4270 RM)
Siloanlage	445 RM
Nebenkosten	885 RM
	8900 RM
	(10200 RM)
Siedlungsland	12000 RM

Nach dem am 29. September 1933 erlassenen Reichserbhofgesetz darf der Eigentümer seinen Erbhof nicht verkaufen; das Gehöft kann nur an einen männlichen Nachkommen vererbt werden; es ist verboten, den Hof durch Kreditaufnahmen zu belasten; weiter wird das Verhalten der Siedler von sog. Anerbengerichten und dem Reichsnährstand, in dem alle deutschen Bauern zusammengefaßt sind, überwacht. Mit der Einrichtung von Erbhofsiedlungen soll nach dem Willen der Nationalsozialisten für die Erhaltung des »Bauerntums als Blutquelle des deutschen Volkes« gesorgt werden und der zunehmenden Landflucht Einhalt geboten werden.

Weniger Drill für deutsche Pimpfe

11. Juli. Um den Eltern die Befürchtungen zu nehmen, die Veranstaltungen des nationalsozialistischen Deutschen Jungvolkes werden von übermäßigem Drill beherrscht, erläßt Reichsjugendführer Baldur von Schirach Richtlinien für die körperliche Ertüchtigung in dieser Gruppierung der Hitlerjugend.

In zwölf Einzelbestimmungen werden Grenzen für die Beanspruchung der 10- bis 14jährigen Jungvolk-Mitglieder festgelegt. Für Tagesmärsche der sog. Pimpfe wird u. a. eine Höchstgrenze von 10 km für die 10- bis 11jährigen und 15 km für die 12- bis 14jährigen vorgeschrieben; bei Ferienlagern oder Fahrten mit Übernachtungen muß grundsätzlich für eine ausreichende Nachtruhe von mindestens neun Stunden gesorgt werden; Nachtmärsche sind bei Jungvolkveranstaltungen verboten.

Hitler: Abstimmung ist unmoralisch

4. Juli. Bei den Feierlichkeiten zur zehnten Wiederkehr des Ersten Reichsparteitages der NSDAP vom 3./4. Juli 1926 spricht Führer und Reichskanzler Adolf Hitler im Weimarer Nationaltheater über Aufgaben und Gestaltung der Parteitage.

Hitler führt aus, daß die Parteitage die Parteigenossen nicht mit Zweifeln und Unklarheiten aus Einwendungen der Opposition und aus Diskussionen ausfüllen, sondern ihnen neues blindes Vertrauen und Zuversicht einflößen sollten. Der kleine Mann, der einmal im Jahr in die geistige Zentrale der Bewegung komme, wolle dort die Überzeugung mitnehmen, daß die nationalsozialistische Führung wisse, was sie wolle.

Das oberste Prinzip der Bewegung – so Hitler weiter – bestehe in der altgermanischen Demokratie der Autorität nach unten und der Verantwortung nach oben. Die höchste Stelle fühle sich dann dem ganzen deutschen Volk verantwortlich. Über klare Dinge brauche man nicht abstimmen, über Unklarheiten könne man nicht abstimmen lassen. Es sei unmoralisch, daß ein für das Wohl des Volkes verantwortlicher Mann durch eine anonyme Mehrheit gezwungen werde, lebenswichtige Entscheidungen in einem bestimmten Sinn zu treffen.

V. l.: Ley, Lutze, Rosenberg, Frick, Himmler, Streicher und Hierl

Neuer Luftschiffhafen

8. Juli. Erhard Milch, Staatssekretär im deutschen Reichsluftfahrtministerium, weiht bei Frankfurt am Main den neuen Flug- und Luftschiffhafen »Rhein-Main« ein.

Auf einer Fläche von rund 2 km² ist südlich von Frankfurt in 30monatiger Bauzeit einer der modernsten Flughäfen Europas entstanden. Die Anlagen für den Flugzeugverkehr wurden 1935 nach den Erfolgen der deutschen Luftschiffahrt um einen Luftschiffhafen ergänzt. Bislang ist er mit einer Halle ausgestattet.

Täglich starten und landen 50 Flugzeuge auf dem Rhein-Main-Flughafen. Er ist Ausgangspunkt für mehr als ein Dutzend Flugstrecken in alle größeren europäischen Städte und nach Übersee; zwei Luftschifflinien führen von Frankfurt nach Nord- und Südamerika.

Hauptgebäude des neuen Frankfurter Flughafens Rhein-Main mit Kontrollturm, deutscher Verkehrsknotenpunkt für die europäische Luftfahrt

Industriegewinne für Reichsanleihe

9. Juli. In einer Sitzung der Wirtschaftskammer für Westfalen und Lippe in Dortmund fordert der Reichsbankpräsident und deutsche Reichswirtschaftsminister Hjalmar Schacht die Industrie auf, einen Teil ihrer beträchtlichen Gewinne und Reserven der neuen Reichsanleihe zuzuführen.

Um eine möglichst reibungslose Zeichnung der am 22. Juni 1936 aufgelegten Reichsanleihe, die einen Umfang von 700 Millionen Reichsmark hat, zu gewährleisten, drängt Schacht auf eine verstärkte Beteiligung der Industrie. In diesem Zusammenhang weist der Minister auf die gegenwärtige günstige Lage der industriellen Wirtschaft hin, die durch den Einsatz öffentlicher Mittel herbeigeführt worden sei. Die bisher verfolgte Methode der Anleihenbegebung verteile die Lasten auf eine Reihe von Jahren und vermeide eine rigorose Erhöhung von Steuern, die die Industrie natürlich in erster Linie treffen würde.

Die neue Reichsanleihe dient der Finanzierung von Arbeitsbeschaffungsmaßnahmen und vorrangig der Aufrüstung. Nutznießer der Anleihe sind demnach die Stahl- und Rüstungsindustrie. Der Anteil der Rüstung an den öffentlichen Ausgaben des Deutschen Reichs beträgt 1936 etwa 47 % – gegenüber rund 33 % im Jahr 1935.

Hjalmar Schacht, Reichswirtschaftsminister ab August 1934

Reichsführer der SS und Chef der Deutschen Polizei, Heinrich Himmler, legt an der Gruft des deutschen Königs Heinrich I. einen Kranz nieder

NS-Feier für Heinrich I.

2. Juli. Den 1000. Todestag des deutschen Königs Heinrich I. (um 875–2. 7. 936, Memleben) begehen die Nationalsozialisten mit einem aufwendigen Staatsakt im Dom zu Quedlinburg. In seiner Gedächtnisrede würdigt der Reichsführer SS und Chef der Deutschen Polizei, Heinrich Himmler, vor der versammelten nationalsozialistischen Prominenz Heinrich I. als Gründer des Deutschen Reichs und »germanische Führerpersönlichkeit«.

Nach einem Hinweis auf »den abermaligen deutschen Aufbau allergrößten Stiles unter Adolf Hitler« geht Himmler ausführlich auf den »edlen germanischen Charakter« Heinrichs I. ein. Zum Schluß seiner Rede führt der SS-Führer aus: »Zutiefst danken müssen wir ihm, daß er niemals den Fehler beging, außerhalb des Lebensraumes seines Volkes sein Ziel zu sehen.«

Bei der Gedenkfeier der Nationalsozialisten im Quedlinburger Dom

Deutsche Jugend soll marschieren

Ein Artikel auf der Jugendseite der »Kieler Neuesten Nachrichten« vom 3. Juli 1936 wendet sich gegen das Trampen:

»Als es ganz neu war und es nur wenige wagten, war es interessant. Dann kam die Masse und nahm Besitz von dem neuen Sport. Auf einmal trampte alles – jung und alt – Jungen und Mädchen. Der arme Autofahrer wußte nicht mehr ein noch aus. Wenn er ein gutes Herz hatte, konnte er den Wagen immer voller Jungen haben. Da hielt er dann oft nicht mehr. Doch die Jungens waren schlauer. Sie schwenkten nächtlicherweise rote Lampen und hielten polizeimäßig die Autos an. Da griff diese [Polizei] zu und verbot. Die Jungens aber trampten weiter. Wer Glück hatte, wurde sogar noch mitgenommen.

Und nun ein Wort an euch, liebe Autofahrer: Erst mal: Vielen Dank, daß ihr uns in unseren faulen Tagen so nett mitgenommen habt. Aber wir haben uns besonnen und gemerkt, daß es wirklich recht feige von uns ist, sich einfach auf fremde Leute zu verlassen. Wir werden lieber wieder marschieren. Und wenn wir wirklich mal ganz, ganz schlapp sind, oder einer ist krank geworden und ein Führer von uns winkt euch, dann wäre es sehr nett, wenn ihr halten würdet. Aber es kommt nicht mehr vor, daß wir, auf euer Mitleid hin, große Fahrten durch Deutschland machen. Das überlassen wir anderen, die ihr auch gut kennt. Äußerlich unterscheiden sie sich schon durch ihre eigenartige Verpackung von uns. Kurze Hose natürlich und bunte Halstücher und noch buntere Hemden. Das sind auch Jugendliche, und die lassen sich gern von Autos kostenlos durch die Welt befördern.

Also, lieber Autofahrer – so steht es heute, und du wirst ja schon zum Pfingstfest gemerkt haben, daß wir emsig »getippelt« sind. Als wir dann aber abends unser Ziel erreicht hatten, waren wir stolz auf unsere Leistung, wenn wir auch hundemüde waren. Und so soll es von jetzt ab immer sein.«

Entsprechend der Zusammensetzung der Auswahlgremien werden in der Olympischen Kunstausstellung Werke präsentiert, die sich an klassischen Vorbildern orientieren und zur Heroisierung des Athleten tendieren

Aufgabe für die Künstler war es, die Welt des Sports darzustellen

Olympischer Kunstwettbewerb als Farce

31. Juli. Die Ausstellung des Kunstwettbewerbs der XI. Olympischen Spiele 1936 wird vom deutschen Propagandaminister Joseph Goebbels eröffnet. Die Ausstellung in Berlin ist bereits seit dem 15. Juli 1936 für Besucher geöffnet. 800 Arbeiten aus verschiedensten Kunstbereichen wurden den olympischen Kunstjurys vorgestellt.

Die Sieger in den Kunstwettbewerben werden im Anschluß an die Eröffnungsrede Goebbels' von dem Präsidenten des Organisationskomitees für die Olympischen Spiele, Theodor Lewald, bekanntgegeben. Die deutschen Wettkampfteilnehmer erhalten fünf Gold-, fünf Silber- und zwei Bronzemedaillen, 12 von insgesamt 32 vergebenen Medaillen.

Das »günstige« Abschneiden autoritärer Regime erklärt sich aus der Zusammensetzung der Jurys. Beispielsweise bestand die Jury für Musik hauptsächlich aus regimetreuen Deutschen. Nur zwei Ausländer, der Finne Yrjö Kilpinen und der Italiener Francesco Malipiero, waren an der Auswahl der Preisträger beteiligt.

Die Preisträger des Olympischen Kunstwettbewerbs 1936

Baukunst
Städtebauliche Entwürfe:
Gold: Werner March (Deutsches Reich; Reichssportfeld)
Silber: Charles Downing Lay (USA; Marine-Park in Brooklyn)
Bronze: Theo Nussbaum (Deutsches Reich; Kölner Stadtanlagen)
Architektonische Entwürfe:
Gold: Hermann Kutschera (Österreich; Skistadion)
Silber: Werner March (Deutsches Reich; Reichssportfeld)
Bronze: Hermann Stieglholzer, Herbert Kastinger (Österreich; Kampfstätte in Wien)

Bildhauerkunst
Rundplastiken:
Gold: Farpi Vignoli (Italien; »Sulky-Fahrer«)
Silber: Arno Breker (Deutsches Reich; »Zehnkämpfer«)
Bronze: Hubert Yencesse (Frankreich; »Schwimmerin«)
Medaillen und Plaketten:
Gold: Nicht vergeben
Silber: Luciano Mercante (Italien; Medaillen)
Bronze: Josué Dupon (Belgien; Reiterplaketten)
Reliefplastiken:
Gold: Emil Sutor (Deutsches Reich; »Hürdenläufer«)
Silber: Józef Klukowski (Polen; »Fußballspiel«)
Bronze: Nicht vergeben

Malerei und Graphik
Gold: Nicht vergeben
Silber: Rudolf H. Eisenmenger (Österreich; »Läufer vor dem Ziel«)
Bronze: Takaharu Fujita (Japan; »Eishockey«)

Zeichnung und Aquarell
Gold: Nicht vergeben
Silber: Romano Dazzi (Italien; vier Kartons für Fresken)
Bronze: Shujaku Suzuki (Japan; Japanisches klassisches Pferderennen)

Gebrauchsgraphik
Gold: Alex Walter Diggelmann (Schweiz; Plakat »Arosa I«)
Silber: Alfred Hierl (Deutsches Reich; Internationales Avus-Rennen)
Bronze: Stanislaw Chrostowski (Polen; Jachtklub-Diplom)

Literatur
Lyrische Werke:
Gold: Felix Dhünen-Sondinger (Deutsches Reich; »Der Läufer«)
Silber: Bruno Fattori (Italien; »Profili Azzurri«)
Bronze: Hans H. Stoiber (Österrcich; »Der Diskus«)
Dramatische Werke:
Keine Preise vergeben
Epische Werke:
Gold: Urho Karhumäki (Finnland; »Ins freie Wasser«)
Silber: Wilhelm Ehmer (Deutsches Reich; »Um den Gipfel der Welt«)
Bronze: Jan Parandowski (Polen; »Olympischer Diskus«)

Musik
Gesangskompositionen:
Gold: Paul Höffer (Deutsches Reich; »Olympischer Schwur«)
Silber: Kurt Thomas (Deutsches Reich; »Kantate zur Olympiade«)
Bronze: Harald Genzmer (Deutsches Reich; »Der Läufer«)
Kompositionen für Orchester:
Gold: Werner Egk (Deutsches Reich; »Olympische Festmusik«)
Silber: Lino Liviabella (Italien; »Der Sieger«)
Bronze: Jaroslav Křička (Tschechoslowakei; »Bergsuite«)

Die erste Fackel brennt in Olympia

20. Juli. Um 12 Uhr Ortszeit wird im griechischen Olympia auf der Peloponnes das olympische Feuer entzündet. Nach der feierlichen Zeremonie startet der erste Fackelläufer in Richtung Athen.

Die Entzündung der olympischen Flamme findet in Anwesenheit der diplomatischen Vertreter Griechenlands und des Deutschen Reichs sowie der internationalen Presse statt. Zuschauer sind nicht zugelassen. Im Rahmen des feierlichen Aktes wird eine Grußbotschaft des Initiators der Olympischen Spiele der Neuzeit, Pierre Coubertin, an die Fackelläufer verlesen. Darin heißt es u.a.: »Fünfzig Jahre sind seit dem Tage verflossen, als ich 1886 unter Ausschaltung aller persönlichen Interessen meine ganze Lebenskraft daran setzte, eine Reform der Erziehung vorzubereiten in der Überzeugung, daß weder eine politische noch soziale Stabilität ohne eine vorhergehende pädagogische Reform erreicht werden könne. Ich glaube meine Aufgabe erfüllt zu haben, wenn auch nicht vollkommen. Auf unzähligen, über die ganze Welt verstreuten Kampfstätten hat heute die Leibesfreude eine Stätte wie ehedem in Hellas' Gymnasien. Die Wiederbelebung der Körperkultur hat nicht nur die Volksgesundheit gefestigt; sie strahlt vielmehr eine Art ›lächelnden Stoizismus‹ aus, der dem einzelnen über die täglichen Unbilden des Lebens hinweghilft.«

Der Deutsche Rundfunk überträgt die Feierstunde direkt aus Olympia. Ebenso wie ein Filmteam unter Leitung der deutschen Regisseurin Leni Riefenstahl begleitet ein Übertragungswagen des Rundfunks den Staffellauf von Olympia bis nach Berlin, um das Ereignis im Sinn der Nationalsozialisten ausgiebig propagandistisch nutzen zu können.

Die gesamte Laufstrecke (3 075 km) ist in Einzelstrecken von 1 000 m aufgeteilt. Sie führt von Olympia über Athen und Saloniki nach Sofia. Von der bulgarischen Hauptstadt aus geht es weiter nach Belgrad, Budapest, Wien und Prag. Die letzten 267 km des Staffellaufs auf deutschem Gebiet bis zum Eintreffen des Feuers in Berlin (1. 8. 1936) werden von den NS-Organisatoren mit pathetischen »Weihestunden« und Massenveranstaltungen umrahmt.

Mit Hilfe eines im Deutschen Reich hergestellten Hohlspiegels wird das olympische Feuer entzündet

Eine Ehreneskorte von griechischen Sportvereinen begleitet den ersten Fackelläufer in Richtung Athen

Ein Blick vom Turm des Rathauses in der Reichshauptstadt Berlin auf den olympischen Fahnenschmuck

Ein perfektes Reich für Olympia

Juli. Mit einer Fülle von Maßnahmen und Appellen wollen die nationalsozialistischen Organisatoren vollkommen sicherstellen, daß die Olympischen Spiele in Berlin ohne die geringsten Störungen oder Mißklänge ablaufen.

Propagandaminister Joseph Goebbels fordert am 1. Juli 1936 die deutsche Bevölkerung auf, »ausländischen Besuchern zuvorkommend gegenüberzutreten«.

Zwei Tage später – am 3. Juli – wendet sich der Führer des Nationalsozialistischen Kraftfahrkorps (NSKK), Adolf Hühnlein, an die Verkehrsteilnehmer und ruft zu äußerster Verkehrsdisziplin auf. Während des ganzen Monats werden bei den unterschiedlichsten Anlässen von nationalsozialistischen Funktionsträgern Appelle an die Bevölkerung gerichtet.

Eine Anzahl von Erlassen soll eben-

Der US-amerikanische Sprinter und Weitspringer Jesse Owens

falls für Ruhe im Reich sorgen. Am 9. Juli ordnet Goebbels für die Zeit vom 1. August bis zum 7. September 1936 eine Versammlungspause für die NSDAP und ihre Gliederungen an, angeblich, um den Parteigenossen Zeit zur Erholung zu gewähren. Tatsächlich will Goebbels verhindern, daß die ausländischen Olympia-Besucher mit der massiven nationalsozialistischen Propaganda konfrontiert werden.

Am 8. Juli verbietet das Reichskommissariat für Preisüberwachung für die Zeit vom 15. Juli bis zum 31. August 1936 im Bereich des Einzelhandels und der Dienstleistungen jegliche Preissteigerung, die nicht mit einer Erhöhung der Einkaufspreise zu begründen ist. Jedes Unternehmen hat auf Verlangen nachzuweisen, welche Preise es seit dem 1. Mai 1936 im Einkauf bezahlen mußte.

In einem vertraulichen Runderlaß der Geheimen Staatspolizei (Gestapo) wird am 18. Juli die Postkontrolle für ausländische Sportler angeordnet, die an den Olympischen Spielen teilnehmen.

NS-Parteigenossen als Hilfspolizisten

23. Juli. Anläßlich der Olympischen Spiele werden 1710 Polizeibeamte aus anderen Teilen des Reiches nach Berlin abkommandiert. Das Landeskriminalamt in Berlin erhält eine Verstärkung von 176 Beamten.

Daneben werden vom Polizeibefehlsstab, dem u. a. die SS, die SA, das NS-Kraftfahrkorps, das Geheime Staatspolizeiamt und der Führerschutz angehören, Mitglieder von ortsansässigen NS-Formationen als Hilfskräfte eingesetzt. Nach offiziellen Angaben übernehmen 60 000 »Parteigenossen« Hilfsaufgaben bei den Olympischen Spielen.

Olympiade 1940 in Japans Hauptstadt

31. Juli. In einer Sitzung in Berlin beschließt das Internationale Olympische Komitee mit 36 zu 27 Stimmen, die XII. Olympischen Spiele 1940 nach Tokio zu vergeben.

Neben Tokio hat sich die finnische Hauptstadt Helsinki als Austragungsort der Spiele beworben. London hatte seine geplante Bewerbung zurückgestellt und will erst für 1944 als Bewerber auftreten.

Propaganda-Schau in Berlin eröffnet

18. Juli. Joseph Goebbels, deutscher Propagandaminister, eröffnet in Berlin die Ausstellung »Deutschland« (Ende: 23. 8. 1936), die als Werbeschau für ausländische Besucher eingerichtet worden ist.

Die Schau ist in drei Abteilungen gegliedert: »Das neue Deutschland«, »Deutsches Volk und deutsches Land« und »Leistungsschau der deutschen Wirtschaft«.

In den mit viel Pathos gestalteten Räumen nehmen Bilder von Adolf Hitler sowie Büsten von Johann Wolfgang von Goethe, Immanuel Kant und Ludwig van Beethoven Ehrenplätze ein. Mittelpunkt der Kulturabteilung ist Adolf Hitlers Buch »Mein Kampf«; der Ausstellungsraum »Deutsches Volk und deutsches Land« wird von einem Modell der neuen Reichsautobahnen beherrscht.

Mitglieder der indischen Hockey-Mannschaft trainieren an Deck des Dampfers, der sie ins Deutsche Reich bringt

In Berlin angekommen, begeben sich die indischen Hockeyspieler zum ersten Training auf das Reichssportfeld

Massenhochzeit von 102 Brautpaaren in der chinesischen Stadt Schanghai

Juli. In Kiangwan, einem Vorort der chinesischen Küstenstadt Schanghai, lassen sich 102 Brautpaare in einer aufsehenerregenden Massenhochzeit gemeinsam trauen, um die großen Ausgaben, die mit der traditionellen Einzelhochzeit verbunden sind, zu vermeiden und das eingesparte Geld für notwendige Anschaffungen zur Verfügung zu haben.
Die Trauung der 102 Brautpaare findet im neueingerichteten Bürgerzentrum in Kiangwan statt. Die Hochzeitszeremonie, die rund zwei Stunden dauert, ist von dem Bürgermeister von Schanghai, der auch die Trauungen durchführt, organisiert worden. Die gesamte Veranstaltung kostet für jedes Paar umgerechnet rund 75 Reichsmark. Der Preis schließt die Bekleidung für die Brautleute und den Blumenstrauß der Braut ein. Das Foto zeigt die langen Reihen der Bräute und Bräutigame beim Betreten des Bürgerzentrums. Die Bräute haben einheitliche weiße Kleider, während die Bräutigame – ebenfalls einheitlich – schwarze Mäntel tragen.

Reise zur Quelle des Jangtsekiang

Juli. Eine Tibet-Expedition, die im Auftrag der Academy of Natural Sciences (naturwissenschaftliche Akademie), Philadelphia, durchgeführt wurde und die unter der Leitung des deutschen Biologen Ernst Schäfer stand, kehrt nach monatelangem Aufenthalt im tibetischen Quellgebiet des Jangtsekiang in die USA zurück.
Mit der Expedition betraten erstmals Weiße das im östlichen Hochland von Tibet in der Provinz Tsinghai gelegene Quellgebiet des längsten Flusses in Asien. Von der Mündung des Jangtsekiang aus – nahe der Stadt Schanghai – folgte die Expedition dem Fluß 3600 km aufwärts, um dann in das tibetische Hochland vorzustoßen. Die Forscher konnten vor allem neue Erkenntnisse über die tibetische Tierwelt sammeln.

Der Bambusbär oder große Panda ist sehr scheu; das auch im tibetischen Hochland lebende Tier ernährt sich hauptsächlich von Bambussprossen

Oft mußte die Expedition den Jangtsekiang waghalsig überqueren

Deutscher Western von Luis Trenker

21. Juli. In Berlin wird der Spielfilm »Der Kaiser von Kalifornien« von Luis Trenker uraufgeführt.

Trenker, der das Drehbuch schrieb und Regie führte, spielt in dem Film auch die Hauptrolle des Johann August Suter. Der schweizerische Buchdrucker wandert 1836 nach Amerika aus und bringt es in Kalifornien als Farmer zu großem Wohlstand. Als auf Suters Boden Gold gefunden wird, bricht der Goldrausch aus. Suter nimmt den Kampf gegen die über seinen Besitz hereinfallenden Goldsucher auf und siegt.

Trenker hat seinen erfolgreichen und hervorragend gemachten Film zum größten Teil in Nordamerika produziert. Weil ihm für die Dreharbeiten dort nur 20 000 US-Dollar zur Verfügung standen, filmte er die Massenszenen in Oberitalien.

Kraftfahrer gegen Alkohol im Benzin

5. Juli. Mit einem Fahrstreik protestieren die schweizerischen Autofahrer gegen den vom Bundesrat beschlossenen Beimischungszwang von Alkohol zu Benzin.

Die Kraftfahrer wollen erreichen, daß die Alkoholbeimischung von 10% und damit die Benzinverteuerung unterbleibt. Von der Verkehrsstillegung sind nur die Lkw und aus beruflichen Gründen dringend benötigte Pkw ausgeschlossen. Auch der Verkehr über die Grenze nach Baden ruht vollständig. Die Automobilklubs sorgen mit Straßenkontrollen an wichtigen Verkehrspunkten für die Einhaltung des Streiks. Wagenbesitzer, die sich nicht an dem Streik beteiligen, werden von den Kontrolleuren notiert und haben mit Repressalien von den Kraftfahrverbänden zu rechnen.

Kanal in Florida wird nicht gebaut

14. Juli. Der von der US-amerikanischen Regierung Franklin Delano Roosevelts geplante Florida-Kanal wird nicht verwirklicht. Der Kongreß hat sich geweigert, weitere Gelder für die Fortsetzung der Bauarbeiten zu bewilligen.

5,5 Millionen Dollar (rund 13,7 Millionen Reichsmark/RM) sind bereits für Vorarbeiten ausgegeben worden. Der Gesamtbau sollte 147 Millionen Dollar kosten (rund 365,2 Millionen RM). Geplant war, den Schiffsweg vom Atlantischen Ozean in den Golf von Mexiko durch den Kanal zu verkürzen.

Gegen den Kanalbau opponierte vor allem Südflorida, weil angeblich die Gefahr bestand, daß der Kanaleinschnitt die kostbare Süßwasserzufuhr des sehr trockenen Teils der Halbinsel abschneiden würde.

Absicherung gegen Heirat des Königs

Juli. Der Versicherungsgesellschaft Lloyd in London gehen aus allen Teilen Großbritanniens Versicherungsnachfragen auf das Handelsrisiko zu, das besonders Andenken-Fabrikanten in Verbindung mit der bevorstehenden Krönung (12. 5. 1937 geplant) des britischen Königs Eduard VIII. eingehen müssen (→ 20. 1./S. 21, → 10. 12./S. 208).

Viele Unternehmer versuchen sich gegen eine Eheschließung des Königs vor der Krönung zu versichern. Die meisten Andenken, die jetzt schon für die Krönungsfeierlichkeiten hergestellt werden, tragen den Kopf Eduards VIII. Bei einer vorzeitigen Heirat des Königs würden diese Produkte kaum noch verkäuflich sein.

Auch Verleger von Gebetsbüchern versichern sich gegen eine Ehe des Königs. In die neuen Bücher, die das Gebet für Eduard VIII. anstatt für Georg V. enthalten, müßte bei einer Hochzeit auch das Gebet für die neue Königin eingefügt werden.

Die Anfragen nach diesen Versicherungen sind so zahlreich, daß Lloyd die Prämie von 9% auf 20% erhöht. Fachleute vermuten, daß für Lloyd das Risiko gewachsen ist, weil die Firma möglicherweise zu viele Verpflichtungen eingegangen ist.

Fred Perry, Großbritanniens erster Mann im Tennisspielen

Gottfried von Cramm, zur Zeit die Nr. 1 im Deutschen Reich

US-Amerikanerin Helen Jacobs

Luis Trenker in seinem Spielfilm »Der Kaiser von Kalifornien«; der Einwanderer Johann August Suter sieht zum erstenmal Kalifornien

Helen Jacobs (r.) und Hilde Sperling-Krahwinkel nach dem Spiel

Der ausverkaufte Centre Court in Wimbledon beim Finalspiel Fred Perry (vorn) gegen Gottfried von Cramm

Fred Perry siegt in Wimbledon

Juli. Bei den inoffiziellen Tennis-Weltmeisterschaften in Wimbledon gewinnt der Brite Fred Perry am 3. Juli 1936 das Finale der Herren gegen den Deutschen Gottfried von Cramm. Im Damenfinale besiegt die US-Amerikanerin Helen Jacobs die Deutsch-Dänin Hilde Sperling-Krahwinkel (4. 7. 1936). Am 28. Juli entscheidet die britische Mannschaft durch einen Sieg über Australien das Daviscup-Finale für sich.

Herausragender Spieler bei den Entscheidungen in Wimbledon ist der britische Spitzenspieler Perry. Auf dem mit 15 000 Zuschauern restlos ausverkauften Centre Court schlägt er den deutschen »Weltmeister ohne Titel« von Cramm mühelos in drei Sätzen (6:1, 6:1, 6:0). Damit ist Perry zum dritten Mal hintereinander Wimbledon-Sieger. Schon 1935 unterlag von Cramm dem britischen Tennis-As im Finale.

Wenig Glück hat auch Hilde Sperling-Krahwinkel. Nach drei hart-umkämpften Sätzen und zwei Stunden Spielzeit verliert sie das Endspiel der Damen mit 2:6, 6:4, 5:7 gegen Helen Jacobs. Die US-Amerikanerin steht zum fünften Mal in Wimbledon im Finale und kann erstmals den Sieg erringen.

Für einen weiteren britischen Tennis-Erfolg sorgt Wimbledon-Sieger Perry am 28. Juli 1936 beim Daviscup-Finale zwischen Großbritannien und Australien. Mit einem 6:2, 6:3, 6:3 gegen Jack Crawford sichert er der britischen Mannschaft den knappen 3:2-Erfolg über die Australier.

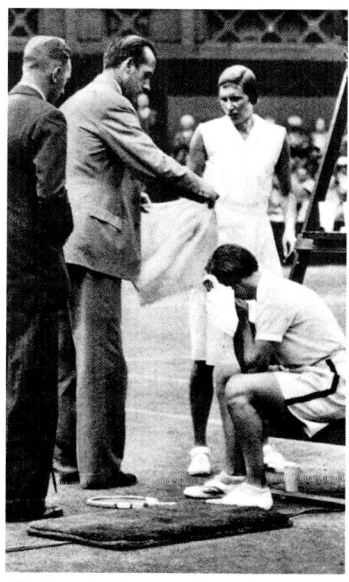

H. Jacobs (sitzend) und H. Sperling-Krahwinkel in einer Pause

Fred Perry (l.) und Gottfried von Cramm (2. v. l.)

Gottfried von Cramm, ewiger Zweiter in Wimbledon

August 1936

Mo	Di	Mi	Do	Fr	Sa	So
					1	2
3	4	5	6	7	8	9
10	11	12	13	14	15	16
17	18	19	20	21	22	23
24	25	26	27	28	29	30
31						

1. August, Sonnabend

Der Führer und Reichskanzler Adolf Hitler eröffnet im Berliner Olympiastadion die XI. Olympischen Sommerspiele. → S. 142

In Hamburg werden die ersten deutschen »Freiwillige«, 86 Soldaten der Luftwaffe in Zivil, eingeschifft, um den spanischen Nationalisten im Bürgerkrieg beistehen zu können (→ 5. 8./S. 153).

Aufgrund der Amnestieverordnung vom 23. April sind im Deutschen Reich bisher 501 323 Personen begnadigt worden. Die Amnestie kommt überwiegend nationalsozialistisch gesonnenen Straftätern zugute. Darunter sind z. B. 3 532 Personen, die »Straftaten aus Übereifer im Kampf um die NS-Bewegung« begangen haben (→ 23. 4./S. 68).

Die französische Regierung fordert die britische und die italienische Regierung auf, dem französischen Beispiel einer Nichteinmischung in die inneren Angelegenheiten fremder Staaten zu folgen, um eine unnötige Verlängerung des Spanischen Bürgerkriegs zu vermeiden.

Die niederländische Regierung klagt die Regierung des belgischen Nachbarlandes wegen deren Wasserentnahme aus der Maas zur Speisung nordbelgischer Kanäle vor dem Internationalen Gerichtshof in Den Haag an. Diese Maßnahme widerspreche einem im Jahr 1863 zwischen den beiden Ländern geschlossenen Vertrag. → S. 155

Der Führer und Reichskanzler Adolf Hitler gibt bekannt, daß er mit Zustimmung der griechischen Regierung die deutschen archäologischen Ausgrabungen in Olympia wieder aufnehmen lassen werde.

In Schwyz, dem Hauptort des gleichnamigen Schweizer Kantons, wird nach zweijähriger Bauzeit das Schweizerische Bundesbriefarchiv eingeweiht, in dem u. a. die ersten schriftlichen Zeugnisse des eidgenössischen Zusammenschlusses aufbewahrt werden.

2. August, Sonntag

Die Pariser Orangerie zeigt Werke des französischen Impressionisten Paul Cézanne.

Der Belgier Sylvère Maes gewinnt in Frankreich die 30. Tour de France, das berühmteste Radrennen der Welt, in einer Gesamtzeit von 142:47:32 Stunden. → S. 159

3. August, Montag

Das Zentralkomitee der KPD in Paris ruft alle Antifaschisten zur gemeinsamen Hilfe für das spanische Volk und die spanische Volksfront auf.

Reichsfinanzminister Johann Ludwig Graf Schwerin von Krosigk erhöht den Höchstbetrag zur Förderung des Kleinwohnungsbaus von 250 Millionen Reichsmark auf 400 Millionen Reichsmark.

Der deutsche Bildhauer Georg Kolbe wird mit dem Goethe-Preis der Stadt Frankfurt am Main ausgezeichnet.

Der US-Amerikaner Jesse Owens, der herausragende Athlet der Olympischen Sommerspiele von Berlin, gewinnt über 100 m die erste seiner insgesamt vier Goldmedaillen. → S. 144

4. August, Dienstag

Wegen anhaltender Streiks und politischer Unruhen löst der griechische Ministerpräsident, Ioannis Metaxas, das Parlament auf und ruft die Diktatur aus. → S. 154

In Berlin wird der von Rolf Hansen gedrehte erste deutsche Spielfilm in Farbe, »Das Schönheitsfleckchen«, eine Liebesgeschichte um die Marquise de Pompadour, uraufgeführt. → S. 158

5. August, Mittwoch

Im spanischen Cadiz treffen die ersten deutschen »Freiwilligenverbände« ein, um die Faschisten im Kampf gegen die republikanische Regierung zu unterstützen. → S. 153

6. August, Donnerstag

Den bisher von Spanisch-Marokko aus operierenden spanischen Faschisten unter General Francisco Franco gelingt unter dem Schutz deutscher Flugzeuge das Übersetzen nach Südspanien. → S. 153

Die französische Regierung nennt in einer Note, die an alle an der spanischen Frage interessierten Regierungen gerichtet ist, die Grundsätze für eine praktische Verwirklichung der Nichteinmischung in die spanischen Angelegenheiten (→ 24. 8./S. 153).

Die deutsche Fliegerin Elly Beinhorn-Rosemeyer startet in Damaskus (Syrien) zu einem Tagesflug, in dessen Verlauf sie Asien, Afrika und Europa überfliegt, um die drei Erdteile symbolisch miteinander zu verbinden. → S. 157

7. August, Freitag

Vor der spanischen Nordwestküste und vor den spanischen Mittelmeerhäfen patrouillieren deutsche Panzerschiffe, Kreuzer und Torpedoboote – bereit, jederzeit in den Spanischen Bürgerkrieg einzugreifen.

Eine Verordnung von Reichsarbeitsminister Franz Seldte bestimmt, daß ab 1. September kein Arbeiter oder Angestellter, der arbeitsbuchpflichtig ist, ohne die Vorlage eines Arbeitsbuches beschäftigt werden darf.

Im Deutschen Reich wird der 1000jährigen Wiederkehr der Thronbesteigung Otto I., des Großen, gedacht.

8. August, Sonnabend

Nach Angaben der »Jüdischen Rundschau« haben zwischen Februar 1933 und April 1936 insgesamt 93 000 Juden Deutschland verlassen. Von ihnen sind z. B. 31 000 nach Palästina gegangen, 22 000 in die europäischen Nachbarstaaten und 22 000 nach Übersee. 10 000 sind in die USA ausgewandert.

Die Reichsregierung versichert – fälschlicherweise – dem britischen Außenministerium, kein Kriegsmaterial nach Spanien geliefert zu haben. Dies werde auch in Zukunft nicht geschehen.

Die deutsche Presse verweist auf »einen erfreulichen Fortschritt« des deutschen Justizwesens: »Prozesse dauern nicht mehr ewig!« Bei den Amtsgerichten werden 75% der Verfahren in weniger als drei Monaten abgeschlossen, bei den Landgerichten 40%.

9. August, Sonntag

Durch Erlaß des Reichsverkehrsministeriums werden künftig Verkehrsstrafen in den Führerschein eingetragen. Ausgenommen sind gebührenpflichtige Verwarnungen.

Mit 5 253 Filmtheatern steht das Deutsche Reich hinter der USA (15 378) weltweit an zweiter Stelle. → S. 158

Der gebürtige Koreaner Kitei Son gewinnt für Japan die olympische Goldmedaille im Marathonlauf. → S. 146

10. August, Montag

In der UdSSR wird das Wehrdienstalter von 21 auf 19 Jahre herabgesetzt. Damit soll die Aufrüstung vorangetrieben werden. Allein im Herbst 1936 werden eine Million Rekruten eingezogen (→ 24. 8./S. 152).

Enttäuscht von der weitgehend positiven Haltung des demokratischen Auslands gegenüber der Propagandaschau des nationalsozialistischen Regimes bei den Olympischen Spielen im Deutschen Reich, verteilt der deutsche Schriftsteller Georg Kaiser von ihm geschriebene antifaschistische Pamphlete unter den Arbeitern in Berlin-Siemensstadt.

In Lichterfelde findet eine Gedenkfeier für Otto Lilienthal statt, der vor 40 Jahren bei einem Flugversuch ums Leben gekommen ist.

In Venedig wird die IV. Biennale, die internationale Filmkunstschau, eröffnet, bei der deutsche Spielfilme große Erfolge erringen. Die Biennale dauert bis zum 29. August (→ 29. 8./S. 158).

11. August, Dienstag

Der bisherige außerordentliche und bevollmächtigte Botschafter in besonderer Mission, Joachim von Ribbentrop, wird vom Führer und Reichskanzler Adolf Hitler zum neuen deutschen Botschafter in London berufen. → S. 152

12. August, Mittwoch

Zwischen dem Deutschen Reich und Österreich wird im Anschluß an das Übereinkommen vom → 11. Juli (S. 126) ein vorläufiges Wirtschaftsabkommen geschlossen, durch welches der österreichischen Ausfuhr mengenmäßig begrenzte Vorteile eingeräumt werden. Die Gebühr von 1 000 Reichsmark bei der Ausfuhr nach Österreich wird nicht mehr erhoben.

Durch einen Erlaß von Reichskriegsminister Werner von Blomberg wird verfügt, daß langdienende Soldaten mit Beginn des 12. Dienstjahrs die landwirtschaftlichen Heeresfachschulen besuchen können, da es anzustreben sei, daß die aus der Landwirtschaft stammenden Soldaten wieder als Siedler der Landwirtschaft zurückgegeben werden.

In Birmingham endet ein von 20 000 Teilnehmern besuchter »Kongreß der Schlaflosen« mit einem Appell an die Mediziner, sich endlich dieser Krankheit anzunehmen. In Großbritannien sollen zwei Millionen Menschen an Schlaflosigkeit leiden.

13. August, Donnerstag

In Genf tagt der Jüdische Weltkongreß. Es wird eine Resolution verabschiedet, wonach das jüdische Volk die ihm vom Nationalsozialismus aufgezwungene Herausforderung annehmen wird.

14. August, Freitag

Das Oberkommando der Wehrmacht führt eine neuen Schellenbaum für das Heer ein: Im Mittelpunkt der Sonne steht das Hoheitszeichen des nationalsozialistischen Reiches, das Hakenkreuz.

»Das Schloß in Flandern«, ein von Geza von Bolvary gedrehter Liebesfilm aus dem Militär- und Künstlermilieu, wird in Berlin uraufgeführt. Die Hauptrollen spielen Martha Eggert, Paul Hartmann, Georg Alexander, Hilde Weissner und Otto Wernicke.

Der in Wien tagende Weltkongreß der Zahnärzte empfiehlt als Therapie bei Zahnausfall die Injektion von Vitamin C.

15. August, Sonnabend

Reichspropagandaminister Joseph Goebbels empfängt im Namen der Reichsregierung die Ehrengäste der Olympischen Spiele zu einem Sommerfest auf der Berliner Pfaueninsel. → S. 143

16. August, Sonntag

Mit einer Abschlußfeier im Berliner Olympiastadion enden die XI. Olympischen Sommerspiele. Mit dem Gewinn von 33 Gold-, 26 Silber- und 30 Bronzemedaillen stellt das Deutsche Reich erstmals die erfolgreichste Mannschaft. → S. 148; S. 151

N° 4874 — 94ᵉ ANNÉE

1ᵉʳ AOUT 1936

L'ILLUSTRATION

LES HEURES SANGLANTES DE BARCELONE

APRÈS LA RENCONTRE PLAZA CATALUÑA : DES CORPS D'HOMMES ET DE CHEVAUX TUÉS ET BLESSÉS
SONT RESTÉS SUR PLACE... ET LES PIGEONS FAMILIERS SONT REVENUS PICORER

AVEC CE NUMÉRO L'ABONNEMENT N° 1 COMPREND " LA PETITE ILLUSTRATION " CONTENANT

UNE PIÈCE EN TROIS ACTES

TU NE M'ÉCHAPPERAS JAMAIS, par MARGARET KENNEDY
Adaptation française de PIERRE SABATIER

13, RUE SAINT-GEORGES, PARIS (9ᵉ)

Voir au verso les tarifs d'abonnement.

August 1936

Die britische Schiffahrtsgesellschaft Cunard White Star Line beschließt, ein Schwesterschiff des Ozeanriesen »Queen Mary« zu bauen.

Am Bremer Staatstheater wird die Operette »Dichter und Bauer« von Franz von Suppé in der Bearbeitung von Franz Werther und Eugen Rex uraufgeführt.

Vor Kiel beginnt die Kieler Woche mit den alljährlichen Segelsportwettkämpfen.

17. August, Montag

In einer Denkschrift fordert der saarländische Stahlindustrielle Hermann Röchling die Reichsregierung auf, Kriegsvorbereitungen gegen die Sowjetunion zu treffen.

Zum Gedenken an den 150. Todestag König Friedrichs II. des Großen von Preußen findet im Potsdamer Lustgarten eine Parade statt.

In München beginnt die nicht zum olympischen Programm zählende sog. Schacholympiade (bis 2. 9.), die von der ungarischen Mannschaft gewonnen wird.

18. August, Dienstag

Die deutschen Junkers-Werke führen die Liste der Herstellerfirmen regelmäßig in internationalen Luftverkehr eingesetzter Flugzeuge an; danach hat die Firma Junkers 283 Maschinen im Dienst, De Havilland 233, Fokker 199, Boeing 96, Douglas 92, Potez 93, Latécoère 60 und Lockheed 55.

Im Berliner Schloßmuseum ist der sog. Welfenschatz ausgestellt, der 1935 vom preußischen Staat erworben wurde. Der Welfenschatz besteht im wesentlichen aus Reliquiaren (Reliquienbehältern) des 11. und 12. Jahrhunderts. → S. 157

19. August, Mittwoch

In Moskau beginnt der sog. Trotzkistenprozeß (bis 24. 8.), in dem 16 ehemalige hohe Funktionäre und Kampfgenossen von Parteichef Josef W. Stalin wegen Hochverrats angeklagt werden. → S. 154

Die Beschießung und Durchsuchung des deutschen Dampfers »Kamerun« vor Cadiz durch die spanische Marine führt zu scharfen Protesten der Reichsregierung und der Drohung, sich »mit allen Mitteln« zu schützen. → S. 153

Bei den vom Orientalischen Institut der Universität Chicago geleiteten archäologischen Ausgrabungen im iranischen Persepolis werden die Ruinen der Paläste der persischen Könige Darius I. und seines Sohnes Xerxes I. aus dem 5. Jahrhundert v. Chr. freigelegt. → S. 156

20. August, Donnerstag

Bei den blutigen Zusammenstößen zwischen Juden und Arabern in Palästina sind zwischen dem 19. April und dem 15. August amtlichen Angaben

zufolge 211 Personen ums Leben gekommen, 371 sind schwer, 649 leicht verletzt worden.

21. August, Freitag

Die deutschen diplomatischen Vertreter in Moskau und Madrid protestieren bei den jeweiligen Regierungen wegen der »verleumderischen Propaganda bolschewistischer Sender« gegen das Deutsche Reich.

Die Gesamtschulden der deutschen Länder (ohne die Hansestädte) belaufen sich auf 2,5 Milliarden Reichsmark (davon 1,9 Milliarden RM Inlands-Neuverschuldung). Allein Preußen hat Schulden in Höhe von 1,17 Milliarden RM. Die Verschuldung der Hansestädte beträgt 700 Millionen RM.

Eine außerordentliche Mitgliederversammlung der Firma AEG genehmigt einstimmig den ihr vorgelegten Reorganisationsplan des Unternehmens. Der Plan sieht u. a. die Herabsetzung des Aktienkapitals von 185 Millionen Reichsmark (RM) auf 67,7 Millionen RM vor. Mit Hilfe des Reorganisationsplans sollen kurzfristige Verbindlichkeiten beglichen und eine Liquiditätsreserve gebildet werden.

Im Berliner Metropoltheater wird die Operette »Auf großer Fahrt« von Fred Raymond und Heinz Hentschke uraufgeführt.

Im Berliner Theater auf dem Kurfürstendamm hat das Musical »Kleines Fräulein Unbekannt« von Marc Roland Premiere.

22. August, Sonnabend

In Kärnten finden die ersten zweitägigen Manöver der österreichischen Frontmiliz, der Vaterländischen Front unterstehende Formationen freiwillig Wehrfähiger, statt. Beteiligt sind Truppen aus Kärnten, der Steiermark, Wien und Niederösterreich.

Das Reichspropagandaministerium genehmigt den Zusammenschluß nichtarischer Christen im »Paulusbund«. Der Organisation sind etwa 80 000 Mitglieder angeschlossen.

23. August, Sonntag

Im pommerschen Rostin an der Persante wird das erste Unterwasserkraftwerk der Welt in Betrieb genommen.

Der deutsche Automobilrennfahrer Bernd Rosemeyer gewinnt in Bern den Großen Preis der Schweiz auf Auto-Union, es ist sein vierter großer Sieg in diesem Jahr.

24. August, Montag

Nachdem alle an der Spanienfrage interessierten Staaten ihre Bereitschaft zu einem Waffenembargo gegenüber Spanien erklärt haben, verspricht nunmehr auch die deutsche Regierung, keine Waffen mehr in das Kriegsgebiet zu liefern. → S. 153

Per Geheimerlaß gibt der Führer und Reichskanzler Adolf Hitler die Wei-

sung, den Führer der spanischen Aufständischen, General Francisco Franco, »weitgehendst materiell und militärisch zu unterstützen«, vorerst jedoch ohne aktive Kampfbeteiligung (→ 28. 8./S. 153).

Durch Erlaß des Führers und Reichskanzlers Adolf Hitler wird die aktive Dienstpflicht in den drei Teilen der deutschen Wehrmacht von bisher einem Jahr auf zwei Jahre erhöht. → S. 152

25. August, Dienstag

Drei deutsche Dampfer laufen mit 28 Flugzeugen, Munition und anderen Kriegsmaterialien für die spanischen Faschisten an Bord nach Südspanien aus. Offiziellen Angaben zufolge lösen sie die vor der spanischen Nord- und Südküste operierenden deutschen Schiffe ab.

26. August, Mittwoch

Der Führer und Reichskanzler Adolf Hitler legt seinen engsten Vertrauten eine geheime Vierjahresplan-Denkschrift vor, in der von Armee und Wirtschaft Kriegs- bzw. Einsatzbereitschaft in spätestens vier Jahren gefordert wird. → S. 152

Großbritannien und Ägypten schließen in London einen Vertrag, der die militärische Besetzung Ägyptens durch die Briten beendet und Ägyptens staatliche Souveränität in vollem Umfang herstellt. → S. 154

Das Reichswirtschaftsministerium empfiehlt vertraulich, »den Übergang jüdischer Unternehmen und Geschäfte in arische Hände nicht zu stören«.

Zur Jahrestagung des Deutschen Auslandsinstituts verleiht der Führer und Reichskanzler Adolf Hitler der Stadt Stuttgart den Ehrentitel »Stadt der Auslandsdeutschen«.

Im Londoner Britischen Museum werden die Arbeiten an der Parthenon-Galerie aufgenommen, in der künftig die Marmorskulpturen vom Parthenon-Tempel der Athener Akropolis (sog. Elgin-Marbles) aufgestellt werden sollen. → S. 156

27. August, Donnerstag

Die Chefs der militärischen Abwehr des Deutschen Reiches und Italiens, Konteradmiral Wilhelm Canaris und Mario Roatta, vereinbaren in Rom, daß ihre beiden Länder im Spanischen Bürgerkrieg zu gleichen Teilen ausschließlich General Francisco Franco militärisch unterstützen werden. Das Kriegsmaterial soll von deutschem und italienischem Personal bedient werden. Damit ist der erste Schritt zu einem deutsch-italienischen Bündnis getan (→ 28. 8./S. 153).

Mit dem seit 1905 verliehenen Villa-Romana-Kunstpreis, der von dem Leipziger Verlagsbuchhändler Georg Hirzel und dem deutschen Künstler Max Klinger gestiftet worden ist, werden im Jahr 1936 die Bildhauerin Emy

Roeder und der Maler Artur Degner ausgezeichnet.

28. August, Freitag

Reichskriegsminister Werner von Blomberg genehmigt den Kampfeinsatz deutscher Flugzeuge in Spanien. → S. 153

Reichspropagandaminister Joseph Goebbels eröffnet die Große Deutsche Funkausstellung in Berlin (dauert bis 6. 9.). → S. 156

29. August, Sonnabend

Wegen seiner Weigerung, sich von jeglicher politischen Betätigung künftig fernzuhalten, wird der ehemalige sowjetische Revolutionsführer Leo Trotzki in seinem norwegischen Exil interniert. → S. 154

Die Schweizer Regierung beschließt, eine nationale Tonfilmindustrie aufzubauen. Montreux oder Zürich kommen als Städte für ein zu errichtendes großes Filmstudio in Frage.

30. August, Sonntag

Der britische Passagierdampfer »Queen Mary« überquert den Atlantik in Rekordzeit (3 Tage, 23 h und 57 min) und erobert damit das Blaue Band des Ozeans (bisher: Die französische »Normandie«).

Der deutsche Automobilrennfahrer Bernd Rosemeyer gewinnt auf Auto-Union den Großen Bergpreis von Deutschland, Europas schwerstes Bergrennen, das auf einer Streckenlänge von 12 km von Freiburg bis zur Paßhöhe Schauinsland 800 m Höhenunterschied aufweist.

31. August, Montag

In Genf wird der Weltjugendkongreß eröffnet, der sich mit dem Thema »Frieden« beschäftigt.

Eine Schlagwetterexplosion auf der Bochumer Zeche »Vereinigte Präsident« fordert 29 Tote und 18 Verletzte.

Gestorben:

1. Paris: Louis Blériot (*1. 7. 1872, Cambrai), französischer Flugpionier.

15. Rom: Grazia Deledda (*30. 9. 1871, Nuoro), italienische Schriftstellerin, Literaturnobelpreis 1926.

19. Viznar/Granada: Federico García Lorca (*5. 6. 1898, Fuente Vaqueros/Granada), spanischer Dramatiker und Lyriker. → S. 159

25. Moskau: Grigori Jewsejewitsch Sinowjew (*11. 9. 1883, Jelisawetgrad/Kirowograd), sowjetischer Politiker (→ 19. 8./S. 154).

25. Moskau: Lew Borissowitsch Kamenjew, eigtl. L. B. Rosenfeld (*22. 7. 1883, Moskau), sowjetischer Politiker (→ 19. 8./S. 154).

Geboren:

1. Oran/Algerien: Yves Saint Laurent, französischer Modeschöpfer.

Sondernummer der »Berliner Illustrirten Zeitung« über die XI. Olympischen Spiele in Berlin

Das olympische Feuer trifft in Berlin ein, im Berliner Lustgarten wird am 1. August 1936 ein »Weihealtar« entzündet

Ehrentribüne (v.l.): von Blomberg, Heß, Frick, IOK-Präsident Baillet-Latour, Hitler, Umberto von Italien, Lewald (Präsident im Organisationskomitee), Goebbels, Göring

Adolf Hitler eröffnet die Olympischen Spiele

1. August. Die ersten auf deutschem Boden ausgetragenen Olympischen Sommerspiele werden vom Führer und Reichskanzler Adolf Hitler im mit 100 000 Zuschauern vollbesetzten Berliner Olympiastadion feierlich eröffnet.

Das nationalsozialistische Regime benutzt die Spiele zu einer eindrucksvollen Propaganda für das »neue Deutschland«. Den rund 150 000 Gästen aus aller Welt wird das Bild eines politisch und wirtschaftlich erstarkten Landes präsentiert, das seinen Bürgern Sicherheit und Ordnung garantiert.

49 Nationen haben insgesamt 4 066 Aktive (darunter 328 Frauen) nach Berlin entsandt, die in 20 Sportarten um 129 Goldmedaillen kämpfen. Deutschland stellt mit 406 Teilnehmern (364 Männer, 42 Frauen) vor den USA mit 330 Athleten erstmals die größte Mannschaft.

Die Reichsregierung hat keine Mühen gescheut und es auch nicht an finanzieller Unterstützung fehlen lassen, damit sich die deutschen Sportler optimal auf die Berliner Spiele vorbereiten konnten. Mit Siegen deutscher Aktiver will Hitler nicht zuletzt seine These von der Überlegenheit der arischen Rasse belegen. Schon beim Einmarsch der Mannschaften in das Berliner Olympiastadion im Rahmen der Eröffnungsfeier wird der politische Hintergrund der Spiele deutlich. Aufmerksam wird registriert, ob die Aktiven mit dem olympischen Gruß (die offene Hand etwas nach unten zur Seite gehalten) oder, nach Art der Faschisten, mit erhobener Hand an der Ehrenloge vorbeimarschieren. Die Mannschaften aus Bulgarien, Frankreich, Italien und Österreich entscheiden sich für den Hitlergruß und erhalten dafür von den Rängen brausenden Beifall.

Den olympischen Eid spricht der Deutsche Meister im Gewichtheben, Rudolf Ismayr. Er ergreift dabei jedoch nicht – wie vorgeschrieben – die olympische Flagge mit den fünf Ringen, sondern die Fahne des Dritten Reiches. Über dem Stadion kreisen 20 000 Tauben, die von Hitlerjungen freigelassen wurden.

Vor Beginn der Berliner Spiele, den ersten, die in einer Diktatur stattfinden, wurde in verschiedenen Ländern, insbesondere in den USA, wegen der nationalsozialistischen Rassenpolitik über einen Oympiaboykott nachgedacht. Nur mit knapper Mehrheit konnte sich das Nationale Olympische Komitee der USA zu einer Teilnahme durchringen. Auch das Internationale Olympische Komitee hatte sich auf Drängen des späteren Präsidenten Avery Brundage trotz erheblicher Bedenken gegen einen Boykott ausgesprochen. Als Begründung für diese Entscheidung führte Brundage an, daß Politik im Sport nichts zu suchen habe.

Um der ausländischen Kritik an den nationalsozialistischen Rassegesetzen die Spitze abzubrechen, wurde eine Jüdin in die deutsche Olympiamannschaft aufgenommn: Helene Mayer, die Olympiasiegerin im Florettfechten von Amsterdam 1928, kehrte aus ihrem Exil in den USA nach Berlin zurück. Rechtzeitig vor dem Eintreffen der ersten Olympiagäste in Berlin wurden außerdem die meisten antisemitischen Hetzplakate und Parolen entfernt; Oppositionelle wurden »vorsorglich« verhaftet.

Einmarsch der Sportler in das Berliner Olympiastadion, im Vordergrund die französische Mannschaft, die wie die Bulgaren, Italiener und Österreicher mit dem »Deutschen Gruß« an der Ehrentribüne vorbeimarschiert

Führer und Reichskanzler Adolf Hitler (im vorderen Wagen) fährt durch ein Spalier begeisterter Deutscher zur Eröffnung der Olympischen Spiele

Adolf Hitler (am Tor) betritt am 2. August, dem Tag des Beginns der leichtathletischen Wettkämpfe, das Berliner Olympiastadion (Südtor)

Fackellauf mit olympischem Feuer

1. August. Erstmals in der Geschichte der Olympischen Spiele wurde das olympische Feuer im klassischen Olympia auf der Peloponnes entzündet (→ 20. 7./S. 133) und von 3075 Läufern mit 60 cm langen Magnesiumfackeln bis nach Berlin getragen.

Dem Berliner Fritz Schilgen wird die Ehre zuteil, das olympische Feuer bei der Eröffnungsfeier am 1. August ins Stadion zu tragen und damit die Flamme in dem riesigen, auf einem Marmorpodest installierten Kohlebecken über dem Marathontor zu entfachen.

Die Idee zu diesem symbolischen Schauspiel stammt von dem deutschen Sportprofessor Carl Diem, dem Organisator der Berliner Spiele. Schon 1934 hatte er vom Internationalen Olympischen Komitee die Zustimmung für den Staffellauf von Griechenland nach Berlin erhalten.

Nach Diems Anweisung wurde das olympische Feuer daher am 20. Juli 1936 am Fuß des Kronoshügels im antiken Stadion von Olympia von 15 Mädchen in altgriechischer Tracht mit Hilfe eines von der Firma Zeiss in Jena hergestellten Brennglases entfacht und anschließend in zwölf Tagen nach Berlin transportiert, wo es pünktlich auf die Sekunde eintraf.

Fackelläufer des Deutschen Reiches mit olympischem Feuer in Dresden

500000 Gäste in Berlin

15. August. Höhepunkt einer Reihe von Empfängen und Festveranstaltungen anläßlich der Olympischen Spiele, zu denen führende Persönlichkeiten des In- und Auslands geladen werden, ist das von Reichspropagandaminister Joseph Goebbels veranstaltete Sommerfest auf der Berliner Pfaueninsel, zu dem 2000 Gäste erscheinen.

Die Reichsregierung, an ihrer Spitze der Führer und Reichskanzler Adolf Hitler, hatte hochgestellte Persönlichkeiten, u. a. König Boris von Bulgarien, Kronprinz Umberto von Italien, Erbprinz Gustav Adolf von Schweden, bereits am 6. August zu einem offiziellen Empfang in die Berliner Staatsoper gebeten.

Doch nicht nur die hohen Würdenträger sollen durch die vorbildliche deutsche Gastfreundschaft überzeugt werden und ihre oft negative Meinung über das nationalsozialistische Deutsche Reich ändern, auch um das Wohlergehen der einfachen Olympiatouristen sind die Berliner Organisatoren und die Reichsregierung bemüht.

Die Mehrzahl der rund 500000 Olympiagäste (davon etwa 150000 aus dem Ausland) kommt mit öffentlichen Verkehrsmitteln zu stark ermäßigten Preisen nach Berlin (für Ausländer 60% Preisnachlaß, für Deutsche bis zu 50%). Sie werden in Hotels, Pensionen und Privatquartieren untergebracht.

Die Preise erscheinen den meisten Ausländern wegen des für sie günsti-

Propagandaplakat für die Olympischen Spiele, 162438 Exemplare werden ins Ausland verschickt

gen Wechselkurses (z. B. entsprechen 40 US-amerikanische Cents dem Wert einer Reichsmark) als relativ niedrig. Die Übernachtung in einem Berliner Luxushotel kostet selten mehr als 15 RM. Das Reichsinnenministerium hat die Berliner Polizei eigens durch Sonderkommandos verstärken lassen, die alle Händler und Geschäftsleute, die Fremde betrügen, mit drakonischen Geldstrafen belegen.

Über die gesamte Stadt sind Dolmetscher verteilt, die für die ausländischen Touristen an den kleinen, am Revers getragenen Flaggen in den jeweiligen Nationalfarben zu erkennen sind.

Die Goldmedaillengewinnerin im Speerwurf, Tilly Fleischer (GER)

Blick von der Westseite in das Olympiastadion, auf die Ehrentribüne und die Rundfunk- und Pressekabinen

Die Goldmedaille im Gewichtheben (Federgewicht) gewinnt der US-Amerikaner Anthony Terlazzo

80-m-Hürdenlauf; Siegerin ist die Italienerin Trebisonda Valla (l.) vor der Deutschen Anny Steuer (r.)

John Lovelock aus Neuseeland, Gewinner des 1500-m-Laufs

Jesse Owens in einem Vorlauf über 100 m; auch den Endlauf gewinnt der US-Amerikaner in 10,3 Sekunden vor Ralph Metcalfe (USA)

Siegerehrung für die Florettfechterinnen (v.l.): Ellen Preis, Österreich (3.); Ilona Elek, Ungarn (1.); Helene Mayer, Deutsches Reich (2.)

Jesse Owens –
Held von Berlin

3. August. Der farbige US-Amerikaner James Cleveland (»Jesse«) Owens ist mit dem Gewinn von vier Goldmedaillen der herausragende Athlet der Olympischen Spiele in Berlin: Er siegt über 100 m (10,3 sec), 200 m (20,7 sec), mit der 4 × 100-m-US-Sprintstaffel (39,8 sec) und im Weitsprung (8,06 m).

Jesse Owens wurde am 12. September 1913 in Danville im US-Bundesstaat Alabama als zehntes von elf Kindern eines armen Baumwollpflückers geboren. Als die Ohio State University auf seine ersten sportlichen Leistungen aufmerksam wurde, bot sie ihm 1928 ein Stipendium an.

Für die Olympischen Spiele in Los Angeles 1932 konnte sich Owens noch nicht qualifizieren, doch am 25. Mai 1935 wurde er weltberühmt und als »Athlet des Jahrhunderts« gefeiert: An diesem Tag stellte er in Ann Arbor nahe Detroit bei Vorbereitungswettkämpfen auf die Olympischen Spiele von Berlin innerhalb von 45 Minuten vier Weltrekorde auf. Die 100 Yards (91,44 m) lief er in 9,4 sec, die 220 Yards (201,17 m) in 20,3 sec, die 220 Yards Hürden in 22,6 sec und im Weitsprung erreichte er 8,13 m.

Eine weitere phantastische Weltrekord-Verbesserung gelang ihm am 20. Juni 1936 in Chicago über 100 m, als die Uhren bei 10,2 sec stehenblieben.

In Berlin ist Owens der Star der Spiele. »Brauner Blitz«, »Schwarzer Panther« oder »Ebenholzexpreß« wird er wegen seiner im Olympiastadion errungenen Siege und seiner Schnelligkeit genannt. Er wird zum »Wunderneger« ausgerufen und bei seiner Rückkehr in die USA in New York mit einer Konfettiparade empfangen.

Wenige Wochen nach den Olympischen Spielen wird Owens Berufssportler, um aus seiner Popularität Kapital zu schlagen; er nimmt an Show-Wettbewerben und Vorgaberennen teil, tritt gegen Rennpferde und Windhunde an.

▷ *Jesse Owens, erfolgreicher amerikanischer Sprinter und Weitspringer, Publikumsliebling in Berlin*

Mit dem Gewinn aller Medaillen im Zehnkampf feiern die Amerikaner ihren größten Sieg in Berlin

Der US-Amerikaner Robert Clark, der Silbermedaillengewinner, erreicht im Hochsprung 1,80 m

Morris ist »König der Athleten«

8. August. Der US-Amerikaner Glenn Morris ist der neue »König der Athleten«: Mit 7900 Punkten (nach der heutigen Wertung 7421 Punkte) stellt der Leichtathlet einen neuen Zehnkampf-Weltrekord auf und gewinnt die olympische Goldmedaille.

Nach dem ersten Wettkampftag (7. 8.) liegt der am 18. Juni 1912 in Simla geborene Morris noch hinter seinem Landsmann Robert Clark, dem späteren Silbermedaillengewinner, an zweiter Stelle, die beiden trennen jedoch nur zwei Punkte.

Schon mit der ersten Übung des zweiten Wettkampftages, den 110 m Hürden, die er in ausgezeichneten 14,9 sec läuft, übernimmt Morris die Führung in der Gesamtwertung, um sie bis zum Ende souverän zu verteidigen.

Morris' neuer Weltrekord kommt nicht durch Glanzleistungen in einzelnen Disziplinen zustande (herausragend der Hürden- und der 400-m-Lauf in 49,4 sec), sondern durch gleichmäßig gute Ergebnisse in allen anderen Übungen des Wettbewerbs.

Nach den Olympischen Spielen von Berlin beendet Morris seine aktive Zehnkampf-Laufbahn und wechselt, wie viele berühmte US-Sportler, zum Film; doch als Held eines »Tarzan«-Streifens kann er nicht an seine Sporterfolge anknüpfen.

Die siegreichen US-Amerikaner (v. l.): Robert Clark (Silber), Glenn Morris (Gold), Jack Parker (Bronze); Vierter wird Erwin Huber (GER)

Pentathlon und Zehnkampf

Schon im antiken Griechenland galt der Sieger des Pentathlon, eines Fünfkampfes bestehend aus Weitsprung, Wettlauf, Diskus-, Speerwurf und Ringen, als der herausragende Athlet der Olympischen Spiele. Nach seinem Namen wurde die vierjährige Zeitspanne bis zu den nächsten Spielen in Olympia benannt.

Der Zehnkampf in seiner heutigen Form entwickelte sich um die Jahrhundertwende in Skandinavien. An zwei aufeinanderfolgenden Tagen werden jeweils fünf Übungen ausgetragen, für die jeweils bis zu 1000 Punkte vergeben werden können.

Am ersten Tag werden folgende Wettbewerbe ausgetragen: 100 m, Weitsprung, Kugelstoßen, Hochsprung, 400 m. Am zweiten Tag folgen: 110 m Hürden, Diskuswurf, Stabhochsprung, Speerwerfen und 1500 m.

Zehnkampf-Weltrekorde

Punkte	Name/Land	Jahr
6270	A. Klumberg/EST	1922
6668	H. Osborn/USA	1924
6768	P. Yrjölä/FIN	1927
6774	P. Yrjölä/FIN	1928
6815	A. Järvinnen/FIN	1930
6896	J. Bausch/USA	1932
6999	H.-H. Sievert/D	1933
7292	H.-H. Sievert/D	1934
7421	G. Morris/USA	1936

Koreaner gewinnt den Marathonlauf

9. August. Der für Japan startende Koreaner Kitei Son gewinnt in neuer Rekordzeit (2:29:19,2 h) die Goldmedaille im olympischen Marathonlauf vor dem Briten Ernest Harper (2:31:23,2 h) und Shoryn Nan (2:31:40,0) aus Japan.

Der am 29. August 1912 geborene Kitei Son versucht in Berlin vergeblich, die Weltöffentlichkeit auf seine koreanische Nationalität aufmerksam zu machen (Korea ist seit 1910 von Japan annektiert).

Weil er als erster Athlet der Welt bei einem Lauf in Tokio zu Beginn des Jahres über die Marathonstrecke unter 2½ Stunden geblieben war, zählt er in Berlin zu den Favoriten.

Rund eine Million Menschen (dazu 100 000 im Olympiastadion) säumen die Laufstrecke, die vom Stadion in Richtung des S-Bahn-Hofs Pichelberg zur Havel, anschließend entlang des Flusses und durch den Grunewald zur südlichen Kehre der Avus-Autorennstrecke (auf der fast 10 km zurückgelegt werden müssen) führt.

56 Läufer sind am Start, unter ihnen Juan Carlos Zabala, der argentinische Olympiasieger von Los Angeles 1932, der ein schnelles Tempo vorlegt und erst nach 28 km von Kitei Son und dem Briten Ernest Harper, dem späteren Silbermedaillengewinner, überholt wird. Nach 31 km vermag der Brite dem späteren Sieger nicht mehr zu folgen.

Der Koreaner Kitei Son im Ziel, Zweiter wird Ernest Harper (GBR), Dritter der Japaner Shoryu Nan

Das für die Olympischen Sommerspiele in Berlin gebaute Schwimmstadion auf dem Reichssportfeld; auf den Tribünen finden 20 000 Zuschauer Platz

Triumph für die Niederlande

US-Girl ist jüngste Olympiasiegerin

15. August. Die Niederländerin Hendrika Wilhelmina Mastenbroek, der Star der olympischen Schwimmwettbewerbe von Berlin, gewinnt ihre dritte Goldmedaille über 400 m Kraul (5:26,4 min). Die Wettkämpfe der Herren im mit 20 000 Zuschauern immer vollbesetzten Schwimmstadion werden geprägt vom Duell der US-Athleten mit den Japanern.

Bei ihrem Triumph über 400 m Kraul läßt die am 26. Februar 1919 geborene Hendrika Wilhelmina Mastenbroek die Dänin Ragnhild Hveger (5:27,5 min) klar hinter sich. Die US-Schwimmerin Lenore Wingard-Knight erfährt nicht, in welcher Zeit sie die Bronzemedaille gewonnen hat, da die Zeitnehmer vergessen haben, die Stoppuhren zu betätigen.

Ihre erste Goldmedaille gewann Hendrika Mastenbroek am 10. August über 100 m Kraul (1:05,9 min) vor der zeitgleichen Argentinierin Jeannette Campbell. Die Kampfrichter erklärten die Niederländerin zur Siegerin. Die zweite Goldmedaille errang sie am 14. August mit der 4 × 100-m-Kraulstaffel der Niederlande (4:36,0 min), nachdem sie am

Vortage über 100 m Rücken hinter ihrer Landsmännin Nida Wilhelmina Senff Zweite wurde.

Von den sechs Goldmedaillen bei den Schwimmwettbewerben der Herren gewinnen die Japaner allein drei, zweimal stehen US-Athleten auf dem obersten Treppchen bei der Siegerehrung, einmal der Ungar Ferenc Csik, der Überraschungssieger über 100 m Kraul (57,6 sec).

Die deutschen Hoffnungen auf einen Olympiasieg im Schwimmen ruhten vor allem auf dem am 24. Juli 1910 geborenen Erwin Sietas. Er ist einer der wenigen Schwimmer, der den neuen Schmetterlingsstil beherrscht. Trotz der mit diesem Schwimmstil verbundenen nicht unerheblichen Vorteile muß sich Sietas über 200 m Brust dem Japaner Tetsou Hamuro geschlagen geben.

M. Gestring

12. August. Im Kunstspringen der Damen gewinnt die US-Amerikanerin Marjorie Gestring die Goldmedaille; mit erst 13 Jahren ist sie die jüngste Olympiasiegerin aller Zeiten.

Der Sieg der am 18. November 1922 geborenen Marjorie Gestring ist eine der größten Sensationen der Berliner Spiele. Gegen ihre Landsmänninnen Dorothy Hill-Poynton, der Doppel-Olympiasiegerin (Kunstspringen und Turmspringen) von Los Angeles 1932, und Katherine Rawls, der Silbermedaillengewinnerin im Kunstspringen von Los Angeles, waren ihr vor Beginn allenfalls Außenseiterchancen eingeräumt worden. Doch schon nach der Pflicht führt sie das Teilnehmerfeld an und sichert sich schließlich mit 89,27 Punkten vor Rawls und Poynton-Hill die olympische Goldmedaille.

Endkampf im 100-m-Kraulschwimmen der Damen; die spätere Siegerin, die Niederländerin Hendrika Mastenbroek, startet von Block Nr. 5; Zweite wird die Argentinierin Jeanette Campbell, Dritte Gisela Arendt (GER)

Dressurreiter Heinrich Pollay

Fünfkampf, Gotthard Handrick (l.)

Vielseitigkeit, Ludwig Stubbendorff

Schwergewicht Herbert Runge (l.)

Großes Jagdspringen, Kurt Hasse

Kajak-Einer, 10 000 m, Ernst Krebs

Kajak-Zweier, Landen (l.), Wevers

Deutsche At

Pistolenschießen, Cornelius van Oyen (Mitte)

Olympiasieger im Einer (Rudern) wird Gustav Schäfer

16. August. Beim Abschluß der Olympischen Sommerspiele in Berlin steht fest, daß die deutsche Mannschaft zum ersten Mal in der Geschichte der neuzeitlichen Olympischen Spiele die Jagd nach den Medaillen gewonnen hat.

Von den 388 zu vergebenden Medaillen bei den Sportwettkämpfen gehen 89 an die deutschen Wettkämpfer. Den Olympischen Kunstwettbewerb miteinbezogen steigt die Zahl der Medaillen auf 101 von insgesamt 420 (→31. 7./S. 132).

Neben dem Heimvorteil der deutschen Athleten und der auch im sportlichen Bereich verbissenen Vorbereitung der Olympischen Spiele ist ein Grund für das gute Abschneiden der Deutschen in der enormen Zahl von Wettkämpfern

Fliegengewicht-Boxer Willy Kaiser

Rudern, Gustmann (l.), Adamski (r.)

Diskuswurf, Gisela Mauermayer (r.)

Rudern (Zweier ohne Steuermann), Willy Eichhorn, Hugo Strauß (vorn)

1000-m-Sprint, Toni Merkens (l.)

Der Hammerwerfer Karl Hein

Gewichtheben, Josef Manger

Speerwerfen, Tilly Fleischer

Hans Woellke   *Segeln, Starklasse*   *Käthe Sohnemann*   *Die deutschen Turnerinnen nach der Siegerehrung im Olympiastadion*

eten gewinnen Nationenwertung

zu sehen: Mit 406 Sportlern hat das Deutsche Reich die größte Mannschaft gestellt. Die USA folgen mit 330 Athleten vor Ungarn mit 211 und Großbritannien mit 205.

Durch den (inoffiziellen) Gesamtsieg der Deutschen ist die Erfolgsserie der Vereinigten Staaten nach vier Olympischen Spielen unterbrochen worden. Die US-Mannschaften hatten 1920 in Antwerpen 94 von 338 Medaillen, 1924 in Paris 99 von 392, 1928 in Amsterdam 56 von 356 und 1932 in Los Angeles 110 von 370 Medaillen erringen können. Bei den Spielen von 1896 bis 1912 hatten jeweils die gastgebenden Länder auch die meisten Medaillen erhalten – bis auf die Spiele 1906 in Athen, wo Frankreich die erfolgreichste Nation war.

Medaillenspiegel der Berliner Olympischen Sommerspiele 1936

Land	Gold	Silber	Bronze	Land	Gold	Silber	Bronze
Deutschland	33	26	30	Kanada	1	3	5
USA	24	20	12	Norwegen	1	3	2
Ungarn	10	1	5	Türkei	1	–	1
Italien	8	9	5	Indien	1	–	–
Finnland	7	6	6	Neuseeland	1	–	–
Frankreich	7	6	6	Polen	–	3	3
Schweden	6	5	9	Dänemark	–	2	3
Japan	6	4	8	Lettland	–	1	1
Niederlande	6	4	7	Rumänien	–	1	–
Großbritannien	4	7	3	Südafrika	–	1	–
Österreich	4	6	3	Jugoslawien	–	1	–
ČSR	3	5	–	Mexiko	–	–	3
Argentinien	2	2	3	Belgien	–	–	2
Estland	2	2	3	Australien	–	–	1
Ägypten	2	1	2	Philippinen	–	–	1
Schweiz	1	9	5	Portugal	–	–	1

Turnen, Alfred Schwarzmann (M.)

Tandem, E. Ihbe (l.), C. Lorenz

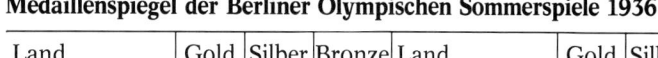

Deutsche Dressurreiter-Mannschaft   *Speerwerfen, Gerhard Stöck*   *Vierer mit Steuermann (Maier, Volle, Gaber, Söllner, Baner)*

Handball-Nationalmannschaft   *Barren und Seitpferd, Konrad Frey*   *Rudern, Vierer ohne Steuermann (Eckstein, Rom, Karl, Menne)*

Olympische Sommerspiele beendet

16. August. Der Präsident des Internationalen Olympischen Komitees, der Belgier Graf Henri Baillet-Latour, erklärt bei der Abschlußfeier im Berliner Olympiastadion die Wettkämpfe der XI. Olympischen Sommerspiele für beendet und lädt die Jugend der Welt dazu ein, sich in vier Jahren in Tokio zur Feier der nächsten Sommerolympiade einzufinden.

Zum erstenmal bei Olympischen Spielen stellt das Deutsche Reich die erfolgreichste Mannschaft. Mit dem Gewinn von 33 Gold-, 26 Silber- und 30 Bronzemedaillen belegt die Mannschaft in der inoffiziellen Nationenwertung den ersten Platz vor den USA mit 24 Gold-, 20 Silber- und 12 Bronzemedaillen.

Darin sieht die nationalsozialistische Propaganda einen Beweis für ihre These, daß entschlossene Faschisten jederzeit und auf allen Feldern »dekadenten« Demokraten und Liberalen überlegen seien; das Deutsche Reich sei aus dem »Wettstreit der völkischen Kräfte« als Sieger hervorgegangen.

Am größten war die sportliche Überlegenheit der deutschen Aktiven im Reitsport, in dem deutsche Teilnehmer alle sechs möglichen Goldmedaillen errungen haben (jeweils die Einzel- und Mannschaftswertung im Military, in der Dressur und im Jagdspringen). Im Rudern sicherten sich alle sieben deutschen Boote eine Medaille (Gold im Einer, im Zweier ohne und mit Steuermann, im Vierer ohne und mit Steuermann, Silber im Doppelzweier und Bronze im Achter). Auch im Kunstturnen der Herren errangen die deutschen Teilnehmer die Mehrzahl der Medaillen (fünf Gold-, eine Silber-, sechs Bronzemedaillen).

Bei den Leichtathletik-Wettbewerben, die wie stets im Mittelpunkt des öffentlichen Interesses standen, waren es vor allem die Stoß- und Wurfdisziplinen, in denen die deutschen Sportler dominierten (Gold im Kugelstoß, Hammerwurf und Speerwurf der Herren, im Diskuswurf und Speerwurf der Damen; Silber im Hammerwurf/Her-

Abschlußfeier der Sommerspiele, mit pathetischen Zeremonien werden die Zuschauer beeindruckt

ren, Speerwurf/Damen und Bronze im Diskuswurf/Damen). Mit ihrem Sieg im Speerwerfen am 2. August wurde Tilly Fleischer die erste deutsche Olympiasiegerin dieser Spiele.

Auf den Laufstrecken von 100 m bis 800 m siegten ausschließlich US-Athleten mit dunkler Hautfarbe, sehr zum Verdruß der NS-Propaganda, die in den Negern lediglich »schwarze Hilfstruppen der Amerikaner« sehen wollte. Star der Leichtathleten war der 22jährige farbige US-Amerikaner Jesse Owens, der allein vier Goldmedaillen erringen konnte.

Die größte Enttäuschung der Berliner Spiele war für die deutsche Öffentlichkeit das schwache Abschneiden im Fußball, dem Volkssport Nummer eins. Die deutsche Fußball-Nationalmannschaft unterlag in der Zwischenrunde gegen Norwegen und schied aus. Das olympische Fußball-Turnier gewann Italien mit einem glücklichen 2:1 (nach Verlängerung) gegen Österreich.

Kanu und Basketball hatten in Berlin Olympiapremiere, nachdem beide Disziplinen bei früheren Olympischen Spielen bereits als Demonstrationssportarten zugelassen waren. Segelfliegen und Baseball wurden in Berlin als Schausportarten vorgeführt.

Die eigens für die Berliner Olympiade errichteten Bauten stellten alles in den Schatten, was auf der Welt bisher ausschließlich für sportliche Wettkämpfe in Auftrag gegeben worden ist. Das von Werner March entworfene Olympiastadion nimmt nur ein Zwanzigstel des Reichssportfeld genannten Areals ein, auf dem die meisten olympischen Wettbewerbe entschieden wurden.

Zu den Neuerungen der Berliner Wettkampfstätte gehörte neben der Schale für das olympische Feuer die olympische Glocke (Entwurf von Walter E. Lemcke), 16,5 t schwer und 3 m hoch, auf der alle bisher entwickelten olympischen Leitgedanken verewigt sind.

Erstmals wurden Olympische Spiele vom Fernsehen übertragen. Doch die Bildqualität war so schlecht, daß häufig das Geschehen auf dem Bildschirm nur erraten werden konnte.

Das deutsche Fernsehen, das sich noch im Versuchsstadium befindet, beteiligt sich ebenfalls an der Dokumentation der Sommerspiele in Berlin

Erster Olympiafilm

1. August. Die deutsche Filmregisseurin Leni Riefenstahl beginnt mit den Dreharbeiten für den zweiteiligen Dokumentationsfilm über die Berliner Olympischen Spiele mit den Titeln »Fest der Schönheit« und »Fest der Völker«.

Die am 22. August 1902 in Berlin geborene Leni Riefenstahl war 1934 mit ihrem Propagandafilm »Triumph des Willens« über den Nürnberger Reichsparteitag der NSDAP bekanntgeworden.

Zur Produktion ihres Olympiafilms (insgesamt 400 000 m Filmmaterial) gründete sie eine eigene Filmgesellschaft. Es sollte der erste künstlerische Sportfilm werden; bisher hatten die Wochenschauen nur dürftige Aufnahmen geliefert.

Noch nie wurden für einen Film so umfangreiche technische Vorbereitungen getroffen. Das Olympiastadion erhielt z. B. besondere Durchgänge für Techniker und Kameras, die (von insgesamt 34 Kameramännern) bedienten Kameras werden auf verborgenen Schienen hin und her geschoben, mit Unterwasserkameras werden die Schwimmwettkämpfe verfolgt, für Panoramaaufnahmen werden am Luftschiff »Zeppelin« automatische Kameras installiert.

Leni Riefenstahl und Kameramann Walter Frentz, der in einem speziellen Rollwagen sitzt, der erschütterungsfreie Aufnahmen ermöglicht

Joachim von Ribbentrop, neuer deutscher Botschafter in London

Ribbentrop wird neuer Botschafter

11. August. Der Führer und Reichskanzler Adolf Hitler ernennt den außerordentlichen und bevollmächtigten Botschafter in besonderer Mission, Joachim von Ribbentrop, zum Botschafter des Deutschen Reiches in London.

In der britischen Presse wird die Berufung Ribbentrops auf einen der wichtigsten Posten der deutschen Außenpolitik einhellig begrüßt, weil Ribbentrop als profunder Kenner der politischen Situation Großbritanniens gilt (→ 19. 3./S. 48).

Adolf Hitlers Kanzleien

22. August. Drei Kanzleien sind dem Führer und Reichskanzler Adolf Hitler bei der Bewältigung seiner Aufgaben behilflich: Präsidialkanzlei, Reichskanzlei und Kanzlei des Führers.

Die Präsidialkanzlei beschäftigt sich mit all jenen Angelegenheiten, die in das unmittelbare Arbeitsgebiet des Staatsoberhauptes fallen. Sie wird von Staatssekretär Otto Meißner geleitet. Der Präsidialkanzlei angegliedert ist die Adjutantur der deutschen Wehrmacht beim Führer und Reichskanzler.

Die Reichskanzlei, Staatssekretär Hans Heinrich Lammers unterstellt, führt die laufenden Geschäfte der Reichsregierung und ist für Vorbereitung und Protokollierung der Ministerbesprechungen und Kabinettsitzungen verantwortlich.

Die Kanzlei des Führers unter Reichsleiter Philipp Bouhler behandelt all jene Fragen, die sich aus der Stellung Hitlers als Parteiführer der NSDAP ergeben.

Ferner sind dem Führer unmittelbar unterstellt: der außerordentliche Botschafter in Wien, Franz von Papen, der Beauftragte des Führers und Reichskanzlers für Wirtschaftsfragen, Wilhelm Keppler, der Generalinspektor für das deutsche Straßenwesen, Fritz Todt, und die Reichsstelle für Raumordnung.

Auf dem Flug nach London, Joachim von Ribbentrop (r.) im Gespräch mit Hans Heinrich Dieckhoff, ab 1937 deutscher Botschafter in Washington

Hitler verlängert Wehrdienstzeit

24. August. Im Deutschen Reich wird die aktive Dienstpflicht in den drei Wehrmachtsteilen durch Erlaß des Führers und Reichskanzlers Adolf Hitler von bisher einem Jahr (Erlaß vom 22. 5. 1935) auf zwei Jahre verlängert.

Erstmals betroffen von dieser Neuregelung der Wehrdienstzeit sind die im Herbst 1935 einberufenen Soldaten des Geburtenjahrgangs 1914 und jüngerer Jahrgänge.

Der Erlaß nennt keinerlei Gründe für die Verlängerung der Wehrdienstzeit. In der deutschen Presse wird vornehmlich auf die von Sowjetrußland ausgehende Gefahr und Bedrohung hingewiesen, die durch die Herabsetzung des Dienstalters und der damit verbundenen Erhöhung des Mannschaftsbestandes der sowjetischen Armee noch gesteigert worden sei. Das Deutsche Reich sei dadurch in eine Zwangslage geraten, aus der es sich nur durch eine Verstärkung seiner eigenen Streitkräfte befreien könne. Ein weiterer wichtiger Gesichtspunkt für Hitlers Entscheidung, die Dauer des Wehrdienstes zu verlängern, seien die durch den Weltkrieg verursachten geburtenschwachen Jahrgänge, die in den nächsten Jahren zum Dienst mit der Waffe einrücken müssen. Als Ausgleich für dieses Defizit müsse die Dienstzeit um ein Jahr verlängert werden.

Das Reich ist in vier Jahren kriegsbereit

In einer geheimen Denkschrift (sog. Vierjahresplan) vom 26. August 1936 fordert der Führer und Reichskanzler Adolf Hitler von der deutschen Wirtschaft, in vier Jahren »kriegsfähig«, von der deutschen Armee, in der gleichen Zeit »einsatzfähig« zu sein:

»Europa hat zur Zeit nur zwei dem Bolschewismus gegenüber als standfest anzusehende Staaten: Deutschland und Italien. Die anderen Länder sind entweder durch ihre demokratische Lebensform zersetzt, marxistisch infiziert und damit in absehbarer Zeit selbst dem Zusammenbruch verfallen oder von autoritären Regierungen beherrscht, deren einzige Stärke die militärischen Machtmittel sind . . . Alle diese Länder wären unfähig, jemals einen aussichtsvol-

len Krieg gegen Sowjetrußland zu führen.

Wie denn überhaupt außer Deutschland und Italien nur noch Japan als eine der Weltgefahr gegenüber standhafte Macht angesehen werden kann.

Es ist nicht der Zweck dieser Denkschrift, die Zeit zu prophezeien, in der die unhaltbare Lage in Europa zur offenen Krise werden wird. Ich möchte nur in diesen Zeilen meine Überzeugung niederlegen, daß diese Krise nicht ausbleiben kann und nicht ausbleiben wird und daß Deutschland die Pflicht besitzt, seine eigene Existenz dieser Katastrophe gegenüber mit allen Mit-

teln zu sichern und sich vor ihr zu schützen, und daß sich aus diesem Zwang eine Reihe von Folgerungen ergeben, die die wichtigsten Aufgaben betreffen, die unserem Volk jemals gestellt worden sind . . .

Wenn es uns nicht gelingt, in kürzester Frist die deutsche Wehrmacht in der Ausbildung, in der Aufstellung der Formationen, in der Ausrüstung und vor allem auch in der geistigen Erziehung zur ersten Armee der Welt zu entwickeln, wird Deutschland verloren sein. Es gilt hier der Grundsatz, daß das, was in Monaten des Friedens versäumt wurde, in Jahrhun-

derten nicht mehr eingeholt werden kann . . .

Wir sind überbevölkert und können uns auf der eigenen Grundlage nicht ernähren . . . Die endgültige Lösung liegt in einer Erweiterung des Lebensraumes . . . unseres Volkes. Es ist die Aufgabe der politischen Führung, diese Frage dereinst zu lösen . . . Die vorübergehende Entlastung kann nur im Rahmen unserer heutigen Wirtschaft gefunden werden. Ich stelle damit folgende Aufgabe:

I. Die deutsche Armee muß in vier Jahren einsatzfähig sein.

II. Die deutsche Wirtschaft muß in vier Jahren kriegsfähig sein.«

Frauen von Constantina (bei Sevilla) flehen einmarschierende Faschisten um das Leben ihrer Männer an

Deutsche kämpfen für Franco

28. August. Nach Absprache mit dem Führer und Reichskanzler Adolf Hitler genehmigt Reichskriegsminister Werner von Blomberg den Kampfeinsatz deutscher Truppen in Spanien auf seiten der von General Francisco Franco geführten Aufständischen gegen die republikanische Regierung Spaniens. In der vier Tage zuvor von Hitler erlassenen geheimen Weisung wurde eine aktive Kampfbeteiligung noch ausgeschlossen, Gene-

ral Franco jedoch weitgehend materielle und militärische Hilfe zugesagt.

Bereits in der Nacht vom 25. zum 26. Juli hatte Hitler, gegen die Bedenken des Auswärtigen Amtes, das internationale Proteste befürchtete, in Bayreuth entschieden, deutsche Truppen und Kriegsmaterial (u. a. 20 Ju-52-Transportmaschinen) zur Unterstützung der Aufständischen nach Spanien zu entsenden.

Ausschlaggebend für den Interven-

tionsbeschluß war Hitlers Wille, Spanien nicht unter kommunistischen Einfluß geraten zu lassen. Auch die Möglichkeit, neues deutsches Kriegsmaterial einem gründlichen Härtetest unterziehen zu können, dürfte bei der Entscheidung eine wichtige Rolle gespielt haben.

Am 27. August hatten sich das Reich und Italien, das die spanischen Faschisten seit Juli militärisch unterstützt, darauf geeinigt, den Aufständischen Kriegsmaterial zu liefern.

Erste deutsche Truppen in Spanien

5. August. Mit dem Eintreffen der ersten deutschen »Freiwilligenverbände« in Cadiz beginnt die direkte Intervention des Deutschen Reiches in den Spanischen Bürgerkrieg.

An Bord eines aus Hamburg kommenden deutschen Dampfers befinden sich 86 Soldaten der Luftwaffe in Zivil, die u. a. mit Hilfe von sechs Jagdflugzeugen vom Typ He 51 und 20 Flugabwehrgeschützen das Übersetzen der franco-faschistischen Afrikaarmee von Tétouan in Spanisch-Marokko zum spanischen Mutterland überwachen sollen. Eine aktive Kampfbeteiligung der deutschen Truppen am Bürgerkrieg ist derzeit noch nicht vorgesehen (→17. 7./S. 122).

Soldaten der faschistischen Truppen in Südspanien haben in dem kleinen Ort Constantina die männlichen Bewohner zusammengetrieben

Waffenembargo gegen Spanien

24. August. Als letzter der an der Spanienfrage interessierten Staaten erklärt sich nunmehr auch das Deutsche Reich offiziell dazu bereit, künftig kein Kriegsmaterial mehr in das spanische Krisengebiet zu liefern.

Insgeheim werden die deutschen Waffentransporte an die spanischen Faschisten jedoch fortgesetzt. Den Vorschlag, die an der Entwicklung in Spanien interessierten Mächte sollten sich verpflichten, die Lieferung von Kriegsmaterial und Flugzeugen jeder Art an beide kriegführenden Parteien (auch für alte Bestellungen) zu untersagen, hatte die französische Regierung am 6. August gemacht.

Deutsches Schiff wird beschossen

19. August. Der deutsche Dampfer »Kamerun« wird außerhalb der spanischen Hoheitsgewässer in der Höhe von Cadiz von dem spanischen Regierungskreuzer »Libertad« durch Schüsse zum Halten gebracht, nach Kriegsmaterial durchsucht und zum Weiterfahren gezwungen – ohne jedoch den Hafen von Cadiz anlaufen zu dürfen, wo er angeblich Flüchtlinge aufnehmen sollte.

Francos Truppen in Südspanien

6. August. Unter dem Schutz deutscher Jagdflugzeuge gelingt den von General Francisco Franco befehligten Truppen der spanischen Faschisten der Übergang vom marokkanischen Ceuta nach dem spanischen Algeciras.

Die Bemühungen der republikanischen Regierung, die Überschiffung der Aufständischen auf das spanische Festland mit Hilfe von U-Booten und Kriegsschiffen zu verhindern, waren damit vergebens. Auch die Beschießung des Hafens von Algeciras durch das Kriegsschiff »Jaime I« am 7. August kann den Vormarsch Francos, des neuen Oberbefehlshabers über die aufständischen Südtruppen, nicht aufhalten.

Ägyptens Premierminister, Nahhas Pascha (Mitte), wird von Außenminister Eden (r. daneben) begrüßt

Ägypten ist ein souveräner Staat

26. August. Die Vertreter Großbritanniens und Ägyptens unterzeichnen in London einen Vertrag, durch den die seit 1882 bestehende militärische Besetzung Ägyptens durch britische Truppen beendet und die volle staatliche Souveränität Ägyptens hergestellt wird. Großbritannien behält sich jedoch das Recht vor, 20 Jahre lang Truppen – 10 000 Mann Landarmee und 400 Piloten – in der Suezkanalzone zwischen Port Said und Ismailia zur Sicherung des Schiffahrtsweges zu stationieren.

Nachdem die Türkei an der Seite des Deutschen Reiches in den Weltkrieg eingetreten war, erklärte Großbritannien das bis dahin trotz der britischen Okkupation formell unter türkischer Hoheit stehende Ägypten zum britischen Protektorat. Ein erster Schritt auf dem Weg zur Souveränität des Landes war die Gewährung einer beschränkten Unabhängigkeit durch Großbritannien im Jahr 1922. Dies war vor allem ein Verdienst der nationalistischen Wafd-Partei, die auch 1936 noch die

mächtigste politische Organisation des Landes ist. Großbritannien war 1922 jedoch nicht bereit, die Landesverteidigung, die Sicherung der Kanalzone und den Schutz der auswärtigen Interessen in ägyptische Verantwortung zu übergeben.
Im nun abgeschlossenen Vertrag sichert Großbritannien dem souveränen ägyptischen Staat seine Unterstützung bei dessen Bemühungen um eine Aufnahme in den Völkerbund zu und verspricht für den Kriegsfall militärische Hilfe.

Trotzkistenprozeß

19. August. Vor dem Militärtribunal der UdSSR in Moskau beginnt der sog. Trotzkistenprozeß, in dem 16 frühere hohe Parteifunktionäre, darunter die ehemaligen Mitglieder der kollektiven Führung der KPdSU Lew B. Kamenew und Grigori J. Sinowjew (1923–1925), der terroristischen Verschwörung gegen die Parteiführung unter Josef W. Stalin angeklagt werden.
Die Mehrzahl der Angeklagten sind Anhänger des im norwegischen Exil lebenden ehemaligen Revolutionsführers Leo Trotzki. Sie bekennen sich daher zur Idee der »permanenten Revolution«, d. h., sie wollen die Revolution so lange fortsetzen, bis

die sozialistische Gesellschaft auf der ganzen Welt verwirklicht ist, und nicht beim »Aufbau des Sozialismus in einem Land« (so die von Stalin propagierte These) stehenbleiben. Obwohl die Angeklagten politisch keinen Einfluß mehr haben, soll an ihnen ein Exempel statuiert werden – als Warnung an all jene, die es wagen sollten, an Stalins Parteidiktatur Kritik zu üben.
Am 24. August verkündet das Militärtribunal das Urteil: Alle 16 Angeklagten werden für schuldig befunden und zum Tod durch Erschießen verurteilt. Aufgrund der Zeugenaussagen vor Gericht wird eine neue Verhaftungswelle eingeleitet.

Grigori J. Sinowjew, ehemaliges Mitglied der KPdSU-Führung

Militärdiktatur in Griechenland

4. August. Der griechische Ministerpräsident, General Ioannis Metaxas, löst mit Zustimmung König Georg II. das Parlament auf, verhängt das Kriegsrecht und ruft die Diktatur aus, um das Land vor einem angeblich von den Kommunisten geplanten Umsturz zu bewahren.
Unmittelbarer Anlaß für Metaxas' Vorgehen ist die Ausrufung des Generalstreiks in Athen und Saloniki, durch welchen gegen den Beschluß der griechischen Regierung protestiert werden sollte, zur schnellen Beilegung aller Arbeitskonflikte zwischen Arbeitgebern und Arbeitnehmern bzw. Gewerkschaften die staatliche Zwangsschlichtung einzuführen.

König Georg II.

Streiks betrachtet General Metaxas als revolutionäre Kundgebungen, um einen sozialen Umsturz vorzubereiten. Die neue Regierung werde, so Metaxas, versuchen, die wirtschaftlichen Schwierigkeiten des Landes zu überwinden, und dem sozialen Aufstieg des Volkes und dem Wohle der Armen besondere Aufmerksamkeit schenken. In der Außenpolitik werde Griechenland den bewährten Kurs der strikten Neutralität weiter fortsetzen.

Leo Trotzki wird im Exil interniert

29. August. Die norwegische Regierung beschließt, den 1929 aus der Sowjetunion ausgewiesenen ehemaligen Revolutionsführer Leo Trotzki und dessen Frau zu internieren.
Trotzki hatte sich geweigert, die ihm für einen weiteren Aufenthalt in Norwegen auferlegte Bedingung, sich nicht mehr politisch zu betätigen, anzunehmen. Trotzkis beide Sekretäre werden aus dem norwegischen Staatsgebiet ausgewiesen.
Als Beleg für die anhaltende politische Tätigkeit Trotzkis kann die norwegische Regierung auf Pressebeiträge des Revolutionärs in ausländischen Presseorganen verweisen.

Schacholympiade in München

17. August. In den Ausstellungshallen auf der Münchner Theresienwiese wird die sog. Schacholympiade eröffnet, ein Mannschaftswettbewerb, der allerdings nicht zu den gerade beendeten Olympischen Spielen zählt. An dem Turnier nehmen 210 Schachmeister aus 21 Nationen teil. Die letzten Partien werden am 2. September ausgetragen. An einem Wettkampftag werden im Durchschnitt 80 Partien gespielt, in zwei Stunden muß jeder Spieler mindestens 40 Züge gemacht haben. Die Spieltische sind fast alle dicht umlagert. Außerhalb des Turniersaales sind neukonstruierte Wandschachbretter angebracht, an denen Schachexperten Besuchern die reizvollsten Partien erläutern. An bereitgestellten Tischen können die Partien nachgespielt werden.

Im festlichen Rahmenprogramm wird auf einem riesigen Schachbrett das königliche Spiel aller Länder und Zeiten mit lebenden Figuren vorgeführt, z. B. zieht ein kleiner weißer Elefant aus Borneo, mit einem indischen König auf dem Rükken, gegen einen Normannenkönig im Streitwagen zu Felde.

Gewinner der Schacholympiade wird die Mannschaft Ungarns vor Polen und dem Deutschen Reich. Im Wettbewerb um die besten Problemstellungen der Schachkunst, zu dem 1 200 Vorschläge eingegangen waren, belegt die deutsche Mannschaft den ersten Platz vor Ungarn und Lettland.

Der Deutsche Kurt Richter (r.) gewinnt gegen Pietro Romi aus Italien

Friedrich Sämisch beim Schach; die Deutschen werden Dritte (Richter, Ahues, Engels, Carls, Rellstab, Sämisch, Rödl, Heinicke, Ernst, Michel)

1. August. Die Regierung der Niederlande klagt den belgischen Staat vor dem Internationalen Gerichtshof in Den Haag an, weil Belgien zur Speisung seines im Bau befindlichen Albert-Kanals, der Liège (Lüttich) mit Antwerpen verbinden soll, Wasser aus der Maas abzweigt, was einem im Jahr 1863 zwischen den beiden Ländern geschlossenen Vertrag widerspricht.

Die niederländische Regierung beantragt eine Entscheidung darüber, »ob die Anlage verschiedener Wasserarbeiten in Verbindung mit dem Bau des Albert-Kanals sowie die von Belgien einseitig geplante Wasserspeisung der alten und neuen nordbelgischen Kanäle vereinbar sei mit den Rechten Hollands aus dem holländisch-belgischen Vertrag vom 12. März 1863 betr. die Wasserentnahme aus der Maas«.

Der bereits fertiggestellte Bauabschnitt des Kanals zweigt bei Liège von der Maas ab und umgeht nördlich davon die Maastrichter Ausbuchtung der niederländischen Grenze. Oberhalb von Maastricht soll der Kanal, Teile des alten Kanalnetzes in sich aufnehmend, geradewegs nach Antwerpen abzweigen. Er wird für Schiffe bis zu 2 000 t befahrbar sein und die Wasserverbindung zwischen Liège und Antwerpen von bisher 153 km auf 122 km verkürzen. Die Zahl der Schleusen soll durch den neuen Kanal von bisher 24 auf sechs verringert werden.

Eine der 80 Partien, die täglich in München gespielt werden, viele Zuschauer belagern das erste Brett, »Schwarz« ist am Zug, der Gegner hat seinen Platz am Schachbrett verlassen, um in aller Ruhe nachdenken zu können

Albert-Kanal 1936

Amsterdam · Utrecht · Arnheim · Rotterdam · Tilburg · In Planung · Antwerpen · Maastricht · Brüssel · Liege · Lille · Fertige Teilstrecke · Paris

© Harenberg

Parthenon-Galerie für Elgin-Marbles

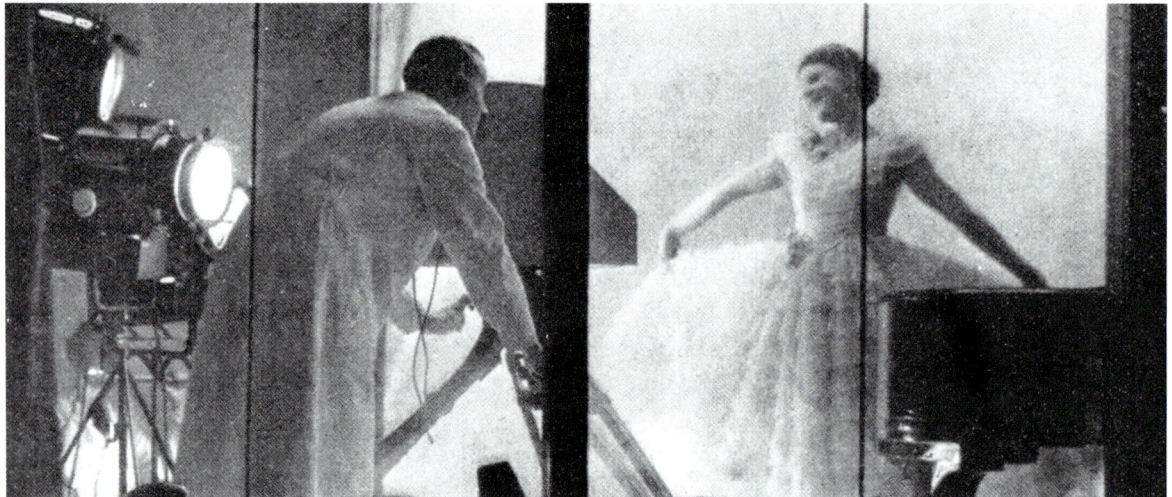

Eine der vielen Fernseh-Vorführungen auf der Deutschen Funkausstellung am Berliner Funkturm; mit der Kamera (»Fernseh-Auge«) wird die Tanzszene direkt für die Zuschauer auf den Bildempfänger übertragen

Goebbels eröffnet Funkschau

28. August. Mit einer Rede eröffnet Reichspropagandaminister Joseph Goebbels die Große Deutsche Funkausstellung, die in den Hallen am Berliner Funkturm bis zum 6. September stattfindet.

Goebbels gibt in seiner Ansprache nicht nur einen Überblick über die imposante Entwicklung des deutschen Rundfunkwesens seit Anfang der 30er Jahre, sondern entwickelt außerdem Richtlinien für die Programmgestaltung des Rundfunks. Um dem unterschiedlichen Bildungsstand der großen Zuhörerschaft gerecht zu werden (rund 7,5 Millionen Rundfunkteilnehmer, geschätzte Hörerzahl 30 Millionen), müsse das Programm möglichst vielseitig und das Niveau weder zu tief noch zu hoch angesetzt sein. Das Programm müsse eine Mischung aus Belehrung, Anregung, Entspannung und Unterhaltung bieten.

Neben den Hallen, in denen die neuesten Rundfunkapparate ausgestellt sind, ist es vor allem eine dem Fernsehen vorbehaltene Sonderschau, die ein breites Publikumsinteresse findet.

26. August. Im Britischen Museum in London beginnen die Arbeiten am Bau der neuen Parthenon-Galerie, in der die sog. Elgin-Marbles aus dem 5. Jahrhundert v. Chr., der berühmte Fries vom Tempel der Göttin Athena auf der Athener Akropolis, zum erstenmal in einer der Bedeutung dieser Kunstschätze würdigen Form aufgestellt werden sollen.

Die Marmorskulpturen, die den Festzug der Athener zu ihrer Stadtpatronin darstellen, wurden zwischen 1803 und 1812 von Earl Thomas Elgin mit Erlaubnis des osmanischen Sultans von Griechenland nach Großbritannien transportiert und 1816 vom Staat angekauft.

Das sog. Pferd der Selene stammt vom Ostgiebel des Parthenon, der die Geburt der Athena zeigte. Von der ursprünglichen Gruppe der vier Pferde, die den Triumphwagen der Göttin Selene zogen, befinden sich zwei weitere noch in Athen, eines ging verloren.

Der Bau der Parthenon-Galerie, die Oberlicht erhalten soll, wird durch eine großzügige Schenkung von Sir Joseph Duveen ermöglicht.

Ausgrabungen in Persepolis

19. August. Mitarbeiter des mit den Ausgrabungen betrauten Orientalischen Instituts der Universität Chicago legen im iranischen Persepolis die Paläste der persischen Könige Darius I. und dessen Sohnes Xerxes I. aus dem 5. Jahrhundert v. Chr. frei.

Die Residenz der Perserkönige, 200 Jahre lang Zentrum des achämenidischen Weltreiches, wurde 330 v. Chr. durch den König von Makedonien, Alexander den Großen, zerstört, der damit die Brandschatzung Athens durch Xerxes I. im Jahr 480 v. Chr. rächen wollte.

Die beiden Residenzbauten, zu denen monumentale Freitreppen hochführten, stellen einen Höhepunkt achämenidischer Bau- und Bildhauerkunst dar. Die US-amerikanischen Wissenschaftler haben u.a. zwei monumentale Steinreliefs ausgegraben, die eine Audienz bei Darius I. zeigen.

Ausgrabungsstätte in Persepolis im Iran, in der Mitte (l.) die von den Mitarbeitern des Orientalischen Instituts in Chicago freigelegten Reliefs; Persepolis wurde zwischen 522 und 486 v. Chr. von König Darius I. gegründet

Drei Erdteile symbolisch miteinander verbunden

6. August. *Mit ihrem Messerschmitt-Sportflugzeug »Taifun« startet die deutsche Fliegerin Elly Beinhorn-Rosemeyer (Foto) um 0.20 Uhr in Damaskus (Syrien) zu einem Tagesflug, in dessen Verlauf sie die drei Erdteile Asien, Afrika und Europa symbolisch miteinan-* *der verbinden will. Nach Zwischenstationen in Kairo, Athen (kurzer Aufenthalt) und Budapest landet die Frau des deutschen Automobilrennfahrers Bernd Rosemeyer wohlbehalten um 19.15 Uhr in Berlin, wo sie von ihrem Ehemann empfangen wird.*

Sechs Millionen Menschen vermißt

19. August. In der Kartei des New Yorker Zentralbüros zur Auffindung von Vermißten sind nach Angaben von Direktor John Ayers die Namen von sechs Millionen Menschen registriert, die in den letzten 20 Jahren weltweit spurlos verschwunden sind.

Alljährlich wird den Polizeidirektionen auf der ganzen Welt rund 800 000mal das Verschwinden eines Menschen gemeldet, der sich ganz unerwartet und aus den verschiedensten Gründen aus dem Kreis seiner Angehörigen und Freunde entfernt. Ein großer Teil dieser als vermißt geltenden Personen wird jedoch schon nach wenigen Tagen wieder gesehen. Geschäftliche oder private Probleme sind oft der Anlaß dafür, daß sie für kurze Zeit irgendwo untertauchen.

Doch jedes Jahr bleiben etwa 20 000 Menschen übrig, die trotz intensiver Nachforschungen nicht aufgefunden werden können. Sie haben oft in irgendeiner Weise gegen das Gesetz verstoßen oder entziehen sich durch die Flucht ihren Unterhaltspflichten. Von einem großen Teil dieser Verschollenen ist anzunehmen, daß sie nicht mehr am Leben sind.

Viele der 20 000 Verschollenen, von denen zwei Drittel Männer sind, machen sich bei ihrem Untertauchen die Errungenschaften der modernen Technik zunutze. Sie wenden sich an geschickte Paßfälscher und benutzen bei ihrer Flucht die schnellsten Verkehrsmittel.

Welfenschatz im Schloßmuseum

18. August. Der vom preußischen Staat erworbene Welfenschatz, im wesentlichen eine von Heinrich dem Löwen (1142–1180) in Auftrag gegebene Sammlung von Reliquiaren (Reliquienbehältern), wird im Berliner Schloßmuseum erstmals der Öffentlichkeit zugänglich gemacht.

Das künstlerisch und kulturhistorisch kostbarste Stück der Sammlung, das 33 cm hohe goldene, mit Edelsteinen und Perlen besetzte sog. Welfenkreuz, wurde Mitte des 11. Jahrhunderts von einem Meister der Goldschmiedeschule in Mailand angefertigt.

Das Welfenkreuz, bedeutendstes Stück des Welfenschatzes, Mitte des 11. Jahrhunderts angefertigt

Kuppelreliquiar, Teil der Welfenschatzsammlung, die im Berliner Schloßmuseum ausgestellt ist

Witze in einem eigenen Museum

3. August. Der Direktor des Brüsseler Witze-Museums, Jean Borowski, bezeichnet die volkstümlichen Scherze aus Schottland als die besten Witze der Welt, weil sie »klar und kurz« seien.

Borowski begann vor 35 Jahren mit dem Aufbau einer Lachkartothek, die inzwischen auf rund 30 000 Witze angewachsen ist, geordnet nach ihrem nationalen Ursprung. Borowski sieht sich als eine Art Konservator des Welthumors. Der Museumsbesucher wird daher mit der Devise begrüßt: »Der Humor darf nicht aussterben auf der Welt.«

Füllen die Filmtheater im Deutschen Reich (v. l.): Schauspieler Willy Birgel, Lil Dagover und Johannes Heesters

5253 Kinos im Deutschen Reich

9. August. Im Deutschen Reich stehen den Kinobesuchern im Jahr 1936 5253 Filmtheater zur Verfügung. Damit liegt das Deutsche Reich weltweit an zweiter Stelle, was die Versorgung mit Kinos anbelangt. Übertroffen werden die Deutschen nur noch von den Vereinigten Staaten, dort gibt es 15378 Filmtheater.

Insgesamt weisen die deutschen Kinotheater 1,9 Millionen Sitzplätze auf, im Durchschnitt kommt im Reich auf 12570 Einwohner ein Kino. Nur noch in zwei deutschen Filmtheatern werden Stummfilme gezeigt, alle übrigen sind Tonfilmtheater.

Im Jahr 1936 werden im Deutschen Reich insgesamt 1507 Filme (ohne Schmalfilme) mit einer Gesamtlänge von 713339 m gedreht. Davon sind 111 abendfüllende Spielfilme, 90 Kurzspielfilme und 1306 Filme ohne Spielhandlung (Dokumentarfilme usw.).

Länder in Europa mit den meisten Filmtheatern im Jahr 1936

Land	Filmtheater
Deutsches Reich	5253
Großbritannien	5000
Italien	4221
Frankreich	4000
Spanien	3450
Tschechoslowakei	1833
Schweden	1581
Belgien	790
Österreich	779
Polen	707
Dänemark	344
Schweiz	340
Jugoslawien	336
Finnland	242

Der Schauspieler Hans Söhnker, ein Liebling der Frauen

Olga Tschechowa, die »große Dame« des deutschen Spielfilms

Filmtheater im Kempinski-Haus in Berlin; die Besitzer der Kinos im Deutschen Reich können sich über mangelnde Einnahmen nicht beklagen

Erster deutscher Farb-Spielfilm

4. August. In Berlin wird der erste deutsche Spielfilm in Farbe, »Das Schönheitsfleckchen«, eine Liebesgeschichte um die Marquise de Pompadour (1721–1764), die Favoritin König Ludwig XV. von Frankreich, uraufgeführt.

Der Film wurde von der Carl Froelich Filmprod. GmbH in Zusammenarbeit mit der Siemens & Halske AG hergestellt. Unter der künstlerischen Oberleitung von Carl Froelich führte Rolf Hansen Regie. Die Musik für den Kurzfilm schrieb Hansom Milde-Meissner.

In den Hauptrollen sind u. a. zu sehen: Lil Dagover, Susi Lanner, Olga Limburg, Hilde Sessak, Maria Krahn, Edith Oss, Wolfgang Liebeneiner, Aribert Wäscher und Leopold von Ledebuhr.

Die Farbqualität des Films wird als relativ gut angesehen. Bei der Projektion auf die Leinwand ist nur die Bildhelligkeit etwas zu gering.

Deutsche Erfolge auf Film-Biennale

29. August. Am Abschlußtag der Biennale von Venedig, der internationalen Filmkunstschau (sie begann am 10. 8.), reist Reichspropagandaminister Joseph Goebbels in die Lagunenstadt, um der Aufführung des von Luis Trenker gedrehten und für den Wettbewerb favorisierten deutschen Beitrages »Der Kaiser von Kalifornien« (Farmer versucht sein Land gegen Abenteurer und Goldsucher zu verteidigen) beizuwohnen (→ 21. 7./S. 136).

Trenkers Film wird als bester ausländischer Wettbewerbsbeitrag mit dem Mussolini-Pokal ausgezeichnet. Den Preis des italienischen Propagandaministeriums für die beste Regieleistung erhält der Belgier Jacques Feyder für seinen Film »Die klugen Frauen«. Als bestem Musikfilm wird dem von dem deutschen Regisseur Detlef Sierck gedrehten Film »Schlußakkord« (Musik von Kurt Schröder unter Verwendung der 9. Symphonie Ludwig van Beethovens) der Pokal des italienischen Generalinspektors für das Theaterwesen verliehen. Leni Riefenstahl zeigte in Venedig erste Proben ihres Olympiafilms (→ 1. 8./S. 151).

Gründgens' neuer Film

August. Regisseur Hans Steinhoff beginnt mit den Dreharbeiten für den Film »Eine Frau ohne Bedeutung« nach dem Bühnenstück Oscar Wildes, in dem Gustaf Gründgens die Hauptrolle spielt.

Der aus Indien nach Großbritannien zurückgekehrte Lord Illingworth (Gustaf Gründgens) trifft seine ehemalige Geliebte Sylvia Kelvil (Käthe Dorsch) und ihren gemeinsamen Sohn Gerald (Albert Lieven). Als es wegen eines angeblichen Flirts Lord Illingworths mit Geralds Freundin Hester (Marianne Hoppe) zu einem Duell kommen soll, lüftet Sylvia das Geheimnis um Vater und Sohn, worauf sich dieser erschießen will und nur im letzten Moment von Illingworth daran gehindert werden kann. Nach einer Aussprache mit Sylvia, der »Frau ohne Bedeutung«, tritt Illingworth allein die Rückreise nach Indien an, nachdem er seinem Sohn Gerald ein großes Vermögen vermacht hat.

Die Musik für den Film, der in vorsichtiger Form Kritik an der vermeintlichen britischen Dekadenz übt, ist von Clemens Schmalstich.

Gustaf Gründgens als Lord Illingworth in dem Film »Eine Frau ohne Bedeutung«; Gründgens' Frau, Marianne Hoppe, spielt ebenfalls in dem Film

García Lorca ermordet

19. August. In Viznar (Provinz Granada) wird der spanische Dichter Federico García Lorca, Mitbegründer des Bundes Antifaschistischer Intellektueller, von rechtsgerichteten Falangisten gefangengenommen und anschließend erschossen.

Nach volkstümlichen lyrischen Anfängen gelang García Lorca 1928 mit »Romancero Gitano« (Zigeunerromanzen) ein erster großer Erfolg: Er beschreibt die Welt der einfachen Andalusier und Zigeuner, die sich gegen die alten Repressionsmächte Klerus und Polizei behaupten. Liebe und Tod, Freiheit und Unterdrükkung, Leidenschaft und Ehre sind immer wiederkehrende Motive seiner Dichtungen.

Der Konflikt zwischen Autorität und Freiheit steht im Mittelpunkt der meisten seiner Dramen. Als sein Hauptwerk gilt die Trilogie »Bodas de sangre« (»Bluthochzeit«, 1932), »Yerma« (1934) und »La casa de Bernarda Alba« (»Bernarda Albas Haus«, 1936), in der die Erfüllung der Liebe am bäuerlichen Milieu Andalusiens und am veralteten Sittengesetz scheitert.

Einer der Favoriten der Tour de France, der Franzose Maurice Archambaud, verliert durch einen Sturz viel Zeit

Maes gewinnt 30. Tour de France

2. August. Mit der 204 km langen Etappe von Caen nach Paris findet die 30. Tour de France, das berühmteste Radrennen der Welt, seinen Abschluß. Gesamtsieger wird der Belgier Sylvère Maes mit einer Fahrzeit von 143:47:32 h. Sein Vorsprung vor dem Zweitplazierten, dem Franzosen Antonin Magne, Toursieger 1931 und 1934, beträgt fast 17 Minuten.

Wie schon beim Start, so werden die Fahrer auch jetzt in den Pariser Straßen von einer riesigen Menschenmenge umjubelt. 50 000 Zuschauer sind ins Pariser Prinzenparkstadion gekommen, um die Zieleinfahrt zu verfolgen. Maes genügt bei der letzten Etappe ein Platz im Hauptfeld, um sich den Gesamtsieg zu sichern.

September 1936

Mo	Di	Mi	Do	Fr	Sa	So
	1	2	3	4	5	6
7	8	9	10	11	12	13
14	15	16	17	18	19	20
21	22	23	24	25	26	27
28	29	30				

1. September, Dienstag

Der Deutsche Botschafter in Wien, Franz von Papen, empfiehlt der Reichsregierung in einem geheimen Gesandtschaftsbericht, den psychologischen Druck auf die österreichische Regierung zur Änderung des Regimes langsam zu verstärken.

Die Filmoperette »Der Bettelstudent« von Georg Jacoby wird in Hamburg uraufgeführt. In dem Ufa-Film spielen Marika Rökk und Johannes Heesters die Hauptrollen. → S. 174

2. September, Mittwoch

In Erlangen beginnt die Vierte Reichstagung der Auslandsdeutschen; es werden rund 5000 Teilnehmer (vornehmlich aus Mittel- und Südamerika) gezählt. Die von den Auslandsorganisationen der NSDAP organisierte Tagung wird bis 7. September dauern.

Das Reichsjustizministerium verlangt von den Kandidaten für die juristische Abschlußprüfung die ausdrückliche Erklärung, daß sie keine jüdischen Repetitoren besucht haben.

Angaben der Deutschen Automobil-Treuhand GmbH zufolge beträgt die Wertminderung für neue Autos im Reich nach einem Jahr 33–50%, wobei gerade die teuren Autos (über 10 000 RM) von einem besonders hohen Wertverlust betroffen sind.

In Düsseldorf wird ein internationaler Astrologenkongreß eröffnet, zu dem Delegationen aus 16 Ländern angereist sind. Der Kongreß dauert bis zum 7. September. → S. 168

3. September, Donnerstag

In Brüssel beginnt eine internationale Weltfriedenskonferenz, zu der 37 Staaten ihre Vertreter entsandt haben. Das Deutsche Reich und Italien nehmen an der Konferenz nicht teil. → S. 167

4. September, Freitag

Der Sozialist Francisco Largo Caballero wird (als Nachfolger von José Giral y Pereyra) neuer spanischer Ministerpräsident. Der von ihm gebildeten Regierung gehören auch die Kommunisten an (→ 27. 9./S. 167).

Die spanischen Faschisten erobern die Stadt Irún im Norden des Landes und rücken weiter gegen San Sebastian vor, das von allen Seiten eingeschlossen ist (→ 27. 9./S. 167).

Der Führer und Reichskanzler Adolf Hitler legt seine im August verfaßte Vierjahresplan-Denkschrift dem Kabinett vor (→ 26. 8./S. 152).

In Ballenstedt wird der Grundstein für die Nationalpolitische Bildungsanstalt gelegt. In den Grundstein werden die Bücher des Führers und Reichskanzlers Adolf Hitler, »Mein Kampf«, des »Beauftragten des Führers« und einer der nationalsozialistischen Chefideologen, Alfred Rosenberg, »Mythus des 20. Jahrhunderts« und des Reichsjugendführers, Baldur von Schirach, »Die HJ. Idee und Gestalt« eingemauert.

5. September, Sonnabend

Die Angehörigen der Gendarmerie (fast ausschließlich altgediente Soldaten) sind aufgrund einer Anordnung des Reichsführers SS und Chefs der Deutschen Polizei, Heinrich Himmler, auf soldatischer Grundlage aus- bzw. weiterzubilden.

Mit einem in der Presse veröffentlichten Aufruf sucht das deutsche Reichsluftfahrtministerium Freiwillige für die Fliegertruppe und die Luftnachrichtentruppe. Dienstbeginn ist im Frühjahr 1937.

Die in der internationalen Walölindustrie führenden Nationen Norwegen und Großbritannien erklären sich grundsätzlich zu einer mengenmäßigen Begrenzung des Walfangs bereit, um den Fischbestand zu schonen (→ 6. 9./S. 171).

In Buenos Aires wird der XIV. Internationale PEN-Kongreß eröffnet. Als deutscher Delegierter nimmt Emil Ludwig teil, weil Heinrich Mann aus gesundheitlichen Gründen auf die Reise nach Argentinien verzichten muß. Die Bücherverbrennungen im Reich werden auf dem Schriftstellerkongreß scharf verurteilt.

Die US-Amerikanerin Beryl Markham überquert als erste Frau der Welt den Atlantik in ostwestlicher Richtung im Alleinflug. → S. 170

6. September, Sonntag

In einer Predigt am Grab des römischen Legionärs und christlichen Märtyrers Viktor in Xanten befaßt sich der Bischof von Münster, Clemens August Graf von Galen, vor 30 000 Pilgern mit der Frage des Gehorsams gegenüber der Obrigkeit, der seine Grenze in seinem Gewissen finde: »Man muß Gott mehr gehorchen als den Menschen.«

Die »Jan Wellem«, Deutschlands erstes Walfangmutterschiff, läuft aus dem Hamburger Hafen zu seiner ersten Probefahrt aus. → S. 171

Der Franzose Antonin Magne (Profis) und der Schweizer Edgar Buchwalder (Amateure) werden in Bern neue Weltmeister im Straßenrennen. → S. 175

Bei dem in Nordirland ausgetragenen International-Tourist-Trophy-Rennen kommt es zu einem der schwersten Unfälle in der Geschichte des Automobilrennsports. Ein ins Schleudern geratener Rennwagen rast mit ca. 160 km/h in die dichte Zuschauermenge am Straßenrand, acht Personen werden getötet, 20 verletzt.

7. September, Montag

Angesichts der deutschen Aufrüstung beschließt der französische Ministerrat in Paris eine Stärkung der nationalen Verteidigung durch Verbesserung und Steigerung der materiellen Ausrüstung der Land-, Luft- und Seestreitkräfte.

Eine in der Lüneburger Ratsbibliothek gefundene Handschrift aus dem 15. Jahrhundert soll die Sage um den Rattenfänger von Hameln historisch belegen.

Ein US-amerikanisches Forschungsteam bezeichnet die Wüste Luth in Ostpersien als heißeste Region der Erde. Es hatte dort am 21. Juni 1935 eine Temperatur von 58°C im Schatten gemessen. → S. 171

8. September, Dienstag

In Nürnberg beginnt der Achte Reichsparteitag der NSDAP, der »Parteitag der Ehre«, der bis zum 14. September dauert. → S. 164

Die niederländische Kronprinzessin Juliana und der deutsche Prinz Bernhard von Lippe-Biesterfeld geben ihre Verlobung bekannt. → S. 167

9. September, Mittwoch

Der Stellvertreter des Führers und Reichskanzlers, Rudolf Heß, eröffnet mit einer Ansprache in der großen Nürnberger Kongreßhalle offiziell den Achten Reichsparteitag der NSDAP. Anschließend verliest der Gauleiter von Bayern, Adolf Wagner, die »Proklamation des Führers«. Darin wird als neues Vier-Jahres-Programm die möglichst weitgehende Autarkie der deutschen Rohstoffindustrie als Ziel verkündet (→ 8. 9./S. 164).

In London findet die erste Sitzung des von 26 europäischen Staaten gebildeten Nichteinmischungsausschusses Spanischer Bürgerkrieg statt. Die Ländervertreter werden aufgefordert, Informationsmaterial über die von ihren Regierungen bisher ergriffenen Waffenembargo-Maßnahmen vorzulegen (→ 24. 8./S. 153).

Um die Einfuhr von Rohseide in das Deutsche Reich künftig verringern zu können, wird in Gelsenkirchen eine Großzuchtanlage für 500 000 Seidenraupen errichtet. → S. 171

Im Germanischen Museum in Nürnberg wird die Ausstellung »Das politische Deutschland« eröffnet. Sie soll über den »Schicksalsweg des deutschen Volkes aus drei Jahrtausenden« Auskunft geben.

In Nürnberg wird der von Karl Ritter gedrehte Spionage- und Abenteuerfilm »Verräter« uraufgeführt. Lida Baarova, Irene von Meyendorff, Willy Birgel, Theodor Loos, Rudolf Fernau und Paul Dahlke sind in den Hauptrollen zu sehen.

10. September, Donnerstag

Die Presse in Großbritannien äußert sich sehr kritisch zu den in der Nürnberger »Proklamation des Führers« vom Vortage enthaltenen deutschen Forderungen nach Kolonialgebieten (→ 8. 9./S. 164).

Das Lufthansaflugboot Do 18 »Zephyr« überquert als erste für den planmäßigen Luftpostverkehr ausgerüstete Maschine den Nordatlantik in Ost-West-Richtung. Für die rund 4 000 km lange Strecke vom Flugzeugstützpunkt Motorschiff »Schwabenland« bei der Azoreninsel Fayal nach New York benötigt die »Zephyr« 22 Stunden und 18 Minuten.

11. September, Freitag

Vor 120 000 Politischen Leitern der NSDAP führt der Führer und Reichskanzler Adolf Hitler auf dem Nürnberger Zeppelinfeld die »Erneuerung des deutschen Volkes auf den großen Einsatz von Opfern, Hingebung, Fanatismus und Todesverachtung« zurück (→ 8. 9./S. 164).

Für die Stelle eines Direktors und zweier Lehrer an der Türkischen Kunstakademie in Istanbul schlägt die Berliner Akademie der Künste u. a. den bedeutenden deutschen Architekten Ludwig Mies van der Rohe, der als Anhänger des Bauhaus-Stiles im Reich immer weniger Aufträge erhält, und die Bildhauer Rudolf Belling und Arno Breker vor.

12. September, Sonnabend

Auf dem Nürnberger Reichsparteitag der NSDAP sprechen der deutsche Reichsjugendführer Baldur von Schirach und der Führer und Reichskanzler Adolf Hitler zu 50 000 Jugendlichen (→ 8. 9./S. 164).

Die nationalsozialistische Deutsche Arbeitsfront hält in Nürnberg ihre 4. Jahrestagung ab.

Im Deutschen Reich wird des 100. Todestages des Dichters Christian Dietrich Grabbe gedacht. Sein Fragment »Marius und Sulla« wird aus diesem Anlaß am Stadttheater Münster uraufgeführt (→ 23. 9./S. 174).

13. September, Sonntag

Die spanischen aufständischen Militärs besetzen nach dem Abzug der Regierungstruppen kampflos San Sebastian und rücken nun gegen Bilbao und Santander, die beide noch im Besitz der Regierungstruppen befindlichen nordspanischen Hafenstädte, vor (→ 27. 9./S. 167).

Der britische Tennisspieler Fred Perry gewinnt in Flushing Meadow die Internationalen Tennismeisterschaften der USA durch einen Endspielsieg über den US-Amerikaner Donald Budge.

Der deutsche Automobil-Rennfahrer Bernd Rosemeyer gewinnt im italienischen Monza auf Auto-Union den Großen Preis von Italien und sichert sich damit den Europameistertitel für das Jahr 1936. → S. 175

Massenaufmarsch der Mitglieder des nationalsozialistischen Arbeitsdienstes auf dem Nürnberger Parteitag der NSDAP auf dem Titelblatt der Zeitschrift »Illustration« vom 19. September 1936

Propaganda für den NSDAP-Parteitag von Nürnberg in der Zeitung »Germania« vom 10. September 1936

September 1936

In einem Fußball-Länderspiel trennen sich in Warschau die Mannschaften Deutschlands und Polens 1:1. Das Tor für Deutschland erzielt Karl Hohmann vom VfL Benrath.

14. September, Montag

Der letzte Tag des achten Nürnberger Parteitages der NSDAP steht ganz im Zeichen der Wehrmacht. Generalfeldmarschall und Reichskriegsminister Werner von Blomberg überreicht den Truppenformationen feierlich die Kriegsfahnen des Deutschen Reiches.

Mit seiner Schlußrede auf dem Nürnberger Reichsparteitag der NSDAP leitet der Führer und Reichskanzler Adolf Hitler im ganzen Reich eine antikommunistische Hetzkampagne ein. → S. 165

Papst Pius XI. verurteilt in seinem Sommersitz in Castel Gandolfo vor 350 spanischen Flüchtlingen den Spanischen Bürgerkrieg. Nur eine »satanische Vorbereitung« habe jene Flammen des Hasses und wilder Verfolgungswut entfachen können.

15. September, Dienstag

Aus den dänischen Parlamentswahlen gehen die Sozialdemokraten als Gewinner hervor; sie verfügen über 31 der insgesamt 76 Parlamentssitze. Der Parteiführer der Sozialdemokraten, Thorvald Stauning, bleibt weiterhin Ministerpräsident.

16. September, Mittwoch

In Genf wird der 12. Europäische Nationalitätenkongreß eröffnet, auf dem eine grundlegende Erneuerung des Minderheitenschutzrechtes gefordert wird.

Die Deutsche Reichspost gibt zugunsten des Winterhilfswerks 1936/37 eine neue Briefmarkenreihe heraus, die Abbildungen von neuen Straßen und Bauten des nationalsozialistischen Reiches zeigt.

Das französische Expeditionsschiff »Pourquoi Pas« erleidet vor Grönland in einem schweren Sturm Schiffbruch. 30 Besatzungsmitglieder ertrinken.

17. September, Donnerstag

Der Führer und Reichskanzler Adolf Hitler besucht das V. und IX. Armeekorps bei ihren Übungen für das große Herbstmanöver im Raum Würzburg und Fritzlar/Fulda und überreicht ihnen die neuen Fahnen und Standarten (→ 21. 9./S. 165).

Unter dem Vorsitz des Führers der Vaterländischen Front und Bundeskanzlers, Kurt Schuschnigg, tritt der Führerrat der Vaterländischen Front in Wien zu seiner ersten Tagung zusammen. Zur Bewältigung der wichtigsten Aufgaben des Führerrates werden fünf Arbeitsgemeinschaften gebildet: Soziale Probleme, Kulturelle Probleme, Wirtschaftlicher Aufbau, Berufständiger Aufbau, Politische Schulung der jungen Generation.

18. September, Freitag

Der Alkazar, die Burg von Toledo, in dem sich seit zwei Monaten 1200 Soldaten der spanischen Nationalisten verschanzt haben, wird von Regierungstruppen mit Hilfe von unterirdischen Minen gesprengt. Dennoch können sich die Faschisten in ihren Stellungen gegen die Angreifer behaupten (→ 27. 9./S. 167).

In Genf beginnt eine Tagung des Völkerbundsrates, dem 18 Denkschriften für eine Reform der Völkerbundssatzung vorliegen.

Bei einem Schiffsunglück auf dem Nil – ein Vergnügungsdampfer und ein Frachtschiff sind zusammengestoßen – kommen 45 Menschen ums Leben.

19. September, Sonnabend

Die schwedischen Sozialdemokraten gehen aus den Wahlen für die Zweite Kammer des Reichstages als Sieger hervor; sie erringen 112 der insgesamt 230 Kammersitze.

Nach einem Erlaß des deutschen Reichsinnenministeriums bleiben alle Personen, die erst nach dem 30. Januar 1933 aus Freimaurerlogen ausgetreten sind, von Anstellung und Beförderung im öffentlichen Dienst ausgeschlossen. → S. 166

Der deutsche Reichsjustizminister Franz Gürtner ordnet an, daß zur Kennzeichung gepfändeter Gegenstände künftig im gesamten Reichsgebiet einheitliche Siegelmarken verwandt werden müssen. → S. 171

In Dresden wird die Deutsche Gesellschaft für Hygiene gegründet, die mit ihrer Arbeit die öffentliche Gesundheitspflege verbessern will. → S. 168

Der Ufa-Film »Glückskinder«, eine musikalische Liebeskomödie von Paul Martin, wird in Berlin uraufgeführt. In den Hauptrollen sind Lilian Harvey, Willy Fritsch, Oskar Sima und Paul Kemp zu sehen. → S. 174

20. September, Sonntag

Das Reichsinnenministerium ordnet an, daß alle Beamten, Angestellten und Arbeiter der staatlichen Verwaltungen, der Deutschen Reichsbahn einschließlich Reichsautobahn, der Reichsbank sowie der Gemeinden und Gemeindeverbände am oberen Teil der Dienstmütze das Hoheitszeichen des Reiches, am unteren Teil die schwarz-weiß-rote Kokarde zu tragen haben.

In Berlin wird der Metro-Goldwyn-Mayer-Film »Meuterei auf der Bounty« von Regisseur Frank Lloyd in amerikanischer Originalfassung uraufgeführt. Die Hauptrollen spielen Charles Laughton und Clark Gable. → S. 174

21. September, Montag

Die 17. Tagung der Völkerbundsvollversammlung beginnt mit der Beratung von Reformvorschlägen der Völkerbundssatzung.

In einem Gebiet, das durch den Spessart, die Hohe Rhön, die obere Fulda und die Wetterau begrenzt wird, beginnt das bisher größte Manöver der deutschen Wehrmacht. → S. 165

22. September, Dienstag

Der Duce, Benito Mussolini, empfängt in Rom Reichsjugendführer Baldur von Schirach und nimmt auf der Piazza Venetia eine Parade einer eigens angereisten Formation der Hitlerjugend ab.

23. September, Mittwoch

Das Obergericht der Freien Stadt Danzig bestätigt das 1934 ausgesprochene Verbot der Kommunistischen Partei und ihr angeschlossener Gewerkschaften.

Robert Bosch, der Gründer der Bosch-Werke, feiert seinen 75. Geburtstag zusammen mit dem 50jährigen Firmenjubiläum. → S. 168

Im Düsseldorfer Schauspielhaus wird Christian Dietrich Grabbes Schauspiel »Die Hermannsschlacht« in der Bearbeitung von Hans Bacmeister uraufgeführt. → S. 174

Ohne Strafpunkte gewinnt die englische Mannschaft die Internationale Trophäe beim 18. Sechs-Tage-Motorrad-Rennen durch den Schwarzwald und die bayerischen Voralpen. Die deutsche Mannschaft belegt den zweiten Platz.

24. September, Donnerstag

Das nach dem Wahlsieg der schwedischen Sozialdemokraten neu gebildete Kabinett unter Ministerpräsident Per Albin Hansson (als Nachfolger von Axel Pehrsson-Bramstorp) verkündet ein umfassendes Programm zur Bekämpfung der Wirtschaftskrise des Landes.

Der Schauspieler und Schriftsteller Curt Goetz inszeniert am Zürcher Schauspielhaus seinen »Dr. med. Hiob Praetorius«. → S. 174

25. September, Freitag

Der französische Ministerrat beschließt in Paris eine Abwertung des Franc um 25–33%, um das internationale Währungssystem zu stabilisieren, das durch die ständige Schwäche des französischen Franc gestört war. → S. 167

In Frankfurt am Main findet der erste deutsche Reisebürotag statt, zu dem aus dem In- und Ausland mehr als 1000 Teilnehmer erschienen sind.

In Wesermünde feiert die Deutsche Hochseefischerei ihr 50jähriges Bestehen.

Das Reichsernährungsministerium beginnt einen großen Werbefeldzug unter dem Motto »Kampf dem Verderb«, um den durch falsche Lagerung, unsachgemäße Verteilung und unwirtschaftliche Behandlung von Lebensmitteln der deutschen Volkswirtschaft entstehenden Schaden zu begrenzen. → S. 171

Der deutsche Reichsinnenminister Wilhelm Frick ordnet per Runderlaß an alle Polizeiverwaltungen im Deutschen Reich die Blutuntersuchung aller an einem Verkehrsunfall beteiligter Personen an, bei denen begründeter Verdacht alkoholischer Beeinflussung besteht.

26. September, Sonnabend

Als Folge der Abwertung des französischen Franc kündigt der Schweizer Bundesrat seinerseits eine Abwertung der Schweizer Währung um 30% an (→ 25. 9./S. 167).

Im Park des Palazzo Baberini in Rom werden die Überreste eines Tempels aus dem 1. Jahrhundert v. Chr. entdeckt, der dem persischen Gott Mithras geweiht war.

27. September, Sonntag

Mit Hilfe marokkanischer Truppen gelingt es den spanischen Faschisten, die Festung Alkazar in Toledo, die wochenlang von den Truppen der Regierung belagert worden ist, zu befreien. → S. 167

Reichskanzler Adolf Hitler gibt mit dem Teilstück Breslau–Kreibau in Schlesien den 1000. Kilometer der Reichsautobahn frei. → S. 165

In Prag schlägt die deutsche Fußball-Nationalmannschaft die Vertretung der Tschechoslowakei 2:1 (Tore für Deutschland: Franz Elbern und Rudolf Gellesch); in Krefeld besiegt die deutsche B-Nationalmannschaft die Elf Luxemburgs 7:2.

In Budapest unterliegt die österreichische Fußball-Nationalmannschaft Ungarn 5:3.

28. September, Montag

In Berlin beginnt der XI. Internationale Autorenkongreß, bei dem die Vertreter aus 15 Ländern bis zum 5. Oktober über Fragen des Urheberschutzes diskutieren.

29. September, Dienstag

Der Reichskirchenausschuß ordnet an, daß Geistliche grundsätzlich auch im Ornat den Deutschen Gruß zu entrichten haben.

Der deutsche Reichserziehungsminister Bernhard Rust kündigt in Berlin eine Verkürzung der Schulzeit (Grundschule und höhere Schule) von 13 auf 12 Jahren an.

30. September, Mittwoch

Wegen finanzieller Schwierigkeiten stellt die in Karlsbad (ČSR) herausgegebene »Zeitschrift für Sozialismus«, ein Organ der Exil-SPD, ihr Erscheinen ein.

Gestorben:

13. Göttingen: Johannes Franz Hartmann (*11. 1. 1865, Erfurt), deutscher Astronom.

16. Wien: Karl Buresch (*12. 10. 1878, Großenzersdorf/Niederösterreich), österreichischer christlich-sozialer Politiker.

Die »Leipziger Neuesten Nachrichten« vom 11. September mit einem Bericht über die Propaganda-Veranstaltung der Nationalsozialisten auf dem Nürnberger Parteitag

Einzelnummer in Leipzig 15 Pfg., auswärts 20 Pfg.

Nr. 255

Leipziger Neueste Nachrichten

und

Handels-Zeitung

vormals Leipziger Nachrichten

Freitag, den 11. September 1936

Ausgabe A

Der Tag des Arbeitsdienstes
Bilderdienst Bittner

Der rote Osten droht, aber der Führer steht auf der Wacht

(Von unserem nach Nürnberg entsandten Dr. St.-Schriftleiter.)

Nürnberg, 10. Sept. Am Donnerstagnachmittag bringt der Kongreß in der Luitpoldhalle einen weiteren Höhepunkt. Die Reden Alfred Rosenbergs und Reichsministers Dr. Goebbels sind eine große grundsätzliche und praktisch-politische Auseinandersetzung mit dem internationalen Bolschewismus. Gleichsam wie Dokumente legen diese beiden Reden der Welt dar, wie Deutschland den Bolschewismus sieht und wie es in ihm die schlimmste Gefahr für die Kultur der zivilisierten Nationen erkannt hat. Deswegen richtet dieses nationalsozialistische Deutschland von dem Nürnberger Kongreß aus erneut einen eindringlichen Appell an alle Kulturvölker, sich zusammenzuschließen im Kampf gegen die Geisel der Menschheit, in dem Kampf, zu dem Deutschland das Signal gegeben hat.

Nach der Ankunft des Führers und dem Einmarsch der Standarten beginnt dieser denkwürdige Tag des Parteikongresses. Rudolf Heß tritt an das Rednerpult: „Der Kongreß nimmt seinen Fortgang." Es spricht Reichsleiter Rosenberg über den entscheidenden Weltkampf. Alfred Rosenberg, von herzlichem Beifall empfangen, beginnt mit einer dringenden Mahnung an alle jene, die den Bolschewismus für eine an sein Entstehungsland gebundene politische Erscheinung betrachten möchten. Ihrer Auffassung, daß er für andere Länder nicht gefährlich werden könnte, setzt Rosenberg seine ernsten Worte entgegen. Die großen Auseinandersetzungen unserer Epoche haben begonnen. Keine Nation darf sich als vor dem Bolschewismus gesichert betrachten. Und dann kennzeichnet Alfred Rosenberg diesen Bolschewismus, so wie ihn der Nationalsozialismus in seinen sechzehn Jahren des Kampfes gesehen hat und in alle Zukunft sehen wird: als die verbrecherische Organisation des Weltjudentums, als eine Form der jüdischen Weltrevolution, dazu bestimmt, Rache zu nehmen an den Kulturnationen der Welt. Wie aus Stein gemeißelt sind seine Sätze. Satz für Satz ist eine Anklage, die er als Warnung hinausruft in die Welt. Er zeigt, wie dieser Bolschewismus vom Judentum beherrscht wird, legt dar, wie die führenden Aemter der Sowjet-Union zumeist von Juden besetzt sind. Name auf Name wird von ihm genannt. Aus der innerpolitischen Verwaltung dieses Landes, die von einem Gremium geführt wird, das zu 98 Prozent aus Juden besteht. Aus der Kriegsindustrie, in der zu gleichem Prozentsatz die Leitung in jüdischen Händen liegt. Aus der Ernährungswirtschaft, dem Außenhandel der Sowjet-Union, aus allen Zentralstellen ihrer Verwaltung bis zu den diplomatischen Vertretungen Moskaus, von denen unter der Leitung des Juden Litwinow-Finkelstein nur 7 Russen und 3 Armenier, aber 17 Juden sind. So wird diese Rede in ihrer Sachlichkeit und einfachen Schilderung der Tatsachen zu einer vernichtenden Anklage gegen das auf dem Rücken des russischen Volkes begründete System jüdischer Weltvernichtung.

Als Rosenberg unter starkem Beifall geendet hat, tritt Dr. Goebbels an das Rednerpult zu seiner großen zweistündigen Rede über den Bolschewismus in Theorie und Praxis. Seine geschliffenen Formulierungen, seine treffsichere, oft sarkastische Kennzeichnung der bolschewistischen Kampfmethoden führt immer wieder und immer wieder zu minutenlangen Beifallskundgebungen. Seine Rede wird zuerst zu einer überzeugenden Auseinandersetzung mit jenem zum Kompromiß geneigten politischen Bürgertum der Welt. Ihm spricht Dr. Goebbels die weltanschauliche Kraft, die Bestimmtheit und charakterliche Stärke ab, um den Bolschewismus wirksam bekämpfen zu können. Denn jedes Paktieren, so sagt er, mit dem Bolschewismus muß nach dem Naturgesetz, daß der Stärkere den Schwachen überwindet, zum Siege des Bolschewismus führen, der seine Rücksicht in der Verfolgung seiner Ziele kennt. An unzähligen erschütternden Beispielen zeigt Dr. Goebbels diesen Bolschewismus in seiner wahren Gestalt. Das entsetzliche Schicksal der entrechteten Arbeiter im Sowjetreich wird lebendig, die furchtbare Lage gequälter Frauen, das Sklavendasein von sechseinhalb Millionen Deportierten, die Verrohung der Kinder und endlich die entsetzliche Frucht der internationalen Verhetzung in der Blutchronik Spaniens. Das ist das Bild des Bolschewismus, gegen den zu kämpfen bis zur Vernichtung Deutschland als eine große historische Weltmission erkannt hat. „Der Bolschewismus muß vernichtet werden, wenn Europa wieder gesunden soll." Zu diesem Kampf ruft Dr. Goebbels alle Nationen auf, die gleich uns eine Jahrhunderte alte Kultur zu verteidigen haben: „Die Frage des Bolschewismus ist die Frage des Fortbestandes Europas überhaupt. Hier scheiden sich die Geister, hier muß man sich als Partei ergreifen für oder gegen, und zwar mit allen Konsequenzen, die in einer solchen Entscheidung liegen." Das sind die eindringlichen Worte, die Dr. Goebbels an alle Völker richtet. Und wenn ihm jemand vorhalten wollte, was uns das eine innere Berechtigung zu diesem Mahnruf gibt, so findet er auch in den Worten Dr. Goebbels' die Antwort: Die Berechtigung gibt uns das Beispiel, das Deutschland der Welt gegeben hat. Wir wollen gewiß nicht mit dem Aufruf zum gemeinsamen Kampf den Nationalsozialismus zur Exportware machen. Unsere innerdeutschen Methoden sollen anderen Völkern weder aufgeredet noch aufgezwungen werden. In jedem Volk soll die Regierung ihre eigenen Entschlüsse treffen. Aber aus der Einsicht, die wir in die größte Gefahr der Menschheit gewonnen haben, fühlen wir uns verpflichtet, die Völker zu warnen, ehe es für sie zu spät ist und das Schicksal Spaniens auch das ihrige wird.

Mit einer stürmischen, immer wieder aufbrandenden Huldigung der Zehntausende für den Führer, der Deutschland durch die Organisation seiner Bewegung im Innern und nach außen hin durch die Wehrmacht und die Einführung der zweijährigen Dienstzeit die Sicherheit vor den aggressiven Zielen Moskaus gegeben hat, schließt diese denkwürdige und ernste Sitzung des Parteikongresses.

Das Programm für Freitag

Sondertagungen: 7.30 Uhr: Reichsrechtsamt der NSDAP im Kulturvereinshaus. — 8 Uhr: NS-Studentenbund im Katharinenbau. — 8.30 Uhr: Hauptschulungsamt im Opernhaus. — 9 Uhr: Weihestunde der Auslandsorganisation im Herkulessaal. — 10.30 Uhr: Fortsetzung des Parteikongresses. — 13 Uhr: Tagung der Presseamtsleiter und Pressereferenten im Großen Rathaussaal. — 14.30 Uhr: Hauptpersonalamt im Katharinenbau. — 14.30 Uhr: NS-Kriegsopferversorgung im Kulturvereinshaus. — 14.30 Uhr: Finanzwesen und Verwaltung im Sitzungssaal des Rathauses. — 14.30 Uhr: Parteigerichtsvorsitzende im Opernhaus am Ring. — 14.30 Uhr: Hauptamt für Volksgesundheit im Herkulessaal. — 16 Uhr: NS-Frauenschaft in der Kongreßhalle. — 20 Uhr: Appell der Politischen Leiter auf der Zeppelinwiese vor dem Führer.

Reichssendungen aus Nürnberg am Freitag

Die deutschen Sender bringen am Freitag folgende Reichssendungen aus Nürnberg:

18.30 bis etwa 19.00 Uhr Ausschnitte aus den Reden auf der Tagung der NS-Frauenschaft, etwa 19.00 bis 20.00 Uhr Feierabendkonzert, 20.00 bis etwa 22.00 Uhr Appell der Politischen Leiter auf der Zeppelinwiese.

Vorbeimarsch des Reichsarbeitsdienstes vor dem Führer auf der Zeppelinwiese.
Scherl Bilderdienst

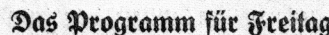

Unter einem »Licht-Dom« haben sich über 100 000 NSDAP-Mitglieder auf der Nürnberger Zeppelinwiese versammelt, um dem Führer zu lauschen

Ein »Parteitag der Ehre 1936«

8. September. In Nürnberg beginnt der achte Reichsparteitag der NSDAP, der vom Führer und Reichskanzler, Adolf Hitler, zum »Parteitag der Ehre« erklärt wird. Damit will Hitler unterstreichen, daß das Deutsche Reich nunmehr, nach der militärischen Besetzung des Rheinlandes (→ 7. 3./S. 46), die letzten »beschämenden« Fesseln des Versailler Vertrages abgeschüttelt habe. Der Parteitag, zu dem die Besucher aus dem gesamten Reichsgebiet mit Hilfe von 3 166 Sonderzügen angereist sind, dauert bis zum 14. September.

Beim Empfang im Nürnberger Rathaus bezeichnet Reichskanzler Hitler das zurückliegende Jahr als das schwerste seines bisherigen »geschichtlichen Wirkens«; es sei nicht einfach gewesen, »die Wehrkraft des Reiches zu stärken und seine Sicherheit zu erhöhen«.

Die erste Großveranstaltung des Parteitages findet am 9. September in der Kongreßhalle am Luitpoldhain statt: Auf dem Parteikongreß, dem politischen Mittelpunkt des Parteitages, verliest der Gauleiter von Bayern, Adolf Wagner, die »Proklamation des Führers«. Darin wird ein neuer Vier-Jahres-Plan verkündet, der den Aufbau einer möglichst weitgehend vom Ausland unabhängigen deutschen Wirtschaft vorsieht. Das Reich könne jedoch nicht auf die Erfüllung seiner kolonialen Forderungen verzichten; die deutsche Wirtschaft sei geradezu auf Kolonien angewiesen. Dieser Passus der Proklamation wird in der britischen Presse scharf kritisiert. Solange das Deutsche Reich nicht auf den Krieg als Mittel der Politik verzichte, seien in der Kolonialfrage keine Konzessionen möglich.

Am Nachmittag des 9. September tritt Hitler auf der NSDAP-Kulturtagung erstmals selbst ans Mikrophon und kommt dabei auf sein kulturelles Lieblingsthema, die »gewaltigen Bauvorhaben«, zu sprechen. Das neue Nürnberg des Reichsparteitages müsse zum Stolz des deutschen Volkes ebenso wie die Reichshauptstadt Berlin »in gewaltigstem Ausmaß« zu einem »Dokument stilbildender Art« ausgebaut werden.

Bis zum Abschluß des Reichsparteitages hält Hitler noch sechs weitere Reden, die thematisch genau auf seine jeweiligen Zuhörer zugeschnitten sind. Mit seiner in der Kongreßhalle gehaltenen Parteitags-Schlußrede leitet Hitler im ganzen Reich eine Hetzkampagne gegen Kommunisten und Bolschewisten ein (→ 14. 9./S. 165).

SA-Mann (vorn) und SS-Mann auf dem Plakat für den Reichsparteitag der NSDAP 1936 in Nürnberg

Reichspropagandaminister Joseph Goebbels bei einer Parteitagsrede in der Kongreßhalle in Nürnberg

V.l.: Werner von Blomberg, Rudolf Heß, Joseph Goebbels, Adolf Hitler, Alfred Rosenberg, Hermann Göring

Größtes Manöver seit Kriegsende

21. September. Eineinhalb Jahre nach Wiedereinführung der allgemeinen Wehrpflicht im Deutschen Reich (16. 3. 1935) beginnt in einem durch Spessart, Hohe Rhön, obere Fulda und Wetterau begrenzten Gebiet das erste große Manöver der neuen deutschen Wehrmacht, die »Große Herbstübung 1936«.

Hauptzweck des fünftägigen Herbstmanövers soll die Ausbildung der Truppe und der militärischen Führung in größeren Verbänden sein. Geländeübungen im Regiments- und Divisionsverband hatten bereits vor mehreren Wochen begonnen, die Gefechtsübungen der beiden Armeekorps bilden nun den Abschluß, wobei kein gestelltes Gefecht gezeigt, sondern den Führungsstäben beim Vorrücken freie Hand gelassen wird.

Erstmals wird das Heer durch Aufklärungsstreitkräfte der Luftwaffe unterstützt, ebenfalls zum erstenmal werden statt der bisher verwandten Attrappen die neuen Waffen der Wehrmacht (z. B. Panzerkraftwagen) eingesetzt.

Motorisierte Nachrichtentruppe holt eine Fernsprechleitung ein, um sie feindwärts neu zu legen: Es geht vorwärts.

Die ersten Bilder von den **Herbst-Manövern**

Aufnahmen: Willi Ruge

Das Manöver, bei dem sich das V. und das IX. Armeekorps gegenüberstehen, dauert bis zum 25. September (»Berliner Illustrirte«, 10. 9. 1936)

Im Reich 1000 km neue Autobahnen

27. September. Mit der feierlichen Eröffnung des 91 km langen Teilstücks von Breslau nach Kreibau in Schlesien durch den Führer und Reichskanzler, Adolf Hitler, sind nach etwa 900 Tagen Bauzeit die ersten 1000 km der neuen Reichsautobahn fertiggestellt.

Die Zahl der am Autobahnbau beteiligten Arbeiter hat sich von 700 bei der Grundsteinlegung am 23. September 1933 in Frankfurt am Main auf inzwischen 240 000 erhöht; davon sind 120 000 Arbeiter direkt auf den Baustellen tätig, 120 000 in den Steinbrüchen, Lieferwerken und Nebenbetrieben.

Bei einer Ansprache verspricht Hitler, daß in weiteren fünf Jahren bereits 7000 km Reichsautobahnen fertig sein werden. Gleichzeitig werde das Deutsche Reich versuchen, sich durch neue Entwicklungen vom Zwang zur Benzineinfuhr zu befreien.

Der Generalinspektor für das deutsche Straßenwesen, Fritz Todt, weist auf den Nutzen hin, den die deutsche Automobilindustrie aus dem Bau der Reichsautobahnen ziehe. Die Zahl der Autobesitzer sei in den letzten Jahren ständig gestiegen. Während früher auf der am stärksten befahrenen Landstraße des Reiches ein tägliches Fahrzeugvolumen von 2000 bis 3000 registriert worden sei, würden heute auf den Autobahnen fünf- bis sechsmal so viele Autos pro Tag fahren.

Haßtiraden gegen die UdSSR

14. September. Mit einer Abschlußrede auf dem Nürnberger Reichsparteitag, in der er seine Zuhörer von der kommunistischen Weltgefahr zu überzeugen sucht, leitet der Führer und Reichskanzler Adolf Hitler eine antisowjetische Hetzkampagne ein.

»Wir haben den Bolschewismus von Deutschland einst nicht abgewehrt, weil wir eine bürgerliche Welt etwa zu konservieren oder gar aufzufrischen gedachten. Hätte der Kommunismus wirklich nur an eine gewisse Reinigung durch die Beseitigung einzelner fauler Elemente aus dem Lager unserer sogenannten oberen Zehntausend oder aus dem unserer minder wertlosen Spießer gedacht, dann hätte man ihm ja ganz ruhig eine Zeitlang zusehen können. Es ist aber nicht das Ziel des Bolschewismus, die Völker von dem Krankhaften zu befreien, sondern im Gegenteil das Gesunde ... auszurotten und das Verkommenste an seine Stelle zu setzen. Ich kann nicht mit einer Weltanschauung paktieren, die überall als

erste Tat bei ihrer Machtübernahme zunächst nicht die Befreiung des arbeitenden Volkes, sondern die Befreiung des in den Zuchthäusern konzentrierten asozialen Abschaums der Menschen durchführt, um dann diese Tiere loszulassen auf die verängstigte und fassungslos gewordene Mitwelt ...

Niemand wird einen Zweifel darüber hegen, daß der Nationalsozialismus sich überall und unter allen Umständen dem ihn angreifenden Bolschewismus gegenüber zur Wehr setzen und ihn schlagen und vernichten wird ...

Wir marschieren in rapider Schnelligkeit bewegten Zeiten entgegen. Sie erfordert Männer von entschlossener Härte und keine schwächlichen Spießer. Sie wird die Menschen nicht messen nach oberflächlichen gesellschaftlichen Manieren, sondern nach der Güte und Härte ihres Charakters in den

Zeiten schwerer Belastungen.

Die Partei hat jetzt mehr noch als früher dafür Sorge zu tragen, daß in unser Volk harte Auffassungen kommen und daß besonders ein unerbittlicher Krieg angesagt wird jeder Spur von erbärmlicher Klugheit, die Clausewitz gegeißelt hat als schlimmstes Symptom der Feigheit.

Wir gehen großen geschichtlichen Perioden entgegen, in solchen Zeitläufen hat noch nie die bloße Klugheit triumphiert, sondern stets der tapfere Mut.

Die [Nationalsozialistische Deutsche Arbeiter-]Partei muß aber vor allem die Trägerin des uns Nationalsozialisten bekannten Optimismus sein. Jedes Laster ist aber zu überwinden, und seine Erscheinungen sind leichter zu beseitigen als der Pessimismus und seine Folgen. Wehe dem, der nicht glaubt. Dieser versündigt sich am Sinn des ganzen Lebens.«

Autobahn, für die Nazis eine »Bereicherung der Landschaft«

Die neuen deutschen Seestreitkräfte beunruhigen die britische Regierung

Die bevorstehende Indienstnahme des 26 000-Bruttoregistertonnen-Schlachtschiffes »Scharnhorst« (Mitte, l.) und seines Schwesterschiffes »Gneisenau« (Mitte, r.) nimmt die britische Presse zum Anlaß, die neue deutsche Marine als eine starke Streitmacht darzustellen.

Neben den neuen deutschen Schlachtschiffen, die an die Spitze der drei Panzerschiffe »Deutschland«, »Admiral Graf Spee« und »Admiral Scheer« treten, bereitet der britischen Regierung vor allem der forcierte Ausbau der deutschen U-Boot-Flotte Sorge (bisher 28 Boote).

Gegen die Freimaurer

19. September. Mit dem Erlaß des Reichsinnenministeriums, daß künftig alle jene Personen, die erst nach dem 30. Januar 1933 (Tag der nationalsozialistischen Machtergreifung) aus Freimaurerlogen ausgetreten sind, von Anstellung und Beförderung im öffentlichen Dienst auszuschließen sind, wird ein weiterer Schritt hin zur endgültigen Auflösung der letzten Freimaurervereinigungen im Deutschen Reich getan.

Die Freimaurer, Anhänger einer weltbürgerlichen Bewegung mit dem humanistischen Ideal des nach Vervollkommnung strebenden Menschen, sind u. a. verpflichtet, jeglichen politischen Totalitarismus und Fanatismus zu bekämpfen und sich für ein friedliches, sozial gerechtes Zusammenleben einzusetzen.

Die im 14. und 15. Jahrhundert in England entstandene Freimaurerei (der Name wurde von den Brüderschaften der freien Steinmetze an den Bauhütten des mittelalterlichen Englands übernommen) kam 1737 mit der Gründung der Loge Absalom in Hamburg erstmals nach Deutschland.

Personen, die vor dem 1. Januar 1933 aus den Freimaurerlogen ausgetreten oder schon Mitglied der NSDAP waren, sind von dem Erlaß des Reichsinnenministeriums nicht betroffen.

Heinrich Himmler, strenge Maßnahmen gegen Verkehrssünder

Motordrosselung für Verkehrssünder

26. September. Im Interesse der Sicherheit der Verkehrsteilnehmer ordnet der Reichsführer SS und Chef der Deutschen Polizei, Heinrich Himmler, die Motordrosselung für Verkehrssünder an.

Kraftfahrer, die durch ihr Verhalten wiederholt in ganz besonders leichtsinniger Weise den Verkehr gefährden, müssen die Motoren ihrer Kfz nach Anordnung der Polizeibehörde auf eigene Kosten drosseln lassen, wie es auch von den Herstellern für die erste Einfahrzeit vorgeschrieben ist. Die Drosselung kann für einen Zeitraum von bis zu drei Monaten angeordnet werden.

Französischer Franc abgewertet

25. September. Zur Stabilisierung des internationalen Währungssystems, das durch die latente Schwäche der französischen Währung immer wieder gestört wurde, beschließt die Pariser Regierung eine Abwertung des Franc um 25 bis 33%. Der Goldwert des Franc liegt nunmehr zwischen 43 und 49 mg Gold (bisher: 65,5 mg).

Als Folge der französischen Maßnahme sehen sich die Regierungen der Schweiz und der Niederlande ihrerseits zur Abwertung der Landeswährung veranlaßt. Der Schweizer Bundesrat verfügt am 27. September eine Abwertung des Franken um 30%, da sonst der einheimischen Hotellerie und dem Export Schaden entstehen könnte. Über die Höhe der Entwertung des niederländischen Guldens macht die Regierung in Den Haag keine genauen Angaben, der Gulden verliert jedoch etwa 20% seines Wertes.

Das Deutsche Reich mit seinem Devisenbewirtschaftungssystem bleibt von der durch die Franc-Abwertung ausgelösten Bewegung im internationalen Währungssystem unberührt.

Soldaten der faschistischen Francotruppen erstürmen eine Anhöhe in unmittelbarer Nähe der nordspanischen Küstenstadt San Sebastian, die nach dem Abzug der Regierungstruppen von ihnen eingenommen wird (13. 9. 1936)

Die Faschisten erobern Toledo

27. September. Mit der Einnahme der Stadt Toledo gelingt den Truppen der spanischen Faschisten ein weiterer entscheidender Schritt auf ihrem Vormarsch nach Madrid, wo der Sozialist Francisco Largo Caballero am 4. September eine neue Linksregierung unter Einschluß der Kommunisten gebildet hat.

Die Helden des Sieges von Toledo sind rund 1 200 Kadetten und Offiziere mit ihren Familien, die den Alkazar (Burg) der Stadt seit Ausbruch des Bürgerkrieges erfolgreich gegen die Angriffe der spanischen Regierungstruppen behaupten konnten. Selbst nach der Zerstörung von Teilen des Alkazars durch unterirdische Minen am 18. September hatten sie den Angreifern weiterhin Widerstand geleistet.

Auch im spanischen Norden befinden sich die Truppen der spanischen Faschisten auf dem Vormarsch; nach der Einnahme von Irún (4. 9.) und San Sebastian (13. 9.) stehen sie nun vor Bilbao und Santander.

Friedenskonferenz tagt in Brüssel

3. September. In Brüssel wird unter Leitung des britischen Diplomaten und Völkerbundspräsidenten, Lord Robert Cecil, und des französischen Luftfahrtministers, Pierre Cot, eine Weltfriedenskonferenz eröffnet, zu der 37 Staaten Delegationen entsandt haben. Das Deutsche Reich und Italien sind nicht vertreten.

Die Konferenz beschäftigt sich mit vier Schwerpunktthemen: Einhaltung internationaler Verträge, Möglichkeiten der Rüstungsbeschränkung, Stärkung des Völkerbundes, Ausstattung des Völkerbundes mit ausreichenden Machtmitteln zur Friedenssicherung.

Die Delegierten beschließen, zur Verstärkung der Friedenspropaganda einen Generalrat und ein ständiges Büro der Weltfriedenskonferenz in Wien einzurichten und den Aufbau von Zweigorganisationen in den einzelnen Ländern voranzutreiben.

Prinzessin Juliana und Prinz Bernhard von Lippe-Biesterfeld

Verlobung von Prinzessin Juliana

8. September. Die am 30. April 1909 in Den Haag geborene niederländische Thronerbin, Prinzessin Juliana, das einzige Kind der regierenden Königin Wilhelmina, und der am 29. Juni 1911 in Jena geborene Prinz Bernhard von Lippe-Biesterfeld geben ihre Verlobung bekannt.

Juliana, die nach ihrem Vater Heinrich auch den Titel Herzogin von Mecklenburg trägt, wurde mit 18 Jahren Mitglied des niederländischen Staatsrates und begleitete seitdem ihre Mutter Wilhelmina immer häufiger bei offiziellen Staatsakten. Ihr Studium an der Universität Leyden schloß sie mit der Promotion ab.

Prinz Bernhard, der in Berlin Jura studiert hatte, arbeitete bis zu seiner Übersiedlung nach den Niederlanden bei der I. G. Farben in Paris und Berlin.

Gesellschaft für Hygiene gegründet

19. September. Unter Vorsitz des Präsidenten des Reichsgesundheitsamtes, Hans Reiter, wird auf der 94. Versammlung der Gesellschaft deutscher Naturforscher und Ärzte in Dresden die Deutsche Gesellschaft für Hygiene gegründet.

Die neue Gesellschaft will versuchen, zur Verbesserung der vorbeugenden öffentlichen Gesundheitspflege alle auf dem Gebiet der Hygiene arbeitenden Fachkräfte zusammenzufassen. Sie soll außerdem die akademische Lehrtätigkeit an den Hochschulen sichern. Eine andere bedeutsame Aufgabe erblickt die Gesellschaft darin, Mittel und Wege aufzufinden, die geeignet sind, den Gedanken einer umfassenden, richtigen, vorbeugenden täglichen Gesundheitspflege in alle (besonders die unteren) Kreise des deutschen Volkes hineinzutragen.

Astrologenkongreß in Düsseldorf

2. September. In Düsseldorf wird ein internationaler Astrologenkongreß eröffnet (er dauert bis 7. 9.), der sich die Gründung eines internationalen Verbandes zum Ziel gesetzt hat.

Nach Meinung der Kongreßteilnehmer aus 16 Ländern gelte es, das durch das Wirken einiger Scharlatane in Verruf geratene Ansehen der Astrologie wiederherzustellen. Der wissenschaftliche Astrologe betreibe keine Hellseherei. Er stütze sich bei seinen Ermittlungen lediglich auf empirische Beweise, mathematische Berechnungen und das Wissen um die astrologischen Elemente. Jahrhundertealte Erfahrungen lehrten, daß bestimmte astrologische Konstellationen eine bestimmte Wirkung hätten. Es sei daher durchaus möglich, für jeden einzelnen Menschen verläßliche Horoskope zu erstellen.

Der in Albeck bei Ulm geborene deutsche Industrielle, Konstrukteur und Erfinder Robert Bosch

Robert Boschs 75. Geburtstag

23. September. Der Industrielle Robert Bosch, Gründer der Stuttgarter Bosch GmbH, des größten europäischen Herstellers von elektrischen Ausrüstungen für Kraftfahrzeuge, feiert seinen 75. Geburtstag, verbunden mit dem 50jährigen Firmenjubiläum.

Durch zwei Erfindungen hat Bosch den ungeheuren Aufschwung des Automobilismus ermöglicht: Die Konstruktion des Hochspannungs-Magnetzünders im Jahr 1902 machte den schnellaufenden Benzinmotor erst möglich; die von Bosch 1926 entwickelte Einspritzpumpe erlaubte zahlreichen Fabriken den Bau von schnellaufenden kompressorlosen Dieselmotoren.

Im sozialpolitischen Bereich gilt Bosch als sehr fortschrittlich, bereits 1906 führte er in seinem Unternehmen den Achtstundentag ein.

Paris um 21.15 Uhr, in der Mitte die hellerleuchtete Seine

Paris um 21.30 Uhr, nur noch die Vororte (oben) sind erleuchtet

Luftschutzübung taucht die französische Hauptstadt in tiefe Dunkelheit

24. September. Anläßlich einer Luftschutzübung in Paris hat die Mehrzahl der Bürger den Aufruf der Stadtverwaltung befolgt, um 21.30 Uhr alle Lichter und Lampen zu löschen. In der Pariser Innenstadt ist es fast stockfinster, nur in einigen Vororten ist noch ein Lichterschein zu erkennen. Bei dem Probealarm wird von einem feindlichen Fliegerangriff mit Einsatz von Bomben und Giftgas ausgegangen.

Um ein möglichst wirklichkeitsnahes Szenario zu schaffen, ist über der gesamten Stadt das Dröhnen von Flugzeugen zu hören. Polizisten und Feuerwehrmänner tragen Masken zum Schutz vor Senfgas. Feuerwehrautos rasen zum Odeon und zum Pantheon, um dort durch Bombentreffer entfachte Brände (vor den Gebäuden werden Leuchtfeuer abgebrannt) zu löschen.

Die Verantwortlichen sind dank der Mitarbeit der Bevölkerung mit der Übung zufrieden.

Während der Beratungen über die Abwertung des Franc hat die Börse in der französischen Hauptstadt Paris geschlossen, Börsianer warten vor dem Gebäude auf die Wiedereröffnung

Kaum ist die Pariser Börse, die zwei Wochen geschlossen war, geöffnet, herrscht Hochbetrieb

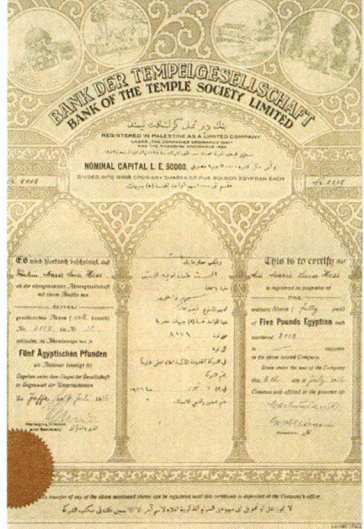

Aktie der Bank der Tempelgesellschaft (Jaffa/Palästina) im Nennwert von fünf ägyptischen Pfund

Hypotheken-Pfandbrief der Deutschen Centralbodenkredit-AG

Börse 1936:

Anstieg der Börsenkurse

1936 wird allen am Börsenverkehr interessierten Kreisen als ein gutes Jahr in Erinnerung bleiben. Die Kurse auf dem Berliner Wertpapiermarkt, dem größten deutschen Börsenplatz, sind über das ganze Jahr hin beständig (mit einer kurzen Unterbrechung in den Monaten August und September) gestiegen.

Als Hauptursache für diesen positiven Trend an den insgesamt neun deutschen Effektenbörsen wird der vor allem durch die Wiederaufrüstung eingeleitete Anstieg der deutschen Industrieproduktion angesehen, wodurch die Kapitalbildung der deutschen Wirtschaft erheblich gesteigert werden konnte. Ein großer Teil dieses Geldes wurde in Wertpapieren angelegt.

Die Dividendenzuversicht, die sich bei den Wertpapierbesitzern angesichts der wachsenden Gewinne der deutschen Wirtschaftsunternehmen eingestellt hatte, stellte sich jedoch nur sehr bedingt als berechtigt heraus. Die durchschnittliche Rendite auf an deutschen Börsen notierte Aktien lag 1936 bei lediglich 4%. Die Besitzer festverzinslicher Wertpapiere konnten dagegen Zinszahlungen von über 5% verbuchen (die neuen Reichsanleihen bringen jedoch nur noch 4,5% Zinsen).

höhung der Körperschaftssteuer, durch die deutschen Unternehmen belastet werden, und die ungewisse weitere Dividendenentwicklung ließen die Kurse an den deut-

ger zu einer Flucht in Berliner Börsenpapiere veranlaßt, fingen sich die Kurse wieder und haben Ende 1936 sogar einen Jahreshöchststand zu verzeichnen. Besitzer aus-

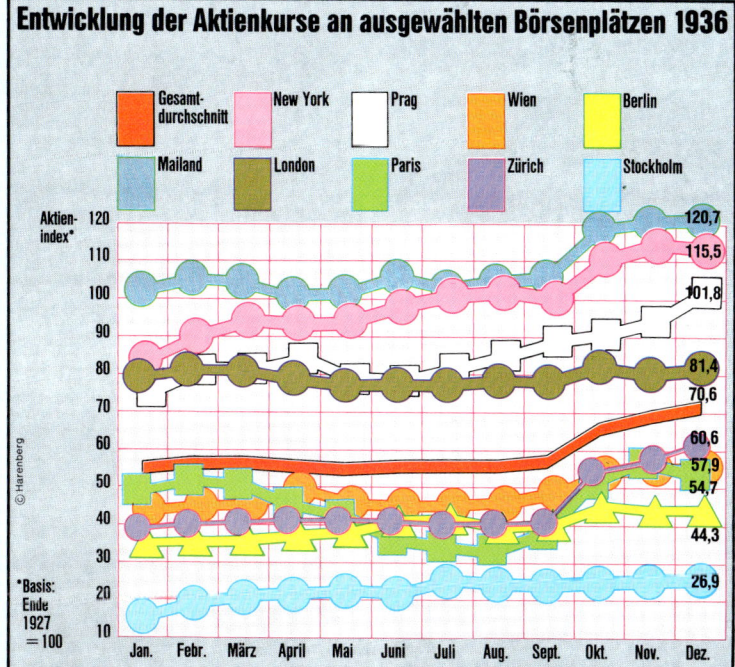

Entwicklung der Aktienkurse an ausgewählten Börsenplätzen 1936

Der Spanische Bürgerkrieg, die Erschen Börsen in den Monaten August und September ziemlich abrupt fallen. Doch mit der im September einsetzenden internationalen Abwertungswelle (→ 25. 9./S.

167), die viele ausländische Anleländischer, an den deutschen Börsen notierter Wertpapiere sind seit November 1936 verpflichtet, die Papiere im Depot einer deutschen Devisenbank zu hinterlegen.

Eigenheim über Bausparvertrag

21. September. Bei den 47 privaten Bausparkassen des Reiches haben die deutschen Haushalte rund 211 000 Verträge in Gesamthöhe von etwa 1,9 Milliarden Reichsmark (RM) abgeschlossen, die Mehrzahl davon über eine Summe von jeweils 10 000 bis 20 000 RM.

Allein im Jahr 1936 werden 27 500 neue Bausparverträge über eine Gesamtsumme von 250 Millionen RM unterzeichnet. Die Bausparkassen stellen ihren Kunden 1936 zur Finanzierung und Entschuldung von etwa 7 800 Eigenheimen insgesamt rund 66 Millionen RM zur Verfügung (1935: 60 Millionen RM).

227 000 Ausländer arbeiten im Reich

18. September. Nach Angaben der Reichsanstalt für Arbeitslosenvermittlung und Arbeitslosenversicherung sind im Deutschen Reich etwa 227 000 ausländische Arbeitnehmer beschäftigt, darunter etwa 80 000 Frauen.

Auf die landwirtschaftlichen Betriebe entfallen davon allein 50 000 Arbeitnehmer.

Wertminderung deutscher Autos

2. September. Einer Untersuchung der Deutschen Automobil-Treuhand GmbH zufolge unterliegen teure Wagen, die häufig mehr repräsentativen Zwecken dienen, einer schnelleren Wertminderung als billige Gebrauchswagen.

Bei einem Wagen der niedrigsten Preisklasse von unter 2 000 Reichsmark (z. B. dem »P 4« von Opel für 1450 RM) beträgt der Wertverlust nach einem Jahr 33%, nach zwei Jahren 40%, nach drei Jahren 60%, nach vier Jahren 70% und nach fünf Jahren 80%. Ein Wagen der obersten Preisklasse, über 10 000 RM, verliert nach einem Jahr bereits 50% seines Wertes, im zweiten Jahr 60%, im dritten 70%, im vierten 80% und im fünften 85%.

Bei normaler Fahrweise wird eine Inspektion alle 45 000 bis 50 000 km als ausreichend angesehen.

Flugzeug-Typ	Datum/Pilot/Land	Erreichte Höhe in m		Erreichte Höhe in m	Datum/Pilot/Land	Flugzeug-Typ
Potez 35	14. 8. 1936 Detré (Frankreich)	14 843		15 230	28. 9. 1936 Swain (Großbritannien)	Bristol 36
Potez 33	28. 9. 1933 Lemoine (Frankreich)	13 661		14 433	11. 4. 1934 Donati (Italien)	Caproni 34
Wright 31	4. 6. 1930 Soucek (USA)	13 157		13 404	16. 9. 1932 Uwins (Großbritannien)	Vickers 32
Wright 29	8. 5. 1929 Soucek (USA)	11 930		12 739	26. 5. 1929 Neuhofen (Deutschland)	Junkers 30
Nieuport 27	30. 10. 1923 Sadi-Lecointe (Frankreich)	11 145		11 710	25. 7. 1927 Champion (USA)	Wright 28
Lepère 25	18. 9. 1921 Macready (USA)	10 518		10 741	5. 9. 1923 Sadi-Lecointe (Frankreich)	Nieuport 26
Blériot 23	28. 12. 1913 Legagneux (Frankreich)	6 120		10 093	27. 2. 1920 Schröder (Deutschland)	Lepère 24
Morane 21	11. 12. 1912 Garros (Frankreich)	5 610		5 880	11. 3. 1913 Perreyon (Frankreich)	Blériot 22
Blériot 19	6. 9. 1912 Garros (Frankreich)	4 900		5 450	17. 9. 1912 Legagneux (Frankreich)	Morane 20
Blériot 17	9. 8. 1911 Félix (Frankreich)	3 190		3 910	4. 9. 1911 Garros (Frankreich)	Blériot 18
Blériot 15	8. 12. 1910 Legagneux (Frankreich)	3 100		3 177	8. 7. 1911 Loridan (Frankreich)	Farman 16
Blériot 13	10. 10. 1910 Drexel (USA)	2 880		2 960	31. 10. 1910 Johnston (USA)	Wright 14
Blériot 11	8. 9. 1910 Chavez (Frankreich)	2 587		2 780	1. 10. 1910 Wynmalen (Frankreich)	Farman 12
Blériot 9	11. 8. 1910 Drexel (USA)	2 012		2 582	3. 9. 1910 Morane (Frankreich)	Blériot 10
Antoinette 7	7. 7. 1910 Latham (Frankreich)	1 384		1 900	10. 7. 1910 Brookins (USA)	Wright 8
Farman 5	12. 1. 1910 Paulhan (Frankreich)	1 209		1 335	14. 6. 1910 Brookins (USA)	Wright 6
Antoinette 3	18. 12. 1909 Latham (Frankreich)	453		1 000	7. 1. 1910 Latham (Frankreich)	Antoinette 4
Antoinette 1	29. 8. 1909 Latham (Frankreich)	155		300	18. 10. 1909 Lambert (Frankreich)	Wright 2

Die Entwicklung des Flughöhen-Weltrekordes 1909–1936

© Harenberg

Höhenweltrekord nun bei 15 230 m

28. September. *Der britische Fliegeroffizier Frederick Richard Swain erreicht mit dem Pegasus-Flugzeug »Bristol 138« eine Höhe von 15 230 m und stellt damit einen neuen Höhenweltrekord auf; erst am 14. August hatte der Franzose Édouard Detré die alte Bestmarke auf 14 843 m verbessert. Swains Eindecker wurde speziell für den Rekordversuch gebaut und soll künftig als Testflugzeug neue Aufschlüsse über technische Probleme in großen Höhen geben. Um möglichst viel Gewicht zu sparen, wurden die meisten Teile des Flugzeuges aus Holz gefertigt. Für das Fliegen in extremen Höhen wurde eigens ein spezieller Anzug mit Atemgerät entworfen.*

Das neue Trumpf-Junior-Cabriolet der Adlerwerke für 1937

Sportlicher Zweisitzer, der Adler-Trumpf-Junior-Sport

Neues Kabriolett mit wenig Sprit

20. September. Das neue Adler-Trumpf-Junior-Cabrio verbraucht bei einer über 50 000 km führenden Testfahrt durch Berlin nur 7,5 l Benzin pro 100 km.

Die Herstellerfirma, die Adlerwerke, wirbt daraufhin mit dem Slogan »Preisgünstig und sparsam bei anerkannt höchstem Fahrkomfort« für ihren neuen Wagen.

Im Alleinflug über den Atlantik

5. September. Als erster Frau der Welt gelingt es der US-amerikanischen Fliegerin Beryl Markham, den Atlantik im Alleinflug in ost-westlicher Richtung zu überfliegen.

Bei ihrem eineinhalb Tage dauernden Flug hat Beryl Markham ständig mit dem Wetter zu kämpfen und muß daher mit ihrem Percival-Gull-Eindecker kurz vor dem

Beryl Markham

Ziel notlanden. Das Flugzeug wird beschädigt, Frau Markham bleibt jedoch unverletzt und wird in New York begeistert empfangen.

Deutsche Seide vom Ruhrgebiet

9. September. Um die Abhängigkeit des Deutschen Reiches von der Einfuhr von Rohseide zu verringern, wird in Gelsenkirchen eine Großzuchtanlage für 500 000 Seidenraupen errichtet. Den Samen für die Anpflanzung von Maulbeeren, der Futtergrundlage der Seidenraupen, liefern die deutschen Baumschulen.

Die Reichsfachgruppe Seidenbauer fordert darüber hinaus alle Interessenten mit Eigenland (zur Pflanzung von Maulbeeren) auf, als Nebenerwerb selbst eine Seidenraupen-Kleintierzucht aufzubauen. In den Zuchtmonaten Juni bis September könnten bis zu 200 Reichsmark monatlich verdient werden.

Die Maulbeere könne sowohl in Baum- oder Buschform als auch als Hecke gezogen werden. Die Zucht der Seidenraupen sei leicht zu erlernen und problemlos in leerstehenden Räumen, Stallungen oder auf dem Dachboden durchzuführen. Am wichtigsten sei die Einhaltung der Zuchtregeln.

Neue Pfändungssiegel

Franz Gürtner, deutscher Reichsjustizminister ab 2. Juni 1932, früher Deutschnationale Volkspartei

19. September. Auf Anordnung von Reichsjustizminister Franz Gürtner müssen im Deutschen Reich künftig zur Kennzeichnung gepfändeter Gegenstände einheitliche Siegelmarken verwendet werden.

Die neuen rechteckigen Siegelmarken sind 3,5 cm breit und 5 cm hoch. Ihre Zeichnung ist in roter Farbe auf weißem Grund gehalten. Die Marke trägt als Aufschrift den Namen des Amtsgerichts, das den Pfändungsbeschluß getroffen hat, die Bezeichnung, den Namen und das Geschäftszeichen des Vollstreckungsbeamten sowie in der Mitte in weißer Schrift auf rotem Oval das Wort »Pfandsiegel«.

Nach der reichsweiten Einführung dieser neuen Siegelmarken, die an die Stelle der bisher von Ort zu Ort verschiedenen Kennzeichnungsmarken bei Pfändungen treten, wird es endlich möglich sein, schon anhand des deutlich sichtbar aufgeklebten Siegelzeichens einen Gegenstand eindeutig als gepfändet zu identifizieren.

Mit 58° C heißeste Region der Welt

7. September. Nach Angaben eines US-amerikanischen Forschungsteams ist die Wüste Luth in Ostpersien die heißeste Region der Erde. In dem 250 m über dem Meeresspiegel gelegenen Tal, das von bis zu 4 000 m hohen Bergketten eingeschlossen ist, wurden Temperaturen bis zu 58° C im Schatten gemessen. Mensch und Tier meiden diese Region, in der es keinerlei Pflanzenwuchs gibt. Wenn nach vier oder fünf Jahren ununterbrochener Trockenheit einmal Regen fällt, so verdunsten die Tropfen, bevor sie den Boden erreicht haben.

Das »Nudeln« von Geflügel verboten

24. September. Das Reichsinnenministerium und das Reichsministerium für Ernährung und Landwirtschaft erlassen eine Verordnung, nach der ab 1. November des Jahres das Stopfen (Nudeln mit Gerstenbrot und Magermilch oder Wasser) von Geflügel, besonders von Gänsen, zur Gewinnung der von Feinschmeckern geschätzten Stopfleber verboten ist. Die Verordnung stützt sich auf ein im November 1933 erlassenes Tierschutzgesetz.

Erstes deutsches Walfangschiff

6. September. Das von den Düsseldorfer Henkel-Werken gebaute erste deutsche Walfangmutterschiff »Jan Wellem« verläßt, begleitet von den beiden Fangbooten »Treff 1« und »Treff 2«, den Hamburger Hafen zu seiner ersten Probefahrt in die Antarktis. Die »Jan Wellem« ist der Ersten Deutschen Walfanggesellschaft Wesermünde unterstellt.

Mit dem gewonnenen Walfischtran soll die Abhängigkeit der deutschen Wirtschaft von Rohölimporten verringert werden. Fast gleichzeitig mit dem deutschen Entschluß, eine eigene Walfangflotte aufzubauen, erklären sich die im Walfang führenden Länder Norwegen und Großbritannien zur Schonung der Fischbestände zu einer mengenmäßigen Begrenzung des Walfangs bereit.

Parole »Kampf dem Verderb«

25. September. Mit einem großen Werbefeldzug »Kampf dem Verderb« versucht das Reichsernährungsministerium der wachsenden Vernichtung von Lebensmitteln durch falsche Lagerung zu begegnen. Der deutschen Volkswirtschaft entsteht durch verdorbene Nahrungsmittel nach Schätzungen jährlich ein Schaden von 1,5 Milliarden Reichsmark (RM).

Mit dem Appell wird besonders die deutsche Hausfrau zur Mitarbeit angeregt. Aber auch die Nahrungsmitteltransporteure und -verarbeiter werden angesprochen. Die deutschen Hausfrauen sollen die fachgerechte Behandlung von Lebensmitteln erlernen und bei der Menge der einzukaufenden Lebensmittel genau kalkulieren, damit nichts weggeworfen werden müsse.

Die deutsche Elektroindustrie könne der Hausfrau dadurch beistehen, daß sie möglichst bald preiswerte Kleinkühlschränke auf den Markt bringe.

Plakat zur aufwendigen Kampagne des Reichsernährungsministeriums

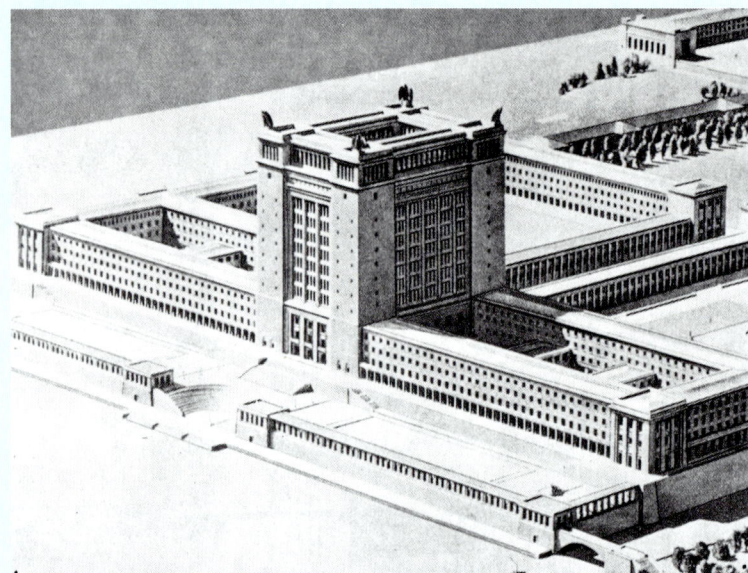

»Hohe Schule der NSDAP« Modell; Standort geplant am Chiemsee)

Geplanter Neubau des Verwaltungsgebäudes der Reichsbank in Berlin (Fotomontage), das Häuserviertel nahe der Spree ist bereits abgerissen

Teil des Tribünenbaus auf der Zeppelinwiese in Nürnberg; der Monumentalbau von Albert Speer dient als Kulisse für die Parteitage der NSDAP

Modell eines Platzes in der Reichshauptstadt Berlin, in der Mitte ein Brunnen des Bildhauers Arno Breker, der aufgrund seines »deutschen« Stils viele Aufträge von den Nazis erhält

Der engagierte deutsche Architekt Walter Gropius emigrierte bereits 1933 nach Großbritannien

Modell des »Deutschen Stadions« für die Zeppelinwiese in Nürnberg vom Architekten Albert Speer, der 1937 Generalbauinspektor für Berlin wird

Architektur 1936:

Bauwerke als Symbole der Macht

Die nationalsozialistische Machtergreifung im Januar 1933 bedeutete für die Entwicklung der Architektur im Deutschen Reich einen tiefen Einschnitt: Der bisher vorherrschende, vom Bauhaus geprägte Stil wird von den Nationalsozialisten als »degeneriert« und »bolschewistisch« abgelehnt und durch einen an griechischen Vorbildern orientierten pompösen Klassizismus ersetzt.

Es begann eine fieberhafte Bautätigkeit, die in einer architektonischen Umgestaltung der Reichshauptstadt Berlin zur künftigen Welthauptstadt gipfeln soll. Im Sommer 1936 wurde der Architekt Albert Speer vom Führer und Reichskanzler Adolf Hitler mit den Entwürfen für eine gigantische Umgestaltung von Berlin betraut, einem Projekt, das sich nach Hitlers eigenen Worten »nur mit dem alten Ägypten, Babylon oder Rom« vergleichen ließe.

Hitlers Absicht ist es, politische Macht in der Architektur zu verkörpern. Die Menschen sollen aus der erdrückenden Größe monumentaler Bauwerke das über sie verhängte Verfügungsrecht des Staates, die baulich organisierte Allgegenwart der den Staat regierenden Partei erfahren. Was in den »Führerstädten« wie Berlin oder Nürnberg durch die bombasti-

schen Zentralbauten erreicht wird, soll in den Provinzstädten durch die architektonische Gestaltung des Ortszentrums mit einer Aufmarschstraße für Parteiparaden, einem Appellplatz, einer Partei-Versammlungshalle, einem Parteidenkmal und einem NSDAP-Verwaltungsgebäude erzielt werden.

Das riesige Volumen der öffentlichen Bauaufträge, z. B. Reichsautobahnbau, Staats- und Parteibauten, Bauten für die Olympischen Sommerspiele von Berlin 1936

Zeichnung des geplanten Reichsparteitaggeländes in Nürnberg

(→ 1. 8./S. 142), erstreckt sich allerdings nicht auf den sozialen Wohnungsbau. Gemeinnützige Bauten, z. B. Jugendherbergen, HJ-Heime und Schwimmbäder, entstehen lediglich durch den unentgeltlichen Einsatz der Reichsarbeitsdienst-Kolonnen.

Bis zu seinem Tod 1934 war Paul Ludwig Troost Hitlers bevorzugter Baumeister. An Troosts Stelle ist inzwischen Albert Speer getreten, der mit seinen Bauten das Wesen der nationalsozialistischen Bewegung ausdrücken will.

Die Mehrzahl der bedeutenden deutschen Architekten, Anhänger des Bauhaus-Stils und daher von jeglicher staatlicher Förderung ausgeschlossen, hat das Reichsgebiet 1936 bereits verlassen (z. B. Walter Gropius, Erich Mendelssohn, Bruno Taut), einige, die (noch) im Reich geblieben sind (z. B. Hugo Häring, Hans Scharoun, Ludwig Mies van der Rohe), können nur auf Aufträge mutiger Privatpersonen hoffen.

Bevorzugte NS-Baumeister

Oswald Bieber (1874–1942)
Paul Bonatz (1877–1956)
Roderich Fick (1887–1955)
Wilhelm Kreis (1873–1955)
Werner March (1894–1976)
Albert Speer (1905–1981)

Albert Speer, bevorzugter Architekt von Führer Adolf Hitler

Der Journalist Julius Lippert, Staatskommissar für Berlin

»Meuterei auf der Bounty« jetzt in Berliner Filmtheatern

20. September. *Clark Cable und Charles Laughton spielen die Hauptrollen in dem Abenteuerfilm »Meuterei auf der Bounty« (Regisseur Frank Lloyd), der jetzt in Berlin in US-amerikanischer Originalfassung (aus dem Jahr 1935) zu sehen ist.*

1787 bricht auf dem britischen Kriegsschiff »Bounty«, das sich auf der Rückfahrt von Tahiti befindet, unter Führung des 1. Offiziers Fletcher Christian (Clark Gable) eine Meuterei gegen den wegen seiner Grausam-

keit gehaßten Kapitän Bligh (Charles Laughton, r. im Bild mit Franchot Tone als Kadett) aus, weil dieser einige der Besatzungsmitglieder der „Bounty" äußerst hart bestrafen will.

Nachdem der nach der Meuterei auf hoher See ausgesetzte Kapitän Bligh einen Hafen erreicht hat, nimmt er sofort die Verfolgung der Meuterer auf; die meisten der Matrosen haben sich jedoch auf einer Insel in Sicherheit gebracht.

»Bettelstudent« als Unterhaltungsfilm

1. September. In Hamburg hat der Ufa-Film »Der Bettelstudent« von Georg Jacoby Premiere. Marika Rökk und Johannes Heesters spielen die Hauptrollen.

Der Handlung liegt die gleichnamige Operette von Karl Millöcker, einem der Klassiker der Wiener Operette des 19. Jahrhunderts, zugrunde. Schon 1931 wurde der »Bettelstudent« von Viktor Janson mit Jarmila Novotna und Hans Heinz Ballmann in den Hauptrollen verfilmt.

Einem polnischen Herzog, Simon Rymanowicz (Johannes Heesters), gelingt es, als armer Student und Revolutionär getarnt, eine patriotische Gräfin, Laura Nowalska (Marika Rökk), zu erobern.

Christian Grabbes Hermannsschlacht

23. September. Im Düsseldorfer Schauspielhaus hat das 1836 von Christian Dietrich Grabbe kurz vor seinem Tod vollendete Geschichtsdrama »Die Hermannsschlacht« in der Bearbeitung von Hans Bacmeister Premiere. Es ist Düsseldorfs Beitrag zu der vom 26. September bis zum 2. Oktober geplanten Festwoche in Grabbes Geburtsort Detmold.

Dem Düsseldorfer Schauspielhaus ist es gelungen, das bisher vor allem wegen seiner zahlreichen Schlachtenszenen als unaufführbar geltende Werk Grabbes, das dieser selbst als »Koloß, auf durchaus neuen Wegen vorschreitend« bezeichnet hat, auf die Bühne zu bringen. Hermann Klüsner spielt die Rolle des Cheruskerfürsten Hermann, der die römischen Legionen unter ihrem Feldherrn Varus (gespielt von Erwin Faber) im Teutoburger Wald vernichtend schlägt. Die weibliche Hauptrolle, Hermanns Ehefrau Thusnelda, ist Franziska Kinz übertragen.

Grabbes Drama steht dem Stoff nach in der Tradition der Hermann-Dramen von Friedrich Gottlieb Klopstock und Heinrich von Kleist. Die Sprache ist knapp, karg und zuweilen von einer fast grotesk anmutenden Abruptheit, die allerdings zu den als barbarisch dargestellten Cheruskern durchaus paßt.

»Dr. Praetorius« von Curt Goetz

24. September. Am Zürcher Schauspielhaus hat Curt Goetz' »Dr. med. Hiob Praetorius« Premiere. Mit der Verkörperung des Dr. Praetorius, kann der deutsche Schauspieler und Schriftsteller, der ursprünglich Arzt werden wollte, wenigstens auf der Bühne den von ihm erträumten Beruf ausüben. So-

Curt Goetz

wohl im Operationssaal als auch in seiner Privatklinik gelingt es Doktor Praetorius immer wieder, mit Humor und Späßen die Leiden seiner Patienten zu lindern. Er ist deshalb bei den Kranken sehr beliebt, auch der von Neidern gegen ihn erhobene Vorwurf der Kurpfuscherei kann ihm nichts anhaben. Doch sein Humor wird ihm schließlich zum Schicksal: Bei einer Autofahrt muß er über einen Witz seiner Frau so sehr lachen, daß er den Wagen gegen einen Baum lenkt.

Lilian Harvey als Ann

19. September. In Berlin wird der von Paul Martin gedrehte Ufa-Film »Glückskinder« mit Lilian Harvey und Willy Fritsch in den Hauptrollen uraufgeführt.

Der junge Reporter Gil (Willy Fritsch) rettet eine schöne Landstreicherin, Ann (Lilian Harvey), vor

dem Gefängnis, indem er sie als seine Verlobte ausgibt.

Über die anschließende Heirat der beiden »Glückskinder« berichten alle Zeitungen, nur die, bei der Gil als Reporter arbeitet, nicht, und nur mit Hilfe von Ann bleibt er von der Entlassung verschont.

Lilian Harvey begann ihre Karriere als Tänzerin in Revues

Willy Fritsch und Lilian Harvey sind ein populäres Film-Liebespaar

Bernd Rosemeyer auf Auto-Union (Nr. 4) überholt Earl Howe auf Bugatti beim Großen Preis der Schweiz

Europameister Rosemeyer

13. September. Mit seinem Sieg beim Großen Preis von Italien in Monza gewinnt der deutsche Rennfahrer Bernd Rosemeyer die 1936 (nach 1935) zum zweitenmal ausgetragene Automobil-Europameisterschaft. Von den zwölf bedeutendsten Rennen der Saison 1936 konnte Rosemeyer allein fünf für sich entscheiden, während der Italiener Tazio Nuvolari 1936 viermal als Erster durchs Ziel ging.

Der am 14. Oktober 1909 geborene Rosemeyer hat bisher eine atemberaubende Karriere gemacht. Erst 1935 war er vom Motorrad- zum Automobil-Rennsport gewechselt. Es scheint ihm keine Mühe zu bereiten, den schwer zu fahrenden 16-Zylinder-Rennwagen von Auto-Union, den »Silberfisch« aus Zwickau, sicher über die Strecke zu dirigieren.

Bereits im ersten Jahr als Automobil-Rennfahrer, als er noch zu den Nachwuchsfahrern gerechnet wurde, gelang ihm beim Großen Preis der Tschechoslowakei auf dem Masaryk-Ring bei Brünn sein erster Grand-Prix-Sieg.

1936 beherrschte Rosemeyer dann die Grand-Prix-Szene nach Belieben, der unbekümmerte und temperamentvolle junge Mann wird im Deutschen Reich zu einem Idol, das im gleichen Atemzug mit Rudolf Caracciola genannt wird, dem Automobil-Europameister des Jahres 1935.

Der deutsche Automobilrennfahrer Bernd Rosemeyer grüßt bei einer Siegerehrung mit dem »Deutschen Gruß«; der in Lingen an der Ems geborene Rosemeyer ist innerhalb kürzester Zeit – neben Rudolf Caracciola – zum besten Rennfahrer im Deutschen Reich aufgestiegen

Sieben Siege für deutsche Fahrer in der Automobil-Rennsaison 1936

Rennen/Großer Preis (GP) von	Sieger/Land	Fabrikat	Distanz	Durchschnittsgeschwindigkeit (km/h)
GP von Monaco	Rudolf Caracciola/GER	Mercedes	318 km	83,195
GP von Tripolis	Achill Varzi/ITA	Auto-Union	524 km	207,730
GP von Tunis	Rudolf Caracciola/GER	Mercedes	381 km	160,324
GP von Barcelona	Tazio Nuvolari/ITA	Alfa-Romeo	303 km	111,546
Eifelrennen	Bernd Rosemeyer/GER	Auto-Union	228 km	117,100
GP von Budapest	Tazio Nuvolari/ITA	Alfa-Romeo	250 km	111,892
GP von Mailand	Tazio Nuvolari/ITA	Alfa-Romeo	156 km	97,560
GP von Deutschland	Bernd Rosemeyer/GER	Auto-Union	501 km	131,650
Coppa Ciano	Tazio Nuvolari/ITA	Alfa Romeo	210 km	120,382
Coppa Acerbo	Bernd Rosemeyer/GER	Auto-Union	412 km	139,174
GP der Schweiz	Bernd Rosemeyer/GER	Auto-Union	509 km	161,754
GP von Italien	Bernd Rosemeyer/GER	Auto-Union	504 km	135,352

Braddock kneift vor Max Schmeling

29. September. Die deutsche Presse empört sich über den US-amerikanischen Weltmeister im Profi-Schwergewichtsboxen, James J. Braddock, der wegen einer Handverletzung den Titelkampf gegen seinen deutschen Herausforderer, Max Schmeling, immer wieder hinauszögert, gleichzeitig jedoch in Florida auf Hochseefischfang geht, wobei er u. a. einen 350 Pfund schweren Hai nach 30minütigem Kampf aus dem Wasser gezogen hat. Nach Max Schmelings sensationellem Triumph über Joe Louis, den »Braunen Bomber« (→ 19. 6./S. 114), werden dem Deutschen auch gegen Braddock gute Siegchancen eingeräumt. Braddock scheint vor Schmeling mehr als Respekt zu haben. Er ist nicht gewillt, seinen Titel in einem Kampf in den USA aufs Spiel zu setzen.

James Braddock

Radweltmeister Buchwalder

6. September. *Bei den in Bern ausgetragenen Straßen-Weltmeisterschaften sichert sich der Franzose Antonin Magne den Titel bei den Profis, der Schweizer Edgar Buchwalder (r.) bei den Amateuren.*

Oktober 1936

Mo	Di	Mi	Do	Fr	Sa	So
			1	2	3	4
5	6	7	8	9	10	11
12	13	14	15	16	17	18
19	20	21	22	23	24	25
26	27	28	29	30	31	

1. Oktober, Donnerstag

Die deutsche Polizei erhält die alleinige Entscheidungsgewalt über die Verkehrsüberwachung. → S. 183

Die Cortes (spanische Abgeordnetenkammer) nimmt ein Gesetz an, das den baskischen Provinzen die Autonomie gibt.

Das japanische Außenministerium veröffentlicht Richtlinien für die Verhandlungen Japans mit der chinesischen Zentralregierung Chiang Kaisheks, die unter anderem die Forderung nach »Ausrottung und Kontrolle der japanfeindlichen Bewegung in China« enthalten.

General Francisco Franco wird in Burgos zum Oberbefehlshaber der nationalistischen Truppen und zum »spanischen Staatsoberhaupt« ernannt. → S. 180

Die Briten Charles William Scott und Giles Guthrie gewinnen das Luftrennen von Porthsmouth nach Johannesburg. → S. 187

2. Oktober, Freitag

Das rechtsstehende französische Wochenblatt »Gringoire« unterstellt dem französischen Innenminister, Roger Salengro, er sei im Weltkrieg wegen Verlassen seines Postens vor dem Feind in Abwesenheit von einem Kriegsgericht zum Tod verurteilt worden (→ 17. 11./S. 192).

In Hamburg hat der Spielfilm, »Maria, die Magd« Premiere. Unter der Regie von Veit Harlan und Axel Eggebrecht spielen unter anderem Hilde Körber, Hilde Hildebrand und Wolfgang Kieling.

3. Oktober, Sonnabend

Das erste nach dem Weltkrieg gebaute Schlachtschiff der deutschen Kriegsmarine läuft in Wilhelmshaven vom Stapel. → S. 183

Unter dem Motto »Das Judentum in der Rechtswissenschaft« veranstaltet die Reichsgruppe Hochschullehrer des NS-Rechtswahrerbundes in Berlin am 3. und 4. Oktober eine Tagung.

4. Oktober, Erntedanktag

Auf dem Bückeberg bei Hameln findet die zentrale Feier zum Erntedankfest statt. Hauptprogrammpunkte sind eine militärische Schaubübung, der Bericht des Reichsnährstandes und Reden der NS-Prominenz.

Ein Demonstrationszug der britischen Faschisten-Union ins Londoner East End wird verboten, da Krawalle befürchtet werden. Der Führer

der Faschisten, Sir Oswald Mosley, wirft daraufhin der Regierung vor, sie habe sich erstmals vor dem roten Terror gebeugt. → S. 181

In Spanien treffen italienische Truppen ein. Sie sollen die Großoffensive der Nationalisten auf Madrid unterstützen (→ 7. 10./S. 180).

5. Oktober, Montag

Der Rügendamm wird für den Eisenbahnverkehr freigegeben. → S. 184

Italien beschließt die Abwertung der Lira um rund 41%.

Die tschechoslowakische Krone wird um 13,3 bis 18,7% abgewertet.

6. Oktober, Dienstag

Der Führer und Reichskanzler Adolf Hitler eröffnet in Berlin das Winterhilfswerk 1936/37 (→ 7. 10./S. 183).

Der schweizerische Nationalrat billigt die neue Truppenordnung. Sie beinhaltet die Organisation des Grenzschutzes, der unabhängig von der Armee mobilisiert werden kann. Für dessen Verstärkung werden zusätzliche Gelder zur Verfügung gestellt.

Der Spielfilm »Das Frauenparadies«, zu dem Robert Stolz und Heinz Sandauer die Musik geschrieben haben, wird in Berlin uraufgeführt. Regie führt Arthur Maria Rabenalt. In den Hauptrollen sind Leo Slezak und Hans Richter zu sehen.

7. Oktober, Mittwoch

Die deutsche Reichsbank gibt neue 1000-RM-Banknoten aus. → S. 184

In der deutschen Presse wird der Bericht des Winterhilfswerks 1935/36 veröffentlicht. → S. 183

Das deutsche Statistische Reichsamt hat errechnet, daß in städtischen Arbeiterhaushalten im Durchschnitt pro Kopf und Jahr 11 kg Kohl verzehrt werden. Kohl gehört zu den billigsten Gemüsearten.

Ein Vertreter der Sowjetunion überreicht dem britischen Außenministerium eine Note, in der es heißt, daß die Sowjetregierung sich von ihren Verpflichtungen aus dem spanischen Nichteinmischungspakt entbunden fühle. → S. 180

Im Heimatschutz, der Kampfbewegung des ehemaligen Ministers Ernst Rüdiger Starhemberg, kommt es zu Führungskämpfen, in denen der Wiener »Heimatschützer« Emil Fey dem Bundesführer Starhemberg Vernachlässigung der Verbandsarbeit vorwirft (→ 10. 10./S. 181).

Der deutsche Reichsinnenminister Wilhelm Frick verleiht der Stadt Goslar die Ehrenbezeichnung »Reichsbauernstadt«.

In der nordspanischen Stadt Guernica wird die erste vorläufige Regierung des für autonom erklärten Baskenlandes gebildet.

8. Oktober, Donnerstag

Die Regierung von Paraguay erklärt den Kommunismus für illegal. Zukünftig wird jede kommunistische Betätigung mit Gefängnis bestraft. Verdächtige Personen können des Landes verwiesen werden.

Die in Genf tagende Flüchtlingskommission des Völkerbunds beschließt, der Völkerbundsversammlung vorzuschlagen, sie solle für die Überführung von 200 in Frankreich untergebrachten Flüchtlingsfamilien nach Paraguay 400 000 Franc (rund 46 000 RM) bewilligen.

9. Oktober, Freitag

Durch einen Runderlaß des deutschen Innenministeriums wird es Beamten untersagt, mit Attesten jüdischer Ärzte eine Erkrankung nachzuweisen.

In Palästina wird der arabische Aufstand gegen die jüdische Einwanderung beendet. → S. 182

In Berlin kommt der deutsche Spielfilm »Wenn wir alle Engel wären« in die Kinos. → S. 185

10. Oktober, Sonnabend

Der österreichische Ministerrat entscheidet sich für die Auflösung aller Wehrgruppen in Österreich. → S. 181

In Rom tagt der italienische Ministerrat. In seiner Funktion als Wehrminister berichtet der Ministerpräsident und Duce, Benito Mussolini, über »die militärischen Vorbereitungen Italiens«. Angesichts der »Dringlichkeit vieler Lieferungen« für die Luftwaffe und die Kriegsmarine würde in vielen Betrieben 60 Wochenstunden gearbeitet. Die Verstärkung der Luftwaffe werde planmäßig vollzogen.

Josef (Sepp) Herberger wird deutscher Reichstrainer an der Reichsakademie für Leibesübungen in Berlin im Fachamt Fußball. → S. 187

11. Oktober, Sonntag

Das deutsche Reichskriegsministerium gibt die Bedingungen für den Eintritt von Freiwilligen in die Wehrmacht bekannt. Unter anderem ist Voraussetzung für die Einstellung, »daß der Bewerber nicht Jude oder Mischling ist«.

Der ungarische Reichsverweser, Miklós von Horthy, ernennt den bisherigen Ackerbauminister, Koloman Darányi, zum neuen Ministerpräsidenten Ungarns. Er löst den am 6. Oktober verstorbenen Gyula Gömbös ab.

Opel senkt die Preise für seine Mittelklassewagen. Der Opel »Typ Olympia« kostet ab sofort 2 350 Reichsmark (vorher 2 500 RM), der Opel 6 3 300 RM (vorher 3 600 RM).

Der deutsche Reichspropagandaminister Joseph Goebbels verbietet die in München erscheinende Zeitschrift »Das innere Reich« wegen einer »niederträchtigen Besudelung des Charakters Friedrich des Großen« und

die Zeitschrift »Der Querschnitt« wegen einer »Zusammenstellung von bösartigen, intellektualistischen Verirrungen«.

12. Oktober, Montag

In Spanien treffen sowjetische Waffenlieferungen für die Regierungstruppen ein. Damit soll der Fall der von spanisch-nationalen und italienischen Truppen arg bedrängten Hauptstadt Madrid verhindert werden (→ 7. 10./S. 180).

13. Oktober, Dienstag

In Bielefeld findet die Hauptversammlung des Gesamtverbandes deutscher Wanderarbeitsstätten statt (13./14. 10.). → S. 183

14. Oktober, Mittwoch

Der belgische König Leopold III. fordert während einer Sitzung des Ministerrats in Brüssel die Rückkehr Belgiens zur Neutralität. → S. 182

In Österreich wird das Frontmilizgesetz erlassen, das u. a. die Eingliederung von Mitgliedern der aufgelösten Heimwehren in die Vaterländische Front regelt (→ 10. 10./S. 181).

Wegen angeblicher illegaler Tätigkeit und unerlaubten Waffenbesitzes löst der Polizeipräsident der Freien Stadt Danzig die Sozialdemokratische Partei auf.

Die deutsche Fußball-Nationalmannschaft verliert in Glasgow gegen Schottland 0:2.

15. Oktober, Donnerstag

Das deutsche Reichserziehungsministerium verfügt in einem Erlaß, daß es Juden und Mischlingen nicht erlaubt ist, Privatschulen zu errichten oder Privatunterricht zu geben.

Der französische Außenminister Yvon Delbos zeigt sich »wenig überrascht« von den Ankündigungen Belgiens, zur Neutralität zurückzukehren. In Frankreich wird als Ursache für die Änderung der belgischen Politik das Mißfallen über das sowjetisch-französische Abkommen und die französische Volksfront-Regierung vermutet (→ 14. 10./S. 182).

16. Oktober, Freitag

In Bayern wird klösterlichen Lehrkräften die Lehrtätigkeit an öffentlichen Volksschulen mit Wirkung vom 1. Januar 1937 an verboten. Die Maßnahme wird damit begründet, daß die Ordensschwestern aufgrund ihrer weltanschaulichen Vorstellungen nicht ausreichend in der Lage seien, die Kinder nach den nationalsozialistischen Grundsätzen zu erziehen. Gegenwärtig sind in Bayern 1 680 Ordensfrauen als Lehrerinnen tätig.

Der österreichische Bischof Alois Hudal, Rektor der Anima in Rom, äußert in einem Wiener Zeitungsaufsatz: »Der Bolschewismus ist nicht eine . . . Parteirichtung, sondern eine Seelenhaltung, in der ein stark nihilistischer Zug dekadenten Judentums eine bedeutende Rolle spielt.«

Exklusive Mode auf dem Titelblatt der US-amerikanischen Zeitschrift »Ladies' Home Journal« vom Oktober 1936

Sondernummer der französischen Zeitschrift »Illustration« vom 3. Oktober 1936 über neueste Automobile und Reisen

Oktober 1936

17. Oktober, Sonnabend

Dreitägige blutige Straßenschlachten zwischen Hindus und Mohammedanern in der indischen Stadt Bombay fordern 42 Menschenleben. 410 Personen werden verletzt.

Die Firma Agfa stellt in Berlin einen neuen Farb-Schmalfilm vor. →S. 184

Im Deutschen Reich beginnt die erste Straßensammlung für das Winterhilfswerk 1936/37 (→7. 10./S. 183).

Die Faschisten in Spanien rücken von Toledo aus weiter auf die Hauptstadt Madrid vor (→22. 10./S. 180).

Die irische Fußball-Nationalmannschaft besiegt die deutsche Elf in Dublin 5:2.

18. Oktober, Sonntag

Mit der Einweihung der neuen Adolf-Hitler-Jugendherberge in Berchtesgaden durch den deutschen Reichsjugendführer, Baldur von Schirach, werden gleichzeitig 40 neue Jugendherbergen im Deutschen Reich ihrer Bestimmung übergeben, während für zehn Neubauten die Grundsteinlegung vorgenommen wird.

Das norddeutsche Küstengebiet wird von Stürmen mit Windstärke 11 bis 12 heimgesucht. →S. 184

Der Führer und Reichskanzler Adolf Hitler überträgt Reichsminister Hermann Göring die Durchführung des Vierjahresplanes, der auf dem NSDAP-Parteitag in Nürnberg verkündet worden ist (→8. 9./S. 164).

19. Oktober, Montag

Eine Vereinbarung zwischen dem deutschen Reichserziehungsminister Bernhard Rust und dem Reichsorganisationsleiter der NSDAP, Robert Ley, sieht unter anderem vor, die NSDAP als Schulträger für die Aufbauschule und die Deutsche Arbeitsfront als Schulträger für die Berufsschule zuzulassen.

Nach einer Weltreise, die er ausschließlich mit fahrplanmäßigen Flugverkehrsverbindungen durchgeführt hat, erreicht der US-amerikanische Journalist Ray Ekins seinen Startort New York. Für die Erdumrundung benötigte er nicht ganz 18,5 Tage.

20. Oktober, Dienstag

Der italienische Außenminister Galeazzo Graf Ciano trifft in Berlin zu einem offiziellen Besuch ein (→25. 10./S. 181).

Nach Beendigung der Manöver einzelner portugiesischer Heeresteile in Lissabon hält Ministerpräsident Antonio de Oliviera Salazar eine Ansprache, in der er der spanischen und sowjetischen Regierung vorwirft, den Spanischen Bürgerkrieg zu einem internationalen Konflikt ausweiten zu wollen (→7. 10./S. 180).

21. Oktober, Mittwoch

Eine deutsche Note an den Nichteinmischungsausschuß für Spanien weist die Anschuldigungen der sowjetischen Regierung wegen Verstößen des Deutschen Reiches gegen den Nichteinmischungspakt »mit größter Entschiedenheit« zurück. Weiter wirft die deutsche Regierung ihrerseits der Sowjetunion eine Verletzung des Paktes vor (→7. 10./S. 180).

In einer Regierungserklärung sichert der neue ungarische Ministerpräsident, Koloman Darányi, zu, daß sich die außenpolitischen Richtlinien Ungarns nicht ändern würden und die »warme Freundschaft« zu Österreich und Italien sowie das gute Verhältnis zum Deutschen Reich weiter vertieft werden würden.

22. Oktober, Donnerstag

Die offizielle Gründung der Internationalen Brigaden findet in Madrid statt. →S. 180

Der belgische Ministerrat verbietet die für den 25. Oktober geplante Massenversammlung der rechtsradikalen Rex-Bewegung (→4. 10./S. 181).

Der deutsche Reichsernährungsminister Richard Walther Darré erläßt für fast alle Sorten Fleisch und Wurst Kleinhandelshöchstpreise für die größeren deutschen Städte. Diese Aktionen zur Preisstabilisierung sollen vor allem die Löhne stabil, und das heißt niedrig, halten.

23. Oktober, Freitag

Im Roten Saal der Kölner Messe wird die Ausstellung »Kampf um 1,5 Milliarden« eröffnet (23. 10.–8. 11. 1936). Diese Propagandaschau der Nationalsozialisten steht im Mittelpunkt der Reichswerbeaktion gegen das Verschwenden von Lebensmitteln durch Verderb (→25. 9./S. 171).

Vom 23. bis zum 27. Oktober findet in Berlin die erste Tagung der Landesleiter der Reichstheaterkammer statt.

24. Oktober, Sonnabend

Portugal bricht die diplomatischen Beziehungen zum Nachbarland Spanien ab (→7. 10./S. 180).

Die US-amerikanischen Goldreserven werden unter schwerster Bewachung aus allen Teilen des Landes in die neu erbaute »Goldfestung« Fort Knox in Kentucky transportiert (→13. 5./S. 89).

Die offizielle Antwortnote Italiens an den Nichteinmischungsausschuß für Spanien weist die sowjetischen Beschuldigungen zurück und macht der Sowjetunion ähnliche Vorwürfe (→7. 10./S. 180).

25. Oktober, Sonntag

Mit einem geheimen Kooperationsvertrag zwischen Italien und dem Deutschen Reich, der in Berlin geschlossen wird, ist die »Achse Berlin–Rom« begründet. →S. 181

Der Führer der belgischen rechtsradikalen Rex-Bewegung, Léon Degrelle, wird zusammen mit mehreren Anhängern in Brüssel vorübergehend verhaftet, weil er trotz des Verbots der Regierung eine Versammlung durchgeführt hat (→4. 10./S. 181).

26. Oktober, Montag

In einer internen Bekanntmachung des deutschen Reichssicherheitshauptamtes wird angeordnet, daß bei Einweisungen in Konzentrationslager als Zeitangabe »bis auf weiteres« zu vermerken sei. →S. 182

Der Spielfilm »Eine Frau ohne Bedeutung« (Regie: Hans Steinhoff) wird in Berlin uraufgeführt. Hauptdarsteller sind Käthe Dorsch, Gustaf Gründgens, Marianne Hoppe, Albert Lieven, Paul Henckels und Käthe Haack (→S. 159).

27. Oktober, Dienstag

Der deutsche Reichssendeleiter Eugen Hadamovsky verkündet im Sendesaal des Reichssenders München das Winterprogramm des deutschen Rundfunks. →S. 185

Der französische Ministerrat bewilligt für die Verstärkung der Luftwaffe Maßnahmen mit einem finanziellen Umfang von fünf Milliarden Franc (560 Millionen RM).

Bei heftigem Sturm kentert vor Hamburg das deutsche Feuerschiff »Elbe I«. Die 15köpfige Besatzung kommt bei dem Unglück ums Leben.

28. Oktober, Mittwoch

In London tritt der Nichteinmischungsausschuß für Spanien zusammen. In einer abschließenden Verlautbarung wird erklärt, daß der Ausschuß zu der Überzeugung gekommen sei, daß die Vorwürfe der Sowjetunion gegen Italien und Portugal unbegründet seien (→7. 10./S. 180).

Die Preise für hochwertige Orient-Zigaretten im Deutschen Reich werden von den Herstellern von 5 auf 4½ Pfennig gesenkt.

29. Oktober, Donnerstag

Der deutsche Reichskriegsminister, Werner von Blomberg, eröffnet das am 1. Oktober neu eingerichtete Reichskriegsgericht in Berlin.

Der Leiter des deutschen Nachrichtendienstes und Chef der Abwehr im deutschen Kriegsministerium, Konteradmiral Wilhelm Canaris, reist in geheimer Mission nach Spanien (→7. 10./S. 180).

Die deutsche Reichsregierung legt in einem Gesetz zum Vierjahresplan die Befugnisse des neu ernannten Reichskommissars für die Preisbildung, Joseph Wagner, fest. Danach ist ihm die Überwachung der Preisbildung schon beim Erzeuger möglich.

Ein Militäraufstand im Irak unter Führung des kurdischen Generals Bekir Sidky zwingt die Regierung Jasin Pascha al-Haschimi zum Rücktritt. Die Führung der neugebildeten Regierung übernimmt der bisherige Innenminister, Hikmet Suleiman.

30. Oktober, Freitag

Nach ergebnislosen Verhandlungen mit den Reedereien treten rund 40 000 US-amerikanische Hafenarbeiter in den Streik. An der Westküste der USA müssen die Häfen geschlossen werden.

Die Abteilung »Klassiker der Moderne« der Berliner Nationalgalerie wird auf Veranlassung der Nationalsozialisten »gesäubert«. Der Aktion fallen unter anderem Werke der Maler Max Liebermann und Ernst Ludwig Kirchner zum Opfer.

31. Oktober, Sonnabend

In britischen Regierungskreisen herrscht Sorge wegen des irakischen Staatsstreichs vom 29. Oktober. Es wird befürchtet, daß die neu errichtete Militärdiktatur eine nationalistische Politik betreiben werde und damit das Bündnis, das anläßlich der Beendigung des britischen Mandats über den Irak 1932 abgeschlossen worden ist, geschwächt wird.

Der französische Innenminister Roger Salengro wird von einem Militärausschuß von allen Anschuldigungen freigesprochen, die rechtsgerichtete Zeitungen bezüglich seines Verhaltens im Weltkrieg gegen ihn vorgebracht haben (→17. 11./S. 192).

Die deutsche Reichsakademie für Leibesübungen veröffentlicht die deutsche Tennisrangliste 1936. →S. 187

Gestorben:

4. Bonn: Wilhelm Meyer-Lübke (* 30. 1. 1861, Dübendorf/Zürich), deutscher Romanist.

5. Hilversum: Jan Jacob Slauerhoff (* 15. 9. 1898, Leeuwarden), niederländischer Schriftsteller.

6. München: Gyula Gömbös von Jákfa (* 26. 12. 1886, Murga), ungarischer General und Politiker.

8. Benares: Premcand, eigtl. Dhanpat Rai (* 31. 7. 1880, Lamhi/Benares), indischer Schriftsteller.

14. Flur Bucha/Jena: Reinhard Goering (* 23. 6. 1887, Schloß Bieberstein/Fulda), deutscher Schriftsteller.

19. Schanghai: Lu Hsün, eigtl. Chou Shu-jen (* 25. 9. 1881, Shaohsing/Tschekiang), chinesischer Schriftsteller und Literaturkritiker.

Geboren:

3. New York: Steve Reich, US-amerikanischer Komponist.

5. Prag: Václav Havel, tschechoslowakischer Schriftsteller.

28. Heppenheim/Bergstraße: Horst Antes, deutscher Maler, Bildhauer und Graphiker.

Der Nobelpreis für Physiologie und Medizin für 1936 wird den Wissenschaftlern Otto Loewi (Österreich) und Henry Hallett-Dale (Großbritannien) zuerkannt.

Die »Berliner Illustrirte Zeitung« vom 8. Oktober 1936 mit Berichten über den Luftfahrtminister Hermann Göring, das Erntedankfest der NSDAP auf dem Bückeberg, die Kämpfe der rechtsgerichteten Aufständischen in Spanien und die Entwicklung der deutschen Luftwaffe

Nummer 41   8. Oktober 1936

45. Jahrgang Preis 20 Pfennig

Berliner
Illuſtrirte Zeitung

Eine neue Aufnahme des Schöpfers der deutschen Luftwaffe Hermann Göring.
Zu unserem dreiseitigen Bericht von den Kämpfen der Luftwaffe bei den großen Herbstmanövern.

Aufnahme: Röhr

In dieſem Heft:
Bückeberg / Alcazar / Luftkampf!

Franco offizieller Machthaber

1. Oktober. In Burgos, dem Hauptquartier der Aufständischen in Nordspanien, wird General Francisco Franco zum Generalissimus (obersten Befehlshaber) der »nationalen« Streitkräfte und zum Staatschef ausgerufen.

Zwei Tage zuvor (29. 9. 1936) hat der provisorische »Ausschuß zur nationalen Verteidigung« in Salamanca Franco »alle Gewalten des neuen Staates« übertragen. Trotz einer inhaltlichen und zeitlichen Einschränkung seiner Vollmachten, die in einem entsprechenden Dekret festgelegt ist, erlangt Franco nunmehr auch nominell die Führungsgewalt, die er bislang faktisch innehatte.

Ausschlaggebend für die offizielle Machtübernahme Francos zu diesem Zeitpunkt sind zwei Faktoren:

▷ Die Verbindung der aufständischen Truppen des Südens und Nordens durch die Besetzung der Stadt Badajos am 14. August

▷ Einnahme Toledos, durch die der Vormarsch auf Madrid vorangekommen ist (→ 27. 9./S. 167).

Franco kümmert sich allerdings weiterhin vorrangig um die Kriegführung. Die »nationale« Regierung bleibt ein Provisorium. Politik wird in den okkupierten Gebieten Spaniens mit Waffengewalt gemacht, der Tausende von Menschen zum Opfer fallen.

Francisco Franco (vorn) im faschistischen Hauptquartier in Burgos (Spanien) nach seiner Ernennung zum Oberbefehlshaber und »Staatschef«

Brigadekämpfer helfen Madrid

Gefangennahme von auf der Regierungsseite kämpfenden Freiwilligen durch Faschisten in Nordspanien nach lange andauerndem Schußwechsel

22. Oktober. In Madrid werden die Internationalen Brigaden, die sich aus antifaschistischen Kämpfern zusammensetzen, offiziell gegründet. Schon zu Beginn des Spanischen Bürgerkriegs sind Freiwillige (vor allem Franzosen, Italiener, Polen und Deutsche) nach Spanien gekommen, um gegen die Francotruppen zu kämpfen. Der scheinbar unaufhaltsame Vormarsch der Faschisten auf Madrid hat den Zustrom von Kampfwilligen noch verstärkt.

Die ersten zusammengestellten Einheiten sind die 11. und die 12. Internationale Brigade, die jeweils eine Stärke von etwa 2 000 Mann haben. Unter der Führung von Emilio Kléber und Luigi Longo sind sie maßgeblich an der Verteidigung Madrids im November 1936 beteiligt (→ 7. 11./S. 194).

Sowjetunion gibt Neutralität auf

7. Oktober. Da die spanischen Faschisten von Italien und dem Deutschen Reich kontinuierlich unterstützt werden, droht die Sowjetunion vor dem Nichteinmischungsausschuß in London, ihre Neutralitätspolitik zu beenden.

Der sowjetische Botschaftsrat Samuil B. Kagan kündigt Hilfe für Madrid an, wenn nicht augenblicklich die Verletzung der Neutralität durch Italien, Portugal und das Deutsche Reich beendet würden.

Diese Erklärung markiert einen Wendepunkt in der Politik des sowjetischen Parteichefs Josef W. Stalin. Angesichts der tatkräftigen Unterstützung für Franco und der Empörung der europäischen Linken über den Aufstand entschließt sich Stalin, der bedrohten spanischen Republik mit Waffenlieferungen – die erste trifft am 12. Oktober in Spanien ein – und der Entsendung von militärischen Beratern zu helfen.

Am 28. Oktober stellt der Nichteinmischungsausschuß in London endgültig fest, daß die Vorwürfe der Sowjetunion gegen Italien, Portugal und das Deutsche Reich »jeder Grundlage entbehrten«.

Am 29. Oktober trifft der deutsche Konteradmiral Wilhelm Canaris in geheimer Botschaft in Spanien ein. In Gesprächen mit Francisco Franco drängt er auf eine schnelle Einnahme Madrids und sagt eine stärkere Unterstützung der »nationalen« Luftwaffe zu.

Wilhelm Canaris, Chef des Nachrichtendienstes und der Abwehr

Der italienische Außenminister Galeazzo Graf Ciano (l.) wird von Reichskanzler Adolf Hitler empfangen

Übereinkunft der Diktatoren

25. Oktober. Zum Abschluß des Besuchs von Italiens Außenminister, Galeazzo Graf Ciano, in Berlin wird ein geheimer Kooperationsvertrag zwischen Italien und dem Deutschen Reich geschlossen. Am 1. November 1936 bezeichnet der italienische Ministerpräsident und Duce, Benito Mussolini, die neue Konstellation als »Achse Berlin–Rom«.

Während in dem amtlichen Kommuniqué zu dem Ciano-Besuch nur heuchlerische Absichtsbekundungen veröffentlicht werden, enthalten die geheimen Vereinbarungen konkrete Punkte:

▷ Hitler erklärt sich bereit, die Annexion Abessiniens (Äthiopiens) durch Italien anzuerkennen

▷ Das Deutsche Reich und Italien vereinbaren, in der Spanienfrage gemeinsam vorzugehen und die »nationale« Regierung Francisco Francos offiziell anzuerkennen.

Mit der Bildung der Achse Berlin–Rom wird eine Umwandlung der Bündnisgruppierungen in Europa zugunsten des Hitler-Regimes offenkundig. Bis zum Beginn des Abessinienkrieges war die Beziehung zwischen Hitler und Mussolini kühl. Mussolini hatte sich 1934 gegen eine Angliederung Österreichs an das Deutsche Reich gewendet und nach dem nationalsozialistischen Putschversuch in Wien Truppen an der österreichischen Grenze aufmarschieren lassen. Am 14. April 1935 bildete Italien zusammen mit

Großbritannien und Frankreich die sog. Stresafront, die sich gegen die Wiedereinführung der allgemeinen Wehrpflicht im Deutschen Reich (16. 3. 1935) wendete.

Die so aufgebaute Front gegen Hitler wurde Ende 1935 durch den Überfall Italiens auf Abessinien geschwächt. Hitler nutzte die Situation und unterstützte Mussolini mit Warenlieferungen, während Großbritannien und Frankreich sich als Völkerbundsstaaten an den Sanktionen gegen Italien beteiligten.

Die Annäherung der beiden Diktatoren setzte sich fort durch die gemeinsame Unterstützung der Aufständischen in Spanien.

»Gemeinsame Tätigkeit für Frieden«

Das amtliche Kommuniqué über den offiziellen Besuch des italienischen Außenministers, Galeazzo Graf Ciano, in der Reichshauptstadt Berlin vom 20. bis 25. Oktober 1936 hat folgenden Wortlaut:

»Im Verlauf des Besuches des italienischen Außenministers Graf Ciano in Deutschland sind in sei-

Graf Ciano (l.), Hermann Göring

ner Unterhaltung mit dem Führer und Reichskanzler sowie in verschiedenen Unterhaltungen zwischen ihm und den leitenden deutschen Persönlichkeiten die schwebenden politischen, wirtschaftlichen und sozialen Fragen von größerer Bedeutung erörtert worden, namentlich diejenigen, welche beide Länder unmittelbar betreffen.

Die Unterhaltungen haben in einer Atmosphäre freundschaftlicher Herzlichkeit stattgefunden. Zur beiderseitigen Genugtuung ist die Übereinstimmung der Auffassungen und die Absicht der beiden Regierungen festgestellt worden, ihre gemeinsame Tätigkeit auf die Förderung des allgemeinen Friedens und Wiederaufbaus zu richten.

Die beiden Regierungen haben beschlossen, zur Durchführung dieser Bestrebungen in Fühlung zu bleiben.«

Kundgebungen der Rechten verboten

4. Oktober. Beunruhigt durch die Aktivitäten nationalsozialistischer und faschistischer Gruppierungen im eigenen Land, verbieten mehrere europäische Regierungen Veranstaltungen rechtsradikaler Kreise.

Ein Demonstrationszug der britischen Faschisten-Union Sir Oswald Mosleys in London wird kurzfristig von den Behörden verboten.

Bei einer Großkundgebung der Kommunisten in Paris kommt es zu Auseinandersetzungen mit Rechtsradikalen, denen eine Kundgebung untersagt worden ist.

Der belgische Ministerrat verbietet am 22. Oktober eine Veranstaltung der rechtsradikalen Rex-Bewegung.

Schuschnigg löst Kampfverbände auf

10. Oktober. Der österreichische Ministerrat beschließt unter dem Vorsitz von Bundeskanzler Kurt Schuschnigg die Auflösung aller österreichischen Wehrverbände.

Durch ein neues Frontmilizgesetz (vom 14. 10.) sollen alle Mitglieder der Wehrgruppen in die Miliz der Vaterländischen Front übernommen werden. Schuschnigg beabsichtigt damit eine Zusammenfassung aller Kräfte unter seiner Führung. Sein Bemühen zeitigt allerdings wenig Erfolg, weil Teile der Heimwehr-Opposition zur NSDAP übergehen.

Kurt Schuschnigg bei der Vereidigung von Rekruten in Wien

»Schutzhäftlinge« im Konzentrationslager Dachau marschieren unter SS-Aufsicht zum Arbeitseinsatz

Nazi-Terror durch »Schutzhaft«

26. Oktober. Das Deutsche Reichssicherheitshauptamt weist in einer internen Bekanntmachung darauf hin, daß bei der Einweisung von sog. Schutzhäftlingen in Konzentrationslager als Zeitangabe »bis auf weiteres« zu vermerken sei, »um eine weitergehende abschreckende Wirkung zu erzielen«.

Der psychische und physische Terror der »vorbeugenden Polizeihaft« in den Konzentrationslagern hat im Oktober 1936 längst seine Wirkung in der Bevölkerung erreicht. »Dachau« ist zu einer ständig gegenwärtigen Bedrohung geworden.

Noch 1933 glaubten die um »rechtliche Ordnung« bemühte Justizverwaltung und die Bevölkerung, daß es sich bei den Konzentrationslagern um provisorische Einrichtungen und bei den Exzessen der Nationalsozialisten gegen politische Gegner um vorübergehende Erscheinungen handelte. Im Jahr 1936 sind Schutzhaftmaßnahmen in Konzentrationslagern längst ein institutionalisiertes Mittel nationalsozialistischer Herrschaftsausübung.

Am 4. Juli 1934 wurde Theodor Eicke, Kommandant des ersten

HIRNE HINTER STACHELDRAHT

Titelseite eines in Frankreich erschienenen Berichtes über KZ's

Konzentrationslagers Dachau (20. 3. 1933 errichtet), von Heinrich Himmler zum Inspekteur der Konzentrationslager und Führer der SS-Totenkopfverbände ernannt.

Bis 1935 löste Eicke viele der kleineren KZ auf. Die meisten Schutzhäftlinge wurden in sieben großen Lagern zusammengefaßt (Dachau, Esterwegen, Lichtenburg, Sachsenburg, Columbia-Haus in Berlin, Oranienburg, Fuhlsbüttel bei Hamburg).

Noch 1935 wurden auch Oranienburg und Fuhlsbüttel geschlossen bzw. den Justizbehörden zur Verfügung gestellt. Im September 1936 wurde die Zahl der Lager weiter verringert (Esterwegen und Columbia-Haus im August).

Ersatz ist im September 1936 mit dem neuen großen Lager Sachsenhausen geschaffen worden, das in Größe und Aufbau dem KZ Dachau entspricht.

Politische Polizei ein Staatsschutzkorps eigener Art

Unter der Überschrift »Die Geheime Staatspolizei« schreibt Werner Best, Abteilungsleiter Hauptamt Sicherheitspolizei im deutschen Reichsinnenministerium, in der »Zeitschrift für Deutsches Recht«:

» ... der nationalsozialistische Führerstaat [hat] zum ersten Mal in Deutschland eine politische Polizei entwickelt, wie sie von unserem Standpunkt aus als modern, d.h. den Bedürfnissen unserer Gegenwart entsprechend, aufgefaßt wird: als eine Einrichtung, die den politischen Gesundheitszustand des deutschen Volkskörpers sorgfältig überwacht, jedes Krankheitssymptom rechtzeitig erkennt und die Zerstörungskeime – mögen sie durch Selbstzersetzung entstanden oder durch vorsätzliche Vergiftung von außen hineingetragen worden sein – feststellt und mit jedem geeigneten Mittel beseitigt. Diese Staatsfeinde aufzuspüren, sie zu überwachen und im richtigen Augenblick unschädlich zu machen, ist die präventiv-polizeiliche Aufgabe einer politischen Polizei. Zur Erfüllung dieser Aufgabe muß sie in der Lage sein, unabhängig von jeder Bindung jedes zur Erreichung des notwendigen Zwekkes geeignete Mittel anzuwenden. Denn nach richtiger Auffassung haben im ... Führerstaat die ... berufenen Einrichtungen grundsätzlich jede ... Befugnis ...«

Araberaufstand vorläufig beendet

9. Oktober. Das Hohe Arabische Komitee in Palästina fordert die arabische Bevölkerung auf, die seit sechs Monaten andauernden Streiks und Terrorakte, die sich gegen die Einwanderung von Juden richten, zu beenden.

Zuvor intervenierten König Abd Al Asis Ibn Saud (Saudiarabien), König Hamid Ad Din Jahja (Jemen), der Emir von Transjordanien, Abd Allah Ibn Al Husain, und der irakische König Ghasi I. bei der zentralen Führung der arabischen Parteien, um eine Einstellung der Widerstandsaktionen zu erreichen. Der Aufstand wird aber erst abgebrochen, als sich die britische Regierung weiterhin unnachsichtig gegenüber den Arabern zeigt und eine Expeditionsarmee von 25 000 Mann in das Mandatsgebiet Palästina entsendet.

Nach Angaben der britischen Agentur Reuter sind in der Zeit zwischen dem 19. April und dem 9. Oktober 1936 bei den Unruhen 309 Menschen ums Leben gekommen, darunter 29 Briten und 80 Juden. Über 1 000 Menschen sind verletzt worden (→ 19. 4./S. 72).

Neuer Kurs in der belgischen Politik

14. Oktober. Große Bestürzung bei den Verbündeten in Paris und London löst die Ankündigung des belgischen Königs Leopold III. aus, sein Land werde zur unbedingten Neutralität zurückkehren.

Ohne diesen politischen Schritt vorher mit den Locarno-Partnern Frankreich und Großbritannien abgesprochen zu haben, sagt sich Belgien quasi von den Beistandsverpflichtungen los, die es im Vertrag von Locarno im Oktober 1925 eingegangen ist. König Leopold III. begründet die Rückkehr zur Neutralität mit der Rheinlandbesetzung durch Hitler und dem Verlassen des Locarno-Paktes durch das Deutsche Reich und Italien. Er verweist auf die Nutzlosigkeit von Kollektivbündnissen: »Ein Bündnis ... führt nicht zum Ziel, denn so schnell auch die Hilfe eines Verbündeten erfolgen könnte, so würde sie doch erst nach dem blitzartig vor sich gehenden [Angriff] einsetzen ...«

Auftaktveranstaltung für das Winterhilfswerk 1936/37 in der Berliner Deutschlandhalle, ein Ereignis, bei dem die führenden Männer des Dritten Reiches nicht fehlen dürfen (v. l.): Hitler, Goebbels und Göring

Mehr Spenden an Hilfswerk – weniger Fürsorgeausgaben

7. Oktober. Einen Tag nach der Eröffnung des Winterhilfswerks (WHW) 1936/37 erscheint in den deutschen Zeitungen der Rechenschaftsbericht des WHW 1935/36 mit der Überschrift »Schmiede der Volksgemeinschaft«.

Der Bericht weist aus, daß in der letzten WHW-Saison Spenden im Wert von rund 327 Millionen Reichsmark (RM) in der Bevölkerung gesammelt worden sind. Allein 62,6 Millionen RM davon kommen aus sog. Lohnspenden.

Diese Zwangsspenden werden direkt vom Lohn abgezogen. Wer sich nicht beteiligt, hat mit Repressalien zu rechnen. Die Lohnspenden machen von dem Gesamtbetrag der Geldspenden (234,8 Millionen RM) 26,6% aus.

Mit dem Spendenüberschuß aus dem Winter 1934/35 standen dem WHW in der Saison 1935/36 rund 371,9 Millionen RM zur Verfügung; das sind 3,2% mehr als im Vorjahr (1934/35).

Demgegenüber sind die Ausgaben der öffentlichen Fürsorge im gleichen Zeitraum um 13,1% gesunken (→3. 1./S. 15; 4. 4./S. 76).

Vom Winterhilfswerk 1935/36 verteilte Sachspenden

Gruppe	Wert in 1 000 RM
Nahrungsmittel	125 652
Brennmaterial	78 201
Kleidung	80 024
Hausrat	9 472
Gutscheine	65 509
Sonstiges	6 970
Insgesamt	365 828

NS-Kraftfahrkorps überwacht Verkehr

1. Oktober. Angesichts der hohen Zahl der Verkehrsunfälle im Deutschen Reich überträgt der Reichsverkehrsminister, Paul Freiherr Eltz von Rübenach, der Polizei für vorläufig zwei Jahren alle Befugnisse in der Verkehrsüberwachung.

Die Ausführung der Reichsstraßen-Verkehrsordnung wird dem Reichsführer der SS und Chef der deutschen Polizei, Heinrich Himmler, übertragen.

Am 13. Oktober vereinbaren der Leiter des NS-Kraftfahrkorps (NSKK), Adolf Hühnlein, und Himmler, die Übernahme von »wichtigen Aufgaben der Verkehrserziehung und der Hebung der Verkehrsdisziplin« durch das NSKK. Neben der Verkehrspolizei soll ein Hilfspolizeidienst der NSDAP-Organisation eingesetzt werden.

Unfälle auf den deutschen Straßen

Halbjahr		Unfälle	Tote
Winter	1935/36	110 922	3 409
Sommer	1936	152 065	5 103
Winter	1936/37	114 524	3 087

Die »Scharnhorst«, das 26 000-t-Schlachtschiff der deutschen Kriegsmarine, geht in Wilhelmshaven zu Wasser

Erstes Schlachtschiff ist fertig

3. Oktober. In Anwesenheit des deutschen Reichskriegsministers, Werner von Blomberg, läuft in Wilhelmshaven das erste nach dem Weltkrieg gebaute Schlachtschiff der deutschen Kriegsmarine vom Stapel.

Das 226 m lange Schiff erhält den Namen »Scharnhorst«. In seiner Taufrede sagt Blomberg: »Das mächtige Schiff ist das deutsche Symbol praktischer Gleichberechtigung und völliger Wehrhoheit. Es ist ein Sinnbild wiedererweckter deutscher Seegeltung ... Dieses Schiff kann keinen würdigeren Namen führen als den des Mannes, der vor 130 Jahren, als Preußen geknechtet zu Boden lag, in der Verschmelzung von Volk und Wehrmacht das Geheimnis des Sieges und das Unterpfand der Freiheit sah.«

Stärke der deutschen Kriegsflotte am 3. Oktober 1936

Gruppe	Fertig	In Bau
Schlachtschiffe	1	1
Panzerschiffe	3	–
Kreuzer	6	3
Zerstörer	–	22
Kleine Zerstörer	12	12
Begleiter	10	–
Große U-Boote	2	–
Kleine U-Boote	29	5
(nach Angaben der britischen Admiralität)		

»Volksschädlinge« jederzeit ins KZ

13. Oktober. In Bielefeld beginnt die Hauptversammlung des Gesamtverbandes der deutschen Wandererfürsorgeverbände, die bis zum 14. Oktober tagt. Vor Vertretern von Fürsorgeorganisationen und Kirche berichtet SS-Sturmbannführer Alarich Seidler über die Behandlung von »Asozialen« im Gau Bayern.

Die Vorreiterfunktion Bayerns bei der 1936 einsetzenden, planmäßigen Verfolgung von »Asozialen« umschreibt Seidler mit den Worten: »Wer heute in Bayern als Hilfsbedürftiger ein Krankenhaus betritt, ist sozusagen schon verhaftet.« Auf Grundlage der Notverordnung vom 28. Februar 1933, die eine »vorbeugende Schutzhaft« ohne Anklage ermöglicht, hat die politische Polizei in Bayern am 1. August 1936 Richtlinien herausgegeben, nach denen auch »Asoziale« jederzeit verhaftet werden können (u. a. »Landstreicher, Zigeuner, Müßiggänger, Gewohnheitstrinker, Geisteskranke«).

Verbindung zwischen dem Festland und der Insel Rügen

5. Oktober. *In Stralsund an der deutschen Ostseeküste wird der neu errichtete Rügendamm vom deutschen Reichsbahndirektionspräsidenten Julius Dorpmüller für den fahrplanmäßigen Eisenbahnverkehr freigegeben. Der innerhalb von drei Jahren gebaute Damm verbindet das deutsche Festland mit der Insel Rügen. Er macht den zeitraubenden Fährverkehr zur Insel überflüssig und schafft eine schnellere Verbindung zu den Seefähren nach Skandinavien. Außerdem soll er die Verkehrsverbindung zum von der NS-Organisation Kraft-durch-Freude auf Rügen geplanten Feriengebiet verbessern. Die Gesamtlänge des Rügendamms beträgt rund 3 km. Neben einer kleineren, 125 m langen Brücke bei Stralsund mußte in der Mitte des Strelasunds eine 598 m lange Brücke (Abbildung) errichtet werden, die als Flutöffnung dient. Mit dem Bau des Rügendamms waren rund 800 Arbeiter beschäftigt. Es wurden 11 800 t Eisen und 48 000 m³ Beton verarbeitet. Es entstanden rund 0,5 km² neues Akker- und Wirtschaftsland.*

Bunte Bilder für alle Hobbyfilmer

17. Oktober. Die Firma Agfa stellt bei einer Vorführung im Pressehaus am Berliner Tiergarten einen Farbfilm vor, der mit jeder gewöhnlichen Schmalfilmkamera belichtet werden kann. Für die Belichtung und Wiedergabe des neuen Films werden keine Filter mehr benötigt.

Der Schmalfilm ist mit drei Schichten versehen, von denen jede für eine andere Farbe empfindlich ist. Durch ein besonderes Entwicklungsverfahren werden die unterschiedlichen, belichteten Schichten in Farben umgesetzt.

Der Vorteil des neuen Films gegenüber dem bisher benutzten sog. Linsenrasterverfahren liegt darin, daß für die Aufnahme und Vorführung von Farbfilmen keine speziellen optischen Zusatzgeräte und Filter mehr benötigt werden.

Bisher liegt der neue Farbfilm nur als Schmalfilm vor. An einem breiten Kinofarbfilm wird gearbeitet. Bislang ist der Film nicht kopierbar, so daß der Einsatz als Kinofilm noch nicht möglich ist.

Die alten Scheine sind jetzt ersetzt

7. Oktober. Die neue von der deutschen Reichsbank herausgegebene 1000-Reichsmark-Banknote wird der Öffentlichkeit vorgestellt. Sie ersetzt die 1000-RM-Banknoten aus dem Jahr 1924.

Weil es immer häufiger zu Geldfälschungen kam, wurden die Reichsmarkscheine aus dem Jahr 1924 (10, 20, 50, 100, 1000 RM) nach und nach aus dem Verkehr gezogen und durch fälschungssichere ersetzt. 1930 kam ein neuer 20-Reichsmarkschein zur Ausgabe, 1931 ein neuer 10-Reichsmarkschein. Es folgte der 50-Reichsmarkschein im Jahr 1934 und die Banknote zu 100 RM am 2. Juni 1936. Mit der 1000-RM-Banknote ist die Neuausgabe abgeschlossen.

Die Entwürfe für die Banknoten, die seit Hitlers Machtergreifung erschienen sind, halten sich relativ eng an die frühere Gestaltung der deutschen Geldscheine. Die wichtigste Änderung gegenüber den alten Scheinen ist vor allem die Abbildung des Hakenkreuzes auf den 100- und 1000-RM-Banknoten.

Wirtschaftsminister und Reichsbankpräsident Hjalmar Schacht (l.) hält die erste der neuen 1000-Reichsmark-Banknoten in der Hand

Heftige Stürme an Nordseeküste

18. Oktober. Orkanartige Stürme mit Windstärke 11 bis 12 richten im norddeutschen Küstengebiet große Schäden an den Flutbefestigungsanlagen an. Bei der Sturmflut, die am 19. Oktober abflaut, kommen mindestens drei Menschen ums Leben.

Im Hamburger Hafen erreicht das Wasser eine Höhe von 3 m über mittlerem Hochwasser. Die gesamte Hafengegend ist überschwemmt.

Von den Nordseeinseln haben besonders Borkum und Norderney unter dem Orkan zu leiden. Auf Norderney zerstören die Sturmfluten Teile der Brandungsmauer und reißen große Löcher in die dahinterliegenden Rasenflächen. Am Nordstrand der Insel Borkum werden große Breschen in die Uferbefestigung gerissen.

Auch an der schleswig-holsteinischen Westküste richtet eine Sturmflut, »wie sie seit Jahrzehnten nicht erreicht wurde«, erheblichen Schaden an den Deichen an. Der Wasser stand steigt auf bis zu 3,5 m über dem mittleren Hochwasser.

Viel Unterhaltung im Winter 1936/37

27. Oktober. Reichssendeleiter Eugen Hadamovsky erläutert vor Mitarbeitern des deutschen Rundfunks und Vertretern der NSDAP das Winterprogramm 1936/37, das unter dem Motto »Freude und Gemeinschaft« steht.

Neben den eindeutigen politischen Propagandasendungen, die im Vergleich zu den ersten zwei Jahren des Dritten Reichs entschieden zurückgegangen sind, stehen hauptsächlich Musik-Unterhaltungssendungen auf dem Programm der deutschen Rundfunksender. Nach Angaben von Hadamovsky ist das Musikprogramm von 25 000 Sendestunden im Jahr 1932 auf 40 000 Sendestunden im Jahr 1935 erweitert worden. Schwerpunkte des Programms sind Operetten, Singspiele sowie deutsche Tanz- und Volksmusik.

Mit 7,58 Millionen angemeldeten Geräten im Jahr 1936 (12,8% Zunahme gegenüber 1935) ist der Rundfunk neben der Presse das wichtigste Propagandamedium von Reichsminister Joseph Goebbels. In Zusammenarbeit mit der nationalsozialistischen Deutschen Arbeitsfront und der NS-Organisation Kraft durch Freude werden Werkpausensendungen »für die deutschen Arbeiter« ausgestrahlt. Mit der Parole »Freude im Betrieb durch Rundfunk« wird unter dem Deckmantel der Unterhaltung NS-Propaganda in die Betriebe getragen; gleichzeitig sollen die Arbeitnehmer durch diese Aufmunterung am Arbeitsplatz zu größeren Anstrengun-

Zeitungswerbung für die Programm-Zeitschrift »Das neue Funkblatt« des Berliner Ullstein-Verlages; alle Rundfunkprogramme für 10 Reichspfennig

gen angespornt werden, und die Verschlechterung der Arbeitsbedingungen soll mit der billigen Propagandamaßnahme kaschiert werden.

Spezielle Sendungen, die von der Hitlerjugend und dem NS-Lehrerbund mitgetragen werden, – u.a. die »Stunde der jungen Nation« und die »Morgenfeier« – erfassen die jugendlichen Zuhörer.

Spoerl-Verfilmung mit Heinz Rühmann

9. Oktober. In den Kinos der deutschen Großstädte läuft die Komödie »Wenn wir alle Engel wären« an; das Drehbuch schrieb der deutsche Schriftsteller Heinrich Spoerl nach seinem gleichnamigen Roman.

Die heitere Geschichte um den biederen Kanzleivorsteher Christian Kempenich setzte der erfolgreiche Regisseur Carl Froelich in Szene, der auch Produzent des Films ist.

Wie in der Spoerl-Verfilmung der »Feuerzangenbowle«, die 1934 unter dem Titel »So ein Flegel« herauskam, spielt Heinz Rühmann auch in dem neuen Film die Hauptrolle.

Der jungverheiratete Christian Kempenich (Rühmann) aus dem Moselstädtchen Weinheim will bei einem Besuch in Köln auch das Nachtleben der Domstadt kennenlernen. Dabei kommt es zu einem Seitensprung. Unterdessen muß sich seine Frau (Leni Marenbach) in Weinheim den Nachstellungen ihres Gesangslehrers (Harald Paulsen) erwehren. Zu Hause angekommen, verheddert sich Kempenich in einem Durcheinander von Lügen und Streitigkeiten mit seiner Frau. Vor Gericht werden die Mißverständnisse beseitigt und die Ehe gekittet.

»Kleinster Rebell« füllt Kinokassen

Oktober. Den erwarteten großen Erfolg in den Kinos des deutschen Reichs hat der US-amerikanische Spielfilm mit Kinderstar Shirley Temple, »Der kleinste Rebell«.

Der 1935 entstandene Film (Titel: »The Little Colonel«) macht einen wahren Siegeszug durch die Filmtheater der ganzen Welt. Auch die nationalsozialistischen Zensoren haben nichts gegen das Hollywood-Produkt einzuwenden; entspricht der Film doch ganz und gar deren Vorstellung von Kino-Unterhaltung für die ganze Familie. In der Rolle der Soldatentochter Birgie erweist sich der Publikumsliebling Shirley Temple wieder einmal als eine Mischung aus »süßem« Mädchen und altklugem Trotzkopf. Mit Tapferkeit und List befreit sie ihren Vater (John Boles) zur Zeit des Nordamerikanischen Bürgerkriegs aus der Hand des Feindes.

---

18 Stunden auf Sendung im Dienst des Hitler-Regimes

Am 16. Dezember 1936 hat der Reichssender Köln folgendes Rundfunkprogramm (nach der Veröffentlichung in den »Düsseldorfer Nachrichten«):

6.00 Morgenlied – Wetterbericht
6.05 Leibesübungen
6.30 Frühkonzert
7.00 Nachrichten, Morgenlied; Konzertfortsetzung
8.00 Kalenderblatt; Zeit, Wetter
8.10 Frauenturnen
8.30 Musikalische Frühstückspause; Gaumusikzug des Arbeitsgaues 14 des Reichsarbeitsdienstes Halle
10.00 Einführung in die Oper »Hänsel und Gretel«

11.50 Bauer, merk auf! Landjugendaustausch
12.00 Die Werkpause aus den Hüttenwerken Kayser & Co, Werk Lünen an der Lippe; mit dem SA-Musikzug Lünen
13.00 Mittagsmeldungen
13.15 Mittagskonzert
14.00 Mittagsmeldungen; Mittagskonzert, Fortsetzung
15.00 Kinderstunde
15.45 Wirtschaftsmeldungen
16.00 Familienforschung
16.30 Nachmittagskonzert
17.30 Schule und Elternhaus

17.45 Der deutsche Raum; Forschung, Planung und Ordnung
18.00 Kammermusik
18.30 Das ist das Sowjetparadies; ein aus Rußland heimgekehrter Spezialist erzählt
18.45 Zur Unterhaltung
20.00 Erste Abendmeldungen
20.15 Stunde der jungen Nation
20.45 Richard-Wagner-Konzert
22.00 Nachrichten
22.30 Wo bist du, Kamerad? Funkappell alter Frontsoldaten
23.00–24.00 Tanzmusik

BDM: Fröhlichkeit wie aus einem Guß

2. Oktober. In einem Interview mit den »Düsseldorfer Nachrichten« äußert sich die Reichsreferentin des Bundes Deutscher Mädel (BDM), Trude Bürkner, nach einem Schulungslager für 450 Untergauführerinnen zu den Zielen der Schulungen und des BDM.

Die BDM-Leiterin sagt: »Wir müssen dafür sorgen, daß sich unsere Führerinnen sportlich und geistig erfrischen. Unsere Führerinnen und damit auch alle unsere deutschen Mädel sollen wissen, daß ihnen unser Staat große und schöne Aufgaben stellt. Der Führer hat uns beauftragt, unsere Mädel zu starken und tapferen Frauen zu erziehen ... schließlich müssen im ganzen BDM die Arbeit ... und die Fröhlichkeit wie aus einem Guß sein.«

Die »großen Aufgaben« der Frauen bestehen für die nationalsozialistische Führung vorrangig darin, »dem Mann in seinen Interessen verständnisvoll zur Seite zu stehen« (Reichsminister Rudolf Heß im Mai 1936); Adolf Hitler verkündet im September 1935: »Die Frau hat auch ihr Schlachtfeld. Mit jedem Kind, das sie der Nation zur Welt bringt, kämpft sie ihren Kampf für die Nation.«

Große Füße durch flache Absätze

14. Oktober. Nach Berichten von einer Internationalen Orthopäden-Fachtagung in London hat sich die Fußform der Frauen aufgrund der veränderten Schuhmode innerhalb der letzten 15 Jahre umgebildet.

Die Frauen haben jetzt allgemein schlankere Knöchel, ihre Füße haben eine höhere Wölbung und die Frauen leiden weniger an Fußschmerzen als noch ihre Mütter.

Wie die Mediziner feststellten, hat die durchschnittliche Fußgröße der Frauen innerhalb der letzten 15 Jahre allmählich zugenommen. Diese Veränderung ist nach Auffassung der Orthopäden sehr zu begrüßen, weil sie darauf hindeutet, daß die Frauen häufiger Schuhe mit flachen Absätzen tragen und somit ihren Füßen einen natürlicheren Bewegungsablauf ermöglichen, der mit den hochhackigen, engen Schuhen verhindert wird.

BEAUTY — THE IDEALS OF NATIONS:
CONTESTANTS FOR THE TITLE "MISS EUROPE," 1936.

"MISS SWEDEN." (Birgit Engquist.)
"MISS ENGLAND." (Laurence Atkins.)
"MISS NORWAY." (Aslaug Simensen.)
"MISS RUSSIA." (Ariane Guédéonoff.)
"MISS BELGIUM." (Laura Torfs.)
"MISS CAUCASUS." (Tatiana Ouchakoff.)
"MISS HUNGARY." (Maria de Nagy.)
"MISS SPAIN." (Antonita Arquès.)
"MISS HOLLAND." (Mlle. Kramer.)
"MISS TUNISIA." (Ethel Azzopardi.)
"MISS FRANCE." (Lyne Lassalle.)
"MISS IRELAND." (Dany O'Moore.)
"MISS GREECE." (Nella Sikiari.)

Die schönste Frau Europas kommt aus Frankreich

30. Oktober. *In der nordafrikanischen Stadt Tunis wird die Wahl der »Miss Europa« des Jahres 1936 abgehalten. Die international besetzte Jury entscheidet sich für die französische Schönheitskönigin Lyne Lassalle als schönste Frau.*

Zum erstenmal beteiligten sich auch die »schönsten« Frauen aus Syrien/Libanon und Französisch-Marokko an dem Wettbewerb. Die spanische Mitbewerberin (Mitte) wurde wegen des Spanischen Bürgerkriegs nicht – wie gewöhnlich – in Madrid, sondern in der ostspanischen Küstenstadt Barcelona für den europäischen Schönheitswettbewerb nominiert.

Glücklicher Sieg im Luftrennen

1. Oktober. Mit einer Zeit von 52:56 Stunden gewinnen die Briten Charles William Scott und Giles Guthrie das Luftrennen von Porthmouth nach Johannesburg. Zu dem Wettflug über eine Distanz von 9 600 km waren in Porthmouth neun britische Flugzeuge gestartet. Schon auf der ersten Etappe nach Kairo schienen Scott und Guthrie alle Aussichten auf einen Sieg verloren zu haben, weil sie notlanden mußten und viel Zeit für Reparaturen brauchten. Doch drei der Konkurrenten stürzten ab und die restlichen fünf mußten wegen Pannen aufgeben, so daß Scott und Guthrie als einzige das Ziel erreichten.

Von Cramm führt Tennisrangliste an

31. Oktober. Die deutsche Reichsakademie für Leibesübungen veröffentlicht in Berlin die deutsche Tennisrangliste für das Jahr 1936, die sich aus den nationalen und internationalen Turniererfolgen der Spieler ergibt. Die ersten Plätze wurden wie folgt belegt:
Herren: 1. Gottfried von Cramm (Berlin); 2. Henner Henkel (Berlin); 3. Hans Denker (Göttingen)
Damen: 1.–2. Marieluise Horn (Wiesbaden) und Irmgard Rost (Berlin); 3. Thea Zehden (Berlin).

Herberger wird Reichstrainer

10. Oktober. Josef (Sepp) Herberger übernimmt die Dienstgeschäfte als deutscher Reichstrainer an der Reichsakademie für Leibesübungen im Fachamt Fußball in Berlin. Er tritt an die Stelle von Otto Nerz, der wegen des Scheiterns der deutschen Fußball-Nationalelf bei den Olympischen Spielen entlassen worden ist. Von den achtzehn Mannschaften des olympischen Fußballturniers war die deutsche Elf klarer Favorit gewesen. Dennoch war sie durch eine 0:2-Niederlage gegen Norwegen am 7. August in Berlin ausgeschieden. Für diesen Eklat wurde der hauptamtliche Reichstrainer Otto Nerz verantwortlich gemacht; zu Unrecht, weil die Aufstellung der Mannschaft gegen den Willen Nerz' erfolgt war. Felix Linemann, Mitglied des Fußball-Spielausschusses und dem Reichssportführer Hans von Tschammer und Osten verantwortlich, hatte durchgesetzt, daß für das Spiel gegen Norwegen junge Talente eingesetzt wurden. Die Stammspieler sollten sich schonen.
Nach seiner Entlassung als hauptamtlicher Reichstrainer – den Posten bekleidete er seit 1930 – betreut Nerz die Nationalelf ehrenamtlich weiter (bis 12. 5. 1938).
Herberger – seit 1933 Assistent von Nerz – teilt sich bis 1938 die Traineraufgaben mit seinem Lehrer und Förderer. Seine offizielle Ernennung zum Reichstrainer erfolgt erst nach Nerz' Rücktritt.

Der bisherige hauptamtliche Fußball-Reichstrainer Otto Nerz (r.) und Fritz Szepan, vielfacher deutscher Nationalspieler von Schalke 04

Josef Herberger, neuer Reichstrainer (im Trikot von Hertha Berlin)

Der Praktiker Herberger, 1897 in Mannheim geboren, spielte bei Waldhof und später beim VfR Mannheim. Er wurde dreimal für die Nationalmannschaft aufgestellt (1921 gegen Finnland, 1924 gegen Italien, 1925 gegen die Niederlande). 1926 spielte er bei Hertha Berlin, mit Otto Nerz als Trainer. Nach dem Besuch der Sporthochschule in Berlin (1927–1930) arbeitete Herberger von 1931 bis 1936 als Trainer für den Westdeutschen Fußballverband – bis zu seinem Dienstantritt als Reichstrainer in der Berliner Reichsakademie für Leibesübungen.

Der deutsche »Tennisbaron« Gottfried von Cramm, einer der besten Tennisspieler der 30er Jahre

Die deutsche Fußball-Nationalmannschaft vor ihrem Spiel gegen Norwegen beim Olympischen Fußballturnier

November 1936

Mo	Di	Mi	Do	Fr	Sa	So
						1
2	3	4	5	6	7	8
9	10	11	12	13	14	15
16	17	18	19	20	21	22
23	24	25	26	27	28	29
30						

1. November, Sonntag

In einer außenpolitischen Rede in Mailand prägt der italienische Ministerpräsident und Duce, Benito Mussolini, den Begriff »Achse Berlin–Rom« für das enge Verhältnis zwischen dem faschistischen Italien und dem nationalsozialistischen Deutschen Reich (→ 25. 10./S. 181).

Drogerien, Parfümerien und Seifengeschäfte im ganzen Deutschen Reich stellen Sammelbehälter für Altmetalle auf. Die Aktion dient »der restlosen Ausnutzung von Rohstoffen«, die importiert werden müssen.

Die deutsche Reichsfachgruppe Imker meldet, daß 1936 die Zahl der Bienenvölker trotz mäßiger Honigernte um 12% gesteigert werden konnte.

2. November, Montag

Ensemble und Orchester der Dresdener Staatsoper geben neun Gastvorstellungen im Londoner Covent Garden. Eröffnet wird die Veranstaltungsreihe mit dem »Rosenkavalier« von Richard Strauss.

3. November, Dienstag

Bei den US-amerikanischen Wahlen erhält der derzeitige Präsident, Franklin Delano Roosevelt (Demokrat), 523 von insgesamt 531 Wahlmännerstimmen. → S. 193

In Österreich findet eine Umbildung der Regierung von Bundeskanzler Kurt Schuschnigg statt. → S. 192

Der britische König Eduard VIII. eröffnet mit einer Thronrede das Parlament. → S. 197

Der tschechoslowakische Außenminister Kamill Krofta wendet sich in einer außenpolitischen Rede gegen die Äußerungen des italienischen Ministerpräsidenten und Duce, Benito Mussolini, zugunsten der ungarischen Besitzansprüche. Die Staaten der Kleinen Entente würden jeglichen Forderungen Ungarns nach Gebiete in der Tschechoslowakei, Rumänien und Jugoslawien mit Entschiedenheit widersprechen.

4. November, Mittwoch

In Hamburg wird der ehemalige Vorsitzende des Rotfrontkämpferbundes, Edgar André – trotz internationaler Proteste – wegen eines angeblichen Mordes an einem Nationalsozialisten hingerichtet. → S. 195

Der Münchener Erzbischof Michael von Faulhaber hat in Berlin eine Unterredung mit Führer und Reichskanzler Adolf Hitler. → S. 195

5. November, Donnerstag

Der Hafenarbeiterstreik in den USA, der sich auch auf Häfen der Ostküste ausgedehnt hat, kostet die Wirtschaft täglich eine halbe Million US-Dollar (rund 1,2 Millionen RM).

Die amtliche Strafrechtskommission, die sich mit der Neugestaltung des deutschen Strafrechts befaßt hat, schließt ihre Arbeiten ab. → S. 195

Beim Internationalen Kongreß der Brotindustrie in Leipzig wird die Verminderung des Fleisch- und Fettkonsums zugunsten der Broternährung gefordert. Es wird festgestellt, daß die deutsche Broterzeugung zu 100% aus eigener Ernte gedeckt werde.

6. November, Freitag

In der spanischen Stadt Sevilla stehen 6500 Mann der deutschen Hilfstruppe Legion Condor unter dem Kommando des Generalleutnants Hugo Sperrle in Bereitschaft, die zusammen mit italienischen Truppen die aufständischen Militärs in Spanien unterstützen (→7. 10./S. 194).

Die Preußische Akademie der Künste veranstaltet anläßlich ihres 150jährigen Bestehens ihrer Ausstellungen in Berlin eine Jubiläumsausstellung »Berliner Bildhauer von Schlüter bis zur Gegenwart«. Die Werke Käthe Kollwitz' und Ernst Barlachs werden nach einigen Tagen auf Veranlassung der Nationalsozialisten »entfernt«.

Die deutsche Reichsregierung legt eine weitere Anleihe über 500 Millionen Reichsmark auf, mit der besonders die Rüstungsproduktion finanziert werden soll. Die durchschnittliche Laufzeit der Schatzanweisungen beträgt neun Jahre (→9. 7./S. 131).

Im britischen Auswärtigen Amt wird ein Protokoll über die »Humanisierung der U-Boot-Kriegführung« von den Vertretern Großbritanniens, Frankreichs, Italiens, Japans und der USA unterzeichnet. Es enthält u. a. die Bestimmung, daß ein Handelsschiff nur angegriffen werden darf, »wenn dessen Besatzung an einen sicheren Platz gebracht worden ist«.

7. November, Sonnabend

Truppen des spanischen Generals Francisco Franco greifen Madrid an. Damit beginnt die Großoffensive der »Nationalisten« gegen die Hauptstadt Spaniens. → S. 194

Das deutsche Kriegsministerium kündigt an, daß im Lauf des November die deutschen Seestreitkräfte in Spanien abgelöst werden.

8. November, Sonntag

Im ganzen Deutschen Reich finden Feierlichkeiten zum Gedenken an jene Nationalsozialisten statt, die beim mißglückten Putschversuch Hitlers am 9. November 1923 in München erschossen worden sind.

Ein Fußball-Länderspiel zwischen Österreich und der Schweiz endet in Zürich 3:1.

9. November, Montag

Der britische Premierminister, Stanley Baldwin, äußert während einer Bankettrede in London die Auffassung, daß ein zukünftiger Krieg den Charakter eines »Religionskrieges« haben könnte. Es gebe heute geistige Auffassungen, deren Vertreter ihre Weltanschauungen »bis zum Tode erzwingen« möchten.

10. November, Dienstag

In Warschau wird der Generalinspekteur der polnischen Wehrmacht, Edward Rydz-Smigly, zum Marschall von Polen ernannt. Rydz-Smigly baut damit seine Machtposition gegenüber der Zivilregierung aus.

In einem Hirtenbrief fordern die deutschen katholischen Bischöfe den Schutz der Bekenntnisschulen und wenden sich gegen die Entfernung von geistlichen Lehrkräften aus deutschen Schulen (→4. 11./S. 195).

11. November, Mittwoch

Der deutsche Reichserziehungsminister, Bernhard Rust, eröffnet von Trier aus acht neue Hochschulen für Lehrerbildung. Mit der Umwandlung der bisherigen Pädagogischen Akademien in Hochschulen ist die Verstärkung der nationalsozialistischen Lehrerbildung verbunden. Rust nennt als ein Ziel der NS-Schulpolitik, daß die »Zersplitterung der Schulziele . . . beseitigt werden muß«.

Auf der Autobahn Frankfurt am Main–Darmstadt stellt der deutsche Automobil-Rennfahrer Rudolf Caracciola einen neuen Weltrekord über zehn Meilen auf. Mit seinem Zwölfzylinder-Mercedes-Benz fährt er die Strecke in 2:53,73 min und erreicht eine Durchschnittsgeschwindigkeit von rund 337 km/h (bisheriger Rekord: Hans Stuck 3:22,26 min Durchschnittsgeschwindigkeit 286,45 km/h).

12. November, Donnerstag

Bei Gesprächen von Regierungsvertretern Österreichs, Italiens und Ungarns in Wien geben der österreichische Bundeskanzler Kurt Schuschnigg und der ungarische Außenminister Koloman Kania von Kanya bekannt, daß ihre Regierungen das italienische »Imperium Abessinien« formell anerkennen. Italien verspricht, im Gegenzug Ungarn und Österreich an der Ausbeutung der abessinischen Rohstoffe zu beteiligen.

Der Literaturnobelpreis 1936 wird dem US-amerikanischen Schriftsteller Eugene Gladstone O'Neill zuerkannt. Den Nobelpreis für Chemie erhält der Niederländer Peter Debye, den Physiknobelpreis teilen sich der Österreicher Viktor Heß und der US-Amerikaner Carl David Anderson.

Die San Francisco-Oakland Bay Bridge wird eingeweiht. → S. 197

13. November, Freitag

Das deutsche Propagandaministerium verfügt im Rahmen der nationalsozialistischen Überwachung von öffentlichen Veranstaltungen, daß sämtliche Ausstellungsvorhaben den örtlichen Stellen des Reichsministeriums anzuzeigen sind.

Frankreich und der Libanon unterzeichnen einen Vertrag, der dem Libanon die Unabhängigkeit geben soll. → S. 192

Das Schauspiel »Liebe, Pflicht und Hoffnung« (»Glaube Liebe Hoffnung«) von Ödön von Horváth wird in Wien uraufgeführt. → S. 198

In Berlin hat der Spielfilm »Burgtheater« Premiere. Unter der Regie von Willi Forst spielen Werner Krauss, Olga Tschechowa und Hans Moser die Hauptrollen.

14. November, Sonnabend

Die deutsche Reichsregierung erklärt die Wiederherstellung der deutschen Hoheit über die Flüsse Rhein, Elbe, Donau und Oder. Die Flüsse sind im Versailler Vertrag von 1919 internationalisiert worden.

15. November, Sonntag

Nach einem Beschluß der österreichischen Landesjugendführertagung sollen die Jugendorganisationen Österreichs in einem Verband zusammengefaßt werden. Die Uniformierung der Jugendlichen soll ebenfalls vereinheitlicht werden.

In einem Fußball-Länderspiel gegen Weltmeister Italien erreicht die deutsche Nationalmannschaft in Berlin ein 2:2.

In Düsseldorf wird die Oper »Enoch Arden« von Ottmar Gerster uraufgeführt. Nach großem Premierenerfolg wird sie an über 100 Bühnen nachgespielt (→S. 210).

16. November, Montag

Der Vormarsch der faschistischen Truppen bei Madrid kommt aufgrund des entschiedenen Widerstands der spanischen Regierungstruppen, die von »Internationalen Brigaden« unterstützt werden, zum Stehen. In der deutschen Presse werden diese Rückschläge mit taktischen Erwägungen General Francisco Francos begründet (→7. 11./S. 194).

Der britische Außenminister Anthony Eden drückt im Zusammenhang mit der Aufhebung des internationalen Status der deutschen Flüsse durch die Reichsregierung das »Bedauern der britischen Regierung über die einseitige Maßnahme Deutschlands« aus.

17. November, Dienstag

Der deutsche Reichsarbeitsminister, Franz Seldte, weist alle mit dem Siedlungs- und Wohnungswesen befaßten Behörden und Dienststellen an, »alles in ihren Kräften Liegende zu tun, damit der Bau von Arbeiterwohnstätten in Zukunft noch in weit größerem Umfange gefördert wird als bisher«. Mit öffentlichen Mitteln soll nur noch der Bau von Arbeiterwohnungen gefördert werden.

Titelblatt der »Illustrated London News« zur ersten Parlamentseröffnung durch den neuen britischen König Eduard VIII. am 3. 11. 1936

THE ILLUSTRATED LONDON NEWS

SATURDAY, NOVEMBER 7, 1936.

KING EDWARD VIII. OPENS PARLIAMENT FOR THE FIRST TIME: HIS MAJESTY BEING CLOAKED BEFORE LEAVING THE HOUSE OF LORDS BY CAR AFTER HE HAD READ HIS SPEECH FROM THE THRONE.

What should have been a colourful outdoor spectacle was ruined by the rain on Tuesday, November 3. The King was to have driven in the State coach from Buckingham Palace to the House of Lords, there to open Parliament for the first time since his accession. As it was, the weather was so inclement that it led to a last-minute decision to use a closed car. Accompanying his Majesty was the Duke of Beaufort, Master of the Horse. At the royal entrance beneath the Victoria Tower the Great Officers of State and others assembled to receive his Majesty, and on his departure there was the customary ceremonial.

189

November 1936

18. November, Buß- und Bettag

Das Deutsche Reich und Italien erkennen die »nationale« Regierung Francisco Franco an. → S. 194

19. November, Donnerstag

Während einer Sitzung des faschistischen Großrates fordert der italienische Ministerpräsident und Duce, Benito Mussolini, die Beschleunigung der Luft- und Seerüstung im Hinblick auf die Unterstützung der spanischen Faschisten und die Verstärkung der italienischen Präsenz im Mittelmeer (→18. 11./S. 194).

Der in der Schweiz lebende deutsche Schriftsteller Thomas Mann nimmt die tschechoslowakische Staatsbürgerschaft an (→2. 12./S. 204).

Bei einem Dammbruch auf der nordjapanischen Insel Hondo kommen 500 Menschen ums Leben. → S. 196

20. November, Freitag

Bei Schießübungen in der Lübecker Bucht sinkt das deutsche U-Boot »U 18« infolge eines Zusammenstoßes. Von 20 Besatzungsmitgliedern können 12 lebend geborgen werden.

Der Gründer und Führer der spanischen Faschistenorganisation Falange Española, José Antonio Primo de Rivera, wird in Alicante hingerichtet. → S. 194

Die Firma Krupp feiert ihr 125jähriges Bestehen. → S. 196

21. November, Sonnabend

Der österreichische Staatssekretär für auswärtige Angelegenheiten, Guido Schmidt, beendet einen offiziellen Besuch in Berlin. Bei den Wirtschaftsgesprächen mit Vertretern der deutschen Reichsregierung wurde u. a. die Erweiterung der Ausfuhr österreichischer Waren ins Deutsche Reich vereinbart.

Im Deutschen Reich wird die erste Kreuzung von Autobahnen dem Verkehr übergeben: In der Nähe von Halle überquert die Autobahnstrecke Halle–Leipzig die Autobahn Berlin–München.

Der Filmpionier und Begründer der deutschen Filmindustrie, Oskar Meßter, wird anläßlich seines 70jährigen Geburtstages zum Ehrensenator der Leipziger Technischen Hochschule ernannt.

22. November, Sonntag

Der seit 26 Tagen andauernde Streik der US-amerikanischen Hafenarbeiter und Seeleute verschärft sich durch den Beschluß der Kapitäne, Steuermänner und Maschinengenieure, ebenfalls in den Streik zu treten.

Bei der Jahresversammlung der »Deutschen Volksgruppen in Europa«, die in Karlsbad stattfindet, wird der Führer der Sudetendeutschen Partei, Konrad Henlein, einstimmig zum Vorsitzenden der deutschen Minderheiten im europäischen Ausland gewählt. (→29. 2./S. 35)

23. November, Montag

Die deutsche Reichsregierung erklärt den Beitritt zu den Bestimmungen über die »Humanisierung des U-Boot-Krieges«, die am 6. November bereits von Großbritannien, Frankreich, Italien, Japan und den USA angenommen worden sind.

Die Regierungen Frankreichs und Großbritanniens versichern, daß sie im Spanischen Bürgerkrieg streng neutral bleiben (→18. 11./S. 194).

In Goslar beginnt der Reichsbauerntag (23.–29. 11. 1936), die jährliche Hauptversammlung des Reichsnährstandes des Deutschen Reiches (→29. 11./S. 196).

Dem deutschen Pazifisten und Publizisten Carl von Ossietzky wird nachträglich der Friedensnobelpreis für 1935 zuerkannt. Das Osloer Nobelkomitee bestimmt den argentinischen Außenminister, Carlos Saavedra Lamas, für den Friedensnobelpreis des Jahres 1936 (→10. 12./S. 204).

Die französische Regierung vergibt die Aufträge zur Erweiterung der Maginot-Linie. Die Befestigungsanlagen an der Nordostgrenze Frankreichs sollen rund sechs Milliarden Franc (rund 700 Millionen Reichsmark) kosten. Diese zusätzlichen Grenzsicherungsmaßnahmen werden im Zusammenhang mit der Neutralitätsbestrebungen des belgischen Verbündeten gesehen (→14. 10./S. 182).

24. November, Dienstag

In Berlin findet vom 24. bis 28. November der »Kontinentale Reklamekongreß« statt. Die Tagung, die dem internationalen Erfahrungsaustausch der Werbefachleute dient, steht unter der Schirmherrschaft des deutschen Propagandaministers Joseph Goebbels. → S. 199

Das Staatsoberhaupt Ungarns, Reichsverweser Miklós von Horthy, trifft anläßlich eines Staatsbesuchs in Rom ein. Horthy wird vom italienischen König, Viktor Emanuel III., sowie dem Ministerpräsidenten und Duce, Benito Mussolini, empfangen. Der Besuch soll dem europäischen Ausland das hervorragende Einvernehmen zwischen Italien und Ungarn dokumentieren.

Der bisherige Unterstaatssekretär im französischen Ministerpräsidium, Marx Dormoy, wird Nachfolger des verstorbenen Innenministers Roger Salengro (→17. 11./S. 192).

Der Führer und Reichskanzler Adolf Hitler verleiht dem deutschen Chirurgen August Bier anläßlich dessen 75jährigen Geburtstages den Adlerschild des Deutschen Reiches. Bier hat u. a. die Rückenmarks-Anästhesie in der Chirurgie eingeführt.

25. November, Mittwoch

Das Deutsche Reich und Japan unterzeichnen den gegen die Kommunistische Internationale gerichteten Antikominternpakt. → S. 192

26. November, Donnerstag

Die albanische Regierung beschließt die Anerkennung der spanischen »Nationalregierung« unter General Francisco Franco, um ihre »antikommunistische Haltung zu dokumentieren« (→18. 11./S. 194).

Während Frankreich und Großbritannien sich vom deutsch-japanischen Antikominternpakt reagieren und die tschechoslowakische Presse einen antisowjetischen Pakt dahinter vermutet, äußern sich politische Kreise in Österreich mit »herzlicher Zustimmung« über das Abkommen. In Polen und Italien wird es ebenfalls mit »ausgesprochener Sympathie« aufgenommen. → S. 192

Einer der führenden Generäle der faschistischen Truppen in Spanien, Gonzalo Queipo de Llano, versucht in einer Rundfunkansprache das Scheitern der Großoffensive gegen Madrid zu vertuschen, indem er das schlechte Wetter »für gewisse Verzögerungen im Eroberungskampf« verantwortlich macht (→7. 11./S. 194).

Die französische Arbeitgebervereinigung bricht die Verhandlungen mit den Arbeitnehmern über die 40-Stunden-Woche ab und begründet dies mit »immer wieder vorkommenden Fabrikbesetzungen durch die Arbeiter«. Ministerpräsident Léon Blum kündigt daraufhin einen Gesetzentwurf an, der ein obligatorisches Schiedsverfahren in Arbeitskonflikten einführen soll.

27. November, Freitag

Während einer Rede bei der gemeinsamen Tagung von Reichskulturkammer und der NS-Gemeinschaft »Kraft durch Freude« in der Berliner Philharmonie verkündet der deutsche Reichspropagandaminister Joseph Goebbels das Verbot der Kunstkritik. → S. 198

Der spanische Außenminister Julio Alvarez del Vayo beantragt beim Genfer Völkerbundssekretariat die Einberufung des Völkerbundsrates und begründet diesen Wunsch der spanischen Regierung mit »Interventionshandlungen gewisser Mächte«. Gemeint ist damit die massive Unterstützung der spanischen Faschisten durch das Deutsche Reich und Italien (→18. 11./S. 194).

28. November, Sonnabend

Als Ergebnis italienisch-japanischer Verhandlungen in Rom erkennt Japan Abessinien als italienisches Territorium an.

Der Generalintendant am Deutschen Nationaltheater in Weimar, Hans Severus Ziegler, und der Schauspieler Emil Jannings werden in den Reichskultursenat berufen. → S. 198

In einer Rede während des Rätekongresses in Moskau kritisiert der sowjetische Volkskommissar des Äußeren, Maxim M. Litwinow, den deutsch-japanischen Antikominternpakt als Deckmantel für ein anderes,

geheimes (gegen die UdSSR gerichtetes) Abkommen (→25. 11./S. 192).

29. November, Sonntag

Das Deutsche Reichsinnenministerium gibt einen Erlaß zur Neubezeichnung der religiösen Bekenntnisse heraus. Danach ist zukünftig in allen öffentlichen Vordrucken und Urkunden zu unterscheiden zwischen Angehörigen einer Religionsgemeinschaft, Gottesgläubigen und Glaubenslosen. Der neue Begriff »Gottesgläubiger« soll von konfessionslosen, gläubigen Nationalsozialisten besetzt werden.

Auf dem deutschen Reichsbauerntag in Goslar legen die Leiter des Reichsnährstands den Rechenschaftsbericht über das Wirtschaftsjahr 1935/36 vor. → S. 196

30. November, Montag

Der chinesische Regierungschef Chiang Kai-shek äußert die Hoffnung, daß der deutsch-japanische Antikominternpakt keinen Einfluß auf die Gesamtlage im Fernen Osten hat und die guten deutsch-chinesischen Beziehungen nicht berührt. Zur Kommunistenfrage in China erklärt Chiang Kai-shek, daß lediglich »Reste von roten Banditen an den Landesgrenzen Unruhe stiften« (→25. 11., S. 192; 12. 12./S. 206).

Der Londoner Kristallpalast, der 1851 für die erste Weltausstellung erbaut worden ist, fällt einem Großbrand zum Opfer. → S. 197

Eine Reichsverordnung legt die Verbraucherpreise für Weihnachtsbäume im Deutschen Reich einheitlich fest.

Gestorben:

3. Budapest: Deszö Kosztolányi (*29. 3. 1885, Szabadka), ungarischer Dichter.

12. Wien: Josef Redlich (*18. 6. 1869, Göding/Mähren), österreichischer Politiker.

17. Lille: Roger Salengro (*30. 5. 1890, Lille), französischer Politiker und Innenminister (1936). → S. 192

20. Alicante: José Antonio Primo de Rivera y Saenz de Heredia (*24. 4. 1903, Madrid), spanischer Politiker. → S. 194

27. Monte Carlo: Basil Zaharoff (*6. 10. 1849, Mugla/Türkei), Waffenhändler griechischer Abstammung. → S. 196

Geboren:

5. Hamburg: Uwe Seeler, deutscher Fußballspieler.

15. Hamburg: Wolf Biermann, deutscher Lyriker und Kabarettist.

26. Würzburg: Freimut Duve, deutscher Politiker und Schriftsteller.

28. Ottawa/Kansas: Gary Hart, US-amerikanischer Politiker.

Nummer 45 5. November 1936

45. Jahrgang Preis 20 Pfennig

Berliner
Illustrirte Zeitung

Gerd Baatz

Vor der großen Rede im Berliner Sportpalast, die Ministerpräsident Göring zum Vierjahresplan hielt.

Dr. Goebbels überreicht Hermann Göring das Berliner goldene Erinnerungszeichen.

Reichsminister Dr. Goebbels, seit zehn Jahren Gauleiter von Berlin, verlieh dieses Erinnerungs-
zeichen den dreißig besten, treuesten und zuverlässigsten Parteigenossen der Bewegung in Berlin.

Pakt gegen Sowjets

25. November. Die Botschafter Joachim von Ribbentrop (Deutsches Reich) und Vicomte Kintomo Mushakoji (Japan) unterzeichnen in Berlin einen Vertrag zur gemeinsamen Abwehr der Kommunistischen Internationale (Komintern).

Im offiziellen Teil der Vereinbarungen ist u. a. eine gegenseitige Unterrichtung über die Tätigkeit der Komintern vorgesehen.

Ein geheimes Zusatzabkommen richtet sich direkt gegen die Sowjetunion. Japan und das Deutsche Reich verpflichten sich, keine politischen Verträge mit der Sowjetunion zu schließen, die dem Geist des Abkommens zuwiderlaufen.

Für die japanischen Militärs soll der Antikominternpakt eine Rückendeckung bei dem Vordringen in China bieten; seit der Okkupation der Mandschurei durch Japan im Jahr 1932 hat sich das Verhältnis zur Sowjetunion verschlechtert. Die Sowjets sehen sich durch das Übergreifen der Japaner auf das ostasiatische Festland zusehends bedroht.

Für Adolf Hitler bedeutet das Abkommen – nach den Verträgen mit Österreich und Italien – eine außenpolitische Stärkung des Deutschen Reichs. Die Annäherung an die Seemacht Japan bildet ein Gegengewicht zum potentiellen Gegner Großbritannien und gibt Hitler mehr Handlungsspielraum bei einem Vorstoß nach Osteuropa.

Roger Salengro, Frankreichs Innenminister (ab. 4. 5. 1936); er begeht Selbstmord in Lille

Innenminister in den Tod getrieben

17. November. In Lille nimmt sich der französische Innenminister Roger Salengro das Leben. Der 46jährige Sozialdemokrat gibt in einem Abschiedsbrief als Grund für seinen Freitod die Hetzkampagne der Rechtspresse gegen ihn an.

Die Blätter warfen Salengro seit Wochen vor, er habe während des Weltkriegs im Oktober 1915 Fahnenflucht verübt. Trotz seiner Rehabilitierung durch einen Militärausschuß (31. 10. 1936) wurde der Feldzug gegen ihn nicht eingestellt.

Nachfolger Salengros als Innenminister wird am 24. November 1936 der Sozialdemokrat Marx Dormoy.

Kabinett in Wien ohne Heimwehr

3. November. Der österreichische Bundeskanzler Kurt Schuschnigg bildet sein Kabinett um. Vier der Heimwehr angehörende Minister scheiden aus der Regierung aus.

Neben Vizekanzler und Sicherheitsminister Eduard Baar-Baarenfels werden der Justizminister Hans Hammerstein-Equord, der Finanzminister Ludwig Draxler und Handelsminister Fritz Stockinger ihrer Posten enthoben. Zum neuen Vizekanzler macht Schuschnigg den Führer der österreichischen Frontmiliz, Ludwig Hülgerth. Innenminister wird Edmund Glaise-Horstenau; als »Vertrauensmann« der Nationalsozialisten war er aufgrund des deutsch-österreichischen Abkommens vom → 11. Juli 1936 (S. 126) als Minister ohne Geschäftsbereich in das Kabinett eingetreten. Sicherheitsminister wird der ehemalige Heimwehrmann Odo Neustädter-Stürmer, das Justizministerium erhält der bisherige Rat des Obersten Gerichtshofs, Adolf Pilz; Handelsminister wird der Grazer Professor Wilhelm Taucher.

Die Vereinheitlichung der Führung, die Schuschnigg durch die Beseitigung der Heimwehren und die Entfernung ihrer Gefolgsleute aus Regierungsämtern anstrebt, ist nur nach außen hin erreicht. Die Opposition des ehemaligen Vizekanzlers, Ernst Rüdiger Starhemberg, zu Schuschnigg zeigt nicht nur in Heimwehrkreisen ihre Wirkung, und die Wühlarbeit der Nationalsozialisten schwächt Schuschniggs Position.

Empfang in der japanischen Botschaft in Berlin, Adolf Hitler (vorn l.) im Gespräch mit dem japanischen Botschafter Vicomte Kintomo Mushakoji

Antikominternpakt ruft Kritik hervor

26. November. Der französische Außenminister Yvon Delbos erklärt in Paris, daß der deutsch-japanische Vertrag (vom 25. 11.) nicht zu einer günstigen politischen Atmosphäre beitrage.

Delbos reagiert ebenso wie die britische Regierung mit vorsichtiger Ablehnung auf den Antikominternpakt. In Moskau kritisiert der sowjetische Volkskommissar des Äußeren, Maxim M. Litwinow, den deutsch-japanischen Pakt zu Recht als Deckmantel für ein gegen die UdSSR gerichtetes Abkommen.

Schritt zur Freiheit

13. November. In Beirut wird zwischen Frankreich und dem Libanon ein Vertrag abgeschlossen, der für das Mandatsgebiet die Unabhängigkeit vorsieht.

Der Vertrag lehnt sich stark an entsprechende Vereinbarungen zwischen Frankreich und Syrien (vom 9. 9. 1936) an. Der Libanon und Syrien sollen nach einer Übergangszeit von drei Jahren in die Unabhängigkeit entlassen werden und als souveräne Staaten dem Völkerbund beitreten. Im Rahmen eines Bündnisses mit Frankreich sollen die beiden Staaten ihre Außenpolitik mit Frankreich abstimmen. Sowohl in Syrien als auch im Libanon bleibt eine französische Militärmission bestehen. Sie soll lediglich für die Aufrechterhaltung der Ordnung zuständig sein. Außerdem ist vereinbart, daß die Armeen Syriens und des Libanon mit der gleichen Ausrüstung wie die französischen Truppen versehen werden.

Nachdem sich die Ratifizierung der Verträge wegen Unruhen in Syrien und im Libanon verzögert, wird im Jahr 1938 das Inkrafttreten der Verträge von der französischen Deputiertenkammer abgelehnt.

Kurt Schuschnigg, Bundeskanzler des autoritär regierten Österreich, will alle Kräfte konzentrieren

Wahlnacht in New York; eine riesige Menschenmenge hat sich auf dem Times Square versammelt, um die Bekanntgabe der Wahlergebnisse abzuwarten

Der alte und neue Präsident der Vereinigten Staaten von Amerika, Franklin Delano Roosevelt, mit seiner Mutter, Sara Delano Roosevelt, im Wahllokal Hyde Park in New York; aufgrund seiner großen Popularität kann Roosevelt sicher sein, daß er wiedergewählt wird

Roosevelt bleibt US-Präsident

Ergebnisse der Wahlen auf einer beleuchteten Tafel in New York

3. November. Mit einem überwältigenden Sieg für den amtierenden US-Präsidenten Franklin Delano Roosevelt enden die Präsidentschaftswahlen in den Vereinigten Staaten.

Für den Demokraten Roosevelt, der seit dem 4. März 1933 das Präsidentenamt innehat, ergibt sich eine Mehrheit von 523 Wahlmännern. Auf den republikanischen Kandidaten, den Gouverneur von Kansas, Alfred M. Landon, entfallen nur acht Wahlmänner. Damit ist die eigentliche Präsidentenwahl durch die Wahlmänner im Januar 1937 nur noch eine Formsache. (Die Wahlmänner sind von vorn-

herein auf die Wahl eines bestimmten Kandidaten festgelegt.) 46 US-Bundesstaaten haben sich für Roosevelt entschieden; nur Maine und Vermont stimmten für den Republikaner Landon.

Verteilung der Wählerstimmen

Kandidat	Stimmen
Roosevelt (Demokrat)	27751612
Landon (Republikaner)	16681913
William Lemke (Einheitspartei)	891858
Norman Thomas (Sozialist)	187342
Earl Browder (Kommunist)	80181

Bezogen auf die Wählerstimmen sieht das Ergebnis für Franklin De-

lano Roosevelt nicht ganz so positiv aus. Rund 27,8 Millionen US-Bürger gaben ihrem bisherigen Präsidenten erneut ihre Stimme, etwa 16,7 Millionen Wähler entschieden sich für den Republikaner Alfred M. Landon.

Bei den gleichzeitig durchgeführten Wahlen zum Repräsentantenhaus können die Demokraten ihre Mehrheit weiter ausbauen. Sie erhalten 334 Sitze (bisher 323), die Republikaner 89 (98), auf die Progressisten entfallen 7 (7) und auf die Farmarbeiter 5 Sitze (3).

Im Senat haben die Demokraten jetzt 75 Sitze (bisher 68) und die Republikaner 17 (bisher 26).

Der überlegene Wahlsieger Franklin Delano Roosevelt (l.) mit seiner Frau und seinem Sohn Franklin vor ihrem Haus in New York

Mitglieder der Republikanischen Partei warten im New Yorker Hauptquartier auf die Wahlergebnisse aus den einzelnen US-Bundesstaaten

Francotruppen greifen Madrid an

7. November. Mit einer Rede über Radio Burgos kündigt der Chef der »nationalspanischen« Aufständischen, Francisco Franco, die Großoffensive gegen Madrid an.

Nach Absicht von Emilio Mola, der die Leitung des Angriffs übernommen hat, soll Madrid innerhalb weniger Tage eingenommen werden.

Unterstützt von italienischen Panzerkolonnen und der deutschen Legion Condor, rücken Francos Truppen von Westen her gegen die spanische Hauptstadt vor und erreichen am 8. November den Stadtrand.

Unterdessen hat die pessimistische Einschätzung der militärischen Lage die Madrider Regierung veranlaßt, ihren Sitz nach Valencia zu verlegen, um bei einer Einnahme Madrids immer noch handlungsfähig zu bleiben. Am 6. November beschloß das Kabinett von Ministerpräsident Francisco Largo Caballero die Bildung einer »Junta für die Organisation und Überwachung der Verteidigung der Hauptstadt«.

Zum Oberstkommandierenden der Verteidigungstruppen und Regierungsdelegierten in der Junta ernannte Largo Caballero General José Miaja, der den Regierungsausschuß am 7. November – vor allem aus Mitgliedern der Kommunistischen Bewegung – zusammensetzt.

Die Verteidigung Madrids liegt dadurch überwiegend in der Verantwortung der spanischen Kommunisten und der Kommunistischen Internationale. Die antifaschistischen Brigadekämpfer, die Militärberater

Kämpfer der Regierungstruppen hinter einer Barrikade in der spanischen Hauptstadt Madrid kurz vor der großen Offensive der Aufständischen

aus der Sowjetunion – die eigentlichen militärischen Führer der republikanischen Truppen – und die zahlreichen Waffenlieferungen der Sowjets machen die Verteidigung Madrids erst möglich.

Über den Park Casa de Campo und in der Universitätsstadt von Madrid beginnen die Faschisten am 15. November einen Großangriff.

Nach tagelangen erbitterten Straßenkämpfen kann der Vormarsch der Angreifer aufgehalten und teilweise zurückgeschlagen werden. Die von General Mola angekündigte »letzte« Offensive auf Madrid scheitert an dem verbissenen Widerstand der republikanischen Truppen und der Madrider Bevölkerung, die sich trotz der ständigen Bombardierungen und der Hungersnot nicht demoralisieren läßt.

Bombeneinschlag nahe der Toledo-Brücke während eines der vielen Bombenangriffe auf Madrid

Erste Anerkennung für Franco-Regime

18. November. Das Deutsche Reich und Italien geben bekannt, daß sie die Regierung des spanischen Generals Francisco Franco anerkennen. Die ursprünglich erst nach der Einnahme von Madrid vorgesehene diplomatische Anerkennung des faschistischen Franco-Regimes erfolgt vorzeitig, damit die spanischen Aufständischen bei ihrer bislang wenig erfolgreichen Eroberung *Francisco Franco* der Hauptstadt intensiver unterstützt werden können.

Als offizielle Begründung für die Anerkennung berufen sich Italien und das Deutsche Reich u. a. darauf, daß Franco angeblich von dem größten Teil des spanischen Staatsgebietes Besitz ergriffen habe. Am 26. November erkennt Albanien als dritter Staat die Franco-Regierung an.

Falange-Gründer wird hingerichtet

20. November. Der Politiker José Antonio Primo de Rivera, Gründer der faschistischen Organisation Falange Española, wird in Alicante wegen der Vorbereitung des faschistischen Aufstands hingerichtet.

Nach dem Verbot der Falange durch die Regierung Azaña war der Sohn des spanischen Diktators Miguel Primo de Rivera im März 1936 verhaftet und zu einer Gefängnisstrafe verurteilt worden. *Primo de Rivera*

Seit Juni 1936 verbüßte er seine Strafe im Gefängnis von Alicante. Hier wurde er wegen Vorbereitung des Aufstands von einem Volksgericht zum Tod verurteilt (am 19. 11). Seine Hinrichtung erfolgt, noch bevor die Regierung in Valencia über ein Austauschangebot der »Nationalisten« entschieden hat.

Kolonne der spanischen Faschisten bei einer Verpflegungspause in Alcorcon, 12 km südwestlich von Madrid

»Volksempfinden« im Strafrecht

5. November. Der deutsche Reichsjustizminister Franz Gürtner stellt bei einer Pressekonferenz in Berlin die wichtigsten Punkte des Entwurfs für ein neues Strafrecht vor. Seit 1933 hat eine amtliche Kommission unter Leitung Gürtners und des Staatssekretärs im Justizministerium, Roland Freisler, an der »Ausgestaltung des neuen nationalsozialistischen Strafrechts« gearbeitet. Grundzug des Entwurfs ist eine Aufweichung der Rechtssicherheit, durch die jeder Gegner des Systems jederzeit strafrechtlich belangt werden kann. So ist das bereits am 28. Juni 1935 eingeführte Analogierecht auch in dem neuen Entwurf enthal-

ten. Danach werden Taten, die im Strafgesetz nicht erfaßt sind, nach dem Gesetz bestraft, dessen »Grundgedanke auf sie am besten zutrifft«. Ob eine Analogie zwischen einer Tat und einem Strafgesetz besteht, entscheidet das »gesunde Volksempfinden« der Richter.

Das Strafensystem des neuen Strafgesetzes sieht für eine große Anzahl von Vergehen die Todesstrafe vor, darunter für Verrat am Führer des deutschen Volkes, verräterische Untreue, besonders schwere Wehrmittelbeschädigung, besonders schwere Fälle von Brandstiftung, Verursachung einer Explosion, gefährlichen Sprengstoffbesitz, Mord, Notzucht

und schweren Raub mit Todesfolge. Als Handlungen, die nach dem Willen der Strafrechtskommission und der Nationalsozialisten künftig strafbar sein sollen (und in der Praxis teilweise schon als Strafhandlungen eingestuft sind) werden in dem Entwurf u. a. aufgeführt:

▷ Hetzerische Angriffe auf den Willen des Volkes zur Arbeit
▷ Streik und Aussperrung
▷ Öffentliche Verächtlichmachung von Ehe und Mutterschaft
▷ Öffentliche Aufforderung zur Beschränkung der Kinderzahl
▷ Verunglimpfung von Partei, Reich, Wehrmacht und Nazi-Organisationen.

Edgar André, auf Befehl von Adolf Hitler zum Tode verurteilt

Rotfrontkämpfer André hingerichtet

4. November. In Hamburg wird der 42jährige Edgar André, ehemaliger Vorsitzender des kommunistischen Rotfrontkämpferbundes Hamburg, hingerichtet. Er wurde am 10. Juli 1936 vom Hamburger Oberlandesgericht für schuldig befunden, am 7. September 1931 einen Nationalsozialisten getötet und neunmal einen Mord versucht zu haben.

Erst nach einer Intervention des Führers und Reichskanzlers Adolf Hitler hatte das Gericht das Todesurteil gesprochen. Während des Prozesses war es dem Staatsanwalt nicht gelungen, die Schuld Andrés stichhaltig zu beweisen. Die Mehrzahl der Richter hatte daher zuerst ein Todesurteil abgelehnt.

Der »deutschgläubige« Reichsbischof Ludwig Müller (ab 27. 9. 1933)

Pastor Martin Niemöller

Katholische Kirche taktiert noch

4. November. Ein Gespräch des Münchner Erzbischofs Michael von Faulhaber mit Führer und Reichskanzler Adolf Hitler in Berlin endet erfolglos. Faulhaber hat versucht, Hitler zur Einstellung der Repressalien gegen die Kirche zu bewegen. Trotz des 1933 zwischen Hitler und Papst Pius XI. abgeschlossenen Konkordats, das der katholischen Kirche im Deutschen Reich die Nichteinmischung in kirchliche Angelegenheiten garantiert, nutzen die Nationalsozialisten jede Gelegenheit, die Kirche zu verunglimpfen.

So werden – verstärkt seit 1935 – Schauprozesse gegen Ordensleute und Pastoren angestrengt, in denen homosexuelle Straftaten und Devisendelikte konstruiert werden. Gleichzeitig untergraben die Nazis systematisch den Einfluß der Kirche auf die Jugend. Der Abbau der Bekenntnisschulen wird u. a. durch Maßnahmen herbeigeführt wie das am 16. Oktober in Bayern ausgesprochene Verbot für Nonnen, an öffentlichen Volksschulen zu unterrichten (gültig ab 1. Januar 1937). Durch Gründung nationalsozialisti-

scher Krankenschwesterorden sollen die konfessionellen Schwestern aus der Krankenversorgung und -pflege verdrängt werden.

Obwohl der Kampf Hitlers gegen die Kirche sich zusehends verschärft, hat sich bei den Katholiken keine Widerstandsgruppe wie die Bekennende Kirche bei den Protestanten gebildet. Angesichts des alltäglichen Terrors versuchen viele Kirchenleute immer noch, sich mit den Nationalsozialisten zu arrangieren, um Freiräume für die katholische Kirche zu erhalten.

Verkaufszwang für Gold und Devisen

24. November. In Veröffentlichungen der deutschen Presse werden die Besitzer von Gold, ausländischen Zahlungsmitteln und Forderungen in ausländischer Währung darauf aufmerksam gemacht, daß sie diese Werte der deutschen Reichsbank bis zum 30. November 1936 zum Kauf angeboten haben müssen.

Mit der sog. Anbietungspflicht soll die chronische Devisenknappheit im Deutschen Reich gemindert werden, um die Rohstoffeinkäufe im Ausland zu erleichtern.

Magere Bilanz des Reichsnährstandes

29. November. Der auf dem Reichsbauerntag in Goslar vorgelegte Rechenschaftsbericht des Reichsnährstandes für das Wirtschaftsjahr 1935/36 verweist auf die Erfolge der landwirtschaftlichen »Erzeugungsschlacht« im Deutschen Reich. Ertragssteigerungen gegenüber dem Vorjahr können vor allem für Hanf, Flachs und Raps gemeldet werden (zusammen von 169 000 t im Jahr 1935 auf 272 000 t 1936). Demgegenüber sind die Getreideerträge in der deutschen Landwirtschaft gesunken (Weizen und Roggen zusammen von 12,2 Millionen t auf 11,8 Millionen t).

Es ist den Nationalsozialisten trotz zentraler Lenkung durch den Reichsnährstand und Erzeugungsschlacht-Propaganda weder gelungen, die angestrebte Selbstversorgung mit Lebensmitteln zu erreichen und die Versorgung der Bevölkerung zu verbessern, noch konnten sie die Landflucht eindämmen und nennenswerte Erfolge bei ihrer Siedlungspolitik aufweisen.

Jahresverbrauch an Lebensmitteln
(pro Kopf der Bevölkerung)

Lebensmittel	1932	1934	1936
Fleisch (kg)	42,1	45,4	43,4
Kartoffeln (kg)	191	180	171
Eier (Stück)	138	120	118
Butter (kg)	7,5	7,8	8,5

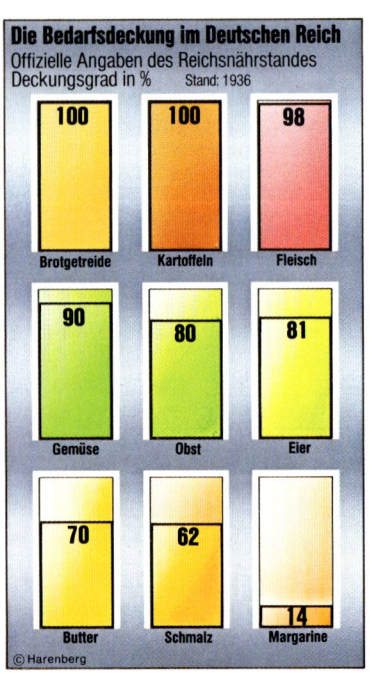

Die Bedarfsdeckung im Deutschen Reich
Offizielle Angaben des Reichsnährstandes
Deckungsgrad in % — Stand: 1936

100 Brotgetreide	100 Kartoffeln	98 Fleisch
90 Gemüse	80 Obst	81 Eier
70 Butter	62 Schmalz	14 Margarine

© Harenberg

Villa Hügel in Essen, Domizil der Industriellen-Familie Krupp

Krupp 125 Jahre alt

20. November. Aus Anlaß des 125jährigen Bestehens der Kruppwerke wird dem 66jährigen Industriellen Gustav Krupp von Bohlen und Halbach und seiner Frau Bertha das Ehrenbürgerrecht der Stadt Essen verliehen.

Wie schon im Weltkrieg ist der Kruppkonzern auch jetzt vorrangig mit der Produktion von Rüstungsgütern beschäftigt und kann dank Adolf Hitlers Kriegsvorbereitungen einen überdurchschnittlichen Gewinnzuwachs verzeichnen. Der Reingewinn des Konzerns stieg von 6,65 Millionen Reichsmark (RM) im Jahr 1933/34 auf 14,39 Millionen RM im Jahr 1935/36.

V. l.: Kruppdirektor Paul Goerens, Adolf Hitler, Gustav Krupp

Der Kanonenkönig Zaharoff ist tot

27. November. In Monte Carlo stirbt der »Kanonenkönig« Basil Zaharoff, einer der reichsten Männer der Welt, im Alter von 87 Jahren.

Mit internationalen Waffengeschäften machte der in der Türkei geborene Zaharoff während des Weltkrieges ein Vermögen von rund 20 Millionen britischen Pfund (rund 250 Millionen Reichsmark).

Als Vertreter der schwedischen Waffenfabrik Nordenfelt war Zaharoff seit 1875 für den Balkan zuständig.

Nach dem Zusammengehen von Nordenfelt mit der britischen Vickers Rüstungsgesellschaft brachte es Zaharoff bald bis zum Hauptaktionär und wurde damit einer der führenden Männer des Rüstungskonzerns Vickers-Maxim-Schneider-Creusot.

An der Gründung der britisch-französischen Öl-Interessengemeinschaft war er maßgeblich beteiligt und kontrollierte schließlich eine Anzahl führender Banken.

Während des Krieges, auf den er durch seine beherrschende Stellung in der Rüstungsindustrie entscheidenden Einfluß ausübte, entwickelte Zaharoff im Interesse der Alliierten eine lebhafte Tätigkeit und machte u. a. riesige Stiftungen zur Begründung von militärischen und naturwissenschaftlichen Lehrstühlen an den Universitäten Paris, Petersburg (Leningrad) und London.

Unglück in Japan fordert 500 Tote

19. November. Nach einem Dammbruch in dem Grubengebiet von Osaruzawa, südlich der japanischen Stadt Aomori, kommen 500 Bergleute der zum Mitsubischi-Konzern gehörenden Kupfergrube durch Wassereinbrüche ums Leben.

In dieser Gegend waren durch starke Regengüsse sämtliche Dämme zerstört und das Gebiet völlig überschwemmt worden. Außer der Grube wurden auch die Dörfer der Grubenarbeiter von den Fluten in Mitleidenschaft gezogen. Von den etwa 1 000 Häusern der Ortschaften sind 350 zerstört worden. Der Gesamtschaden wird auf 10 Millionen Jen beziffert.

Die San Francisco-Oakland Bay Bridge kurz vor der Vollendung: Noch ist die Auffahrt (r. unten) nicht fertig

Massenandrang nach der Eröffnung

Neues Wahrzeichen kündigt sich an

12. November. Als erster Teilabschnitt des neuen Brückensystems in der Bucht von San Francisco wird die San Francisco-Oakland Bay Bridge eingeweiht. Die 7,2 km lange Brücke verbindet San Francisco quer durch die Bucht mit dem gegenüberliegenden Oakland.

Eine zweite Brückenverbindung am Eingang der Bucht, dem Golden Gate (Goldenes Tor), ist noch in Bau. Dort wird seit dreieinhalb Jahren die Golden Gate Bridge errichtet. Sie führt von San Francisco nach Sausalito. Die Golden Gate Bridge wird zusammen mit dem gesamten Brückensystem am 27. Mai 1937 dem Verkehr übergeben.

Das insgesamt – mit allen Zufahrtstraßen – 13 km lange Brückensystem ersetzt in Zukunft die Fährverbindungen zwischen den benachbarten Städten. Die Fähren sind dem wachsenden Verkehrsaufkommen nicht mehr gewachsen. Außerdem sind Straßenverbindungen natürlich viel zeitsparender.

Zwar ist die jetzt eingeweihte Oakland Bay Bridge verkehrstechnisch bedeutsamer als die Golden Gate Bridge. Gegenüber deren exponierter Lage und Eleganz versinkt sie jedoch bald in alltäglicher Bedeutungslosigkeit.

Feuer vernichtet den Kristallpalast

30. November. Der 1851 für die Weltausstellung in London erbaute Kristallpalast wird am späten Abend ein Opfer der Flammen.

Das infolge einer Gasexplosion entstandene Großfeuer, das erst nach einem Tag von den Londoner Feuerwehren gelöscht werden kann, vernichtet das riesige Gebäude fast vollständig.

Ursprünglich war der Palast von Joseph Paxton im Hyde Park errichtet worden (1851). 1854 wurde die Konstruktion aus Gußeisen und Glas in den Stadtteil Sydenham versetzt.

Das Gebäude mit einer Grundfläche von gut 70 000 m² wurde vor allem für Musikveranstaltungen genutzt.

Nur die Türme des Londoner Kristallpalastes sind stehengeblieben

Eduard VIII. in der Uniform eines britischen Flottenadmirals

Eduard VIII. hält erste Thronrede

3. November. Mit einer Thronrede vor dem Oberhaus in London eröffnet Großbritanniens König Eduard VIII. erstmals das Parlament.

In der Rede betont der König, daß die britische Regierung ihre Politik auf die Mitgliedschaft im Völkerbund stütze, daß sie jedoch Vorschläge zu einer Reform des Völkerbunds in Genf eingereicht habe. Die Befriedung Europas solle von Großbritannien mit allen Mitteln gefördert werden.

Weiter teilte Eduard VIII. mit, daß er im Anschluß an seine Krönung in London im Mai nächsten Jahres zur Kaiserkrönung nach Indien fahren werde (→ 10. 12./S. 208).

Würdigung statt Kritik

27. November. Per Verfügung verbietet der deutsche Propagandaminister Joseph Goebbels jegliche Kunstkritik. Nach der Gleichschaltung des gesamten Kulturbetriebs soll nun auch die öffentliche Meinungsbildung über Kultur den Vorstellungen der Nationalsozialisten angepaßt werden.

In Goebbels' Erlaß heißt es u.a.: »...An die Stelle der bisherigen Kunstkritik, die in völliger Verdrehung des Begriffs ›Kritik‹ in der Zeit jüdischer Kunstüberfremdung zum Kunstrichtertum gemacht worden war, wird ab heute der Kunstbericht gestellt... Der Kunstbericht soll weniger Wertung als vielmehr... damit Würdigung sein. Er soll dem Publikum die Möglichkeit geben..., aus seiner eigenen Einstellung und Empfindung sich über künstlerische Leistungen eine Meinung zu bilden.«

Hinterlassen die Ausführungen von Goebbels den Eindruck, als solle das Publikum von dem Diktat selbstherrlicher Kunstrichter befreit werden, um sich nun endlich eine eigene Meinung bilden zu können, so erläutert der stellvertretende Pressechef der Reichsregierung, Alfred-Ingemar Berndt, auf einer Tagung des Reichskultursenats am 29. November 1936, worum es Goebbels tatsächlich geht: »...Wir wollen den Kunstschriftleiter im nationalsozialistischen Staat einer solchen Möglichkeit [sich über die Güte eines Werkes zu irren] nicht aussetzen... Für die Beurteilung eines Kunstwerkes kann... auch nur die nationalsozialistische Kulturauffassung maßgebend sein. Nur Partei und Staat sind in der Lage, aus dieser nationalsozialistischen Kunstauffassung heraus Werte zu bestimmen...«

Neue Kultursenatoren

28. November. Der Präsident der deutschen Reichskulturkammer, Propagandaminister Joseph Goebbels, beruft den Generalintendanten am Deutschen Nationaltheater in Weimar, Hans Severus Ziegler, und den Schauspieler Emil Jannings in den Reichskultursenat.

Das zusammen mit der Reichskulturkammer (am 15. 11. 1933) eingerichtete Gremium, das offiziell beratende Funktion in Kulturfragen hat, dient Goebbels lediglich zu Repräsentationszwecken. Entscheidungen in kulturellen Fragen werden von Goebbels selbst getroffen.

Als Aushängeschilder großer deutscher Kultur sind in dem Reichskultursenat ausgewählte Prominente vor den Karren der nationalsozialistischen Propaganda gespannt – unter ihnen der Komponist Hans Pfitzner, der Pianist Wilhelm Backhaus, der Dirigent Wilhelm Furtwängler, der Schriftsteller Hanns Johst, der Dirigent Peter Raabe, Gustaf Gründgens, Werner Krauss sowie der Regisseur Carl Froelich.

Horváth uraufgeführt

13. November. Unter dem geänderten Titel »Liebe, Pflicht und Hoffnung« führt der Regisseur Ernst Jubal im Wiener Theater für 49 Ödön von Horváths Schauspiel »Glaube Liebe Hoffnung« auf.

Die Uraufführung des Stückes in dem kleinen Theater (mit nur 49 Sitzplätzen) ruft in der Wiener Kulturwelt kaum Beachtung hervor. Bereits im Jahr 1933 wollte Heinz Hilpert »Glaube Liebe Hoffnung« in Berlin uraufführen. Die Nationalsozialisten verboten jedoch die Aufführung von Horváth-Stücken. Horváth wird in Wien, wo er sich seit 1934 vorwiegend aufhält, wegen seines 1931 in Berlin uraufgeführten kritischen Volksstückes »Geschichten aus dem Wienerwald« mit Nichtbeachtung gestraft.

»Glaube Liebe Hoffnung« schrieb Horváth 1932. In dem Drama »gegen die kleinen Paragraphen« wird eine junge Frau, die durch finanzielle Not in Schwierigkeiten gekommen ist, durch ihre Mitmenschen, die sich kleinmütig und engstirnig an Normen und Paragraphen orientieren, zugrunde gerichtet.

Reklamepostkarten, hier eine Werbung für rote Betten-Inletts, kamen um die Jahrhundertwende auf den Markt; im Jahr 1936 ist diese verschickte Werbung den Bildpostkarten mit anderen Motiven gewichen, Reklamepostkarten haben jetzt vor allem Sammlerwert

Eine etwas frivole Werbung, wie diese französische für Damenstrümpfe aus Crêpe, ist im Deutschen Reich kaum noch möglich; die Firma Guy bietet Strümpfe für umgerechnet 3,36–4,51 Reichsmark an

DER CHEF HAT SIE GELOBT...

Sie freut sich über die Anerkennung – sie weiß aber auch, daß sie die freundlichen Worte nicht allein ihrer Tüchtigkeit, sondern auch ihrer treuen Helferin – der Olympia 8 – verdankt. Mustergültige Briefe kann man eben nur dann schreiben, wenn man eine mustergültige Maschine zur Verfügung hat.

Olympia
GERÄUSCHGEDÄMPFT

NESTLÉ
Lait concentré sucré - Farine Lactée

Verbindung des angebotenen Artikels mit gesellschaftlicher oder beruflicher Anerkennung, auch 1936 eine typische Methode der Werbung; die angepriesene »Olympia 8« hat eine spezielle Taste für automatische Sperrschrift

Französische Nestlé-Reklame für gezuckertes Milchpulver

<u>Werbung 1936:</u>

Saubere Reklame für deutsche Ware

Die gesamte Werbung im Deutschen Reich steht seit dem 12. September 1933 durch das »Gesetz über Wirtschaftswerbung« unter der Aufsicht der nationalsozialistischen Führung. Seit 1933 hat es keine gravierenden Änderungen im Erscheinungsbild der deutschen Reklame gegeben.

Der nationalsozialistische Geist breitet sich fast unbemerkt in den Zeitungsanzeigen und Werbebildern aus. Nach dem Willen des deutschen Propagandaministeriums soll in der Werbung keine offene NS-Propaganda stattfinden. Dafür hat aber die »Säuberung des Inhalts der Werbung 1936 einen gewissen Abschluß erlangt«, wie der stellvertretende Präsident des Werberats der deutschen Wirtschaft auf dem Kontinentalen Reklame-Kongreß in Berlin (24.–28. 11. 1936) verkündet. Nur noch der offensichtlich nordisch-germanische Typ taucht auf Werbefotos auf. Der Wirtschaft wird allerdings ein vergleichsweise großer Freiraum in der Gestaltung der Werbung gelassen, hat sie sich doch durch die Anpassung an den NS-Stil selbst »gleichgeschaltet«.

hier herrscht Ordnung!

Hier sorgt "Sir" Qualität für tadelloses, angenehmes Rasiren! Jeder 4711 "Sir"-Artikel bedeutet einen Fortschritt auf seinem Gebiet. "Sir" Rasir-Creme — eine Wonne für die Wange. "Sir" Rasir-Seife — erstaunlich ausgiebig im Gebrauch. "Sir" Rasir-Wasser zur hygienischen Nachbehandlung. "Sir" Rasir-Puder beruhigt, kühlt und vollendet die hautschonende, hautpflegende "Sir" Rasir-Methode.

4711 Sir

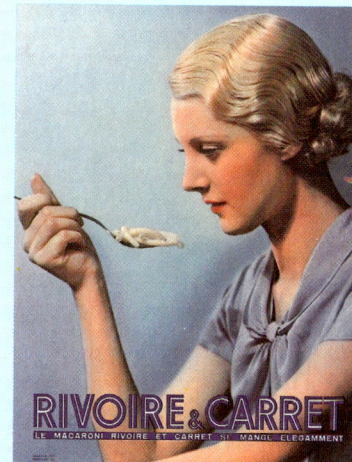

RIVOIRE & CARRET
LE MACARONI RIVOIRE ET CARRET SE MANGE ELEGAMMENT

»Kernige« Reklame der Firma 4711, die sich an den »deutschen« Mann richtet; überall im Deutschen Reich soll Ordnung »herrschen«

Französische Werbung für kurze Nudeln für »elegantes« Essen

Er hat nur Augen für seine Frau

Die Frau ist glücklich zu schätzen, die sich die Liebe ihres Mannes durch die Jahre hindurch bewahrt. Helfen Sie Ihrem Gatten dabei, Sie stets so bezaubernd zu finden, wie er es ersehnt. Erhalten Sie sich den Liebreiz eines reinen, zarten Teints – die Schönheit einer in natürlicher, jugendlicher Frische erstrahlenden Haut. Hören Sie, was wir Ihnen über die „2-Minuten-Schönheitspflege" mit *Palmolive-Seife* zu sagen haben:
Beleben Sie morgens die Haut mit einer nur 2 Minuten in Anspruch nehmenden sanften Massage mit *Palmolive-Seife.* Befreien Sie abends Ihre Haut auf die gleiche Art von dem Schmutz und Staub des Tages. Der milde Schaum dieser *mit Oliven- und Palmenölen hergestellten* Schönheitsseife dringt schonend in die Poren ein, reinigt sie gründlich und erleichtert ihnen das Atmen. Die Haut wird wieder glatt und geschmeidig, und der Teint gewinnt sein jugendfrisches, blühendes Aussehen zurück.

1 Stück 32₰
3 Stück 90₰

PALMOLIVE
Mehr als Seife – ein Schönheitsmittel

Eine Welt voll Musik-

erschließt sich Ihnen mit jedem Rundfunkempfangsgerät aus dem neuen Telefunken-Jahrgang. Vom 1-Kreis-Empfänger bis zum 6-Röhren-Super spiegeln die Konstruktionen der neuen Telefunken-Apparate Musik und Sprache in natürlicher Reinheit; es ist ein Genuß. Kommen Sie zur Vorführung! Ihr Rundfunkhändler erwartet Sie.

TELEFUNKEN
DIE DEWELTM

Ganz im Sinn auch der Nationalsozialisten: Die Frau, die sich für ihren Mann mit Seife schön erhält

Der Rundfunk ist »das« NS-Propaganda-Medium, was die Werbung allerdings verschweigt

Dezember 1936

Mo	Di	Mi	Do	Fr	Sa	So
	1	2	3	4	5	6
7	8	9	10	11	12	13
14	15	16	17	18	19	20
21	22	23	24	25	26	27
28	29	30	31			

1. Dezember, Dienstag

Mit dem »Gesetz über die Hitler-Jugend« ist der Prozeß der völligen Erfassung der Jugend durch Staat und Partei abgeschlossen. Als einzige anerkannte Jugendorganisation gilt fortan die Hitlerjugend. → S. 204

US-Präsident Franklin Delano Roosevelt eröffnet die von 21 Staaten beschickte panamerikanische Konferenz in Buenos Aires, bei der über die wirksamsten Friedenssicherungsmaßnahmen zwischen den amerikanischen Staaten beraten wird (→ 23. 12./S. 207).

Das Gesetz gegen Wirtschaftssabotage bedroht Deutsche, die sich Devisenvergehen schuldig machen, mit der Todesstrafe.

Dem Reichspropagandaministerium wird die Leitung des Winterhilfswerkes übertragen.

Der Blumen- und Aktmaler Adolf Ziegler, wird zum Präsidenten der Reichskammer der Bildenden Künste ernannt.

In Berlin wird der Liebesfilm »Die Julika« von Geza von Bolvary uraufgeführt. Die Hauptrollen spielen Paula Wessely, Attila Hörbiger, Gina Falckenberg und Fred Hennings.

2. Dezember, Mittwoch

Die deutsche Presse weist auf die schlechten Berufsaussichten für Akademiker hin. Für 4664 angehende Mediziner z. B. stehen nur 1400 Bedarfsstellen zur Verfügung. Noch schlechter seien die Aussichten für Juristen.

Dem Schriftsteller Thomas Mann wird die deutsche Staatsangehörigkeit aberkannt. → S. 204

US-Präsident Franklin Delano Roosevelt verbietet im Hinblick auf die gespannte Weltlage Mitgliedern des amerikanischen diplomatischen Korps die Eheschließung mit Ausländern.

3. Dezember, Donnerstag

Die II. Sozialistische Internationale und der Internationale Gewerkschaftsbund fordern zur Unterstützung der spanischen Republik auf.

4. Dezember, Freitag

Das Reichserziehungsministerium verkündet eine Verkürzung der Schulzeit von 13 auf 12 Jahre ab Ostern 1937. → S. 211

Um eine gerechte Verteilung der Speisefette an die Verbraucher zu gewähr-

leisten, werden bei den Händlern Kundenlisten aufgestellt.

Die sowjetische Regierung erhöht als Folge der Abwertung des französischen Franc den Tauschwert eines Rubels von bisher 3 auf 4,25 Franc.

5. Dezember, Sonnabend

Im ganzen Deutschen Reich sammeln bekannte Persönlichkeiten am »Tag der nationalen Solidarität« für das Winterhilfswerk.

Der seit dem 25. November in Moskau tagende Rätekongreß der UdSSR verabschiedet eine neue sowjetische Verfassung. → S. 206

In letzter Instanz gewinnen deutsche Schallplattenfirmen einen Prozeß gegen die Reichsrundfunkgesellschaft. → S. 207

Das Staatliche Schauspielhaus am Gendarmenmarkt in Berlin feiert sein 150jähriges Jubiläum.

6. Dezember, Sonntag

Die nationalsozialistischen Gauleiter im Deutschen Reich werden angewiesen, zur Verbesserung der deutschen Rohstoffgrundlage Altmaterialiensammlungen zu organisieren.

In Hamburg wird die Oper »Schwarzer Peter« von Norbert Schultze uraufgeführt (→ S. 210).

7. Dezember, Montag

Durch einen Runderlaß des Reichsinnenministeriums wird den in rassischer Mischehe lebenden Deutschen das Hissen der Reichs- und Nationalflaggen untersagt.

Die mexikanische Regierung erklärt sich bereit, dem ausgewiesenen sowjetischen Politiker Leo Trotzki, der sich gegenwärtig in Norwegen aufhält, politisches Asyl zu gewähren.

Das erst vor wenigen Tagen fertiggestellte größte Landflugzeug der Welt, die Boeing-Bomber-Maschine, stürzt in Seattle/USA ab und wird schwer beschädigt.

8. Dezember, Dienstag

Dem jüdischen pazifistischen Schriftsteller Carl von Ossietzky wird ein Ausreiseverbot erteilt, so daß er den ihm verliehenen Friedensnobelpreis nicht persönlich am 10. Dezember in Oslo in Empfang nehmen kann (→ 10. 12./S. 204).

In Anwesenheit des Führers und Reichskanzlers Adolf Hitler läuft in Kiel das Schlachtschiff »Gneisenau« vom Stapel. Die Tonnage – angegeben mit 26 000 Bruttoregistertonnen – wird insgeheim auf 31 800 BRT vergrößert.

Das deutsche Winterhilfswerk betreut künftig keine Juden mehr.

Ein neuer Bundesbeschluß des Schweizer Bundesrats soll die »Sicherheit und Ordnung des Staates vor

Angriffen kommunistischer und anderer antidemokratischer Organisationen gewährleisten«. → S. 206

In München wird die unter der Regie von Veit Harlan gedrehte Filmkomödie »Alles für Veronika« uraufgeführt. Thekla Ahrens, Willy Eichberger, Hans Moser, Theo Lingen, Grethe Weiser und Gretl Theiner spielen die Hauptrollen.

In Berlin endet eine von der Polizei angeordnete Rattenbekämpfungsaktion (Beginn 21. 11.). → S. 211

9. Dezember, Mittwoch

In der Sitzung des Nichteinmischungsausschusses in London beschuldigt Botschafter Joachim von Ribbentrop die Sowjetunion, der spanischen Volksfront-Regierung 35 000 Mann und umfangreiche Geldmittel zur Verfügung gestellt zu haben, dazu kämen noch 25 000 Franzosen. Die Sowjetunion wirft der deutschen Regierung vor, zur Unterstützung der nationalspanischen Gegenregierung 6 000 Mann entsandt zu haben.

Vor dem höchsten Strafgericht des Kantons Graubünden in Chur beginnt der Prozeß gegen David Frankfurter, der am 4. Februar in Davos den Landesgruppenleiter Schweiz der NSDAP, Wilhelm Gustloff, ermordet hat (→ 14. 12./S. 206).

10. Dezember, Donnerstag

König Eduard VIII. von Großbritannien dankt ab. → S. 208

Der deutsche Geschäftsträger bei der von General Francisco Franco geführten spanischen Gegenregierung, Wilhelm Faupel, tritt in einem Telegramm an die Reichsregierung für die sofortige Entsendung starker deutscher Truppenverbände nach Spanien ein (→ 18. 11./S. 194).

Reichsjugendführer Baldur von Schirach wendet sich in einer groß angekündigten Rundfunkansprache an alle Eltern, um sich gegen Vorwürfe »mancher verirrten Geistlichen« zu wehren, ein Feind der religiösen Erziehung zu sein. Er habe niemals einen Gottlosen in der Hitlerjugend geduldet.

Im großen Saal des Stockholmer Konzerthauses werden die Nobelpreise übergeben. → S. 204

11. Dezember, Freitag

Das britische Parlament verabschiedet ein Abdankungsgesetz, das den Rücktritt des bisherigen Königs, Eduard VIII., regelt. → S. 208

Der deutschen Hausfrau werden neue Richtlinien für die Beköstigung der Familie vorgeschlagen, »um die Ernährung des Volkes aus seinem eigenen Boden sicherzustellen«.

12. Dezember, Sonnabend

Im Londoner St.-James-Palast wird Herzog Albert von York vom Thronrat zum König Georg VI. von Großbritannien ausgerufen. → S. 209

Die Regierung des Freistaates Irland unter Ministerpräsident Eamon de Valera nimmt die Abdankung König Eduards VIII. zum Anlaß, eine Verfassungsänderung einzuleiten, die darauf hinausläuft, dem irischen Freistaat eine republikanische Regierungsform zu geben.

Chinas Regierungschef Marschall Chiang Kai-shek wird in der Hauptstadt der Provinz Schensi, Hsian, gefangengenommen. → S. 206

Die Lufthansa beendet den 200. planmäßigen Postflug über den Südatlantik. Bisher wurden von ihr rund zehn Millionen Luftpostbriefe befördert.

13. Dezember, Sonntag

Aus Anlaß des 100. Geburtstages des deutschen Malers Franz von Lenbach findet im Münchener Künstlerhaus ein Festakt statt.

Die Athletikkommission des Staates New York setzt den 3. Juni 1937 als Termin für den Weltmeisterschaftskampf im Schwergewicht der Profiboxer zwischen dem Titelverteidiger James J. Braddock aus den USA und dem deutschen Herausforderer Max Schmeling fest (→ 19. 6./S. 114).

14. Dezember, Montag

Der Mörder des NSDAP-Politikers Wilhelm Gustloff, David Frankfurter, wird in Chur u.a. zu 18 Jahren Zuchthaus verurteilt. → S. 206

Der Schweizer Bundesrat beschließt, neben dem üblichen Halbweiß- oder Weißbrot ab 1. Januar 1937 ein dunkleres Vollbrot einzuführen.

Der Publizist Carl von Ossietzky wird aus dem KZ Papenburg-Esterwegen ins Krankenhaus Nordend in Berlin eingeliefert, wo er am 4. Mai 1938 stirbt (→ 10. 12./S. 204).

Heinrich Mann hält in Paris einen Vortrag »Freiheit für Ossietzky« (→ 10. 12./S. 204; 2. 12./S. 204).

15. Dezember, Dienstag

Anläßlich eines Empfangs der »Anglo German Fellowship« in London spricht der deutsche Botschafter Joachim von Ribbentrop über die deutsch-britischen Beziehungen. Der Krieg zwischen den Ländern sei ein »tragischer Fehler« gewesen und dürfe sich nicht wiederholen.

13 Staaten, die an die USA noch Kriegsschulden (aus dem Weltkrieg) zu zahlen haben, werden von der US-Regierung an die am 15. Dezember fällige Rate erinnert. Außer Finnland erklären sich alle Staaten angesichts der gespannten wirtschaftlichen Situation außerstande, den Zahlungsverpflichtungen nachzukommen.

Die Reichsregierung erläßt ein Amnestiegesetz für Devisenvergehen, das all jenen Straffreiheit zusichert, die ihre bisher nicht deklarierten Vermögenswerte im In- und Ausland bis zum 31. Januar 1937 der Reichsbank übertragen.

Bericht der »Leipziger Neuesten Nachrichten« vom 11. Dezember 1936 über den überraschenden Thronverzicht des britischen Königs Eduard VIII.

Einzelnummer in Leipzig **15** Pfg. auswärts **20** Pfg.

Nr. 346

Leipziger Neueste Nachrichten

und

Handels-Zeitung

vormals Leipziger Nachrichten

Freitag, den 11. Dezember 1936

Ausgabe A

König Eduard VIII. dankt ab

Ein Entschluß von weltpolitischer Tragweite
Der Herzog von York Nachfolger des Königs

DNB. London, 10. Dez. Ministerpräsident Baldwin gab am Donnerstag um 16.40 Uhr MEZ. im englischen Unterhaus bekannt, daß König Eduard VIII. abgedankt hat, und daß sein Bruder, der Herzog von York, sein Nachfolger wird. Ministerpräsident Baldwin betrat kurz nach 16.30 Uhr MEZ., gefolgt von seinen Sekretären, das Unterhaus. Der Sprecher erteilte ihm das Wort. Baldwin erhob sich hierauf und erklärte, er habe eine Mitteilung des Königs, die dieser persönlich unterzeichnet habe. Er begab sich hierauf zum Sprecher und überreichte diesem die Botschaft des Königs. Der Sprecher verlas hierauf um 16.43 Uhr die Botschaft, in der König Eduard VIII. auf seinen Thron verzichtet. Der Herzog von York wird Nachfolger König Eduards VIII.

Botschaft König Eduards VIII. an das Unterhaus

Die Proklamation König Eduards VIII., die im Unterhaus vom Sprecher verlesen wurde, hat folgenden Wortlaut:

Nach langer und sorgfältiger Erwägung habe ich mich entschlossen, auf den Thron zu verzichten, den ich nach dem Tode meines Vaters bestiegen habe, und ich teile nunmehr diesen meinen endgültigen und unwiderruflichen Entschluß mit. In der Erkenntnis der Schwere dieses Schrittes kann ich nur hoffen, daß mich meine Völker bei der Entscheidung verstehen werden, die ich gefaßt habe, und die Gründe, die mich veranlaßt haben, sie zu fassen. Ich will nicht über meine privaten Gefühle äußern, aber ich bitte, daß man bich daran erinnern möge, daß die Last, die lästig auf den Schultern eines Souveräns lastet, so schwer ist, daß sie nur getragen werden kann unter Umständen, die verschieden sind von denen, in denen ich mich jetzt befinde. Ich glaube, daß ich nicht die Pflicht übersehe, die auf mir lastet, der ich im Vorder-

phot. Associated Press
König Eduard VIII.

grund des öffentlichen Lebens gewesen bin, wenn ich erkläre, daß ich mir dessen bewußt bin, daß ich diese schwere Aufgabe nicht länger mehr wirksam und zu meiner Zufriedenheit erfüllen kann.

Ich habe daher heute meinen Abdankungsakt unterzeichnet, der folgenden Wortlaut hat: Ich, Eduard VIII., König von Großbritannien, Irland und den britischen Dominions über See, Kaiser von Indien, erkläre hiermit meinen unwiderruflichen Beschluß, für mich und meine Nachkommen auf den Thron zu verzichten, und meinen Wunsch, daß dieser Akt der Abdankung

sofort in Kraft trete. Zu Urkund dessen habe ich eigenhändig an diesem 10. Dezember 1936 in Gegenwart der Zeugen, deren Unterschrift folgen, unterzeichnet.

gez. Eduard VIII.

Die Unterzeichnung dieses Staatsaktes durch mich wird von meinen drei Brüdern bezeugt, Ihren Königlichen Hoheiten dem Herzog von York, dem Herzog von Gloucester und dem Herzog von Kent.

Ich würdige auf das tiefste die Gesinnung, aus der an mich appelliert worden ist, eine andere Entscheidung zu fällen, bevor ich meinen endgültigen Entschluß gefaßt habe, ich habe meinen Entschluß gefaßt. Darüber hinaus muß jede weitere Verzögerung höchst schädlich für die Völker sein, denen ich verpflichtet bin, als Prince of Wales und als König zu dienen. Im Begriff und Wohl der ständige Dienst meines Herzens ist. Ich nehme Abschied in der zuversichtlichen Hoffnung, daß der Kurs, zu dem ich mich entschlossen habe, der richtige ist, der der beste für die Stabilität des Thrones, das Reich und für das Glück meiner Völker ist. Ich empfinde auf das tiefste die Achtung, die sie mir stets entgegengebracht haben, sowohl vor wie nach meiner Thronbesteigung, und nun bitte ich, daß sie in vollem Umfang auf meinen Nachfolger übertragen werden wird. Ich wünsche dringend, daß bei der Zutritung des von mir unterzeichneten Staatsaktes keine Verzögerung eintritt, und daß alle notwendigen Schritte sofort getan werden, damit mein rechtmäßiger Nachfolger, mein Bruder, Seine Königliche Hoheit der Herzog von York, den Thron besteigen kann.

*

Die englische Oeffentlichkeit beschäftigt sich bereits seit einer Reihe von Tagen in umfangreichem Maße mit einem Verfassungskonflikt, der aus dem Wunsche Eduards VIII. entstanden ist, Frau Ernste Simpson zu heiraten.

Ministerpräsident Baldwin gab im englischen Unterhaus dazu am Montag eine Erklärung ab. Darin brachte er zum Ausdruck, daß der König die volle Möglichkeit habe, eine Entscheidung abzuwägen, die unmittelbar sein eigenes künftiges Glück und die Interessen aller seiner Untertanen berühre. Sobald der König zu einer Schlußfolgerung darüber gekommen sei, was er zu tun beabsichtige, werde er ohne Zweifel an die Regierungen in England und in den Dominions eine entsprechende Mitteilung gelangen lassen. Es werde sodann Sache dieser Regierungen sein, zu beschließen, was für einen Rat und ob sie überhaupt einen Rat ihm pflichtgemäß in dieser seiner Entscheidung zu geben haben.

Die Donnerstag-Erklärung Baldwins im Unterhaus veröffentlichen wir auf Seite 2.

Albert I. König von England, Kaiser von Indien

Prinz Albert Friedrich Arthur Georg, der Herzog von York, der Nachfolger König Eduards VIII., ist der zweitälteste Sohn des im Januar 1936 gestorbenen Königs Georg V. Er wurde am 14. Dezember 1895 in York Cottage, Sandringham, geboren. Mit seiner Thronbesteigung wird nun Wirklichkeit, womit Millionen von Engländern gerechnet haben. Denn es ist nicht die erste Krise in der Thronfolge Georgs V. Niemals hatte sein ältester Sohn große Begeisterung für das Erbe gezeigt. Denn nach dem Kriege tauchte schon eine Krise auf, weil der Prince of Wales eine bürgerliche Ehe eingehen wollte und, als ihm das verweigert wurde, hartnäckig alle Wünsche seiner Eltern, eine standesgemäße Ehe zu schließen, ablehnte. Auch als der im Januar verstorbene

Der Herzog von York Atlantik

König vor einigen Jahren die schwere Krankheit durchmachte und der damalige Prince of Wales in Eilflügen aus Afrika nach England zurückkehrte, stand es für viele fest, daß der älteste Sohn nicht die Thronfolge antreten werde. Am Krankenlager des Vaters, angesichts des fast hoffnungslosen Zustandes König Georgs ist dann unter dem Einfluß der Königin Eduard bewogen worden, seine Meinung zu ändern. Auf jeden Fall galt es als sicher, daß ihr älterer Sohn mit Gewißheit als der kommende König zu betrachten sei. Eduards eigenen Ansichten nach war sein zweiter Bruder, der Herzog von York, die viel geeignetere Persönlichkeit, um die Krone Englands und die traditionellen Pflegewelt zu vertreten. Er, der zu völlig verschiedenen von seinem achtzehn Monate vor ihm geborene Bruder ist, erfüllt nach englischer Meinung alle Voraussetzungen, um das Amt eines Königs von England zu bekleiden. Er war stets in seinen Auffassungen in jeder Beziehung seinem Vater ähnlich. Das bezieht sich nicht nur auf das Privatleben, in dem der Herzog von York sich als vorbildlicher Familienvater und als eifriger Besucher der Kirche zeigte und die typischen Auffassungen eines loyalen Engländers vertrat, sondern auch auf seine Anschauungen über die Pflichten der königlichen Familie. Es gab Zeiten in vergangenen Jahrzehnten, wo der Herzog von York mit seiner außerordentlich beliebten Gattin weit mehr im Mittelpunkt der englischen Gesellschaft stand, als der damalige Prince of Wales.

Ueberall wo es galt Wohlfahrtseinrichtungen einzuweihen, Unterstützungen für das Hospitaler ins Leben zu rufen oder für die ärmste Jugend Englands Heime und Klubs zu schaffen, da fand man den Herzog von York als rührigen Helfer. In einer von ihm geschaffenen Bewegung werden jährlich 1500 Kinder in großen Sommerlagern an die See geschickt und den Herzog unter ihnen, an den Spielen der Jugend, die aus London und aus den Landesprovinzen Englands kommt, barfuß und mit kurzer Hose mit Vergnügen betiligt, teilzunehmen. Er ist der Schirmherr des britischen Roten Kreuzes, der Nationalgesellschaft "Zaken Fürk", einer Bewegung, die die Aufklärung der Oeffentlichkeit gegen die Gefahren der Straße und des großstädtischen Lebens tätig ist.

Bis zu seinem 13. Lebensjahre ist der Herzog mit seinem älteren Bruder zusammen erzogen worden. Sein Vater wünschte dann, daß er ein Leben der Marine widmen solle. Schon als Vierzehnjähriger wurde er deshalb Seekadett. Im Kriege hat dann Prinz Albert als einfacher Matrose auf dem Kriegsschiff HMS Collingwood an der Skagerrak-Schlacht teilgenommen. Eine schwere Krankheit nach dem Kriege brachte jedoch die Marine-Laufbahn zu einem jähen Ende. Der

König Eduard VIII.

König Eduard VIII. von Großbritannien und Irland, Kaiser von Indien, wurde am 23. Juni 1894 als Sohn des nachmaligen Königs Georg V. geboren. Zu seinem 16. Geburtstag erhielt er den ihm als Thronerben zustehenden Titel eines Prince of Wales. Nachdem er ein Vierteljahr auf HMS "Hindustan" Dienst getan hatte, studierte er in Oxford Staatsrecht und Geschichte. Es ist bezeichnend für seine spätere Entwicklung, daß er dort in jeder Hinsicht das Leben seiner Studiengenossen teilte.

Bei Kriegsausbruch meldete er sich zum aktiven Truppendienst und wurde zuerst bei verschiedenen höheren Stäben verwendet. Gegen den Willen Kitcheners ließ er sich an die Front verwenden. Im März 1916 ging er als Stabsoffizier nach Aegypten, besuchte später die italienische Front und kehrte dann wieder nach Frankreich zurück.

Nach dem Weltkriege lernte er auf weiten Reisen alle Teile des britischen Weltreiches kennen. Sein gewinnendes Wesen und die volkstümliche Art seines Auftretens machten ihn überall sehr beliebt. Während seine Reisen im Anfang hauptsächlich der Information dienten, trat später immer stärker die allgemein-politische und wirtschaftspolitische Bedeutung seiner Auslandsbesuche hervor. Mit großem

Geschick gelang es ihm, für Großbritannien zu werben, was ihm die Bezeichnung eines "königlichen Geschäftsreisenden" eintrug.

Am 21. Januar 1936, nach dem Tode seines Vaters, bestieg er als Eduard VIII. den Thron des Vereinigten Königreichs. Aus der Zeit, da er noch Prince of Wales war, ging in ihrer Art eines durchaus durch modernen Menschen voran. Auf der Jahresversammlung der British Legion im Juni 1935 bezeichnete er es als Aufgabe der Frontkämpfer, für eine deutsch-englische Verständigung zu arbeiten. Den sozialen Problemen seines Reiches widmete er vor allem seine besondere Aufmerksamkeit. In aller Erinnerung steht noch die Reise des Königs in die Waliser Kohlausgebiete und seine Verspechen, sich für eine Verbesserung der Lage der notleidenden Bevölkerung einzusetzen.

Eduard VIII. ist aber auch als Sportsmann hervorgetreten. Es gibt kaum eine Art des Sportes, für die er sich nicht leidenschaftlich betätigte. Durch sein sportliches und kameradschaftliches Wesen, seine eingehende Beschäftigung mit sozialen Fragen hat sich der König vor allem in den breiten Kreisen der Bevölkerung seines Reiches großer Volkstümlichkeit und Beliebtheit erfreut, die bei zahlreichen Gelegenheiten herzlichen Ausdruck fand.

201

Dezember 1936

16. Dezember, Mittwoch

Auf Vermittlung des Internationalen Roten Kreuzes stimmen die beiden spanischen Bürgerkriegsparteien einem Gefangenenaustausch zu. Danach sollen alle Gefangenen unter 18 und über 60 Jahre ausgetauscht werden, insgesamt etwa 4 000 Mann.

Der preußische Ministerpräsident Hermann Göring ordnet an, den Schriftsteller Carl von Ossietzky niemals ausreisen zu lassen und »ständig unter geschickter Bewachung« zu halten (→ 10. 12./S. 204).

Dem französischen Schriftsteller Maxence van der Meersch wird in Paris für die Erzählung »Sein Vermächtnis« der Prix Goncourt, der bedeutendste französische Literaturpreis, verliehen.

17. Dezember, Donnerstag

Der Beauftragte für die Rohstoff- und Devisenfragen, Hermann Göring, verlangt von der Großindustrie die verstärkte Bereitstellung von Rohstoffen und Devisen und verspricht ihr reichliche Entschädigung im »siegreichen Krieg«.

Bundesrat Giuseppe Motta (Katholisch-Konservative Partei) wird von der Schweizer Bundesversammlung zum neuen Bundespräsidenten gewählt. → S. 206

Im Deutschen Reich werden neue Ein-, Zwei-, Fünf- und Zehn-Reichspfennig-Stücke eingeführt. Mit dem Entwurf und der Produktion der neuen Geldstücke ist die Preußische Staatsmünze betraut.

18. Dezember, Freitag

Der Schweizer Bundesrat beschließt mit Wirkung vom Januar 1938 an, drei Armeekorps aufzustellen.

Von den Berliner Borsig-Lokomotiv-Werken wird mit der schwersten bisher im Deutschen Reich gebauten Tenderlokomotive eine Probefahrt unternommen; sie hat ein Gewicht von 140 t und bringt eine Leistung von 2 500 PS.

In Paris wird das Schauspiel »Cesar« von Marcel Pagnol uraufgeführt.

19. Dezember, Sonnabend

Die Philosophische Fakultät der Universität zu Bonn erkennt dem Schriftsteller Thomas Mann wegen seiner Ausbürgerung die Ehrendoktorwürde ab (→ 2. 12./S. 204).

Im Zürcher Schauspielhaus hat das Schauspiel »Arthur Aronymus und seine Väter« von Else Lasker-Schüler in der Regie von Leopold Lindberg Premiere mit Leonard Steckel in der Hauptrolle.

20. Dezember, Sonntag

In der Stadt San Vicente in El Salvador fordert ein Erdbeben 1000 Tote. → S. 207

In Paris wird eine Buchmesse deutscher Exil-Schriftsteller eröffnet.

21. Dezember, Montag

Im Exil lebende deutsche Politiker und Schriftsteller rufen zur Bildung einer »Deutschen Volksfront« auf, da nur dadurch die »braune Tyrannei« gebrochen werden könne. Zu den Unterzeichnern des Aufrufes zählen die Politiker Walter Ulbricht, Herbert Wehner, Willy Brandt und Max Braun sowie die Schriftsteller Thomas Mann, Ernst Bloch und Arnold Zweig.

In London und Paris gründet eine bürgerlich-demokratische Emigrantengruppe die »Deutsche Freiheitspartei«, ihre Führer sind Otto Klepper und Carl Spieker.

Das bayerische Unterrichtsministerium verbietet den hebräischen Sprachunterricht in den altsprachlichen Gymnasien.

In Dessau startet die Ju 88 V 1 der Junkers-Flugzeugwerke zu ihrem Jungfernflug.

Das Geburtszimmer des Führers und Reichskanzlers Adolf Hitler im österreichischen Braunau am Inn darf infolge behördlicher Anordnung nur noch von Reichsdeutschen besucht werden.

22. Dezember, Dienstag

Ein Erlaß des Reichsinnenministeriums verfügt, daß ein Reisepaß mit Geltung für das Ausland an Wehrpflichtige (Männer vom 18. bis zum 45. Lebensjahr) nur mehr mit Zustimmung des zuständigen Wehrbezirkskommandos oder Wehrmeldeamtes ausgestellt werden darf.

In Berlin wird die Filmkomödie »Donner, Blitz und Sonnenschein« von Erich Engels uraufgeführt. In den Hauptrollen sind Karl Valentin und Liesl Karlstadt zu sehen.

23. Dezember, Mittwoch

Die Panamerikanische Friedenskonferenz in Buenos Aires (1.–23. 12. 1936) geht zu Ende. → S. 207

Papst Pius XI. nimmt in seiner Weihnachtsbotschaft gegen die Greuel des Hasses und die Morde im Spanischen Bürgerkrieg Stellung und wendet sich auch gegen jene, die sich »im Kampf gegen den gottlosen Kommunismus in der Wahl ihrer Mittel und der Einschätzung ihrer Gegner von falschen und verhängnisvollen Grundsätzen leiten lassen«.

In Berlin wird von der Ufa der Abenteuer- und Sensationsfilm »Unter heißem Himmel« uraufgeführt. In dem unter der Regie von Gustav Ucicky gedrehten Film spielen Hans Albers, Lotte Lang, Aribert Wäscher und René Deltgen die Hauptrollen.

24. Dezember, Donnerstag

In ihrem Hirtenbrief erklären es die deutschen katholischen Bischöfe zu ihrer Pflicht, »das Oberhaupt des Deutschen Reiches mit allen Mitteln« im Kampf gegen den Bolschewismus zu unterstützen (→ 4. 11./S. 195).

Deutsche Kommunisten und Sozialdemokraten veröffentlichen ein Programm für die Bildung einer »Deutschen Volksfront«.

Die Schweizer Fußballschiedsrichter-Kommission faßt den Beschluß, ab Januar 1937 für Foulspiele den Platzverweis auf Zeit probeweise auszusprechen.

25. Dezember, 1. Weihnachtstag

Im Hamburger Schauspielhaus hat das Lustspiel »Das Horoskop seiner Lordschaft«, frei nach Oscar Wilde, Premiere.

26. Dezember, 2. Weihnachtstag

Der deutsche Reichsschutzbund fordert die Bevölkerung zur Mitarbeit bei der Verbesserung des Schutzes vor feindlichen Fliegerangriffen auf.

Pläne, eine große Goldwaschanlage mit Maschinenbetrieb am Rhein aufzubauen, werden wegen der zu geringen Wirtschaftlichkeit zurückgestellt. Die beste Sorte Rheinsand ergebe nur durchschnittlich einen Goldgehalt von 0,5 g pro t Sand.

27. Dezember, Sonntag

Nach zwei Jahren völligen Schweigens hält Mahatma Gandhi eine politische Rede. → S. 207

Das musikalische Lustspiel »Der Campiello« von Ermanno Wolf-Ferrari, wird am Staatstheater München in deutscher Fassung uraufgeführt (→ 12. 2./S. 41).

Dem Italiener Giusto Cervasutti gelingt als erstem Alpinisten die Winterbesteigung des Matterhorn, des 4 478 m hohen Gipfels der Walliser Alpen (Schweiz), im Alleingang.

28. Dezember, Montag

Propagandaminister Joseph Goebbels beauftragt die NS-Volkswohlfahrt, unverzüglich ein Hilfswerk für deutsche bildende Kunst aufzubauen, das die Aufgabe übernehmen soll, durch Ausstellungen aller Art zusätzliche Verkaufsmöglichkeiten für »gute Kunstwerke« zu schaffen.

Reichserziehungsminister Bernhard Rust ordnet die Vereinheitlichung der höheren Schulen an, nach der die »Hauptform«, die höhere Schule mit Englisch als erster Fremdsprache, den Vorrang hat vor der »Nebenform«, dem herkömmlichen Gymnasium mit Griechisch und Latein.

29. Dezember, Dienstag

Die Schriftstellerin und Kabarettistin Erika Mann eröffnet gemeinsam mit ihrem Bruder, dem Schriftsteller Klaus Mann, in einem New Yorker Hochhaus das politisch-satirische Kabarett »Peppermill« (in München als »Die Pfeffermühle« gegründet). Dort treten u. a. Therese Giehse, Magnus Henning, Sybille Schloss und Lotte Goslar auf.

Im Reich wird des zehnten Todestages des Dichters Rainer Maria Rilke gedacht.

Zum 100. Todestag des deutschen Afrikaforschers Georg Schweinfurth wird in Frankfurt am Main eine Georg-Schweinfurth-Gesellschaft gegründet, die ihre Aufgabe in der Unterstützung praktischer kolonialer Forschungsarbeit erblickt.

30. Dezember, Mittwoch

Der italienische Außenminister Galeazzo Graf Ciano berät in Rom mit dem deutschen Botschafter Ulrich von Hassel über die britisch-französischen Vorschläge zur Nichteinmischung in den Spanischen Bürgerkrieg.

Die deutsche Geheime Staatspolizei (Gestapo) löst den Ring, den Bund jüdischer Jugend, auf.

31. Dezember, Donnerstag

Die deutsche Reichsregierung protestiert in Den Haag gegen antideutsche Aktionen in niederländischen Städten. Von Deutschen gehißte Hakenkreuzfahnen zur bevorstehenden Hochzeit von Kronprinzessin Juliana mit Prinz Bernhard von Lippe-Biesterfeld waren der Anlaß zu den Zwischenfällen.

1936 wurden im Deutschen Reich 1 374 Sozialdemokraten und 11 687 Kommunisten verhaftet. → S. 205

Im Haus des Zürcher Verlegers Emil Oprecht wird der Antwortbrief von Thomas Mann an die Bonner Universität wegen der Aberkennung der Ehrendoktorwürde erstmals verlesen. Unter dem Titel »Ein Briefwechsel« wird er im Januar 1937 in der »Neuen Zürcher Zeitung« und als Broschüre bei Oprecht veröffentlicht (→ 2. 12./S. 204).

Gestorben:

9. London: Juan de la Cierva (*21. 9. 1895, Murcia), spanischer Techniker, entwickelte ab 1922 das erste Drehflügel-Flugzeug.

10. Rom: Luigi Pirandello (*28. 6. 1867, Agrigent), italienischer Schriftsteller.

19. Berlin: Theodor Wiegand (*30. 10. 1864, Bendorf am Rhein), deutscher Archäologe.

22. Moskau: Nikolai Alexejewitsch Ostrowski (*29. 9. 1904, Wilija/Rowno), sowjetischer Schriftsteller.

25. Berlin: Carl Stumpf (*21. 4. 1848, Wiesentheid bei Kitzingen), deutscher Philosoph, Psychologe und Musikforscher.

27. Berlin: Hans von Seeckt (*22. 4. 1866, Schleswig), deutscher Generaloberst.

30. Magyarosvár: Friedrich Habsburg-Lothringen (*4. 6. 1856, Groß-Seelowitz bei Brünn), Erzherzog von Österreich.

31. Salamanca: Miguel de Unamuno y Jugo (*29. 9. 1864, Bilbao), spanischer Schriftsteller und Philosoph.

Die Weihnachts-
ausgabe der fran-
zösischen Zeit-
schrift »Illustra-
tion« mit einer
Szene zu der Anbe-
tung der drei Kö-
nige

Ossietzkys Friedensnobelpreis

10. Dezember. Da dem seit Februar 1934 im KZ Papenburg-Esterwegen inhaftierten deutschen Publizisten und Pazifisten Carl von Ossietzky, dem langjährigen Herausgeber der »Weltbühne« (des führenden publizistischen Organs der linken und teilweise der bürgerlichen Intellektuellen der Weimarer Zeit), am 8. Dezember die Ausreise zur Entgegennahme des Friedensnobelpreises verboten worden ist, findet die Ehrung in Oslo in Abwesenheit des Preisträgers statt. Der bereits vom Tod gezeichnete Ossietzky hatte sich trotz der auf ihn ausgeübten Pressionen für die Annahme des Preises entschieden.

Der Vorsitzende des Nobelpreiskomitees, Fredrik Stang, würdigt Ossietzky bei der Feierstunde mit den Worten: »Ein Symbol mag seinen Wert haben; Ossietzky ist nicht nur ein Symbol, er ist etwas ganz anderes und mehr: Er ist eine Tat ...«

Ossietzky hatte sich auch vor der nationalsozialistischen Machtergreifung nicht gescheut, für seine pazifistische Weltanschauung einzutreten und dabei auch Prozesse und Verur-

Carl von Ossietzky; der Publizist und Pazifist im Konzentrationslager Papenburg-Esterwegen

teilungen in Kauf genommen. Als er 1931 in der »Weltbühne« einen Artikel über die illegale Aufrüstung der Reichswehr verfaßte, wurde er unter dem Vorwurf des Landesverrates zu 18 Monaten Gefängnis verurteilt

und trotz massiver öffentlicher Proteste am 10. Mai 1932 in die Haftanstalt Tegel eingewiesen.

Nach seiner Haftentlassung im Rahmen der Weihnachtsamnestie 1932 bereitete Ossietzky einen Vortrag über »Kultur und Barbarei« vor, den er am 26. Februar 1933 auf einer Versammlung der »Liga für Menschenrechte« in Berlin hielt. Am Tag darauf wurde Ossietzky festgenommen und zunächst in das KZ Sonnenburg, dann in das KZ Papenburg-Esterwegen gebracht.

Der Bericht des schweizerischen Historikers Carl Jakob Burckhardt, der im Oktober 1935 als Vertreter des Internationalen Roten Kreuzes das KZ Papenburg-Esterwegen besuchte, über Ossietzkys Gesundheitszustand führte zu internationalen Solidaritätsaktionen für den schwerkranken Häftling und gegen das nationalsozialistische Regime. Der aufgrund von Mißhandlungen zitternde, totenblasse Ossietzky konnte sich kaum auf den Beinen halten, die Augen verschwollen, die Zähne eingeschlagen, das gebrochene Bein schlecht verheilt.

Mitgliedschaft in der HJ ist Pflicht

1. Dezember. Durch das Gesetz über die Hitlerjugend (HJ) wird der Führungsanspruch der nationalsozialistischen Jugendorganisation im Deutschen Reich legalisiert. Die Mitgliedschaft in der HJ wird vom zehnten Lebensjahr an obligatorisch.

Im Gesetzestext heißt es:

»1. Die gesamte deutsche Jugend innerhalb des Reichsgebietes ist in der Hitlerjugend zusammengefaßt.

2. Die gesamte deutsche Jugend ist außer in Elternhaus und Schule in der Hitlerjugend körperlich, geistig und sittlich im Geiste des Nationalsozialismus zum Dienst am Volk und zur Volksgemeinschaft zu erziehen.

3. Die Aufgabe der Erziehung der gesamten deutschen Jugend in der Hitlerjugend wird dem Reichsjugendführer der NSDAP übertragen.«

Die Zwangsmitgliedschaft in der HJ und die Einflüsse in der gleichgeschalteten deutschen Schule machen es Eltern von nun an fast unmöglich, ihre Kinder der totalen Indoktrination durch die Nationalsozialisten zu entziehen.

Thomas Manns Ausbürgerung

2. Dezember. Der im Schweizer Exil, in Küsnacht bei Zürich, lebende deutsche Schriftsteller Thomas Mann wird der deutschen Staatsbürgerschaft für verlustig erklärt.

Als Gründe für die Ausbürgerung werden seine angeblich wiederholte Teilnahme »an Kundgebungen von internationalen, meist unter jüdischem Einfluß stehenden Verbänden, deren feindliche Einstellung gegenüber Deutschland allgemein bekannt« sei, und sein öffentliches Eintreten für das »staatsfeindliche Emigrantentum« angegeben.

Thomas Mann, der das nationalsozialistische Deutsche Reich am 11. Februar 1933 verlassen hatte, beteiligte sich bis Anfang 1936 nicht an den antifaschistischen Protesten und hielt sich auch von Emigrantenorganisationen fern, um den Kontakt zu seinen deutschen Lesern nicht zu verlieren. Als in ei-

nem in der Schweizer Presse veröffentlichten Artikel die Emigrantenliteratur mit der jüdischen gleichgesetzt wurde, gab Mann am → 3. Februar 1936 (S. 41) seine Zurückhaltung auf und verurteilte durch eine öffentliche Solidaritätserklärung mit den Emigranten endgültig das nationalsozialistische Regime: »Die tiefe Überzeugung, daß aus der gegenwärtigen deutschen Herrschaft nichts Gutes kommen kann, für Deutschland nicht und für die Welt nicht – diese Überzeugung hat mich das Land meiden lassen, in dessen geistiger Überlieferung ich tiefer wurzele als diejenigen, die seit drei Jahren schwanken, ob sie es wagen sollen, mir vor aller Welt mein Deutschtum abzusprechen.«

Als Folge von Thomas Manns Ausbürgerung, der bereits am 19. November die tschechoslowakische Staatsangehörigkeit erworben hatte, erkennt ihm die Univer-

Schriftsteller Thomas Mann

sität Bonn die 1919 verliehene Ehrendoktorwürde ab, worauf Mann am 31. Dezember sein vielbeachtetes Antwortschreiben an die Universität Bonn veröffentlicht.

Verleihung des Nobelpreises 1936

10. Dezember. Die Verleihung der Nobelpreise für das Jahr 1936 findet traditionsgemäß im Großen Saal des Stockholmer Konzerthauses statt.

Unter den Preisträgern befinden sich zwei Österreicher. Viktor Franz Hess erhält den Nobelpreis für Physik für die Entdeckung der kosmischen Strahlung, Otto Loewi den Preis für Medizin für die Entdeckung der chemischen Übertragung der Nervenimpulse.

Nobelpreisträger des Jahres 1936

Fachgebiet	Name/Land
Physik	Viktor Franz Hess/A; David Anderson/USA
Chemie	Peter Debye/HOL
Medizin	Otto Loewi/A; Henry Hallett Dale/GB
Literatur	Eugene O'Neill/USA
Frieden*	Carlos Saavedra Lamas/ARG

* Carl von Ossietzky wird nachträglich mit dem Friedensnobelpreis für 1935 ausgezeichnet.

Ernst Thälmann, der kommunistische Politiker wird ab 1933 in deutschen KZs gefangengehalten

Nazi-Terror gegen jeden Widerstand

31. Dezember. Laut einem internen Bericht der deutschen Geheimen Staatspolizei (Gestapo) wurden im Lauf des Jahres 1936 insgesamt über 13 000 Personen wegen »illegaler politischer Betätigung« verhaftet.

Von den Festgenommenen waren nach den Gestapo-Angaben 1 374 Sozialdemokraten und 11 687 Kommunisten. Im gleichen Zeitraum wurden von der Gestapo 1,6 Millionen Flugblätter beschlagnahmt.

Einblick in die angeblichen Haftgründe geben die Berichte der bayerischen politischen Polizei für den Zeitraum vom 30. März bis 2. November 1936. Von den 1791 Personen wurden inhaftiert:

▷ 13,2% wegen »staatsabträglichen« oder »staatsfeindlichen« Verhaltens«

▷ 19,0% wegen »staatsfeindlicher Äußerungen«, »Beleidigung und Verächtlichmachung« von Nazi-Persönlichkeiten und NS-Einrichtungen

▷ 14,0% wegen »Vorbereitung oder Verdacht der Vorbereitung zum Hochverrat«

▷ 8,7% wegen sozialdemokratischer oder kommunistischer Betätigung

▷ 7,6% wegen illegaler Arbeit für die »Ernsten Bibelforscher« (Zeugen Jehovas)

▷ 7,6% wegen »Störung der öffentlichen Sicherheit« oder »volksschädlichen Verhaltens«.

»Bilanzen« für das Jahr 1936

Am 24. Dezember 1936 berichten die »Düsseldorfer Nachrichten« über eine außenpolitische Bilanz eines Korrespondenten, die am 23. Dezember in der Londoner Tageszeitung »Daily Herald« veröffentlicht worden ist:

»Der bekannte diplomatische Korrespondent des ›Daily Herald‹ W. N. Ewer beschäftigt sich in einem Rückblick mit der außenpolitischen Lage zu Ende des Jahres, worin er sich zunächst über die Leute lustig macht, die für 1936 mit Sicherheit einen Krieg vorausgesagt hätten. Nachdem dieses Ereignis nicht eingetreten sei, würden diese Propheten wohl den Krieg für 1937, 1938 oder 1939 voraussagen. Vielleicht hätten sie damit sogar recht, denn man lebe in einer gefährlichen Welt. Man solle aber nicht vergessen, daß diese Propheten sich bereits in der Vergangenheit geirrt hätten. Im Jahre 1936 habe es jedenfalls keinen europäischen Krieg gegeben, obwohl das Jahr mit vielen Krisen erfüllt gewesen sei. Wenn jemand einen Krieg hätte beginnen wollen, so sei die Gelegenheit dazu vorhanden gewesen. Man scheine aber in Europa allgemein erkannt zu haben, daß man nur einer Sache sicher sein könne, nämlich der, daß die Folgen eines Krieges völlig ungewiß wären.

In einer Übersicht über das vergangene Jahr weist Ewer darauf hin, daß noch vor einem Jahre die beiden Pfeiler des europäischen Sicherheitssystems im Völkerbund und im Locarnovertrag bestanden hätten ... Heute sei Locarno tot ... und der Völkerbund, obwohl er noch vorhanden und alles andere als nutzlos sei, habe gegenwärtig aufgehört, ein Instrument zur Sicherung des Friedens zu sein. Das ganze System liege in Ruinen ... Der abessinische Fehlschlag sei entscheidend gewesen. Falls kein neues System aufgebaut werde, werde kein Versuch mehr gemacht werden, das alte zum Funktionieren zu bringen. Der Völkerbund in seinem heutigen Zustand werde niemals wieder eine Aktion gegen einen Angreifer unternehmen oder es versuchen. Auch über Locarno dürfe man sich keine Illusionen machen. Das alte Locarno sei gestorben, als Deutschland das Abkommen im März aufgekündigt habe, und die Hoffnung auf ein neues Locarno sei ebenfalls tot oder beziehe sich auf einen sehr fernen Zeitpunkt. Es werde in absehbarer Zeit keine Fünfmächte-Konferenz, keine West-, keine Mitteleuropa- und keine Ostregelung geben.

Was sei also übriggeblieben? Ein Europa, das von Bündnissen und anderen Bindungen erfüllt sei. An Stelle von Locarno gebe es eine englisch-französische Defensivallianz. Sie beruhe auf der alten Vorstellung, daß die lebenswichtigen Interessen jedes Landes dieses zwängen, notfalls das Gebiet des anderen wie sein eigenes zu verteidigen. Zum zweiten sei der Franko-Sowjetpakt gegeben. Es sei wahr, daß er theoretisch für Deutschland zum Beitritt offen stünde; aber diese Theorie sei ohne wirkliche Bedeutung. Drittens sei die deutsch-italienische Entente gegeben. In welchem Maße endgültig sie sei, sei noch nicht klar, aber sie sei vorhanden. Um diese großen Mächte gruppierten sich die kleineren Mächte, oder sie hofften sich neutral zu halten, wenn ein Zusammenstoß komme. Diese Lage sei nicht ungefährlich, aber auch nicht unbedingt verhängnisvoll, denn keine dieser Gruppierungen sei dauerhaft. Das Gerede von den ideologischen Zusammenballungen, die unvermeidlich zum Konflikt führen müßten, sei Unsinn ...«

Der Stellvertreter des Führers, Reichsminister Rudolf Heß, hält am 24. Dezember 1936 eine Weihnachtsansprache im Deutschen Rundfunk, in der er sich auch an die sog. Auslandsdeutschen wendet. Heß sagt u. a.:

»Aber zum Glück der Kulturvölker hat mit der wachsenden Gefahr auch die wachsende Erkenntnis um sich gegriffen, daß Bolschewismus die Zerstörung des Edlen und Guten durch eine Weltrevolution des Niedrigen und Schlechten bedeutet. Wir Deutschen danken dem Führer, daß er durch eine Politik der Verdichtung der guten Beziehungen zum faschistischen Italien und durch den Anti-Komintern-Vertrag mit Japan neue bedeutsame Schritte getan hat zur Sicherung Deutschlands und der Welt vor dem Bolschewismus!

Adolf Hitler hat uns Deutschen an Stelle des bolschewistischen Zerstörungswillens, der uns bedrohte, ein wahrhaft religiöses Aufbauideal gegeben! Und wir hier in der Heimat wollten, wir könnten euch zeigen, wie es wirksam geworden ist: Wie die Schlote einst brachliegender Werke wieder rauchen, wie der Bauer über neugewonnenes Land den Pflug zieht; wir möchten euch die Schiffe zeigen, die auf Stapel liegen oder schon erstanden, um unter der Hakenkreuzflagge den freundlichen Beziehungen der Völker zu dienen; wir möchten euch stolz durch unsere Waffenschmieden führen, die für unsere und eure Sicherheit schaffen; möchten euch auf den Straßen Adolf Hitlers entlangfahren und sagen: Das haben wir unter ihm für Deutschland, für euch und für uns geschaffen ... Unsere Stärke ruht in unserem Glauben und in unserer Treue. Aus Glauben und Treue, die wir der Jugend ins Herz pflanzen, wächst die Zukunft unserer Nation.

Wie diese Jugend aussieht, das möchte euch ebenfalls die Heimat zeigen. Sie möchte euch zeigen, welch junges Geschlecht heranwächst. Ihr müßtet ihnen in die Augen sehen können, unseren Pimpfen, unseren Hitlerjungen und -mädeln, den SA-, SS-Männern, den jungen Kameraden im Arbeitsdienst und in der Wehrmacht – ihr müßtet sehen können, wie in diesem Volk Jahr um Jahr mehr wieder seine rassische Eigenart in dem Gesichtstyp zum Ausdruck kommt, wie es rassisch immer besser wird, ich möchte fast sagen, von Geburt zu Geburt, und ihr würdet noch stolzer werden auf eure Heimat: Denn hinter diesen anständigen und edlen Gesichtern, in diesen rassisch sauberen Körpern, da wächst in der Einzelpersönlichkeit und in der Gesamtheit ein seelischer Gehalt unseres Volkes heran, auf den stolz zu sein wir wohl ein Recht und für den dankbar zu sein wir eine Pflicht gegen das Schicksal haben. Wir haben für diese innere Verwandlung unseres Volkes gekämpft, und wir werden weiter dafür kämpfen – ein genesenes Volk ist der Lohn unseres Kampfes ...«

Motta wird neuer Bundespräsident

17. Dezember. Der Chef des eidgenössischen Departements für äußere Angelegenheiten (seit 1. 1. 1920), Bundesrat Giuseppe Motta, wird von der Schweizer Bundesversammlung in Bern mit 157 von 200 Stimmen zum neuen Bundespräsidenten gewählt.

Der katholisch-konservative Politiker übernimmt damit die Pflichten des schweizerischen Staatsoberhaupts für das Jahr 1937. Er ist Nachfolger des sozialdemokratischen Bundespräsidenten Albert Meyer. Motta hatte bereits viermal das Amt des Bundespräsidenten inne (1915, 1920, 1927, 1932).

Schweizer Beschluß gegen Radikale

8. Dezember. Der Schweizer Bundesrat veröffentlicht in Bern den Entwurf eines Bundesbeschlusses, der die Tätigkeit »antidemokratischer Kreise« in der Schweiz einschränken soll.

Der Entwurf sieht eine Vielzahl von Strafbestimmungen vor, die sich vor allem gegen die Aktivitäten der Kommunistischen Partei richten.

Unter Strafe gestellt werden u. a. die Störung von Versammlungen und Umzügen sowie Handlungen, »die den Ruf der Armee schädigen«.

Gerichtssaal des Graubündener Kantongerichts in Chur während der Verhandlung gegen David Frankfurter, der Wilhelm Gustloff ermordet hat

Attentäter verurteilt

14. Dezember. Das Kantongericht Graubünden in Chur verurteilt den Medizinstudenten David Frankfurter wegen Mordes an dem Landesgruppenleiter Schweiz der NSDAP, Wilhelm Gustloff, zu einer Zuchthausstrafe von 18 Jahren.

Das Gericht folgt dem Antrag der Anklage in vollem Umfang. Die bürgerlichen Ehrenrechte werden dem 27jährigen Jugoslawen für 18 Jahre aberkannt. Ferner wird gegen Frankfurter eine lebenslängliche Landesverweisung ausgesprochen. Frankfurter, der Jude ist, hatte sich nach der Tat am → 4. Februar 1936 (S. 35) freiwillig der Polizei gestellt. Als Motiv für seine Tat gab er bei den Vernehmungen Haß auf das nationalsozialistische Regime an.

Während Frankfurter nach eigenen Angaben und nach den Ergebnissen der Strafermittlungen das Attentat ohne die Hilfe von Hintermännern durchgeführt hat, weiß die deutsche Presse zu berichten, daß Frankfurter nur eine Marionette des eigentlichen Täters, des »Weltjudentums«, gewesen sei, und ergeht sich in antisemitischen Hetztiraden.

Neue Verfassung für Sowjetunion

5. Dezember. Der 8. Außerordentliche Bundesrätekongreß der Sowjetunion, der vom 25. November bis zum 5. Dezember in Moskau tagt, nimmt die neue »demokratische« Verfassung einstimmig an. Unter dem Vorsitz von Parteichef Josef W. Stalin wurde der Verfassungsentwurf innerhalb von eineinhalb Jahren erarbeitet.

Die neue Verfassung besagt u. a.:

▷ Die UdSSR ist ein sozialistischer Staat der Arbeiter und Bauern; Formen des sozialistischen Eigentums sind das Staats- und das Kollektiv-Eigentum; private Kleinwirtschaft ist zugelassen

▷ Die UdSSR ist ein Bundesstaat aus elf (bisher sieben) gleichberechtigten Sowjetrepubliken; die Bundesstaaten haben das Recht des freien Austritts aus der UdSSR

▷ Das höchste Organ der Staatsmacht ist der Oberste Rat; er besteht aus dem von den Staatsbürgern gewählten Unionsrat und dem aus Vertretern der Unionsrepubliken zusammengesetzten Nationalitätenrat

▷ Höchstes Organ der Exekutive ist der vom Obersten Rat gewählte Rat der Volkskommissäre

▷ Für alle Wahlen gilt das allgemeine, gleiche, direkte Wahlrecht; das Recht der Kandidatenaufstellung haben die kommunistische Partei, die Gewerkschaften, die Genossenschaften, die Jugendorganisationen

▷ Alle Staatsbürger haben die gleichen Rechte; die Freiheit des Wortes, der Presse und der Versammlung ist mit der Einschränkung gewährleistet, daß sie den Interessen der Werktätigen dient; die Unantastbarkeit der Person ist insofern gewährleistet, als niemand ohne Zustimmung des Staatsanwalts verhaftet werden darf.

Der demokratische Charakter der neuen Verfassung – Gleichheit aller Bürger, gleiches Wahlrecht anstelle des Dreiklassenwahlrechts und Meinungsfreiheit – ist im sowjetischen Alltag ohne Bedeutung. Ähnlich wie im nationalsozialistischen Deutschen Reich betreibt das Stalin-Regime einen rücksichtslosen Terror gegen politische Gegner.

Chiang Kai-shek muß nachgeben

12. Dezember. Der chinesische Ministerpräsident Chiang Kai-shek wird in Hsian, der Hauptstadt der Provinz Schensi, von seinen Generälen Chang Hsüeh-liang und Yang Hu-ch'eng gefangengenommen.

Die Generäle weigern sich, gegen die kommunistische Rote Armee Mao Tse-tungs zu marschieren, und fordern von Chiang Kai-shek den Abschluß eines Bündnisses mit der Roten Armee und den gemeinsamen Vormarsch gegen die Japaner.

Chiang Kai-shek war nach Hsian gereist, um mit den Provinzialbehörden über das militärische Vorgehen gegen die Truppe Mao Tse-tungs, die sich im Norden Schensis bei Yenan gesammelt haben, zu beraten.

Die Regierung in Nanking reagiert nach außen hin ähnlich kompromißlos wie bei der Rebellion der

Marschall Chiang Kai-shek

chinesischen Südprovinzen im Juni/Juli 1936 (→ 9. 6./S. 106; 17. 7./S. 129). Am 18. Dezember erhalten die Regierungstruppen den Befehl zum Vormarsch gegen die Stadt Hsian, um die aufständischen Generäle zur Kapitulation zu zwingen. Gleichzeitig wird jedoch über die Freilassung Chiang Kai-sheks verhandelt.

Am 25. Dezember 1936 wird Chiang freigelassen und die Generäle unterwerfen sich – nach Verlautbarungen aus Nanking – der Zentralregierung ohne Bedingungen. Tatsächlich hat sich Chiang Kai-shek aber bereit erklärt, zusammen mit den Kommunisten gegen Japan vorzugehen.

M. Gandhi, passiver Widerstand gegen die britische Kolonialmacht

Preiswerte Limousine von Opel

Dezember. Das neue 1,1-l-Modell von Opel, der Kadett, wird von der Autofirma als populärster Pkw angepriesen, obwohl er erst 1937 in den Verkauf kommt. Der Wagen wird in seiner zweitürigen Normalausführung 1795 Reichsmark (RM) kosten; der Preis für die viertürige Speziallimousine liegt bei 2100 RM.

Der Kadett gehört der Klasse der Kleinlimousinen mit einem Hubraum von 1 bis 1,5 l an, die von den Pkw-Käufern im Deutschen Reich bei weitem bevorzugt werden. Von den 213 580 neuzugelassenen Pkw (1936) haben 45,6% 1 bis 1,5 l Hubraum, 25,9% weniger als 1 l, 20,4% 1,5 bis 2 l und 8,1% mehr als 2 l.

Opel Kadett mit zweitürigem Aufbau; bei einer Leistung von 37 PS erreicht das neue Opel-Modell für 1937 eine Geschwindigkeit von 92 km/h

Gandhis erste Rede nach zwei Jahren

27. Dezember. Mit einer Rede zur Eröffnung der Industrie-Ausstellung, die parallel zum 50. Indischen Nationalkongreß in Faizpur bei Bombay veranstaltet wird, tritt Mahatma Gandhi zum ersten Mal seit zwei Jahren an die Öffentlichkeit.

Gandhi, der sich 1934 von der Politik zurückgezogen hat, wendet sich mit Blick auf den linken Flügel der Kongreß-Partei gegen eine Klassenkampf-Politik. Vermutungen der internationalen Presse, er wolle wieder die Führung der Partei übernehmen, weist Gandhi zurück.

Schweres Erdbeben in Mittelamerika

20. Dezember. In der Nacht zum 21. Dezember 1936 wird die Stadt San Vincente in der mittelamerikanischen Republik El Salvador von einem schweren Erdbeben heimgesucht. Gleichzeitig erfolgt ein Ausbruch des Vulkans Santa Rita.

Die 50 000 Einwohner zählende Stadt wird fast vollständig zerstört. Über 1000 Menschen kommen bei der Naturkatastrophe ums Leben, mehrere tausend Personen werden verletzt. Auch die Ortschaften in der Nähe von San Vincente sind von dem Erdbeben betroffen und werden teilweise zerstört. Das Unglücksgebiet ist tagelang von der Wasserversorgung abgeschnitten.

Urteil gegen Rundfunk

5. Dezember. Der Prozeß der sieben größten deutschen Schallplattenunternehmen gegen die staatliche Reichsrundfunkgesellschaft wird in dritter und letzter Instanz vom Reichsgericht in Leipzig zugunsten der Schallplattenfirmen entschieden. Der Reichsrundfunkgesellschaft ist in Zukunft verboten, die von den Firmen produzierten Schallplatten ohne eine angemessene Entschädigung zu senden.

Nach dem Leipziger Urteil ist die Rundfunkgesellschaft verpflichtet, für die Benutzung von 25 000 Platten an die Schallplattenindustrie pro Jahr 300 000 Reichsmark (RM) zu zahlen. Für jede weiteren 5000 Schallplatten müssen 60 000 RM Gebühr entrichtet werden.

Das Presseorgan der Schutzstaffel (SS), das »Schwarze Korps«, entrüstet sich am 26. November 1936 über den Prozeß: »Aufgrund ihres Monopols glaubten die Schallplatteninteressenten, den deutschen Rundfunk in die Enge treiben zu können ... Ein wesentlicher Zweig der Musik und damit der Kulturproduktion wäre somit im weitesten Umfange der Kontrolle von Staat und Volk entzogen ...«

Große Konkurrenz für die Schallplatte: Ende 1936 haben rund 7,5 Millionen Deutsche ein Rundfunkgerät, trotz der recht hohen Preise

RM 269,-

Staaten Amerikas rücken zusammen

23. Dezember. In Buenos Aires endet die Panamerikanische Friedenskonferenz, auf der mehrere Verträge zwischen den 21 teilnehmenden amerikanischen Staaten abgeschlossen worden sind. Hauptziel der Konferenz, die am 1. Dezember begann, war die Sicherung des Friedens auf dem amerikanischen Kontinent und der stärkere Zusammenschluß der amerikanischen Staaten.

Während die Regierung der USA ein System der kollektiven Sicherheit in Amerika aufbauen und ein einheitliches Auftreten der amerikanischen Staaten gegenüber der restlichen Welt erreichen will, streben einzelne südamerikanische Staaten eine gemeinsame Bindung an den Völkerbund an; sie fürchten eine zu bestimmende Rolle der USA bei einem isolierten interamerikanischen Zusammenschluß.

Am 19. Dezember wurde die Frage der Gründung eines amerikanischen Völkerbundes vertagt. In den zum Abschluß der Konferenz verabschiedeten Konventionen verpflichten sich die teilnehmenden Staaten, in Fällen von kriegerischen Auseinandersetzungen sofort in Beratungen einzutreten, um solche Konflikte friedlich zu lösen.

In weiteren Verträgen ist eine stärkere Zusammenarbeit im Bereich der Kultur und der Bildung vorgesehen; außerdem wird der Bau einer panamerikanischen Autostraße ins Auge gefaßt.

König Eduard VIII. verzichtet auf den Thron

10. Dezember. Der britische Premierminister Stanley Baldwin gibt im Londoner Unterhaus bekannt, daß König Eduard VIII. abgedankt hat und daß sein jüngerer Bruder Albert, Herzog von York (als Georg VI.), sein Nachfolger wird.

Eduard VIII. verzichtet auf den Thron, um die US-Amerikanerin Wallis Simpson zu heiraten, mit der er seit 1934 befreundet ist. Neben Verständnis für die Entscheidung des populären Königs in der Bevölkerung dominieren in Kreisen des Adels und der Politik Entrüstung über die Pflichtvergessenheit des Königs und Erleichterung über die Bereinigung des »skandalösen Liebesverhältnisses« zwischen dem König und der erst kürzlich (27. Oktober 1936) zum zweiten Mal geschiedenen Wallis Simpson.

Entscheidend für die Abdankung Eduards war, daß Premierminister Baldwin eine Heirat des Königs mit Wallis Simpson entschieden ablehnte. Die britische Regierung befürchtete, daß eine geschiedene Frau als Gemahlin des britischen Königs der Monarchie großen Schaden zufügen würde. Gleichzeitig drängte Baldwin den König zu einer Entscheidung zwischen dem Thron und Wallis Simpson, um den »Skandal« endlich zu beenden.

Wallis Simpson, 1896 in Baltimore (USA) geboren, ab 1928 in zweiter Ehe mit Ernest Simpson verheiratet

Eduards Thronverzicht kommt der Regierung nicht ungelegen; der König ist für Premierminister Baldwin zum Unsicherheitsfaktor geworden. Bereits 1935 hatte Eduard Sympathien für die faschistischen Diktatoren in Italien und dem Deutschen Reich bekundet.

Nach seiner Thronbesteigung (21. 1. 1936) versuchte er mehrfach, die Regierung im Zusammenhang mit der Rheinlandbesetzung der Deutschen (→ 7. 3./S. 46) und dem Abessinienkrieg (→ S. 20) der Italiener zu einer freundlichen Politik gegenüber den Faschisten zu bewegen – obwohl er als König zur Unparteilichkeit verpflichtet war.

Eduard VIII. und Wallis Simpson während einer Mittelmeer-Reise 1936, die von der britischen Presse als Skandal gewertet wurde

Elisabeth: Thronerbin per Gesetz

11. Dezember. Weil die Thronfolgeordnung in Großbritannien einen Thronverzicht nicht vorsieht, bringt die britische Regierung im Londoner Parlament ein Abdankungsgesetz ein, das noch am selben Tag angenommen wird. Es regelt den Rücktritt des bisherigen Königs Eduard VIII.

Durch das Gesetz werden Eduard und seine Nachkommen von der Thronfolge ausgeschlossen. Der Herzog von York, Albert, wird zu seinem Nachfolger bestimmt.

Bei der Aussprache über das Gesetz im Londoner Unterhaus stellt der Sprecher der unabhängigen Labour-Gruppe, John Maxton, einen Zusatzantrag, in dem die Abänderung der britischen Regierungsform von der konstitutionellen Monarchie zur Republik gefordert wird. Dieser »Angriff auf die Mon-

archie« wird von vielen Abgeordneten entschieden verurteilt. Schließlich wird der Antrag mit 403 zu fünf Stimmen abgelehnt.

Nach den Lesungen des Gesetzes im Unterhaus und im Oberhaus stimmt König Eduard VIII. am Nachmittag dem Gesetz zu. Damit ist es rechtskräftig und Georg VI. König von Großbritannien.

Die Thronfolgerin des neuen Königs, der den Namen seines am → 20. Januar 1936 (S. 21) gestorbenen Vaters Georg V. angenommen hat, wird seine älteste Tochter, Prinzessin Elisabeth, sein. Das unverhoffte Aufsteigen zur Thronerbin macht die zehnjährige Elisabeth noch populärer. Zusammen mit ihrer sechsjährigen Schwester Margaret ist sie seit geraumer Zeit Liebling der britischen Bevölkerung.

V. l.: Margaret Rose, Elisabeth, Albert, Herzog von York (Georg VI.), Elisabeth, Herzogin von York; auf dem Landsitz Royal Lodge

Neuer König: Georg VI.

Der zurückgetretene britische König, Eduard VIII., nach seiner Ansprache in einem extra hergerichteten Studio der BBC in London

Ansprache des scheidenden Königs

11. Dezember. Einen Tag nach seiner Abdankung hält der bisherige britische König, Eduard VIII., im Rundfunk eine Abschiedsrede, in der er auch auf die Gründe für seinen Thronverzicht eingeht und den Gewissenskonflikt, in dem er sich befand, deutlich macht.

Der ehemalige König sagt u. a.: »Sie müssen mir glauben, wenn ich Ihnen sage, daß ich es als unmöglich empfunden habe, die schwere Bürde der Verantwortung weiter zu tragen und die Pflichten als König so zu erfüllen, wie ich es mit Hilfe und Unterstützung der Frau, die ich liebe, gern getan hätte ... Ich habe diese schwerste Entscheidung meines Lebens nur unter dem einzigen Gesichtspunkt getroffen, was letzten Endes für alle das beste sein würde.«

Bis zuletzt hat Eduard in Verhandlungen mit dem britischen Premierminister Stanley Baldwin versucht, der Entscheidung zwischen seiner Geliebten, Wallis Simpson, und dem britischen Thron auszu-

weichen. Nachdem die Scheidung von W. Simpson von ihrem zweiten Mann, dem New Yorker Schiffsmakler Ernest Simpson, vollzogen war (27. 10. 1936), führte Baldwin mit dem König am 16. November ein Gespräch. Er wies darauf hin, daß eine Heirat zwischen Eduard und W. Simpson »im Land keinerlei Billigung finden wird«, u. a. weil die Nachkommen aus der Ehe thronfolgeberechtigt wären.

In einer zweiten Unterredung, die am 25. November stattfand, unterbreitete der König Premierminister Baldwin einen Kompromißvorschlag. Das britische Parlament sollte ein Gesetz verabschieden, das eine sog. morganatische Ehe ermöglichte, d. h., die Nachkommen aus der Ehe zwischen Eduard und W. Simpson sollten von der Thronfolge ausgeschlossen sein. Nach Rücksprache mit seinem Kabinett erklärte Baldwin dem König am 2. Dezember, daß sein Wunsch undurchführbar sei.

12. Dezember. Der bisherige Herzog von York, Albert, wird im Londoner St.-James-Palast vom britischen Kronrat zum König proklamiert. Aufgrund des am Vortag verabschiedeten Abdankungsgesetzes ist er – unter dem Namen Georg VI. – bereits seit dem 11. Dezember von Rechts wegen König.

Georg VI., der jüngere Bruder von Eduard VIII., bestieg nur drei Tage vor seinem 41. Geburtstag den britischen Thron. Es ist das erste Mal seit 1483, daß innerhalb von zwölf Monaten drei Könige in Großbritannien herrschen.

Von Georg wird nun seitens der britischen Öffentlichkeit verlangt, daß er nach dieser Krise der Monarchie durch eine überzeugende Regentschaft den Verlust an Ansehen, den das Königshaus erlitten hat, wieder wettmacht.

In Regierungskreisen und in der königlichen Familie bestehen allerdings Zweifel, ob er dieser Aufgabe gewachsen ist. Georg gilt zwar als ein fleißiger und pflichtbewußter Mensch; es wird aber befürchtet, daß er aufgrund seiner zurückhaltenden Art die repräsentativen Pflichten, die er als König hat, nicht zufriedenstellend erfüllen kann.

Eine der ersten Amtshandlungen des neuen Königs ist die Ernennung seines Bruders Eduard zum Herzog von Windsor. Eduard reist schon am 12. Dezember aus Großbritannien ab und begibt sich nach Österreich. Am 3. Juni 1937 heiratet er Wallis Simpson im Schloß Candé bei Monts in Frankreich.

Albert, Herzog von York, (Georg VI.) auf einem Gemälde von 1923

Elisabeth, Herzogin von York, kurz nach der Hochzeit mit Albert (1923)

Der neue König von Großbritannien wird in der Londoner Innenstadt öffentlich ausgerufen, hier vor dem Börsengebäude; die Proklamation wird außerdem verlesen am St.-James-Palast, am Charing Cross, am Temple

Der polnische Sänger Jan Kiepura (r.) singt beim Festkonzert des deutsch-polnischen Instituts im Berliner Zoo; populär wurde der Opernsänger durch seine Mitwirkung bei vielen Musikfilmen

Sängerin Erna Sack bei einer Probe, 1936 dreht die »Nachtigall« ihren ersten Film

Musik 1936:

Leichte Muse für die Masse

Während international der Swing-Stil des Jazz ein Massenpublikum begeistert und Benny Goodmans Big Band die Erfolgsleiter steil emporsteigt, erreichen die Musiksendungen im deutschen Rundfunk ihren größten Anteil am Gesamtprogramm seit 1933; das Hauptgewicht liegt auf Unterhaltungsmusik, die von »jüdischen Einflüssen« und »entarteter« Musik, u. a. Jazz, gesäubert worden ist.

Reichspropagandaminister Joseph Goebbels rechtfertigt den Ausbau der Unterhaltung im Rundfunk am → 28. August 1936 (S. 156) in einer Rede zur Eröffnung der Berliner Rundfunkausstellung damit, daß »die überwiegende Mehrzahl aller Rundfunkteilnehmer meistens vom Leben unerbittlich angefaßt wird ... und Anspruch darauf hat, in den wenigen Mußestunden auch Erholung zu finden. Demgegenüber fallen die wenigen, die nur von Kant und Hegel ernährt werden wollen, kaum ins Gewicht.«

Das Musikprogramm des Rundfunks macht im Jahr 1936 68,1% aller Sendungen aus, 1933 waren es 57,4%. Auf die leichte Muse entfallen dabei 1936 etwa 60%, bestehend aus Tanzmusik und Schlagern (etwa 19%), kleinen Orchesterwerken (Walzer usw., etwa 26%), Volksmusik (etwa 3%), Blasmusik (etwa 7%) und anderen Darbietungen.

Angemessene Hilfestellung erhalten Goebbels' nationalsozialistische Unterhaltungsstrategen seitens der deutschen Schlagerstars und -interpreten. Auch im Jahr 1936 sorgen sie ungeachtet des Nazi-Terrors im Deutschen Reich für angepaßt belanglose Schlager wie »Wozu ist die Straße da ...« (Heinz Rühmann in dem Spielfilm »Lumpacivagabundus«); besonderen Erfolg mit ihren Schlagern haben der Komponist Peter Kreuder und der Texter Hans Fritz Beckmann (1936 u. a.: »Ich wollt', ich wär ein Huhn ...« und »Man muß das Leben nehmen, wie es eben ist, weil man es ohnedies nicht ändern kann ...«).

Die totale Zensur, die für Musik im Massenkommunikationsmittel Rundfunk gilt, findet bei Musikveranstaltungen, die nur einen kleinen Hörerkreis erreichen, nicht statt. So ist es in den deutschen Großstädten immer noch möglich, in Tanzlokalen und Bars Swing zu hören, wenn auch nicht unter dem Namen Jazz.

Bei der ernsten Musik tun sich die Verkünder einer »neuen« (nationalsozialistischen) Musik schwer, ihre Vorstellungen positiv zu formulieren. Bis 1936 äußern sich die Umgestaltungsversuche vor allem darin, daß jüdische Komponisten und Musiker entlassen und verfemt werden und sog. entartete Musik aus deutschen Konzertsä-

len und Opernhäusern verbannt wird. Dazu gehören die Komponisten Kurt Weill, Alban Berg, Gustav Mahler ebenso wie Arnold Schönberg und (der Jude) Felix Mendelssohn-Bartholdy.

Der anerkannteste noch lebende Komponist ist im Deutschen Reich 1936 immer noch der Opernkomponist Richard Strauss (1933–1935 Präsident der Reichsmusikkammer). Die erfolgreichen Opern-Uraufführungen deutschsprachiger Komponisten kommen 1936 allerdings von Jüngeren: »Der schwarze Peter« von Norbert Schultze, »Enoch Arden« von Ottmar Gerster, »Doktor Johannes Faust« von Hermann Reutter.

Opernsängerin Lucrezia Bori, 1936 Abschied von der Oper

Genia Nikolajewa in dem Musikfilm »Und Du, mein Schatz, fährst mit«; neben Hans Söhnker spielt auch Oskar Sima (vorn l.) mit

Ab sofort nur noch zwölf Schuljahre

4. Dezember. In dcr deutschen Presse wird ein Erlaß des Reichserziehungsministeriums bekanntgegeben, wonach die jetzigen Schüler der Unterprima (12. Klasse) der höheren Schulen bereits am Schluß des Schuljahres 1936/37, in der Woche vom 15. bis 20. März 1937, ihre Reifeprüfung abzulegen haben.

Die Einführung der zwölfjährigen Schulzeit wird mit der Verlängerung der Dienstpflicht bei der Wehrmacht am → 24. August 1936 (S. 152) und dem erhöhten Nachwuchsbedarf in der deutschen Wirtschaft begründet.

Die Regelung sieht für die Prüfungen im März 1937 vor, die schriftliche Prüfung ganz wegfallen zu lassen. In einigen Fächern muß der Lehrstoff der 13. Klasse »in wesentlichen Grundzügen« bis zum Ende des Schuljahres erarbeitet werden. Um einer Überlastung der Lehrer und Schüler vorzubeugen, werden sie ab sofort von ihren Diensten in den nationalsozialistischen Parteiorganisationen befreit.

»Kampf der Ratte« im Deutschen Reich

8. Dezember. Eine großangelegte Rattenbekämpfungsaktion des Berliner Polizeipräsidenten in der Reichshauptstadt wird nach 17 Tagen beendet.

Ebenso wie die reichsweiten Propagandamaßnahmen unter dem Motto »Kampf dem Verderb« soll die Aktion die Bürger zum Einsparen und sorgfältigen Umgang mit Lebensmitteln bewegen, während Führer und Reichskanzler Adolf Hitler Milliardenbeträge für die Aufrüstung ausgibt.

In einem Pressebericht der »Düsseldorfer Nachrichten« vom 3. Dezember 1936 wird auf den Schaden eingegangen, der durch die Ratten entsteht: »Ein Millionenheer von Ratten bedroht unsere Volkswirtschaft, vernichtet ungeheure Werte. Schätzen wir einmal ganz vorsichtig und ohne die geringste Übertreibung: 65 Millionen Ratten zerstören tagtäglich Werte in Höhe von 1,3 Millionen RM.« Das Hitler-Regime gibt 1936 neun bis 12,5 Milliarden RM für die Rüstung aus.

Nummer 53   29. Dezember 1936   Berliner Illustri... Zeit...   45. Jahrgang   Preis 20 Pfennig   Neuer Roman beginnt!

Titelbild der Silvesterausgabe der deutschen Wochenzeitschrift »Berliner Illustrirte Zeitung«

Deutsche Silvesternacht '36

31. Dezember. Der Übergang ins neue Jahr wird von der deutschen Polizei mit Bestimmungen begleitet, die Freiraum für das Feiern gewähren und die traditionellen Missetaten der Silvesternacht begrenzen sollen: »Für die Silvesternacht wird die Polizeistunde für alle Gast- und Schankwirtschaften aufgehoben. Es wird darauf hingewiesen, daß Verlosungen von lebenden Tieren in Gast- und Schankwirtschaften streng verboten sind. Ebenfalls ist das Abbrennen von Feuerwerkskörpern und das Schießen mit Knallbüchsen untersagt. Falls Schankwirte Tanzlustbarkeiten veranstalten wollen, wozu auch das Tanzen zwischen den Stuhlreihen gehört, müssen sie eine Erlaubnis einholen.«

Neue Postwertzeichen 1936 im Deutschen Reich

Wohltätigkeitsmarken zugunsten des Winterhilfswerks

Sonderausgabe 50 Jahre Auto

Sonderausgabe 8. Parteitag der NSDAP in Nürnberg

Wohltätigkeitssonderausgabe zu den Olympischen Spielen in Berlin

Sondermarken zum internationalen Gemeindekongreß

Sondermarken zu den Olympischen Spielen in Berlin

Sondermarke Braunes Band in München

10 Jahre Lufthansa

Otto von Guericke

Sonderausgabe zum Luftschiff LZ 129 Hindenburg

Weltkongreß Freizeit und Erholung in der Hansestadt Hamburg

Anhang

Das Deutsche Reich, Österreich und die Schweiz 1936 in Zahlen

Die Statistiken für die drei deutschsprachigen Länder umfassen eine Auswahl von grundlegenden Daten. Es wurden vor allem Daten aufgenommen, die innerhalb der einzelnen Länder vergleichbar sind. Maßgebend für alle Angaben waren die amtlichen Statistiken. Die Zahlen beziehen sich auf die jeweiligen Staatsgrenzen von 1936.

Nicht in allen gesellschaftlichen Bereichen finden jährliche Erhebungen statt, so daß mitunter die Daten aus früheren Jahren aufgenommen werden mußten. Das Erhebungsdatum ist jeweils angegeben (unter der Rubrik »Stand«). Die aktuellen Zahlen des Jahres 1936 werden – wo möglich – durch einen Vergleich zum Vorjahr relativiert.

Wichtige Zusatzinformationen zum Verständnis einzelner Daten sind in den Fußnoten enthalten.

Deutsches Reich

Erhebungsgegenstand	Wert	Vergleich Vorjahr (%)	Stand
Fläche			
Fläche (km²)	470 714,72	± 0	1. 1. 1936
Bevölkerung			
Wohnbevölkerung	66 871 000	–	1935[3]
– männlich	32 086 000	–	16. 6. 1933[1]
– weiblich	33 943 000	–	16. 6. 1933[1]
Einwohner je km²	140,3	–	16. 6. 1933[1]
Ausländer	756 760	–	16. 6. 1933[2]
Privathaushalte	17 695 000	–	16. 6. 1933[2]
– Einpersonenhaushalte	1 482 000	–	16. 6. 1933[2]
– Mehrpersonenhaushalte	16 213 000	–	16. 6. 1933[2]
Lebendgeborene	1 278 583	+ 1,2	1936
Gestorbene	795 793	+ 0,5	1936
Eheschließungen	609 770	− 6,4	1936
Ehescheidungen	50 337	+ 0,2	1936
Familienstand der Bevölkerung			
– Ledige insgesamt	31 795 000	–	31. 12. 1934[3]
männlich	16 111 000	–	31. 12. 1934[3]
weiblich	15 684 000	–	31. 12. 1934[3]
– Verheiratete	30 172 000	–	31. 12. 1934[3]
– Verwitwete und Geschiedene	4 117 000	–	31. 12. 1934[3]
männlich	1 011 000	–	31. 12. 1934[3]
weiblich	3 106 000	–	31. 12. 1934[3]
Religionszugehörigkeit			
– Christen insgesamt	62 875 224	–	16. 6. 1933[2]
katholisch	21 760 065	–	16. 6. 1933[2]
evangelisch	41 080 024	–	16. 6. 1933[2]
sonstige	35 135	–	16. 6. 1933[2]
– Juden	502 799	–	16. 6. 1933[2]
– andere	2 651 425	–	16. 6. 1933[2]
Altersgruppen			
unter 5 Jahren	4 890 000	–	31. 12. 1934[3]
5 bis unter 10 Jahren	5 331 000	–	31. 12. 1934[3]
10 bis unter 15 Jahren	5 908 000	–	31. 12. 1934[3]
15 bis unter 20 Jahren	3 904 000	–	31. 12. 1934[3]
20 bis unter 30 Jahren	12 418 000	–	31. 12. 1934[3]
30 bis unter 40 Jahren	11 048 000	–	31. 12. 1934[3]
40 bis unter 50 Jahren	8 462 000	–	31. 12. 1934[3]
50 bis unter 60 Jahren	7 102 000	–	31. 12. 1934[3]
60 bis unter 70 Jahren	4 838 000	–	31. 12. 1934[3]
70 bis unter 80 Jahren	2 245 000	–	31. 12. 1934[3]
80 und darüber	490 000	–	31. 12. 1934[3]
Die zehn größten Städte (Wohnbevölkerung)			
– Berlin	4 243 000	–	16. 6. 1933[4]
– Hamburg	1 129 000	–	16. 6. 1933[4]
– Köln	757 000	–	16. 6. 1933[4]
– München	735 000	–	16. 6. 1933[4]
– Leipzig	714 000	–	16. 6. 1933[4]
– Essen	654 000	–	16. 6. 1933[4]
– Dresden	642 000	–	16. 6. 1933[4]
– Breslau	625 000	–	16. 6. 1933[4]
– Frankfurt am Main	556 000	–	16. 6. 1933[4]
– Dortmund	541 000	–	16. 6. 1933[4]
Erwerbstätigkeit			
Erwerbstätige	32 296 074	–	16. 6. 1933[5]
– männlich	20 817 033	–	16. 6. 1933[5]
– weiblich	11 479 041	–	16. 6. 1933[5]
– nach Wirtschaftsbereichen			
Land- und Forstwirtschaft Tierhaltung und Fischerei	9 342 785	–	16. 6. 1933[5]
Produzierendes Gewerbe	13 052 982	–	16. 6. 1933[5]
Handel und Verkehr	5 932 069	–	16. 6. 1933[5]
sonstige	3 968 238	–	16. 6. 1933[5]
Arbeitslose	1 592 000	− 26,0	1936[6]
Arbeitslosenquote (in %)	8,3	–	1936[6]
Betriebe (örtliche Betriebseinheiten)			
– Landwirtschaftliche Betriebe	3 075 454	–	1933[7]
– Bergbau und verarbeitendes Gewerbe	1 679 331	–	1933[7]
– Baugewerbe	263 055	–	1933[7]
– Handel, Gastgewerbe, Reiseverkehr	1 630 785	–	1933[7]
– davon Banken, Versicherungen	47 973	–	1933[7]
Außenhandel			
– Einfuhr (Mio. Reichsmark/RM)	4 228	+ 1,7	1936
– Ausfuhr (Mio. RM)	4 778	+ 11,9	1936
– Ausfuhrüberschuß (Mio. RM)	550	–	1936
Verkehr			
– Eisenbahnnetz (km)	68 225	− 0,5	1936
Beförderte Personen (in 1000)	1 610 500	+ 8,2	1936
Beförderte Güter (in 1000 t)	452 400	+ 10,9	1936
– Straßennetz (km)	212 133	–	31. 3. 1936
davon Autobahn (km)	1 086	+ 869,6	31. 12. 1936

1) Wohnbevölkerung zum Gebietsstand 1. 1. 1936 (mit Saargebiet; die fortgeschriebene Wohnbevölkerung betrug für Anfang 1936 67 105 000 Personen.
2) Am 16. 6. 1933 zum Gebietsstand 1. 1. 1934 (ohne Saargebiet)
3) Letzte verfügbare Angabe
4) Wohnbevölkerung zum Gebietsstand 1. 1. 1936 (mit Saargebiet)
5) Gebietsstand 1. 1. 1934 (ohne Saargebiet)
6) Jahresdurchschnitt
7) Letzte Betriebszählung

Statistische Zahlen

Erhebungsgegenstand	Wert	Vergleich Vorjahr (%)	Stand
– Bestand an Kraftfahrzeugen	2 475 000	+ 14,7	1936
davon Pkw	946 000	+ 18,9	1936
davon Lkw	271 000	+ 11,0	1936
– Zulassung fabrikneuer Kfz	457 000	+ 27	1936
– Binnenschiffe zum Gütertransport (Tragfähigkeit in t)	6 376 000	+ 0,7	1. 1. 1937
Beförderte Güter (t)	116 051 000	+ 14,5	1936
– Handelsschiffe/Seeschiffahrt (BRT)	3 542 000	+ 4,0	1. 1. 1937
Beförderte Güter (t)	50 988 000	+ 15,6	1936
– Luftverkehr			
Beförderte Personen	286 300	+ 36,4	1936
Beförderte Güter (t)	4 848 300	+ 24,6	1936
Bildung			
– Schüler an Volksschulen	7 892 184	–	15. 5. 1936
Mittelschulen	235 100	–	1936
Höheren Schulen	672 000	– 0,3	1936
– Studenten	71 900	– 11,7	1936
Rundfunk			
– Hörfunkteilnehmer	7 583 841	+ 12,8	1936
Gesundheitswesen			
– Ärzte	48 000	+ 0,8	1936
– Zahnärzte	33 900	+ 4,8	1936
– Krankenhäuser	4 792	+ 1,4	1936
Sozialleistungen			
– Mitglieder der gesetzlichen Krankenversicherung	20 087 800	+ 3,2	1936
– Rentenbestand Rentenversicherung der Arbeiter	3 416 600	+ 0,4	1936
Rentenversicherung der Angestellten	415 700	+ 6,8	1936
Knappschaftliche Rentenversicherung	399 900	+ 0,3	1936
– Empfänger von Arbeitslosengeld und -hilfe	925 037	– 18,7	1936
Sozialhilfe	2 475 000	– 10,3	1936
Löhne und Gehälter			
– Wochenarbeitszeit in der Industrie (Stunden)	45,6	+ 2,7	1936
– Tariflicher Bruttostundenverdienst männlicher Facharbeiter (Reichspfennig)	78,3	± 0	1936
weiblicher Facharbeiter (Rpf.)	51,6	± 0	1936
– Tariflicher Bruttostundenverdienst männlicher Hilfsarbeiter (Rpf.)	62,3	+ 0,2	1936
weiblicher Hilfsarbeiter (Rpf.)	43,4	± 0	1936
– Index der tariflichen Stundenlöhne in der gewerblichen Wirtschaft (Dez. 1935 = 100)	101,7	–	Dez. 1936
Preise			
– Einzelhandelspreise ausgewählter Lebensmittel (RM)			
Butter, 1 kg	3,09	+ 3,0	1936
Weizenmehl, 1 kg	0,47	± 0,0	1936
Schweinefleisch, 1 kg	1,69	+ 1,2	1936
Rindfleisch, 1 kg	1,65	+ 5,1	1936
Eier, 1 Stück	0,11	± 0,0	1936
Kartoffeln, 1 kg	0,09	– 2,2	1936
– Index der Lebenshaltungskosten für 5-Personen-Arbeitnehmer-Haushalt mit mittlerem Einkommen (1913/14 = 100)	124,5	+ 1,2	1936
– Bruttosozialprodukt (Mio. RM)	81 200	+ 10,5	1936

Erhebungsgegenstand	Bremen	Berlin	Breslau	Aachen	Stuttg.	München
Klimatische Verhältnisse						
– Mittl. Lufttemperatur Januar (°C)	3,9	3,3	3,0	5,4	5,2	1,6
Februar	1,0	0,0	–0,8	2,5	3,2	–0,2
März	5,2	5,3	5,5	7,5	8,1	5,7
April	5,4	7,6	7,7	5,8	9,3	7,9
Mai	12,4	14,1	14,6	12,8	14,7	12,9
Juni	17,2	18,2	17,4	16,4	17,8	15,7
Juli	16,9	18,4	19,4	16,5	18,6	17,3
August	17,0	17,3	16,5	17,0	18,6	16,4
September	13,6	13,6	13,2	14,3	15,1	13,3
Oktober	7,7	6,8	6,2	7,7	7,9	5,7
November	4,6	4,1	3,5	5,2	5,6	2,9
Dezember	2,8	1,9	1,5	3,8	2,9	0,4
– Eistage (Temperatur ständig unter 0°)	5	9	13	4	3	23
– Niederschlagsmengen Januar (mm)	47	41	19	78	67	96
Februar	64	45	31	54	44	53
März	14	23	22	16	19	46
April	121	47	42	124	98	79
Mai	38	36	62	50	20	96
Juni	6	8	49	141	122	140
Juli	120	80	75	142	138	104
August	65	30	58	48	58	113
September	68	46	41	45	102	155
Oktober	67	51	51	87	43	74
November	56	44	37	53	44	51
Dezember	40	32	19	52	29	36
– Tage mit Schneedecke	14	18	30	4	10	38
– Sonnentage (mind. 25° C)	21	30	41	16	43	22

Österreich

Erhebungsgegenstand	Wert	Vergleich Vorjahr (%)	Stand
Fläche			
Fläche (km^2)	83 868		1936
Bevölkerung			
Wohnbevölkerung	6 711 130	–	1936
– männlich	3 235 307	–	1936
– weiblich	3 475 823	–	1936
Einwohner je km^2	80,0	–	1936
Ausländer	280 513	–	1936
Lebendgeborene	88 264	– 0,5	1936
Gestorbene	89 078	– 3,7	1936
Eheschließungen	46 293	+ 1,4	1936
Scheidungen	5 980	+ 7,3	1936
Familienstand der Bevölkerung			
– Ledige insgesamt	3 530 433	–	22. 3. 1934[1]
männlich	1 770 968	–	22. 3. 1934[1]
weiblich	1 759 465	–	22. 3. 1934[1]
– Verheiratete	2 627 095	–	22. 3. 1934[1]
– Verwitwete und Geschiedene	598 185	–	22. 3. 1934[1]
männlich	169 056	–	22. 3. 1934[1]
weiblich	434 129	–	22. 3. 1934[1]

1) Letzte verfügbare Angabe (Volkszählung)

Erhebungsgegenstand	Wert	Vergleich Vorjahr (%)	Stand
Religionszugehörigkeit			
– Christen insgesamt	6 448 478	–	22. 3. 1934[1]
katholisch	6 116 250	–	22. 3. 1934[1]
evangelisch	295 452	–	22. 3. 1934[1]
altkatholisch	36 776	°	22. 3. 1934[1]
– Juden	191 481	–	22. 3. 1934[1]
– andere	7 105	–	22. 3. 1934[1]
– konfessionslos	106 080	–	22. 3. 1934[1]
Altersgruppen			
unter 5 Jahren	420 130	–	1936[2]
5 bis unter 10 Jahren	489 211	–	1936[2]
10 bis unter 15 Jahren	585 149	–	1936[2]
15 bis unter 20 Jahren	467 805	–	1936[2]
20 bis unter 30 Jahren	1 087 758	–	1936[2]
30 bis unter 40 Jahren	1 141 552	–	1936[2]
40 bis unter 50 Jahren	908 016	–	1936[2]
50 bis unter 60 Jahren	774 979	–	1936[2]
60 bis unter 70 Jahren	552 316	–	1936[2]
70 bis unter 80 Jahren	269 973	–	1936[2]
80 bis unter 90 Jahren	58 056	–	1936[2]
90 und darüber	2 623	–	1936[2]
Die zehn größten Städte (Wohnbevölkerung)			
– Wien	1 874 130	–	22. 3. 1934[1]
– Graz	152 841	–	22. 3. 1934[1]
– Linz	108 970	–	22. 3. 1934[1]
– Salzburg	63 231	–	22. 3. 1934[1]
– Innsbruck	61 005	–	22. 3. 1934[1]
– Wiener Neustadt	36 798	–	22. 3. 1934[1]
– St. Pölten	36 247	–	22. 3. 1934[1]
– Klagenfurt	29 671	–	22. 3. 1934[1]
– Villach	23 831	–	22. 3. 1934[1]
– Steyr	22 512	–	22. 3. 1934[1]
Erwerbstätigkeit			
Erwerbstätige	3 170 272	–	22. 3. 1934[1]
– nach Wirtschaftsbereichen			
Land- und Forstwirtschaft, Tierhaltung und Fischerei	1 003 961	–	22. 3. 1934[1]
verarbeitendes Gewerbe und Industrie	1 036 735	–	22. 3. 1934[1]
Dienstleistungen	1 012 044	–	22. 3. 1934[1]
Bergbau, Salinenwesen, Torfgräberei	22 841	–	22. 3. 1934[1]
sonstige	94 691	–	22. 3. 1934[1]
Arbeitslose	349 663	+ 0,3	1936
Arbeitslosenquote (in %)	16,3	–	1936
Betriebe (örtliche Betriebseinheiten)			
– Landwirtschaftliche Betriebe	433 360	–	1930[3]
– Bergbau und verarbeitendes Gewerbe	86 464	–	1936
– Baugewerbe	7 876	–	1936
– Handel, Gastgewerbe, Reiseverkehr	32 901	–	1936
– sonstige	1 606	–	1936
Außenhandel			
– Einfuhr (Mio. Schilling/Mio. Reichsmark)	1 266,1 (619,8)	+ 3,8	1936
– Ausfuhr (Mio. S/Mio. RM)	968,0 (473,8)	+ 6,7	1936

Erhebungsgegenstand	Wert	Vergleich Vorjahr (%)	Stand
– Einfuhrüberschuß (Mio. S/Mio. RM)	298,1 (146,0)	–	1936
Verkehr			
– Eisenbahnnetz (km)[4]	7 167	–	1936
Beförderte Personen (in 1000)	572 598	–	1936
Beförderte Güter (in 1000 t)	25 279,5	– 4,1	1936
– Straßennetz (km)	85 923	–	1936
– Bestand an Kraftfahrzeugen	103 584	+ 9,3	1936
davon Pkw	25 148[5]	+ 15,4	1936
davon Lkw	12 926	– 1,6	1936
– Zulassung fabrikneuer Kfz	5 191	+ 74,9	1936
– Luftverkehr			
Beförderte Personen	41 141	+ 41,0	1936
Beförderte Güter (t)	1 097[6]	+ 16,7	1936
Bildung			
– Schüler an Realschulen	10 880	– 0,1	1935/36
Realgymnasium	35 377	– 0,7	1935/36
Gymnasien	16 349	– 2,8	1935/36
– Studenten	18 095	– 0,4	1935/36
Rundfunk			
– Hörfunkteilnehmer	593 815	+ 6,0	1936
Sozialleistungen			
– Mitglieder der gesetzlichen Krankenversicherung	649 073	–	1936
– Empfänger von Arbeitslosenunterstützung	259 185	– 1,0	1936
Finanzen und Steuern			
– Gesamtausgaben des Bundes (Mio. S/Mio. RM)	1 413 (691,7)	– 2,6	1936
– Gesamteinnahmen des Bundes (Mio. S/Mio. RM)	1 379 (675,0)	+ 6,7	1936
– Schuldenlast des Bundes (Mio. S/Mio. RM)	3 567 (1 746,0)	– 3,4	1936
Preise			
– Index der Einzelhandelspreise (1914 = 100)	138	–	1936
– Einzelhandelspreise ausgewählter Lebensmittel (Schilling/Reichsmark)			
Butter, 1 kg	4,33 (2,12)	+ 5,1	1936
Weizenmehl, 1 kg	0,76 (0,37)	+ 0,3	1936
Schweinefleisch, 1 kg	3,20 (1,56)	+ 5,2	1936
Rindfleisch, 1 kg	2,79 (1,37)	+ 0,8	1936
Eier, 1 Stück	0,12 (0,06)	+ 2,6	1936
Kartoffeln, 1 kg	0,18 (0,09)	+ 1,6	1936
– Index der Lebenshaltungskosten (1914 = 100)	105	–	1936
– Bruttosozialprodukt BIP nominell (Mio. S/RM)	9 320 (4 560)	–	1936

Erhebungsgegenstand	Wien	Salzburg	Graz	Klagenfurt	Innsbruck	Feldkirch
Klimatische Verhältnisse						
– Mittl. Lufttemperatur Januar (°C)	2,9	2,7	2,6	0,3	2,2	4,0
Februar	1,6	0,4	1,3	0,2	0,6	0,4
März	6,5	7,5	7,1	6,3	7,9	6,2
April	10,0	9,2	10,1	9,6	9,1	8,0
Mai	14,9	13,3	14,5	14,4	13,7	12,9
Juni	18,0	15,9	17,3	17,1	16,0	15,4
Juli	20,0	17,6	19,9	20,1	17,5	16,3
August	17,7	16,5	17,5	17,3	16,7	16,3
September	14,7	14,3	14,5	14,2	14,5	13,6
Oktober	7,0	6,3	5,9	5,0	5,0	5,7
November	4,0	3,5	3,5	2,4	3,1	3,7
Dezember	1,2	0,7	-0,4	-2,1	-2,4	0,1

1) Letzte verfügbare Angabe (Volkszählung)
2) Ergebnis der Fortschreibung der Volkszählung vom 22. 3. 1934 mit Hilfe der gezählten Bevölkerungsbewegung und der geschätzten Wanderungsbilanz.
3) Letzte verfügbare Angabe (landwirtschaftliche Betriebszählung)
4) Öffentl. Eisenbahnen
5) Ohne Autotaxen
6) Mit Post u. Reisegepäck

Statistische Zahlen

Erhebungsgegenstand	Wien	Salz-burg	Graz	Neusiedl am See	Inns-bruck	Feld-kirch
– Zahl der Tage mit: Niederschlag	148	181	145	150	178	183
Schneefall	12	24	10	12	44	25
Gewitter	28	22	47	18	28	27
– Niederschlagsmengen Januar (mm)	40	131	32	56	53	74
Februar	51	59	57	98	38	55
März	33	43	27	17	11	34
April	33	114	53	131	45	80
Mai	176	215	169	133	114	78
Juni	36	168	122	128	99	124
Juli	81	220	234	135	168	294
August	49	159	46	71	74	144
September	18	154	76	105	93	147
Oktober	165	123	83	55	69	54
November	20	72	39	32	15	39
Dezember	19	65	25	27	96	66
– Sonnenscheindauer Januar (Std.)	66	48	62	82	36	44
Februar	79	93	78	80	105	101
März	125	144	164	149	168	157
April	192	124	143	173	122	108
Mai	182	134	151	197	151	206
Juni	285	122	195	256	138	153
Juli	264	148	255	275	165	175
August	235	172	226	222	208	237
September	178	123	174	183	136	139
Oktober	68	70	86	67	116	121
November	48	81	63	49	88	55
Dezember	57	76	95	62	85	77

Schweiz

Erhebungsgegenstand	Wert	Vergleich Vorjahr (%)	Stand
Fläche			
Fläche (km²)	41 294,9	–	1936
Bevölkerung			
Wohnbevölkerung	4 168 000	+ 0,3	1936
– männlich	1 958 349[2]	–	1930[1]
– weiblich	2 108 051[2]	–	1930[1]
Einwohner je km²	101	–	1936
Ausländer	355 522	–	1930[1]
Privathaushalte	1 002 915	–	1930[1]
Lebendgeborene	64 966	– 2,1	1936
Gestorbene	47 650	– 5,1	1936
Eheschließungen	29 633	– 2,8	1936
Scheidungen	3 219	+ 6,8	1936
Familienstand der Bevölkerung			
– Ledige insgesamt	2 258 337	–	1030[1]
männlich	1 114 709	–	1930[1]
weiblich	1 143 628	–	1930[1]
– Verheiratete	1 530 068	–	1930[1]
– Verwitwete und Geschiedene	277 995	–	1930[1]
männlich	77 253	–	1930[1]
weiblich	200 742	–	1930[1]
Religionszugehörigkeit			
– evangelisch	2 330 303	–	1930[1]
– römisch-katholisch	1 629 043	–	1930[1]
– christ-katholisch	37 307	–	1930[1]
– Juden	17 973	–	1930[1]
– andere, ohne Konfession	51 774	–	1930[1]
Altersgruppen			
unter 5 Jahren	325 122	–	1930[1]
5 bis unter 10 Jahren	347 651	–	1930[1]
10 bis unter 15 Jahren	325 618	–	1930[1]
15 bis unter 20 Jahren	363 122	–	1930[1]
20 bis unter 30 Jahren	730 520	–	1930[1]
30 bis unter 40 Jahren	606 450	–	1930[1]
40 bis unter 50 Jahren	502 742	–	1930[1]
50 bis unter 60 Jahren	428 653	–	1930[1]
60 bis unter 70 Jahren	280 361	–	1930[1]
70 bis unter 80 Jahren	127 329	–	1930[1]
80 und darüber	28 832	–	1930[1]
Die zehn größten Städte			
– Zürich	317 700	–	1935
– Basel	160 300	–	1935
– Genf	124 450	–	1935
– Bern	120 400	–	1935
– Lausanne	85 500	–	1935
– St. Gallen	63 900	–	1935
– Winterthur	55 750	–	1935
– Luzern	52 650	–	1935
– Biel	38 650	–	1935
– La Chaux-de-Fonds	31 600	–	1935
Erwerbstätigkeit			
Erwerbstätige	1 942 626	–	1930[1]
– männlich	1 331 358	–	1930[1]
– weiblich	611 268	–	1930[1]
– nach Wirtschaftsbereichen			
Sektor 1: Land- und Forstwirtschaft	413 336	–	1930[1]
Sektor 2: Industrie, Handwerk, Baugewerbe usw.	848 762	–	1930[1]
Sektor 3: Dienstleistungen	680 528	–	1930[1]
Ausländische Arbeitnehmer	210 190	–	1930[1]
Arbeitslose	93 009	–	1936
Betriebe			
– Land- und Forstwirtschaft	238 469	–	1929[3]
– Industrie, Handwerk, Baugewerbe usw.	103 360	–	1929[3]
– Dienstleistungen	112 877	–	1929[3]
Außenhandel			
– Einfuhr (Mio. sFr./Mio. RM)	1 266,3 (724,3)	– 1,3	1936
– Ausfuhr (Mio. sFr./Mio. RM)	881,6 (504,3)	– 0,1	1936
– Einfuhrüberschuß (Mio. sFr./Mio. RM)	384,7 (220,0)	–	1936
Verkehr			
– Eisenbahnnetz (km)	5 883	+ 0,4	1936
Beförderte Personen (1000)	360 349	– 5,4	1936
Beförderte Güter (1000 t)	19 320	– 8,0	1936
– Straßennetz (km)	15 770	– 4,5	1936
– Bestand an Kraftfahrzeugen	89 873	– 2,2	1936
davon Pkw	69 136	– 2,3	1936
davon Lkw	19 561	– 1,7	1936
– Zulassung fabrikneuer Kfz	9 570	– 5,8	1936

1) Letzte verfügbare Angabe (Volkszählung)
2) Stand bei Volkszählung 1930; Wohnbevölkerung 1930 = 4 066 400
3) Letzte verfügbare Angabe (Betriebszählung)

Erhebungsgegenstand	Wert	Vergleich Vorjahr (%)	Stand
– Luftverkehr			
Beförderte Personen	86 755	– 5,1	1936
Beförderte Güter (t)	4 909	– 21,5	1936
Bildung			
– Schüler an Primarschulen	471 438	– 1,0	1936
Sekundarschulen, Bezirksschulen	50 534	– 0,9	1936
Fortbildungsschulen	165 511	+ 0,2	1936
Gymnasien, Kantonsschulen, Höhere Töchterschulen	14 143	+ 2,7	1936
– Studenten	10 404	– 0,5	1936
Rundfunk			
– Hörfunkteilnehmer	464 332	+11	1936
Gesundheitswesen			
– Praktizierende Ärzte	3 405	– 1,5	1936
– Praktizierende Zahnärzte	1 269	+ 5,0	1936
Sozialleistungen			
– Mitglieder der gesetzlichen Krankenversicherung	1 965 680	+ 1,5	1936
– Empfänger von Arbeitslosengeld und -hilfe	228 502[4]	+ 0,8	1936
Finanzen und Steuern			
– Gesamtausgaben des Bundes (Mio. sFr./Mio. RM)	540,4 (309,1)	+ 7,2	1936
– Gesamteinnahmen des Bundes (Mio. sFr./Mio. RM)	513,7 (293,8)	+ 5,8	1936
– Schuldenlast des Bundes (Mio. sFr./Mio. RM)	2 265,1 (1 295,6)	+25,0	1936
Preise			
– Einzelhandelspreise ausgewählter Lebensmittel (sFr./RM)			
Butter, 1 kg	4,73 (2,71)	+ 0,4	1936[5]
Weißmehl, 1 kg	0,37 (0,21)	± 0	1936[5]
Schweinefleisch, 1 kg	3,40 (1,94)	+ 13,0	1936[5]
Rindfleisch, 1 kg	2,96 (1,69)	+ 13,0	1936[5]
Eier (inländische), 1 Stück	0,19 (0,11)	–	1936[5]
Kartoffeln, 1 kg	0,20 (0,11)	+ 5,3	1936[5]
Brot, 1 kg	0,36 (0,21)	± 0	1936[5]
Milch, 1 l	0,31 (0,18)	± 0	1936[5]
– Index der Lebenshaltungskosten (Jahresmittel; Juni 1914 = 100)	130	–	1936

4) Einschließlich Teilzeitarbeitslose
5) Durchschnittlicher Preis im Dezember

Erhebungsgegenstand	Zürich	Basel	Bern	Genf	Davos	Lugano
Klimatische Verhältnisse						
– Mittl. Lufttemperatur						
Januar (°C)	4,2	4,8	3,5	5,3	–2,3	3,4
Februar	1,7	2,0	1,6	2,8	–4,7	3,4
März	6,8	6,7	6,0	7,0	–0,4	8,3
April	8,2	7,9	7,6	8,7	2,5	10,8
Mai	13,6	13,7	12,9	14,6	7,8	15,6
Juni	16,0	16,3	15,2	17,2	9,9	18,5
Juli	16,9	17,5	16,2	18,1	11,5	20,2
August	17,0	17,3	16,7	18,4	11,4	20,4
September	14,2	14,7	13,7	15,6	8,6	16,5
Oktober	6,5	6,8	5,4	7,3	0,1	9,2
November	4,6	5,0	3,6	5,9	–1,3	5,9
Dezember	2,0	2,2	1,1	2,6	–5,4	3,4
– Niederschlagsmengen						
Januar (mm)	75	94	94	113	60	129
Februar	51	60	101	151	57	98
März	34	25	36	15	19	166
April	154	90	126	76	102	268
Mai	101	17	132	47	50	261
Juni	162	104	143	59	78	221
Juli	232	141	214	138	215	243
August	81	87	62	23	84	55
September	184	125	171	116	84	216
Oktober	77	30	60	29	75	15
November	54	72	58	51	14	96
Dezember	41	25	34	22	102	62
– Sonnenscheindauer						
Januar (Std.)	47	39	43	75	44	71
Februar	80	86	88	106	93	116
März	166	149	165	173	161	139
April	97	95	110	127	102	108
Mai	213	207	207	247	153	183
Juni	169	147	147	226	100	209
Juli	179	159	182	234	149	206
August	247	223	234	287	207	276
September	118	108	132	170	126	170
Oktober	109	93	108	149	129	196
November	42	48	30	47	96	118
Dezember	37	57	48	54	106	131

Die Regierungen des Deutschen Reichs, Österreichs und der Schweiz 1936

Neben den Staatsoberhäuptern des Deutschen Reichs, Österreichs und der Schweiz sind in der Zusammenstellung die einzelnen Kabinette des Jahres 1936 in chronologischer Reihenfolge enthalten. Hinter den Namen der wichtigsten Regierungsmitglieder stehen in Klammern die Parteizugehörigkeit und der Zeitraum ihrer Tätigkeit.

Deutsches Reich

Staatsform: Republik, de facto Diktatur
Reichspräsident: Adolf Hitler (NSDAP; 1934–1945)

Reichskanzler: Adolf Hitler (NSDAP; 1933–1945)
Auswärtiges: Konstantin Freiherr von Neurath (parteilos; 1932–1938)
Inneres: Wilhelm Frick (NSDAP; 1933–1943)
Finanzen: Johann Ludwig Graf Schwerin von Krosigk (parteilos; 1932–1945)
Wirtschaft: Hjalmar Schacht (parteilos; 1934–1937, zugleich Reichsbankpräsident 1923–1930 und 1933–1939)
Arbeit: Franz Seldte (NSDAP; 1933–1945)
Justiz: Franz Gürtner (parteilos; 1933–1941)
Volksaufklärung und Propaganda: Joseph Goebbels (NSDAP; 1933–1945)
Krieg: Werner von Blomberg (parteilos; 1933/35–1938)
Oberbefehlshaber des Heeres (mit Kabinettsrang): Werner Freiherr von Fritsch (20. 4. 1936–1938)
Oberbefehlshaber der Kriegsmarine: Erich Raeder (20. 4. 1936–1943)
Luftfahrt: Hermann Göring (NSDAP; 1933–1945)
Oberbefehlshaber der Luftwaffe: Hermann Göring (NSDAP; 1935–1945)
Forsten: Hermann Göring (NSDAP; 1934–1945)
Post: Paul Freiherr Eltz von Rübenach (parteilos; 1932–1937)
Verkehr: Paul Freiherr Eltz von Rübenach (parteilos; 1932–1937)
Ernährung: Richard Walther Darré (NSDAP; 1933–1942)
Wissenschaft, Erziehung und Volksbildung: Bernhard Rust (NSDAP; 1934–1945)
Kirchen: Hanns Kerrl (NSDAP; 1935–1941)
Reichsminister ohne Geschäftsbereich: Rudolf Heß (NSDAP; 1933–1941)
Reichsminister ohne Geschäftsbereich: Hans Frank (NSDAP; 1934–1945)
Reichskommissar für den Arbeitsdienst: Konstantin Hierl (NSDAP; 1934–1945)
Reichskommissar für den Sport: Hans von Tschammer und Osten (NSDAP; 1934–1943)
Reichskommissar für Rohstoffwirtschaft: Jean Puppe (1934–1937)
Reichskommissar für die Rückgliederung des Saargebiets: Josef Bürckel (NSDAP; 1935–1941)
Staatssekretär und Chef der Reichskanzlei: Hans Heinrich Lammers (NSDAP; 1933–1945, ab 1937 als Minister)
Reichspressechef: Walter Funk (NSDAP; 1933–1938)

Die Reichsstatthalter

Anhalt und Braunschweig: Fritz Sauckel (beauftragt 1935–1937)
Baden: Robert Wagner (1933–1945)
Bayern: Franz Ritter von Epp (1933–1945)
Hamburg: Karl Kaufmann (1933–1945)
Hessen: Jakob Sprenger (1933–1945)
Lippe und Schaumburg-Lippe: Alfred Meyer (1933–1945)
Mecklenburg und Lübeck: Friedrich Hildebrandt (1933–1945)
Oldenburg und Bremen: Karl Röver (1933–1942)
Preußen: Adolf Hitler (1933–1945; mit der Ausübung der Geschäfte ist 1935–1945 Hermann Göring beauftragt)
Sachsen: Martin Mutschmann (1933–1945)
Thüringen: Fritz Sauckel (1933–1945)
Württemberg: Wilhelm Murr (1933–1945)

Österreich

Staatsform: Bundesrepublik
Bundespräsident: Wilhelm Miklas (christlichsozial; 1928–1938)

Kabinett Schuschnigg (christlichsozial; 1935–14. 5. 1936):
Bundeskanzler: Kurt Schuschnigg (christlichsozial; 1934–1938)
Landesverteidigung: Kurt Schuschnigg (christlichsozial; 1934–1938)
Unterricht: Kurt Schuschnigg (christlichsozial; 1934–14. 5. 1936)
Vizekanzler: Ernst Rüdiger Starhemberg (Heimwehr; 1934–14. 5. 1936)

Äußeres: Egon Berger Waldenegg (Heimwehr; 1934–14. 5. 1936)
Inneres: Eduard Baar-Baarenfels (1935–3. 11. 1936)
Sicherheit: Eduard Baar-Baarenfels (1935–3. 11. 1936)
Justiz: Robert Winterstein (1935–14. 5. 1936)
Finanzen: Ludwig Draxler (1935–3. 11. 1936)
Handel und Verkehr: Fritz Stockinger (1933–3. 11. 1936)
Soziale Verwaltung: Josef Dobretsberger (1935–14. 5. 1936)
Landwirtschaft: Ludwig Strobl (1935–14. 5. 1936)
Ohne Geschäftsbereich: Karl Buresch (1935–14. 5. 1936)
Staatssekretär für Landesverteidigung: Wilhelm Zehner (1934–1938)
Staatssekretär für Unterricht: Hans Pernter (1934–14. 5. 1936, danach Minister für Unterricht)
Staatssekretär für soziale Verwaltung: Theodor Znidarić (1935–14. 5. 1936)
Staatssekretär für Land- und Forstwirtschaft: August Kraft (1935–18. 2. 1936)

Kabinett Schuschnigg (christlichsozial; 14. 5.–3. 11. 1936):
Bundeskanzler: Kurt Schuschnigg (christlichsozial; 1934–1938)
Landesverteidigung: Kurt Schuschnigg (christlichsozial; 1934–1938)
Äußeres: Kurt Schuschnigg (christlichsozial; 14. 5. 1936–1938)
Vizekanzler: Eduard Baar-Baarenfels (14. 5.–3. 11. 1936)
Inneres: Eduard Baar-Baarenfels (1935–3. 11. 1936)
Sicherheit: Eduard Baar-Baarenfels (1935–3. 11. 1936)
Unterricht: Hans Pernter (14. 5. 1936–1938)
Justiz: Hans Hammerstein-Equord (14. 5.–3. 11. 1936)
Finanzen: Ludwig Draxler (1935–3. 11. 1936)
Handel und Verkehr: Fritz Stockinger (1933–3. 11. 1936)
Soziale Verwaltung: Josef Resch (14. 5. 1936–1938)
Landwirtschaft: Peter Mandorfer (15. 5. 1936–1938)
Ohne Geschäftsbereich: Edmund Glaise-Horstenau (11. 7.–3. 11. 1936, danach Innenminister)
Staatssekretär für besondere Verwendung beim Bundeskanzler: Guido Zernatto (14. 5.–3. 11. 1936, danach Staatssekretär für die Angelegenheiten der Vaterländischen Front)
Staatssekretär beim Bundeskanzleramt für auswärtige Angelegenheiten: Guido Schmidt (11. 7.–3. 11. 1936, danach Staatssekretär für Äußeres)
Staatssekretär für Landesverteidigung: Wilhelm Zehner (1934–1938)

Kabinett Schuschnigg (christlichsozial; 3. 11. 1936–1938:
Bundeskanzler: Kurt Schuschnigg (christlichsozial; 1934–1938)
Landesverteidigung: Kurt Schuschnigg (christlichsozial; 1934–1938)
Äußeres: Kurt Schuschnigg (christlichsozial; 14. 5. 1936–1938)
Vizekanzler: Ludwig Hülgerth (3. 11. 1936–1938)
Inneres: Edmund Glaise-Horstenau (3. 11. 1936–1938)
Unterricht: Hans Pernter (14. 5. 1936–1938)
Justiz: Adolf Pilz (3. 11. 1936–1938)
Finanzen: Rudolf Neumayer (3. 11. 1936–1938)
Handel und Verkehr: Wilhelm Taucher (3. 11. 1936–1938)
Soziale Verwaltung: Josef Resch (14. 5. 1936–1938)
Landwirtschaft: Peter Mandorfer (15. 5. 1936–1938)
Sicherheit: Odo Neustädter-Stürmer (3. 11. 1936–1938)
Staatssekretär für Äußeres: Guido Schmidt (3. 11. 1936–1938, zuvor Staatssekretär beim Bundeskanzleramt für auswärtige Angelegenheiten)
Staatssekretär für soziale Verwaltung: Hans Rott (3. 11. 1936–1938)
Staatssekretär für Landesverteidigung: Wilhelm Zehner (1934–1938)
Staatssekretär für die Angelegenheiten der Vaterländischen Front: Guido Zernatto (3. 11. 1936–1938, zuvor Staatssekretär für besondere Verwendung beim Bundeskanzler)

Schweiz

Staatsform: Bundesrepublik
Bundespräsident: Albert Meyer

Politisches Departement (Äußeres): Giuseppe Motta (katholisch-konservativ; 1920–1940)
Departement des Inneren: Philipp Etter (katholisch-konservativ; 1934–1959)
Justiz und Polizei: Johannes Baumann (freisinnig; 1934–1940)
Finanzen und Zölle: Albert Meyer (freisinnig; 1934–1938)
Militär-Departement: Rudolf Minger (Bauern-, Gewerbe- und Bürgerpartei; 1929–1940)
Volkswirtschaftliches Departement: Hermann Obrecht (freisinnig; 1935–1940)
Post- und Eisenbahn-Departement: Marcel Pilet-Golaz (freisinnig; 1930–1940)

Staatsoberhäupter und Regierungen ausgewählter Länder 1936

Die Einträge zu den wichtigsten Ländern des Jahres 1936 informieren über die Staatsform (hinter dem Ländernamen), Titel und Name des Staatsoberhauptes sowie in Klammern dessen Regierungszeit. Es folgen – soweit vorhanden – die Regierungschefs, bei wichtigeren Ländern auch die Außenminister des Jahres 1936; jeweils in Klammern stehen die Zeiträume der Amtsausübung. Eine Kurzdarstellung gibt – wo es sinnvoll erscheint – einen Einblick in die innen- und außenpolitische Situation des Landes.

Abessinien (Äthiopien): Kaiserreich/italienisches Vizekönigreich
Kaiser: Haile Selassie I. (1930–36, 1941–74), Viktor Emanuel III. (Kaiser während der Annexion des Landes durch Italien 1936–1941)
Vizekönig: Pietro Badoglio (9. 5.–11. 6. 1936), Rodolfo Graziani (11. 6.1936–1937).
Ungeachtet internationaler Proteste erklärt das faschistische Italien die Annexion Abessiniens (9. 5.), das gemeinsam mit Eritrea und Italienisch-Somaliland zur Großkolonie Italienisch-Ostafrika vereinigt wird.

Afghanistan: Königreich
König: Mohammed Sahir (1933–1973)
Ministerpräsident: Sardar Muhammed Haschim Chan (1929–1946)

Ägypten: Königreich
König: Fuad I. (1922–28. 4. 1936†), Faruk I. (28. 4. 1936–1952)
Ministerpräsident: Muhammad Taufik Nasim Pascha (1935–22. 1. 1936), Ali Mahir Pascha (30. 1.–9. 5. 1936), Mustafa Nahhas Pascha (11. 5. 1936–1937)
Britischer Oberkommissar bzw. Botschafter: Miles Wedderburn Lampson (1933–1936 bzw. 1936–1946).
Faruk schließt am 26. 8. mit Großbritannien einen Vertrag mit 20jähriger Laufzeit, in dem Großbritannien Ägypten die volle Souveränität zuerkennt und die britische Besatzung auf die Kanalzone beschränkt.

Albanien: Königreich
König: Zogu I. (1928–1939)
Ministerpräsident: Mehdi Frasheri (1935–20. 11. 1936), Konstantin Kotta 1928–1930, 25. 11. 1936–1939)

Algerien
Politisch und wirtschaftlich dem Mutterland angegliedertes französisches Nebenland, das dem französischen Innenministerium untersteht. Generalgouverneur: Georges Le Beau (1935–1940).

Annam: Kaiserreich
Als Teil der Indochinesischen Union französisches Protektorat
Kaiser: Bao-Dai (1925–1945, danach Staatschef von Vietnam 1945–1955)

Argentinien: Bundesrepublik
Präsident: Agustín Pedro Justo y Rolán (1932–1938)

Australien: Gliedstaat im britischen Empire
Premierminister: Joseph Alois Lyons (1931–1939)
Britischer Generalgouverneur: Isaac Alfred Isaacs (1931–23. 1. 1936), Alexander Gore Arkwright Hore-Ruthven 1. Baron Gowrie of Canberra and of Orleton (23. 1. 1936–1944)

Belgien: Königreich
König: Leopold III. (1934–1951)
Ministerpräsident: Paul van Zeeland (1935–1937)
Außenminister: Paul van Zeeland (1935–26. 5. 1936), Paul Henri Spaak (13. 6. 1936–1939, 1939–1944, 1944–1949, 1954–1957, 1961–1966).
Am 14. 10. kündigt Belgien das Militärbündnis mit Frankreich.

Bhutan: Königreich
König: Jigme Wangchuk (1926–1952).
Das Land erkennt die britisch-indische Vormacht an (Kontrolle der Außenpolitik), regelt seine inneren Angelegenheiten jedoch selbständig.

Birma
1886 von Großbritannien annektiert und als Provinz von Britisch-Indien verwaltet. Das 1935 erlassene Gesetz über die Lostrennung Birmas von Indien tritt 1937 in Kraft.
Generalgouverneur: Hugh Stevenson (1932–1936), Archibald Douglas Cochrane (1936–1941)

Bolivien: Republik
Präsident: José Luis Tejada Sorzano (1934–18. 5. 1936), José David Toro als Vorsitzender einer Militärjunta (18. 5. 1936–1937).
Sorzano wird durch einen Militärputsch zum Rücktritt gezwungen.

Brasilien: Bundesrepublik
Präsident: Getúlio Dornelles Vargas (1930–1945, 1951–1954)
Außenminister: José Carlos des Macedo Soares (1934–1937)

Bulgarien: Königreich
König: Boris III. (1918–1943)
Ministerpräsident: Georg Kiosse-Iwanow (1935–1939, Außenminister 1935–1940)

Chile: Republik
Präsident: Arturo Alessandri y Palma (1920–1925, 1932–1938)

China: Republik
Präsident: Lin Sen (1932–1943)
Präsident des Exekutiv-Rats: Chiang Kai-shek (Präsident des Exekutiv-Rats 1927, 1930–1931, 1935–1937, 1939–1944, 1947)
Chiang Kai-shek wird am 12. 12. durch chinesische Truppen, die für eine Intensivierung des Widerstands gegen Japan eintreten, inhaftiert.

Costa Rica: Republik
Präsident: Ricardo Jiménez Oreamuno (1910–1912, 1924–1928, 1932–8. 5. 1936), León Cortés Castro (8. 5. 1936–1940)

Dänemark: Königreich
König: Christian X. (1912–1947)
Ministerpräsident: Thorvald Stauning (1924–1926, 1929–1942)
Außenminister: Peter R. Munch (1929–1940)

Danzig: Freie Stadt
Zum polnischen Zollgebiet gehörende Freie Stadt
Völkerbundskommissar: Sean Lester (1933–29. 9. 1936)
Senatspräsident: Arthur Greiser (NSDAP, 1934–1939)

Dominikanische Republik: Demokratie
Präsident: Rafael Leónida Trujillo y Molina (1930–1938, 1942–1952, Diktator de facto bis 1961)

Ecuador: Republik
Präsident: Federico Páez (1935–1937)

El Salvador: Republik
Präsident: Maximiliano Hernández Martínez (1932–1944)

Estland: Republik
Minister- und Staatspräsident: Konstantin Päts (1923/24, 1931/32, 1932/33, 1933–1938)

Finnland: Republik
Präsident: Pehr Evind von Svinhufvud (1931–1937)
Ministerpräsident: Toivo Kivimäki (1932–26. 9. 1936), Kyösti Kallio (7. 10. 1936–1937)

Frankreich: Republik
Präsident: Albert Lebrun (1932–1940)
Kabinett Laval (7. 6. 1935–22. 1. 1936):
Ministerpräsident und Außenminister: Pierre Laval (1935–1936)
Kabinett Sarraut (24. 1. 1936–4. 6. 1936):
Ministerpräsident: Albert Sarraut (1936)
Außenminister: Pierre Etienne Flandin (1936)
Volksfrontregierung Blum (4. 6. 1936–21. 6. 1937):
Ministerpräsident: Léon Blum (1936/37, 1938, 1946/47)
Außenminister: Yvon Delbos (1936/37)

Griechenland: Königreich
König: Georg II. (1922–1924, 1935–1947)
Ministerpräsident und Außenminister: Konstantin Demerdzes (1935–12. 4. 1936†)
Ministerpräsident/Diktatur: Ioannis Metaxas (13. 4. 1936–1941).
General Metaxas führt am 4. 8. mit Zustimmung Georg II. die Diktatur ein.

Großbritannien: Königreich
König: Georg V. (1910–20. 1. 1936†), Eduard VIII. (21. 1. 1936 bis zum freiwilligen Thronverzicht am 10. 12. 1936), Georg VI. (10. 12. 1936–1952)
Premierminister: Stanley Baldwin (konservativ; 1923/24, 1924–1929, 1935–1937)
Außenminister: Anthony Eden (1935–1938, 1940–1945, 1951–1955, Premierminister 1955–1957)

Guatemala: Republik
Präsident: Jorge Ubico Castañeda (1931–1944)

Regierungen

Haiti: Republik
Präsident: Stenio Vincent (1930–1941)

Honduras: Republik
Präsident: Tiburcio Carías Andino (1933–1948)

Indien (Britisch-Indien): Britisches Vizekönigreich
Vizekönig: Freeman Freeman-Thomas 1st Viscount Ratendone of Wellington (1931–18. 4. 1936), Victor Alexander John Hope 2nd Marquess of Linlithgow (18. 4. 1936–1943)

Indonesische Union: Französisches Protektorat
Generalgouverneur: René Robin (1934–November 1936), Jules Brevié (November 1936–1939)

Irak: Königreich
König: Ghasi I. (1933–1939)
Ministerpräsident (probritisch): Jasin Pascha al-Haschimi (1924/25, 1935–29. 10. 1936, gestürzt durch General Bekir Sidki)
Ministerpräsident (türkischer Abstammung): Hikmet Suleiman (29. 10. 1936–1937)

Iran: Kaiserreich
Schah: Resa Pahlawi (1925–1941)
Ministerpräsident: Mahmud Dscham (1935–1939)

Irland: Republik (Freistaat innerhalb des britischen Empire)
Premierminister: Eamon de Valera (Fianna Fáil; 1921–1922, 1932–1948, 1951–1954, 1957–1959)
Letzter britischer Generalgouverneur: Donald Buckley (1932–11. 12. 1936)

Island: Republik (in Personalunion mit Dänemark bis 1944)
Ministerpräsident: Hermann Jonasson (1934–1942)

Italien: Königreich
König: Viktor Emanuel III. (1900–1946, ab 9. 5. 1936 zugleich Kaiser von Abessinien/Äthiopien)
Ministerpräsident: Benito Mussolini (1922–1943, 1943–1944; Außenminister 1922–1929, 1932–1936, 1943; Innenminister 1922–1924, 1926–1943; Kriegsminister 1933–1943; Marineminister 1933–1943; Luftfahrtminister 1933–1943)
Außenminister: Galeazzo Graf Ciano di Cortellazzo e Buccari (9. 6. 1936–1943). Am 9. 5. erklärt Italien die Annexion Abessiniens. – Am 25. 10. wird die Achse Berlin-Rom begründet. – Schon im Juli schickt Mussolini Waffen und Freiwillige zur Unterstützung der Faschisten im Spanischen Bürgerkrieg.

Japan: Kaiserreich
Kaiser: Hirohito (seit 1926)
Ministerpräsident: Keisuke Okada (Ministerpräsident 1934–26. 2. 1936 und 29. 2.–9. 3. 1936), Koki Hirota (Ministerpräsident 9. 3. 1936–1937 und Außenminister 1933–1. 4. 1936)
Außenminister: Hachiro Aita (1. 4. 1936–1937).
Am 26. 2. kommt es zu einem Umsturzversuch reaktionärer Offiziere. – Am 25. 11. unterzeichnet Japan den Antikominternpakt.

Jemen (Sana): Königreich
König: Hamid Ad Din Jahja (1918–1948, davor Imam 1904–1918)

Jordanien: Siehe Transjordanien

Jugoslawien: Königreich
König: Peter II. (1934–1941)
Regent: Prinz Paul (1934–1941)
Ministerpräsident und Außenminister: Milan Stojadinović (1935–1939)

Kambodscha: Königreich
Zur Indonesischen Union gehörendes französisches Protektorat
König: Sisovath Monivong (1927/28–1941)

Kanada: Parlamentarische Monarchie innerhalb des britischen Empire
Premier- und Außenminister: William Lyon Mackenzie King (1921–1926, 1926–1930, 1935–1948)

Katalonien: Republik
Präsident: Antonio Jiménez Arenas (1934–Februar 1936), Luis Companys y Jover (1934, Februar 1936–1939)

Kolumbien: Republik
Präsident: Alfonso López Pumarejo (1934–1938)

Korea: Japanisches Generalgouvernement Chosen (1910–1945)
Generalgouverneur: Kazushige Ugaki (1931–1936), Jiro Minami (1936–1942)

Kuba: Republik
Präsident: José A. Barnet y Vinagres (1935–20. 5. 1936), Miguel Mariano Gómez Arias (20. 5. 1936–23. 12. 1936), Federico Laredo Bru (28. 12. 1936–1940)

Kuwait: Emirat unter britischem Protektorat
Emir: Scheich Ahmad (1921–1950)

Laos: Königreich
Seit 1893 zur Indochinesischen Union gehörendes französisches Protektorat
König: Sisavong Vong (1904–1959)

Lettland: Republik
Präsident: Albert Kviēsis (1930–9. 4. 1936)
Ministerpräsident: Karl Ulmanis (1934–1940 und Staatspräsident 9. 4. 1936–1940)

Libanon: Französisches Völkerbundsmandat
Präsident: Habib Pascha as-Sad (1934–20. 1. 1936), Emile Eddeh (20. 1. 1936–1941)

Liberia: Republik
Präsident: Edwin J. Barclay (1930–1943)

Liechtenstein: Fürstentum
Fürst: Franz I. (1929–1938)

Litauen: Republik
Präsident: Anton Smetona (1919–1922, 1926–1940)
Ministerpräsident: Josef Tubelis (1929–1938)

Luxemburg: Großherzogtum
Großherzogin: Charlotte (1919–1964)
Ministerpräsident: Joseph Bech (1926–1937, 1953–1958)

Mandschukuo: Kaiserreich unter japanischem Protektorat
Kaiser: Engk'e Erdemtü (1932/34–1945, als P'u I letzter Kaiser von China 1908–1912)

Marokko: Sultanat
Aufgegliedert in Französisch-Marokko (Schutzstaat) und Spanisch-Marokko (Protektorat)
Sultan: Sidi Muhammad V. (1927–1955, 1955–1957, König 1957–1961)
Großwesir: Muhammad al-Muqri (1917–1955)
Französischer Resident: Henri Ponsot (1933–1936), Marcel Peyrouton (1936), Auguste Noguès (1936–1943).
Die Revolte, die sich zum Spanischen Bürgerkrieg ausweitet, beginnt am 17. 7. in Spanisch-Marokko.

Memelgebiet: Autonomer Staat
Autonomer Staat unter Litauen 1924–1939, die Landespräsidenten sind von Litauen oktroyiert
Landespräsident: August Baldschus (1935–1939)

Mexiko: Bundesrepublik
Präsident: Lázaro Cárdenas (1934–1940)

Mongolische Volksrepublik: Volksrepublik
Präsident: Amor Gochighigin Bumatsende (1934–1953)
Ministerpräsident: Korlin Tschoibalsan (1924–1952)

Nepal: Königreich
König: Tribhuvana (1911–1950, 1952/53)
Ministerpräsident: Maharadscha Sri Dschuddha Schamscher Rana (1931–1945)

Neuseeland: Gliedstaat im britischen Empire
Premierminister: Michael Joseph Savage (1935–1940)
Britischer Generalgouverneur: George Vere Arundell Monckton-Arundell 8. Viscount Galway (1935–1940)

Nicaragua: Republik
Präsident: Juan Bautista Sacasa (1933–6. 6. 1936, zuvor Gegenpräsident 1926), Juliano Irias (6. 6.–18. 12. 1936)

Niederlande: Königreich
Königin: Wilhelmina (1890–1948)
Ministerpräsident: Hendrikus Colijn (1925, 1933–1939)
Außenminister: Andries Cornelis Dirk de Graeff (1933–1937)

Nordirland
Teil des Vereinigten Königreiches von Großbritannien und Nordirland
Ministerpräsident: James Craig Viscount Craigavon (1921–1940)

Norwegen: Königreich
König: Hakon VII. (1905–1957)
Ministerpräsident: Johann Nygaardsvold (1935–1940)

Palästina: Britisches Völkerbundsmandat
Oberkommissar: Arthur Grenfell Wauchope (1931–1938).
Die Araber versuchen ihre Forderung nach einem totalen Einwanderungsstopp für Juden durch einen Generalstreik durchzusetzen. Als dies scheitert, kommt es zu einem bewaffneten Aufstand der Araber, der – mit Unterbrechungen – bis 1939 andauert.

Panama: Republik
Präsident: Harmodio Arias (1931, 1932–8. 6. 1936), Juan Demostenes Arosemena (8. 6. 1936–1939).
Im Vertrag vom 2. 3. verpflichten sich die USA zur Erhöhung der für den Panamakanal gezahlten Pachtsumme und verzichten auf weitere Interventionen in panamaische Angelegenheiten.

Paraguay: Republik
Präsident: Eusebio Ayala (1921/23, 1932–18. 2. 1936), Rafael Franco (19. 2. 1936–1937). Präsident Ayala wird am 17./18. 2. durch einen Aufstand gestürzt. An die Macht kommt Oberst Rafael Franco.

Peru: Republik
Präsident: General Oscar Raimundo Benavides (1933–1939)

Philippinen: Gouvernement der USA mit beschränkter Autonomie
Präsident: Manuel Luis Quezón y Molina (1935–1942/44)
US-Oberkommissar: Frank Murphy (1935–1937)

Polen: Republik
Präsident: Ignacy Mościcki (1926–1939)
Generalstabschef und Staatsführer: Edward Rydz-Smigly (15. 7. 1936–1939, zugleich Generalinspekteur 1935–1939)
Ministerpräsident: Marian Zyndram-Kościlkowski (1935–15. 5. 1936), Felizian Slawoj-Skladkowski (15. 5. 1936–1939)
Außenminister: Josef Beck (1935–1939).
Vom 2.–16. 3. streiken in Lodz 130 000 Textilarbeiter. – Zwischen 20. 3.–16. 4. kommt es zu blutigen Zusammenstößen zwischen Arbeitern und Polizei in Krakau und Lwow.

Portugal: Republik
Präsident: António Oscar Fragoso Carmona (1926–1951)
Ministerpräsident: Antonio de Oliveira Salazar (1932–1968)
Außenminister: Aníbal Mesquita Guimaraes (1935–4. 1. 1936), Armindo Monteiro (4. 1.–24. 11. 1936), Antonio de Oliveira Salazar (24. 11. 1936–1947). – Während des Spanischen Bürgerkriegs unterstützt das offiziell neutrale Portugal die Faschisten.

Rumänien: Königreich
König: Karl II. (1930–1940)
Ministerpräsident: Georg Tatarescu (1934–1937, 1939–1940)
Außenminister: Nikolaus Titulescu (1927/28, 1932–29. 8. 1936), Viktor Antonescu (29. 8. 1936–1937)

Sansibar: Sultanat unter britischem Protektorat
Sultan: Chalifa II. (1911–1960)

Saudi-Arabien: Königreich
König: Abd Al Asis Ibn Saud (1932–1953)

Schweden: Königreich
König Gustav V. (1907–1950)
Ministerpräsident: Per Albin Hansson (Sozialist; 1932–1936, 1936–1946), Axel Pehrsson-Bramstorp (19. 6.–23. 9. 1936)
Außenminister: Richard Sandler (1932–1939)

Spanien: Republik
Präsident: Niceto Alcalá Zamora y Torres (1931–7. 4. 1936), Diego Martínez Barrio (7. 4.–10. 5. 1936), Manuel Azaña y Díaz (10. 5. 1936–1939)
Ministerpräsident: Manuel Portela Valladares (1935–19. 2. 1936), Manuel Azaña y Díaz (1931–1933, 19. 2.–11. 5. 1936), Santiago Casares Quiroga (13. 5.–19.7. 1936), Diego Martínez Barrio (19. 7. 1936), José Giral y Pereyra (19. 7.–4. 9. 1936), Francisco Largo Caballero (4. 9. 1936–1937). Nach der Ausweitung der Militärrevolte in Spanisch-Marokko (17. 8.) unter der Führung von Francisco Franco auf ganz Spanien kommt es zum Bürgerkrieg.

Südafrikanische Union: Gliedstaat im britischen Empire
Ministerpräsident: James Barry Munnick Hertzog (1924–1939)
Generalgouverneur: George Herbert Hyde Villiers Earl of Clarendon (1931–1937)

Syrien: Französisches Völkerbundsmandat
Präsident: Muhammad Ali Abid (1932–21. 12. 1936)
Ministerpräsident: Tadsch ad-Din al-Hasani (1925/26, 1928–1931, 1934–24. 2. 1936), Ata Bey al-Ajjubi (24. 2.–21. 12. 1936)
Präsident: Haschim Bey al-Atasi (21. 12. 1936–1939)
Ministerpräsident: Dschamil Mardam Bey (21. 12. 1936–1939)
Französischer Oberkommissar: Damien Duc de Martel (1931–1938)

Thailand: Königreich
König: Rama VIII. (1935–1946)
Ministerpräsident: Phya Bahol Pholghahuya Sena (1934–1938)

Tibet: Autonomer Staat unter der Herrschaft eines Dalai-Lama
14. Dalai-Lama: Tenzin Gjatso (1935 gefunden, 1936 inthronisiert, im Exil ab 1950)
6. Pantschen-Lama: Tschökji Njima (1883–1937)

Transjordanien: Emirat unter britischem Protektorat
Emir: Abd Allah Ibn Al Husain (1921–1946, König 1946–1951)
Ministerpräsident: Ibrahim Haschim (1933–1938)

Tschechoslowakei: Republik
Präsident: Eduard Beneš (1935–1938, 1945–1948)
Ministerpräsident: Milan Hodža (1935–1938, zugleich Außenminister 1935–29. 2. 1936)
Außenminister: Kamill Krofta (29. 2. 1936–1937, 1937/38)

Tunesien: Französisches Protektorat
Bei: Ahmad II. (1929–1942)
Französischer Generalresident: Marcel Peyrouton (1933–März 1936), Armand Guillon (März 1936–November 1938)

Türkei: Republik
Präsident: Mustafa Kemal Pascha, seit 1934 genannt Kemal Atatürk (1923–1938)
Ministerpräsident: Mustafa Ismet Pascha, seit 1934 genannt Ismet Inönü (1923–1937)
Außenminister: Tevfik Rüstü Aras (1925–1938).
Auf der Konferenz von Montreux erhält die Türkei die volle Souveränität über die Dardanellen wieder (20. 7.).

UdSSR: Republik
Parteichef: Josef W. Stalin (1922–1953)
Präsident (Vorsitzender des Präsidiums des Obersten Sowjets): Michail J. Kalinin (1919/1923–1946)
Ministerpräsident (Vorsitzender des Rates der Volkskommissare): Wjatscheslaw M. Molotow (1930–1941)
Außenminister: Maxim M. Litwinow (1930–1939)
Verteidigung: Kliment J. Woroschilow (1925–1940).
Vom 19.–24. 8. findet der erste Moskauer Schauprozeß gegen die trotzkistische Opposition statt. – Am 5. 12. nimmt der VIII. Außerordentliche Sowjetkongreß eine neue, »demokratische« Verfassung für die UdSSR an.

Ungarn: (Monarchie)
(König): Otto II. (1922–1944/45) lebt in Bayern, nachdem sein Vater, König Karl IV. (†1922), 1921 zweimal an der Rückkehr nach Ungarn gehindert worden ist. 1921 hat die Nationalversammlung die Thronenthebung der Habsburger ausgesprochen. Reichsverweser (Diktator): Miklós von Horthy (1920–1944)
Ministerpräsident: Gyula Gömbös (1932–6. 10. 1936), Koloman Darányi von Pusztaszentgyörgy (11. 10. 1936–1938)
Außenminister: Koloman Kania von Kanya (1933–1939)

Uruguay: Republik
Präsident: Gabriel Terra (1931–1938)

USA: Bundesrepublik
Präsident: Franklin Delano Roosevelt (Demokrat; 1933–1945)
Vizepräsident: John Nance Garner (1933–1941)
Außenminister: Cordell Hull (1933–1944).
Ein Neutralitätsgesetz verbietet Anleihen und Kredite an kriegführende Mächte (31. 8.). – Bei den Wahlen am 3. 11. wird Roosevelt mit großer Mehrheit in seinem Amt als US-Präsident bestätigt.

Vatikanstadt: Absolute Monarchie
Papst: Pius XI. (1922–1939)
Kardinalstaatssekretär: Eugenio Pacelli (1930–1939, danach als Pius XII. Papst bis 1958)

Venezuela: Republik
Präsident (vorläufig): Eleazar López Contreras (1935–19. 4. 1936)
Präsident (beauftragt): Arminio Borjas (19. 4.–25. 4. 1936)
Präsident (endgültig): Eleazar López Contreras (25. 4. 1936–1941)

221

Kriege und Krisenherde des Jahres 1936

Die herausragenden politischen und militärischen Krisensituationen des Jahres 1936 werden – alphabetisch nach Ländern geordnet – im Überblick dargestellt. Internationale Kriege und Krisenherde sind dem alphabetischen Länderverzeichnis vorangestellt.

Einmarsch ins Rheinland:

Am 7. März marschiert die deutsche Wehrmacht unter Verletzung des Versailler Vertrages und des Locarnopakts in das entmilitarisierte Rheinland ein. Die umstrittene Aktion – das entmilitarisierte Rheinland sollte die Unverletzlichkeit der Grenzen zwischen dem Deutschen Reich und Frankreich sowie Belgien garantieren – bleibt ohne internationale Sanktionen. Obwohl der französische Geheimdienst schon seit Monaten von den Absichten des deutschen Führers und Reichskanzlers Adolf Hitler unterrichtet war und die Regierung informiert hatte, ergreift Frankreich keine Gegenmaßnahmen.

Italien annektiert Abessinien:

Italien, das 1935 ungeachtet weltweiter Proteste das Kaiserreich Abessinien besetzt hat, proklamiert am 9. Mai die Annexion dieses Landes. Der italienische König Viktor Emanuel III. nimmt den Titel Kaiser von Äthiopien an, Kaiser Haile Selassie I. begibt sich ins britische Exil und wirft dem Völkerbund völliges Versagen vor.

Militärputsch in Tokio:

Ein Putschversuch rechtsgerichteter Offiziere in der japanischen Hauptstadt Tokio, der am 26. Februar beginnt, scheitert nach drei Tagen. Anlaß zu der Revolte von 17 Offizieren der ja-panischen Armee war der Wahlsieg der liberalen Regierungspartei Minseito. Die Militärs wollten verhindern, daß ihre Position von der Regierung geschwächt wurde, und beabsichtigten, nach dem Sturz der Regierung ein autoritäres Regime zu errichten. Trotz der Niederschlagung des Aufstands werden die Militärs nach dem Rücktritt des japanischen Ministerpräsidenten Keisuke Okada von der folgenden konservativen Regierung Koki Hirotas stärker an der Macht beteiligt.

Revolte in China:

Chiang Kai-shek, der Präsident des Exekutiv-Rats der chinesischen Zentralregierung in Nanking, wird am 12. Dezember in Hsian von zwei Generälen seiner eigenen Truppen vorübergehend gefangengenommen. Die rebellierenden Soldaten fordern die Intensivierung von Maßnahmen gegen Japan. (1937 kommt es zum Krieg.)

Spanischer Bürgerkrieg:

Ein Militärputsch der Rechten, der am 17. Juli in Spanisch-Marokko beginnt, weitet sich zum Spanischen Bürgerkrieg aus (1936–39). Das Scheitern des Aufstandes der militärisch unterlegenen Faschisten wird im Juli/August nur durch ausländische Waffenhilfe verhindert. Francisco Franco wird zum Generalissimus und Chef der antirepublikanischen nationalspanischen Gegenregierung ausgerufen. Während sich das Deutsche Reich, Italien und Portugal auf die Seite Francos stellen, finden sich – bis auf die Sowjetunion – keine Staaten bereit, die gewählte spanische Regierung zu unterstützen. Da sie befürchten, in Konflikt mit dem deutschen Führer und Reichskanzler Adolf Hitler sowie dem italienischen Ministerpräsidenten und Duce Benito Mussolini zu geraten, treten besonders die Briten konsequent für eine Neutralitätspolitik ein.

Neuerscheinungen auf dem internationalen Buchmarkt 1936

Die Auswahl berücksichtigt nicht nur Neuerscheinungen von literarischem oder wissenschaftlichem Wert, sondern auch vielgelesene Bücher des Jahres 1936. Innerhalb der einzelnen Länder sind die erschienenen Werke alphabetisch nach Autoren geordnet.

Deutsches Reich

Stefan Andres:
El Greco malt den Großinquisitor
Novelle
Ein Jahr, bevor Stefan Andres (1906 bis 1970) das Deutsche Reich verläßt und nach Italien emigriert, gelingt ihm der literarische Durchbruch mit der bei List in Leipzig erscheinenden kleinen Novelle »El Greco malt den Großinquisitor«, in der er das Problem von Kunst und Wahrheit behandelt angesichts einer Wirklichkeit, deren Greuel keine Harmonisierung mehr zulassen. Am Beispiel der spanischen Inquisition und des Malers El Greco – der die furchtbare Wirklichkeit malt, um selbst furchtlos zu werden, und in dessen Bildern die schreckliche Wirklichkeit sich erkennt – legt Andres im Hinblick auf den verabscheuten Hitlerfaschismus gleichnishaft dar, daß keinem Menschen zugestanden werden darf, »Mitte der Menschen zu sein«.

Walter Bejamin:
Das Kunstwerk im Zeitalter seiner technischen Reproduzierbarkeit
Essay
Der seit 1933 in Paris lebende deutsche Literaturkritiker und Schriftsteller Walter Benjamin (1892–1940) veröffentlicht in der in Frankfurt am Main erscheinenden »Zeitschrift für Sozialforschung« den Essay »Das Kunstwerk im Zeitalter der technischen Reproduzierbarkeit«, in dem er sich mit dem Einfluß der neuen Medien (Fotografie, Kino) auf die Kunstwerke und die Menschen auseinandersetzt. Die Einzigartigkeit, die »Aura«, die »einmalige Erscheinung einer Ferne« des Kunstwerks ist durch die Reproduzierbarkeit entmythologisiert und entwertet worden, die von der Filmindustrie aufgebauten Stars fungieren als »Aura«-Ersatz. – Der Essay erscheint erstmals 1963 vollständig in deutscher Sprache.

Ernst Jünger:
Afrikanische Spiele
Roman
Der als freier Schriftsteller in Goslar und Überlingen lebende Ernst Jünger (*1895) schildert in seinem Roman »Afrikanische Spiele«, der in der Hanseatischen Verlags-Anstalt in Hamburg erscheint, die Abenteuer, die der Gymnasiast Herbert Berger erlebt, der sich in Verdun zur Fremdenlegion anwerben lassen.

Hermann Kesten:
Ferdinand und Isabella
Roman
Hermann Kesten (*1900), bekannt als zeitsatirisch-gesellschaftskritischer Erzähler der Neuen Sachlichkeit – seine Bücher wurden 1933 auf dem Scheiterhaufen der braunen Inquisitoren verbrannt –, bezieht in dem Roman »Ferdinand und Isabella« eine entschieden antifaschistisch-pazifistische Position. In dem 700-Seiten-Werk behandelt Kesten die Auseinandersetzungen zwischen Heinrich IV. von Kastilien und seiner Stiefschwester Isabella, die ihm 1474 in der Regierung folgt und durch die Heirat mit dem Katholiken Ferdinand von Aragon den Grundstein zum spanischen Weltreich legt. Der Roman erscheint in Amsterdam bei Allert de Lange. Kesten ist Leiter dieses bedeutenden Emigrationsverlags für deutschsprachige Literatur.

Oskar Loerke:
Der Wald der Welt
Gedichtzyklus
Mit dem bei Fischer in Berlin erscheinenden Band »Der Wald der Welt« liegt der siebente und letzte Gedichtzyklus von Oskar Loerke (1884–1941) vor. Die Texte spiegeln die Verunsicherung eines bürgerlichen Dichters wider, der von Kommunisten und Faschisten gleichermaßen angegriffen wurde, den 1933 die Nazis, die »Totengräber Deutschlands«, aus seinem Amt als Senator und Ständiger Sekretär der Sektion Dichtkunst in der Preußischen Akademie der Künste verjagten, der jedoch weiter im Deutschen Reich lebt, in innerer Emigration, einer neuen »Heimat«, die er »geistige Welt« nennt. Die Geschichte interpretiert er als Anhäufung von Gewalt und Leid, als »unerlöste Natur«. Dieser »Unterwelt« der Vergänglichkeit mit ihrem »sinnlosen Tun« stellt Loerke die »Oberwelt« des unzerstörbaren Naturlebens und der Kunst entgegen.

Klaus Mann:
Mephisto
Roman einer Karriere
Im Amsterdamer Exil veröffentlicht Klaus Mann (1906–49) bei Querido den Roman »Mephisto« über den Schauspieler und Intendanten Hendrik Höfgen, dessen Glanzrolle der Mephisto in Goethes »Faust« ist. Mit den NS-Machthabern arrangiert sich Höfgen, um künstlerisch zu überleben. Mann zeichnet die Karriere Höfgens, der deutlich Züge des in Berlin gefeierten Gustaf Gründgens trägt, von der Mitte der 20er Jahre am Hamburger Künstlertheater bis zu seiner Glanzzeit als Günstling des preußischen Ministerpräsidenten Hermann Göring.

Frank Thieß:
Tsushima
Der Roman eines Seekrieges
Mit dem bei Zsolnay in Wien erschienenen Roman »Tsushima« eröffnet der nach der Bücherverbrennung 1933 nach Wien emigrierte Frank Thieß (1890–1977) die Reihe seiner umfangreichen Tatsachenromane über Ereignisse der Weltgeschichte, in denen er die Tragik bedeutender Männer – hier die Niederlage des russischen Admirals Roschestwenski gegen den Japaner Togo während des Russisch-Japanischen Krieges 1905 – in den Mittelpunkt stellt und dabei den Mythos vom »Ewig-Männlichen« propagiert. Das erfolgreiche Werk wird in 16 Sprachen übersetzt.

Frankreich

Georges Bernanos:
Tagebuch eines Landpfarrers
(Journal d'un curé de campagne)
Roman
Der französische Erzähler Georges Bernanos (1888–1948), Neuschöpfer des theologischen Romans und Kämp-

fer gegen Totalitarismus und programmatische Ideologien, stellt auch in dem Tagebuch-Roman »Tagebuch eines Landpfarrers« einen Geistlichen in den Mittelpunkt der Handlung und zeigt seinen Kampf mit dem Bösen, seine Lebens- und Todesangst, die er schließlich durch die Erfahrung göttlicher Gnade überwindet. – Der Roman, der zu den wichtigsten Werken des christlichen Existentialismus zählt, wird mit dem »Prix du roman« ausgezeichnet. Er erscheint 1936 in deutscher Sprache. 1950 wird er unter der Regie von Robert Bresson verfilmt.

Henri Bosco:
Der Esel mit der Samthose
(L'âne culotte)
Roman
Auch dieser bukolisch-phantastische Roman des französischen Erzählers Henri Bosco (1888–1976) spielt in seiner Heimat, der Provence. Ein mit einer Hose bekleideter Esel erscheint in einem idyllischen Dorf und lockt den kleinen Constantin Gloriot in den paradiesischen Zaubergarten Fleuriade, dessen Schöpfer ein Greis namens Cyprien ist. Die Idylle besteht so lange, wie der Knabe die geheimen Riten nicht verletzt. Als er einen blühenden Mandelzweig bricht, wird die Mordlust der Tiere wieder entfesselt, der alte Cyprien läßt das Schicksal zweier junger Verehrerinnen des Dichters, die dieser beide abweist. Im zweiten Band, »Erbarmen mit den Frauen«, erläutert Costal einer Geliebten seine Theorie des »Erbarmens«, das er für die Frauen empfindet und das diese für Liebe halten. – »Die jungen Mädchen« wird Montherlants bekanntestes Werk. Es begründet seinen Ruf als Frauenfeind und Kenner der weiblichen Psyche. Die deutsche Übersetzung erscheint 1957.

Charles-Ferdinand Ramuz:
Der savoyische Junge
(Le garçon savoyard)
Roman
Der französischsprachige Schweizer Charles-Ferdinand Ramuz (1878 bis 1947) schildert in seinem Roman »Der savoyische Junge« das Schicksal eines Bauernsohns, den das Streben nach der absoluten Schönheit in den Selbstmord treibt. Joseph verläßt seine Braut um einer Zirkusakrobatin willen, die für ihn ein überwirkliches Schönheitsideal verkörpert. Als er in seinen Träumereien die Akrobatin mit einer Dienstmagd verwechselt, erwürgt er sie und endet im Freitod. – Die deutsche Übersetzung erscheint 1973.

Großbritannien

Wystan Hugh Auden:
Schau, Fremder!
(Look, Stranger)
Lyrik
Der britische Dichter Wystan Hugh Auden (1907–73), seit 1935 mit Erika Mann, der Tochter des deutschen Literaturnobelpreisträgers Thomas Mann, verheiratet, analysiert in den 32 tief pessimistischen Gedichten seines Lyrikbandes »Look, Stranger« die Gegenwart in Großbritannien. Alles menschliche und soziale Versagen führt er auf einen Mangel an Liebe zurück. – Eine deutsche Übersetzung der Gedichte erscheint 1954/55.

Aldous Huxley:
Geblendet in Gaza
(Eyeless in Gaza)
Roman
Anhand des Lebens des begüterten Soziologen Anthony Beavis und seiner – meist intellektuellen und diskussionsfreudigen – Freunde von der Kindheit bis ins Mannesalter analysiert der britische Romancier Aldous Huxley (1894–1963) die Krankheitssymptome der zerstörerischen, materialistischen Gegenwart, der er eine mystisch-pazifistische Beglückungsideologie entgegenstellt. Huxley verzichtet auf einen chronologischen Aufbau; in den Asso-

ziationen, bruchstückhaften Erfahrungen und Erkenntnissen der Hauptfigur greifen stets Vergangenheit, Gegenwart und Zukunft ineinander. – Die deutsche Übersetzung des Romans erscheint 1953.

Italien

Ignazio Silone:
Brot und Wein
(Pane e vino)
Roman
In der ganzen freien Welt als authentisches Zeugnis des Widerstandes gegen Faschismus und Totalitarismus gelesen wird der in London erscheinende Roman »Brot und Wein«, den der italienische Sozialist Ignazio Silone (1900–78) in seinem schweizerischen Exil geschrieben hat. Im Mittelpunkt der Handlung steht der kommunistische Widerstandskämpfer Pietro Spina, der in der Verkleidung eines Priesters in einem Gebirgsdorf lebt. – Die erste deutsche Übersetzung erscheint noch im selben Jahr in Zürich.

Österreich

Elias Canetti:
Die Blendung
Roman
Bei Reichner in Wien erscheint der Roman »Die Blendung«, das Erstlingswerk des österreichischen, in Bulgarien geborenen Schriftstellers Elias Canetti (*1905), geplant als erster von acht Bänden »einer Comédie Humaine an Irren«. Im Mittelpunkt dieses Werks, in dem Canettis unverwechselbare literarische Technik schon voll ausgebildet ist, steht der Sinologe Dr. Peter Kien, ein »reiner Büchermensch«, der ausschließlich in seiner Bibliothek lebt und die normale Beziehung zur Wirklichkeit verloren hat. Dieser Intellektuelle verwandelt sich – unter dem Einfluß seiner Haushälterin Therese, die er geheiratet hat – in einen von Wahnideen besessenen Selbstmörder, der schließlich sich und seine Bibliothek verbrennt.

Schweiz

John Knittel:
El Hakim
Roman
Der sozialkritische Roman »El Hakim« gehört zu jener Gruppe von Werken des Schweizers John Knittel (1891–1970), in welcher dieser exotische Stoffe und Probleme aus der arabischen Welt behandelt und dabei in begrenztem Maß Verständnis und Sympathie für den Freiheitskampf gegen die weißen Kolonialherren zeigt. Der arabische Arzt El Hakim bekämpft Unwissenheit, soziales Elend und Korruption.

Spanien

José Ortega y Gasset:
Geschichte als System
(History as a System)
Philosophischer Essay
Der spanische Philosoph und Schrift-

steller José Ortega y Gasset (1883 bis 1955), der nach Ausbruch des Spanischen Bürgerkrieges seine Professur an der Universität Madrid aufgibt und nach Frankreich und später nach Argentinien emigriert, untersucht in seinem in London erschienenen Essay »Geschichte als System« den Menschen als ein sich beständig wandelndes Wesen, das sich mit Hilfe des »Systems Geschichte« selbst erkennen kann: Der Mensch »ist«, was er getan hat, tut und tun wird. – Die erste deutsche Übersetzung erscheint 1952.

Juan Ramón Jiménez:
Lieder
(Canción)
Gedichte
Kurz vor Ausbruch des Spanischen Bürgerkrieges erscheint in Madrid mit dem Untertitel »Liebe und Dichtung jeden Tag« die Lyriksammlung »Canción« (Lied), der erste und einzige Band einer geplanten 21bändigen Gesamtausgabe der Werke des Dichters Juan Ramón Jiménez (1881–1958). Die 418 Gedichte und vier eingeschobenen Gruppen von Drei- und Vierzeilern vermitteln ein eindrucksvolles Bild vom künstlerischen Schaffen des Mannes, der als wichtigster Vertreter des sog. Modernismus gilt und wegweisend für alle jüngeren spanischen Dichter ist.

Tschechoslowakei

Karel Čapek:
Der Krieg mit den Molchen
(Válka s mloky)
Roman
In seinem phantastisch-utopischen Roman »Der Krieg mit den Molchen« thematisiert der Tscheche Karel Čapek (1890–1938) die Bedrohung des Menschen durch Faschismus und hochtechnisierten Kapitalismus. Von einem Kapitän im Pazifik gezüchtete Molche entwickeln eine derart hohe Intelligenz, daß sie den Menschen den Krieg erklären, nachdem ihnen »mehr Lebensraum« verweigert worden ist. Die Molche erobern ein Land nach dem anderen, wobei ihnen die menschlichen Kapitalisten auch dann noch Waffen liefern, als sie sehen, daß sie durch diese Unterstützung selbst ihren Untergang beschleunigen. Die zivilisierte Menschheit ist den Molchen gegenüber machtlos, da sich die Menschenvölker nicht auf ein gemeinsames Vorgehen einigen können. – Der Roman erscheint 1936 in deutscher Übersetzung in Wien. Pavel Kohout dramatisiert ihn 1963 (deutsche Erstaufführung Dortmund 1966).

USA

Djuna Barnes:
Nachtgewächs
(Nightwood)
Roman
In ihrem Psychopathen-Roman »Nachtgewächs«, zu dem T. S. Eliot noch im selben Jahr eine begeisterte Einleitung für die 1937er Ausgabe schreibt, setzt sich die US-Amerikanerin Djuna Barnes (1892–1982) in Gegensatz zu den realistischen amerika-

Henry de Montherlant:
Die jungen Mädchen
Bd. 1: *Die jungen Mädchen*
Bd. 2: *Erbarmen mit den Frauen*
(*Les jeunes filles/Pitié pour les femmes*)
Romane
In den Mittelpunkt seines vierteiligen Romanzyklus »Die jungen Mädchen« stellt der französische Dichter Henry de Montherlant (1896–1972) das Verhältnis des Schriftstellers und Frauenhelden Pierre Costal zum weiblichen Geschlecht. Im ersten Band, dem Briefroman »Die jungen Mädchen«, schildert er das Schicksal zweier junger

Flammen aufgehen. – Die deutsche Übersetzung des Romans von Henri Bosco erscheint 1954.

Louis-Ferdinand Céline:
Tod auf Raten
(Mort à crédit)
Roman
Der Roman »Tod auf Raten« des französischen Erzählers Louis-Ferdinand Céline (1894–1961) ist gleichsam eine Fortführung seines Skandalerfolgs »Reise ans Ende der Nacht«, mit dem er 1932 schlagartig berühmt geworden ist: Der Ich-Erzähler, »der schmutzige Held Ferdinand Bardamu«, schildert in zum Teil schockierender Sprache seine Kindheit in der »irdischen Hölle« eines Pariser Elendsviertels und seine gescheiterten Versuche, eine regelmäßige Beschäftigung zu finden. Céline will dieses pessimistische Buch verstanden wissen als Hiobsbotschaft »mitten ins Gesicht der von Fäulnis und Verlogenheit stinkenden Epoche«. Die erste deutsche Übersetzung erscheint 1937 in Leipzig.

Yvan Goll:
Das Lied von Johann Ohneland
(Jean sans terre)
Gedichtzyklus
Bei Poésie & Co. in Paris erscheint in französischer Sprache der erste Band des Gedichtzyklus »La Chanson de Jean sans Terre« (Das Lied von Johann Ohneland) des expressionistisch-surrealistischen Lyrikers elsässisch-lothringischer Abstammung Yvan Goll (1891–1950), der seit 1919 in Paris lebt. Johann ohne Land symbolisiert den bindungslosen, immer rebellierenden modernen Menschen, der auf der Suche nach seiner Identität die ganze Welt durchwandert, aber stets ohne Antwort bleibt. – Die erste vollständige deutsche Übersetzung des Werks erscheint 1960.

nischen Romanen der 20er und 30er Jahre. Ihre lyrische Prosa kennzeichnen großer Bilderreichtum und eine oft paradoxe Metaphorik. Im Mittelpunkt der Handlung steht der homosexuelle Arzt Dr. Matthew O'Connor. Sein Begleiter Felix »Baron« Volkbein, ein Halbjude, verliebt sich in Paris in die exzentrische Amerikanerin Robin Vote, die ihm einen schwachsinnigen Sohn gebiert, ihn verläßt, eine Zeitlang mit der lesbischen Nora Flood zusammenlebt und schließlich mit der Neurotikerin nach New York zieht, wo sie wahnsinnig wird. Der Arzt, mit dem sich Robin nächtelang unterhält, stirbt betrunken in einem Pariser Café. – Die deutsche Übersetzung von »Nachtgewächs« erscheint 1959 mit dem Vorwort von T. S. Eliot.

John Dos Passos:
Hochfinanz
(The Big Money)
Roman
In »Hochfinanz«, dem dritten und letzten Teil seiner zeitkritischen Trilogie

»USA« – 1930 ist der Roman »Der 42. Breitengrad«, zwei Jahre später der Roman »1919« erschienen –, bedient sich der US-amerikanische Romancier John Dos Passos wieder der Technik der Montage, die auf andere Schriftsteller (Norman Mailer, Jean-Paul Sartre, Alfred Döblin) großen Einfluß ausübt: Die Handlung wird unterbrochen durch »Wochenschauen« aus Zeitungsschlagzeilen, Werbe- und Schlagertexten, politischen Schlagworten u. a., durch Kurzbiographien zeitgenössischer Politiker, Geschäftsleute, Künstler, Wissenschaftler und Techniker, in den sog. »Kameraauge«-Kapiteln kommentiert der Autor die Handlung im »Stream of consciousness«-Stil (innerer Monolog). Im Mittelpunkt der Handlung steht der US-amerikanische Flugzeugbauer Charlie Anderson, der von den Banken erfolgreich gemanagt wird, dessen Privatleben jedoch über dem Streben nach dem »Big Money« zerbricht. – Die erste deutsche Übersetzung des Romans erscheint 1939 in Zürich und Prag.

William Faulkner:
Absalom, Absalom!
(Absalom, Absalom!)
Roman
Der Roman »Absalom, Absalom!« des US-Amerikaners William Faulkner (1897–1962) ist das symbolträchtigste seiner Werke, die zusammen die Chronik des fiktiven »Yoknapatawpha County« im Staat Mississippi bilden. Faulkner beschreibt – in einer äußerst komplexen Handlung – den Verfall der Südstaatenfamilie Sutpen in der Zeit von 1833 bis etwa 1910 und schildert das Verhältnis zwischen Weißen und Schwarzen. – Die deutsche Übersetzung erscheint 1938 in Berlin und Stuttgart.

Henry Miller:
Schwarzer Frühling
(Black Spring)
Prosatexte
Der seit 1930 in Europa lebende US-Amerikaner Henry Miller (1891–1980) veröffentlicht in Paris die autobiographische Skizzensammlung »Schwar-

zer Frühling«, in der er der Atmosphäre des Pariser Frühlings seine triste Jugend in New York gegenüberstellt. – Das Werk erscheint 1954 in deutscher Übersetzung.

Margaret Mitchell:
Vom Winde verweht
(Gone with the Wind)
Roman
Binnen eines halben Jahres werden eine Million Exemplare des über 1000 Seiten umfassenden Romans »Vom Winde verweht« der vorher unbekannten US-amerikanischen Journalistin und Hausfrau Margaret Mitchell (1900–1949) verkauft. Der Roman über das Schicksal einer Südstaatenfamilie während und nach dem Nordamerikanischen Unabhängigkeitskrieg in der Zeit 1861–71 ist der größte Roman-Bestseller in den Vereinigten Staaten von Amerika. – Die erste deutsche Übersetzung erscheint 1937 in Hamburg. 1939 wird der Roman von Victor Fleming mit Clark Gable und Vivien Leigh verfilmt.

Uraufführungen 1936 in Schauspiel, Oper, Operette und Ballett

Die bedeutendsten Uraufführungen aus Schauspiel, Oper, Operette und Ballett sind alphabetisch nach Autoren/Komponisten geordnet.

Deutsches Reich

Ottmar Gerster:
Enoch Arden
(Der Möwenschrei)
Oper in vier Bildern
Ottmar Gerster (1897–1969), seit 1927 Lehrer an der Folkwangschule in Essen, bekannt durch seinen dramatischen Erstling »Madame Liselotte« (1933), erzielt mit der Oper »Enoch Arden« nach der gleichnamigen Erzählung (1864) des volkstümlichen britischen Dichters Alfred Tennyson seinen größten Erfolg. Das Werk um einen als verschollen geltenden Kriegsheimkehrer wird am 15. November in Düsseldorf uraufgeführt und danach lange Zeit auf verschiedenen Bühnen immer wieder gespielt. Stilistisch orientiert sich Gersten vor allem an Paul Hindemiths gemäßigter Moderne, doch sind bei »Enoch Arden« auch veristische Anklänge zu verzeichnen, wirkungsvoll ergänzt durch volksliedhafte Melodik.

Ödön von Horváth:
Glaube Liebe Hoffnung
Ein kleiner Totentanz in fünf Bildern
Als »gigantischen Kampf zwischen Individuum und Gesellschaft« versteht der 1934 aus dem Deutschen Reich nach Österreich emigrierte Dramatiker und Erzähler Ödön von Horváth (1901–1938) sein im Untertitel als »kleiner Totentanz« bezeichnetes Drama »Glaube Liebe Hoffnung«, das am 13. November in Wien im Theater für 49 am Schottentor unter dem Titel »Liebe, Pflicht und Hoffnung« uraufgeführt wird. Ein während wirtschaft-

lich schlechter Zeiten auf Abwege geratenes junges Mädchen wird durch die Feigheit und Engherzigkeit ihrer Mitmenschen in den Tod getrieben.

Hermann Reutter:
Johannes Faust
Oper in drei Akten (fünf Bildern)
Hermann Reutter (* 1900), Schüler des zwischen Spätromantik und Impressionismus stehenden Schweizers Walter Courvoisier, debütiert am 26. Mai in Frankfurt am Main mit seiner Oper »Johannes Faust« nach dem gleichnamigen Puppenspiel von Karl Simrock. Reutter verwendet vor allem Elemente der Volksmusik: Studentenchöre, Lied- und Tanzformen, Bolero. Ein Walzer beschließt die Oper. – 1955 hat die Neufassung des erfolgreichen Werks in Stuttgart Premiere.

Großbritannien

Wystan Hugh Auden und Christopher Isherwood:
Der Hund unter der Haut oder Wo ist Francis?
(The Dog Beneath the Skin or Where Is Francis?)
Drama in drei Akten
Das erste Gemeinschaftswerk der radikal antiromantischen, von Sigmund Freuds Psychoanalyse beeinflußten Schriftsteller Wystan Hugh Auden (1907–1973) und Christopher Isherwood (* 1904) ist das politisch aggressive expressionistische Schauspiel »Der Hund unter der Haut oder Wo ist Francis?«, das am 12. Januar im Londoner Westminster Theatre uraufge-

führt wird. Ein britischer Bürger sucht in Begleitung eines Hundes den verschwundenen Francis Grewe. Der Hund wirft schließlich sein Haut ab und gibt sich als der Gesuchte zu erkennen. Die Reisestationen der beiden haben symbolische Bedeutung: Königspalast, Bordellviertel, Irrenhaus usw. Das Stück ist eine Satire auf den Totalitarismus, den Kapitalismus, den Konservatismus und andere -ismen der Gegenwart. – In der Folgezeit produzieren Auden und Isherwood bis 1938 noch weitere dieser Zeitstücke, in die sie – unter dem Einfluß von Bertolt Brecht – Elemente aus anderen Medien wie Radio, Zeitung, Variéte mit aufnehmen, um neue Ausdrucksformen zu finden.

Italien

Ermanno Wolf-Ferrari:
Der Campiello
(Il Campiello)
Musikalisches Lustspiel in drei Akten (einem Bild)
Mit dem humorvollen Stück »Der Campiello« nach dem gleichnamigen Lustspiel aus dem altvenezianischen Straßenleben von Carlo Goldoni, das dieser zum Karneval 1756 verfaßte, gelingt es dem deutsch-italienischen Komponisten Ermanno Wolf-Ferrari (1876–1948), die Tradition der älteren italienischen Opera buffa zu neuem Leben zu erwecken. Die Farbigkeit der Musik – Lyrismen wechseln mit graziösen schnellen Passagen – und des stimmungsvollen Texts machen die Oper zu einem Glanzstück für kleinere Bühnen. – »Der Campiello« wird am 12. Februar in Mailand uraufgeführt, die deutsche Premiere findet am 27. Dezember in München statt.

UdSSR

Maxim Gorki:
Wassa Schelesnowa
(Vassa Zeleznova)
Drama in drei Akten
Nach »Die Kleinbürger« und »Nachtasyl« etabliert sich das bereits 1910 entstandene und inzwischen gänzlich überarbeitete Drama »Wassa Schelesnowa« dank der glänzenden Titelrolle als eines der erfolgreichsten und meistgespielten Schauspiele von Maxim Gorki (1868–1936). Uraufgeführt wird es 1936 in Moskau, dem Todesjahr des Autors. Im Mittelpunkt der zur Zeit der Endphase des Zarenreiches spielenden Handlung steht die Mutter und Geschäftsfrau Wassa Schelesnowa, die mit allen Mitteln ums Überleben als Unternehmerin kämpft. – Die deutsche Erstaufführung findet 1948 in Leipzig statt.

USA

Gian Carlo Menotti:
Amelia geht zum Ball
(Amelia Goes to the Ball)
Komische Oper in einem Akt
Der seit 1928 in den USA lebende Italiener Gian Carlo Menotti (* 1911), seit 1933 Lehrer am Curtis Institute of Music in Philadelphia, stellt sich bei der Uraufführung seines dramatischen Erstlings »Amelia geht zum Ball« als Meister mit ausgeprägtem Sinn für effektvolle Bühnensituationen vor. Sein Vorbild ist diese Komödie um eine Ehefrau, die auf Umwegen zu einem Ball gelangt, wo sie ihren Liebhaber zu treffen hofft, ist das Intermezzo der Opera buffa. – Die deutsche Erstaufführung findet 1940 in Gera statt.

Filme 1936

Die neuen Filme des Jahres sind im Länderalphabet und hier wiederum alphabetisch nach Regisseuren aufgeführt. Bei ausländischen Filmen steht unter dem deutschen Titel in Klammern der Originaltitel.

Deutsches Reich

Richard Eichberg:
Der Kurier des Zaren
Die Verfilmung des Jules-Verne-Romans »Der Kurier des Zaren« entstand als deutsch-französische Koproduktion in Paris. Regie führt Richard Eichberg, mit über 100 Stummfilmen einer der dauerhaftesten Routiniers des frühen deutschen Films, Entdecker von Lilian Harvey und Hans Albers. Adolf Wohlbrück spielt den Kurier Strogoff, der eine geheime Botschaft des Zaren nach Sibirien bringt. Mit von der Partie sind Maria Andergast, Lucie Höflich, Theo Lingen u. a. – Weitere Verfilmungen von »Der Kurier des Zaren« mit deutscher Beteiligung kommen 1956 mit Curd Jürgens in der Hauptrolle unter der Regie von Carmine Gallone und 1970 mit John Philipp Law als Strogoff unter der Regie von Eriprando Visconti in die Kinos.

Erich Engel:
Mädchenjahre einer Königin
Erich Engel, bekannt geworden durch seine Zusammenarbeit mit Max Reinhardt, Karl Valentin und Bertolt Brecht (Inszenierung der Uraufführung von Brechts »Dreigroschenoper« 1928), erzählt in »Mädchenjahre einer Königin« die Geschichte der 18jährigen Königin Viktoria von Großbritannien (Jenny Jugo), die nicht nur durch ihre fortschrittlichen Ideen den Hof schockiert, sondern auf einer Reise nach Frankreich sich sogar den Mann ihres Herzens selbst aussucht, den deutschen Prinzen Albert von Sachsen-Coburg-Gotha (Friedrich Benfer). – Im Farbfilm-Remake, das 1954 nach demselben Drehbuch erstellt wird, spielt Romy Schneider die Hauptrolle.

Carl Froelich:
Traumulus
Emil Jannings wird für die Darstellung des weltfremden Gymnasialdirektors Niemeyer, genannt Traumulus, mit dem Nationalpreis 1936 ausgezeichnet, der Film selbst erhält das Prädikat »staatspolitisch und künstlerisch besonders wertvoll«, da man auf offizieller Seite in der Schilderung einer künftigen idealen Jugend am Ende des Films einen Hinweis auf den Nationalsozialismus zu erkennen meint. Professor Niemeyer, der nur in seiner Gelehrtenwelt lebt, treibt durch seine Weltfremdheit den Schüler Kurt von Zedtlitz (Hannes Stelzer) in den Selbstmord und erkennt erst an der Bahre des Toten, daß man moralische Prinzipien nicht höher stellen darf als den lebendigen Menschen.

Carl Froelich:
Wenn wir alle Engel wären
Heinz Rühmann spielt die Hauptrolle in dieser Ehe- und Seitensprung-Komödie, die auch nach dem Weltkrieg 1956 noch einmal erfolgreich verfilmt wird mit Dieter Borsche, Marianne Koch und Hans Söhnker unter der Regie von Günther Lüders.

Werner Hochbaum:
Der Favorit der Kaiserin
Olga Tschechowa als Kaiserin Katharina die Große, Trude Marlen als Generalstochter Irina, Adele Sandrock als Fürstin Dolgorucky, Anton Pointner als Fürst Pototzky und Willy Eichberger als »Favorit der Kaiserin« sind die Stars in Werner Hochbaums Filmkomödie. Als sich das Gerücht verbreitet, der hübsche Gardeleutnant Tomsky sei der neue Günstling der Zarin, wendet sich Tomskys Geliebte von ihm ab. Die Kaiserin bringt das Paar wieder zusammen, als Tomsky einen Putsch des früheren Günstlings Pototzky verhindert.

Paul Martin:
Glückskinder
»Was die Amerikaner können, können wir auch«, begeistert sich der »Film-Kurier« nach der Uraufführung der Filmkomödie »Glückskinder« mit den witzsprühenden, geschliffenen Dialogen von Curt Goetz. »Vielleicht hat es niemand glauben wollen, daß es die deutsche Sprache mit dem amerikanischen Slang an trockenem Witz aufnehmen kann – ›Glückskinder‹ beweist das Gegenteil!« Von offizieller Seite wird eines der Lieder in dem Film als anstößig empfunden wegen unverhüllter Verherrlichung von Faulheit: »Ich wollt', ich wär' ein Huhn! Ich hätt' nicht viel zu tun! Ich legte täglich nur ein Ei und sonntags auch mal zwei – juchhei!«

Detlef Sierck:
Hofkonzert
Von Robert Schumann, Edmund Nick und Ferenc Vecsey stammt die Musik zu dem Liederfilm »Hofkonzert«, den der Däne Detlef Sierck – nach der Emigration ab 1937 nennt er sich Douglas Sirk – für die Ufa, die ihn trotz systemkritischer Äußerungen 1934 verpflichtet hat, in Würzburg nach dem Theaterstück »Das kleine Hofkonzert« von Paul Verhoeven und Toni Impekoven dreht. Als »ein Stück Zuckerbäckerei« bezeichnet der Regisseur diese Idylle um eine Sängerin (Martha Eggert), die beim Besuch in einem kleinen Staat feststellt, daß der Fürst ihr langgesuchter Vater ist. – 1944 dreht Sierck (Sirk) eine französische Fassung (»La Chanson du Souvenir«).

Hans Steinhoff:
Eine Frau ohne Bedeutung
Oscar Wildes Gesellschaftskomödie »Eine Frau ohne Bedeutung« inszeniert der überzeugte Nationalsozialist Hans Steinhoff – bekannt durch den deutschen Propagandafilm »Hitlerjunge Quex« (1933) – für die Leinwand mit Gustaf Gründgens als Lord Illingworth und Käthe Dorsch als seine ehemalige Geliebte Sylvia. Steinhoff nutzt die spritzige Komödie zu einer – nicht auf den ersten Blick durchschaubaren – Schmähung des nach Ansicht der Nationalsozialisten dekadenten Großbritannien.

Luis Trenker:
Der Kaiser von Kalifornien
Bis heute ein Klassiker des deutschen Western geblieben ist Luis Trenkers »Der Kaiser von Kalifornien«, laut Trenker ein Film, »dessen Thema mir seit Jahren am Herzen lag: Im Gegensatz zum ›verlorenen Sohn‹ das Schicksal eines erfolgreichen Auswanderers zu gestalten, der sich in der Neuen Welt durch Kühnheit, Mut und Glück durchsetzt«. Trenker, der es abgelehnt hat, den Film über die Olympischen Spiele in Berlin 1936 zu drehen, mußte sich mit einem Mini-Budget von 20 000 US-Dollar begnügen (100 000 US-Dollar hatte er beantragt) und konnte nur 17 Mann zu den Dreharbeiten nach Kalifornien mitnehmen. Im Mittelpunkt der spannenden Handlung steht der schweizerische Buchdrucker Johann August Suter (Trenker), der 1836 in die Vereinigten Staaten auswandert und sich in Kalifornien auf einem Gebiet ansiedelt, auf dem Gold gefunden wird.

Frank Wysbar:
Fährmann Maria
Von den neun Filmen, die Frank Wysbar zwischen 1932 und 1938, bis er nach Hollywood emigriert, im Deutschen Reich dreht, wird das legendenhafte Spiel »Fährmann Maria« der größte Erfolg: Die Fährfrau Maria (Sybille Schmitz) setzt einen Verwundeten (Aribert Mog) über den Fluß und pflegt ihn in ihrer Hütte. Als der Tod (Peter Voss) kommt, um ihn zu holen, geht sie mit dem Verwundeten und dem Tod über den Sumpf. Der Tod versinkt, Maria und der Verwundete schreiten in ein neues Leben.

Frankreich

Marcel Carné:
Jenny
(Jenny)
Sein Debut als Regisseur eines abendfüllenden Films liefert Marcel Carné nach dem Dokumentarfilm »Nogent« (1929) mit dem Melodrama »Jenny«, für das Jacques Prévert das Drehbuch schrieb. Der wenig erfolgreiche Film über die Betreiberin eines Nachtlokals (Françoise Rosay) und ihren Geliebten (Albert Préjean) markiert den Beginn der zehn Jahre dauernden Zusammenarbeit zwischen Carné und Prévert, die 1945 mit »Die Kinder des Olymp« ihren Höhepunkt erreicht.

Jean Renoir:
Das Verbrechen des Monsieur Lange
(Le crime de Monsieur Lange)
Soziales Engagement, Anklage gegen die kriminellen Machenschaften der Kapitalisten, Sympathie für die arbeitende Klasse und Hoffnung, daß die Arbeiterschaft durch Solidarität ihre Ziele werde durchsetzen können, sind die ideologischen Grundpositionen von Jean Renoirs brillant inszeniertem Film »Das Verbrechen des Monsieur Lange«. Der Arbeiter Lange (René Lefèvre) und seine mit ihm flüchtende Freundin Valentine (Florelle) werden von Arbeitern als gesuchte Mörder erkannt und festgehalten. Valentine erzählt den Arbeitern die Geschichte vom »Verbrechen des Herrn Lange«, die selbsternannte Jury spricht den Mörder frei: Nachdem der betrügerische Besitzer eines Verlags kurz vor dem Bankrott untergetaucht ist, übernimmt ein Kollektiv mit Lange an der Spitze das Unternehmen. Als der Betrieb wieder mit Erfolg arbeitet, will der Besitzer wieder die Kontrolle übernehmen – Lange erschießt ihn.

Jean Renoir:
Nachtasyl
(Les bas-fonds)
Für die Starbesetzung schrieb Charles Spaak das Drehbuch nach dem gleichnamigen sozialkritischen Schauspiel von Maxim Gorki: Louis Jouvet, Jean Gabin und Suzy Prim sind die Hauptdarsteller in diesem Film über ein Asyl, in dem sich düstere Gestalten wie Huren, Säufer und Arbeitsscheue aufhalten. – Einer der Regieassistenten ist Luchino Visconti.

Großbritannien

Friedrich Feher:
Räubersymphonie
(The Robber Symphony)
Expressionistische mit surrealistischen Elementen verbindet der Deutsche Friedrich Feher in »Das Kabinett des Dr. Cagliari« (1919) hatte er einen Irren gespielt – in dem turbulenten Film »Räubersymphonie«: Eine Räuberbande bemächtigt sich des Sparstrumpfs einer Wahrsagerin, gerät dabei jedoch in Konflikt mit fahrenden Musikanten. Die Hauptdarsteller sind George Graves, Magda Sonja und Hans Feher.

Alfred Hitchcock:
Sabotage
(Sabotage)
Spannung durch Montage heißt das Prinzip in Alfred Hitchcocks »Sabotage«: Ein Agent (Oscar Homolka) schickt den kleinen Bruder (Desmond Tester) seiner Frau (Sylvia Sidney) mit einer Zeitbombe in einem Paket los, die Bombe explodiert zu früh, der Junge wird getötet. Als die Frau daraufhin ihren Mann umbringt, tappt die Polizei lange im dunkeln, da das Haus der beiden explodiert.

Alexander Korda:
Rembrandt
(Rembrandt)
Mit seinen spektakulären Filmen über Persönlichkeiten der Geschichte – »Das Privatleben Heinrichs VIII.« (1933), »Das Privatleben Don Juans«, »Das Privatleben der Gannets«, »Katharina die Große« (alle 1934) – zählt der aus Ungarn stammende Alexander Korda zu den Regisseuren, die Großbritanniens Filmindustrie in den 30er Jahren zu einem unerwarteten Aufschwung verhelfen. In »Rembrandt« zeichnet er ein Porträt des von den Forderungen der Auftraggeber, den Erwartungen seiner Geliebten und seinen eigenen künstlerischen und persönlichen Wünschen hin- und hergerissenen niederländischen Malers (Charles Laughton).

Alexander Korda:
Die Dinge, die da kommen
(Things to Come)
In seinem zweiten Publikumserfolg des Jahres 1936 beschwört Alexander Korda – nach dem Roman von H. G. Wells – in dem Science-fiction-Film »Die Dinge, die da kommen« mit apokalyptischen Bildern die Vision eines Weltkriegs. Die Hauptrollen spielen Raymond Massey und Ralph Richardson.

Japan

Kenji Mizoguchi:
Gions Schwestern
(Gion no Shimai)
Kenji Mizoguchi, ursprünglich Maler, Journalist und Schauspieler, beleuchtet in dem gesellschaftskritischen, realistischen Film »Gions Schwestern« das Leben im Rotlichtbezirk von Kioto am Beispiel zweier Geishas, von denen die eine ihrem Beruf gegenüber die traditionelle Haltung einnimmt, während die andere (ihre Schwester) die fortschrittliche Geisha personifiziert. Ob fortschrittlich oder traditionell – beide landen im Elend.

Österreich

Willi Forst:
Burgtheater
Mit Starbesetzung – Werner Krauss, Olga Tschechowa, Hans Moser, Willy Eichberger – dreht Willi Forst, der im österreichischen und deutschen Theater Karriere gemacht hat, ehe er 1922 als Schauspieler im Film debütierte und 1933 mit »Leise flehen meine Lieder« erstmals als Regisseur hervorgetreten ist, den Schauspieler-Film »Burgtheater«. Im Mittelpunkt der um die Jahrhundertwende spielenden Handlung steht der berühmte Schauspieler Mitterer (Werner Krauss), der sich zum ersten- und letztenmal verliebt, doch ohne Hoffnung, und am Schluß erkennt, daß der Künstler auf das Leben verzichten muß, will er wahrer Künstler bleiben.

Schweden

Gustav Molander:
Intermezzo
(Intermezzo)
Den Sprung nach Hollywood schafft Ingrid Bergman mit ihrer hervorragenden Leistung als Musiklehrerin in Gustav Molanders »Intermezzo«. Der erste Film, den die Bergman 1939 in Hollywood dreht, ist ein Remake von »Intermezzo«.

UdSSR

Gustav von Wangenheim:
Kämpfer
(Borzi)
Gustav von Wangenheim, Sohn des Schauspielers Eduard von Winterstein, Gründer des revolutionären Berufsschauspielerkollektivs »Truppe 31« in Berlin, seit 1933 im Exil in der Sowjetunion, beschäftigt sich in dem antifaschistischen Exilfilm »Kämpfer« mit der Machtübernahme der Nazis 1933 und dem Reichstagsbrand. Trotz zahlreicher Klischees (dicke und stets betrunkene SA-Männer) wird die lähmende Angst, die einen Großteil der Deutschen nach der Machtübernahme ergriff und die Hauptursache dafür war, daß sich alle konformistisch geben mußten, wenn sie nicht auswandern wollten, eindrucksvoll wiedergegeben. Hauptdarsteller sind Bruno Schmidtsdorf, Lotte Loebinger, Alexander Granach, Heinrich Gref und Ernst Busch.

USA

Frank Capra:
Mr. Deed geht in die Stadt
(Mr. Deed Goes to Town)
Unmenschlichkeit und Materialismus der Großstadt thematisiert Frank Capra in dem sozialkritisch engagierten Film »Mr. Deed geht in die Stadt«: Ein junger Mann (Gary Cooper) vom Land, der unerwartet 20 Millionen Dollar geerbt hat, geht nach New York, um die Erbschaft anzutreten, und trifft hier auf allerlei Widerstand bei Bekannten, Verwandten und Unbekannten. Bei einem Prozeß wegen Unzurechnungsfähigkeit beweist er den Richtern, Sachverständigen und Geschworenen, daß sie mindestens ebenso »verrückt« sind wie er.

Charles Chaplin:
Moderne Zeiten
(Modern Times)
»›Moderne Zeiten‹ ist die Geschichte der Industrie, des privaten Unternehmertums, der Kreuzigung der Menschheit auf ihrer Jagd nach dem Glück«, schreibt Charles Chaplin in der Vorbemerkung zu seinem letzten Stummfilm »Moderne Zeiten«, der zugleich Chaplins letzter Film mit der Figur des Tramp ist. Mit der tragikomischen Geschichte des Fließbandarbeiters Charlie (Charles Chaplin) gelingt eine ausgezeichnete Satire auf das Maschinenzeitalter. Im Deutschen Reich und in Italien wird der Film wegen angeblich kommunistischer Tendenzen verboten. Amerikanische Industrielle versuchen vergeblich, ein Verbot des Films durchzusetzen.

Fritz Lang:
Zorn
(Fury)
»Zorn«, der erste in den USA vollendete Film des aus Österreich stammenden Regisseurs Fritz Lang – 1933 aus dem Deutschen Reich über Frankreich in die USA emigriert – wird sofort ein Erfolg. Lang beschäftigt sich hier mit den Themen Massenpsychose und Lynchjustiz: Ein Unschuldiger (Spencer Tracy) wird als vermeintlicher Kindesentführer verhaftet; sonst harmlose Bürger stürmen das Gefängnis, um ihn zu lynchen.

William S. Van Dyke:
San Francisco
(San Francisco)
Drei Elemente sind es, die dem Film »San Francisco« von William S. Van Dyke, der während der 30er Jahre zu den meistbeschäftigten Regisseuren der Metro-Goldwyn-Mayer gehört, zu Weltruhm verhelfen: Neben der schauspielerischen Glanzleistung von Clark Gable, Jeannette MacDonald, Spencer Tracy und Jack Holt die für diese Zeit ungewöhnlich realistischen Darstellungen des Erdbebens von San Francisco (Tricktechnik: James Basevi) und das zu einem populären Schlager gewordene Lied »San Francisco«, gesungen von Jeanette MacDonald.

Sportereignisse und -rekorde des Jahres 1936

Die Aufstellung erfaßt Rekorde, Sieger und Meister in wichtigen Sportarten. Aufgenommen wurden nur solche Wettbewerbe, die in den vergangenen Jahren bereits regelmäßig ausgetragen worden sind oder ab 1936 kontinuierlich zu den Sportprogrammen gehörten. Die Sportarten sind alphabetisch geordnet.

Automobilsport

Grand-Prix-Rennen

Großer Preis von/Kurs (Tag)	Sieger (Land)	Marke	Ø km/h
Belgien/Spa	Manfred v. Brauchitsch (GER)	Mercedes	
Deutschland/Nürburgring (26. 7.)	Bernd Rosemeyer (GER)	Auto Union	131,7
England	nicht ausgetragen		
Frankreich/Monthlery	Jean-Pierre Wimille/ Raymond Sommer (FRA)	Bugatti	125,3
Italien/Monza (13. 9.)	Bernd Rosemeyer (GER)	Auto Union	135,3
Monaco/Monte Carlo (13. 4.)	Rudolf Caracciola (GER)	Mercedes	
Schweiz/Bern (23. 8.)	Bernd Rosemeyer (GER)	Auto Union	

Großer Preis von/Kurs (Tag)	Sieger (Land)	Marke	Ø km/h
Tunesien/Tunis (17. 5.)	Rudolf Caracciola (GER)	Mercedes	
USA-Ost/Long Island (13. 10.)	Tazio Nuvolari (ITA)	Alfa Romeo	

Automobil-Europameister

Name (Land)	Marke	Punkte	Siege
1. Bernd Rosemeyer (GER)	Auto Union		3
2. Rudolf Caracciola (GER)	Mercedes		2
3. Tazio Nuvolari (ITA)	Alfa Romeo		1

Langstreckenrennen

Kurs/Dauer	Sieger (Land)	Marke	Ø km/h
Indianapolis/500 ms	Lou Meyer (USA)	Miller	
Le Mans/24 Stunden	nicht ausgetragen		
Mille Miglia	Antonio Brivio-Sforza (ITA)	Alfa Romeo	121,6
Targa Florio	Enzo Magistri (ITA)	Lancia	67,7

Rallyes

Monte Carlo	Johann Zamfirescu/ Peter Christea (RUM)	Ford	

Boxen/Schwergewicht

Ort/Datum	Weltmeister	Gegner	Ergebnis
	James J. Braddock (USA)	1936 keine Titelkämpfe	

Eiskunstlaufen

	Herren	Damen
Einzel		
Weltmeister	Karl Schäfer (AUT)	Sonja Henie (NOR)
Europameister	Karl Schäfer (AUT)	Sonja Henie (NOR)
Deutscher Meister	Ernst Baier	Viktoria Lindpainter
Paarlauf		
Weltmeister	Maxi Herber/Ernst Baier (GER)	
Europameister	Maxi Herber/Ernst Baier (GER)	
Deutscher Meister	Maxi Herber/Ernst Baier	
Eistanz	nicht ausgetragen	

Gewichtheben/Schwergewicht

Weltrekord (Land, Datum)	Dreikampf	Drücken	Reißen	Stoßen
Josef Manger (GER) 22. 11. 1936	412,5 kg			

Fußball

Länderspiele	Ergebnis	Ort	Datum
Deutschland			
Spanien – Deutschland	1:2	Barcelona	23. 2.
Portugal – Deutschland	1:3	Lissabon	27. 2.
Ungarn – Deutschland	3:2	Budapest	15. 3.
Deutschland – Luxemburg	9:0	Berlin	4. 8.*
Deutschland – Norwegen	0:2	Berlin	7. 8.*
Polen – Deutschland	1:1	Warschau	13. 9.
Tschechoslowakei – Deutschland	1:2	Prag	27. 9.
Deutschland – Luxemburg (B-Ausw.)	7:2	Krefeld	27. 9.
Schottland – Deutschland	2:0	Glasgow	14. 10.
Irland – Deutschland	5:2	Dublin	17. 10.
Deutschland – Italien	2:2	Berlin	15. 11.
Österreich			
Österreich – England	2:1	Wien	6. 5.
Italien – Österreich	2:2	Rom	17. 5.
Portugal – Österreich	3:2	Porto	
Schweiz – Österreich	1:3	Zürich	8. 11.
Spanien – Österreich	4:5	Madrid	19. 1.
Österreich – Tschechoslowakei	1:1	Wien	
Österreich – Ungarn	3:5	Wien	5. 4.
Ungarn – Österreich	5:3	Budapest	27. 9.
Schweiz			
Irland – Schweiz	1:0	Dublin	17. 3.
Schweiz – Italien	1:2	Zürich	5. 4.
Schweiz – Spanien	0:2	Bern	3. 5.
Schweiz – Belgien	1:1	Basel	24. 5.
Norwegen – Schweiz	1:2	Oslo	18. 6.
Schweden – Schweiz	5:2	Stockholm	21. 6.
Italien – Schweiz	4:2	Mailand	25. 10.
Schweiz – Österreich	1:3	Zürich	8. 11.

Landesmeister

Deutschland	1. FC Nürnberg – Fortuna Düsseldorf 2:1 n. V.
Österreich	Admira Wien
Schweiz	Lausanne Sports
England	FC Sunderland
Frankreich	R. C. Paris
Italien	FC Bologna
Schottland	Celtic Glasgow
Spanien	Atletico Bilbao

* Olympisches Fußballturnier

Landespokal

Deutschland	VfB Leipzig – FC Schalke 04 2:1
Österreich	Austria Wien – FC Vienna Wien 3:0
Schweiz	Young Fellows Bern – Servette Genf 2:0
England	FC Arsenal London – Sheffield United 1:0
Frankreich	R. C. Paris – FC Charleville 1:0
Italien	AC Torino
Spanien	Real Madrid – FC Barcelona 2:1
Schottland	Glasgow Rangers – Third Lanark

Leichtathletik

Europameisterschaften nicht ausgetragen

Deutsche Meisterschaften (am 11./12. Juli in Berlin)

Disziplin	Sieger (Ort)	Leistung
Männer		
100 m	Gerd Hornberger (Frankfurt)	10,7
200 m	Egon Schein (Hamburg)	22,0
400 m	Helmut Hamann (Berlin)	48,9
800 m	Rudolf Harbig (Dresden)	1:54,1
1500 m	Friedrich Schauenburg (Oberhausen)	3:54,4
5000 m	Hans Raff (Oberhausen)	15:06,6
10 000 m	Max Syring (Wittenberg)	31:37,2
Marathon	Franz Barsicke (Breslau)	2:51:22,2
Mannschaft	Berliner Sport-Club	
110 m Hürden	Willi Welscher (Frankfurt)	15,2
400 m Hürden	Hans Scheele (Hamburg)	54,0
3000 m Hindernis	Willi Hein (München)	9:35,0
4 × 100 m	Eintracht Frankfurt	42,1
4 × 400 m	Stuttgarter Kickers	3:19,4
3 × 1000 m	nicht ausgetragen	
4 × 1500 m	KTV Wittenberg	16:16,0
Hochsprung	Gustav Weinkötz (Köln)	1,93
Stabhochsprung	Julius Müller (Kuchen)	4,00
Weitsprung	Lutz Long (Leipzig)	7,82
Dreisprung	Heinz Wöllner (Leipzig)	15,06
Kugelstoßen	Hans Woellke (Berlin)	15,86
Diskuswurf	Willy Schröder (Magdeburg)	49,00
Hammerwurf	Karl Hein (Hamburg)	54,26
Speerwurf	Gottfried Weimann (Wittenberg)	72,24
Zehnkampf	Helmut Bonnet (Berlin)	6666
Gehen 50 km	Fritz Bleiweiß (Berlin)	4:48:57
Mannschaft	St. Georg Hamburg	
Frauen		
100 m	Käthe Krauss (Dresden)	11,9
200 m	nicht ausgetragen	
800 m	nicht ausgetragen	
80 m Hürden	Doris Eckert (Frankfurt)	12,1
4 × 100 m	Dresdner Sport-Club	49,0
Hochsprung	Elfriede Kaun (Kiel)	1,54
Weitsprung	nicht ausgetragen	
Kugelstoßen	nicht ausgetragen	
Diskuswurf	Gisela Mauermeyer (München)	48,31
Speerwurf	Tilly Fleischer (Frankfurt)	44,56
Fünfkampf	nicht ausgetragen	

Weltrekorde (Stand: 31. 12. 1936)

Disziplin	Name (Land)	Leistung	Datum	Ort
Männer				
100 m	Jesse Owens (USA)	10,2	20. 6. 1936	Chicago
200 m	Jesse Owens (USA)	20,3	25. 5. 1935	Ann Arbor
400 m	Archie Williams (USA)	46,1	19. 6. 1936	Chicago
800 m	Glenn Cunningham (USA)	1:49,7	20. 8. 1936	Stockholm

Disziplin	Name (Ort)	Leistung	Datum	Ort
1000 m	Glenn Cunningham (USA)	4:06,7	16. 6.1934	Princeton
1500 m	Jack Lovelock (NSE)	3:47,8	6. 8.1936	Berlin
5000 m	Lauri Lehtinen (FIN)	14:17,0	19. 6.1932	Helsinki
10 000 m	Paavo Nurmi (FIN)	30:06,2	31. 8.1924	Kuopio
110 m Hürden	Forrest Towns (USA)	13,7	27. 8.1936	Oslo
400 m Hürden	Glen Hardin (USA)	50,6	26. 7.1934	Stockholm
4 × 100 m	USA	39,8	9. 8.1936	Berlin
4 × 400 m	USA	3:08,2	7. 8.1932	Los Angeles
Hochsprung	David Albritton (USA)	2,07	12. 7.1936	New York
	Cornelius Johnson (USA)	20,7	12. 7.1936	New York
Stabhochsprung	George Varoff (USA)	4,43	4. 7.1936	Princeton
Weitsprung	Jesse Owens (USA)	8,13	25. 5.1935	Ann Arbor
Dreisprung	Naoto Tajima (JAP)	16,00	6. 8.1936	Berlin
Kugelstoßen	Jack Torrance (USA)	17,40	5. 8.1934	Oslo
Diskuswurf	Willi Schröder (GER)	53,10	28. 4.1935	Magdeburg
Hammerwurf	Patrick Ryan (USA)	57,77	17. 8.1913	New York
Speerwurf	Matti Järvinen (FIN)	77,23	18. 6.1936	Helsinki
Zehnkampf	Glen Morris (USA)	7421	7./8.8.1936	Berlin
Frauen				
100 m	Stanislawa Walasiewicz (POL)	11,7	26. 8.1934	Warschau
200 m	Stanislawa Walasiewics (POL)	23,6	15. 8.1935	Warschau
400 m	Nellie Halstead (GBR)	56,5	1932	
800 m	Lina Radke (GER)	2:16,8	2. 8.1928	Amsterdam
1500 m	Jewdokija Wassilewa (SOV)	4:47,2	30. 7.1936	Moskau
80 m Hürden	Ruth Engelhard (GER)	11,6	11. 8.1934	London
4 × 100 m	Deutschland	46,5	8. 8.1936	Berlin
Hochsprung	Jean Shiley (USA)	1,65	7. 8.1932	Los Angeles
	Mildred Didrikson (USA)	1,65	7. 8.1932	Los Angeles
Weitsprung	Kinne Hitomi (JAP)	5,98	20. 5.1928	Los Angeles
Kugelstoßen	Gisela Mauermeyer (GER)	14,38	15. 7.1934	Warschau
Diskuswurf	Gisela Mauermeyer (GER)	48,31	11. 7.1936	Dresden
Speerwurf	Nan Gindele (USA)	46,74	18. 6.1932	Chicago
Fünfkampf	Gisela Mauermeyer (GER)	377	9./11.8.1934	London

Deutsche Rekorde (Stand: 31. 12. 1936)

Disziplin	Name (Ort)	Leistung	Datum	Ort
Männer				
100 m	Arthur Jonath (Bochum)	10,3	5. 6.32	Bochum
200 m	Helmut Körnig (Berlin)	20,9	19. 8.28	Berlin
400 m	Jochen Büchner (Magdeburg)	47,8	2. 9.28	Berlin
800 m	Otto Peltzer (Stettin)	1:51,6	3. 7.26	London
1000 m	Otto Peltzer (Stettin)	2:25,8	19. 9.27	Paris
1500 m	Otto Peltzer (Stettin)	3:51,0	11. 9.26	Berlin
3000 m	Friedrich Schaumburg (Berlin)	8:17,2	16. 9.36	Stockholm
5000 m	Max Syring (Wittenberg)	14:46,2	20. 6.36	Wittenberg
10 000 m	Emil Bedarff (Düsseldorf)	32:14,2	15. 8.24	Düsseldorf
110 m Hürden	Erwin Wegner (Berlin)	14,5	2. 7.35	Weißenfels
400 m Hürden	Hans Scheele (Altona)	53,2	9. 9.34	Turin
4 × 100 m	SC Charlottenburg	40,8	22. 7.29	Breslau
4 × 400 m	SC Teutonia Berlin	3:17,2	7. 8.28	Köln
Hochsprung	Gustav Weinkötz (Köln)	1,995	17. 5.36	Köln

Disziplin	Name (Ort)	Leistung	Datum	Ort
Stabhochsprung	Gustav Wegner (Halle)	4,12	28. 6.31	Amsterdam
Weitsprung	Lutz Long (Leipzig)	7,87	4. 8.36	Berlin
Dreisprung	Heinz Wöllner (Leipzig)	15,06	12. 7.36	Berlin
Kugelstoßen	Hans Wollke (Berlin)	16,60	20. 8.36	Berlin
Diskuswurf	Willy Schröder (Magdeburg)	53,10	28. 4.35	Magdeburg
Hammerwurf	Karl Hein (Hamburg)	56,49	3. 8.36	Berlin
Speerwurf	Gerhard Stöck (Berlin)	73,96	25. 8.35	Berlin
Zehnkampf	Hans-Heinr. Sievert (Hamburg)	8790,46	7./8.7.34	Hamburg
Frauen				
100 m	Käthe Krauß (Dresden)	11,8	4. 8.35	Berlin
	Marie Dollinger (Nürnberg)	11,8	4. 8.35	Berlin
200 m	Käthe Krauß (Dresden)	24,6	2. 7.34	Berlin
800 m	Marie Dollinger (Nürnberg)	2:16,8	2. 8.31	Magdeburg
1000 m	Lina Radke (Breslau)	3:06,8	25. 8.30	Brieg
80 m Hürden	Ruth Engelhard (Berlin)	11,6	28. 7.34	Nürnberg
4 × 100 m	TSV 1860 München	48,8	20. 7.30	Nürnberg
Hochsprung	Elfriede Kaun (Kiel)	1,60	22. 7.35	Wuppertal
Weitsprung	Selma Grieme (Bremen)	5,91	23. 8.31	Hannover
Kugelstoßen	Gisela Mauermeyer (München)	14,38	15. 7.34	Warschau
Diskuswurf	Gisela Mauermeyer (München)	48,31	11. 7.36	Berlin
Speerwurf	Luise Krüger (Dresden)	45,27	21. 6.36	Köln
Fünfkampf	Gisela Mauermeyer (München)	377	10./11.8.34	London

Pferdesport

Disziplin/Turnier	Sieger (Land)	Pferd (Gestüt)	Datum
Galopprennen			
Deutsches Derby	E. Grabsch (GER)	Nereide (Erlenhof)	
Kentucky-Derby	J. Hanford (USA)	Bold Venture	
Trabrennen			
Deutsches Derby	G. Jauß jr. (GER)	Immergrün (Riedel)	
Turniersport			
Springreiten			
Deutsches Derby	N. Nippe (GER)	Landrat	

Radsport

Disziplin, Ort	Plazierung, Name (Land)	Zeit/Rückstand
Straßenweltmeisterschaft		
Profis (218 km) (Bern)	1. Antonin Magne (FRA)	5:53:32
	2. Bini (ITA)	
	3. Middelkamp (HOL)	
Amateure (145 km) (Bern)	1. Edgar Buchwalder (SUI)	3:58:01
	2. Weber (SUI)	3:58:12
	3. Favalli (FRA)	3:58:48
Rundfahrten (Etappen)		
Tour de France (21) Länge: 4442 km	1. Sylvère Maes (BEL)	143:47:32
	2. Antonin Magne (FRA)	143:14:27
	3. Vervaecke (BEL)	143:15:25
Giro d'Italia (21) Länge: 3756 km	1. Gino Bartali (ITA)	
	2. Guiseppe Olmo (ITA)	
	3. Canavesi (ITA)	
Tour de Suisse (7) Länge: 1657 km	1. Henrie Garnier (BEL)	
	2. Gustave Deloor (BEL)	
	3. Amberg (SUI)	

Schwimmen

Deutsche Meister

Disziplin	Sieger (Stadt)	Leistung
Männer		
Freistil 100 m	Helmut Fischer (Bremen)	59,2
Freistil 200 m	Werner Plath (Berlin)	2:19,0
Freistil 400 m	Hans Freese (Bremen)	5:00,4
Freistil 1500 m	Heinz Arendt (Berlin)	20:05,3
Freistil 4 × 100 m	Bremischer SV	4:12,3
Freistil 4 × 400 m	Bremischer SV	9:36,0
Brust 200 m	Joachim Balke (Dortmund)	2:44,8
Brust 4 × 200 m	Hellas Magdeburg	11:48,7
Lagen-Staffel	Gladbeck 1913	5:11,4
Frauen		
Freistil 100 m	Gisela Arendt (Charlottenburg)	1:06,7
Freistil 400 m	Ruth Halbsguth (Charlottenburg)	5:51,7
Freistil 3 × 100 m	Nixe Charlottenburg	3:47,8
Brust 200 m	Martha Genenger (Krefeld)	3:02,7
Brust 3 × 200 m	Nixe Charlottenburg	9:51,2
Rücken 100 m	Christel Rupke (Ohligs)	1:21,0
Lagen-Staffel	Nixe Charlottenburg	5:50,5

Weltrekorde (Stand: 31. 12. 1936)

Disziplin	Name (Land)	Leistung	Datum
Männer			
Freistil 100 m	Peter Fick (USA)	56,4	11. 2.1936
Freistil 200 m	Jack Medica (USA)	2:07,2	12. 4.1935
Freistil 400 m	Jack Medica (USA)	4:38,7	30. 8.1934
Freistil 800 m	Shozo Makino (JAP)	9:55,8	15. 9.1934
Freistil 1500 m	Arne Borg (SWE)	19:07,2	2. 9.1927
Freistil 4 × 200 m	Japan	8:51,5	11. 8.1936
Brust 100 m	John Higgins (USA)	1:10,0	3. 3.1936
Brust 200 m	Jack Kasley (USA)	2:37,4	28. 3.1936
Rücken 100 m	Adolfe Kiefer (GER)	1:04,8	18. 1.1936
Rücken 200 m	Adolfe Kiefer (GER)	2:24,0	11. 4.1935
Frauen			
Freistil 100 m	Willy den Ouden (HOL)	1:04,6	27. 2.1936
Freistil 200 m	Willy den Ouden (HOL)	2:25,3	8. 9.1935
Freistil 400 m	Willy den Ouden (HOL)	5:16,0	12. 7.1934
Freistil 800 m	Ragnhild Hveger (DAN)	11:11,7	3. 7.1936
Freistil 1500 m	Greta Frederiksen (DAN)	22:36,7	26. 6.1936
Brust 100 m	Hanni Hölzner (GER)	1:20,2	13. 3.1936
Brust 200 m	Hideko Maehata (JAP)	3:00,4	30. 9.1933
Rücken 100 m	Nina Senff (HOL)	1:13,6	25. 10.1936
Rücken 200 m	Eleanor Holm (USA)	2:48,7	3. 3.1936
Lagen 4 × 100 m	Holland	4:32,8	24. 5.1936

Ski alpin

	Herren	Damen
Deutsche Meister		
Kombination	Franz Pfnür	Christel Cranz
Österreichische Meister		
Kombination	Eberhard Kneissl	Olvira Osirnig
Schweizer Meister		
Abfahrt	Hans Schlunegger	Nini von Arx-Zogg
Slalom	Jack Ettinger	Nini von Arx-Zogg
Kombination		Nini von Arx-Zogg
Weltmeister		
Abfahrt	Rudolf Rominger (SUI)	Evelyn Pinching (GBR)
Slalom	Rudi Matt (AUT)	Gerda Paumgarten (AUT)
Kombination	Rudolf Rominger (SUI)	Evelyn Pinching (GBR)

Tennis

Meisterschaften	Ort	Datum
Wimbledon	London	
US Open	New York	
French Open	Paris	
Australian Open	Melbourne	
Internationale Deutsche Meisterschaften	nicht ausgetragen	
Daviscup-Endspiel	Wimbledon	

Turnier	Sieger (Land) – Finalgegner (Land) Ergebnis
Herren	
Wimbledon	Fred Perry (GBR) – Gottfried von Cramm (GER) 6:1, 6:1, 6:0
French Open	Gottfried von Cramm (GER) – Fred Perry (GBR) 6:0, 2:6, 6:2, 2:6, 6:0
US Open	Fred Perry (GBR) – Donald Budge (USA) 2:6, 6:2, 8:6, 1:6, 10:8
Australian Open	Adrian Quist (AUS)
Daviscup	Großbritannien – Australien 3:2
Damen	
Wimbledon	Helen Jacobs (USA) – Hilde Sperling-Krahwinkel (GER) 6:2, 4:6, 7:5
French Open	Hilde Sperling-Krahwinkel (GER)
US Open	Alice Marble (USA) – Helen Jacobs (USA)
Australian Open	J. Hartigan
Herren-Doppel	
Wimbledon	G. Hughes/Ch. Tuckey (GBR) – C. E. Hare/F. H. D. Wilde (GBR) 6:4, 3:6, 7:9, 6:1, 6:4
French Open	Marcel Bernard/Jean Borotra (FRA)
US Open	Donald Budge/Gene Mako (USA) – Wilmor C. Allison/John van Ryn
Australian Open	Adrian Quist/Turnbull (AUS)
Damen-Doppel	
Wimbledon	Freda James/Kay Stammers (GBR)
French Open	Simone Mathieu/Marie Yorke (FRA)
US Open	Babcock/van Ryn (USA)
Australian Open	Coyne/Wynne
Mixed	
Wimbledon	Dorothy Round/Fred Perry (GBR)
French Open	Marie Yorke/Marcel Bernard (FRA)
US Open	Alice Marble/Gene Mako (USA)
Australian Open	Nelly Hopman/Harry Hopman (AUS)

Sport

Olympische Winterspiele

	Gold		Silber		Bronze	
Ski alpin						
Kombination						
Herren	Franz Pfnür (GER)	99,25	Guzzi Lantschner (GER)	96,26	Emile Allais (FRA)	94,69
Damen	Christl Cranz (GER)	97,06	Käthe Grasegger (GER)	95,26	Elila Schou-Nilsen (NOR)	93,48
Ski nordisch						
Langlauf						
18 km	Erik August Larsson (SWE)	1:14:38	Oddbjörn Hagen (NOR)	1:15:33	Pekka Niemi (FIN)	1:16:59
50 km	Elis Viklund (SWE)	3:30:11	Axel Wikström (SWE)	3:33:20	Nils Joel Englund (SWE)	3:34:10
4 × 10 km						
Sprunglauf	Finnland	2:41:33	Norwegen	2:41:39	Schweden	2:43:03
Spezialspringen	Birger Ruud (NOR)	232,0	Sven Ivan Eriksson (SWE)	230,5	Reidar Andersen (NOR)	228,9
Nordische Kombination	Oddbjörn Hagen (NOR)	430,3	Olaf Hoffsbakken (NOR)	419,8	Sverre Brodahl (NOR)	408,1
Eiskunstlauf						
Herren	Karl Schäfer (AUT)	7/422,7	Ernst Baier (GER)	24/400,8	Felix Kaspar (AUT)	24/400,1
Damen	Sonja Henie (NOR)	7,5/424,5	Cecilia Colledge (GBR)	13,5/418,1	Vivi-Anne Hultén (SWE)	28/394,7
Paarlauf	Maxi Herber/Ernst Baier (GER)	11,5	Ilse Pausin/Erik Pausin (AUT)	11,4	Emilia Rotter/László Szollas (UNG)	10,8
Eisschnellauf						
500 m	Ivar Ballangrund (NOR)	43,4	Georg Krog (NOR)	43,5	Leo Freisinger (USA)	44,0
1500 m	Charles Mathisen (NOR)	2:19,2	Ivar Ballangrund (NOR)	2:20,2	Birger Vasenius (FIN)	2:20,9
5000 m	Ivar Ballangrund (NOR)	8:19,6	Birger Vasenius (FIN)	8:25,6	Antero Ojala (FIN)	8:30,1
10 000 m	Ivar Ballangrund (NOR)	17:24,3	Birger Vasenius (FIN)	17:28,2	Max Stiepl (AUT)	17:30,0
Bob						
Zweier	USA I	5:29,29	Schweiz II	5:30,64	USA II	5:33,96
Vierer	Schweiz II	5:19,85	Schweiz I	5:22,73	Großbritannien	5:23,41
Eishockey	Großbritannien		Kanada		USA	

Olympische Sommerspiele

	Gold		Silber		Bronze	
Leichtathletik – Herren						
100 m	Jesse Owens (USA)	10,3	Ralph Metcalfe (USA)	10,4	Martinus Osendarp (HOL)	10,5
200 m	Jesse Owens (USA)	20,7	Matthew Robinson (USA)	21,1	Martinus Osendarp (HOL)	21,3
400 m	Archie Williams (USA)	46,5	Arthur G. Brown (GBR)	46,7	James LuValle (USA)	46,8
800 m	John Woodruff (USA)	1:52,9	Mario Lanzi (ITA)	1:53,3	Philip Edwards (CAN)	1:53,6
1500 m	John Lovelock (NSE)	3:47,8	Glenn Cunningham (USA)	3:48,4	Luigi Beccali (ITA)	3:49,2
5000 m	Gunnar Hoeckert (FIN)	14:22,2	Lauri Lehtinen (FIN)	14:25,8	Henry Jonsson (SWE)	14:29,0
10 000 m	Ilmari Salminen (FIN)	30:15,4	Arvo Askola (FIN)	30:15,6	Volmari Isohollo (FIN)	30:20,2
Marathon	Kitei Son (JAP)	2:29:19,2	Ernest Harper (GBR)	2:31:23,2	Shoryu Nan (JAP)	2:31:42,0
110 m Hürden	Forrest Towns (USA)	14,2	Donald Finlay (GBR)	14,4	Frederick Pollard (USA)	14,4
400 m Hürden	Glenn Hardin (USA)	52,4	John Loaring (CAN)	52,7	Miguel White (PHI)	52,8
3000 m Hindernis	Volmari Isohollo (FIN)	9:03,8	Kaarlo Tuominen (FIN)	9:06,8	Alfred Dompert (GER)	9:07,2
4 × 100 m-Staffel	USA	39,8	Italien	41,1	Deutschland	41,2
4 × 400 m-Staffel	Großbritannien	3:09,0	USA	3:11,0	Deutschland	3:11,8
Hochsprung	Cornelius Johnson (USA)	2,03	David Albritton (USA)	2,00	Delos Thurber (USA)	2,00
Stabhochsprung	Earle Meadows (USA)	4,35	Shuhei Nishida (JAP)	4,25	Sueo Oe (JAP)	4,25
Weitsprung	Jesse Owens (USA)	8,06	Lutz Long (GER)	7,87	Naoto Tajima (JAP)	7,74
Dreisprung	Naoto Tajima (JAP)	16,00	Masao Harada (JAP)	15,66	John P. Metcalfe (AUS)	15,50
Kugelstoßen	Hans Woellke (GER)	16,20	Sulo Bärlund (FIN)	16,12	Gerhard Stöck (GER)	15,66
Diskuswurf	Kenneth Carpentier (USA)	50,48	Gordon Dunn (USA)	49,36	Giorgio Oberwejer (ITA)	49,23
Hammerwurf	Karl Hein (GER)	56,49	Erwin Blask (GER)	55,04	Fred Warngard (SWE)	54,83
Speerwurf	Gerhard Stöck (GER)	71,84	Yrjö Nikkanen (FIN)	70,77	Kalervo Toivonen (FIN)	70,72
Zehnkampf	Glenn Morris (USA)	7900	Robert Clark (USA)	7601	Jack Parker (USA)	7275
Leichtathletik – Damen						
100 m	Helen Stephens (USA)	11,5	Stanislawa Walesiewicz (POL)	11,7	Käthe Krauß (GER)	11,9
80 m Hürden	Trebisonda Valla (ITA)	11,7	Anny Steuer (GER)	11,7	Elizabeth Taylor (CAN)	11,7
4 × 100 m-Staffel	USA	46,9	Großbritannien	47,6	Kanada	47,8
Hochsprung	Ibolya Csák (UNG)	1,60	Dorothy Odam (GBR)	1,60	Elfriede Kaun (GER)	1,60
Diskuswurf	Gisela Mauermayer (GER)	47,63	Jadwiga Wajsówna (POL)	46,22	Paula Mollenhauer (GER)	39,80
Speerwurf	Tilly Fleischer (GER)	45,18	Luise Krüger (GER)	43,29	Maria Kwasniewska (POL)	41,80
Schwimmen – Herren						
100 m Kraul	Yasuji Miyazahi (JAP)	58,2	Tatsugo Kawaishi (JAP)	58,6	Albert Schwarz (USA)	58,8
400 m Kraul	Jack Medica (USA)	4:44,5	Shumpei Uto (JAP)	4:45,6	Shozo Makino (JAP)	4:48,1

	Gold		Silber		Bronze	
1500 m Kraul	Noboru Terada (JAP)	19:13,7	Jack Medica (USA)	19:34,0	Shumpei Uto (JAP)	19:34,5
100 m Rücken	Adolf Kiefer (USA)	1:05,9	Albert van de Wejhe (USA)	1:07,7	Masaji Kiyokawa (JAP)	1:08,4
200 m Brust	Tetsuo Hamuro (JAP)	2:41,5	Erwin Sietas (GER)	2:42,9	Reizo Koike (JAP)	2:44,2
4 × 200 m Kraul	Japan	8:51,5	USA	9:03,0	Ungarn	9:12,3
Kunstspringen	Richard Degener (USA)	163,57	Marshall Wayne (USA)	159,56	Al Greene (USA)	146,29
Turmspringen	Marshall Wayne (USA)	113,58	Elbert Root (USA)	110,60	Hermann Stork (GER)	110,31

Schwimmen – Damen

	Gold		Silber		Bronze	
100 m Kraul	Hendrika Mastenbroek (HOL)	1:05,9	Jeanette Campbell (ARG)	1:06,4	Gisela Arendt (GER)	1:06,6
400 m Kraul	Hendrika Mastenbroek (HOL)	5:26,4	Ragnhild Hveger (DAN)	5:27,5	Lenore Wingard-Knight (USA)	5:29,0
200 m Brust	Hideko Maehata (JAP)	3:03,6	Martha Genenger (GER)	3:04,2	Inge Sörensen (DAN)	3:07,8
100 m Rücken	Dina W. Senff (HOL)	1:18,9	Hendrika Mastenbroek (HOL)	1:19,2	Alica Bridges (USA)	1:19,4
4 × 100 m Kraul	Holland	4:36,0	Deutschland	4:36,8	USA	4:40,2
Kunstspringen	Marjorie Gestring (USA)	89,27	Katherine Rawls (USA)	88,35	Dorothy Hill-Poynton (USA)	82,36
Turmspringen	Dorothy Hill-Poynton (USA)	33,93	Velma Dunn (USA)	33,63	Käthe Köhler (GER)	33,43

Boxen (Gewichtslimit)

		Gold	Silber	Bronze
Fliegengewicht	(− 50,80 kg)	Willy Kaiser (GER)	Gavino Matta (ITA)	Louis D. Lauria (USA)
Bantamgewicht	(− 53,52 kg)	Ulderico Sergo (ITA)	Jack Wilson (USA)	Fidel Ortiz (MEX)
Federgewicht	(− 57,15 kg)	Oscar Casanovas (ARG)	Charles Catterall (SAF)	Josef Miner (GER)
Leichtgewicht	(− 61,24 kg)	Imre Harangi (UNG)	Nikolai Stepulov (EST)	Erik Ågren (SWE)
Weltergewicht	(− 66,68 kg)	Sten Suvio (FIN)	Michael Murach (GER)	Gerhard Petersen (DAN)
Mittelgewicht	(− 72,57 kg)	Jean Desperaux (FRA)	Henry Tiller (NOR)	Raul Villaxal (ARG)
Halbschwergewicht	(− 79,38 kg)	Roger Michelot (FRA)	Richard Vogt (GER)	Francisco Risiglione (ARG)
Schwergewicht	(+ 79,38 kg)	Herbert Runge (GER)	Guillermo Lovell (ARG)	Erling Nilsen (NOR)

Gewichtheben (Gewichtslimit)

		Gold		Silber		Bronze	
Federgewicht	(− 60 kg)	Anthony Terlazzo (USA)	312,5	Saleh M. Soliman (EGY)	305,0	Ibrahim H. Shams (EGY)	300,0
Leichtgewicht	(− 67,5 kg)	Anwar Mesbah (EGY) Robert Fein (AUT)	342,5 342,5	–		Karl Jansen (GER)	327,5
Mittelgewicht	(− 75 kg)	Khadr Sayed el Touni (EGY)	387,5	Rudolf Ismayr (GER)	352,5	Anton Wagner (GER)	352,5
Leichtschwergewicht	(− 82,5 kg)	Louis Hastin (FRA)	372,5	Eugen Deutsch (GER)	365,0	Ibrahim Wasif (EGY)	360,0
Schwergewicht	(+ 82,5 kg)	Josef Manger (GER)	410,0	Václav Pšenička (ČSR)	402,5	Arnold Luhaäär (EST)	400,0

Ringen, griechisch-römisch (Gewichtslimit)

		Gold	Silber	Bronze
Bantamgewicht	(− 56 kg)	Márton Lörincz (UNG)	Egon Svensson (SWE)	Jakob Brendel (GER)
Federgewicht	(− 61 kg)	Yasar Erkan (TUR)	Aarne Reini (FIN)	Einar Karlsson (SWE)
Leichtgewicht	(− 66 kg)	Lauri Koskela (FIN)	Josef Herda (ČSR)	Voldemar Väli (EST)
Weltergewicht	(− 72 kg)	Rudolf Svedberg (SWE)	Fritz Schäfer (GER)	Eino Virtanen (FIN)
Mittelgewicht	(− 79 kg)	Ivar Johansson (SWE)	Ludwig Schweickert (GER)	Jósef Palotás (UNG)
Halbschwergewicht	(− 87 kg)	Axel Cadier (SWE)	Edwin Bietags (LET)	August Neo (EST)
Schwergewicht	(+ 87 kg)	Kristjan Palusalu (EST)	John Nyman (SWE)	Kurt Hornfischer (GER)

Ringen, freier Stil

		Gold	Silber	Bronze
Bantamgewicht	(− 56 kg)	Ödön Zombori (UNG)	Ross Flood (USA)	Johannes Herbert (GER)
Federgewicht	(− 61 kg)	Kustaa Pihlajamäki (FIN)	Francis Millard (USA)	Gösta Jönsson (SWE)
Leichtgewicht	(− 66 kg)	Károly Kárpáty (UNG)	Wolfgang Ehrl (GER)	Harmanni Pihlajamaki (FIN)
Weltergewicht	(− 72 kg)	Frank Lewis (USA)	Ture Andersson (SWE)	Joseph Schleimer (CAN)
Mittelgewicht	(− 79 kg)	Emile Poilvé (FRA)	Richard Voliva (USA)	Ahmet Kirecci (TUR)
Halbschwergewicht	(− 87 kg)	Knut Fridell (SWE)	August Neo (EST)	Erich Siebert (GER)
Schwergewicht	(+ 87 kg)	Kristjan Palusalu (EST)	Josef Klapuch (ČSR)	Hjalmar Nyström (FIN)

Fechten

	Gold	Silber	Bronze
Florett – Einzel, Herren	Giulio Gaudini (ITA)	Edward Gardère (FRA)	Giorgio Bocchino (ITA)
Florett – Mannschaft, Herren	Italien	Frankreich	Deutschland
Degen – Einzel	Franco Riccardi (ITA)	Saverio Ragno (ITA)	Giancarlo Cornaggia-Medici (ITA)
Degen – Mannschaft	Italien	Schweden	Frankreich
Säbel – Einzel	Endre Kabos (UNG)	Gustavo Marzi (ITA)	Aladár Gexvich (UNG)
Säbel – Mannschaft	Ungarn	Italien	Deutschland
Florett – Einzel, Damen	Ilona Elek (UNG)	Helene Mayer (GER)	Ellen Preis (AUT)

Moderner Fünfkampf

	Gold		Silber		Bronze	
Einzel	Gotthard Handrick (GER)	31,5	Charles Leonard (USA)	39,5	Silvano Abba (ITA)	49,5

Kanu

	Gold		Silber		Bronze	
1000 m K1, Herren	Gregor Hradetzky (AUT)	4:22,9	Helmut Cämmerer (GER)	4:25,6	Jacob Kraaier (HOL)	4:35,1
1000 m K2, Herren	Österreich	4:03,8	Deutschland	4:08,9	Niederlande	4:12,2
1000 m C1	Francois Amyot (CAN)	5:32,1	Bohuslav Karlik (ČSR)	5:36,9	Erich Koschik (GER)	5:39,0
1000 m C2	Tschechoslowakei	4:50,1	Österreich	4:53,8	Kanada	4:56,7
10 000 m K1, Herren	Ernst Krebs (GER)	46:01,6	Fritz Landertinger (AUT)	46:14,7	Ernest Riedel (USA)	47:23,9

Sport

	Gold		Silber		Bronze	
10 000 m K2, Herren	Deutschland	41:45,0	Österreich	42:05,4	Schweden	43:06,1
10 000 m C2	Tschechoslowakei	50:33,5	Kanada	51:15,8	Österreich	51:28,0
10 000 m Faltboot F1	Gregor Hradetzky (AUT)	50:01,2	Henri Eberhardt (FRA)	50:04,2	Xaver Hörmann (GER)	50:06,5
10 000 m Faltboot F2	Schweden	45:48,9	Deutschland	45:49,2	Niederlande	46:12,4
Rudern						
Einer	Gustav Schäfer (GER)	8:21,5	Josef Hasenöhrl (AUT)	8:25,8	Daniel Barrow (USA)	8:28,0
Doppelzweier	Großbritannien	7:20,8	Deutschland	7:26,2	Polen	7:36,2
Zweier ohne Steuermann	Deutschland	8:16,1	Dänemark	8:19,2	Argentinien	8:23,0
Zweier mit Steuermann	Deutschland	8:36,9	Italien	8:49,7	Frankreich	8:54,0
Vierer ohne Steuermann	Deutschland	7:01,8	Großbritannien	7:06,5	Schweiz	7:10,6
Vierer mit Steuermann	Deutschland	7:16,2	Schweiz	7:24,3	Frankreich	7:33,3
Achter	USA	6:25,4	Italien	6:26,0	Deutschland	6:26,4
Segeln						
Ein-Mann-Boot (Jolle-Dinghi)	Daniel M. J. Kagchelland (HOL)	163	Werner Krogmann (GER)	150	Peter M. Scott (GBR)	131
Star	Deutschland	80	Schweden	64	Niederlande	63
6 m	Großbritannien	67	Norwegen	66	Schweden	62
8 m	Italien	55	Norwegen	55	Deutschland	53
Radsport						
Straßenrennen, Einzel	Robert Charpentier (FRA)	2:33:05,0	Guy Lapébie (FRA)	2:33:05,2	Ernst Nievergelt (SUI)	2:33:05,8
Straßenrennen, Mannschaft	Frankreich	7:39:16,2	Schweiz	7:39:20,4	Belgien	7:39:21,0
1000 m-Zeitfahren	Arie van Vliet (HOL)	1:12,0	Pierre Georget (FRA)	1:12,8	Rudolf Karsch (GER)	1:13,2
1000 m-Sprint	Toni Merkens (GER)	11,8	Arie van Vliet (HOL)		Louis Chaillot (FRA)	
2000 m-Tandemfahren	Deutschland	11,8	Niederlande		Frankreich	
4000 m-Mannschaftsverfolgung	Frankreich	4:45,0	Italien	4:51,0	Großbritannien	4:53,6
Reitsport						
Military – Einzel	Ludwig Stubbendorff (GER)	–37,70	Earl Thomson (USA)	–99,90	Hans Mathiesen-Lunching (DAN)	–102,20
Military – Mannschaft	Deutschland	–676,65	Polen	–991,70	Großbritannien	–9195,50
Dressur – Einzel	Heinrich Pollay (GER)	1760,0	Friedrich Gerhard (GER)	1745,5	Alois Podhajsky (AUT)	1721,5
Dressur – Mannschaft	Deutschland	5074,0	Frankreich	4846,0	Schweden	4660,5
Jagdspringen – Einzel	Kurt Hasse (GER)		Henri Rang (RUM)		József von Platthy (UNG)	
Jagdspringen – Mannschaft	Deutschland	–44,00	Niederlande	–51,50	Portugal	–56,00
Schießen						
Kleinkaliber (KK), liegend	Willy Rögeberg (NOR)	300	Ralf Berzseny (UNG)	296	Wladyslaw Karas (POL)	296
Schnellfeuer-Pistole	Cornelius van Oyen (GER)	36	Heinz Hax (GER)	35	Torsten Ullman (SWE)	34
Beliebige Scheibenpistole	Torsten Ullman (SWE)	559	Erich Krempel (GER)	544	Charles des Jammonières (FRA)	540
Turnen						
Mehrkampf, Einzelwertung	Alfred Schwarzmann (GER)	113,100	Eugen Mack (SUI)	112,334	Konrad Frey (GER)	115,532
Mehrkampf, Mannschaft	Deutschland	657,430	Schweiz	654,802	Finnland	638,468
Barren, Herren	Konrad Frey (GER)	19,067	Michael Reusch (SUI)	19,034	Alfred Schwarzmann (GER)	18,967
Bodenübung, Herren	Georges Miez (SUI)	18,666	Josef Walter (SUI)	18,500	Eugen Mack (SUI)	18,466
Pferdsprung, Herren	Alfred Schwarzmann (GER)	19,200	Eugen Mack (SUI)	18,967	Matthias Volz (GER)	18,467
Seitpferd	Konrad Frey (GER)	19,333	Eugen Mack (SUI)	19,167	Albert Bachmann (SUI)	19,067
Reck	Aleksanteri Saarvala (FIN)	19,367	Konrad Frey (GER)	19,267	Alfred Schwarzmann (GER)	19,233
Ringe	Alois Hudec (ČSR)	19,433	Léon Štukelj (YUG)	18,867	Matthias Volz (GER)	18,667
Mehrkampf, Mannschaft, Damen	Deutschland	506,50	Tschechoslowakei	503,60	Ungarn	499,60
Basketball	USA		Kanada		Mexiko	
Fußball	Italien		Österreich		Norwegen	
Feld-Handball	Deutschland		Österreich		Schweiz	
Landhockey	Indien		Deutschland		Niederlande	
Baseball	World Amateurs (USA)		Olympics (USA)		–	
Polo	Argentinien		Großbritannien		Mexiko	

Nekrolog

Bekannte Persönlichkeiten aus allen Bereichen des gesellschaftlichen Lebens, die im Jahr 1936 gestorben sind, werden – alphabetisch geordnet – in Kurzbiographien vorgestellt.

Edmund Henry H. Allenby

britischer Feldmarschall (* 23. 4. 1861, Brackenhurst bei Southwell), stirbt am 14. Mai in London.
Allenby plädierte als Hoher Kommissar in Ägypten und im Sudan (1919–1925) für die Aufhebung des britischen Protektorats über Ägypten.

Max Ferdinand von Bahrfeldt

deutscher Numismatiker (* 6. 2. 1856, Willmine/Uckermark), stirbt am 11. April in Halle/Saale.
Von Bahrfeldt verfaßte zahlreiche Arbeiten über das Münzwesen und gab 1880–1935 das »Numismatische Literaturblatt« heraus.

Róbert Bárány

österreichischer Mediziner ungarischer Herkunft, Medizinnobelpreisträger 1914 (* 22. 4. 1876, Wien), stirbt am 8. April in Uppsala in Schweden.
Bárány veröffentlichte zahlreiche Arbeiten über Ohrenheilkunde. Für seine Monographie »Physiologie und Pathologie des Bogengangapparates beim Menschen« (1907) erhielt er 1914 den Nobelpreis für Medizin.

David Earl Beatty of the North Sea and of Brooksby

britischer Admiral (* 17. 1. 1871, Borodale/Irland), stirbt am 11. März in London. Beatty führte während des Ersten Weltkriegs das 1. britische Schlachtkreuzergeschwader in den Gefechten bei Helgoland (28. 8. 1914), an der Doggerbank (24. 1. 1915) und vor dem Skagerrak (31. 5. 1916).

Louis Blériot

französischer Flugzeugpionier (* 1. 7. 1872, Cambrai), stirbt am 1. August in Paris.
Blériot überquerte am 25. Juli 1909 mit einem selbstgebauten Eindecker in 27⅓ Minuten als erster den Kanal zwischen Calais und Dover.

Karl Buresch

österreichischer christlich-sozialer Politiker (* 12. 10. 1878, Großenzersdorf), stirbt am 16. September in Wien.
Buresch, von Beruf Jurist, war 1931/32 Bundeskanzler, 1933–1935 Finanzminister und 1935/36 Minister ohne Geschäftsbereich.

José Calvo Sotelo

spanischer monarchistischer Politiker (* 6. 5. 1893, Túy/Galicien), wird am 13. Juli in Madrid ermordet.
Calvo Sotelo war 1925–1930 Finanzminister des Diktators Miguel Primo de Rivera. Als sich der Verfall der Republik abzuzeichnen begann, propagierte er die Restauration des Königtums.

Gilbert Keith Chesterton

britischer Schriftsteller (* 29. 5. 1874, Kensington/London), stirbt am 14. Juni in London. In den erfolgreichen Pater-Brown-Geschichten parodierte Chesterton den herkömmlichen Kriminalroman: Ein unscheinbarer katholischer Priester erweist sich durch seine psychologischen und theologischen Kombinationen als unschlagbarer Detektiv.

Juan de la Cierva

spanischer Techniker (* 21. 9. 1895, Murcia), stirbt am 9. Dezember nach einem Flugzeugunfall in London.
Cierva konstruierte ab 1922 eine Vorstufe des Hubschraubers.

Grazia Deledda

italienische Schriftstellerin, Literaturnobelpreisträgerin 1926 (* 30. 9. 1871, Nuoro/Sardinien), stirbt am 15. August in Rom. In ihren Romanen und Erzählungen schildert Grazia Deledda Land und Leute ihrer sardinischen Heimat. Den Nobelpreis erhielt sie »für ihre von Idealismus getragenen Werke, die mit Anschaulichkeit und Klarheit das Leben auf ihrer heimatlichen Insel schildern«.

Friedrich Habsburg-Lothringen Erzherzog von Österreich

österreichisch-ungarischer Feldmarschall (* 4. 6. 1856, Groß-Seelowitz bei Brünn), stirbt am 30. Dezember in Magyarosvár in Ungarn.
Friedrich trat 1871 in die Armee ein. Im Sommer 1914 erhielt er den Oberbefehl über die österreichisch-ungarischen Feldarmeen, die er bis zum Regierungsantritt Kaiser Karls 1916 führte.

Fuad I.

erster König von Ägypten seit 1922 (* 26. 3. 1868, Gise), stirbt am 28. April in Kairo.
Fuad war ab 1917 Sultan und nahm nach dem Ende des britischen Protektorats 1922 den Königstitel an, wobei er in der Folgezeit einen probritischen Kurs beibehielt.

Federico García Lorca

spanischer Lyriker und Dramatiker (* 5. 6. 1898, Fuente Vaqueros), wird am 19. August in Viznar von Falangisten erschossen.
In Fortsetzung der Tradition seiner Heimat Andalusien schuf García Lorca ausdrucksstarke Werke voller Musikalität wie z. B. die »Zigeunerromanzen« (1928).

Georg V.

König von Großbritannien seit 1910 (* 3. 6. 1865, London), stirbt am 20. Januar in Sandringham in Norfolk.
Obwohl von Natur schüchtern und nur durchschnittlich begabt, wurde der Monarch dank seiner streng konstitutionellen Haltung geachtet und erfreute sich allgemeiner Beliebtheit.

Alexandr K. Glasunow

sowjetischer Komponist (* 10. 8. 1865, Petersburg/Leningrad), stirbt am 21. März in Neuilly-sur-Seine bei Paris. Alexandr Glasunow zählte zu den bedeutendsten sowjetischen Komponisten seiner Zeit.

Reinhard Goering

deutscher Dramatiker des Expressionismus (* 23. 6. 1887), Schloß Bieberstein bei Fulda), wird am 14. Oktober bei Jena tot aufgefunden.
Aus der Erschütterung des Krieges heraus schuf Goering 1917 die Tragödie »Seeschlacht«, die ihn mit einem Schlag berühmt machte. Die Inszenierung durch Max Reinhardt 1918 in Berlin wurde ein vieldiskutierter Erfolg.

Gyula Gömbös von Jákfa

ungarischer General und Politiker (* 26. 12. 1886, Murga), stirbt am 6. Oktober in München.
Gömbös von Jákfa war 1918 Mitbegründer der rechtsgerichteten antisemitischen Organisation »Erwachendes Ungarn«. Als Ministerpräsident 1932–1936 steuerte er einen streng rechtsgerichteten Kurs.

Maxim Gorki

eigentlich Alexei Maximowitsch Peschkow, sowjetischer Prosadichter, Mitbegründer und Vorbild des Sozialistischen Realismus (* 28. 3. 1868, Nischni Nowgorod/Gorki), stirbt am 18. Juni in Moskau.
Gorki wurde schon vor der Jahrhundertwende durch seine realistischen Romane und Erzählungen in Westeuropa bekannt.

Wilhelm Gustloff

deutscher NS-Politiker (* 30. 1. 1895, Schwerin), wird am 4. Februar in Davos von dem Juden David Frankfurter ermordet.
Gustloff gründete 1930 die nationalsozialistische Ortsgruppe Davos und wurde 1933 Landesgruppenleiter der Auslandsorganisation der NSDAP in der Schweiz.

Marianne Hainisch

Pionierin der österreichischen Frauenbewegung (* 25. 3. 1839, Baden bei Wien), stirbt am 5. Mai in Wien.
1902 gründete Marianne Hainisch den Bund österreichischer Frauenvereine, den sie 1904 dem Internationalen Frauenrat anschloß und bis 1918 verantwortlich leitete.

John Scott Haldane

britischer Physiologe und philosophischer Schriftsteller (* 2. 5. 1860, Edinburgh), stirbt am 14. März in Oxford.
Haldanes Forschungsgebiet war die Physiologie der menschlichen Atmungsorgane. Als Philosoph begründete er den Holismus, der alles Leben aus einem »metabiologischen« (überbiologischen) Prinzip ableitet.

Johannes Franz Hartmann

deutscher Astronom (* 11. 1. 1865, Erfurt), stirbt am 13. September in Göttingen.
Hartmann wurde 1909 Professor der Astronomie und Direktor der Sternwarte in Göttingen (bis 1934). Er erfand das Mikrophotometer (1899), den Spektrokomparator (1904) und das Flächenphotometer (1910).

Heinrich Hoerle

deutscher Maler, Graphiker und Lithograph (* 1. 9. 1895, Köln), stirbt am 3. Juli in Köln.
Hoerle, der unter dem Hitler-Regime als entartet galt, begann als magischer Surrealist im Stil von Max Ernst und arbeitete später abstrakt geometrisch, ohne jedoch den magischen Surrealismus ganz aufzugeben.

Lew Borissowitsch Kamenjew

eigentlich Lew Borissowitsch Rosenfeld, sowjetischer Politiker (* 22. 7. 1883, Moskau), wird am 25. August in Moskau hingerichtet.
Kamenjew wurde nach der Oktoberrevolution 1918 Mitglied des Zentralkomitees der Kommunistischen Partei. Nach Wladimir I. Lenins Tod 1923 teilte er sich mit Grigori J. Sinowjew und Josef W. Stalin die Macht. Als einer der Führer der Opposition gegen Stalin verlor er 1926/27 alle Partei- und Regierungsämter.

Rudyard Kipling

britischer Erzähler und Novellist, Literaturnobelpreisträger 1907 (* 30. 12. 1865, Bombay), stirbt am 18. Januar in London.
Aus Kiplings Erfahrungen als Journalist in Indien entstanden rund 300 Kurzgeschichten. Berühmt wurde er durch seinen Roman »Das Dschungelbuch« (1894).

Deszö Kosztolányi

ungarischer Dichter (* 29. 3. 1885, Szabadka), stirbt am 3. November in Budapest.
Kosztolányis Schaffen bildete einen Höhepunkt impressionistisch-symbolistischer Dichtkunst in Ungarn.

Karl Kraus

österreichischer Journalist, Schriftsteller und Zeitkritiker (* 28. 4. 1874, Jicín/

Ostböhmen), stirbt am 12. Juni in Wien.
1899 gründete Kraus die Zeitschrift »Die Fackel«, die etwa dreimal im Monat unregelmäßig erschien. Sein dichterisches Hauptwerk ist das satirische Antikriegsdrama »Die letzten Tage der Menschheit« (1919).

Heinrich Lersch

deutscher Arbeiterdichter (*12. 9. 1889, Mönchengladbach), stirbt am 18. Juni in Remagen. In seinem vom Expressionismus beeinflußten Werk verband Lersch sozialistische mit christlichen Ideen. Die Nationalsozialisten stellten ihn als »den deutschen Arbeiterdichter« heraus.

Lu Hsün

eigentlich Chou Shu-jen, chinesischer Schriftsteller und Literaturkritiker (*25. 9. 1881, Shaohsing/Tschekiang), stirbt am 19. Oktober in Schanghai.
Lu Hsün, engagierter Marxist, sah in der Literatur ein Mittel zum politischen Kampf. Zu seinen Hauptwerken zählt »Die wahre Geschichte von Ah Queh« (1922).

Wilhelm Meyer-Lübke

deutscher Romanist (*30. 1. 1861, Dübendorf bei Zürich), stirbt am 4. Oktober in Bonn.
Meyer-Lübkes »Romanisches etymologisches Wörterbuch« (1911) wurde ein Standardwerk.

Georg Michaelis

deutscher Politiker, Reichskanzler 1917 (*8. 9. 1857, Haynau), stirbt am 24. Juli in Bad Saarow.
Michaelis trat am 14. Juli 1917 als Reichskanzler und preußischer Ministerpräsident an die Stelle Theobald von Bethmann Hollwegs, zeigte sich aber der Aufgabe nicht gewachsen und wurde am 1. 11. 1917 durch Georg Graf von Hertling ersetzt.

Nikolai A. Ostrowski

sowjetischer Schriftsteller (*29. 9. 1904, Wilija/Rowno), stirbt am 22. Dezember in Moskau.
Ostrowskis zweibändiger Roman »Wie der Stahl gehärtet wurde« (1932–1934) gilt als Musterbeispiel des Sozialistischen Realismus und als Klassiker der Sowjetliteratur.

Iwan Petrowitsch Pawlow

sowjetischer Physiologe, Medizinnobelpreisträger 1904 (*14. 9. 1849, Rjasan), stirbt am 27. Februar in Leningrad.
Pawlow, Sohn eines Pfarrers, kam erst im 26. Lebensjahr über die Theologie und die Naturwissenschaften zur Physiologie. Seine Unterscheidung zwischen bedingtem und unbedingtem Reflex wurde eine der Grundlagen der reflexologisch bzw. mechanistisch orientierten Psychologie, vor allem im frühen Behaviorismus.

Luigi Pirandello

italienischer Dramatiker und Erzähler, Literaturnobelpreisträger 1934 (*28. 6. 1867, Agrigent), stirbt am 10. Dezember in Rom.
Neben Gedichten und Romanen verfaßte Pirandello 246 im Volksalltag Siziliens spielende realistische Novellen sowie zahlreiche die moderne Bühne revolutionierende Dramen. Den Nobelpreis erhielt er »für die kühne und geistvolle Erneuerung des italienischen Dramas und Theaters«.

Hans Poelzig

deutscher Architekt (*30. 4. 1869, Berlin), stirbt am 14. Juni in Berlin.
Poelzig war einer der Pioniere des Neuen Bauens. Seine Geschäfts- und Industriebauten zeugen von starker bildnerischer Phantasie und sind Zeugnisse des Expressionismus in der Architektur.

Premcand

eigentlich Dhanpat Rai, indischer Schriftsteller (*31. 7. 1880, Lamhi bei Benares/Varanasi), stirbt am 8. Oktober in Benares/Varanasi.
Premcand gilt als der bedeutendste Vertreter der modernen Hindi-Prosa. In seinen sozialkritischen Romanen und Kurzgeschichten schilderte er vor allem das Leben der armen Landbevölkerung.

José Antonio Primo de Rivera y Saenz de Heredia

spanischer faschistischer Politiker (*24. 4. 1903, Madrid), wird nach Ausbruch des Spanischen Bürgerkriegs wegen Vorbereitung einer faschistischen Revolte nach Verurteilung zum Tode am 20. November in Alicante erschossen.

Josef Redlich

österreichischer Jurist und Politiker (*18. 6. 1869, Göding/Mähren), stirbt am 12. November in Wien.
Redlich machte sich als Professor in Wien ab 1906 einen Namen als ausgezeichneter Kenner der englischen Verfassung. 1918 war er Finanzminister des letzten kaiserlichen Kabinetts Lammasch. Von Juni bis September 1931 war er Finanzminister im Kabinett Buresch.

Ottorino Respighi

italienischer Komponist (*9. 7. 1879, Bologna), stirbt am 18. April in Neapel.
Respighi, Schüler von Nikolai Rimski-Korsakow in Petersburg (Leningrad) und von Max Bruch in Berlin, prägte die italienische Instrumentalmusik des frühen 20. Jahrhunderts mit.

Heinrich Rickert

deutscher Philosoph (*25. 5. 1863, Danzig), stirbt am 30. Juli in Heidelberg. Rickert war Führer der sog. Südwestdeutschen oder Badischen Philosophenschule, die den Standpunkt eines wertphilosophischen, sich an Immanuel Kant und Johann Gottlieb Fichte anlehnenden Kritizismus annimmt.

Moritz Schlick

deutscher Philosoph (*14. 4. 1882, Berlin), wird am 22. Juni von einem ehemaligen Schüler in Wien erschossen. Schlick, seit 1922 Professor in Wien, bemühte sich um die Aufstellung eines streng empirischen philosophischen Systems.

Hans von Seeckt

deutscher General (*22. 4. 1866, Schleswig), stirbt am 27. Dezember in Berlin. Als Chef der Heeresleitung 1920–1926 baute Seeckt die Reichswehr zu einem Staat im Staate auf, förderte monarchistisch-nationalistische Strömungen im Heer und verhinderte die Integration der Reichswehr in die Republik.

Grigori J. Sinowjew

sowjetischer Politiker (*11. 9. 1883, Jelisawetgrad/Kirowograd), wird am 25. August in Moskau hingerichtet.
Sinowjew wurde 1927 als Anhänger der Linksopposition gegen Josef W. Stalin aus der Kommunistischen Partei ausgeschlossen. Im Zuge der Säuberungswelle im August im Moskauer Schauprozeß wurde er zum Tod verurteilt.

Jan Jacob Slauerhoff

niederländischer Schriftsteller (*15. 9. 1898, Leeuwarden), stirbt am 5. Oktober in Hilversum.
Slauerhoff, Pseudonym John Ravenswood, lehnte in seiner antiformalistischen, bekenntnishaften Lyrik und seinen formal eigenwilligen Novellen die bürgerliche Ordnung ab und suchte – in der Tradition der »poétes maudies« – voller Unruhe nach einem Land der Seligen.

Oswald Spengler

deutscher Kultur- und Geschichtsphilosoph (*29. 5. 1880, Blankenburg/Harz), stirbt am 8. Mai in München.
Spengler griff in seinem Hauptwerk »Der Untergang des Abendlandes« (1918–1922) biologistische Aspekte der Philosophie von Johann Wolfgang von Goethe und Friedrich Nietzsche auf.
Er sah die Kulturen als Organismen, die auf entsprechenden Entwicklungsstufen vergleichbar sind.

Carl Stumpf

deutscher Philosoph, Psychologe und Musikforscher (*21. 4. 1848, Wiesentheid bei Kitzingen), stirbt am 25. Dezember in Berlin.
Zusammen mit seinem Lehrer Franz Brentano war Stumpf einer der Hauptvertreter der Aktpsychologie, die den psychologischen Akt – das Gerichtetsein des Ichs auf einen Gegenstand – als Wesensmerkmal aller psychischen Prozesse sieht.

Ferdinand Tönnies

deutscher Soziologe und Philosoph (*26. 7. 1855, Riep in Nordfriesland), stirbt am 11. April in Kiel.
Tönnies differenzierte zwischen theoretischer, angewandt historischer und empirischer Soziologie. Auf dem Gebiet der theoretischen (»reinen«) Soziologie arbeitete er den Unterschied zwischen Gemeinschaft und Gesellschaft heraus.

Miguel de Unamuno y Jugo

spanischer Essayist, Lyriker, Dramatiker, Romancier und Philosoph (*29. 9. 1864, Bilbao), stirbt am 31. Dezember in Salamanca.
Kernpunkt des Denkens von Unamuno war das Problem der Unsterblichkeit, das auch das Grundthema seiner Romane und Dramen bildet: »Frieden im Krieg« (1897), »Nebel« (1924), »Der Andere« (1932).

Louis Vivin

französischer naiver Maler (*27. 7. 1861, Hadol/Vosges), stirbt am 28. Mai in Paris.
Nach seiner Pensionierung 1923 widmete sich der Postangestellte Vivin ausschließlich der Malerei (vor allem Stadtansichten). Er zählt zu den Klassikern der naiven Malerei.

Eleftherios Weniselos

griechischer Politiker (*23. 8. 1864, Murnia/Kreta), stirbt am 18. März im Exil in Paris.
Nach dem Wahlsieg der von ihm geführten liberalen Partei wurde Weniselos 1910 griechischer Ministerpräsident (zum zweiten Mal 1928–1933). Durch zahlreiche Reformen trug er dazu bei, Griechenland zu einem modernen Staatswesen zu machen.

Theodor Wiegand

deutscher Archäologe (*30. 10. 1864, Bendorf am Rhein), stirbt am 19. Dezember in Berlin.
Wiegand, Begründer des Pergamonmuseums in Berlin, leitete die Ausgrabungen in Pergamon.

Basil Zaharoff

Waffenhändler griechischer Abstammung (*6. 10. 1849, Mugla/Türkei), stirbt am 27. November in Monte Carlo.
1897 wurde Zaharoff einer der Leiter des Vickers-Waffenkonzerns, der als erster brauchbare Maschinengewehre herstellte. Das einträgliche Geschäft machte ihn zu einem der reichsten Männer Europas.

Register

Das Personenregister enthält alle in diesem Buch genannten Personen (nicht berücksichtigt sind mythologische Gestalten und fiktive Persönlichkeiten sowie Eintragungen im Anhang). Die Herrscher und Angehörigen regierender Häuser sind alphabetisch nach den Ländern ihrer Herkunft geordnet. Kursive Zahlen verweisen auf Abbildungen.

Register

Register

Abkürzungen zu den Sportseiten

AFG	Afghanistan	CUB	Kuba	IND	Indien	NEP	Nepal	SIN	Singapur
ARG	Argentinien	DAN	Dänemark	IRA	Iran	NIC	Nicaragua	SOV	Sowjetunion
AUS	Australien	ECU	Ecuador	IRK	Irak	NOR	Norwegen	SPA	Spanien
AUT	Österreich	EGY	Ägypten	IRL	Irland	NSE	Neuseeland	SUI	Schweiz
BEL	Belgien	EST	Estland	ISL	Island	PAN	Panama	SWE	Schweden
BOL	Bolivien	FIN	Finnland	ITA	Italien	PAR	Paraguay	THA	Thailand
BRA	Brasilien	FRA	Frankreich	JAP	Japan	PER	Peru	TUN	Tunesien
BUL	Bulgarien	GBR	Großbritannien	LET	Lettland	PHI	Philippinen	TUR	Türkei
CAN	Kanada	GER	Deutschland	LIE	Liechtenstein	POL	Polen	UNG	Ungarn
CHI	Chile	GRE	Griechenland	LIT	Litauen	POR	Portugal	URU	Uruguay
CHN	China	GUA	Guatemala	LUX	Luxemburg	RUM	Rumänien	USA	Vereinigte Staaten
COL	Kolumbien	HAI	Haiti	MCO	Monaco	SAF	Südafrika		von Amerika
COS	Costa Rica	HOL	Holland	MEX	Mexiko	SAL	El Salvador	VEN	Venezuela
ČSR	Tschechoslowakei	HON	Honduras	MON	Mongolei	SAN	San Marino	YUG	Jugoslawien

Bildquellen-Verzeichnis

Harenberg Kommunikation, Dortmund (601)
Ingrid Reuter, Dortmund (1)
Karten und Grafiken: Harenberg Kommunikation, Dortmund (28)